アメリカ西海岸
West Coast U.S.A.
MAP

150　200miles
300km

JN046874

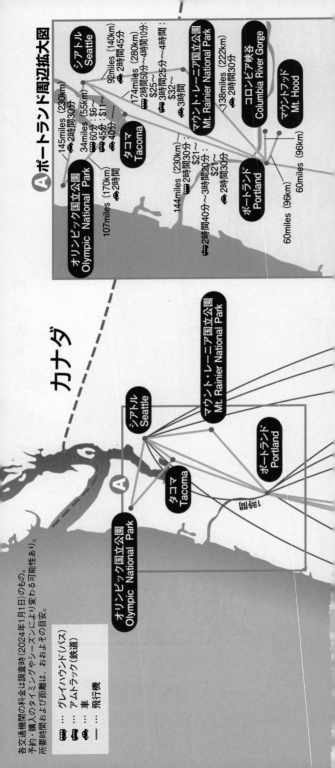

各交通機関の料金は調査時(2024年1月1日)のもの。
予約・購入のタイミングやシーズンにより変わる可能性あり。
所要時間および距離は、おおよその目安。

🚌 … グレイハウンド(バス)
🚆 … アムトラック(鉄道)
🚗 … 車
— … 飛行機

カナダ

オリンピック国立公園
Olympic National Park

シアトル
Seattle

タコマ
Tacoma

マウント・レーニア国立公園
Mt. Rainier National Park

ポートランド
Portland

(A)

列車

Ⓐ ポートランド周辺拡大図

オリンピック国立公園
Olympic National Park

シアトル
Seattle

145miles (230km)
🚗 2時間30分

92miles (140km)
🚆 2時間45分

174miles (280km)
🚌 2時間50分〜4時間10分：$25〜
🚆 3時間25分〜4時間10分：$32〜
🚗 3時間

34miles (55km)
🚌 60分：$6〜
🚆 45分：$11〜
🚗 40分

107miles (170km)
🚗 2時間

タコマ
Tacoma

マウント・レーニア国立公園
Mt. Rainier National Park

138miles (222km)
🚗 2時間30分

コロンビア峡谷
Columbia River Gorge

マウントフッド
Mt. Hood

144miles (230km)
🚌 2時間40分〜3時間20分：$21〜
🚆 2時間30分：$2〜
🚗 2時間30分

ポートランド
Portland

60miles (96km)

60miles (96km)

アメリカ西海岸
West Coast U.S.A.

ロスアンゼルス サンディエゴ サンフランシスコ ラスベガス シアトル ポートランド

COVER STORY

ロスアンゼルスとサンディエゴの中間にある、オレンジカウンティのサン・クレメンテ。サン・ルイ・オビスポとサンディエゴを結ぶアムトラックのパシフィック・サーフライナー号が停車する駅だ。太平洋の海岸線沿いにある街は、ゆっくりとした時間が流れ、スローライフを楽しんでいる人たちが多く住む。一度でもアメリカ西海岸を訪れたら、そのようなライフスタイルに惹かれ、とりこになること間違いない。

地球の歩き方 編集室

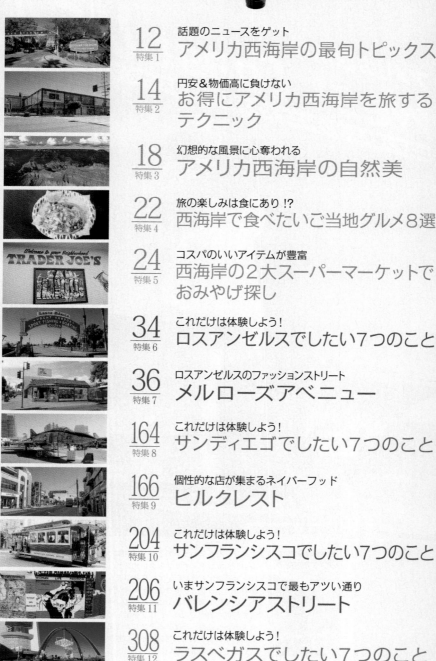

WEST COAST U.S.A. CONTENTS

出発前に必ずお読みください！　旅のトラブルと安全対策…P.434 ～ 436

405 旅の準備と技術

本書で用いられる記号・略号

都市名を示しています

都市の基本データを掲載しています

観光のプランニングや宿泊のアドバイスが記してあります

エリア名を示しています

近隣エリアからのおもなアクセス方法と、おおよその所要時間を示してあります

エリア内の見どころの位置を示しています

細分化したエリア名を示しています

見どころと地図の位置、おすすめ度を3段階で示しています（※※※ 3つが最高ランク）

📩投稿 読者投稿

📝メモ 旅行の参考になるような情報

エリア名

主力商品やジャンルなど

地図位置

物件データ

クレジットカード

Ⓐ アメリカン・エキスプレス
Ⓓ ダイナースクラブ
Ⓙ JCB
Ⓜ マスターカード
Ⓥ ビザ

ショップ

レストラン

ホテルの客室

Ⓢ シングルルーム
　（1ベッド1人使用）
Ⓓ ダブルルーム
　（1ベッド2人使用）
Ⓣ ツインルーム
　（2ベッド2人使用）
Ⓢⓤ スイートルーム
　（リビング+ベッドルーム）

ホテル

※ホテル料金はひと部屋当たりの金額（2024年1月中旬の実勢料金を調査）。ホテルタックスは含んでいません。

凡例

- Ⓜ 地図位置
- 🏠 住所
- ☎ 電話番号
- 無料 無料通話番号
  （日本国内通話無料電話番号）
- free トールフリー番号
  （米国内通話無料電話番号）
- FAX ファクス番号
- URL ウェブサイトアドレス
  （http:// の記載を省略しています）
- 🕐 営業・開館の時間、期間
- 休 休館・休業日
- 料 料金
- アクセス アクセス方法

地図の略号

🄟 見どころ	🚏 バス停
Ⓢ ショップ	❶ 観光案内所
Ⓡ レストラン	◐ ランドマーク／
Ⓗ ホテル	そのほか
Ⓒ カフェ	● ビーチ／公園
Ⓝ ナイトスポット	✈ 空港
Ⓣ 映画館／シアター	⛳ ゴルフ場
Ⓢ スパ、サロン	✚ 病院
Ⓖ ギャラリー	✉ 郵便局
Ⓟ 駐車場	

- Ave.→Avenue
- St.→Street
- Rd.→Road
- Dr.→Drive
- Blvd.→Boulvard
- Pkwy.→Parkway
- Hwy.→Highway

🛡 🛡 🛡 インターステートハイウエイ	
⑧ ⑱ ⑱⑱ U.S. ハイウエイ	
⑧ ⑱ ⑱⑱ ステートハイウエイ	

ホテル設備の略号
※全室完備の場合のみ黒色にしています。

☕ コーヒーメーカー	🏋 フィットネスセンター／プール
🧊 ミニバー／冷蔵庫	💼 コンシェルジュ
🛁 バスタブ	Ⓙ 日本語を話すスタッフ
💇 ヘアドライヤー	◎ ランドリー
BOX 室内金庫	🖥 ワイヤレスインターネット
🛎 ルームサービス	Ⓟ 駐車場
🍴 レストラン	♿ 車椅子対応の部屋

— Wi-Fi 1泊当たりの Wi-Fi 利用料金／総客室数

■本書の特徴

本書は、基本的にアメリカ西海岸を個人旅行される方が現地でいろいろなことを楽しめるように、各都市のアクセス、ホテル、レストランなどの情報を掲載しています。もちろんツアーで旅行される際にも十分活用できるようになっています。

■掲載情報のご利用にあたって

編集部では、できるだけ正確で新しい情報を掲載するよう努めていますが、現地の規則や手続きなどがしばしば変更されたり、またその解釈に見解の相違が生じることもあります。このような理由に基づく場合、または弊社に重大な過失がない場合は、本書を利用して生じた損失や不都合について、弊社は責任を負いかねますのでご了承ください。また、本書をお使いの際は、掲載されている情報やアドバイスがご自身の状況や立場に適しているか、すべてご自身の責任によるご判断のうえでご利用ください。

■現地取材および調査時期

本書は、2023 年 11 月の取材データと 2023 年 11 月～ 2024 年 3 月の現地調査データを基に編集されています。しかし、時間の経過とともにデータの変更が生じることがあります。特にホテルやレストランなどの料金は、旅行時点では変更されていることも多くあります。したがって、本書のデータはひとつの目安としてお考えいただき、現地では観光案内所などで最新情報を入手してご旅行ください。

■発行後の情報の更新と訂正について

本書の発行後に変更された掲載情報や訂正箇所については、『地球の歩き方』ホームページの「更新・訂正情報」で可能なかぎりご案内しています（ホテル、レストラン料金の変更などは除く）。下記 URL よりご確認いただき、ご旅行前にお役立てください。

URL www.arukikata.co.jp/travel-support/

■投稿記事について

投稿記事は、多少主観的になっていても原文にできるだけ忠実に掲載してありますが、データに関しては編集部で追跡調査を行っています。投稿記事のあとに（東京都 ○○ '24）とあるのは、寄稿者と旅行年を表しています。ただし、ホテルなどの料金を追跡調査で新しいデータに変更している場合は、寄稿者データのあとに調査年度を入れ ['24] としています。

なお、ご投稿を送りいただく場合は、P.404 をご覧ください。

■外務省 海外安全ホームページ

渡航前に必ず外務省のウェブサイトにて最新情報をご確認ください。

URL https://www.anzen.mofa.go.jp/

ジェネラルインフォメーション

アメリカ合衆国の基本情報

▶アメリカ西海岸の
オリエンテーション
→ P.26

出典：The World
Factbook
https://www.cia.gov/
the-world-factbook/

国 旗
Stars and Stripes　13本のストライプ
は1776年建国当時の州の数、50の星
は現在の州の数を表す。

正式国名
アメリカ合衆国
United States of America
アメリカという名前はイタリアの探検
家でアメリカ大陸を確認したアメリ
ゴ・ベスプッチのファーストネームか
ら取ったもの。

国 歌
Star Spangled Banner

面 積
983万3517km²
日本の約26倍（日本約37万8000km²）。

人 口
約3億3500万人　（2023年推計）
※各都市の面積、人口は各都市の冒頭
ページのジェネラルインフォメーション
欄を参照。

首 都
ワシントン特別行政区
Washington, District of Columbia
全米50のどの州にも属さない連邦政
府直轄の行政地区。人口は約67万人。

元 首
ジョー・バイデン大統領 Joe Biden

政 体
大統領制　連邦制（50州）

人種構成
白人58.9%、ヒスパニック系19.1%、
アフリカ系13.6%、アジア系6.3%、ア
メリカ先住民1.3%など

宗 教
キリスト教。宗派はバプテスト、カト
リックが主流だが、都市によって分布
に偏りがある。少数だがユダヤ教、イ
スラム教など。

言 語
主として英語だが、法律上の定めはない。
スペイン語も広域にわたって使われている。

通貨と為替レート

▶旅の予算とお金
→ P.409

通貨単位はドル（$）とセント（¢）。
$1.00＝151.68円（2024年3月25日現
在）。流通している紙幣はおもに$1、5、
10、20。$50、$100。なお、50、100

ドル札は小さな店で扱わないことも
あるので注意。硬貨は1¢、5¢、10¢、
25¢、50¢、100¢（＝$1）の6種類だが、
50¢、$1硬貨はあまり流通していない。

$1　　　　　$5　　　　　$10

$20　　　　　$50　　　　　$100

1¢　　　5¢　　　10¢　　　25¢

電話のかけ方

▶電話
→ P.431

日本からの電話のかけ方　例 ロスアンゼルス(323)123-4567へかける場合

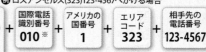

国際電話会社の番号
0033（NTTコミュニケーションズ）
0061（ソフトバンク）
携帯電話の場合は不要

＋ 国際電話識別番号 **010**※ ＋ アメリカの国番号 **1** ＋ エリアコード **323** ＋ 相手先の電話番号 **123-4567**

※ NTTドコモの携帯電話・スマートフォンは、事前に
WORLD CALLの申し込みが必要。

参考：携帯3キャリアともに、
「0」を長押しして「＋」を表
示させると、国番号からのダ
イヤルでかけられる。

祝祭日（連邦政府の祝日）

　州によって祝日となる日（※印）に注意。なお、店舗などで「年中無休」をうたっているところでも、元日、サンクスギビングデイ、クリスマスの3日間はほとんど休み。また、メモリアルデイからレイバーデイにかけての夏休みの期間中は営業時間などのスケジュールを変更するところが多い。

1月	1/1		元日　New Year's Day
	第3月曜		マーチン・ルーサー・キング牧師の日 Martin Luther King, Jr.'s Birthday
2月	第3月曜	※	大統領の日　Presidents' Day
3月	3/17	※	セント・パトリック・デイ　St. Patrick's Day
	3/31	※	セザール・チャベス・デイ　Cesar Chavez Day
4月	第3月曜	※	愛国者の日　Patriots' Day
5月	最終月曜		メモリアルデイ（戦没者追悼の日）　Memorial Day
6月	6/19		ジューンティーンス（奴隷解放記念日）　Juneteenth
7月	7/4		独立記念日　Independence Day
9月	第1月曜		レイバーデイ（労働者の日）　Labor Day
10月	第2月曜	※	インディジェナス・ピープルズ・デイ（先住民の日） Indigenous People's Day
11月	11/11		ベテランズデイ（退役軍人の日）　Veterans Day
	第4木曜		サンクスギビングデイ Thanksgiving Day
	サンクスギビングデイの翌日	※	ザ・デイ・アフター・サンクスギビング The Day after Thanksgiving
12月	12/25		クリスマス　Christmas

ビジネスアワー

　以下は一般的な営業時間の目安。業種、立地条件などによって異なるが、郊外のスーパーは22:00頃まで、都市部なら19:00頃の閉店も珍しくない。

銀　行
　月〜金 9:00〜17:00

デパートやショップ
　月〜土 10:00〜20:00、日 12:00〜18:00

レストラン
　朝からオープンしているのはレストランというよりカジュアルなカフェ。朝食 7:00〜10:00。昼食 11:00〜14:30。ディナー 17:30〜22:00。バーは深夜まで営業。

電気&映像方式

電圧とプラグ
　電圧は120ボルト。3つ穴プラグ。100ボルト、2つ穴プラグの日本製品も使えるが、電圧数がわずかではあるが違うので注意が必要。特にドライヤーや各種充電器などを長時間使用すると過熱する場合もあるので、時間を区切って使うなどの配慮が必要だ。

映像方式
　テレビ・ビデオは日米ともに NTSC 方式、ブルーレイのリージョンコードは日米ともに「A」なので、両国のソフトはお互いに再生可能。ただし、DVD のリージョンコードはアメリカ「1」に対し日本「2」のため、「ALL CODE」の表示のあるソフト以外はお互いに再生できない。

アメリカから日本へかける場合　例 (03) 1234-5678 へかける場合

国際電話識別番号 **011**	+	日本の国番号 **81**	+	市外局番と携帯電話の最初の0を除いた番号 **3**	+	相手先の電話番号 **1234-5678**

▶アメリカ国内通話　　市内に電話をかける場合は［電話番号］のみ、市外は［1＋市外局番（エリアコード）＋電話番号］。ただしサンフランシスコ市（局番 415 と 628）やロスアンゼルス市の一部（局番 213 と 323）のエリアからかける場合、市内通話・市外通話いずれも［1＋市外局番＋電話番号］を入力する必要がある。

▶公衆電話のかけ方　　①受話器を持ち上げる
②都市により異なるが、最低通話料 50¢ を入れ、相手先の電話番号を押す
　（プリペイドカードの場合はアクセス番号を入力し、ガイダンスに従って操作する）
③「初めの通話は○分○ドルです」とアナウンスが流れるので、案内された額以上の金額を投入すれば電話がつながる

チップ

▶チップについて
→ P.430

レストラン、タクシー、ホテルの宿泊（ベルボーイやベッドメイキング）など、サービスを受けたときにチップを渡すのが習慣になっている。額は、特別なことを頼んだ場合や満足度によっても異なるが、以下の相場を参考に。
レストラン／合計額の 15 ～ 25%。サービス料が含まれている場合は、小銭程度をテーブルやトレイに残して席を立つ。
タクシー／運賃の 15 ～ 20%。
ホテル宿泊／ドアマン、ベルボーイは荷物の大きさや個数によって、ひとつにつき $2 ～ 3。荷物が多いときはやや多めに。
ベッドメイキングは枕元などに $2 ～ 3。

飲料水

水道の水をそのまま飲むこともできるが、ミネラルウオーターを購入するのが一般的。スーパーやコンビニ、ドラッグストアなどで購入できる。

気候

▶旅のシーズン
→ P.407
▶各都市の冒頭ページに掲載されている旅のシーズン欄を参照

カリフォルニア州南部は、年間を通じて温暖な気候。北部のサンフランシスコは夏でも 20℃を下回るときがある。シアトルやポートランドがあるアメリカ北西部は、冬は雨季に当たる。

掲載都市の平均気温

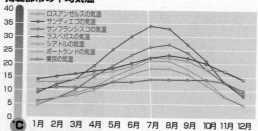

- ▲ ロスアンゼルスの気温
- ▲ サンディエゴの気温
- ▲ サンフランシスコの気温
- ▲ ラスベガスの気温
- ▲ シアトルの気温
- ▲ ポートランドの気温
- ▲ 東京の気温

平均降水量 (mm)	1月	2月	3月	4月	5月	6月	7月	8月	9月	10月	11月	12月
ロスアンゼルス	80	90	63	18	7	2	1	2	7	13	27	57
サンディエゴ	50	51	44	17	6	1	2	2	4	13	25	40
サンフランシスコ	111	102	85	36	12	4	1	2	4	13	59	40
ラスベガス	14	19	11	4	3	2	10	8	6	7	9	13
シアトル	132	99	84	50	40	36	16	19	42	83	166	138
ポートランド	124	93	93	69	63	43	17	17	37	76	143	139
東京	52	56	118	125	138	168	154	168	210	198	93	51

日本からのフライト時間

日本からアメリカ西海岸の都市へのフライトは直行便で9～ 10 時間。

▶航空券の手配→ P.413

時差とサマータイム

アメリカ本土内には4つの時間帯がある。東部標準時 Eastern Standard Time（ニューヨークなど）は日本時間マイナス 14 時間、中部標準時 Central Standard Time（シカゴなど）はマイナス 15 時間、山岳部標準時 Mountain Standard Time（デンバーなど）はマイナス 16 時間、太平洋標準時 Pacific Standard Time（ロスアンゼルスなど）はマイナス 17 時間。アメリカ西海岸の都市は太平洋標準時に属している。夏はデイライト・セービング・タイム（夏時間）を採用し、1時間時計の針を進める州がほとんど。その場合、日本との時差は1時間短くなる。ただし、アリゾナ州（MST）、ハワイ州（HMST）でデイライト・セービング・タイムは非採用。
夏時間を取り入れる期間は、3月第 2 日曜から、11 月第 1 日曜まで。移動日に当たる場合、タイムスケジュールに十分注意する必要がある。

郵　便

郵便料金
　日本への航空便は封書、はがきともに＄1.55。規定の封筒や箱に入れるだけの荷物を定額で郵送できるタイプもある。
　郵便局は街によって営業時間が多少異なる。一般的な局は平日の 9:00 ～ 17:00 くらい。

▶郵便
　→ P.431

出入国

ビザ
　日本国籍の人は、90 日以内の観光、商用が目的ならばビザは基本的に不要。ただし、頻繁にアメリカ入出国を繰り返していたり、アメリカでの滞在が長い人は入国を拒否されることもある。なお、ビザ免除者は ESTA による電子渡航認証の取得が義務づけられている。

パスポート
　パスポートの残存有効期間は、基本的に滞在日数以上あれば OK とされるが、実際には 90 日以上あることが望ましい。

▶パスポートの取得
　→ P.411
▶ビザ免除プログラム
　→ P.411
▶ESTA（エスタ）の
　申請手引き→ P.412

税　金

　物の購入時にかかるセールスタックス Sales Tax とホテル宿泊時にかかるホテルタックス Hotel Tax がある。率（%）は州や市によって異なる（各都市の冒頭ページを参照）。また、レストランで食事をした場合はセールスタックスと同額の税金、またはそれに上乗せした税金がかかる。
　なお、ポートランドではセールスタックスと外食税はかからない。

▶ホテルのタックスについて
　→ P.426
▶セールスタックスについて
　→ P.428

安全とトラブル

　日本人の遭いやすい犯罪は、置き引き、ひったくりなど。犯行は複数人で及ぶことが多く、ひとりが気を引いているスキに、グループのひとりが財布を抜いたり、かばんを奪ったりする。日本語で親しげに話しかけられ、言葉巧みにお金をだまし取られるケースも多い。日本から 1 歩でも出たら、「ここは日本ではない」という意識を常にもつことが大切。

【警察 救急車 消防署】
☎911

▶旅のトラブルと
　安全対策
　→ P.434 ～ 436
▶旅のイエロー
　ページ
　→ P.439

年齢制限

　アメリカ西海岸の州では、飲酒可能な年齢は 21 歳から。場所によっては、お酒を買うときにも身分証明書の提示を求められる。ライブハウスなどお酒のサーブがあるところも身分証明書が必要。
　アメリカでは若年層の交通事故がとても多く、大手レンタカー会社では一部の例外を除き 25 歳以上にしか貸し出さないことが増えている。21 歳以上 25 歳未満の場合は割増料金が必要なことが多い。

▶飲酒と喫煙
　→ P.430

度量衡

▶サイズ比較表
　→ P.429

　距離や長さ、面積、容量、速度、重さ、温度など、ほとんどの単位が日本の度量衡とは異なる。

時差表

日本時間	0	1	2	3	4	5	6	7	8	9	10	11	12	13	14	15	16	17	18	19	20	21	22	23
東部時間（EST）	10	11	12	13	14	15	16	17	18	19	20	21	22	23	0	1	2	3	4	5	6	7	8	9
中部時間（CST）	9	10	11	12	13	14	15	16	17	18	19	20	21	22	23	0	1	2	3	4	5	6	7	8
山岳部時間（MST）	8	9	10	11	12	13	14	15	16	17	18	19	20	21	22	23	0	1	2	3	4	5	6	7
太平洋時間（PST）	7	8	9	10	11	12	13	14	15	16	17	18	19	20	21	22	23	0	1	2	3	4	5	6

※ 3 月第 2 日曜日から 11 月第 1 日曜日まではデイライト・セービング・タイム（夏時間）を実施している。夏時間は時計の針を 1 時間進める政策。なお、赤い部分は日本時間の前日を示している。

アメリカ西海岸の最旬トピックス

現地で注目を集めている
ニュースや最新スポットをご紹介！

What's New in West Coast U.S.A.

ロスアンゼルス

日本人メジャーリーガーから目が離せない！

2024年シーズンから**ロスアンゼルス・ドジャース**（→ P.92）で、大谷翔平選手と山本由伸投手がプレイする。ふたりの日本人スターが加入したドジャースは4年ぶりのワールドシリーズ制覇に臨む。2025年、大谷選手が右肘手術から復帰すれば、日本人ダブルエースも誕生する?!

ロスアンゼルス・ダウンタウンからほど近い距離にあるドジャースタジアム

中国出身の建築家、マ・ヤンソン率いるMADアーキテクツが設計を担当する
Lucas Museum of Narrative Art rendering, courtesy of the Lucas Museum of Narrative Art

ジョージ・ルーカスの美術館が開館予定

ルーカス・ミュージアム・オブ・ナラティブ・アート The Lucas Museum of Narrative Art が、エクスポジションパーク（→ P.86）に、2025年開館する予定だ。映画監督・プロデューサーのジョージ・ルーカス氏がこれまでに収集してきた絵画やアニメーション、写真などが展示される。

サンディエゴ

『セサミストリート』のテーマパークがオープン

2022年、サンディエゴ近郊にテレビ番組『セサミストリート』のテーマパーク、**セサミプレイス・サンディエゴ**（→ P.162）が開園した。『セサミストリート』にインスパイアされたアトラクションがあるほか、エルモやアビーなどのキャラクターに会えるショーやパレードも開催する。

フロートに乗ったバートやアニーも登場
© 2024 Sesame Place San Diego

コミックブックに焦点を当てた博物館が開館

毎年サンディエゴ・ダウンタウンで開催されているコミコン（コミック・コンベンション）にちなんで、2021年にオープンした**コミコン博物館**（→ P.182）。最新テクノロジーを使ってポップカルチャーを紹介するコーナーがあるほか、スパイダーマンやバットマンといった人気キャラクターを取りあげた企画展も開催する。

博物館や美術館が集まるバルボアパークに誕生した

サンフランシスコ

ゴールデンゲート・ブリッジやアルカトラズ島を一望できる公園

2022年、ウォルト・ディズニー・ファミリー博物館（→ P.248）そばの、元アメリカ軍駐屯地に誕生した公園**プレシディオ・トンネル・トップス Presidio Tunnel Tops**。14エーカーの敷地内には、ビジターセンターのほか、子供向け遊具があり、フードトラックも出店する。

Presidio Tunnel Tops
MP.222-C1　210 Lincoln Blvd.
行方 ウォルト・ディズニー・ファミリー博物館を参照のこと。

サンフランシスコ・ダウンタウンとゴールデンゲート・ブリッジを結ぶCA-101のトンネル上にある

コレクションをもたない現代美術館がオープン

チェイス・センターの南に2022年開館した**サンフランシスコ現代美術館 Institute of Contemporary Art San Francisco**。ベンチャーキャピタリストのアンドリュー・S・ラパポートやデイビッド・ホーニックの寄付によってできあがった。若手アーティストの実験的な創造活動の発表の場として話題を集めている。

入場無料がうれしい美術館

Institute of Contemporary Art San Francisco
MP.223-F4　901 Minnesota St.　www.icasf.org
水～日12:00 ～ 17:00（土・日10:00 ～）　月・火
行方 ミュニメトロTラインの3rd St. & 20th St.下車、徒歩5分。

ラスベガス

巨大な球体型アリーナがオープン

総工費23億ドルの球体**スフィア Sphere**は高さ112m、幅157m。内部には約16万個のスピーカーと120万個のLEDスクリーン、1万7600人分の座席が設置されている。外側はLEDパネルで覆われ、夜でも鮮やかな映像を映し出すことから、ラスベガスのランドマークになった。「ザ・スフィア・エクスペリエンス The Sphere Experience」というインタラクティブ体験イベントも随時行われている。

2023年9月のこけら落としではU2がコンサートを行った

Sphere
MP.318-A3 ～ B3　255 Sands Ave.　(725) 258-0001
www.thespherevegas.com　パラッツォから徒歩18分。

F1グランプリ開催

2023年11月、自動車レースの最高峰**フォーミュラ1 Formula 1**が41年ぶりにラスベガスで開催された。パリス・ラスベガスやプラネット・ハリウッド・リゾート&カジノ、ベネチアン、パラッツォなどが立ち並ぶストリップ沿いを走る、全長6.2kmの市街地コース。F1ラスベガス・グランプリは、2023年から2025年までの3年契約が結ばれているが、今後9年間にわたりラスベガスでレースを開催する予定。

Formula 1 Las Vegas Grand Prix　www.f1lasvegasgp.com

コースを50周する決勝レースは土曜22:00にスタートした

シアトル

NHL（ナショナル・ホッケー・リーグ）のチームが誕生

2021～2022年シーズンより、**シアトル・クラーケン**（→ P.367）がNHLに加入した。本拠地とするクライメット・プレッジ・アリーナは、以前あったキーアリーナを約3年かけて改修工事したもの。加入2年目の2022～2023年シーズンは、チーム初のプレイオフ進出を成し遂げた。

館内ツアーも開催されているクライメット・プレッジ・アリーナ

ウォーターフロントにピア62が完成

2020年シアトル水族館近くに**ピア62**がオープンした。2019年から始まったウォーターフロントパーク周辺（→ P.357）の大規模工事により、高架道路（アラスカンウエイ）や高架橋が撤去され、2024年3月現在も遊歩道の拡張工事が行われている。

ヨガやサッカー、ライブ演奏などが行われるピア62

ポートランド

市内で開かれているフリーマーケット

2022年に始まったフリーマーケットの**ポートランド・フリー Portland Flea**。ポートランド在住のアーティストや市内のビンテージショップなどがブースを出している。場所は土曜がエコトラストビル（MP.389-A1）、日曜がノバビル（MP388-A3）。2024年は、5～11月の最終土・日曜に開催予定。

古着やアンティーク雑貨を中心に約40の露店が集まる

Portland Flea　www.pdxflea.com

アメリカのTV番組『ザ・シンプソンズ』のキャラクター名が付いた橋

パールディストリクト（→ P.395）周辺を南北に走るI-405。そのフリーウエイを渡る歩道橋が2021年に完成した。ポートランド生まれのマット・グレイニング氏によって作られた『ザ・シンプソンズ』に敬意を示し、登場人物の名前にちなんで**ネッド・フランダース橋 Ned Flanders Crossing**と名づけたそう。

『ザ・シンプソンズ』の登場人物の名前は、ポートランド市内の通り名からつけられたといわれている

Ned Flanders Crossing　MP.389-A2

お得に アメリカ西海岸を旅するテクニック

円安＆物価高に負けない

Things you need to know to make travel more cost-effective

ここ数年、物価の高騰が著しいアメリカ。円安も相まって日本と比べると現地では2～4倍ほどの価格差を感じるかもしれない。だからといって出費を抑えた、節約するだけの旅行はおもしろみがない。ここでは、ローカルも活用しているお得なテクニックや、無料で楽しめるスポットとお手頃価格のフードメニューを紹介したい。

食べる

Technique 1
レストランやバーのハッピーアワー

平日のランチタイム終了時からディナータイム開始時までの時間帯に、アルコールや料理を割引料金で提供している所が多い。

カクテルやワイン、軽食もお手頃価格になる

Technique 2
スーパーマーケットの総菜コーナー

野菜、調理済みの温かい肉や魚類が集まるデリカテッセンのコーナーでは、自分の好きな量だけ購入できる。

上／ホール・フーズ・マーケット（→ P.24）には、デリやサラダバー、フルーツバーのコーナーがあり、量り売りで販売している
下／トレーダージョーズ（→ P.25）には、ドレッシング付きのカット野菜ミックスが並ぶ

Technique 3
ショッピングモールにあるフードコート

ファストフード店が集まるフードコートでは、$10前後でアメリカ料理やアジア料理が食べられる。基本的にチップを払う必要はない。

ロスアンゼルスにあるウエストフィールド・センチュリーシティ（→ P.74）のフードコート

買う

Technique 4
スーパーマーケットのクーポンやメンバーズカード

スーパーマーケットの店頭に置いてあるクーポンや店独自のメンバーズカードをレジで提示すると、正規代金からいくぶん値引きされる。最近はアプリも導入されてきているが、日本のスマートフォンにはダウンロードできないことも。

クーポンやメンバーズカード

Technique 5
アウトレットストア

街なかにある Nordstrom Rack や Saks Off 5th、Ross Dress For Less などのアウトレット店では、有名ブランド品が30～60%割引で入手できる。Premium Outlets は郊外にあることが多い。

ロスアンゼルスにあるノードストロームラック

観光する

Technique 6
観光にお得なパス

人気の博物館や美術館、テーマパークの入場チケットがひとつにまとまったパスのゴーシティ Go City やシティパス CityPASS。滞在中に数ヵ所を訪れるなら、トータルで最大50%の割引になるので、お金も時間もかなりセーブできる。
Go City　🌐gocity.com/ja
CityPASS　🌐www.citypass.com

Go City はパスをウェブサイトで購入し、美術館などのチケットカウンターでスマートフォンに表示した QR コードを見せるだけ

ロスアンゼルスで
リーズナブルに楽しむ術

Tips1 無料で楽しめるスポット

毎年150万人ほどが来館するゲッティセンター（→ P.76）や現代美術作品が展示されているブロード（→ P.83）、科学や宇宙に関する展示があるカリフォルニア・サイエンス・センター（→ P.86）、カリフォルニア大学ロスアンゼルス校に付属するハマー美術館（→ P.75）は、事前予約が必要なところもあるが無料で入館できる。

アンディ・ウォーホルの『小さな破れたキャンベルのスープ缶（ペパー・ポット）』が展示されているブロード

© The Andy Warhol Foundation for the Visual Arts, Inc. / Artists Rights Society (ARS), New York Campbell Trademarks used with permission of Campbell Soup Company.

Tips2 編集室いち押し、お手頃価格のフード

グランド・セントラル・マーケット（→ P.82脚注）やオリジナル・ファーマーズマーケット（→ P.88）には、ファストフード・スタイルのレストランが集まっている。ハリウッドセレブが通っていることで有名なスーパーフード専門店のバックヤードボウルズや、ハワイの代表的な料理であるポキ丼が味わえるスイートフィンがおすすめ。

バックヤードボウルズ
アサイーやバナナが入った Island Bowl（$13）

バックヤードボウルズ Backyard Bowls
🄼 P.60-A1
🏠 8303 Beverly Blvd., Los Angeles
☎ (1-323) 746-5404
🌐 www.backyardbowls.com
🕐 毎日 8:00 ～ 17:00　カード A M V

スイートフィン
白米にマグロやアボカドがのった Classic Tuna（$12.60）

スイートフィン Sweetfin
🄼 P.66-B1
🏠 829 Broadway, Santa Monica
☎ (424) 408-1080
🌐 www.sweetfin.com
🕐 毎日 11:30 ～ 21:00　カード A M V

サンディエゴで
リーズナブルに楽しむ術

Tips1 無料で楽しめるスポット

15 ～ 19世紀のヨーロッパ絵画を展示するティムケン美術館（→ P.183）とメキシコの雰囲気を感じられるオールドタウン州立歴史公園（→ P.185）は入場無料。バルボアパーク（→ P.181）では、週末などにパイプオルガンのコンサートやストリートパフォーマンスが行われていて、ローカルにぎわっている。ダウンタウンからバスでアクセスできるミッションビーチ（→ P.187）やパシフィックビーチ（→ P.187）でくつろぐのもいい。

メキシコのような街並みが魅力のオールドタウン州立歴史公園

Tips2 編集室いち押し、お手頃価格のフード

ショッピングモールのウエストフィールド・UTC（→ P.191）にフードコートがあるほか、ファッションバレー・モール（→ P.190）には、ファストフード店が集まっている。サンディエゴで誕生した、チキンサンドイッチで有名なクラックシャックと1969年創業のハンバーガーショップのホーダッズは試してほしいレストラン。

クラックシャック
フライドチキン・サンドイッチ Firebird（$13）とポテト Shack Fries（$3.50）、5ピースのフライドチキン Half Bird（$18）

ホーダッズ
チーズバーガー Single Cheeseburger（$9）とポテト Fries（$3.50）

ホーダッズ Hodad's
🄼 P.177-B2
🏠 945 Broadway, San Diego
☎ (619) 234-6323　🌐 hodadies.com
🕐 毎日 11:00 ～ 21:00　カード A M V

クラックシャック The Crack Shack
🄼 P.177-A1
🏠 2266 Kettner Blvd., San Diego
☎ (619) 795-3299　🌐 crackshack.com
🕐 毎日 10:00 ～ 22:00（金・土 ～ 23:00）
カード A M V

サンフランシスコで
リーズナブルに楽しむ術

Tips1 無料で楽しめるスポット

ケーブルカー博物館（→ P.235）や海洋博物館（→ P.242）は無料で入館できる。レストランやショップが集まっているフェリービルディング・マーケットプレイス（→ P.233）からサンフランシスコ湾沿いのエンバーカデロを北西へぶらぶらと歩き、フィッシャーマンズワーフにあるピア 39（→ P.241）でアシカの群れやストリートパフォーマンスを見学するのが観光客の王道ルート。

> 100 年以上前に活躍したケーブルカーが展示されているケーブルカー博物館

Tips2 編集室いち押し、お手頃価格のフード

ショッピングモールのサンフランシスコ・センター（→ P.261）にファストフード店が入っているほか、マーケットストリート沿いのマーケット（→ P.269）には、アジア料理やメキシコ料理のレストランが集まるフードコートがある。そのほか、タコスやブリトーの専門店ウノ・ドス・タコスとセントヘレナ生まれのハンバーガーショップのゴッツロードサイドは、近隣で働く会社員にも人気の店。

ウノ・ドス・タコス

豚肉のタコス Carnitas Taco（$4.95）と牛ステーキのタコス Asada Taco（$4.95）

ウノ・ドス・タコス Uno Dos Tacos
🗺 P.225-D4
🏠 595 Market St., San Francisco
☎ (1-415) 974-6922
🌐 www.unodostacos.com
🕐 月〜金 9:00 〜 20:30、土 11:00 〜 16:00
🈶 日　カード A M V

ゴッツロードサイド

目玉焼きやチーズがのったハンバーガー California Burger（$15.99）とポテト Fries（$4.49）

ゴッツロードサイド Gott's Roadside
🗺 P.225-F2　🏠 1 Ferry Building, #6, San Francisco
☎ (1-415) 318-3424　🌐 www.gotts.com
🕐 毎日 10:00 〜 21:00（金・土〜22:00、日〜 20:30）
カード A M V

ラスベガスでリーズナブルに楽しむ術

Tips1 無料で楽しめるスポット

ストリップ沿いのホテルでは無料のショーが行われている。ベラジオでは噴水のショー（→ P. 326）、ミラージュでは火山噴火のショー（→ P. 326）、ウィン・ラスベガスでは映像のショー（→ P. 326）を楽しめる。ダウンタウンのフリーモントストリートでは、頭上のスクリーンに迫力ある映像が流れる（→ P. 326）。ショーやアトラクションを楽しみたい人は、Tix 4 Vegas（→ P.322）で販売する割引券を活用したい。

> フリーモントストリート

Tips2 編集室いち押し、お手頃価格のフード

イン・アンド・アウト・バーガー

ダブルチーズバーガー Double-Double（$5.70）とポテト French Fries（$2.55）

ショッピングモールのファッションショー（→ P.328）にフードコートが入っているほか、プラネット・ハリウッド・リゾート＆カジノ（→ P.319）内にはファストフード店が点在している。ファストフードのチェーン店とは思えないおいしさのアール・オブ・サンドイッチと、イン・アンド・アウト・バーガーは外せない。

イン・アンド・アウト・バーガー
In-N-Out Burger
🗺 P.318-A3
🏠 3545 Las Vegas Blvd. S., #L24, Las Vegas
🌐 www.in-n-out.com
🕐 毎日 10:30 〜翌 1:00（金・土〜翌 1:30）
カード A M V

アール・オブ・サンドイッチ

ローストビーフやチェダーチーズが挟まれたサンドイッチの 1762 The Original（$9.99）が看板メニュー

アール・オブ・サンドイッチ Earl of Sandwich
🗺 P.318-A4
🏠 3667 Las Vegas Blvd. S., #760, Las Vegas
☎ (702) 463-0259　🌐 earlofsandwichusa.com
🕐 24 時間営業　カード A M V

シアトルで
リーズナブルに楽しむ術

Tips1 無料で楽しめるスポット

パイク・プレイス・マーケット（→ P.356）や巨大な彫刻作品が並ぶオリンピック・スカルプチャー・パーク（→ P.358）、世界の貧困に関する展示が充実するビル＆メリンダ・ゲイツ財団ディスカバリーセンター（→ P.361 脚注）は見学無料。シアトル美術館（→ P.358）やシアトル・アジア美術館（→ P.363）、バーク博物館（→ P.364）は毎月第 1 木曜、入館無料になる。

オリンピック・スカルプチャー・パークに展示されているアレキサンダー・カルダーの『イーグル』

Tips2 編集室いち押し、お手頃価格のフード

ショッピングモールのウエストレイクセンター（→ P.368）にアジア料理のレストランが集まるフードホールがあるほか、シアトルセンターのアーモリー（→ P.362 脚注）に約 15 のファストフード店が入る。草を飼料として育てられた牛の肉を使ったハンバーガーショップのグレート・ステート・バーガーと、ファストフードスタイルでメキシコ料理が味わえるブルーウオーター・タコ・グリルがおすすめ。

グレイト・ステート・バーガー
特製ソースがかかったハンバーガー Great State Burger（$7）と波型にカットされたポテト Crinkle-Cut Fries（$4.25）

グレイト・ステート・バーガー Great State Burger
MAP P.355-A2 🏠2041 7th Ave., Seattle ☎(206)775-7880 🌐greatstateburger.com
🕐月～金 8:00 ～ 20:00、土・日 11:00 ～ 20:00（日～16:00）カード AMV

ブルーウオーター・タコ・グリル
トルティーヤチップスやチーズ、ワカモレが入る Taco Salad（$11.95）

ブルーウオーター・タコ・グリル
Blue Water Tacos Grill
MAP P.355-A3 🏠1000 2nd Ave., Seattle ☎(206)838-8999 🌐bluewatertacogrill.com
🕐月～金 7:30 ～ 14:00 休土・日 カード AMV

ポートランドで
リーズナブルに楽しむ術

Tips1 無料で楽しめるスポット

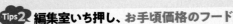

3 月上旬～ 12 月下旬の毎週土・日曜に開催されるサタデイマーケット（→ P.391）で地元アーティストの作品を眺めたり、近郊の農家が野菜や果物を直売するファーマーズマーケット（→ P.392）でつまみ食いをしたり、5 ～ 10 月には 1 万株のバラが咲き誇るバラ園（→ P.397）を訪れたりしたい。ポートランド美術館（→ P.392）は第 1 木曜が入館無料。

ポートランドらしさがあふれるサタデイマーケット

Tips2 編集室いち押し、お手頃価格のフード

ショッピングモールのパイオニアプレイス（→ P.398）にフードコートがあるほか、各国の料理が楽しめるフードカートと呼ばれる屋台がダウンタウンに点在している。冷凍食品を使わないこだわりが人気のハンバーガーショップのキラーバーガーと、2019 年にポートランド市内でベスト・フードカートに選ばれたフードカートのマッツ BBQ タコスで B 級グルメを味わいたい。

キラーバーガー
ベーコンやグリルドオニオンが入ったハンバーガー Classic Burger（$12.95）とポテト Fries（$6）

キラーバーガー Killer Burger
MAP P.389-B3 🏠510 S.W. 3rd Ave., Portland ☎(503)946-8946 🌐killerburger.com
🕐毎日 10:30 ～ 21:00 カード AMV

マッツ BBQ タコス
ブリスケットビーフが入った Brisket Taco（$5.75）、ワカモレやトマトがミックスされた Migas Taco（$5.75）、豚バラのスライスがのった Pork Belly Taco（$5.75）

マッツ BBQ タコス Matt's BBQ Tacos
MAP P.388-B3 🏠4223 N. Mississippi Ave., Portland ☎(503)504-0870 🌐mattsbbqpdx.com
🕐毎日 11:30 ～ 21:00 カード AMV

幻想的な風景に心奪われる
アメリカ西海岸の自然美

観光客でにぎわう大都市にはない魅力がアメリカ西海岸にはある。
長い年月をかけて形成された壮大な景色に人々は圧倒される。
西海岸の街から一歩踏み出せば、自然が作り出した大迫力の造形美がすぐそこに。

カリフォルニア州

「神々が遊ぶ庭」とも呼ばれている

ヨセミテ国立公園
Yosemite National Park　→P.299

　氷河による浸食でできた渓谷。丸いドームが半分に割れたような形をした岩壁のハーフドームや世界最大の一枚岩であるエルキャピタンは、バレーループトレイル（ハイキングコース）から眺めるのがいい。サンフランシスコから東に305km、車で約4時間。

→P.374

世界で唯一の針葉樹の温帯雨林、ホー・レイン・フォレスト

ワシントン州
世界遺産に認定されている海岸と内陸の森と山岳地帯

オリンピック国立公園
Olympic National Park →P.374

　60近い氷河を抱く2000メートル級の山々、コケで埋め尽くされた温帯雨林、流木が打ち寄せる美しい海岸と、3つの顔をもつ。車で行くことができる展望台ハリケーンリッジからのパノラマはすばらしい。シアトルから北西に190km、車で3時間30分。

ナチズピーク・ループトレイルから見たマウント・レーニア

ワシントン州
カスケード山脈の最高峰

マウント・レーニア国立公園
Mt. Rainier National Park →P.376

　標高4392mのマウント・レーニアと周辺の森林地帯からなる。マウント・レーニアの南麓にあるパラダイスには、ビジターセンターと宿泊施設があり、何本ものハイキングトレイルが延びている。シアトルから南東に150km、車で2時間30分。

カリフォルニア州
パワースポットとして注目されている

マウントシャスタ
Mount Shasta →P.306

　古くからネイティブ・アメリカンのシャスタ族に「聖なる山」としてあがめられ、守られてきたマウントシャスタ。ミネラルウオーターのクリスタルガイザーは、山を水源とする湧き水を直接ボトリングしている。サンフランシスコから北に440km、車で5時間。

レイクシスキューから見るマウントシャスタ

コロラド川とグランドキャニオンのサウスリム

→P.331

アリゾナ州

最下部の地層は15〜20億年前に形成された

グランドキャニオン国立公園

Grand Canyon National Park

東西446kmに横たわる大峡谷は、コロラド川の長年の浸食作用により削り出された。峡谷に突き出た岩壁の上にあるマーザーポイントは、日の出と日没を見渡せる絶景ポイントとして有名だ。ラスベガスから東へ450km、車で5時間。

「天使が舞い降りる岩」といわれているエンジェルス・ランディング

ユタ州

5月には高山植物の花が満開となる

ザイオン国立公園

Zion National Park →P.340

ナバホ・サンドストーンという赤い砂岩で構成されている渓谷。公園中央を流れるバージン川の浸食作用によって形作られた。ビジターセンターの裏手には、標高2380mの岩山ウエストテンプルがそびえ立つ。ラスベガスから北東へ260km、車で3時間。

ユタ州

ギザギザの奇岩が立ち並ぶ

ブライスキャニオン国立公園

Bryce Canyon National Park →P.340

公園内を流れるパライア川や何千年もの間に降った雨により、石灰を含む砂や泥の層が削り取られてできあがった。鋭くとがった形の岩（フードゥー Hoodoo：尖塔群）は朝日や夕日に照らされてオレンジ色やピンク色に輝く。ラスベガスから北東へ420km、車で4時間30分。

トールハンマーと呼ばれている園内最大の尖塔

太陽が差し込むと神秘的な風景をつくり出す

アリゾナ州

幅が細くて長いV字型の渓谷

アンテロープキャニオン

Antelope Canyon →P.340

　上流に降る雨がもたらした鉄砲水が、ナバホ砂岩層と呼ばれる砂岩の地層に流れ込み、浸食されてできた渓谷。水流の渦が刻まれたように見える岩壁は、隙間から差し込む太陽光により赤く染まる。ラスベガスから北東へ450km、車で5時間。

アリゾナ州・ユタ州

ネイティブ・アメリカンのナバホ族居留地にある

モニュメントバレー

Monument Valley →P.341

　テーブル形の台地メサ Mesa や、浸食が進み塔のように残った岩山のビュート Butte が点在する。5000万年もの年月をかけてできた高さ300mの地層が集まっている景観は、記念碑（モニュメント）のように見えることからモニュメントバレーと名づけられた。ラスベガスから東へ640km、車で7時間。

ハリウッド映画にもよく登場する US-163 からの眺め

アリゾナ州

「神々が住む聖地」といわれている

セドナ

Sedona →P.341

　古くからネイティブ・アメリカンのヤバパイ族やアパッチ族の聖地としてあがめられてきた。地球の磁力が集中し、強いエネルギーを発するボルテックスが集まっていて、世界有数のパワースポットとして知られている。ラスベガスから南東へ450km、車で5時間。

レッドロック・クロッシングからカセドラルロックを眺める

西海岸で食べたい

ご当地グルメ**8**選

Top 8 Dishes & Drinks you must try in West Coast U.S.A.

2010年頃「ファーム・トゥー・テーブル」という考え方がアメリカ西海岸で広まったといわれている。レストランで使用する肉や野菜などを地元の農家や生産者から直接買い付け、仕入れた食材をすべて使い切るようにその日のメニューを決めるスタイルだ。そのような食環境で暮らす人たちが求める料理のレベルは高い。冷凍食品を使わなかったり、注文が入ってから調理したりするファストフード店もあるほど。たかがアメリカ料理と侮るなかれ。西海岸は素材の味を楽しめるメニューが豊富なのだ。

Hamburger ハンバーガー

予算 $7～28

アメリカ料理の代表格で、専門店やダイナー、ブリュワリーなど、いたるところで食べられる。近郊の畑で収穫された野菜や自家製のソースを使ったり、バンズやパテにこだわったり、食材や調理法に妥協しない店が多い。

ここで食べたい！

ロスアンゼルス	イン・アンド・アウト・バーガー → P.104
サンディエゴ	ホーダッズ → P.15
サンフランシスコ	スーパー・デューパー・バーガーズ → P.266
シアトル	グレイト・ステート・バーガー → P.17
ポートランド	キラーバーガー → P.17

Pizza ピザ

予算 $13～30

19世紀後半にイタリア系移民がアメリカ国内でピザ専門店を開いたのが、アメリカにおけるピザの始まりといわれている。薄くてクリスピーなピザから深いお皿のような厚さのものまでさまざま。ボリュームたっぷりなので、数人でシェアしたい。

ここで食べたい！

ロスアンゼルス	アイビー → P.103
サンディエゴ	イヅラ・ピッツァ・バー → P.193
サンフランシスコ	アリズメンディベーカリー → P.269
シアトル	シリアスパイ → P.370
ポートランド	ノストラーナ → P.401

Steak ステーキ

予算 $28～75

リブアイやフィレミニョン、ニューヨークストリップ、Tボーンなどの部位を味わえる。30日間寝かせてうま味を凝縮させた熟成肉が近年人気に。高級ステーキ店の多くは、ネブラスカ州産の牛肉を提供している。

ここで食べたい！

ロスアンゼルス	オリジナル・パントリー・カフェ → P.105
サンディエゴ	グレイストーン・プライム・ステーキハウス＆シーフード → P.192 脚注
サンフランシスコ	ジョーンズグリル → P.266

Clam Chowder
クラムチャウダー

予算
$7～15

トマトとコンソメを使った赤いスープベースのマンハッタン風クラムチャウダーと、牛乳をベースとした白いクリームスープのニューイングランド風クラムチャウダーがある。アメリカ西海岸ではニューイングランドスタイルが人気。

ここで食べたい！
ロスアンゼルス	オルブライト → P.101
サンディエゴ	フィッシュマーケット → P.192
サンフランシスコ	ホッグ・アイランド・オイスター・カンパニー → P.267
シアトル	アイバーズ → P.370
ポートランド	ジェイクス・フェイマス・クローフィッシュ → P.400

予算
$4.50～7

Coffee
コーヒー

シアトル発祥のスターバックス・コーヒーが有名なセカンド・ウエイブ・コーヒーから、サンフランシスコやポートランドで誕生したとされるサード・ウエイブ・コーヒーまで、アメリカ西海岸ではこだわりの一杯を味わえる。コーヒー豆本来の風味を楽しみたい。

Tacos
タコス

予算
$3.50～9

メキシコの影響を強く受けているカリフォルニア州では、メキシコ料理の定番タコスも人気の一品。トウモロコシの粉や小麦粉で作られたトルティーヤに、マリネしたステーキ肉やシーフード、ワカモレなどを挟む。

ここで食べたい！
ロスアンゼルス	トカヤ・モダン・メキシカン → P.102 脚注
サンディエゴ	タコス・エル・ゴルド → P.192
サンフランシスコ	タコリシャス → P.268
ポートランド	マッツ BBQ タコス → P.17

ここで飲みたい！
ロスアンゼルス	アルフレッドコーヒー → P.36
サンディエゴ	ジェームズ・コーヒー・カンパニー → P.180 脚注
サンフランシスコ	フォーバレルコーヒー → P.207
シアトル	エスプレッソ・ビバーチェ → P.371
ポートランド	スタンプタウン・コーヒー・ロースターズ → P.400

Craft Beer
クラフトビール

ポートランドやサンディエゴで生まれたクラフトビールのブームは西海岸全体に広がっている。日本で昔から飲まれているラガーよりも、フルーツの香りやジューシーな味わいが特徴のIPAが人気。ホップを多く使っているため苦味が強いものが多い。

Donuts
ドーナツ

予算
$1.50～6

アメリカではお菓子というよりも朝食の定番メニューとして定着している。カリカリのベーコンがのったものや色鮮やかにシュガーコーティングされたものから、シンプルなオールドファッションまで、専門店では10種類以上取り揃える。

ここで食べたい！
ロスアンゼルス	サイドカードーナツ → P.101
サンディエゴ	ドーナツバー → P.193 脚注
シアトル	トップポット・ドーナツ → P.371
ポートランド	ブードゥードーナツ → P.400

予算
$7～15

ここで飲みたい！
ロスアンゼルス	エンゼルシティ・ブリュワリー → P.105
サンディエゴ	ストーンブリューイング・タップルーム → P.192
サンフランシスコ	フォートポイント・ビール・カンパニー → P.207
シアトル	エリジアン・ブリューイング・カンパニー → P.371
ポートランド	テン・バレル・ブリューイング・カンパニー → P.401

西海岸の2大スーパーマーケットで おみやげ探し

Whole Foods Market　**Trader Joe's**

健康志向が高く環境問題に関心をもつ住民が多いアメリカ西海岸には、オーガニック・スーパーマーケットが各エリアにある。特にオーガニック食材を数多く取り扱うホール・フーズ・マーケットと、オリジナルのスナック菓子が豊富なトレーダージョーズは、必ず訪れたいスーパーマーケットチェーン店だ。お手頃価格のアイテムも揃っているので、おみやげ探しに立ち寄りたい。

ホール・フーズ・マーケット
Whole Foods Market

　1980年テキサス州オースチンで誕生した。全米に展開するオーガニック・スーパーマーケットの雄として、カナダやイギリスを含め、約500の店舗をもつ。米国農務省のオーガニック認定を受けた農作物や近隣の農家から取り寄せた新鮮な食材を販売している。特に、オーガニック調味料やアロマテラピー、自然派コスメの品揃えが充実。

Daily Use

$5.79

万能石鹸、ドクターブロナー・ペパーミント・ソープ

$1.99
オーガニック・リップバーム

$2.99
ローズの花びら入りバスボム（入浴剤）

Food

グルテンフリーのパスタ

$5.79

$2.39

ベリー味のインスタントオートミール

$4.29
ペパーミント・ジンジャー・ハーバルティーのティーバッグ20包入り

$3.19
オーガニック、ビーガン、グルテンフリーのプロテインバー

$3.39

グレープフルーツ味の歯磨きガム

$2.29

ペパーミント味のミントタブレット

Reusable Bag

$3.99
サンフランシスコ・ベイエリア限定のポリプロピレン製エコバッグ

$3.99
ラスベガス限定のポリプロピレン製エコバッグ

トレーダージョーズ
Trader Joe's

1967年カリフォルニア州パサデナにオープンしたグルメ・グローサリーストア。全米で550以上の店舗を展開している。自社ブランドのオリジナル商品が多いのが特徴だが、そのほかの商品も製造業者から直接購入し、中間マージンを省いているので、販売価格が安く設定されている。特に良質なカリフォルニアワインやナッツ、ドライフルーツ、スパイスの品揃えが豊富だ。

Daily Use

$4.99
$6.99

オーガニック・アルガンオイル

ココナッツオイル＆ヘンプオイルのハンドクリーム

$4.99
ココナッツの香りのヘア美容液、ヘアセラム

$3.99
化粧品ミスト、フェイシャル・ローズウオーター

$3.99
無香料の手足用バーム

Food

グルテンフリーの
パンケーキミックス

$3.99

$6.99
$2.49

トレジョといえば
シーズニング

シグネチャーの Joe
シリーズコーヒー豆

$2.99
ジンジャー味のオーガニック・ミントタブレット

$3.99
さっぱりとした風味のレモンカード
（レモン・バター・クリーム）

99¢
大人気 everything
but the bagel の
ナッツ

エスプレッソ豆の
チョコレートがけ

$2.99
バターのうま味たっぷり、
バター・ワッフルクッキー

$2.99
チョコレートでコーティングされたバターサンド・クッキー

Reusable Bag

99¢
ワシントン州限定のポリプロピレン製エコバッグ

$3.99
いわしの缶詰が描かれたコットン製エコバッグ

📝メモ 掲載している商品は、在庫がなくなりしだい、販売終了となる可能性がある。

西海岸って
こんなトコ

アメリカ西海岸オリエンテーション

アメリカ合衆国は、北米大陸の中心部に位置し、面積983万3517km²と、日本の約26倍！そのためアメリカ本土内には4つの時間帯がある。

アメリカ西海岸は、アメリカ合衆国西側の太平洋に面した地域（一部を除く）で、カリフォルニア州、ネバダ州、ワシントン州、オレゴン州の4州を合わせた面積は約112万km²。カリフォルニア州だけで日本の本州が収まってしまうほどだ。ここでは各州の概要を紹介しよう。

日本から
シアトルまでは
約9時間！

同縮尺の日本とアメリカ

State of Washington
ワシントン州（WA）

州都　オリンピア Olympia

ニックネーム　The Evergreen State（常緑の州）

歴史　1770年代、スペインやイギリスの探検家たちにより、ワシントン州海岸地域の土地が次々と発見されていった。1812〜1815年の米英戦争でイギリスからの輸入が凍結した結果、自国での産業が発展。ワシントン州は製材、農水産、貿易港をもつことで発達していく。1896〜1899年に起こったカナダ・アラスカのゴールドラッシュのルートとなって人口が急増し、1889年にアメリカ合衆国42番目の州として成立した。

掲載都市

1 スターバックス・コーヒーが生まれた街
Seattle　シアトル　→ P.346

カナダとの国境に近く、周囲に豊かな自然が広がるシアトル。1971年、ここにスターバックス・コーヒーが誕生。名ギタリストのジミ・ヘンドリックスもシアトル生まれだ。

アマゾンなど
世界的企業の
本社が多い

最先端ITを
駆使したアマゾンの
無人店舗

掲載都市

2 トップランクの住みたい街
Portland　ポートランド　→ P.380

日本でも注目のエコシティ、ポートランド。ポートランド生まれのショップやレストランも続々と日本に進出してきている。環境や食に対する意識の高さは、ほかの都市とは一線を画す。

多様性を受け入
れる街

State of Oregon
オレゴン州（OR）

州都　セーラム Salem

ニックネーム　The Beaver State（ビーバーの州）

歴史　1560年代にスペイン、イギリスの探検家たちによって発見され、現在のワシントン州、アイダホ州、カナダのブリティッシュ・コロンビア州を含む大陸北西部一帯が「オレゴンテリトリー」と呼ばれていた。1846年にオレゴン条約が締結されるまで、アメリカとイギリスとの間で領地獲得の紛争が続き、その後1859年にアメリカ合衆国33番目の州として成立。1869年に東西を結ぶ大陸横断鉄道の開通にともない、人口も産業も発達していった。

State of California
カリフォルニア州(CA)

州都　サクラメント Sacramento

ニックネーム　The Golden State(黄金の州)

歴史　1542年、現在のサンディエゴにスペインの探検家フアン・ロドリゲス・カブリヨが到着したことからカリフォルニアの歴史が始まった。スペイン統治下の後、メキシコに併合、1846～1848年の米墨戦争の結果、メキシコからアメリカに割譲された。1848年にサクラメント周辺で金鉱が発見され、ゴールドラッシュにともなって急発展を遂げる。1850年にアメリカ合衆国31番目の州として成立。

掲載都市
3 さまざまな文化の発信地　→ P.208
San Francisco　サンフランシスコ

アーティストが多く、LGBTQコミュニティ、ヒッピーなど、マイノリティの文化があふれる街。それらを許容するサンフランシスコは、ITバブルの影響で地価が高騰中!

"自由"というオーラが街を覆う

IT産業でアメリカンドリームをつかんだ若者が多い

掲載都市
4 世界のトレンドはここで生まれる　→ P.38
Los Angeles　ロスアンゼルス

トレンドを生み続ける街ロスアンゼルス。ここで生まれたトレンドが世界のスタンダードになることもしばしば。ハリウッドやビバリーヒルズなど、アメリカを象徴するスポットも多い。

女性たちは写真を撮るのに忙しい

写真映えスポットがいっぱい

掲載都市
5 カリフォルニア誕生の地　→ P.168
San Diego　サンディエゴ

メキシコに隣接し、エキゾチックな雰囲気が漂うサンディエゴ。年中過ごしやすい気候で、国内有数のビーチもあり、バカンスに最適な地。夏も冬も、いつでも旅行シーズンだ。

ヤシの木が林立する

State of Nevada
ネバダ州(NV)

州都　カーソンシティ Carson City

ニックネーム　The Silver State(銀の州)

歴史　1820年頃、毛皮貿易商のジュデダイア・スミスが、南カリフォルニアを訪れる途中で、偶然ネバダの地を発見したといわれている。米墨戦争終了後、アメリカの領土となったが、しばらくはユタとの領地併合時代が続いた。1859年、豊富な鉱脈が見つかり、採鉱により発展。1861年、ネバダとしてユタから分離した。1864年にアメリカ合衆国36番目の州として成立。

掲載都市
6 エンターテインメントの中心
Las Vegas　ラスベガス　→ P.310

文字どおり"眠らない街"ラスベガスは、すべての欲望を満たしてくれる。カジノ、ショッピング、ショー、バフェ、ナイトクラブ……。説明不要のエンターテインメントシティだ。

夜も無数のネオンが街を照らしている

掲載国立公園
7 見たことのない景色に出合う　→ P.331
Grand Canyon National Park
グランドキャニオン国立公園

圧倒的なスケールの景色が広がる、アメリカを代表する国立公園。大峡谷が映し出す光と影の芸術に、世界中の観光客が魅了されている。

時間ごとに変化する表情に注目したい

一生の思い出になるはず

State of Arizona
アリゾナ州(AZ)

州都　フェニックス Phoenix

ニックネーム　The Grand Canyon State(グランドキャニオンの州)

歴史　フランシスコ会の修道士マルコス・デ・ニサが、1539年にアリゾナ地域を探検したという記録が残されている。1775年、ツーソンに要塞が建てられスペイン領となり、1821年、スペインから独立を宣言したメキシコの領土になったが、米墨戦争の終わりにアリゾナ州の大部分がアメリカの所有になる。1912年にアメリカ合衆国48番目の州として成立。

何で旅する？ 交通手段別 アクセスガイド

公共交通網が発達している日本とは異なり、アメリカ国内の移動手段はやっぱり車がメイン。広い国土ゆえに飛行機での移動もポピュラーだ。

そのほか、長距離バスのグレイハウンドや鉄道のアムトラックも移動手段として挙げられる。それぞれの特徴を理解し、旅のスタイルに合った移動方法を見つけよう。

＼ 自由度No.1 ／
レンタカー Rent-a-Car

道路の整備も行き届き、広いフリーウエイを走ればドライブも快適だ。ただし、サンフランシスコは急勾配の道が多く、運転に慣れている人でも苦戦する。また、ロスアンゼルスなどの都心部は日本と同様、通勤ラッシュによる渋滞も激しい。走行するエリアや時間帯を考慮して、移動のプランを立てるといい。

止まるも進むも
自分しだい

▶レンタカー→ P.424 ／交通ルール→ P.425

＼ ローカルの雰囲気も味わえる ／
グレイハウンド Greyhound

低予算での移動といえばグレイハウンド。「こんな小さな町にまで……」と思うほど、全米を網羅している。すべてをバスでと考えず、近隣への移動や雰囲気を味わうだけの利用でも、旅に変化が出てくるはず。

▶長距離バス→ P.422

＼ 西海岸の景色を堪能したいなら ／
アムトラック Amtrak

旅程にゆとりがあるなら、鉄道のアムトラックでの移動もおすすめ。アメリカ西海岸には、車窓から海岸線を眺めることができるパシフィック・サーフライナー号 Pacific Surflinerと、シアトル-ロスアンゼルス間を車中1泊2日で走り抜けるコースト・スターライト号Coast Starlightなど、人気のルートが豊富だ。

▶鉄道→ P.422

＼ 長距離もひとっ飛び ／
飛行機 Airplane

アメリカ国内には、数多くの路線と航空会社が存在している。大都市から小さな町までを効率よく結ぶ交通手段だ。

▶アメリカ国内線の基礎知識 → P.421

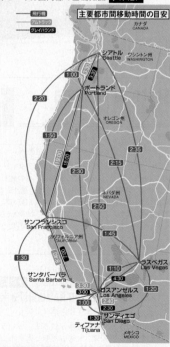

主要都市間移動時間の目安

主要都市間のマイル / キロメートル換算表

マイル (mile) キロメートル (km)	LA	SD	LV	SF	PO	SE
ロスアンゼルス(LA)		120	270	382	963	1135
サンディエゴ(SD)	192		332	502	1091	1264
ラスベガス(LV)	432	531		570	966	1114
サンフランシスコ(SF)	611	803	912		635	808
ポートランド(PO)	1541	1746	1546	1016		174
シアトル(SE)	1816	2022	1782	1293	278	

期間は?
目的は?

テーマ別
旅のモデルプラン

アメリカ西海岸の街へは、日本から9〜10時間ほどのフライトで到着する。都市間の移動も比較的簡単で、人もあたたかく、旅の初心者でも十分楽しむことができるデスティネーションが多い。
　長期でも、短期でも、うまく旅程を組めば、最高の思い出になること間違いなし! ここではテーマ別に旅のモデルプランを紹介しよう。

10日間 Itinerary

初めてのロングトリップへ

西海岸の街を総ざらい アメリカ縦断旅

10日間は長いと感じるかもしれない。しかし、長い旅程でこそ見える、感じるものがある。ショートトリッパーからロングトリッパーへ。転身の一歩は西海岸からスタートしたい。

Day ① シアトルに午前中到着。パイク・プレイス・マーケット→P.356 やシアトルセンター→P.361 などを楽しむ

Day ② 午前中にグレイハウンドでポートランドに到着。自転車をレンタル→P.390 してポートランドの街をぶらり

Day ③ アウトドアショップが多い

ポートランドは消費税0%!

ファーマーズマーケット→P.392 やクラフトマンシップにあふれるショップ→P.398~399 で買い物三昧

Day ④ 午前中、飛行機でサンフランシスコへ。ゴールデンゲート・ブリッジ→P.246 やピア39→P.241 など定番観光スポットを楽しむ

Day ⑤ サンノゼ→P.258 でIT企業を訪問。23:00頃グレイハウンドに乗車

Day ⑥ ハリウッドみやげをゲット

朝LAに到着。ハリウッド→P.77 やサンタモニカ→P.70 など定番の場所を巡る

Day ⑦ 終日ユニバーサル・スタジオ・ハリウッド→P.143 を満喫。夕方グレイハウンドでサンディエゴへ

Day ⑧ 最後はビーチでリラックス

全米有数のビーチが多い

サンディエゴのビーチ→P.187、オールドタウン州立歴史公園→P.185 などへ。夜はサンディエゴの地ビールで乾杯

Day ⑨ サンディエゴから日本へ出発

Day ⑩ 日本に到着

日本から
シアトル
ポートランド
サンフランシスコ
サンノゼ
ロスアンゼルス
サンディエゴ
日本へ

道路 ━━━ 州境 ----- ルート

Itinerary 8日間

\アメリカのアイコンをぐるり！/
都市も自然も楽しみたい
バランス型人気ルート

思い描いたアメリカは西海岸にあり！
エンターテインメント満載のルートで、
ど直球のアメリカを体験してみては。

Day 1 日本からロスアンゼルス→P.38 へ。そのままハリウッド→P.77 を散策

Day 2 ハリウッド映画の撮影にも使われる、スタジオ見学ツアー→P.74 に参加しよう！

Day 3 夢と魔法の世界、ディズニーランド・リゾート→P.129 を終日満喫

Day 4 飛行機でラスベガス→P.310 へ出発。夜はカジノで思う存分BET！

Day 5 グランドキャニオン国立公園→P.331 へ現地のツアーで出発。大パノラマに感激！グランドキャニオンで1泊

Day 6 ラスベガスに戻り、アウトレット巡り。夜はショーを楽しんで！

Day 7 ラスベガス発、ロスアンゼルス経由で日本へ出発

Day 8 日本に到着

エンターテインメント大国ならではの体験が待っている

Itinerary 7日間

\都会に疲れた人に贈る/
中規模都市と自然
リラックストリップ

都市も、自然の規模も、大き過ぎず、小さ過ぎず。無理せず楽しめるおすすめルート。

Day 1 シアトルやサンフランシスコで乗り換えてポートランド→P.380 に到着。ダウンタウンを中心に終日市内観光

Day 2 ポートランド発のメーカー→P.398〜399 でショッピング。ランチはフードカート→P.391 で

Day 3 朝、レンタカーを借りてマウント・レーニア国立公園→P.376 へ。トレッキングしながら氷河を見学。夕方シアトルへ

Day 4 シアトルからレンタカーでオリンピック国立公園→P.374 へ。ジャングルのような温帯雨林、巨大な流木など、個性的な国立公園を満喫。夕方シアトルへ戻りレンタカーを返却

Day 5 終日観光。スターバックス・コーヒーの1号店→P.356 は訪れておきたい。パイク・プレイス・マーケット→P.356 も忘れずに

Day 6 シアトルから日本へ出発

Day 7 日本に到着

ポートランド・サインもお見逃しなく

Itinerary 7日間

\レンタカーを運転して自分のペースで/
子供連れでも満喫できる
車でのんびり南カリフォルニア

列車に乗り間違えたり、集団での移動の気忙しさがないのはやっぱり車だ。車社会のアメリカ、特に南カリフォルニアの町はどこへ行くにも車が早くて便利。子供がいても心配無用！

Day 1 ロスアンゼルスに到着。この日は夜までユニバーサル・スタジオ・ハリウッド→P.143 を満喫！ハリー・ポッターやシンプソンズの世界

Day 2 レンタカーを借りアナハイムへ。ディズニーランド・リゾート→P.129 で夢にひたる。アナハイム泊

Day 3 レンタカーで南へ。海岸沿いを南下し、途中にあるオレンジカウンティのビーチ→P.120 を気まぐれ観光。サンディエゴ泊

Day 4 レンタカーで、世界的に有名なサンディエゴ動物園→P.182 へ。広い園内でゆっくり動物を見学。サンディエゴ市内に戻りレンタカーを返却

Day 5 終日サンディエゴを市内観光。ビーチ→P.187 で旅の疲れを癒やすのも◎

Day 6 サンディエゴから日本へ出発

Day 7 日本に到着

サンディエゴ動物園で動物と接近！

Itinerary 6日間

\ 連泊で荷造りも不要 /

1都市に滞在して じっくり街を楽しむ旅

狭い土地に見どころが集まっている サンフランシスコなら、数日の滞在で かなりディープに街を知ることができる。

Day 1 サンフランシスコ →P.208 に到着。ホテルにチェックインしたら、フィッシャーマンズワーフ →P.241 へ

Day 2 朝食はフェリービルディング・マーケットプレイス →P.233 で。ダウンタウン →P.232 やSOMAの見どころを巡る

Day 3 バートでバークレー →P.256 へ行きキャンパスを見学。サンフランシスコに戻り、バスでゴールデンゲート・ブリッジ →P.246 へ

Day 4 ナパやソノマのワイナリーを巡る日帰りツアー →P.218 側注 に参加

Day 5 午前ユニオンスクエア周辺 →P.232 で買い物。夕方の便でサンフランシスコから日本へ出発

Day 6 日本に到着

歩いて渡ることができるゴールデンゲート・ブリッジ

Itinerary 9日間

\ 海沿いのドライブで都市間を移動 /

カリフォルニアの2大都市と 自然を満喫する欲張りなルート

同じ州にありながら、気候も雰囲気もまったく異なるふたつの都市の旅。
2都市の移動はさまざまな方法があるが、せっかくなら人気のルートをドライブで。

Day 1
ピア39はSFの人気スポット
サンフランシスコ →P.208 に到着。代表的な観光スポット、フィッシャーマンズワーフ →P.241 で夜まで過ごす

Day 2 ゴールデンゲート・ブリッジ →P.246 へ。歩いて橋を往復して、その後ゴールデンゲート・パーク →P.249 を経由して、ヘイトアシュベリー →P.252 へ

Day 3 レンタカーでナパバレー →P.277 へ。サンフランシスコに戻り宿泊

Day 4 レンタカーでCA1号線を南へ。途中モントレーとカーメル →P.288 に立ち寄り、そのまま南下。夕方、2都市の中間にある町、ビズモビーチ →P.119 に到着し、宿泊

Day 5 CA1号線の町 →P.119 に立ち寄りながら南下を続ける。サンタバーバラ →P.112 で休憩して、サンタモニカ →P.70 到着。レンタカーはこの日に返却

海を眺めながらのんびりドライブ

Day 6 ビバリーヒルズ →P.73 やユニバーサル・スタジオ・ハリウッド →P.143 を楽しむ

Day 7 ハリウッド →P.77 やダウンタウン →P.82 の名所を訪ね、ロスアンゼルスを満喫。夜はドジャースタジアム →P.92 で野球観戦

スターがいっぱい！

ハリウッドはぜひ訪れたい場所

Day 8 ロスアンゼルスから日本へ出発

Day 9 日本に到着

31

DELTA AIR LINES

アメリカ西海岸の旅は、「デルタ航空」で!

西海岸までのフライト時間は、およそ9時間。この空の旅をいかに快適に過ごすかは旅のひとつのテーマ。デルタ航空なら、快適に過ごすためのサービスが揃っているので、次の旅ではぜひ利用してみたい!

ここがいい!

Point 1 最新機材 A330-900neo で羽田から毎日運航

デルタ航空のロスアンゼルス行き直行便は毎日羽田から出発。エアバスの最新機材 A330-900neo には、個室タイプのビジネスクラス「デルタ・ワンスイート」、プレエコ「デルタ・プレミアムセレクト」、「デルタ・コンフォートプラス」、「メインキャビン」があり、旅のニーズや予算に合わせた座席とサービスを選ぶことができる。

Point 2 ミシュラン2つ星シェフの和食メニューが全クラスで楽しめる

ミシュラン2つ星の和食店「一汁二菜うえの」シェフ考案のメニューが全クラスで味わえる。アルコール類も豊富で、食後は入れたてのスターバックス コーヒーが楽しめる。

Point 3 持続可能な旅行のためにサステナビリティにも配慮

生分解性素材を使用した食器や竹製のカトラリーなどを導入し、使い捨てプラスチック製品の使用を削減。また、アメニティキットの包装やファスナーをなくし、再生ペットボトルから作られた寝具を採用するなど廃棄物削減に取り組んでいる。

Point 4 FlyDeltaアプリが便利

チケット予約、座席変更、事前チェックイン、預け入れ荷物の追跡、フライトの変更、空港内ナビなどの機能に加え、乗り継ぎ便の搭乗口や出発時刻の案内がプッシュ通知で届くのでとても便利!

Point 5 個人モニターで楽しめる豊富なエンターテインメント

機内エンターテインメント「デルタ スタジオ」では、最新のハリウッド映画や、HBO®、Hulu®、Showtime® などのテレビシリーズ、ポッドキャストやSpotify が厳選したプレイリスト、多彩なゲームなど、充実したコンテンツが楽しめる。

Point 6 ロスアンゼルス国際空港のターミナルがより便利で快適に

デルタ航空が使用している第3ターミナルが新しくなり、トム・ブラッドレー国際線ターミナルへの連絡通路ができたため、米国内線からの乗り継ぎがより便利に。デルタ航空で最大規模のラウンジ「デルタ スカイクラブ」に加え、2024年末にはプレミアムラウンジもオープン予定。

ロスアンゼルス

Los Angeles

ロスアンゼルスでしたい**7**つのこと

これだけは体験しよう！

ハリウッド映画や音楽はもちろん、ファッション、グルメ、アート、スポーツも楽しめるロスアンゼルス。
広大なエリアに個性豊かなネイバーフッドが散らばっている街では、どこを歩いても旅心を刺激してくれる。

ハリウッドの中心を東西に走る大通りのハリウッドブルバード

1 とにかくハリウッドへ！ → P.77~81

　ハリウッドスターの名前が刻まれ
た**星形の敷石（ウオーク・オブ・フ
ェイム）**やスターの手形と足形が並
ぶ**TCL チャイニーズシアター**は、
朝早くから観光客が集まってくるス
ポット。スト
リートパフォ
ーマンスをす
る大道芸人も
ちらほらと見
かける。

憧れのスターの敷
石を探してみよう

新作映画のプレミア上映も行われる TCL チャイニーズシアター

2 ドジャースタジアムで野球観戦を →P.92

　日本を代表するプロ野球選手、大谷
翔平選手と山本由伸投手が加入した**ロ
スアンゼルス・ドジャース**。スター選
手が集まり、ワールドシリーズ制覇も
近づいた。ダウンタウンからスタジア
ムへのアクセスがいいのもうれしい。

左／ドジャースのチームカラーである青色の洋服を着て応援したい　右／開門と同時に入場すれば試合前の練習を見学できる

③ 西海岸の潮風を感じる →P.70、P.72

青空が広がりヤシの木が並ぶロスアンゼルスのビーチ。**サンタモニカ**から南へ続くにぎやかなビーチはまさに西海岸のイメージそのものだ。**ベニスビーチ**には、大勢の若者が技を競い合っているスケートボードパークもある。

左／サンタモニカ・ピアにはルート66のサインも立つ　右／レンタルショップで自転車を借りてサイクリングを楽しもう

④ セレブ気分で ビバリーヒルズを散策 →P.73～74

高級ブランドショップが軒を連ねる**ロデオドライブ**では、ウインドーショッピングを楽しもう。観光ツアーに参加すれば憧れのハリウッドスターの自宅を車窓から見学できる。

通りを歩くだけで華やかな気分になれるロデオドライブ

⑤ メルローズアベニューで ショッピング →P.36～37、P.81

ストリート系ファッションから高級ブランドブティックまで並ぶ**メルローズアベニュー**。ロスアンゼルスのファッショントレンドが生まれていることで有名な通りには、ハリウッドセレブも通ってくる。

スニーカーショップや古着屋が集まるメルローズアベニュー

⑥ LAダウンタウンで 芸術鑑賞を →P.83

クオリティの高い美術館や博物館、コンサートホールがダウンタウンに集まっている。アンディ・ウォーホルやジャスパー・ジョーンズなどの現代作品が展示されている**ブロード**は、建物も見どころのひとつ。

入場料無料のブロードは事前に予約が必要だ

⑦ テーマパークで思いっきり遊ぶ

ユニバーサル・スタジオ・ハリウッドにしかないアトラクションのひとつ、スタジオツアー

ディズニーランド・リゾートや**ユニバーサル・スタジオ**など、日本でもおなじみのテーマパークの本家がLAにはある。絶叫系ライドが集まる**シックスフラッグス・マジック・マウンテン**へはツアーで訪れたい。

→P.129～149、P.153～155

35

ロスアンゼルスのファッションストリート
メルローズアベニュー
Melrose Avenue

ロスアンゼルスの流行発信地のひとつ、メルローズアベニュー。高級ブランドショップやセレクトショップ、古着屋、ジュエリーショップ、レストラン、カフェなどが軒を連ねる、日本人にもなじみのある通りだ。近年はストリート系ファッションのセレクトショップやスニーカーショップが東側に増えてきた。フォトジェニックなウォールアートも見逃せない。

A

🍽️ グレイトホワイト
ジャスティン＆ヘイリー・ビーバー夫妻をはじめ多くのハリウッドセレブが通うレストラン。朝食とランチのブリトーやサンドイッチは $20 ぐらい。16:00 以降は要予約。

🛍️ チェリーLA
2017 年にロスアンゼルスで誕生したストリート系ファッションブランド。ふたつの実がひとつの房でつながっているさくらんぼが、デザイナーを務めるジョセフとデイビッドを表していると感じたことからチェリーと名づけたそう。

B

🛍️ グロッシアー
全米の 20 ～ 30 歳代女子が注目するコスメブランド。雑誌『Vogue』のアシスタントであったエミリー・ワイスが立ち上げた。ナチュラルで上品に仕上げてくれるマスカラが話題に。

E

☕ アルフレッドコーヒー
2013 年のオープン以来、数々の雑誌に取り上げられているカフェ。ハリウッドセレブや有名ブロガーが頻繁に立ち寄っている。2023 年まで新宿にも店舗があった。

ポールスミス（→ P.97）のピンク色の建物

D

Melrose Pl.

Santa Monica Blvd.
Melrose Ave.
San Vicente Blvd.
La Cienega Blvd.
Orlando Ave.
Harper Ave.
Crescent Heights Blvd.
Edinburgh Ave.

N

0　　200m

C

🛍️ リアルリアル
高級ブランド品のリセールショップ（委託販売店）。Chanel や Gucci、Hermès、Prada などのバッグやアパレルが並ぶ。スタイリストが要チェックする店のひとつ。

F

🛍️ リフォメーション
カリフォルニア生まれのサステナブルな女性ファッションブランド。ぱっと見シンプルながら凝ったデザインのワンピース（$148 ～）やスカート（$128 ～）に人気が集まる。

メルローズアベニューは どこにある？

ロスアンゼルスダウンタウンから北西へ10kmの所。La Brea Ave. から Doheny Dr. までの4kmほどにショップやレストランが集まっている。中心はフェアファクス高校がある、Melrose Ave. と Fairfax Ave. の交差点あたり。
📖P.59-D1、P.60-A1〜、P.61-C1、P.69-A1〜A4 🚌ダウンタウンのHill St. & 3rd St. からメトロバス #10 で、Melrose Ave. & La Brea Ave. 下車。所要約45分。

Ⓐ グレイトホワイト
Great White
📖P.59-D1 🏠8917 Melrose Ave., West Hollywood ☎(424) 274-3244
🌐www.greatwhite.cafe
🕐毎日 8:00 〜 20:00 ［カード］ⒶⓂⓋ

Ⓑ グロッシアー
Glossier
📖P.60-A1 🏠8523 Melrose Ave., West Hollywood 🌐www.glossier.com
🕐毎日 10:00 〜 19:00（日 11:00 〜）
［カード］ⒶⓂⓋ

Ⓒ リアルリアル
The RealReal
📖P.60-A1
🏠8500 Melrose Ave., West Hollywood
☎(310) 695-1795 🌐www.therealreal.com
🕐月〜土 10:00 〜 19:00、日 11:00 〜 18:00
［カード］ⒶⓂⓋ

Ⓓ チェリー LA
Cherry LA
📖P.60-A1 🏠8475 Melrose Ave., Los Angeles ☎(310) 243-6213
🌐cherryla.com 🕐火〜日 11:00 〜 19:00
（日〜17:00）🕐月 ［カード］ⒶⓂⓋ

Ⓔ アルフレッドコーヒー
Alfred Coffee
📖P.60-A1 🏠8428 Melrose Pl., Los Angeles
☎(323) 870-1100 🌐alfred.la
🕐毎日 6:30 〜 19:00 ［カード］ⒶⓂⓋ

Ⓕ リフォメーション
Reformation
📖P.69-A3 🏠8000 Melrose Ave., Los Angeles ☎(1-213) 408-4154
🌐www.thereformation.com
🕐毎日 11:00 〜 18:00 ［カード］ⒶⓂⓋ

Ⓖ メルローズ・トレーディング・ポスト
Melrose Trading Post
📖P.69-A3 🏠7850 Melrose Ave., Los Angeles（Fairfax High School）
🌐melrosetradingpost.org
🕐日 10:00 〜 17:00 💲$6

Ⓗ ワールド・オブ・ビンテージ・T シャツ
World of Vintage T-Shirts
📖P.69-A2 🏠7701 Melrose Ave., Los Angeles ☎(1-323) 651-4058
🕐毎日 11:00 〜 19:00 ［カード］ⒶⓂⓋ

Ⓘ クールキックス
CoolKicks
📖P.69-A2 🏠7565 Melrose Ave., Los Angeles 🕐毎日 11:00 〜 19:00
［カード］ⒶⓂⓋ

Ⓙ ゴールデン・アップル・コミックス
Golden Apple Comics
📖P.61-C1 🏠7018 Melrose Ave., Los Angeles ☎(1-323) 658-6047
🌐goldenapplecomics.com
🕐火〜土 11:00 〜 19:00、日・月 12:00 〜 17:00 ［カード］ⒶⓂⓋ

Ⓗ 🛍 ワールド・オブ・ビンテージ・T シャツ

ビンテージTシャツ好きが通う店。車や音楽、アニメ、スポーツなど幅広いジャンルのTシャツがところ狭しと並ぶ。ハリウッドのスタイリストも立ち寄るとか。

Ⓘ

エンジェルウイングの壁画

コービー・ブライアントの壁画

メトロバス #10 バス停 G Ⓗ Ⓘ

🛍 クールキックス

スニーカーのリセールショップ。Nike Air Jordan や Kobe Bryant Air Force 1、Dunk Low "Argon" など、ほかではあまり見かけないレアものが揃っている。

メトロバス #10 バス停 Ⓙ

ピンクス（→ P.104）のホットドッグ

Ogden Dr.
Spaulding Ave.
Curson Ave.
Vista St.
La Brea Ave.
Fairfax Ave.

Ⓖ

Ⓙ

🛍 メルローズ・トレーディング・ポスト

ロスアンゼルス市内で最大規模を誇るフリーマーケット。Tシャツやデニムから、ジュエリー、レコード、食類まで、いろいろな物が売られていて、商品のレベルも高い。

🛍 ゴールデン・アップル・コミックス

かつてはマイケル・ジャクソンも通っていたというアメリカン・コミック専門店。マーベル・コミックやDC コミックなどのほか、キャラクターグッズも販売している。

ロスアンゼルス
Los Angeles

グレーター・ロスアンゼルス

ヤシの木が茂るビーチやハリウッド映画の撮影スタジオ、ファッション・トレンドの発信地、ハリウッドセレブの暮らす大豪邸とさまざまなイメージがあるロスアンゼルス。アメリカで2番目に大きな都市は、暮らしている人種もさまざまで、個性的なエリアの集まりだ。広大な土地に広がり、底知れぬパワーと多面性をもつロスアンゼルスでは、訪れるたびに新しい発見があるはず。

ロスアンゼルスの歩き方

　アメリカの行政区分は、州の下に郡（カウンティ）がおかれ、郡の下に市、町、村がおかれる。これに当てはめて説明すると、ロスアンゼルス市やサンタモニカ市はロスアンゼルスカウンティ（郡）にあり、ディズニーランド・リゾートがあるアナハイム市はオレンジカウンティに属している。ロスアンゼルスカウンティを中心に近隣4つのカウンティを含めた都市圏を Greater Los Angeles（ロスアンゼルス大都市圏）と呼び、その広さは日本の首都圏（東京から50km圏）に匹敵する。ロスアンゼルス観光は、この"広さ"を把握して計画を立てることがとても重要である。

●プランニングのポイント

　本書では、ロスアンゼルスカウンティの観光エリアを大きく5つに分けて紹介している（エリアガイド→ P.40）。
　前述したように、LAは広い。車を利用しても、1日ですべてのエリアを回るのは不可能だ。まして観光などムリ。欲張っても充実した旅にはならないことを覚えておこう。
　ロスアンゼルス旅行のプランニングのポイントは、①どこで何をしたいか目的を定めてから宿泊地を決め、②宿泊地を起点としてどんな交通手段を利用したら便利かを見極めること。
　例えばパッケージツアーなら、ほとんどの場合、ダウンタウンかハリウッドが宿泊地として選ばれている。公共の交通機関はおおむねダウンタウンを起点に各エリアへ路線網を展開しているので、目的地への行き方を把握し、乗り継ぎや渋滞を予測して計画を立てるといい。宿泊地から簡単に行けるエリアを優先して回るのも効率的な観光の仕方だ。
　また、ロスアンゼルス観光は近郊の町を含めた組み合わせで、バラエティに富んだ楽しみ方ができる。南カリフォルニアを代表するリゾート、サンタバーバラ（→ P.112）やオレンジカウンティ（→ P.120。称して"OC"）、南カリフォルニア第2の都市サンディエゴ（→ P.168）など、組み合わせは無限だ。

ゴーシティ・ロスアンゼルス Go City Los Angeles　ナッツ・ベリー・ファームやレゴランド・カリフォルニアなどのテーマパークのほか、ワーナー・ブラザーズ・スタジオ・ツアーやグラミー博物館を

ジェネラルインフォメーション

カリフォルニア州ロスアンゼルス市
人口　約382万人（東京23区約971万人）
面積　約1214km²（東京23区約628km²）
- ●セールスタックス
  ロスアンゼルス市　9.5%
  サンタモニカ市　10.25%
  アナハイム市　7.75%
- ●ホテルタックス
  ロスアンゼルス市　16.2%
  サンタモニカ市　14%＋リゾートフィー
  アナハイム市　17.21%
※ホテルによって、アメニティフィーが追加されることも。

●観光案内所
Los Angeles Visitors Information Center
Ⓜ P.64-A3　🏠900 Wilshire Blvd., Los Angels, CA 90017
☎(1-323)467-6412
🌐www.discoverlosangeles.com（英語）
🌐www.discoverlosangeles.com/jp（日本語）
🕐2024年3月現在、一時休業中。

●在米公館
在米公館、治安については P.434～を参照。

●ロスアンゼルス市内の電話のかけ方
LA市内では、エリアコードが（213）または（323）にかけるときは最初に「1」＋「エリアコード」を入力。

旅行のシーズンアドバイス
（アメリカ西海岸の気候→ P.407）

　ベストシーズンは3～11月。3月は若干雨が多いが、その点を除けば平均気温12～21℃と過ごしやすい。7、8月は1年のなかで最も暑く32～35℃といった日も珍しくない。ただ、日本に比べると湿度が低いので思いのほか快適だ。天候に恵まれたLAでも12～2月は雨が多い。この時期はハイシーズンに比べ観光客も少なく、ホテルでは通常より安い冬期料金を設定している場合が多い。

ロスアンゼルスの気候

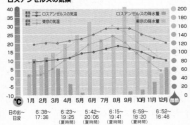

	1月	2月	3月	4月	5月	6月	7月	8月	9月	10月	11月	12月
日の出・日没	6:38〜17:36		6:23〜19:25（夏時間）		5:42〜20:06（夏時間）		6:15〜19:41（夏時間）		6:59〜18:20（夏時間）		6:16〜16:46	

現地の情報誌

　最新情報は日刊紙「Los Angeles Times」の日曜版 🌐www.latimes.com や月刊誌「Los Angeles Magazine」🌐lamag.com に掲載されている。書店などで入手可能。また、

フリーペーパーの「LA Weekly」🌐www.laweekly.com、無料情報誌「Arrived」は観光案内所、カフェなどに置かれている。
　日本料理店などでは、日本語の情報誌「ウイークリー・ララララ」🌐lalalausa.com を入手できる。

イベント＆フェスティバル
※詳細は観光局のウェブサイト（上記のジェネラルインフォメーションを参照）で確認できる

ローズパレードとローズボウル
Rose Parade & Rose Bowl
- ●1月1日
　カレッジフットボールの王座決定戦のローズボウルに合わせ、生花で飾られた山車がマーチングバンドの演奏にのせてパサデナをパレードする。

アカデミー賞授賞式
Academy Awards
- ●2月上旬～3月上旬の日曜
　映画界最高の名誉といわれる。ハリウッドのドルビーシアターが会場。開催前に、劇場前に敷かれたレッドカーペットを歩くセレブも名物。

ロスアンゼルスマラソン
Los Angeles Marathon
- ●3月17日（2024年）
　ドジャースタジアムからハリウッド、ビバリーヒルズなどの観光スポットを走り抜け、ゴールのサンタモニカを目指す。

含む45以上のアトラクションに入場可能なお得な観光パス。3日間有効で$284。1日間、2日間、4日間、5日間、7日間有効のパスもあり。🌐gocity.com/ja/los-angeles

ロスアンゼルスのエリアガイド
Los Angeles Area Guide

ショッピングを含めた街歩きならサンタモニカやロデオドライブ、ハリウッド周辺がおすすめ。美術館、博物館はダウンタウンのミッドウィルシャー地区やパサデナに集中している。野球場、スポーツアリーナ、劇場はダウンタウンに集中しており、ハリウッドにも中規模の劇場が点在する。

ビーチシティズ
Beach Cities（→ P.70）

LA の顔ともいえる、古くからのビーチリゾートエリア。夜でも歩けるショッピングエリアがあるサンタモニカ、個性的な露店がにぎわうベニスのオーシャン・フロント・ウオークが代表スポット。

ウエストサイド
Westside（→ P.73）

高級ブランド街のロデオドライブや高級住宅地で有名なビバリーヒルズがあるエリアで、話題のレストランやブティック、博物館が多くある。人気のゲッティセンターはブレントウッドにある。

ハリウッド
Hollywood（→ P.77）

LA の代名詞ハリウッドエリア。TCL チャイニーズシアターに代表される映画館や、エンターテインメント業界で活躍した人々の名前が刻まれているウオーク・オブ・フェイムなどがある。

ダウンタウン
Downtown（→ P.82）

行政とビジネス、エンターテインメントの中心地。コンサートやスポーツ観戦が目的ならダウンタウンの滞在をすすめる。治安は改善されているが、夜間は注意を怠らないこと。

Point to Point ロスアンゼルス移動術

目的地 ＼ 出発地	Ⓐ Santa Monica Blvd. & 4th St. サードストリート・プロムナードから 1 ブロック北（ビーチシティズ）	Ⓑ Wilshire Blvd. & Rodeo Dr. ロデオドライブ入口（ウエストサイド）
Ⓐ Santa Monica Blvd. & 4th St. サードストリート・プロムナードから 1 ブロック北（ビーチシティズ）		Wilshire Blvd. & Rodeo Dr. 🚌*720* → Santa Monica Blvd. & 4th St.（35 分）
Ⓑ Wilshire Blvd. & Rodeo Dr. ロデオドライブ入口（ウエストサイド）	Santa Monica Blvd. & 5th St. 🚌*720* → Wilshire Blvd. & Peck Dr.（35 分）	
Ⓒ Hollywood Blvd. & Highland Ave. TCL チャイニーズシアターの東 100 m（ハリウッド）	Santa Monica Blvd. & 4th St. 🚌*4* → Santa Monica Blvd. & Fairfax Ave. 🚶🚌*217* → Hollywood Blvd. & Highland Ave.（80 分）	Wilshire Blvd. & Peck Dr. 🚌*720* → Wilshire Blvd. & McCathy Vista 徒歩 6 分 → Wilshire Blvd. & Fairfax Ave. 🚌*217* → Hollywood Blvd. & Highland Ave.（50 分）
Ⓓ 7th St. / Metro Center 駅 LA ライブから北東へ約 800m（ダウンタウン）	Santa Monica Blvd. & 4th St. 徒歩 7 分→ Downtown Santa Monica 駅 🚆 *E ライン* → 7th St. / Metro Center 駅（60 分）	Wilshire Blvd. & Peck Dr. 🚌*720* → 6th St. & Grand Ave. 徒歩 6 分→ 7th St. / Metro Center 駅（60 分）
Ⓔ Memorial Park 駅 オールドパサデナの中心から北東へ約 250 m（パサデナ）	Santa Monica Blvd. & 4th St. 徒歩 7 分→ Downtown Santa Monica 駅 🚆 *E ライン* →7th St. / Metro Center 駅 🚶 🚆 *A ライン* → Memorial Park 駅（95 分）	Wilshire Blvd. & Peck Dr. 🚌*720* → Wilshire Blvd. & Grand Ave. 徒歩 6 分→7th St. / Metro Center 駅 🚆 *A ライン* → Memorial Park 駅（95 分）

公共の交通 🚆 メトロレイルの路線　🚌 メトロバスの路線番号　🚶 乗り換え

  メトロレイルの延伸計画　2024年3月現在工事中なのは、Dラインの Wilshire/Western 駅から Wilshire Blvd. を東へ進み、ロデオドライブやウエストウッドまで延伸するプロジェクトと、Kラインの Westchester/↗

パサデナ
Pasadena（→ P.89）

居住地としても人気があるエリア。メトロレイルで簡単にアクセスでき、ノートン・サイモン美術館やハンティントンなどの見どころも充実している。

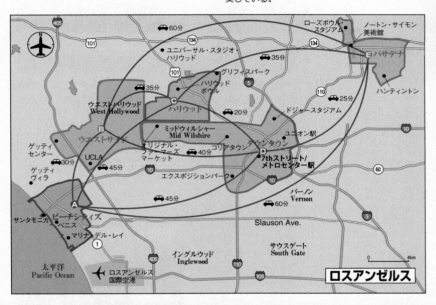

ローズ・ボウル・スタジアム
ノートン・サイモン美術館
60分
134
ユニバーサル・スタジオ・ハリウッド
35分
E パサデナ
グリフィスパーク
110
101
ハリウッドボウル
ハンティントン
35分
ウエスト・ハリウッド West Hollywood
C ハリウッド
20分
25分
ドジャースタジアム
B ウエストサイド
ミッドウィルシャー Mid Wilshire
ユニオン駅
ゲッティセンター
30分
オリジナル・ファーマーズ・マーケット
コリアタウン
ダウンタウン
UCLA
45分
40分
D 7thストリート/メトロセンター駅
ゲッティヴィラ
エクスポジションパーク
A ビーチシティズ
45分
バーノン Vernon
60分
サンタモニカ ベニス
マリナ・デル・レイ
Slauson Ave.
太平洋 Pacific Ocean
サウスゲート South Gate
イングルウッド Inglewood
ロスアンゼルス国際空港
0　　4km
ロスアンゼルス

※効率よく移動できるものを、複数あるルートから選んでおり、必ずしも最短ルートとは限らない。

ⓒ Hollywood Blvd. & Highland Ave. TCL チャイニーズシアターの東 100 m（ハリウッド）	ⓓ 7th St. / Metro Center 駅 LA ライブから北東へ約 800m（ダウンタウン）	ⓔ Memorial Park 駅 オールドパサデナの中心から北東へ約 250 m（パサデナ）
Hollywood Blvd. & Highland Ave. 🚌*217* → Jefferson Blvd. & La Cienega Blvd. 🚶‍♂️🚈*E ライン* → Downtown Santa Monica 駅徒歩 7 分→ Santa Monica Blvd. & 4th St. (80 分)	7th St. / Metro Center 駅 🚈*E ライン* → Downtown Santa Monica 駅徒歩 7 分→ Santa Monica Blvd. & 4th St. (55 分)	Memorial Park 駅 🚈*A ライン* → Little Tokyo / Arts District 駅 🚶‍♂️🚈*E ライン* → Downtown Santa Monica 駅徒歩 7 分→ Santa Monica Blvd. & 4th St. (100 分)
Hollywood Blvd. & Highland Ave. 🚌*217* → Wilshire Blvd. & Fairfax Ave. 🚶‍♂️🚌*720* → Wilshire Blvd. & Rodeo Dr. (50 分)	7th St. / Metro Center 駅徒歩 9 分→ 5th St. & Grand Ave. 🚌*720* → Wilshire Blvd. & Rodeo Dr. (40 分)	Memorial Park 駅 🚈*A ライン* → 7th St. / Metro Center 駅徒歩 9 分→ 5th St. & Grand Ave. 🚌*720* → Wilshire Blvd. & Rodeo Dr. (90 分)
	7th St. / Metro Center 駅 🚈*B ライン* → Hollywood & Highland 駅 (20 分)	Memorial Park 駅 🚈*A ライン* → 7th St. / Metro Center 駅 🚶‍♂️🚈*B ライン* → Hollywood & Highland 駅 (60 分)
Hollywood & Highland 駅 🚈*B ライン* → 7th St. / Metro Center 駅 (20 分)		Memorial Park 駅 🚈*A ライン* → 7th St. / Metro Center 駅 (35 分)
Hollywood & Highland 駅 🚈*B ライン* → 7th St. / Metro Center 駅 🚶‍♂️🚈*A ライン* → Memorial Park 駅 (60 分)	7th St. / Metro Center 駅 🚈*A ライン* → Memorial Park 駅 (35 分)	

↘ Veterans駅からAviation Blvd.を南下し、ロスアンゼルス国際空港へつながるプロジェクト。

ロスアンゼルスへのアクセス
Access to Los Angeles

日系の国際線が到着するのは中央のトム・ブラッドレー国際線ターミナル（→下図の左側）。アメリカ系航空会社の場合はそれぞれが使用しているターミナルから発着している。デルタ、ユナイテッド、アメリカンの各航空会社はそれぞれのターミナルで入国審査がある。国際線も含め便が集中する時間帯に当たると手続きに2時間近くかかってしまうこともあるので注意。

日本からLAXへの直行便
2024年3月現在
・東京（成田）から
　全日空（NH）
　日本航空（JL）
　ZIPAIR Tokyo（ZG）
　シンガポール航空（SQ）
　ユナイテッド航空（UA）
・東京（羽田）から
　全日空（NH）
　日本航空（JL）
　アメリカン航空（AA）
　デルタ航空（DL）
　ユナイテッド航空（UA）
・大阪（関空）から
　日本航空（JL）

✈ 飛行機

ロスアンゼルス国際空港は、日本を含むアジアからの直行便が多く発着するアメリカ西海岸最大の玄関口。空港から各エリアへ行く交通機関も発達している。

ロスアンゼルス国際空港（LAX）
Los Angeles International Airport

🅜 P.54-B4　🏠 1 World Way, Los Angeles
☎ (1-855)463-5252　🔗 www.lawa.org

空港コードはLAXで、一般的にも「エル・エー・エックス」と呼ぶことが多い。ダウンタウンの南西に約25km、サンタモニカから海岸沿いに12kmほど南下した所にある。日本からの直行便が多く、アメリカン航空、デルタ航空、ユナイテッド航空のハブ空港である。空港全体の詳細は下図を参照。

LA国際空港は9つのターミナルからなる

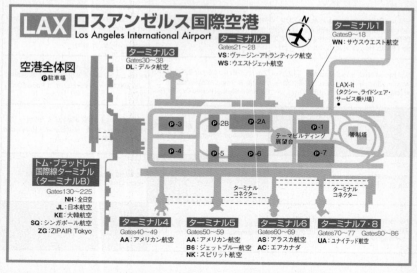

LAX ロスアンゼルス国際空港
Los Angeles International Airport

空港全体図
Ｐ駐車場

ターミナル1
Gates9〜18
WN：サウスウエスト航空

ターミナル2
Gates21〜28
VS：ヴァージン・アトランティック航空
WS：ウエストジェット航空

ターミナル3
Gates30〜38
DL：デルタ航空

LAX-it
（タクシー、ライドシェア・サービス乗り場）

テーマビルディング展望台

管制塔

P-3　P-2B　P-2A　P-1
P-4　P-5　P-6　P-7

トム・ブラッドレー国際線ターミナル（ターミナルB）
Gates130〜225
NH：全日空
JL：日本航空
KE：大韓航空
SQ：シンガポール航空
ZG：ZIPAIR Tokyo

ターミナルコネクター　ターミナルコネクター

ターミナル4
Gates40〜49
AA：アメリカン航空

ターミナル5
Gates50〜59
AA：アメリカン航空
B6：ジェットブルー航空
NK：スピリット航空

ターミナル6
Gates60〜69
AS：アラスカ航空
AC：エアカナダ

ターミナル7・8
Gates70〜77　Gates80〜86
UA：ユナイテッド航空

📖メモ　**ロスアンゼルス国際空港の工事**　2017年に始まった空港の工事は2024年3月現在も行われており、2030年の完成を目指し進行中だ。2024年冬には各ターミナルと駐車場、レンタカーセンターを結ぶ自動運転車 ↗

ロスアンゼルス国際空港から LA 各エリアへ

■ フライアウエイ FlyAway

☎ (1-855)463-5252
🌐 www.flylax.com/flyaway-bus
💴 $ 9.75（空港～ユニオン駅片道）
カード A M V のみ（現金不可）

　LAX ～ダウンタウンのユニオン駅の間を結ぶ直行バス。ユニオン駅以外にバンナイへの便がある。5:40 ～翌 1:10 の間 30 分ごとの運行。乗り場は各ターミナルの到着階を出て、青色の「LAX FlyAway」の柱周辺。

乗車の際はバスの正面に記されているルート名の確認を忘れずに。所要 30 ～ 60 分。ユニオン駅からの乗車は、東口の Patsaouras Transit Plaza の 1 番乗り場から。
●ダウンタウンへ　ユニオン駅からダウンタウン内の移動はメトロレイルのA、B、Dラインで。
●アナハイム（→P.129）、サンタバーバラ（→P.112）、サンディエゴ（→P.168）へは、ユニオン駅からアムトラックでアクセスできる。

■ 路線バス Bus

　料金は安いが、目的地によっては乗り換えが必要。詳細は巻頭折込「ロスアンゼルス - 交通図 -」を参照。
　路線バスに乗るには最初にピンク色の「LAX Shuttles」の柱周辺から LAX シャトルのルート C（LAX City Bus Center）で、96th St. 駐車場内の LAX シティ・バスセンターへ行き、そこから各方面へのバスに乗る。なお、現在 LAX シティ・バスセンターからダウンタウン行きの直行路線バスは運行されていない。
●サンタモニカへ　ビッグ・ブルー・バス Big Blue Bus # 3、または快速バスの rapid 3 で所要約 50 分。マリナ・デル・レイへは所要約 30 分。

■ メトロレイル（電車）Metro Rail

　料金は安いが乗り換えが多い。路線図→ P.47
●ダウンタウンへ　ピンク色の「LAX Shuttles」の柱周辺から LAX シャトルのルート G（Metro C Line）でメトロレイル・C ラインの Aviation/LAX 駅へ。東方向へ乗り Harbor Fwy. 駅で J ライン、Willowbrook/Rosa Parks 駅で A ラインに乗り換える。$1.75、所要約 1 時間。

■ タクシー Taxi

　目的地に直行するので速い。ときおり悪質なドライバーがいるので注意すること。乗り場は 3 ヵ所。ターミナル 1 の近くにある LAX-it のタクシー乗り場、トム・ブラッドレー国際線ターミナル（ターミナル B）とターミナル 3 の前にある駐車場 P3 の中、ターミナル 7 のバゲージクレームの外にある。待機しているタクシーの台数がいちばん多い LAX-it のタクシー乗り場へは、LAX-it シャトルバスか徒歩で向かおう。
●ダウンタウンへ　　約 $51.15、所要約 45 分
●ハリウッドへ　　　約 $75、所要約 30 分
●ビバリーヒルズへ　約 $65、所要約 30 分
●サンタモニカへ　　約 $45、所要約 25 分
●パサデナへ　　　　約 $105、所要約 70 分

■ ライドシェア・サービス（ウーバー＆リフト）Ride App (Uber & Lyft)

　個人による送迎車サービスのウーバーとリフト。LAX-it シャトルバスか徒歩でターミナル 1 そばにある LAX-it へ。乗り場はゾーンに分かれていて、ウーバーはゾーン 21A ～ 23D、リフトはゾーン 30A ～ 32B。LAX-it に着いたら、アプリから目的地を設定し、配車をリクエスト。アプリに表示された乗車ゾーンで指定された車を待つ。乗車前に必ず、車種や車のナンバープレート、ドライバーの名前と行き先を確認すること。

⤵ 車システム Automated People Mover が運行する予定。

ロスアンゼルス国際空港から各エリアへ

■ 郊外へのエアポートバス

●ディズニーランド・リゾートへ（→ P.129）
■ Mickey's Space Ship Shuttle
☎(714)642-5399
📶 mickeysdisneylandexpress.com
🚌 アナハイム $25 ～

　ディズニーランド・リゾートやアナハイムのホテルと LAX を結ぶシャトルバス。到着階のバゲージクレームエリアを出て中州にあるオレンジ色の「Share Ride」の柱周辺から乗車。事前に電話かメールで予約すること。

■ Shuttle One

☎(310)670-6666　📶 www.shuttleone.net
🚌 アナハイム $15 ～

　LAX からディズニーランド・リゾートへ直行するシャトルバス。到着階のバゲージクレームエリアを出て中州にあるオレンジ色の「Share Ride」の柱周辺から乗車。事前に電話で予約すること。

●サンタバーバラへ（→ P.112）
■ Santa Barbara Airbus
☎(805)964-7759　📶 www.sbairbus.com
🚌 片道 $65

　サンタバーバラ方面に向かう定期バス。毎日 8:00 ～ 22:00 の時間帯に 90 ～ 150 分間隔で運行。乗り場は到着階のバゲージクレームエリアを出て中州にあるオレンジ色の「Share Ride」の柱周辺。

■ レンタカー Rental Cars

　LAX の空港内には、レンタカー会社のカウンターがない。空港外にある各営業所までは、到着階のバゲージクレームエリアを出て中州にある紫色の「Rental Cars」サインの下から、利用するレンタカー会社のバスに乗って移動する（無料）。

●サンタモニカへ（→ P.70）
　各レンタカー会社の営業所があるエリア近くを通る Sepulveda Blvd. を北へ進むと、Lincoln Blvd. へ分流する。そこから 4 マイルほど北へ行くと、左側がマリナ・デル・レイ。さらに 4 マイルほど走るとサンタモニカにいたる。所要約 30 分。

●ビバリーヒルズへ（→ P.73）
　Century Blvd. から I-405 North に乗り、Santa Monica Blvd. か Wilshire Blvd. で下りて東へ向かうと、ビバリーヒルズの中心に出る。約 30 分。

●ハリウッドへ（→ P.77）
　Century Blvd. から La Cienega Blvd. に移り、ひたすら北上すれば Sunset Blvd. に突き当たる。そこから東へ 10 分も走ればハリウッド。

●ダウンタウンへ（→ P.82）
　Aviation Blvd. から I-105 East に乗り、I-110 North を北上。渋滞がなければ約 30 分。

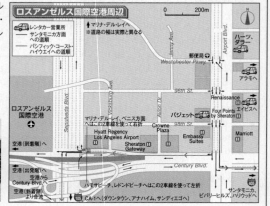

ロスアンゼルス国際空港周辺

各ターミナルを回る専用バスで
レンタカー会社の営業所へ

●アナハイムへ（→ P.129）

I-105 East から I-605 North へ移り、I-5 South へ。13 マイル南下し Exit 110B の出口で下りる。Disneyland Dr. を進めばディズニーランド・リゾート。所要約 50 分。

●サンディエゴへ（→ P.168）

（パシフィック・コースト・ハイウエイを走るコース）

Sepulveda Blvd. を南へ、そのまま進めば道は途中で Pacific Coast Hwy. になる。あとは地図（→右図 LAX ～ サンディエゴ /CA-1: オレンジのラインの道順）のとおり、海沿いのビーチをはしごして走ればよい。ドライブを兼ねて走りたい人向き。所要約 4 時間。

LAX からサンディエゴへ直行で向かう場合は、アナハイムへの道順どおり。I-5 をアナハイムで下りずに南下する。サンディエゴ市内に入ったら Exit 17 の出口で下りて、Cedar St.、4th St. を進む。LAX から約 2 時間 30 分。

	LAX	
ハモサビーチ	11km、20 分	
ハンティントンビーチ	55km、50 分	
ニューポートビーチ	9km、15 分	
ラグナビーチ	18km、20 分	
オーシャンサイド	58km、50 分	
カールスバッド	5km、10 分	
ソラナビーチ	23km、20 分	
ラ・ホヤ	23km、25 分	
サンディエゴ	22km、20 分	

長距離バス（グレイハウンド）

■ ダウンタウン・バス停

ダウンタウンの北東、ユニオン駅（→下記）に併設する。メトロレイルの A、B、D ラインが乗り入れているほか、ロスアンゼルス郊外へ行くメトロリンクも通る。

■ アナハイム・リージョナル・トランスポーテーション・インターモーダル・センター

MLB エンゼルスの本拠地の向かいにある Anaheim Regional Transportation Intermodal Center の中に、グレイハウンドの乗り場がある。アムトラックのアナハイム駅も当センター内。

鉄道（アムトラック）

■ ユニオン駅

ダウンタウンの北東にある。メトロレイルの A、B、D ラインが乗り入れているほか、ロスアンゼルス郊外へ行くメトロリンクも通る。

■ アナハイム駅

上記「長距離バス（グレイハウンド）」の項参照。

ダウンタウン・バス停
MP.64-B1
801 N. Vignes St., Los Angeles
(1-800) 231-2222
毎日 4:00 ～翌 1:00

アナハイム・リージョナル・トランスポーテーション・インターモーダル・センター
M巻頭折込「ロスアンゼルス-交通図-」を参照
2626 E. Katella Ave., Anaheim
(714) 999-1256
月～金 7:00 ～ 14:30、17:00 ～ 19:00、土・日 7:00 ～ 14:30

ユニオン駅
MP.64-B1
800 N. Alameda St., Los Angeles
(1-800) 872-7245
24 時間

アナハイム駅
M巻頭折込「ロスアンゼルス-交通図-」を参照
2626 E. Katella Ave., Anaheim
(1-800) 872-7245
毎日 7:00 ～ 23:00

Information　ロスアンゼルス周辺の国内線用空港

●ハリウッド・バーバンク空港（BUR）
Hollywood Burbank Airport
M巻頭折込「ロスアンゼルス-交通図-」を参照
2627 N. Hollywood Way, Burbank
(818) 840-8840
www.hollywoodburbankairport.com
ハリウッドから車で約 20 分ほど北、バーバンク市にある。空港にはメトロバス（→P.48）が乗り入れている。

●ジョン・ウェイン空港（SNA）
John Wayne Airport
MP.121-B1
18601 Airport Way, Santa Ana
(949) 252-5200
www.ocair.com
アナハイムの南約 25km にある。アメリカ本土各地との国内線が飛んでいる。空港には OCTA バス（→P.52）が乗り入れている。

ロスアンゼルスの交通機関
Transportation in Los Angeles

メトロレイル
☎ (1-323) 466-3876
🌐 www.metro.net
🎫 $1.75（Jラインは $2.50）。
※以前あった tap カードの1日券や7日券は廃止された。その代わり tap カードを利用して1日に3回以上の乗車で請求される金額の上限が $5 となった。

注意
　メトロバスは現金でも乗ることができるが、メトロレイルは tap（タップ）カード（$2）を購入しなければならない。tap カードは2時間以内ならほかの路線に追加料金なしで乗ることができる（復路は不可）。

メトロレイルやメトロバスで利用できる tap カード

パサデナへ行く A ライン

メトロレイル駅の改札口にある、tap カードの購入やチャージができる自動券売機

改札口がない駅では丸印に tap カードをタッチして駅に入る

メトロレイル（電車）
Metro Rail

　MTA（ロスアンゼルス郡交通局：Los Angeles County Metropolitan Transportation Authority）が運営する近距離鉄道。バス型も含み全8路線。

● A ライン　A Line
　パサデナの東AzusaからダウンタウンのUnion駅や7th St./Metro Center駅を通り、ロングビーチのダウンタウンまでを結ぶ。ダウンタウンからロングビーチまで約1時間。

● B ライン　B Line
　ダウンタウンのUnion駅からハリウッド北のNorth Hollywood駅までを結ぶ。ダウンタウンとハリウッドの中心を走るのでとても便利だが、車内の雰囲気がちょっとよくないので注意すること。

● C ライン　C Line
　LAX南のレドンドビーチからI-105に沿って東へ走り、ノーウオークのI-605までの路線。Aviation/LAX駅は、LAXシャトルのルートGで空港と結ばれている。

● D ライン　D Line
　ダウンタウンのUnion駅からコリアタウンのWilshire/Western駅までを結ぶ。
※BラインとDラインは、同じ車体で一部同区間を走るので、利用時は注意。Wilshire/Vermont駅で分岐する。

● E ライン　E Line
　イーストロスアンゼルスからLittle Tokyo/Arts District駅や7th St./Metro Center駅を通り、Downtown Santa Monica駅へ。ダウンタウンの7th St./Metro Center駅からサンタモニカまで約50分。

● K ライン　K Line
　EラインのExpo/Crenshaw駅から LAX周辺にあるWestchester/Veterans駅を結ぶ。

● G ライン　G Line
　BラインNorth Hollywood駅からサンフェルナンド・バレーを結ぶ。車体はバス型。

● J ライン　J Line
　ロスアンゼルスの東にあるEl Monteからロングビーチ周辺のPacific/21stまでを結ぶ。車体はバス型。

　📝メモ　**$250の罰金**　メトロレイルに料金未払いで乗車した場合は $250の罰金とコミュニティサービスの従事が義務づけられている。頻繁に車内で抜き打ちのチェックが行われている。

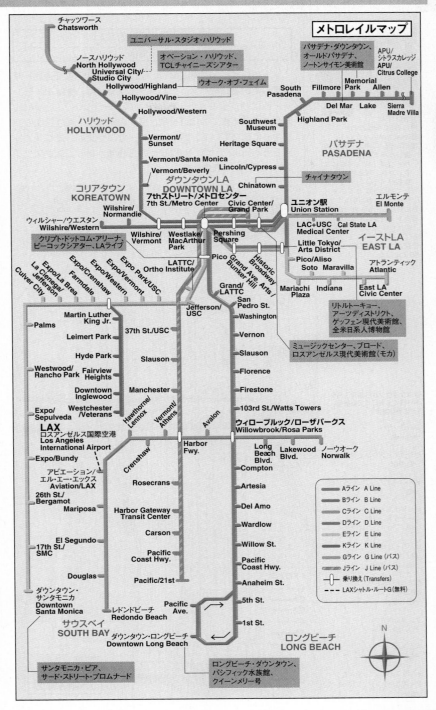

メトロレイルマップ

メトロバス。色や形が違うものも走っている

メトロバス

☎ (1-323) 466-3876
🌐 www.metro.net
💰 $1.75。#400〜599 の急行ルートを走る路線は、ハイウエイに入る前にエクスプレス料金（75¢）を徴収される。行き先によって料金が異なるのでドライバーに確認すること。
※以前あった tap カードの 1 日券や 7 日券は廃止された。その代わり tap カードを利用して 1 日に 3 回以上の乗車で請求される金額の上限が $5 となった。

メトロバス（路線バス）
Metro Bus

　メトロレイルと同様に MTA（ロスアンゼルス郡交通局）が運営している路線バス。カバーするエリアは、東はエルモンテ、西はサンタモニカ、南はディズニーランド・リゾート、北はパサデナまでのほぼ全域。多くの路線は、ダウンタウンを中心に延びている。路線にはローカル Local、エクスプレス Express、ラピッド Rapid の 3 種類があり、エクスプレスはハイウエイを使う。

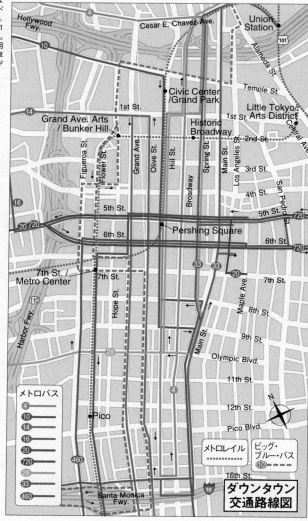

ダウンタウンから観光スポットへ行くメトロバスの番号（＋は乗り換え）

ハリウッドへ
→④＋②

サンセットブルバードへ
→④＋②

メルローズアベニューへ
→⑩

オリジナル・ファーマーズマーケット、グローブへ
→⑯

ビバリーヒルズへ（ロデオドライブ）
→④、⑳、⑦⑳

ウエストウッドへ（UCLA）
→⑳、⑦⑳

サンタモニカへ
→④、㉝、⑦⑳

ベニスへ
→㉝

ナッツ・ベリー・ファーム、ディズニーランド・リゾートへ
→⑭⑥⓪

ダウンタウン交通路線図

📝メモ　**タップカード**　メトロバスやメトロレイルを運営するロスアンゼルス郡交通局では、ペーパーチケットを廃止して、IC カードの tap カードを発行している。購入は Metro のカスタマーセンター（→P.49 側注）やメトロレイル駅の自動▶

●メトロバスのルートについて

● **# 1 〜 99**：ダウンタウンを通る主要な路線で、各バス停にすべて停車し、年中無休で運行している。

● **# 100 〜 399、600 〜 699**：ダウンタウンを通らないルート。

● **# 400 〜 599**：ハイウエイを通るエクスプレスバス。ハイウエイに入る前に追加料金を払う。

● **# 700 〜 799**：メトロ・ラピッドバス（急行）（→下記）。
※ # 100 〜 699 のバスは本数が少なく、朝のラッシュアワーにしか運行されないルートもあるので注意。

なお、メトロバスはルート変更やバス停位置の変更が行われることがしばしばある。事前にウェブサイトからバスのルートマップをダウンロードしておくといい。

Metro のカスタマーセンター
🗺 P.64-B1
🏠 1 Gateway Plaza, Los Angeles（ユニオン駅）
🕐 月〜金 6:00 〜 18:30
🚫 土・日
ユニオン駅東口のバスターミナル側にある。

メトロ・ラピッドバス
Metro Rapid Bus

MTA が運行するラピッドバス（急行バス）。ローカルバスよりも、停車するバス停が少ないので目的地に着くのが速い。どの路線もおおよそ 10 〜 30 分おきに運行している。メトロ・ラピッドバスの料金はメトロバス（ローカル）と同じ。ダウンタウンとサンタモニカを結ぶ #720 は、メトロレイルの Pershing Square 駅や Wilshire/Western 駅、コリアタウン、ビバリーヒルズのロデオドライブ、ウエストウッドのカリフォルニア大学ロスアンゼルス校周辺を通るので観光客にとって利用価値が高い。

急行を意味するラピッドバスは赤い車体

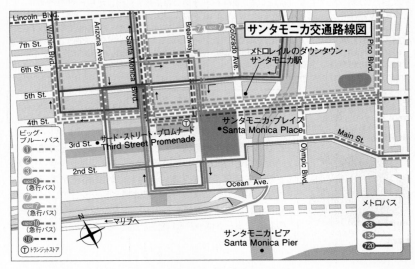

サンタモニカ交通路線図

メトロレイルのダウンタウン・サンタモニカ駅

サンタモニカ・プレイス
Santa Monica Place

サード・ストリート・プロムナード
Third Street Promenade

ビッグ・ブルー・バス
① ② ③
rapid 3（急行バス）
⑦ rapid 7（急行バス）
rapid 10（急行バス）
⑱
Ⓣ トランジットストア

← マリブへ

サンタモニカ・ピア
Santa Monica Pier

メトロバス
4
33
134
720

乗り方簡単 !!
メトロバスの乗り方

　安く、くまなく路線を広げるメトロバスは、使いこなせるとやっぱり便利。ちょっと離れた場所へも、ハイウエイを走るバスがあるので、意外と簡単にアクセスできる。「車がなければどこにも行けない」などと思わずに一度乗車してみよう。旅の行動範囲がグッと広がるはずだ。

① 小銭を用意してバス停を探す

　まずは小銭（＄1.75）かtapカード（→P.48～49脚注）を準備。目的地まで行くバスのルート番号を確認し、バス停を探す。

車体は赤かオレンジ

② バスの行き先表示を確認して乗車する

　バスの正面にはルート番号と終着点が表示されている。乗るバスが来たら「乗ります！」という意味で手を挙げる。乗り込むときに「ハーイ！～には行く？（Hi, Is this for ～?）」と自分の行き先を確認するといい。

③ 運賃を支払う

　乗車は前のドアから。現金で運賃を支払う場合は、料金箱に＄1.75を投入。おつりは出ないので、小銭を用意しておこう。チャージ済みのtapカードを所持しているなら"tap"マークにカードをタッチする。

一般的な料金箱

④ 車内にて

　前方の座りやすい席は優先席。跳ね上げ式の席になっており、跳ね上げると車椅子の乗客が車椅子を固定できるようになっている。また、ドライバー席の後ろのラックにはルートマップ（無料）が差し込んである場合もあるので、必要な物があれば入手しておこう。停留所名は車内前方の電光掲示板に表示される場合もある。

⑤ 降車する

降車するときに窓のそばのひもを引く

　目的地のひとつ手前の停留所を出発したら、次のバス停で降車する合図をしよう。窓の上に張ってあるひもを引くか、窓の縁にある黒いゴムテープ状のものか、赤いボタンを押すと車内前方に「STOP REQUESTED」のランプがつく。下車は基本的に後ろのドアから。

ダッシュ（LADOT）
☎ (1-213) 808-2273
🌐 www.ladottransit.com
💰 50¢（tapカード使用可）。
　2024年3月現在、コロナ禍の影響により無料。

ハリウッドでも観光の足として活躍する

ダッシュ
DASH

　LADOT（ロスアンゼルス市交通局）が運営しているバス。このバスがほかの路線バスと違うのは、ほとんどの路線が狭い地区内を環状に走っていること。ダウンタウンやハリウッドなどロスアンゼルス市内を中心に約30路線が運行されている。平日でも17:00～18:00は帰宅ラッシュで、ときには乗り切れないほど混雑する。ダウンタウンやハリウッド周辺のおもなルートは→P.51側注。路線図→P.51。

バス正面と横にはルート名が表示されている

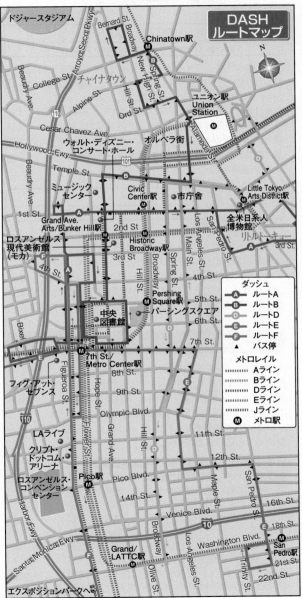

DASH ルートマップ

ドジャースタジアム

Bernard St.

Arroyo Seco Pkwy.

Broadway

Chinatown駅

チャイナタウン

College St.

New High St.

Spring St.

Hill St.

Alpine St.

Ord St.

ユニオン駅
Union Station

Hollywood Fwy.

ウォルト・ディズニー・
コンサート・ホール

オルベラ街

Cesar Chavez Ave.

Temple St.

ミュージック
センター

Civic
Center駅

市庁舎

Little Tokyo/
Arts District駅

1st St.

全米日系人
博物館

Grand Ave.
Arts/Bunker Hill駅

2nd St

リトルトーキョー

ロスアンゼルス
現代美術館
（モカ）

Historic
Broadway駅

3rd St

3rd St.

4th St.

4th St.

中央
図書館

Pershing
Square駅

5th St.

パーシングスクエア駅

6th St.

	ダッシュ
Ⓐ	ルートA
Ⓑ	ルートB
Ⓓ	ルートD
Ⓔ	ルートE
Ⓕ	ルートF
▲	バス停

7th St.

7th St./
Metro Center駅

8th St.

フィグ・アット・
セブンス

9th St.

Olympic Blvd.

	メトロレイル
	Aライン
	Bライン
	Dライン
	Eライン
	Jライン
Ⓜ	メトロ駅

LAライブ

11th St.

クリプト・
ドットコム・
アリーナ

ロスアンゼルス・
コンベンション
センター

Pico駅

Pico Blvd.

12th St.

14th St.

Venice Blvd.

16th St.

Grand/
LATTC駅

San
Pedro駅

Washington Blvd.

18th St.

21st St.

エクスポジションパークへ

22nd St.

ダウンタウンの DASH 路線

●ルートA
フィグ・アット・セブンス周辺からウォルト・ディズニー・コンサートホールやリトルトーキョーを通り、アーツディストリクトまで。

運行時間：月〜金6:00〜21:00（7分間隔）、土・日 9:00〜18:00（10〜15分間隔）

●ルートB
チャイナタウンからユニオン駅を通り、7th St./Metro Center 駅まで。

運行時間：月〜金 6:00〜21:00（8分間隔）、土・日 9:00〜18:00（10〜15分間隔）

●ルートD
ユニオン駅から市庁舎を通り、Spring St. を走りメトロレイル・Aラインの Grand/LATTC 駅まで行く。

運行時間：月〜金6:00〜21:00（7分間隔）、土・日 9:00〜18:00（10〜15分間隔）

●ルートE
Harbor Fwy. の西側から 7th St. を東へ。ファッションディストリクトを通ってメトロレイル・A ラインの San Pedro 駅周辺まで。

運行時間：月〜金 6:00〜21:00（5分間隔）、土6:30〜18:00（10分間隔）、日9:00〜18:00（15分間隔）

●ルートF
3rd St. & Beaudry Ave. から Flower St.、Figueroa St. 沿いを走り、LA ライブを通り、エクスポジションパークまで。

運行時間：月〜金 6:00〜21:00（10分間隔）、土・日9:00〜21:00（15分間隔）

そのほかのエリアの DASH 路線

● Observatory / Los Feliz
メトロレイル・B ラインの Vermont/Sunset 駅から Vermont Ave. を通り、グリークシアターやグリフィス天文台へ。

運行時間：月〜金6:00〜22:00（15〜20分間隔）、土・日10:00〜22:00（15分間隔）

● Fairfax
ビバリーセンターから La Cienega Blvd.、Melrose Ave.、Fairfax Ave. を経て、Wilshire Blvd. を通る。このルートでは、途中、メルローズアベニュー、オリジナル・ファーマーズマーケット、グローブ、ロスアンゼルスカウンティ美術館（LACMA）、アカデミー博物館などへ行くことができる。

運行時間：月〜金6:00〜19:00（30分間隔）、土・日 9:00〜18:30（30分間隔）

ビッグ・ブルー・バス
- ☎ (310) 451-5444
- 🌐 www.bigbluebus.com
- 🎫 $1.25、tap カードでの支払いは$1.10、1日券$4

ビッグ・ブルー・バス・トランジットストア
- 🗺 P.68-B2
- 🏠 1444 4th St., Santa Monica
- 🕐 月〜木8:30〜16:30、金12:00〜16:00

OCTA バス
- ☎ (714) 636-7433
- 🌐 www.octa.net
- 🎫 $2、1日券$5

白い車体に青とオレンジのラインのOCTAバス

おもなタクシー会社
- ● **LA City Cab**
- 📞 (1-888) 248-9222
- ● **United Taxi**
- 📞 (1-888) 722-8282
- ● **Yellow Cab Co.**
- ☎ (424) 222-2222

タクシーの運賃の目安
▶ダウンタウンから

サンタモニカ	$50〜90
ビバリーヒルズ	$40〜90
ハリウッド	$25〜60
パサデナ	$40〜75

LAのツアー情報
ツアーの情報は観光局のほか、ホテルなどでも入手できる。

日系旅行会社リスト
- ●**アメリカ・トラベル・ファクトリー**
  America Travel Factory
- ☎ (1-213) 228-1801
- 🌐 www.america-travel-factory.com
- ●**エレファントツアー**
  Elephant Tour
- ☎ (1-213) 612-0111
- 🌐 www.elephanttour.com
- ●**ジョイランド・ツアーズ**
  Joyland Tours
- ☎ (310) 918-1177
- 🌐 www.joylandlatours.com
- ●**H.I.S. ツアーズ U.S.A.**
  H.I.S. Tours U.S.A.
- ☎ (1-213) 624-0777
- 🌐 tour.his-usa.com

ビッグ・ブルー・バス
Big Blue Bus

　サンタモニカのサード・ストリート・プロムナード周辺を中心に路線が広がっている。LAX（ロスアンゼルス国際空港）からサンタモニカ、サンタモニカからウエストウッド、UCLAなどへの移動に便利だ。路線図→P.49。

OCTA バス
Orange County Transportation Authority

　オレンジカウンティを中心に多くの路線をもち、ディズニーランド・リゾートやナッツ・ベリー・ファーム周辺からニューポートビーチなどに行くときに便利。
　#1はロングビーチからパシフィック・コースト・ハイウエイ（PCH）の海岸線を走るので、景色を楽しむにはいい。どの路線も運行頻度が15〜60分おきなので、ウェブサイトなどで事前に時間を調べておくとよい。路線図→巻頭折込「ロスアンゼルス-交通図-」。

タクシー
Taxi

　LAに流しのタクシーは走っていない。主要ホテル、テーマパークなどへ行けば、エントランス付近に待機しているが、そのほかの場所は電話で呼んで来てもらうしかない。
　タクシーの基本料金は最初の9分の1マイルが$3.10、あとは9分の1マイルごとに33¢、待ち時間は37秒ごとに33¢加算される。15%ほどのチップも忘れずに手渡したい（→P.430）。

ツアー案内

　LA市内と郊外のおもな見どころを、効率よくガイド付きで楽しめるのが観光バス。おもなホテルまで送り迎えしてくれるし、ビバリーヒルズや郊外のアウトレットのように路線バスでは容易にアクセスしにくい所も、手軽に回ることができる。
　日本人観光客が多いLAでは、日本人による日本語ツアーがいくつも催行されている。

日本語現地ツアーの一例（料金は目安）
●ロスアンゼルス半日市内観光／ひとり$95〜、所要4〜6時間。時間に合わせてサンタモニカ、オルベラ街、TCLチャイニーズシアター、オリジナル・ファーマーズマーケット、センチュリーシティ、マリナ・デル・レイなどを回る。ツアーにより異なる。
●ディズニーランド・リゾート／ひとり$259〜、所要10時間〜。往復の送迎と各パークの入場料込み。
●シックスフラッグス・マジック・マウンテン／ひとり$155〜、所要9時間〜。往復の送迎と入場料込み。

📝メモ　ウーバーUber　タクシーよりも安く、アプリで簡単に呼べる便利なライドシェア・サービス、ウーバー。同様のサービスを提供するリフトLyftもある。（→P.423）

Los Angeles Itinerary
―ロスアンゼルスの1日モデルコース―

今日は何する？

朝活はココへ 滞在時間：1時間

8:00

Grand Central Market
グランド・セントラル・マーケット → P.82脚注

朝から活気にあふれるマーケット。出勤前のオフィスワーカーに交ざり朝食を。

ネオンが輝く市場

Point
ロスアンゼルスは見どころが広域に渡るため、うまく回るためには移動の仕方を効率よくしたい。

Access 5th St. & Broadwayからメトロバス#720で1時間

10:00

ハリウッドセレブを目撃できるかも

Rodeo Drive 滞在時間：1時間30分
ロデオドライブ → P.73

高級ブランドが軒を連ねるショッピングエリア。Santa Monica Blvd.を渡れば、ビバリーヒルズの看板もある。

歩いているだけでセレブ気分を感じられる

Access Wilshire Blvd. & Peck Dr.からメトロバス#720でWilshire Blvd. & Cloverdale Ave.→La Brea Ave. & Wilshire Blvd.からメトロバス#212で45分

ランチはロスアンゼルス名物に 滞在時間：1時間

12:15

Pink's ピンクス → P.104

LAセレブも訪れる店。背の高い看板と行列を目印に。すぐに見つかる。

激ウマなホットドッグ屋

Access 徒歩1分

待ちに待ったショッピングタイム 滞在時間：2時間

13:15

Melrose Avenue メルローズアベニュー
→ P.36～37、81

古着からハイエンドブランドまで、ファッションのことならメルローズアベニューにおまかせ。

バラエティに富んだショップが並ぶ

Access Fairfax Ave. & Melrose Ave.からメトロバス#217で25分

ド定番観光スポットは行っておかなきゃ

15:40

Hollywood 滞在時間：2時間
ハリウッド → P.77～81

観光客がいちばん多いエリアがここ。ハリウッド映画に出てくるキャラクターに扮した人には注意。

写真を一緒に撮るとチップを要求してくる

Access 徒歩5分

アメリカらしいダイナーでディナー 滞在時間：1時間

17:45

Mel's Drive-In
メルズ・ドライブイン → P.103

1950年代の雰囲気に包まれるダイナーで食事を楽しむ。

クラシックでいかしたダイナー

料理もおいしい

Access Hollywood/Highland駅からメトロレイル・Bライン Pershing Square駅→Hill St. & 5th St.からメトロバス#4で40分

ルーフトップバーで乾杯 滞在時間：1時間

19:25

Downtown LA Proper Hotel ダウンタウンLA・プロパーホテル
→ P.111脚注

ホテルの屋上にあるルーフトップバーのカラカラ・ルーフトップバーはローカルに人気。

ファイアーピットもある

How to 夜遊び？ クラブもバーも多いロスアンゼルス。しかし治安には多少不安がある。移動には細心の注意を。夜間はタクシーやライドシェア・サービスの利用を。特に女性はひとりで出歩かないように。

メモ 観光地周遊バス「ホップオン・ホップオフ」主要観光地を巡る乗り降り自由のバス。全3ルートある。
Hop on Hop Off MP.66-B3（チケットブース） citysightseeinglosangeles.com 1日券＄49

53

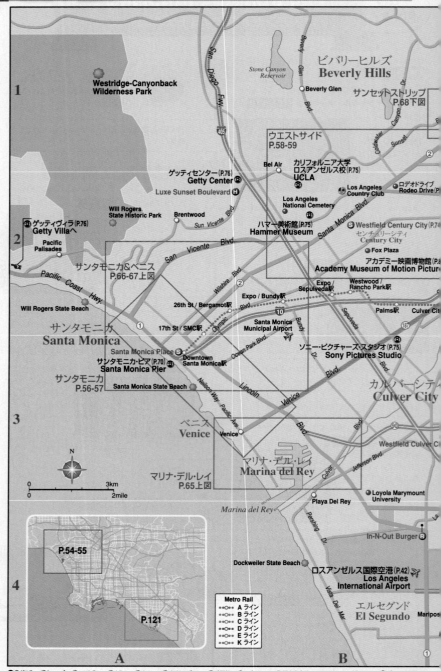

1

Westridge-Canyonback
Wilderness Park

Stone Canyon
Reservoir

ビバリーヒルズ
Beverly Hills

Beverly Glen

サンセットストリップ
P.68下図

ウエストサイド
P.58-59

Bel Air

カリフォルニア大学
ロスアンゼルス校(P.75)
UCLA

Los Angeles
Country Club

ロデオドライブ
Rodeo Drive (P.

ゲッティセンター(P.76)
Getty Center

Luxe Sunset Boulevard

Los Angeles
National Cemetery

Westfield Century City (P.74)
センチュリーシティ
Century City

Will Rogers
State Historic Park

Brentwood

ハマー美術館(P.75)
Hammer Museum

Fox Plaza

2

ゲッティヴィラへ
Getty Villa

Pacific
Palisades

Sun Vicente Blvd.

アカデミー映画博物館(P.8
Academy Museum of Motion Pictur

San Vicente Blvd.

サンタモニカ&ベニス
P.66-67上図

Wilshire Blvd.

Expo /
Sepulveda駅

Westwood /
Rancho Park駅

Pacific Coast Hwy.

Expo / Bundy駅

26th St / Bergamot駅

Palms駅

Culver Cit

Will Rogers State Beach

17th St / SMC駅

Olympic

Santa Monica
Municipal Airport

Sepulveda Blvd.

サンタモニカ
Santa Monica

Santa Monica Place

Downtown
Santa Monica駅

ソニー・ピクチャーズ・スタジオ(P.75)
Sony Pictures Studio

カルバーシティ
Culver City

サンタモニカ・ピア(P.70)
Santa Monica Pier

Ocean Park Blvd.

Lincoln

サンタモニカ
P.56-57

Santa Monica State Beach

Nelson Way · Pacific Ave.

Venice

Blvd.

3

ベニス
Venice

Venice

Westfield Culver Ci

N

マリナ・デル・レイ
Marina del Rey

マリナ・デル・レイ
P.65上図

Culver

Jefferson Blvd.

0   3km
0   2mile

Loyola Marymount
University

Playa Del Rey

Marina del Rey

Pershing Dr.

In-N-Out Burger

4

P.54-55

Dockweiler State Beach

ロスアンゼルス国際空港(P.42)
**Los Angeles
International Airport**

P.121

Metro Rail
A ライン
B ライン
C ライン
D ライン
E ライン
K ライン

エルセグンド
El Segundo

Vista Del Mar

Maripos

A　　　　　　　　**B**

見どころ　ショップ　レストラン　ホテル　カフェ　ナイトスポット　映画館　スパ/サロン　観光案内所　ランドマーク／そのほか　ビーチ／公園
インターステートハイウエイ　U.S.ハイウエイ　ステートハイウエイ　Hollywood Blvd.　道路名　メトロ　空港　ゴルフ場　病院　郵便局

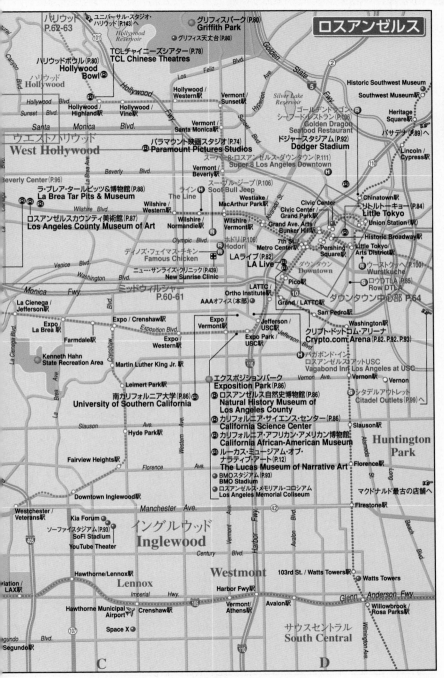

ハリウッド P.62-63

ユニバーサル・スタジオ・ハリウッド(P.143)へ

グリフィスパーク(P.80)
Griffith Park

グリフィス天文台(P.80)

ロスアンゼルス

TCLチャイニーズシアター(P.78)
TCL Chinese Theatres

ハリウッドボウル(P.80)
Hollywood Bowl

ハリウッド Hollywood

Hollywood Reservoir

Historic Southwest Museum

Hollywood / Western駅

Vermont / Sunset駅

Southwest Museum駅

Silver Lake Reservoir

Heritage Square駅

Hollywood Blvd.

Hollywood / Highland駅

Hollywood / Vine駅

Vermont / Santa Monica駅

ゴールデンドラゴン シーフードレストラン(P.106)
Golden Dragon Seafood Restaurant

パサデナ(P.89)へ

Sunset Blvd.

Santa Monica Blvd.

ウエストハリウッド
West Hollywood

パラマウント映画スタジオ(P.74)
Paramount Pictures Studios

ドジャースタジアム(P.92)
Dodger Stadium

Lincoln / Cypress駅

Beverly Blvd.

Beverly Center(P.96)

スーパー8・ロスアンゼルス・ダウンタウン
Super 8 Los Angeles Downtown

ラ・ブレア・タールピッツ&博物館(P.88)
La Brea Tar Pits & Museum

ライン
The Line

スー・ブル・ジープ(P.106)
Soot Bull Jeep

Westlake / MacArthur Park駅

Chinatown駅

リトルトーキョー(P.84)
Little Tokyo

Wilshire / Western駅

Wilshire Blvd.

Civic Center

ロスアンゼルスカウンティ美術館(P.87)
Los Angeles County Museum of Art

Wilshire / Normandie駅

Vermont / Beverly駅

Civic Center / Grand Park駅

Union Station (駅)

Wilshire / Vermont駅

Grand Ave. Arts / Bunker Hill駅

Historic Broadway駅

Olympic Blvd.

ホドリ(P.106)
Hodori

7th St.

Little Tokyo / Arts District駅

デニーズ・フェイマス・チキン(P.439)
Famous Chicken

LAライブ(P.82)
LA Live

Metro Center駅

Pershing Square駅

ウーストクッへ(P.100)
Wurstküche

Venice Blvd.

ニュー・サンライズ・クリニック(P.439)
New Sunrise Clinic

ダウンタウン
Downtown

ロウDTLA(P.85)
Row DTLA

Washington Blvd.

ミッドウィルシャ P.60-61

Pico駅

ダウンタウン中心部 P.64

Monica Fwy.

LATTC / Ortho Institute駅

La Cienega / Jefferson駅

AAAオフィス(本部)

Grand / LATTC駅

San Pedro駅

Washington駅

Expo / Crenshaw駅

Expo / Vermont駅

Jefferson / USC駅

クリプト・ドットコム・アリーナ
Crypto.com Arena(P.82,P.92,P.93)

Expo La Brea 駅

Exposition Blvd.

Expo / Western駅

Expo Park / USC駅

バガボンド・イン
ロスアンゼルスアットUSC
Vagabond Inn Los Angeles at USC

Farmdale駅

Kenneth Hahn State Recreation Area

Martin Luther King Jr. 駅

Vernon Ave.

Vernon駅

Vernon

シタデルアウトレット
Citadel Outlets(P.99)へ

エクスポジションパーク
Exposition Park(P.86)

Leimert Park駅

南カリフォルニア大学(P.86)
University of Southern California

ロスアンゼルス自然史博物館(P.86)
Natural History Museum of Los Angeles County

Slauson駅

Hyde Park駅

カリフォルニア・サイエンス・センター(P.86)
California Science Center

Huntington Park

Slauson Ave.

カリフォルニア・アフリカン・アメリカン博物館(P.86)
California African-American Museum

Fairview Heights駅

Florence Ave.

ルーカス・ミュージアム・オブ・ナラティブ・アート(P.12)
The Lucas Museum of Narrative Art

Florence駅

BMOスタジアム(P.93)
BMO Stadium

Downtown Inglewood駅

ロスアンゼルス・メモリアル・コロシアム
Los Angeles Memorial Coliseum

マクドナルド最古の店舗へ

Manchester Ave.

Firestone駅

Westchester / Veterans駅

Kia Forum

イングルウッド
Inglewood

103rd St. / Watts Towers駅

Watts Towers

ソーファイスタジアム(P.93)
SoFi Stadium

Westmont

YouTube Theater

Century Blvd.

Hawthorne/Lennox駅

Harbor Fwy駅

Avalon駅

Aviation / LAX駅

Lennox

Imperial Hwy.

Vermont / Athens駅

Hawthorne Municipal Airport

Crenshaw駅

サウスセントラル
South Central

Space X

Willowbrook / Rosa Parks駅

Segundo駅

C

D

※サウスセントラルという治安の悪いエリア(→P.434)は、メトロレイル・Aラインの103rd St./Watts Towers駅(上図MP.55-D4)から以南、ロングビーチとの間に広がる一帯を示します。

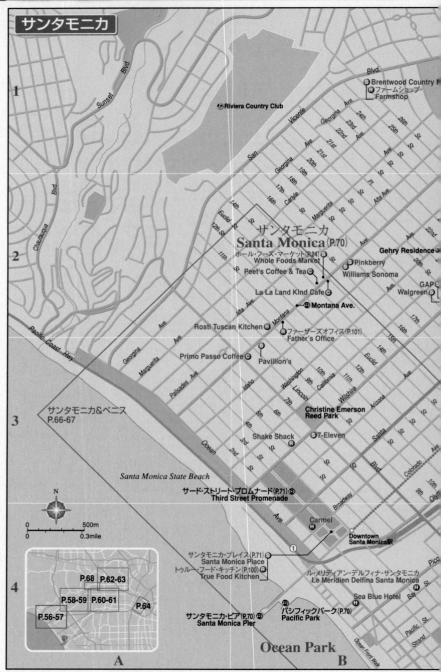

サンタモニカ

Blvd.

🏌️ Riviera Country Club

⑤ Brentwood Country M
🅡 ファームショップ
Farmshop

Sunset Blvd.

Vicente
Georgina
24th
25th
26th
22nd
21st
20th
19th
17th
16th
Carlyle
Marguerita
Alta Ave.
Ave.

San

Chautauqua
Blvd.
Euclid
12th St
11th
14th

サンタモニカ(P.70)
Santa Monica(P.70)

ホール・フーズ・マーケット(P.24) ⑤
Whole Foods Market

Peet's Coffee & Tea ⓒ

La La Land Kind Cafe ⓒ

● 🅡 Montana Ave.

Gehry Residence

⑤ Pinkberry

Williams Sonoma

22nd
20th

GAP ⑤
Walgreen ⑤

17th

Pacific Coast Hwy

Rosti Tuscan Kitchen 🅡

🅡 ファーザーズオフィス(P.101)
Father's Office

16th
15th
14th

サンタモニカ&ベニス
P.66-67

Georgina
Marguerita
Palisades Ave.
Ave.
Ave.
Alta
Montana
Idaho

Primo Passo Coffee ⓒ

⑤ Pavillion's

Washington
Lincoln
California
Wilshire
10th
9th
11th
12th
Euclid

Arizona

**Christine Emerson
Reed Park**

Santa
Blvd.

Shake Shack

🅡 7-Eleven

Ocean
7th
5th
6th
4th
3rd
2nd

Colorado

Santa Monica State Beach

サード・ストリート・プロムナード(P.71) ⑤
Third Street Promenade

Broadway

N

0 ——— 500m
0 ——— 0.3mile

Ave.

Carmel

①

**Downtown
Santa Monica**🅡

サンタモニカ・プレイス(P.71) ⑤
Santa Monica Place
トゥルー・フード・キッチン(P.100) 🅡
True Food Kitchen

ル・メリディアン・デルフィナ・サンタモニカ
Le Meridien Delfina Santa Monica

Sea Blue Hotel

P.68　P.62-63

P.58-59　P.60-61

P.64

P.56-57

サンタモニカ・ピア(P.70) ⑤
Santa Monica Pier

🅱 パシフィックパーク(P.70)
Pacific Park

Bay

Pacific St.

Ocean Park

Ocean Front Walk
Strand

A　　　B

🅑見どころ　⑤ショップ　🅡レストラン　🅗ホテル　ⓒカフェ　🅝ナイトスポット　🎬映画館　🅢スパ、サロン　❶観光案内所　🅛ランドマーク／そのほか　●ビーチ／公園
🈂️インターステートハイウエイ　🇺🇸U.S.ハイウエイ　🈯ステートハイウエイ　*Hollywood Blvd.* 道路名　●●●○●●●○●●●メトロ　✈空港　🏌️ゴルフ場　🏥病院　📮郵便局

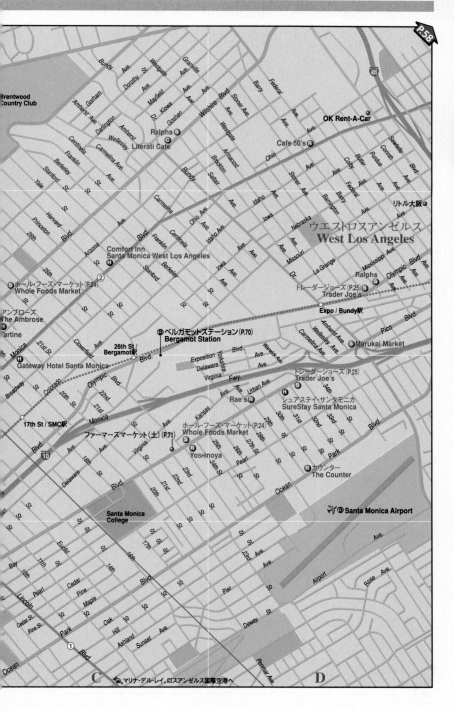

Brentwood
Country Club

Ralphs Ⓢ
Literati Cafe

OK Rent-A-Car

Cafe 50's Ⓡ

リトル大阪 ●

Comfort Inn
Santa Monica West Los Angeles Ⓗ②

ウエストロスアンゼルス
West Los Angeles

La Grange

Ralphs Ⓢ

Ⓢホール・フーズ・マーケット (P.24)
Whole Foods Market

トレーダージョーズ (P.25) Ⓢ
Trader Joe's

アンブローズ
The Ambrose
Martine

Expo / Bundy駅

Ⓜ ベルガモットステーション (P.70)
Bergamot Station

Ⓢ Marukai Market

26th St /
Bergamot駅

Ⓗ
Gateway Hotel Santa Monica

トレーダージョーズ (P.25)
Trader Joe's

Rae's Ⓡ

シュアステイ・サンタモニカ
SureStay Santa Monica Ⓢ

17th St / SMC駅

ファーマーズマーケット (土) (P.71)

ホール・フーズ・マーケット (P.24)
Whole Foods Market

Ⓡ
Yoshinoya

Ⓡ カウンター
The Counter

Santa Monica
College

⌖ⓜ Santa Monica Airport

C ●マリナ・デル・レイ、ロスアンゼルス国際空港へ   D

Bel-Air

Bel-Air Ⓗ

Bel Air Country Club

University of California, Los Angeles (UCLA)
カリフォルニア大学ロスアンゼルス校(P.75)

UCLA Store (P.75)
Ackerman Student Union

Pauley Pavilion

Strathmore Pl.

UCLA Medical Center

In-N-Out Burger
Regency Village Theatre

ウエストウッド
Westwood (P.75)

CVS Pharmacy

ファーマーズ・マーケット
ホール・フーズ・マーケット
Whole Foods Market

Cemetery

Urban Outfitters Ⓢ

トレーダージョーズ (P.25)
Trader Joe's

Ⓗ W Los Angeles - West Beverly Hills

Royal Palace Westwood

Kimpton Hotel Palomar
Los Angeles-Beverly Hills

ハマー美術館(P.75)
Hammer Museum

VA Greater Los Angeles
Healthcare Center

The Los Angeles
Country Club

Holmby
Park

ウォルドーフ・アストリア・ビバリーヒル
Waldorf Astoria Beverly Hills (P.1

ビバリー・ヒルトン
The Beverly Hilton (P.109)

Strathmore Dr.

ウエストフィールド・センチュリーシティ (P.74)
Westfield Century Cit

Ⓗ Azul Inn

Ralphs Ⓢ
Century Park Hote

Hamasaku

プランチェック・キッチン＋バー
Plan Check Kitchen+Bar

マーティーズ・ハンバーガー・スタンド Ⓡ
Marty's Hamburger Stand

ウエストロスアンゼルス
West Los Angeles

アップルパン
The Apple Pan

Asahi Ramen Ⓡ

Ⓗ Nippon Medical Clinic

Nizam of India Ⓡ

マルガメウドン
Marugame Udon

Jaipur Cuisine of India Ⓡ

P.57

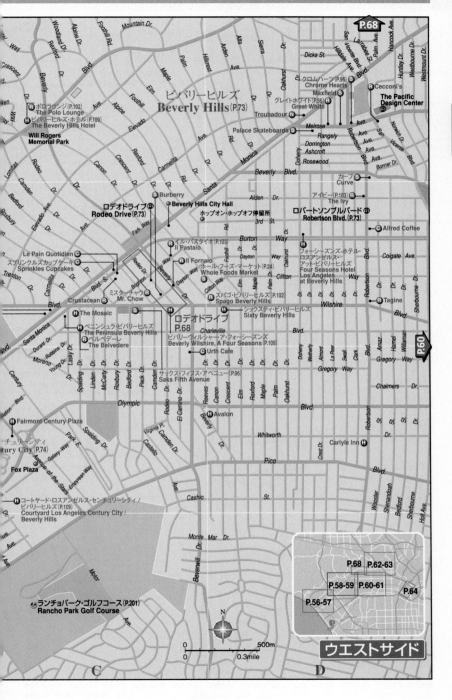

P.68

Mountain Dr.

Woodland Dr.
Alpine Dr.
Foothill Rd.
Rexford Dr.
Hillcrest
Alta Dr.
Sierra
Dr.
Arden Dr.
Maple Dr.
Palm Dr.
Elm Dr.

Dicks St.

San Vicente Blvd.
Larrabee St.
Hilldale Ave.
Palm Ave.
Huntley Dr.
Hancock Ave.
Westbourne Dr.
Westmount Dr.

クロムハーツ(P.96)
Chrome Hearts Ⓢ
Maxfield Ⓡ
グレイトホワイト(P.36)
Great White Ⓝ

Ⓡ Cecconi's

**The Pacific
Design Center**

Crescent Dr.
Beverly
Wren Way

ビバリーヒルズ
Beverly Hills(P.73)

Ⓗ ポロラウンジ(P.102)
The Polo Lounge
Ⓗ ビバリーヒルズ・ホテル(P.109)
The Beverly Hills Hotel

**Will Rogers
Memorial Park**

Foothill Rd.
Elevado Ave.
Carmelita Ave.

Santa Monica

Troubadour Ⓝ
Palace Skateboards Ⓢ

Melrose
Rangely
Dorrington
Ashcroft
Rosewood

Ave.
Ave.
Ave.
Ave.

Oakhurst Dr.
Robertson Blvd.
San Vicente Blvd.
Norwich Dr.
Bonner Dr.

Beverly
Blvd.

カーブ
Curve Ⓢ

Lomitas Ave.
Bedford Dr.
Camden Dr.
Roxbury Dr.
Elevado Ave.
Crescent Dr.
Canon Dr.

Rodeo Dr.

Ⓢ Burberry

ロデオドライブ🚏
Rodeo Drive(P.73)

Beverly Hills City Hall
ホップオン・ホップオフ停留所
3rd St.

アイビー(P.103) Ⓡ
The Ivy

ロバートソンブルバード🚏
Robertson Blvd.(P.73)

Trenton

Alden
Dr.

Burton
Way

Ⓒ Alfred Coffee

Carmelita
Blvd.

Santa Monica
Blvd.

Le Pain Quotidien Ⓒ
スプリンクルズカップケーキ
Sprinkles Cupcakes Ⓢ

イル・パスタイオ(P.103)
Il Pastaio Ⓡ

Ⓡ Il Fornaio

ミスターチャウ
Ⓡ Mr. Chow

Ⓗ The Mosaic

Crustacean Ⓡ

ペニンシュラ・ビバリーヒルズ
Ⓗ The Peninsula Beverly Hills
ベルベデーレ
Ⓡ The Belvedere

Park Way

Rodeo Dr.
Brighton
Way
Beverly
Dayton Way
Dayton Way

Clifton Way
Clifton Way

ホールフーズ・マーケット(P.24)
Whole Foods Market Ⓢ

スパゴ・ビバリーヒルズ(P.102)
Spago Beverly Hills Ⓡ

Foothill
Dayton
Clifton

Rd.
Way
Way

Maple
Palm

Dr.
Dr.

フォーシーズンズ・ホテル・
ロスアンゼルス・
アット・ビバリーヒルズ
**Four Seasons Hotel
Los Angeles
at Beverly Hills** Ⓗ

Colgate Ave.

Robertson Blvd.
Sherbourne Dr.

Ⓡ Tagine

シックスティ・ビバリーヒルズ
Sixty Beverly Hills Ⓗ

Wilshire

Blvd.

P.60

ロデオドライブ
P.68

ビバリー・ウィルシャー・ア・フォーシーズンズ
Beverly Wilshire, A Four Seasons (P.109)

Ⓡ Urth Cafe

サックス・フィフス・アベニュー(P.96)
Saks Fifth Avenue Ⓢ

Durant Dr.
Lasky Dr.
Young Dr.
Moreno Dr.
Robbins Dr.

Spalding Dr.
Linden Dr.
McCarty Dr.
Roxbury Dr.
Bedford Dr.
Peck Dr.
Camden Dr.
Reeves Dr.
Canon Dr.
Crescent Dr.
Elm Dr.
Rexford Dr.
Maple Dr.
Palm Dr.
Oakhurst Dr.

Charleville
Clifton
Dayton
Clifton

Wilshire

Blvd.

Doheny Dr.
Wetherly Dr.
La Peer Dr.
Swall Dr.
Clark Dr.
Hamel Dr.
Hamilton Dr.
Arnaz Dr.

Gregory Way

Gregory Way

Chalmers Dr.

Ⓗ Fairmont Century Plaza

チュリーシティ
ury City(P.74)

Fox Plaza

El Camino Dr.
Olympic
Ⓢ Avalon

Whitworth

Boulevard
Blvd.

Wooster St.
Shenandoah St.
Bedford St.
Sherbourne Dr.
Holt Ave.

Virginia Pl.
Castello

Pico

Blvd.

Carlyle Inn Ⓗ

Ⓗ コートヤード・ロスアンゼルス・センチュリーシティ／
ビバリーヒルズ(P.109)
Courtyard Los Angeles Century City /
Beverly Hills

Cashio
St.

Monte Mar Dr.

Beverwill Dr.
Motor Ave.

🏌 ランチョパーク・ゴルフコース(P.201)
Rancho Park Golf Course

N

0　　　　500m
0　　0.3mile

P.68　P.62-63
P.58-59　P.60-61　P.64
P.56-57

ウエストサイド

C　　　　　　　　　　　　　　　D

P.68

ノブ Nobu

ウエストハリウッド
West Hollywood (P.81)

Poinsettia
Recreation Cent

Willoughby

Waring

メルローズアベニュー Melrose Avenue (P.36, 37,

チェリーLA (P.36)
Cherry LA

イービー&エルピー
E.P. & L.P.
グロッシアー (P.36)
Glossier

Sweet Lady Jane

Record Collector

Ron Herman

アルフレッドコーヒー (P.36)
Alfred Coffee

Urth Caffe

The Pacific
Design Center

カンターズデリ (P.103)
Canter's Deli
ジョン&ビニーズ (P.104)
Joh & Vinny's

リアルリアル (P.36)
The RealReal

ミスターフリーダム (P)
Mister Freedo

ソフィテル・ロスアンゼルス
アット・ビバリーヒルズ
Sofitel Los Angeles
at Beverly Hills

リアル・フード・デイリー (P.102)
Real Food Daily

Erewhon Market

Angelini Osteria

Elan Hotel

Goodwill

ジャー Jar

Cedars-Sinai
Med Center

Chipotle

バックヤードボウルズ (P.15)
Backyard Bowls (P.15)

CBS Television City

Heath Ceramics

El Coyote

Pan Pacific Park

Beverly Connection

ビバリーセンター (P.96)
Beverly Center

Toast Bakery Cafe

グローブ (P.96)
The Grove

1st

トレーダージョーズ (P.25)
Trader Joe's

オリジナル・ファーマーズ・マーケット (P.88)
The Original Farmers Market

オー
OK (P.97)

トレーダージョーズ (P.25)
Trader Joe's

Magnolia Bakery

ホールフーズ・マーケット (P.24)
Whole Foods Market (P.24)

7-Eleven

フォゴ・デ・シャオ (P.103)
Fogo de Chao

SLSビバリーヒルズ
SLS Beverly Hills

SKドーナツ
SK Donuts

松久 Matsuhisa

Genwa Korean BBQ

Lawry's Prime Rib

アカデミー映画博物館 (P.87)
Academy Museum of Motion Pictures

Hancock Park

キンプトンホテル・ウィルシャー
Kimpton Hotel Wilshire

ラ・ブレア・タールピッツ&博物館 (P.88)
La Brea Tar Pits & Museum

ピーターセン自動車博物館 (P.88)
Petersen Automotive Museum

クラフト現代美術館 (P.87)
Craft Contemporary Museum

La Cienega Park

ロスアンゼルスカウンティ美術館 (P.87)
Los Angeles County Museum of Art

P.68 | P.62-63

P.58-59 | P.60-61 | P.64

P.56-57

N

500m
0.3mile

A | B

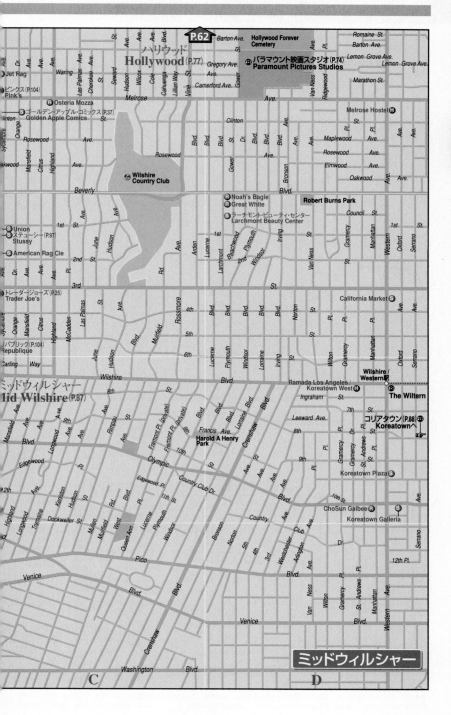

P.62

Barton Ave.　Hollywood Forever
Cemetery

Romaine St.

Barton Ave.

ハリウッド
Hollywood (P.77)　Gregory Ave.　Lemon Grove Ave.

Lemon Grove Ave.

Jet Rag

Waring

Seward
Hudson
Wilcox
Cole
Cahuenga
Lilian Way
Vine

Camerford Ave.

パラマウント映画スタジオ (P.74)
Paramount Pictures Studios

Van Ness
Ridgewood

Marathon St.

ピンクス (P.104)
Pink's

Melrose

Ave.

Melrose Hostel

ゴールデン・アップル・コミックス (P.37)
Golden Apple Comics

Clinton
Orange
Sycamore

Rosewood

St.

Clinton

Blvd.
Blvd.
Blvd.
St.
Blvd.
Dr.
Blvd.
Blvd.

Maplewood

Ave.

St.

Ave.
Ave.

Ave.

Mansfield
Citrus
Highland

Ave.

Rosewood

Gower

Ave.

Rosewood

Ave.

Bronson

Elmwood

Ave.

Oakwood
Oakwood

Ave.
Ave.

**Wilshire
Country Club**

Blvd.

Beverly

Noah's Bagle
Great White

Robert Burns Park

Council　St.

Union
ステューシー (P.97)
Stussy

1st
St.

Ave.

ラーチモント・ビューティ・センター
Larchmont Beauty Center

1st

Arden
Lucerne
Beachwood
Plymouth
Windsor
Irving

St.

Van Ness

Gramercy
Manhattan

Western

1st

Oxford

St.

Serrano

St.

American Rag Cie

Hudson
June

Dr.
Ave.
Ave.

2nd　St.

Rd.

Larchmont

2nd

St.

3rd

Las Palmas

Ave.

Rossmore

4th

Blvd.
Blvd.
Blvd.
Blvd.

Norton

California Market

Ave.
Ave.

トレーダージョーズ (P.25)
Trader Joe's

Orange
Mansfield
Citrus
Sycamore
Highland

McCadden

Blvd.

Muirfield

5th

Lucerne
Plymouth
Windsor
Loraine
Irving

St.

Wilton
Gramercy

Pl.
Pl.
Pl.

Manhattan

Pl.

Oxford

Serrano

パブリック (P.104)
Republique

June
Hudson

6th

Carling　Way

Wilshire

Blvd.

Wilshire /
Western

Ramada Los Angeles /
Koreatown West

The Wiltern

ミッドウィルシャー
Mid Wilshire (P.87)

8th

St.

St.

Blvd.
Blvd.
Crenshaw Blvd.
Loraine Blvd.

Ingraham　St.

7th

Pl.

Gramercy
Gramercy

Andrews
St. Andrews

Oxford

Mansfield

9th

Ave.
Rimpau

St.

Ave.

Fremont Pl. (private)
Fremont Pl. (private)
5th

Francis Ave.

Leeward Ave.

8th

Pl.

Longwood

Ave.

Blvd.

**Harold A Henry
Park**

Edgewood

Pl.

Olympic

10th

St.

9th

Ave.
Ave.

Pl.

Gramercy

Koreatown Plaza

Highland
Longwood
Tremaine

2th

Ave.

Keniston
Hudson

Dockweiler　St.

Mullen
Muirfield
West
Queen Ann

Edgewood Pl.

Country Club Dr.

11th　St.

Lucerne
Plymouth
Windsor

Blvd.

Bronson
Norton

Country

Blvd.

Club

10th St.

ChoSun Galbee

Koreatown Galleria

コリアタウン (P.88)
Koreatownへ

Ave.

Pico

Venice

Blvd.

Blvd.

Venice

5th
3rd
4th

Westbasker
Adington

Dr.

Blvd.

Serrano

12th Pl.

Venice

Blvd.

Van Ness
Wilton
Gramercy
St. Andrews

Pl.
Pl.

Manhattan

Ave.

Western

Blvd.

Washington　Blvd.

ミッドウィルシャー

C

D

ワーナー・ブラザーズ・スタジオ
Warner Bros. Studio (P.75)へ
ユニバーサル・スタジオ・ハリウッド (P.143)/ユニバーサル・シティウオーク (P.149)
Universal Studios Hollywood / Universal CityWalk

ハリウッドサイン (P.80)
Hollywood Sign

ユニバーサル・シティ
Universal City

シェラトン・ユニバーサル Sheraton Universal、
Hilton Los Angeles / Universal Cityへ

P.68　P.62-63
P.58-59　P.60-61
P.56-57　P.64

Hollywood
Reservoir

Runyon Canyon
Park

1
2

0　　500m
0　　0.3mile

ハリウッドボウル (P.80)
Hollywood Bowl

ベストウエスタン・ハリウッド・プラザ・イン
Best Western Hollywood Plaza Inn
Hilton Garden Inn Los Angeles Hollywood

Hollywood Heritage Museum

ハリウッド中心部P.66-67

TCLチャイニーズシアター (P.78)
TCL Chinese Theatres

3

Franklin Ave.

Yucca St.

Capitol Records Building

Starbucks Coffee
Yucca　St.
The Musso & Frank Grill

Carlos Ave.

ハリウッド・ルーズベルト・ホテル (P.109)
The Hollywood Roosevelt Hotel
Tropicana Bar

Hollywood /
Highland駅

Hollywood /
Vine駅
W Hollywood

The Fonda Theatr

Selma Ave.

バンテージシアター (P.79)
Pantages Theatre

In-N-Out Burger

Harold Way

Sunset Blvd.

Southern California Hospital
Hollywood

Guitar Center

The Jim Henson Company

Arclight Cinemas

Sunset Gower
Studios

ハリウッド
Hollywood (P.77)

ファーマーズマーケット (月)
Ralphs

Taco Bell

4

Plummer
Park

トレーダージョーズ (P.25)
Trader Joe's

Yoshinoya

Target
Best Buy

Poinsettia
Recreation Center

サンセットストリップ
P.68

Hollywood
Forever
Cemetery

A　　　　　B

P.68
P.61

見どころ　ショップ　レストラン　ホテル　カフェ　ナイトスポット　映画館　スパ、サロン　観光案内所　ランドマーク/そのほか　ビーチ/公園
インターステートハイウエイ　U.S.ハイウエイ　ステートハイウエイ　Hollywood Blvd. 道路名　メトロ　空港　ゴルフ場　病院　郵便局

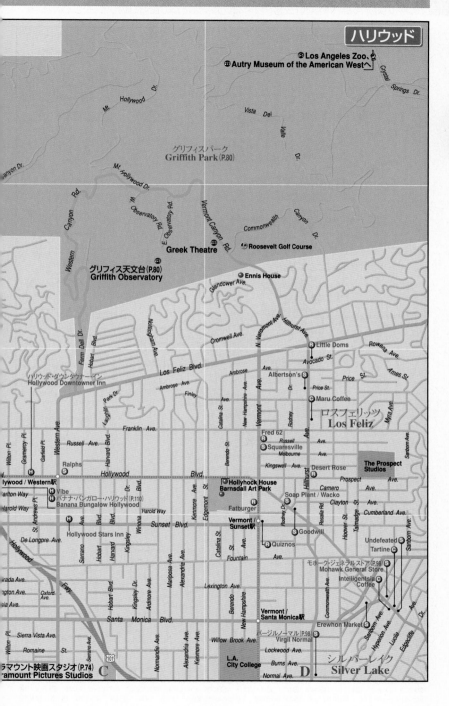

ハリウッド

⊕ Los Angeles Zoo、
㊿ Autry Museum of the American West へ

Crystal Springs Dr.

Mt. Hollywood Dr.

Vista Del Valle Dr.

グリフィスパーク
Griffith Park(P.80)

Canyon Dr.

Mt. Hollywood Dr.

W. Observatory Rd.

E. Observatory Rd.

Vermont Canyon Rd.

Commonwealth Canyon Dr.

㊿ Roosevelt Golf Course

Greek Theatre

グリフィス天文台(P.80)
Griffith Observatory

Western Canyon Rd.

● Ennis House

Glendower Ave.

Fern Dell Dr.

Nottingham Ave.

Cromwell Ave.

N. Vermont Ave.

Hillhurst Ave.

Rowena Ave.

Ames St.

Little Doms

Avocado St.

Los Feliz Blvd.

ハリウッド・ダウンタウナー・イン
Hollywood Downtowner Inn

Hobart Blvd.

Park Dr.

Laughlin Park Dr.

Ambrose Ave.

Ambrose Ave.

Finley Ave.

Catalina St.

New Hampshire Ave.

Vermont Ave.

Ave.

Albertson's Ⓢ

Price St.

Price St.

Dr.

Rodney Dr.

Ⓒ Maru Coffee

ロスフェリッツ
Los Feliz

Mira Ave.

Sanborn Ave.

Western Ave.

Gramercy Pl.

Wilton Pl.

Garfield Pl.

Russell Ave.

Harvard Blvd.

Franklin Ave.

Berendo St.

Fred 62
Russell Ave.
Ⓢ Squaresville
Melbourne Ave.

Ralphs Ⓢ

Hollywood

Kingswell Ave.

Hillhurst Ave.

Desert Rose

The Prospect Studios

Blvd.

Ⓡ **Hollyhock House**
Barnsdall Art Park

Kenmore Ave.

Edgemont St.

Prospect Ave.

Camero Ave.

Soap Plant / Wacko

Rodney Dr.

Hoover St.

Clayton St.

Talmadge St.

Rosalia Rd.

Cumberland Ave.

lywood / Western 駅
arlton Way
Ⓗ Vibe
バナナ・バンガロー・ハリウッド(P.110)
Banana Bungalow Hollywood
arold Way

St. Andrews Pl.

Serrano Ave.

Hobart Blvd.

Harvard Blvd.

Kingsley Dr.

Harold Way

Fatburger Ⓡ

**Vermont /
Sunset** 駅

Catalina St.

St. Andrews Pl.

Ⓢ Goodwill

Undefeated
Tartine Ⓒ

Sanborn Ave.

Hollywood Stars Inn

Sunset Blvd.

Winona Blvd.

Ⓡ Quiznos

De Longpre Ave.

Hollywood Fwy.

irada Ave.

ngton Ave.

sia Ave.

Oxford Ave.

Mariposa Ave.

Alexandria Ave.

Ardmore Ave.

Fountain Ave.

Lexington Ave.

Berendo St.

New Hampshire Ave.

Commonwealth Ave.

モホーク・ジェネラルストア(P.98) Ⓢ
Mohawk General Store

Intelligentsia
Coffee

Hoover St.

Hyperion Ave.

Sanborn Ave.

Lucile Ave.

Edgecliffe Dr.

**Vermont /
Santa Monica** 駅

Erewhon Market Ⓢ

シルバーレイク
Silver Lake

Wilton Pl.

Sierra Vista Ave.

Romaine St.

Santa Monica Blvd.

Normandie Ave.

Alexandria Ave.

Kenmore Ave.

Willow Brook Ave.

バージルノーマル(P.98)
Virgil Normal

Lockwood Ave.

Burns Ave.

Normal Ave.

101

ラマウント映画スタジオ(P.74)
ramount Pictures Studios

C

**L.A.
City College**

D

63

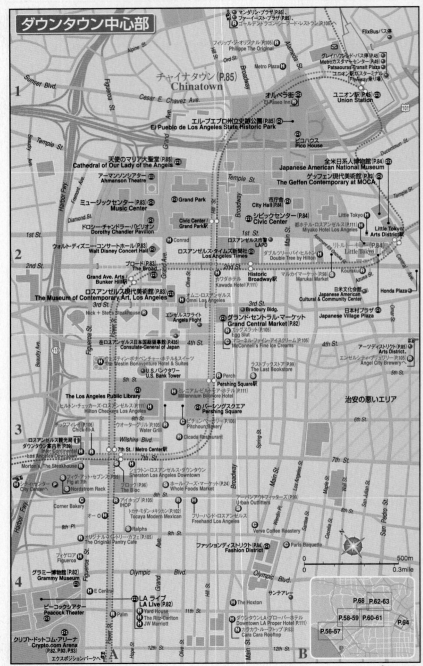

ダウンタウン中心部

1
- マンダリン・プラザ(P.85)
- ファー・イースト・プラザ(P.85)
- ゴールデンドラゴン・シーフード・レストラン(P.105)へ
- フィリップ・ジ・オリジナル(P.105) Philippe The Original
- FlixBusバス停
- グレイハウンド・バス停(P.45)
- Metroカスタマーセンター(P.45) Patsaouras Transit Plaza
- ユニオン駅スターミナル(FlyAway乗り場)
- Metro Plaza
- チャイナタウン(P.85) Chinatown
- オルベラ街 El Paseo Inn
- ユニオン駅(P.45) Union Station
- エル・プエブロ州立史跡公園(P.85) El Pueblo de Los Angeles State Historic Park
- ピコハウス Pico House

2
- 天使のマリア大聖堂(P.85) Cathedral of Our Lady of the Angels
- アーマンソンシアター Ahmanson Theatre
- ミュージックセンター(P.83) Music Center
- ドロシー・チャンドラー・パビリオン Dorothy Chandler Pavilion
- 全米日系人博物館(P.84) Japanese American National Museum
- ゲッフェン現代美術館(P.83) The Geffen Contemporary at MOCA
- Grand Park
- 市庁舎(P.84) City Hall
- シビックセンター(P.84) Civic Center
- Little Tokyo
- Civic Center / Grand Park駅
- 都ホテル・ロスアンゼルス(P.111) Miyaku Hotel Los Angeles
- リトルトーキョー(P.84) Little Tokyo
- リトルトーキョー・アーツディストリクト駅 Little Tokyo / Arts District駅
- ウォルト・ディズニー・コンサートホール(P.83) Walt Disney Concert Hall
- Conrad
- ロスアンゼルス市警 LAPD
- ロスアンゼルス・タイムズ新聞社 Los Angeles Times
- ダブルツリー・バイ・ヒルトン Double Tree by Hilton
- ブロード(P.83) The Broad
- Grand Ave. Arts / Bunker Hill駅
- カワダホテル Kawada Hotel(P.111)
- Historic Broadway駅
- マルカイマーケット(P.98) Marukai Market
- ロスアンゼルス現代美術館(P.83) The Museum of Contemporary Art, Los Angeles
- オムニ・ロスアンゼルス(P.111) Omni Los Angeles
- Kourakuu
- Honda Plaza
- Bradbury Bldg.
- グランド・セントラル・マーケット(P.82) Grand Central Market
- 日米文化会館(P.84) Japanese American Cultural & Community Center
- 日本村プラザ Japanese Village Plaza
- Nick + Stef's Steakhouse へ
- エンゼルスフライト Angels Flight
- エッグスラット(P.105) Egg Slut
- マコーネル・ファイン・アイスクリーム(P.105) McConnell's Fine Ice Creams
- 在ロスアンゼルス日本国総領事館(P.435) Consulate-General of Japan
- ラストブックストア(P.99) The Last Bookstore
- アーツディストリクト(P.85) Arts District、 エンゼルシティ・ブリュワリー(P.105) Angel City Brewery へ

3
- ウェスティン・ボナベンチャー・ホテル&スイーツ The Westin Bonaventure Hotel & Suites
- U.S.バンクタワー U.S. Bank Tower
- Perch
- Pershing Square駅
- The Los Angeles Public Library
- ミニマム・ビルトモア・ホテル(P.111) Millennium Biltmore Hotel
- ヒルトン・チェッカーズ・ロスアンゼルス(P.111) Hilton Checkers Los Angeles
- バーシングスクエア Pershing Square
- 治安の悪いエリア
- ロスアンゼルス観光局 ダウンタウン案内所(P.39) Los Angeles Downtown
- チックフィレイ(P.106) Chick-fil-A
- ウォーターグリル(P.105) Water Grill
- ピチュン・ベーカリー(P.106) Pitchoun Bakery
- Cicada Restaurant
- 7th St. / Metro Center駅
- Inter Continental
- Morten's, The Steakhouse へ
- Wilshire Blvd.

4
- シティセンター City Center へ
- フィグ・アット・セブンス(P.99) Fig at 7th
- Nordstrom Rack
- シェラトン・ロスアンゼルス・ダウンタウン Sheraton Los Angeles Downtown
- ブロック(P.96) The Bloc
- ホールフーズ・マーケット(P.24) Whole Foods Market
- アーバンアウトフィッターズ(P.99) Urban Outfitters
- Corner Bakery
- アイホップ(P.105) IHOP
- トカヤ・モダン・メキシカン(P.102) Tocaya Modern Mexican
- フリーハンド・ロスアンゼルス Freehand Los Angeles
- Verve Coffee Roastery
- オー・オ
- Ralphs
- オリジナル・パントリー・カフェ(P.105) The Original Pantry Cafe
- Paris Baquette
- フィゲロア Figueroa
- ファッションディストリクト(P.84) Fashion District
- グラミー博物館(P.82) Grammy Museum
- E Central
- LA ライブ(P.82) LA Live
- ピーコックシアター Peacock Theater
- The Hoxton
- Yard House
- The Ritz-Carlton
- JW Marriott
- ダウンタウンLAプロパーホテル(P.111) Downtown LA Proper Hotel
- カラカラ・ルーフトップ(P.53) Cara Cara Rooftop
- クリプト・ドットコム・アリーナ(P.82, P.92, P.93) Crypto.com Arena
- エクスポジションパークへ

- 500m
- 0.3mile

- P.68 | P.62-63
- P.58-59 | P.60-61
- P.56-57 | P.64
- P.64

凡例:
⬤見どころ　⬤ショップ　⬤レストラン　⬤ホテル　⬤カフェ　⬤ナイトスポット　⬤映画館　⬤スパ、サロン　⬤観光案内所　⬤ランドマーク／そのほか　⬤ビーチ／公園　⬤インターステートハイウエイ　⬤U.S.ハイウエイ　⬤ステートハイウエイ　*Hollywood Blvd.* 道路名　⬤⬤⬤メトロ　⬤空港　⬤ゴルフ場　⬤病院　⬤郵便局

メモ　※ダウンタウンのスキッドロウという治安の悪いエリア(→P.434)は、リトルトーキョーの1〜2ブロック南にある。周囲の雰囲気が急激に変わるので絶対に足を踏み入れないこと。

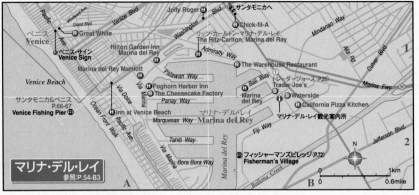

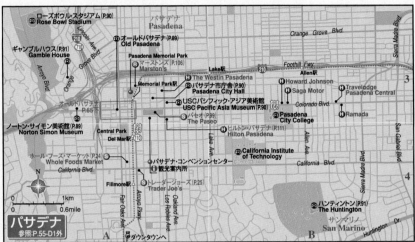

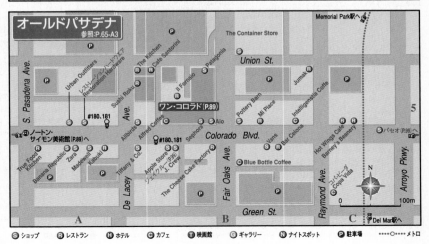

マリナ・デル・レイ
参照：P.54-B3

パサデナ
参照：P.55-D1外

オールドパサデナ
参照：P.65-A3

S ショップ　R レストラン　H ホテル　C カフェ　T 映画館　G ギャラリー　N ナイトスポット　P 駐車場　••••○•••• メトロ

65

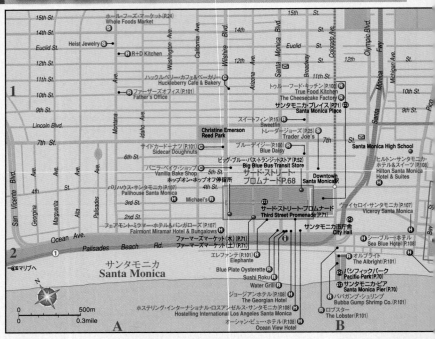

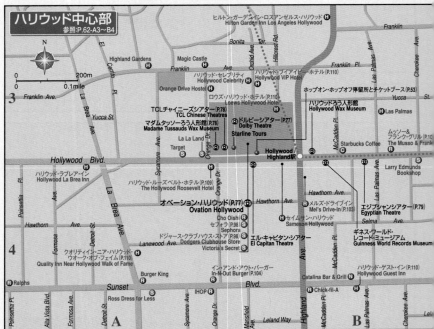

🏛見どころ　⑤ショップ　🅡レストラン　🄷ホテル　🄲カフェ　🄽ナイトスポット　🎬映画館　💆スパ・サロン　ℹ観光案内所　🄻ランドマーク／そのほか　🄑ビーチ／公園
🛣インターステートハイウエイ　🛡U.S.ハイウエイ　🛡ステートハイウエイ　*Hollywood Blvd.* 道路名　━━○◇━━メトロ　✈空港　⛳ゴルフ場　✚病院　✉郵便局

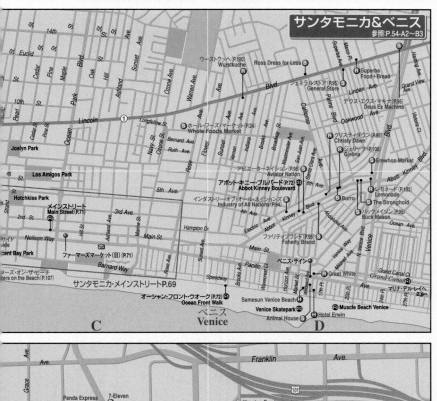

サンタモニカ&ベニス
参照:P.54-A2〜B3

14th St.
Euclid St.
Cedar St.
Pine St.
Maple St.
Oak St.
Hill St.
Ashland Ave.
Sunset Ave.
Ozone Ave.
Park Ave.
Lincoln Blvd.
① 1
Longfellow St.
10th St.
Pearl St.
Cedar St.
Pine St.
Ocean Park Blvd.
Warren Ave.
Navy St.
Bernard Ave.
Ruth Ave.
Ozone St.
Rose Ave.

ウーストクッヘ (P.100)
Wurstkuche
Ross Dress for Less Ⓢ
ジェネラルストア (P.95)
General Store

Superba Ⓡ
Food+Bread

Macao Pl.
Superba Ave.
Linden Ave.
Palms Blvd.
Oakwood Ave.
California Ave.
Harding Ave.
Grand View Ave.

デウス・エクス・マキナ (P.95)
Deus Ex Machina

ホール・フーズ・マーケット (P.24) Ⓢ
Whole Foods Market

California Ave.
Broadway
Brooks Ave.
Indiana Ave.
Vernon Ave.
Flower Ave.
San Juan Ave.
Westminster Ave.
Santa Clara Ave.

クリスティ・ダウン (P.95) Ⓡ
Christy Dawn
ジェリーナ (P.100) Ⓢ
Gjelina
Erewhon Market Ⓢ

Joslyn Park

St.
St.
St.
Los Amigos Park
Hotchkiss Park
2nd St.
Neilson Way
Hill St.
Ashland Ave.
Marine St.
Main St.
3rd Ave.
4th Ave.
5th Ave.
Hampton Dr.
Strand
6th Ave.

アビエーターネイション (P.95)
Aviator Nation
アボット・キニー・ブルバード (P.72) Ⓡ
Abbot Kinney Boulevard
インダストリー・オブ・オール・ネイションズ
Industry of All Nations (P.94)

Abbot Kinney Blvd.
Andalusia Ave.
Electric Ave.
Abbot Kinney
Burro Ⓢ

レモネード (P.102) Ⓢ
Lemonade
The Stronghold Ⓢ
バックメイソン (P.95)
Buck Mason
Ocean Ave.

メインストリート (P.71) Ⓗ
Main Street (P.71)

サイド
side
cent Bay Park
ファーマーズマーケット(日) (P.71) Ⓗ
Barnard Way

ファリティブランド (P.95) Ⓢ
Faherty Brand

Pacific Ave.
Main St.
Sunset Ave.
Rose Ave.

Venice Way
Mildred Ave.
N. Venice Blvd.
Venice Blvd.

ズ・オン・ザ・ビーチ
ters on the Beach (P.107)
サンタモニカ・メインストリートP.69
オーシャン・フロント・ウォーク (P.72) Ⓗ
Ocean Front Walk

Speedway
Brooks Ave.
Wavecrest Ave.
Horizon Ave.
Market St.
Windward Ave.

ベニス・サイン Ⓗ
Great White Ⓡ

Grand Canal Ct.
Grand Canal
17th Pl.
20th Pl.
27th Pl.
マリナ・デル・レイへ

Samesun Venice Beach
Venice Skatepark Ⓗ
Muscle Beach Venice Ⓡ
Animal House Ⓢ   Hotel Erwin Ⓗ

ベニス
Venice

C   **D**

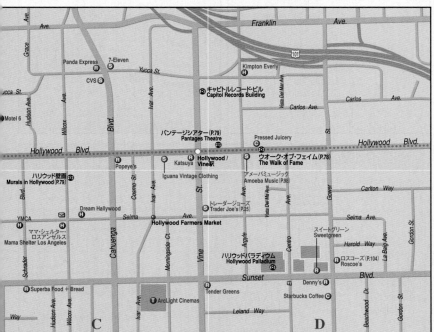

Grace Ave.
Franklin Ave.
101

Panda Express Ⓡ   7-Eleven Ⓢ
Yucca St.
Kimpton Everly

CVS Ⓢ

Yucca St.
Hudson Ave.
Wilcox Ave.
Ivar Ave.
Vista Del Mar Ave.
Cahuenga Blvd.
Carlos Ave.
Carlos Ave.

キャピトルレコード・ビル Ⓗ
Capitol Records Building

Motel 6

バンテージシアター (P.79)
Pantages Theatre
Pressed Juicery Ⓒ

Hollywood Blvd.

Hollywood Blvd.
Popeye's Ⓡ
Katsuya Ⓢ
Hollywood / Ⓡ
Vine駅
ウォーク・オブ・フェイム (P.78)
The Walk of Fame

ハリウッド壁画 Ⓗ
Murals in Hollywood (P.79)

Iguana Vintage Clothing
アメーバミュージック
Amoeba Music (P.98)

Carlton Way

Dream Hollywood
Selma Ave.
Cosmo St.
Ivar Ave.
Vine St.
Vista Del Mar Ave.
Gower St.
Selma Ave.

YMCA Ⓗ
ママ・シェルター・
ロスアンゼルス Ⓗ
Mama Shelter Los Angeles

トレーダージョーズ Ⓢ
Trader Joe's (P.25)
Hollywood Farmers Market

スイートグリーン
Sweetgreen

Schrader Blvd.
Cahuenga Blvd.
Morningside Ct.
Argyle Ave.
Centro Ave.
Harold Way
La Baig Ave.
Gordon St.

ハリウッドパラディウム
Hollywood Palladium Ⓡ

ロスコーズ (P.104) Ⓡ
Roscoe's

Superba Food + Bread Ⓡ
Sunset Blvd.
Tender Greens Ⓡ
Denny's Ⓡ

Way
Hudson Ave.
Wilcox Ave.
Ivar Ave.
ArcLight Cinemas Ⓣ
Leland Way
Starbucks Coffee Ⓒ
Beachwood Dr.
Gordon St.

C   **D**

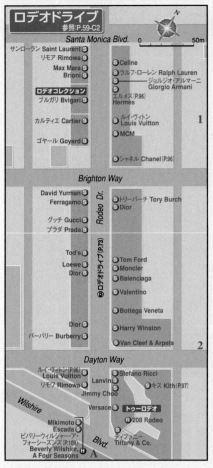

ロデオドライブ
参照:P.59-C2

Santa Monica Blvd.

0　　　50m

- サンローラン Saint Laurent Ⓢ
- リモア Rimowa Ⓢ
- Max Mara Ⓢ
- Brioni Ⓢ
- **ロデオコレクション**
- ブルガリ Bvlgari Ⓢ
- カルティエ Cartier Ⓢ
- ゴヤール Goyard Ⓢ

- Ⓢ Celine
- Ⓢ ラルフ・ローレン Ralph Lauren
- Ⓢ ジョルジオ・アルマーニ Giorgio Armani
- Ⓢ エルメス(P.96) Hermes
- Ⓢ ルイ・ヴィトン Louis Vuitton
- Ⓢ MCM
- Ⓢ シャネル Chanel (P.96)

1

Brighton Way

- David Yurman Ⓢ
- Ferragamo Ⓢ
- グッチ Gucci Ⓢ
- プラダ Prada Ⓢ
- Tod's Ⓢ
- Loewe Ⓢ
- Dior Ⓢ
- Dior Ⓢ
- バーバリー Burberry Ⓢ

Rodeo Dr.

ロデオドライブ(P.73)

- Ⓢ トリーバーチ Tory Burch
- Ⓢ Dior
- Ⓢ Tom Ford
- Ⓢ Moncler
- Ⓢ Balenciaga
- Ⓢ Valentino
- Ⓢ Bottega Veneta
- Ⓢ Harry Winston
- Ⓢ Van Cleef & Arpels

2

Dayton Way

- ルイ・ヴィトン(P.96) Louis Vuitton Ⓢ
- リモワ Rimowa Ⓢ
- Ⓢ Stefano Ricci
- Ⓢ Lanvin
- Ⓢ キス Kith (P.97)
- Jimmy Choo
- Versace Ⓢ
- トゥーロデオ
- Ⓢ 208 Rodeo
- Mikimoto Ⓢ
- Escada Ⓢ
- ビバリーウィルシャー・ア・フォーシーズンズ(P.109) Beverly Wilshire, A Four Seasons Ⓗ
- ティファニー Tiffany & Co.

Wilshire

Blvd.

Ⓐ

サード・ストリート・プロムナード
参照:P.66-A2〜B2

Wilshire Blvd.

- Ⓡ California Pizza Kitchen
- Hillstone
- 1212 Ⓡ
- Chipotle Ⓡ
- Ⓡ Dr. Martin
- Ⓟ #1
- Cabo Cantina Ⓡ
- Sephora Ⓢ
- Ⓡ Ugo
- Ⓟ #2
- Champs Ⓡ
- Ⓡ Caza Martin
- テンダーグリーン Tender Greens
- Gyu-Kaku Ⓡ
- Ⓡ Foot Locker
- TJ Maxx Ⓢ

Third Street Promenade

1

Arizona Ave.

- ファーマーズマーケット(木,土) Ⓣ
- AMC Santa Monica 7 Ⓣ
- Ⓡ ビクトリアズシークレット(P.94) Victoria's Secret
- The Coffee Bean & Tea Leaf Ⓡ
- Barns & Noble Ⓢ
- Ⓟ #3
- Ⓟ #4
- Johnny Rockets Ⓡ
- ドジャース・クラブハウス・ストア(P.98) Dodgers Clubhouse Store Ⓢ
- Sketchers Ⓢ
- Sunglass Hut Ⓢ
- エレファンテ(P.101) Elephante Ⓢ
- Zara Ⓢ
- パタゴニア(P.95) Patagonia Ⓢ
- Oakley Ⓢ
- Ⓢ Abercrombie & Fitch
- Starbucks Coffee Ⓡ
- Ⓡ Barney's Beanery (P.104)
- The Coffee Bean & Tea Leaf Ⓡ

サード・ストリート・プロムナード(P.71)

Second St.

Fourth St.

Santa Monica Blvd.

- アンソロポロジー(P.94) Anthropologie Ⓢ
- Ⓡ Yogurtland
- REI
- Bruxie Ⓡ
- Bibop Ⓡ
- バンズ Vans(P.94) Ⓢ
- Cotton On Ⓢ
- Alo Yoga Ⓢ
- パズルズー Puzzle Zoo Ⓢ
- Tilly's Ⓡ
- Ⓢ Apple Store
- Ⓟ #6
- Urban Outfitters Ⓢ
- ビッグ・ブルー・バス・トランジットストア(P.52) Ⓣ
- Jinky's Cafe Ⓡ
- Pac Sun Ⓢ
- Herschel Supply Ⓢ
- Ⓢ Hollister
- Hotel Carmel Ⓗ
- H&M Ⓢ
- Ⓣ AMC Broadway 4
- Ⓟ #5
- Papyrus Ⓡ
- Cult Ⓢ
- Lululemon Athletica Ⓢ

Broadway

- サンタモニカ・プレイス(P.71) Ⓢ Santa Monica Place

0　　　100m

2

Ⓑ

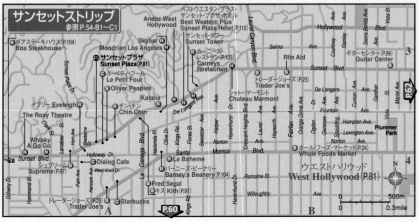

サンセットストリップ
参照:P.54-B1〜C1

- ボアステーキハウス(P.104) Boa Steakhouse へ
- Mondrian Los Angeles Ⓗ
- Skybar Ⓝ
- Andaz West Hollywood
- ベストウエスタン・プラス・サンセット・プラザ・ホテル(P.110) Best Western Plus Sunset Plaza Hotel
- サンセット・タワー Sunset Tower
- Hollywood Blvd.
- Selma Ave.
- サンセットプラザ Sunset Plaza(P.81)
- カーニーズ・レストラン(P.103) Carneys Restaurant
- ル・プティ・フール Le Petit Four
- Oliver Peoples Ⓢ
- Katana Ⓡ
- チン・チン Chin Chin Ⓡ
- Rite Aid
- Sunset Blvd.
- ギターセンター(P.99) Guitar Center
- イブリー Eveleigh Ⓡ
- The Roxy Theatre
- Chateau Marmont シャトーマーモント
- トレーダージョーズ(P.25) Trader Joe's
- De Longpre Ave.
- Whisky A Go Go
- Dialog Cafe Ⓡ
- West Knoll Dr.
- シュプリーム(P.97) Supreme
- バーニーズ・ビーナリー(P.104) Barney's Beanery(P.104)
- La Boheme Ⓡ
- Fred Segal Ⓡ
- キス Kith (P.97)
- Fountain Ave.
- Plummer Park プラマーパーク
- ホール・フーズ・マーケット(P.24) Whole Foods Market
- トレーダージョーズ(P.25) Trader Joe's
- Starbucks Ⓢ
- ウエストハリウッド West Hollywood(P.81)

Ⓐ

P.60

Ⓑ

0　　　500m
0　　　0.3mile

3

4

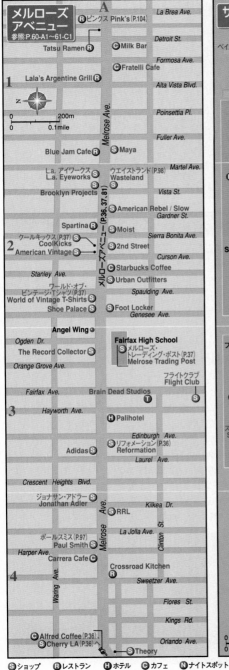

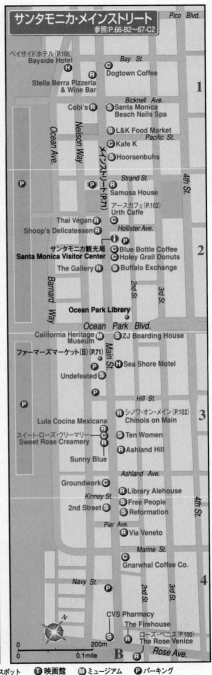

Ｓショップ　Ｒレストラン　Ｈホテル　Ｃカフェ　Ｎナイトスポット　Ｔ映画館　Ｍミュージアム　Ｐパーキング

━80分 バサデナ
━35分 ━95分
ハリウッド
ウエスト
サイド ダウンタウン
━60分
ビーチ N
シティズ
0 10km

ビーチシティズ
Beach Cities

サード・ストリート・
プロムナード 10 405
サンタモニカ
サンタモニカ・
プレイス Ocean Park Blvd.
サンタモニカ・ピア/ メインストリート Venice Blvd.
パシフィックパーク
アボット・キニー・ブルバード
オーシャン・フロント・ウォーク
N
ベニス&
マリナ・デル・レイ フィッシャーマンズ
ビレッジ
0 3km

　サンタモニカ、ベニス、マリナ・デル・レイなど、ロスアンゼルスにはたくさんのビーチがある。どこも美しく個性的。心地よい風のなかで思いおもいのビーチライフを満喫したい。サンタモニカはダウンタウンからメトロレイルで簡単にアクセスできる。

サンタモニカ　*Santa Monica*

サンタモニカ・ピア
🏠200 Santa Monica Pier,
　Santa Monica（事務所）
🌐www.santamonicapier.org
🚃ダウンタウンからメトロレイル・Eラインで Downtown
　Santa Monica 駅下車、徒歩約10分。

パシフィックパーク
🏠380 Santa Monica Pier,
　Santa Monica
☎(310)260-8744
🌐pacpark.com
🕐月～金12:00～19:00（金～
　21:00）、土・日11:00～
　2100。時期により異なるので、ウェブサイトで確認を。
💴1日パス／8歳以上＄40、7歳
　以下＄20。各ライドの乗車券
　（＄6～12）も販売している

夕日を眺めるのに絶好の木造桟橋　　　サンタモニカ＆ベニス　MP.66 -B2

サンタモニカ・ピアとパシフィックパーク
Santa Monica Pier & Pacific Park　　　　　　　　★★★

　1909年建設の木造の桟橋。サンタモニカのシンボル的な存在で、日中から夜にかけては観光客でにぎわうが、早朝はさびしげなムードが漂う。昔から『フォレスト・ガンプ』をはじめとして数々の映画やTVドラマに登場してきた。ピアには、遊園地や新鮮な魚介類を食べさせる屋台などがあり、休日にはミニコンサートやダンスなども行われる。

　サンタモニカ・ピアの名物は遊園地**パシフィックパークPacific Park**。桟橋の上にある遊園地は西海岸ではここだけ。世界で唯一太陽光発電で動く観覧車パシフィックホイールPacific Wheelや、コースの一部が海の上を走るジェットコースターWest Coasterのほか、ゲームセンターやスナックスタンドなど、楽しめるポイントが多々ある。このほか、1916年製造のメリーゴーラウンド、サンタモニカ・カルーセルSanta Monica Carouselは歴史的記念物に指定されるほどの貴重なもの。現在でも44基の手彫りの木馬が回り続けている。

ルート66の終点がここサンタモニカ

ピアの上には遊園地もある

サード・ストリート・プロムナード
Third Street Promenade

夜までにぎやか、市民が集うエリア　サンタモニカ＆ベニス　MP.66-B2

★★★

歩行者天国なので安心して歩くことができる

　サンタモニカ・ダウンタウンの中心、3rd St.沿いのBroadwayからWilshire Blvd.までの3ブロックが、おしゃれなカフェや映画館、若者に人気の流行の店などが並ぶ遊歩道になっている。週末になるとストリートミュージシャンが現れ、深夜まで多くの人でにぎわう。このエリアだけは、ロスアンゼルスにしては珍しく、車の乗り入れを規制して安心して歩けるようになっている。

サンタモニカ・プレイス
Santa Monica Place

オープンエアのショッピングモール　サンタモニカ＆ベニス　MP.66-B2

★★

レストランもたくさんあり、食事スポットにもおすすめ

　サード・ストリート・プロムナードの東を突き当たった所に3階建てのモールがある。サンタモニカの人気スポットで、高級デパートのノードストロームNordstrom、スキンケアブランドのイソップAesop、トリー バーチTory Burchなどカジュアルからハイエンドまで、幅広いブランドが入店している。3階にあるルーフトップのダイニングデッキで、ゆっくり食事を楽しむのもいい。

メインストリート
Main Street

サンタモニカのホットなエリア　サンタモニカ＆ベニス　MP.67-C2

★★

　サンタモニカとベニスを結ぶ約1.5kmの通りで、ショップやレストランが集まっているのはおもに西のベイストリートBay St.から東のローズアベニューRose Ave.までの間、歩いても20分ほどの距離だ。おしゃれなブティックやアンティーク、モダンな家具など個性的な店が並んでいる。Pico Blvd.とOcean Park Blvd.の間はグリーン・ライト・ディストリクトGreen Light Districtと呼ばれ、エコグッズを集めたショップやオーガニックのカフェなどが集中している。

メインストリートまで来ると、観光客はぐっと少なくなる

サード・ストリート・プロムナード
🏠3rd St.沿い、Broadwayから
Wilshire Blvd.までの3ブロック
🌐www.downtownsm.com
🚃ダウンタウンからメトロレイル・EラインでDowntown
Santa Monica駅下車、斜め
前。周辺の駐車場情報は
🌐www.santamonica.com/
transportation/parkingを参
考に。

サンタモニカ・プレイス
🏠395 Santa Monica Pl.,
Santa Monica
☎(310)260-8333
🌐www.santamonicaplace.
com
🕐月～土10:00～21:00、
日11:00～20:00

メインストリート
🌐www.mainstreetsm.com
🚃メトロレイル・Eライン
Downtown Santa Monica
駅から徒歩約15分。

ファーマーズマーケット
　サンタモニカでは週3日ファーマーズマーケットが開催される。地元で取れた新鮮な野菜や果物が並び、人気のレストランが屋台を出すことでとても人気がある。
☎(310)458-8712
🌐www.santamonica.gov/
categories/programs/
farmers-market
🕐水：8:00～13:00
　MP.66-B2
　🏠Arizona Ave. & 2nd St.
　土：8:00～13:00
　MP.66-B2
　🏠Arizona Ave. & 2nd St.
　土：8:00～13:00
　MP.57-C3
　🏠2233 Pico Blvd.
　日：8:30～13:30
　MP.69-B3
　🏠2640 Main St.

ベニス＆マリナ・デル・レイ　Venice & Marina del Rey

サンタモニカ＆ベニス　MP.67-D2

ベニス住民たちのお気に入り

アボット・キニー・ブルバード
Abbot Kinney Boulevard　＊＊＊

アボット・キニー・ブルバード
圏www.abbotkinneyblvd.com
行き方サンタモニカPl. & 4th St.からビッ
グ・ブルー・バス#1でMain
St. & Brooks Ave.下車。

おしゃれなストリートと評判のアボット・キニー・ブルバード。端から端まで歩いても15分くらいの通りに、セレクトショップ、おしゃれなカフェやレストランが軒を連ねている。ベニスビーチからも徒歩10分と近く、セレブもたびたび訪れる。新しい店や話題の店が立ち並び、ビーチシティズの注目スポットになっている。

きれいな店が多く、安心して歩くことができる

サンタモニカ＆ベニス　MP.67-D2

ベニスビーチといえばここ！

オーシャン・フロント・ウオーク
Ocean Front Walk　＊＊＊

オーシャン・フロント・ウオーク
行き方サンタモニカの4th St. &
Santa Monica Pl.からビッ
グ・ブルー・バス#1でMain
St. & Venice Blvd.下車。徒
歩3分でオーシャン・フロ
ント・ウオークの中心に。
オーシャン・フロント・ウ
オークはサンタモニカ・ピ
アから続いているので、ベ
ニスビーチの周辺まで散歩
してもいい。所要約50分。

マッチョたちがトレーニングに励んでいる

ビーチシティズを象徴するエリアで、海岸沿いに歩行者道路とサイクリングコースが延びている。Winward Ave.からVenice Blvd.あたりには通りに沿ってTシャツやサングラスを売る露店が並ぶ。人が多いだけにスリに注意。週末には大勢のストリ

にぎやかな歩行者道路

ートパフォーマーと見物人たちで活気にあふれている。オープンエアのジムでは、これ見よがしにトレーニングを行っているため、別名"マッスルビーチ・ベニスMuscle Beach Venice"と呼ばれる。オーシャン・フロント・ウオークの海寄りに、スケートボード・パークのVenice Beach Skateparkもある。

マリナ・デル・レイ　MP.65-B2

とんがり屋根が並ぶショッピングゾーン

フィッシャーマンズビレッジ
Fisherman's Village　＊＊

フィッシャーマンズビレッジ
住13755 Fiji Way, Marina del
Rey
営〈夏期〉毎日10:00〜20:00、
〈冬期〉毎日10:00〜21:00（時
期により異なる）
行き方サンタモニカのSanta
Monica Pl. & 4th St.から
ビッグ・ブルー・バス#3
でLincoln Blvd. & Fiji Way
下車、徒歩15分。

ウオータータクシー
圏marinawaterbus.com
営金〜日11:00〜23:00（日
〜21:00）
料$1

灯台はビレッジの
シンボル

マリナ・デル・レイの入江に面して造られた、カラフルなショッピングゾーン。ニューイングランドの漁村を模したとんがり屋根の小屋が立ち並び、観光客向けのショップやみやげ物屋、シーフードレストランなどが軒を連ねる。ここでは、マリーナ内のポイントに停泊するウオータータクシーに乗ろう。大小さまざまなヨットを、海上から間近に見ることができて壮観だ。週末の午後には、ジャズ、ラテン、R & Bなどの無料コンサートが行われている。また、ベニスビーチから自転車でのアクセスが意外に簡単。ベニスビーチ周辺にはレンタサイクル店も多いので、散策に借りるのもよいだろう。

ウエストサイド
Westside

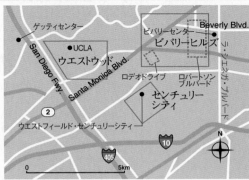

高級住宅地ビバリーヒルズを中心にしたエリア。そのほか、西海岸の有名校 UCLA を擁する学生街ウエストウッド、高級ブランドゾーンのロデオドライブ、映画の撮影所跡地に造られた人工都市センチュリーシティなど、おしゃれなスポットが多い。

ビバリーヒルズ　*Beverly Hills*

世界に名だたる高級住宅地　　　　ウエストサイド　ⓂP.59-C1～D2

ビバリーヒルズ
Beverly Hills
　　　　　　　　　　　　　　　　　　　　　★★

スターの豪邸が並んでいるというイメージが強いが、残念ながらお屋敷をじかに眺めるのはなかなか容易ではない。何しろビバリーヒルズは、広くて丘陵地帯も多いうえ、大型バスの乗り入れは禁止されている。ここを回るには、レンタカーを借りるか、ツアー（→P.52）を利用しよう。ツアーなら、ドライバー兼ガイドが解説しながら回るので、お目当てのスターの家も探さずに見ることができる。ヘリコプターで上空から眺めるツアーも人気が高い。

セレブたちの住むマンション（豪邸）が立ち並ぶ

ビバリーヒルズ
行き方 ダウンタウンからは、メトロバス#4、20、720で約60分。ハリウッドからは、メトロバス#212でSanta Monica Blvd.に交差する所でメトロバス#4に乗り換える。所要約50分。サンタモニカからはメトロバス#4、720などで約40分。

有名ブランドショップが集まる　ウエストサイド　ⓂP.59-C2、P.68-A1～A2

ロデオドライブ
Rodeo Drive
　　　　　　　　　　　　　　　　　　　　　★★★

サンタモニカブルバードSanta Monica Blvd.、ウィルシャーブルバードWilshire Blvd.、キャノンドライブCanon Dr.に囲まれた「黄金の三角地帯The Golden Triangle」は、世界中の高級ブランド店が競って軒を並べるショッピングゾーン。なかでも、サンタモニカブルバードとウィルシャーブルバードを南北に縦断するのが、世界的に有名な**ロデオドライブ**だ。ロデオドライブとウィルシャーブルバードの角が、石畳が敷かれた小道のトゥーロデオ Two Rodeo。ヨーロッパの街並みを模した階段横には噴水もあり、観光客の撮影スポットとなっている。

トゥーロデオも人気の撮影スポット

ロデオドライブ
行き方 ダウンタウンからはメトロバス#4でSanta Monica Blvd. & Camden Dr.、メトロバス#20でWilshire Blvd. & Camden Dr.、もしくは#720でWilshire Blvd. & Rodeo Dr.で下車。約60分。ハリウッドからはメトロバス#217で西に向かいFairfax Ave. & Santa Monica Blvd.で#4に乗り換える。約45分。

✏️メモ　セレブ出没度の高い通り　ウエストサイドを縦断するロバートソンブルバード（ⓂP.59-D1～D2）周辺は、高感度のセレクトショップが並び、LAでもセレブが買い物をするエリアとして知られている。　**73**

ラ・シエネガ・ブルバード周辺

行方 ダウンタウンからはメトロバス#16で約50分。ハリウッドからはメトロバス#217でFairfax Ave.を南下し、Beverly Blvd.で#14に乗り換え西へ。約35分。

有名レストランが立ち並ぶ　　　　ミッドウィルシャー　**M**P.60-A1〜A2

ラ・シエネガ・ブルバード周辺
La Cienega Boulevard　　　★★

　ビバリーヒルズの東側を南北に貫くラ・シエネガ・ブルバードは、高級レストランが多いことで有名。3kmほど西にある**ロデオドライブRodeo Drive**でショッピングを済ませたセレブたちが、ディナーを食べにやって来る通りだ。中心には巨大ショッピングモールの**ビバリーセンターBeverly Center**（→P.96）がある。近年はメルローズアベニュー沿いと周辺にデザイナーズブランドの店やおしゃれなレストランが増えてきており、大小の映画関係の会社も多く、道を歩いている人たちは皆洗練されている。

落ち着いた雰囲気の飲食店が多い

センチュリーシティ　*Century City*

ウエストフィールド・センチュリーシティ

🏠 10250 Santa Monica Blvd., Los Angeles
☎ (310)277-3898
🌐 www.westfield.com/century city
🕐 毎日10:00〜21:00（金・土〜22:00、日〜20:00）
行方 ダウンタウンからはメトロバス#28で約60分。ハリウッドからは、メトロバス#217で西に向かい、Fairfax Ave. & Santa Monica Blvd.でメトロバス#4に乗り換える。

LAらしいオープンエアのショッピングモール　ウエストサイド　**M**P.58-B3

ウエストフィールド・センチュリーシティ
Westfield Century City　　　★★

LA屈指の人気モール

もともと20世紀フォックスの映画撮影所だった広大な敷地に、超近代的なビル群を建築し、勤、食、住、遊とすべての都市機能を詰め込んだ場所で、その中心となるのがウエストフィールド・センチュリーシティ。かなり古株のモールで、天井のないオープンエア形式は、雨のほとんど降らないLAならでは。2017年には大改装工事を終えた。2024年3月現在、約240店舗が入る。

Information　映画の街 LA でスタジオ見学ツアー

　気候のよいロスアンゼルスは、映画作りに最適な場所とされ、映画制作会社が多く点在している。スタジオ見学のツアーを催行している映画会社は右記のとおり。ツアー参加にはパスポートなどのIDが必要。なお、スタジオ内は撮影不可の場所があり、ビデオ撮影はツアーを通して禁止の場合が多い。

●パラマウント映画スタジオ
　Paramount Pictures Studios
　1912年設立の伝統あるメジャー映画会社。ハリウッドで唯一の現役スタジオだ。
MP.61-D1
🏠 5515 Melrose Ave., Hollywood
☎ (1-323)956-1777
🌐 www.paramountstudiotour.com
🕐 毎日9:00〜15:30の15〜30分ごとに出発（時期により異なる）
🚫 おもな祝日　💴 $65（要予約、約2時間）
行方 LAダウンタウンからメトロバス#10で約45分。ハリウッドからはメトロバス#212でLa Brea Ave.を南下し、Melrose

ハリウッドに残る唯一の現役スタジオ

メモ JJヘリコプターズ　セレブが住むビバリーヒルズの高級住宅街は、ツアーに参加しても大邸宅の入口程度しか見ることができない。しかし、上から見下ろせば、その敷地の広さや豪邸ぶりがわかるというもの。

ウエストウッド Westwood

高級住宅に囲まれた学生の街　　　ウエストサイド　MP.58-A2〜B3

ウエストウッド
Westwood　　★★

　ハリウッドとサンタモニカのほぼ中間にあるウエストウッドは、**カリフォルニア大学ロスアンゼルス校University of California, Los Angeles (UCLA)**を中心として広がる学生の街であり、ひとつのビジネス街でもある。ビバリーヒルズなどの高級住宅地に囲まれているせいか、学生街によくある古本屋や安食堂などは、ほとんど見かけない。カフェやショップ、映画館やライブハウスがあるので、夜が楽しい街でもある。また、UCLAの南側、Wilshire Blvd.沿いにある**ハマー美術館Hammer Museum**はUCLA所有の美術館で、浮世絵などの版画、モネやゴッホなどの傑作を多く収蔵していることで有名だ。

優雅なキャンパスライフを楽しむ学生たち　　ウエストサイド　MP.58-A2

カリフォルニア大学ロスアンゼルス校
University of California, Los Angeles （UCLA）　★★★

　カリフォルニア大学のキャンパスのひとつ、ロスアンゼルス校University of California Los Angelesを略してUCLAと呼ぶ。1919年の開校以来、カリフォルニアきっての名門校として発展し、419エーカー（1.7km²）という広大な敷地には緑が豊富に残されている。スポーツに強い大学としても知られており、チームのマスコットはブルーインズBruinsと呼ばれる熊。スタジアムは青と金色のUCLAカラー一色で埋めつくされる。

　UCLAの大学生協、**UCLAストア UCLA Store**はキャンパスのほぼ中央にあって誰でも自由に利用できる。とても規模が大きく、書籍、スポーツ用品、文房具類の品揃えが豊富だ。

カリフォルニアきっての名門校

ハマー美術館
MP.58-A3
🏠10899 Wilshire Blvd., Los Angeles
☎(310)443-7000
🌐hammer.ucla.edu
🕐火〜日11:00〜18:00
休月、おもな祝日
料無料
行き方ダウンタウンからはメトロバス#720でWilshire Blvd. & Glendon Ave.下車、徒歩1分。サンタモニカからは、メトロバス#720かビッグ・ブルー・バス#1、2で。約35分。

カリフォルニア大学ロスアンゼルス校
🏠405 Hilgard Ave., Los Angeles
☎(310)825-4321
🌐www.ucla.edu
行き方ハマー美術館（→上記）からWestwood Blvd.を北に1.3km。徒歩で約20分。

UCLAストア
MP.58-A2
🏠308 Westwood Plaza, Los Angeles
☎(310)825-6064
🌐www.uclastore.com
🕐月〜金7:30〜18:00、土・日11:00〜16:00。時期により変更あり。

Ave.で#10に乗り換え、Melrose Ave. & Windsor Blvd.下車。約30分。

●**ワーナー・ブラザーズ・スタジオ**
Warner Bros. Studio
映画に限らず、テレビドラマの撮影もよく行われている。
MP.62-A1外
🏠3400 Warner Blvd., Burbank
☎(818)977-8687
🌐www.wbstudiotour.com
🕐毎日8:30〜15:30の15〜30分おきに出発（時期により異なる）
料$70（5歳以上。約2時間）
行き方ハリウッドのHollywood Blvd. & Vine St.からメトロバス#222でHollywood Way & Alameda Ave.下車。約30分。

●**ソニー・ピクチャーズ・スタジオ**
Sony Pictures Studio
ロスアンゼルス国際空港とセンチュリーシティの間、カルバーシティCulver Cityにある。タイミングがよければ、現在進行中の撮影セットを見られる可能性もある。
MP.54-B3
🏠10202 W. Washington Blvd., Culver City
☎(310)244-8687
🌐www.sonypicturesstudiostours.com
🕐月〜金9:30、10:30、13:30、14:30発
料$55（12歳以上。要予約、所要約2時間）
行き方ダウンタウンからメトロレイル・EラインでCulver City駅下車。カルバーシティ・バス#7に乗り換えCulver Blvd. & Motor Ave.下車。約1時間。ハリウッドからメトロバス#217でFairfax Ave. & Venice Blvd.下車、#33に乗り換えVenice Blvd. & Overland Ave.下車。約1時間10分。

↘ ヘリコプターに乗ってのLA遊覧がおすすめだ。日本語ガイド付き。コースによってはハリウッドサインを間近に見ることができる。●**JJ Helicopters, Inc.** ☎(310)257-8622（日本語可）、🌐la-jjheli.com（日本語あり）、料LA1周$600〜

ゲッティセンター

- 📍1200 Getty Center Dr., Los Angeles
- ☎(310)440-7300
- 🌐www.getty.edu
- 🕐火〜日10:00〜17:30(土〜20:00、時期により異なる)
- 休月、おもな祝日
- 💲無料
- 🚃ダウンタウンからはメトロレイル・EラインでExpo／Sepulveda駅で下車し、そこからメトロバス#761で北上し、Sepulveda Blvd. & Getty Center下車。約90分。サンタモニカからはDowntown Santa Monica駅からメトロレイル・EラインでExpo／Sepulveda駅で下車し、そこからメトロバス#761で北上し、Sepulveda Blvd. & Getty Center下車。約70分。
※2024年3月現在、事前にウェブサイトから予約をしなければならない。

ビジターはまず、無人運転のトラムで山頂へ。トラムが着くのはアライバルプラザ。正面の階段を上るとそこがゲッティ美術館への入口だ。

美術館の前身はマリブにあったジャン・ポール・ゲッティ美術館。大富豪J. Paul Gettyの邸宅を美術館として開放したもの。彼の莫大な資産を使って集められた美術品が、現在のゲッティセンターのコレクションの中心になっている。また、ゲッティは12億ドルの遺産を美術館に残しているが、なんと、この4.25%を毎年使わなければならないという。
※無料のアプリGettyGuide Appをスマートフォンにダウンロードすれば、展示されている作品の解説を日本語で聞ける。ただし、イヤフォンを持参すること。

ブレントウッド **Brentwood**

豊富な予算で造られた贅沢なミュージアム　　　ロスアンゼルス　🅼P.54-B2

ゲッティセンター
Getty Center　　　　　　　　　　　　　　　　　　　　　　✳✳✳

　ウエストウッドから北へI-405を上っていくと、やがて高級住宅地ブレントウッドに入る。そんなブレントウッドの丘からLAを見下ろしている白亜の建物がゲッティセンターだ。アメリカでも有数のコレクションを誇る美術館だけに、アートファンから注目される複合施設になっている。

　サンタモニカ・マウンテンの麓、ブレントウッドに110エーカー(0.45km²)の広さをもつゲッティセンターは、**ゲッティ美術館Getty Museum**を中心に、教育機関、研究機関などの施設を併せもつアートの総合センター。丸1日使って楽しめる所だ。

　美術館はエントランスホールのほか5つのパビリオンで構成されていて、それぞれのパビリオンへ行くには、中央のミュージアムコートヤードMuseum Courtyardに一度出るようにデザインされている。通常の美術館のように順路というものもないので、好きなように屋外の美しい景色や噴水を楽しみ、再び屋内でアートを鑑賞するというのが、ここでの楽しみ方だ。

セントラルガーデンCentral Gardenにも足を向けたい。すり鉢状になった緑豊かな庭園にはさまざまな植物が植えられていて、季節によってまったく違った表情を見せてくれる。

とても開放感のあるゲッティセンターのコートヤード

Column　ゲッティヴィラにも行ってみよう

　サンタモニカの北、マリブに位置するゲッティヴィラGetty Villaは、ゲッティセンターの姉妹美術館として有名。紀元1世紀のローマ様式の邸宅、パピルス邸をモデルに建てられたもので、どことなく優雅で上品な雰囲気をもっている。ここにはおもに4万4000点もの古代ギリシア、ローマ、エトルリアの古美術が収蔵されている。約25のギャラリーで常設展示するほか、特別展も随時行っている。展示品もすばらしいが、ローマ様式をモデルにした建築物の数々も見事だ。時間をかけてゆっくり見て回ろう。

　入館は無料だが、事前にウェブサイトで予約が必要だ。当日は予約時に登録したeメールに届く予約日時と番号が書かれたチケットのPDFファイルをプリントアウトして持参すること。

●ゲッティヴィラ　Getty Villa
🅼P.54-A2外
📍17985 Pacific Coast Hwy., Pacific Palisades
☎(310)440-7300
🌐www.getty.edu
🕐水〜月10:00〜17:00
休火、おもな祝日
🚃ダウンタウンからメトロレイル・EラインでDowntown Santa Monica駅下車、そこからメトロバス#134で北上しゲッティヴィラ前下車、約80分。

📝メモ　ゲッティヴィラも予約必須　予約がないと門より先に入れない。予約チケットのプリントアウト、もしくはスマートフォンなどで、予約チケットを確認できるページを用意しておくこと。

ハリウッド
Hollywood

気候に恵まれたロスアンゼルスには、ハリウッドを中心としたエリアに、多くの映画やTV番組の制作スタジオがある。まさに「映画の都」というLAのイメージはこの街から発信されているのだ。今もLAいちの観光スポットとしてにぎわっている。

ハリウッド Hollywood

ハリウッドの中核　　　　　　　　ハリウッド中心部　**M**P.66-A3〜B3

オベーション・ハリウッド
Ovation Hollywood　　　　　　　　　　　　　　　★★★

「映画の都」にふさわしいエンターテインメントゾーン。この一画に、映画や演劇などのエンターテインメント、ホテル、ショッピング、グルメスポットなどが集中している。

TCLチャイニーズシアター（→P.78）に隣接し、アカデミー賞の授賞式も行われる**ドルビーシアター Dolby Theatre**、それを囲むように位置するVictoria's SecretやSephoraなどのショップ、ハリウッドサインが絵のように見える渡り廊下、グルメなレストラン、4つ星クラスのロウズ・ハリウッド・ホテルなどがあり、夜遅くまでにぎわっている。メトロレイル・BラインHollywood & Highland駅のすぐ真上に広がっており、交通のアクセスもいい。

華やかなアカデミー賞授賞式の会場はここ　　ハリウッド中心部　**M**P.66-B3

ドルビーシアター
Dolby Theatre　　　　　　　　　　　　　　　　　　★★

アメリカ映画界最大の祭典、アカデミー賞授賞式の会場となる劇場で、旧称コダックシアター。毎年2月上旬〜3月上旬に開催されるアカデミー賞の当日になると、ハリウッドブルバードから劇場の中へレッドカーペットが敷かれ、ノミネートされた俳優たちが優雅にここを歩く。世界中に中継され、ハリウッドらしい華やかさに満ちあふれる。アカデミー賞授賞式以外の日には、コンサートやTV番組の収録にも使われる。ガイドツアーもあるので、授賞式を想像しながら歩くのもいい。

多くの観光客でにぎわう

オベーション・ハリウッド
🏠6801 Hollywood Blvd.,
　　Hollywood
🌐www.ovationhollywood.com
🕐毎日10:00〜22:00（日〜
　　19:00。レストラン、映画館
　　は店舗ごとに異なる）
※駐車場の入口はHighland
　　Ave.とOrange Dr.沿いにある。
🚇メトロレイル・Bライン
　　のHollywood & Highland
　　駅真上。

ドルビーシアター
🏠6801 Hollywood Blvd.,
　　Hollywood
☎(1-323)308-6300
🌐dolbytheatre.com
🕐ガイドツアーは、2階の入口から始まる。毎日11:00〜16:00の30分おきの出発。所要約30分。1月下旬〜3月上旬はアカデミー賞授賞式準備のためツアーは休止。
💲大人$25、シニア（65歳以上）・学生$19。3歳未満無料

階段の両脇には、過去にアカデミー作品賞を受賞した作品の名前が記されている

TCLチャイニーズシアター

🏠 6925 Hollywood Blvd.,
Hollywood
☎ (1-323) 461-3331
🌐 www.chinesetheatres.com
　新作のワールドプレミアも
たびたび行われる封切館。メ
インシアターのほか6つのシア
ターがある。

日本でも人気のジョニー・デップの
手型と足型

ウオーク・オブ・フェイム

🌐 www.walkoffame.com
　新たに埋め込まれる敷石の
予定（Upcoming Ceremonies）
についての情報を掲載してい
る。数週間に一度の割合で新
しい敷石が埋め込まれ、その
セレモニーがドルビーシア
ター前で行われるので、運が
よければ有名スターを目にす
ることができる。

お目当てのスターの敷石を探して歩
くのも楽しい

マダムタッソーろう人形館

🏠 6933 Hollywood Blvd.,
Hollywood
🌐 www.madametussauds.
com/hollywood
🕐 毎日10:00〜20:00。時期に
より異なるのでウェブサイト
で確認を。
🎫 アカデミー賞授賞式当日
💰 大人・子供US$32.99
　ウェブサイトでは事前購入
割引あり。
🚃 メトロレイル・Bライン
Hollywood & Highland駅
下車。TCLチャイニーズ
シアター隣。

ハリウッドのランドマーク　　　　ハリウッド中心部　MP.66-A3

TCLチャイニーズシアター
TCL Chinese Theatres　　　　★★★

　1927年に劇場王シド・グローマンSid Graumanが造らせた、
世界で最も有名な映画館。ハリウッドでいちばんにぎやかな場所
でもある。中国寺院風の豪華な建物

もさることながら、有名なのはやは
り前庭の敷石に残されたスターたち
の手型や足型。1920年代から始ま
り、映画や音楽業界を中心に、これ
までにその手型・足型を残してきた
スターは200人以上。2023年には、
YOSHIKIや映画監督・プロデューサ
ーのジェームズ・キャメロンなどの
手型・足型が加わった。

映画のプレミア上映会もよく行われる

2600を超えるスターの名が並ぶ　　ハリウッド中心部　MP.66-A3〜P.67-D3

ウオーク・オブ・フェイム
The Walk of Fame　　　　★★★

　メインストリートのHollywood Blvd.やVine St.の舗道に埋め
込まれた星形の敷石は、ハリウッドのシンボルのひとつ。敷石には、
それぞれの分野で活躍した人の名前が刻まれており、観光客が皆
自分の足元に向かってシャッターを切っているのも、ハリウッド
ならではの光景だ。もともとは1953年に、廃れたハリウッドを
何とかしようと、地元の商店主たちが1戸につき$85ずつ出し合っ
て企画したもの。1960年から設置が始まり、まずは1558人分の
星形が作られた。その後は1年に15〜20人分の割合で増えていて、
現在その数は2600を超えている。2023年には、マコーレー・カ
ルキンやザック・エフロンなどが加わった。

　この舗道は、Hollywood Blvd.沿いに、東はGower St.から西
はLa Brea Ave.までの間にあり、Vine St.沿い南北に、Sunset
Blvd. & Yucca St.間にも拡大中。

人気スターが大集合　　　　　　　ハリウッド中心部　MP.66-A3

マダムタッソーろう人形館
Madame Tussauds Wax Museum　　　★★

　映画やスポーツなど、さまざまなジャン
ル別に100体以上のスターが勢揃いしてい
る。ろう人形とはいえ、本物そっくりの見
事な造り。ハリウッドらしく映画監督も多
い。うれしいことに、館内では、写真を好
きなだけ撮っていいので、たくさんのスタ
ーたちと記念ショットを撮ろう。

みんな大好き、テイラー・スウィ
フト

　🗒️**メモ**　チャイニーズシアター周辺での注意事項　映画のキャラクターにふんしたパフォーマーがよく出現する。
彼らと一緒に写真を撮るとチップを要求されたり、しつこく付きまとわれることもあるので要注意。↗

ハリウッドの名優たちに出会える　　ハリウッド中心部　MP.67-C4

ハリウッド壁画
Murals in Hollywood ☀

ハリウッド周辺には、往年のハリウッドスターや、今をときめく人気俳優たちを描いたミューラル（壁画）がいたるところにある。

何人のスターの顔がわかるかな？

いちばん有名なものは、メトロレイル・BラインHollywood/Highland駅とHollywood/Vine駅の真ん中あたりにある "You Are the Star" という名の壁画。チャーリー・チャップリンやマリリン・モンローが劇場で座っているシーンを描いている。記念撮影をする人が絶えない。

ハリウッド壁画
行き方 メトロレイル・Bラインの Hollywood/Vine駅から西のハリウッド＆ハイランド駅やオベーション・ハリウッド方面へ歩く。Wilcox Ave.沿いに "You Are the Star" の壁画がある。
※代表的な壁画は下記のウェブサイトでも紹介している。
URL www.seeing-stars. com→Where the Stars Are Immortalized→Hollywood Murals of the Stars

ハリウッドの老舗映画館　　ハリウッド中心部　MP.66-B3

エジプシャンシアター
Egyptian Theatre ☀

1922年にオープンした映画館で、アカデミー賞の時期には過去の受賞作を上映し、シンポジウムを開催するなど、独自のプログラムを実施していた。2020年Netflixが買収し、大規模な改修工事に着手。2023年11月に再オープンし、

ツウ好みの映画が多い

月～木曜はNetflixの作品を、金～日曜は以前と同様にアメリカンシネマテークが選ぶ作品を上映している。改装後も映画好きが集まるシアターとして有名だ。

エジプシャンシアター
住 6712 Hollywood Blvd., Hollywood
電 (1-323)306-4302
URL www.egyptiantheatre.com
営 チケットオフィスは上映の90分前よりオープン。ウェブサイトから事前にチケットを購入しておいたほうがいい。
料 映画は大人＄13～、シニア・学生＄10～

アールデコ様式の劇場　　ハリウッド中心部　MP.67-D3

パンテージシアター
Pantages Theatre ☀

メトロレイル・BラインのHollywood/Vine駅の向かいにある、1930年オープンの現役の劇場。おもにバレエ、ブロードウエイミュージカルなどの公演が多く、かつてはアカデミー賞授賞式の会場にもなった。劇場内部は重厚で、ハリウッド黄金期をしのばせる贅沢な造り。観客席にいるだけで、1930年代にタイムスリップできそう。ミュージカル公演はひと作品につき1～4週間単位で入れ替わるので、こまめにスケジュールを確認しておきたい。

有名人のライブが行われることも

パンテージシアター
住 6233 Hollywood Blvd., Los Angeles
電 (1-323)468-1770
URL www.broadwayinhollywood. com
営 チケットオフィス：火～日 12:00～18:00（水～土 ～20:00）。時期により異なる。

さらに、オリジナルのCDを "無料" で配っている人もいるが、受け取ったあとに料金を請求される事件が頻発している。注意を怠らないように。

79

ハリウッドボウル
- 🏠2301 N. Highland Ave., Los Angeles
- ☎(1-323)850-2000
- 🌐www.hollywoodbowl.com
- 🚶オベーション・ハリウッドからHighland Ave.を北に1.5km。徒歩で約20分。

チケット予約(チケットマスター)
- ☎(1-323)850-2000
- 🌐www.ticketmaster.com

ハリウッドボウル博物館
駐車場からメインゲートに向かう途中に、ハリウッドボウルで誰がコンサートを行ったか、またハリウッドの歴史について紹介する小さな博物館がある。コンサートの日は開演までオープンしているので寄ってみよう。
- 🕐〈9月中旬~6月〉火~金10:00~17:00、〈7月~9月上旬〉火~金10:00~開演時刻、土~月は開演時刻の4時間前~開演時刻。
- 🚫9月中旬~5月の土~月
- 💲無料

ハリウッドサイン
- 🌐hollywoodsign.org
オベーション・ハリウッドの中庭や渡り廊下、グリフィス天文台(→下記)から、このサインがきれいに見える。

グリフィス天文台
MP.63-C2
- 🏠2800 E. Observatory Rd., Los Angeles
- ☎(1-213)473-0800
- 🌐griffithobservatory.org
- 🕐火~日12:00~22:00(土・日10:00~)
- 🚫月、おもな祝日
- 💲天文台の入場は無料。プラネタリウムは13歳以上$10、シニア・学生$8、5~12歳$6、5歳未満無料
- 🚶メトロレイル・BラインのVermont/Sunset駅からダッシュのObservatory/Los Felizで。ダッシュは毎日10:00~22:00の15分間隔で運行。

天文台は入場無料

7月4日には花火が打ち上がる　　　　ハリウッド　MP.62-A2

ハリウッドボウル
Hollywood Bowl　　　★★

建築は1922年。コンサートは6~9月に集中して行われ、LAフィルハーモニックを中心にしてクラシック、ジャズなどの演奏が繰り広げられる。夜間公演の場合、星空を見ながらコンサートを楽しむことができる。

ハリウッドの地に立つ野外コンサート場

ハリウッドを実感する大看板　　　　ハリウッド　MP.62-B1

ハリウッドサイン
Hollywood Sign　　　★★

有名なハリウッドサインはもともと不動産屋の広告として造られたもので、1923年当時は造成地の名称"HOLLYWOODLAND"という看板だった。

1932年に、新人女優が仕事の失敗を苦にして"H"の上から飛び降り自殺をしたのは、あまりにも有名な話。その後、土地の開発に成功してからはハリウッドサインは手入れもされず荒れ放題になってしまった。

1949年になって見かねた地元の商工会議所がこれを譲り受けて修復し、このときに"LAND"の文字が撤去され、現在の"HOLLYWOOD"になった。この9文字で"H"から"D"までの

LAに来たことを実感できるハリウッドサイン

幅は107mもある。1973年にはロスアンゼルス市の史跡Los Angeles Cultural Historical Monumentとして指定されている。

映画『ラ・ラ・ランド』の撮影も行われた　　ハリウッド　MP.63-C1~D2

グリフィスパーク
Griffith Park　　　★★★

ここがロスアンゼルスだとは信じられないほどの豊かな自然と静寂が保たれている、LA市民の憩いの場。園内には、グリフィス天文台をはじめ、動物園、劇場、テニスコートやゴルフ場などの施設も整っている。

●**グリフィス天文台 Griffith Observatory**
1935年建造。美しい夜景スポットとしても有名だ。最新技術を使い満天の星空を再現したプラネタリウムSamuel Oschin Planetariumが人気。プラネタリウムショーは火~金12:45~

20:45の間に8回、土・日10:45～20:45の間に10回行われる。
また、5歳以下の子供は初回以外は観賞不可なので注意。

グリフィス天文台から見る
LAの夜景。完全に暗くなる
前、空にやや青みが残ってい
る時間帯がベスト。バス利用
が不安な人は、現地発のツ
アーを利用したい

ウエストハリウッド *West Hollywood*

大きな看板広告が有名　　　　サンセットストリップ　Ⅿ P.68-A4

サンセットプラザ
Sunset Plaza　　　　　　　　　　　　　　　　　　✴✴

　ハリウッドの西、Sunset Blvd.沿いにレストランやブティック
が集まったエリアがサンセットプラザと呼ばれている。オープン
カフェのテーブルについてのんびりとランチを楽しむ人たちは、
皆どことなくセンスがいい。周辺のオフィスからお昼を食べに出
てきている人も多く、ビバリーヒルズの近くという場所柄、洗練
されたファッションの人々が行き交う。高級感の漂う店が多いが、
気軽に入れるカフェなどもある。レストランでランチを食べても
いいし、カフェでひと休みしてもいい。周辺にはライブハウスな
どのナイトスポットも多く、夜もにぎわっている。

流行発信基地　　　　ミッドウィルシャー　Ⅿ P.60-A1～P.61-C1、P.69-A1～A4

メルローズアベニュー
Melrose Avenue　　　　　　　　　　　　　　✴✴✴

　メルローズアベニュー Melrose Ave.沿いの、東
はLa Brea Ave.から西のLa Cienega Blvd.あたり
までの3kmは、ビンテージショップ、セレクトショ
ップ、レストランやカフェなどが並ぶ、LAの流行の
発信地のひとつ。中心はFairfax Ave.との交差点で、
西に行くほど高級ショップが増えてくる。

西側は高感度なセレブが多く集まる

サンセットプラザ
🏠Sunset Blvd. bet. Alta Loma
Rd. & Horn Ave., West
Hollywood
🚃ダウンタウンからは、メト
ロレイル・BラインでVermont/Sunset駅まで行
き、メトロバス#2に乗り換
え、Sunset Blvd. & Sunset
Plaza下車。約60分。
ハリウッドからは、Sunset
Blvd.まで南下し、Sunset
Blvd.からメトロバス#2に
乗るとよい。

メルローズアベニュー
🚃ダウンタウンからメトロ
バス#10でMelrose Ave. &
La Brea Ave.下車。約50
分。ハリウッドからはメ
トロバス#212でLa Brea
Ave. & Melrose Ave.下車。
約20分。

Information　ウエストハリウッドってどんな街？

　ハリウッドの西、ビバリーヒルズの東に
位置するウエストハリウッド。トレンディ
なレストランやショップが多く、夜
が更けるにつれクラブやライブハウスな
どのナイトスポットがいっそうにぎやかに
なる。また、このエリアはアメリカでも有

名なLGBTQタウン。毎年6月に行われる
プライドパレード、10月のハロウィンの仮
装パレードはこのエリアのビッグイベント
として有名だ。街のイベントなど、詳しい
情報はウエストハリウッド市のホームペー
ジ🖥www.weho.orgで確認できる。

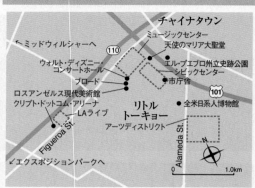

ダウンタウン
Downtown

ダウンタウンは高層ビルが集中するビジネス地区。南にはエクスポジションパークがあり、LA最大級の美術館LACMAがあるミッドウィルシャーなど、見どころも多い。LAであちこちへ行きたいのなら、起点はダウンタウンがベストだ。

LAライブ
🏠 800 W. Olympic Blvd., Los Angeles
📞 (1-213)763-5483
🖥 www.lalive.com
⏰ 施設により異なる
🚊 メトロレイル・Aラインまたは Eラインで Pico 駅下車。もしくは、メトロレイル・A、B、D、Eラインの7th St./Metro Center駅下車、Figueroa St.を南へ徒歩約10分。

LAライブの誕生以来、ダウンタウンに人が集まるようになった

グラミー博物館
📍 P.64-A4
🏠 800 W. Olympic Blvd., Los Angeles
📞 (1-213)725-5700
🖥 www.grammymuseum.org
⏰ 日・月・水・木・金11:00〜17:00、土10:00〜18:00
🚫 火
💰 大人$18、シニア・学生$15、子供（5〜17歳）$12、4歳以下無料

クリプト・ドットコム・アリーナ
🏠 1111 S. Figueroa St., Los Angeles
📞 (1-888)929-7849
🖥 www.staplescenter.com
🚊 LAライブ（→上記）参照

ダウンタウン *Downtown*

エンターテインメントの複合施設　　　　ダウンタウン中心部　📍P.64-A4

LAライブ
LA Live
★★

　LAライブは、ダウンタウンを代表するエンターテインメントスポット。ライブが行われるピーコックシアターをはじめとして、グラミー賞の歴史をユニークに紹介する**グラミー博物館Grammy Museum**、ナイトシーンに欠かすことのできないライブハウス、クラブ、レストランなどがあり、夜遅くまで遊べるスポットとして人気が高い。そのほかリッツ・カールトン・ホテル、JWマリオットなどの高級ホテルがある。冬期には、中央にスケートリンクが登場する。

LAのランドマークのひとつ　　　　　　ダウンタウン中心部　📍P.64-A4

クリプト・ドットコム・アリーナ
Crypto.com Arena
★★

　新生LAの発展はここから始まった。LAライブの向かいにある巨大な宇宙船のようにも見える近未来的な建物で、LAのランドマーク的存在となっている。コンサート、バスケットボール、アイスホッケー、プロレス、ボクシングなどに使われる多目的イベント会場で、収容人数は約2万人（バスケットボールの場合）。スポーツやコンサートが1年中楽しめ、NBAやNHLのゲームの日はチームユニホームを着たファンでごった返す。また、毎年2月にグラミー賞授賞式が行われる。センターの前にはバスケットボールプレイヤーのマジック・ジョンソンやボクサーのオスカー・デ・ラ・ホーヤの像が立つ。

メモ　グランド・セントラル・マーケット　メキシコ料理や中国料理、タイ料理、ラーメンなどが食べられるフードコートになっている。朝から夜まで地元民でにぎわう。↗

静かにたたずむ、れんが色の美術館　ダウンタウン中心部　MP.64-A2

ロスアンゼルス現代美術館（モカ）
The Museum of Contemporary Art, Los Angeles (MOCA) ✲✲✲

1979年に創設された、ロスアンゼルスでは数少ない現代アート美術館。7000点以上のコレクションを収蔵する。

3〜6ヵ月ごとに変わる企画展がおもで、現代美術館らしく、収蔵品は単なる絵画やオブジェにとどまらないおもしろさがある。作品は1950年から1990年代のアメリカ人アーティストによるものが多く、20世紀美術の大家から新人まで幅広い。れんが色の建物は、日本人建築家の故磯崎新氏によるもので、設計にあたっては古代と現代の建築様式の調和を目指したとのこと。

現代美術館の別館　ダウンタウン中心部　MP.64-B2

ゲッフェン現代美術館
The Geffen Contemporary at MOCA ✲

リトルトーキョーのそばにある、ロスアンゼルス現代美術館（モカ）の別館。現在のモカが改装中の際に、ロスアンゼルス市警察の倉庫だった建物を借りて仮展示場としてオープン。その後大反響を呼び、モカのオープン後も引き続き別館としての存続が決定された。展示内容はポップアートや前衛的な作品が中心で、本館とはひと味違った雰囲気のある美術館となっている。

有名アーティストの作品を無料で楽しめる　ダウンタウン中心部　MP.64-A2

ブロード
The Broad ✲✲✲

ウォルト・ディズニー・コンサートホール（→下記）の向かいにある現代アートの美術館。慈善家であるエリ＆エディス・ブロード夫妻が設立した。日本でも人気の高いジャン・ミシェル・バスキアやアンディ・ウォーホル、村上隆の作品など、2000点以上を収蔵する。ひときわ目を引く建物は、ニューヨークを拠点に活動する建築チーム、ディラー・スコフィディオ＋レンフロによるもの。事前にウェブサイトから時間予約チケットを入手する必要がある。

夜は着飾った紳士淑女でにぎわう　ダウンタウン中心部　MP.64-A2

ミュージックセンター
Music Center ✲✲

ダウンタウンの北西、バンカーヒルの丘の上にある、ロスアンゼルスの音楽と演劇の中心がミュージックセンターだ。数あるホールのなかでもひときわ目立つのが、建築家フランク・ゲーリーが手がけた**ウォルト・ディズニー・コンサートホール Walt Disney Concert Hall**。ダウンタウンの名所のひとつで、ロスアンゼルス・フィル・ハーモニックの本拠地としてコンサートなどが行われている。

ロスアンゼルス現代美術館（モカ）
🏠250 S. Grand Ave., Los Angeles
☎(1-213)626-6222
🌐www.moca.org
🕐火〜日11:00〜17:00（木〜20:00、土・日〜18:00）
🚫月、おもな祝日
💰無料。特別展は大人$18、シニア・学生$15、11歳以下無料
🚃メトロレイル・A、Eラインの Grand Ave. Arts / Bunker Hill駅下車、徒歩約4分。

ゲッフェン現代美術館
🏠152 N. Center Ave., Los Angeles
☎(1-213)625-4390
🕐🚫はロスアンゼルス現代美術館（→上記）と同様。アクセスはリトルトーキョー（→P.84）の行き方を参照。

特別展示はいつも充実している

ブロード
🏠221 S. Grand Ave., Los Angeles
☎(1-213)232-6200
🌐www.thebroad.org
🕐火〜金11:00〜17:00（木〜20:00）、土・日10:00〜20:00
🚫月、おもな祝日　💰無料

ミュージックセンター
🏠135 N. Grand Ave., Los Angeles
🌐www.musiccenter.org

ウォルト・ディズニー・コンサートホール
MP.64-A2
🏠111 S. Grand Ave., Los Angeles
☎(1-323)850-2000（LAフィル・ハーモニック）
🌐www.laphil.com
🚃メトロレイル・A、Eラインの Grand Ave. Arts / Bunker Hill駅下車、徒歩約5分。ダッシュのルートA、Bで Grand Ave.と1st St.の角で下車。夜はタクシーを利用するように。公演終了後には、劇場前にタクシーが並ぶので、つかまえるのは難しくない。

未来的なフォルムは一見の価値あり

➤ **Grand Central Market** MP.64-B2　🏠317 S. Broadway, Los Angeles　☎(1-213)359-6007
🌐www.grandcentralmarket.com　🕐毎日8:00〜21:00（店舗により異なる）

リトルトーキョー
- 1st St.、3rd St.、Los Angeles St.、Alameda St.に囲まれたエリア
- www.littletokyola.org
- メトロレイル・A、 EラインLittle Tokyo/Arts District駅下車、目の前。

Japanese Village Plaza
- 335 E. 2nd St., Los Angeles

Weller Court
- 123 Astronaut E. S. Onizuka St., Los Angeles

全米日系人博物館
- 100 N. Central Ave., Los Angeles
- (1-213)625-0414
- www.janm.org
- 火・水・金～日11:00～17:00、木12:00～20:00
- 月、おもな祝日
- 大人＄16、シニア・学生・子供（6～17歳）＄9、5歳以下無料

※毎月第3木曜は終日無料（寄付制）、それ以外の木曜は17:00～20:00は無料（寄付制）。

※リノベーションのため、2025年1月から1年6ヵ月ほど展示施設を休館予定。

音声ガイド
Bloomberg Connectsのアプリには、博物館の展示について英語の解説（音声ガイド）がある。受付で無料の日本語音声ガイドを借りられる。

リトルトーキョーの中心にある

シビックセンター
- メトロレイル・B、Dラインの Civic Center / Grand Park駅か、メトロレイル・A、EラインのHistoric Broadway駅下車。

市庁舎
- MP.64-B2
- 200 N. Spring St., Los Angeles
- (1-213)485-2121
- www.lacity.org

LAの日本人コミュニティのひとつ　　　ダウンタウン中心部　MP.64-B2

リトルトーキョー
Little Tokyo　　　★★

　19世紀末に日本からの移民がレストランを開いたことが始まりのリトルトーキョー。2024年には、そこから140年の節目を祝う。寿司、トンカツなどの日本料理店、日本のベーカリーやアニメショップ、スーパーマーケット、日系ホテルなどが集まっていて、週末ともなれば、日本文化好きの若者たちで混雑している。特に多くの店が並んでいるのが、**日本村プラザJapanese Village Plaza**と**ウェラーコートWeller**

Court。ラーメン店がいくつも入っているファースト・ストリートFirst St.の北側の建物は歴史的建造物に指定されていて、1920～1930年代の外観がそのまま残っている。

海外で見る日本語はなんだか落ち着く

日系人の苦難、成功の歴史と経験を感じる　ダウンタウン中心部　MP.64-B2

全米日系人博物館
Japanese American National Museum　　　★★

　日本からアメリカに渡った日本人とその子孫である日系人の約150年にわたる歴史を展示する博物館。常設展の「コモングラウンド―コミュニティの心Common Ground：The Heart of Community」では、こうした移民の歴史や第2次世界大戦中の日系人の強制収容、収容所を出て生活を再建しアメリカに民主主義を取り戻した経緯、そして日系人が作ってきた独自の文化やコミュニティなどを紹介している。当時の写真や生活用品、収容所から移築された木造のバラックなど貴重な資料が並ぶ展示には、日本語の解説パネルや音声ガイド（→側注）があるので、理解がより深まる。常設展のほか、日系人のアートや文化などを紹介する特別展も随時開催している。日曜の昼間は日本語のボランティアガイドが常駐していることも多いので、質問があったら気軽に尋ねてみよう。

ロスアンゼルスの霞が関　　　　　　ダウンタウン中心部　MP.64-A2～B2

シビックセンター
Civic Center　　　★

　市庁舎City Hallを中心に、連邦、州、郡、市の行政機関が集中するエリア。ミュージックセンターからリトルトーキョーあたりまでの約10ブロックに裁判所、連邦ビル、LA市警などが集まっており、まさにロスアンゼルスの心臓部だ。中央の白い塔は市庁舎で、1982年に建てられたもの。27階にある展望室（月～金10:00～17:00、無料、セキュリティチェックあり）からは、市内の眺望を楽しむことができる。

メモ　**ファッションディストリクト**　ダウンタウンの南東にある問屋街。1000軒以上の服飾問屋が集結している。大半は卸売り専門だが小売り店もあり、サンテアレーSantee Alleyと呼ばれる通り（Santee St.とMaple

近代的な外観の大聖堂　　　　　　　　ダウンタウン中心部　МP.64-A1

天使のマリア大聖堂
Cathedral of Our Lady of the Angels　　　❁

　ダウンタウン北にある、モダンな外観のカトリック教会。5.6エーカー（約2万3000m²）の敷地に立つ巨大な大聖堂の総工費は約1億9000万ドル。この教会の特徴は、3000人を収容できるチャペル、25トン近い銅の扉、45mの高さにある鐘楼、外部からの自然な光を取り入れるために使用された半透明の雪花石膏の窓などで、設計はスペインの建築家ホセ・ラファエル・モネオ。ミサの時間には天井全体に施された音響効果で、パイプオルガンの音が荘厳に響きわたる。

安くておいしい飲茶がおすすめ　　　ダウンタウン中心部　МP.64-A1～B1

チャイナタウン
Chinatown　　　❁

　ダウンタウンの北の端、BroadwayとCollege St.の交差点を中心に、南はW. Cesar E. Chavez Ave.から北はBernard St.、東はSpring St.、西はYale St.あたりまでのエリア。ユニオン駅の北にあり、ダッシュのルートBがくまなく走っている。通りには漢字の看板が並び、飲茶など定番の中華の名店も人気だが、**マンダリン・プラザMandarin Plaza**や**ファーイースト・プラザFar East Plaza**を中心に、新進気鋭のシェフによるレストランやおしゃれなカフェ、ワインバーなども続々オープンしている。

ダウンタウンの急成長エリア　　　　ダウンタウン中心部　МP.64-B3 外

アーツディストリクト
Arts District　　　❁❁❁

　リトルトーキョーの南東、Alameda St.、1st St.、8th St.、Los Angeles Riverに囲まれたエリアは、ロスアンゼルスでも近年、最も人気のエリアのひとつ。アートギャラリーやミシュラン星つきのレストラン、バー、ブリュワリー、ショップなど、センスのいい店が数多く集まっていて、流行に敏感な地元の人たちで夜遅くまでにぎわっている。周辺は開発中の場所もあるので、日が落ちてからは注意を。

ロスアンゼルス発祥の地　　　　　　ダウンタウン中心部　МP.64-B1

エル・プエブロ州立史跡公園
El Pueblo de Los Angeles State Historic Park　　❁❁

　ユニオン駅そば、メキシコ料理レストランや民芸品店が集まるオルベラ街Olvera Streetを中心にしたエリア。1781年にメキシコからやってきた11組の家族が住み着いたのが始まり。1953年に州立史跡公園に指定された。1818年築の家屋で、現在LAに残る最古の家**アビラ・アドビAvila Adobe**や1887年築のビクトリアンハウス、**セプルベダ・ハウスSepulveda House**など、古い街並みを残した雰囲気はロスアンゼルスのエリアのなかでも独特だ。

天使のマリア大聖堂
住555 W. Temple St., Los Angeles
☎(1-213)680-5200
URLolacathedral.org
営毎日6:30～18:00（土日9:00～、日7:00～）
料無料
※ミサは月～金7:00、12:10、日8:00、10:00、12:30
行き方メトロレイル・B、DラインのCivic Center / Grand Park駅下車、徒歩約6分。

チャイナタウン
行き方ダッシュのルートBがチャイナタウンをくまなく走っている。メトロレイル・AラインのChinatown駅下車すぐ。

マンダリン・プラザ
МP.64-B1外
住970 N. Broadway, Los Angeles

ファーイースト・プラザ
МP.64-B1外
住727 N. Broadway, Los Angeles

アーツディストリクト
行き方メトロレイル・ElラインのLittle Tokyo / Arts District駅から徒歩5分。ダッシュの場合はルートAでTraction Ave. & Hewitt St.下車。

再開発スポット、ロウDTLA
　アーツディストリクトの一角に、再開発プロジェクトとして2016年にオープンした。その後周辺がにぎやかになるにつれ、話題のショップやレストランが続々出店するようになっている。
МP.55-D2
住777 S. Alameda St., Los Angeles
URLrowdtla.com
営毎日8:00～21:00。店舗により異なる。

エル・プエブロ州立史跡公園
住125 Paseo de la Plaza, Los Angeles
URLelpueblo.lacity.org
行き方ダッシュのルートBが公園周辺を通り、ユニオン駅前にバス停がある。

アビラ・アドビ
住10 Olvera St., Los Angeles

セプルベダ・ハウス
住12 Olvera St., Los Angeles

観光客でにぎわうオルベラ街

エクスポジションパーク *Exposition Park*

体験しながら学べる博物館　　　　　　　　　ロスアンゼルス　MP.55-D2

カリフォルニア・サイエンス・センター
California Science Center　　　　　　　　　　　　　　　　　❋❋

　身近にあふれている題材を「科学」という視点でとらえた博物館。見るだけでなく、触れたり、作ったりといった体験を通じて学ぶことができる。まさにエコシステムといえる自然の摂理や、砂漠や南極など極地の自然環境とそこに生息する生き物をテーマにした展示のほか、LAのスモッグやゴミといった身近なトピックも学ぶことができる。2012年からスペースシャトル・エンデバーSpace Shuttle Endeavourの展示が始まったが、2023年12月末に一般公開が中止に。数年後には直立展示されたエンデバーを格納するパビリオンがリニューアルオープンする予定だ。

45億年分の地球と人類の歴史が詰まっている　ロスアンゼルス　MP.55-D2

ロスアンゼルス自然史博物館
Natural History Museum of Los Angeles County　　　　　❋❋❋

　1913年にオープンした歴史ある博物館。展示はアフリカやカリフォルニアに生息した哺乳類、2012年頃からグリフィスパークに生息していた野生のピューマP-22、宝石鉱山などのコーナーに分かれている。いちばん人気があるのは、恐竜ホールDinosaur Hall。恐竜たちがどこからやってきて、どんな環境で暮らし、絶滅していったかを、実際に古生物学者が行っている研究をもとに展示しており、古生物学者になったような気分で、恐竜の謎解きができるような構成になっている。広い展示室には、20以上の恐竜の骨格が並び、迫力たっぷり。ロスアンゼルスの歴史をテーマにしたビカミング・ロスアンゼルスBecoming Los Angelesも人気のコーナー。LAの歴史を大恐慌時代、第2次世界大戦以降など6つの時代に分け、写真とともに解説してくれる。

見応え十分のコレクションが揃う

全米有数の名門私立校　　　　　　　　　　　ロスアンゼルス　MP.55-D2

南カリフォルニア大学
University of Southern California　　　　　　　　　　　　　❋❋

　映画監督のジョージ・ルーカス、建築家のフランク・ゲーリーら著名人を輩出してきた大学は、略して"USC（ユー・エス・シー）"と呼ばれる。1880年の創立当時わずか53名だった学生は、2024年3月現在約4万9500を数える。建築、医、歯、法律、教育、芸術、映画、社会学などの学部があり、映画芸術学部は有名。大学所有の**USCフィッシャー美術館USC Fisher Museum of Art**では現代美術を鑑賞できる。

ミッドウィルシャー *Mid Wilshire*

アメリカ最大規模の、映画に特化した博物館　ミッドウィルシャー　MP.60-B3

アカデミー映画博物館
Academy Museum of Motion Pictures　★★★

　アカデミー賞を主宰する映画芸術科学アカデミーAcademy of Motion Picture Arts and Sciencesが中心となって設立した、映画制作に特化した博物館。ウィルシャーブールバードとフェアファックスアベニューの角に立つ1939年竣工のサバンビルを修復し、新たにガラス張りの球体ビルを建設。ふたつの建物をガラスの橋が結んでいる。サバンビルの1～4階が展示ギャラリー、地下1階はシアター（Ted Mann Theater）とシャーリー・テンプル教育スタジオになっている。球体ビルには、シアター（David Geffen Theater）のほか、屋上にテラス（The Dolby Family Terrace）があり、ハリウッドサインも見渡せる。

　展示は、企画展と常設展からなっている。博物館のメインの常設展示であるストーリーズ・オブ・シネマStories of Cinemaは、1～3階のギャラリーで展開。ハリウッド映画で実際に使われた衣装や小道具、撮影機材が展示され、映画制作のプロセスや撮影技術の歴史などを知ることができる。なかでも、20体のオスカー像が並べられたコーナーと現在までのアカデミー賞の歴史が時系列で紹介されているギャラリー（Academy Awards History）は必見。歴史に残る有名な受賞スピーチが視聴できるほか、授賞式に出席した俳優が着たドレスを間近で見ることができる。

西海岸最大の規模と充実のコレクション　ミッドウィルシャー　MP.60-B3

ロスアンゼルスカウンティ美術館（ラクマ）
Los Angeles County Museum of Art（LACMA）　★★★

　14万9000ほどの作品を所蔵する西海岸で最大の規模と充実したコレクションを誇る総合美術館のロスアンゼルスカウンティ美術館（ラクマ）。デイビッド・ゲッフェン・ギャラリーThe David Geffen Galleriesオープンに向け、2024年3月現在、敷地東側で大規模な改修工事が行われている。

　ウィルシャーブールバード沿いの美術館正面に立つのがクリス・バーデンによる彫刻作品のUrban Light。202本の街灯が碁盤の目のように立ち並び、記念撮影スポットとして朝から晩までにぎわっている。正面左側にある建物が、ブロード現代美術館Broad Contemporary Art Museum（BCAM）とリンダ・スチュアート・レズニック・エキシビション・パビリオンThe Lynda and Stewart Resnick Exhibition Pavilion。工事期間中、ブロード現代美術館とリンダ・スチュアート・レズニック・エキシビション・パビリオンでは、3～12ヵ月ごとに内容が変わる企画展を開催している。

アカデミー映画博物館
🏠6067 Wilshire Blvd., Los Angeles
☎(1-323)930-3000
🌐www.academymuseum.org
🕐水～月10:00～18:00
休火
料大人$25、シニア（62歳以上）$19、学生（18歳以上）$15、17歳以下無料
行き方ダウンタウンからメトロバス#20でWilshire Blvd. & Ogden Dr.下車、もしくはメトロバス#720でWilshire Blvd. & Crescent Heights下車。約45分。ハリウッドからはメトロバス#217でFairfax Ave. & Wilshire Blvd.下車。約25分。サンタモニカからはメトロバス#720でWilshire Blvd. & McCarthy Vista下車。約45分。

ギフトショップも充実する博物館

ロスアンゼルスカウンティ美術館（ラクマ）
🏠5905 Wilshire Blvd., Los Angeles
☎(1-323)857-6000
🌐www.lacma.org
🕐月・火・木・金11:00～18:00（金～20:00）、土・日10:00～19:00
休水、おもな祝日
料大人$25、シニア（65歳以上）・学生$21、17歳以下$10、毎月第2火曜は無料
行き方アカデミー映画博物館の隣。

日没後、ライトアップされる彫刻作品

メモ　LACMA周辺にあるミュージアム　●クラフト現代美術館　世界各地の工芸品を展示。MP.60-B3　🌐www.craftcontemporary.org　🕐火～日11:00～17:00　休月　料大人$9、シニア・学生$7

87

コリアタウン

🚉🚶ダウンタウンからはメトロレイル・Dラインで Wilshire / Western駅やWilshire / Normandie駅、Wilshire / Vermont駅下車。約15分。ハリウッドからはメトロレイル・Bラインで Wilshire / Vermont駅下車。約15分。

おいしい焼き肉を食べに行こう！　ミッドウィルシャー　Ⓜ P.61-D3 外

コリアタウン
Koreatown　　　　✳

　北のBeverly Blvd.、南のPico Blvd.、東のVermont Ave.、西のWestern Ave.に囲まれたかなり広いエリア。ハングルが氾濫し、焼肉レストランやスーパーマーケット、韓国スパ・サウナなどもある。

ピーターセン自動車博物館

🏠6060 Wilshire Blvd., Los Angeles
☎(1-323) 930-2277
🖥www.petersen.org
🕐毎日10:00〜17:00
🚫おもな祝日
💰大人$21、シニア（62歳以上）$19、学生（12〜17歳）$13、子供（4〜11歳）$11、3歳以下無料
🚉🚶アカデミー映画博物館（→P.87）の向かい。

赤とシルバーの独特な外観

波のように流れるアルミニウムの建物　ミッドウィルシャー　Ⓜ P.60-B3

ピーターセン自動車博物館
Petersen Automotive Museum　　✳✳

　東京の六本木ヒルズ森タワーを設計した建築事務所コーン・ペダーセン・フォックスによるデザイン。波のように流れるアルミニウムの外観は、独特の存在感を発揮している。

　館内には常時100台以上の自動車やバイクが展示されており、そのなかの目玉が、チューンアップされた1930〜1950年代のフォード車や、映画『バットマン』『バットマンリターンズ』に使用されたBatmobileなど。

　そのほか、映画『バック・トゥ・ザ・フューチャー』に登場したタイムマシンのデロリアンや映画『ワイルド・スピードX2』で使用されたホンダS2000も展示されている。

ラ・ブレア・タールピッツ & 博物館

🏠5801 Wilshire Blvd., Los Angeles
☎(1-323) 934-7243
🖥www.tarpits.org
🕐毎日9:30〜17:00
🚫毎月第1火曜、おもな祝日
💰大人$15、シニア（62歳以上）・学生$12、子供（3〜12歳）$7.2歳以下無料
🚉🚶ダウンタウンからメトロバス#20でWilshire Blvd. & Curson Ave.下車。約45分。ハリウッドからメトロバス#217でFairfax Ave. & 6th St.下車。約35分。

タールピッツから発見された化石を展示　ミッドウィルシャー　Ⓜ P.60-B3

ラ・ブレア・タールピッツ & 博物館
La Brea Tar Pits & Museum　　✳

　博物館のあるハンコックパーク周辺には、地下深くに原油を含む地層がある。そこからタール（石油由来の液体）が大小合わせて数十もの沼から噴き出していて、独特の臭いが立ち込めている。

　このタールの沼（タールピッツ）を調査したところ、大量の化石が発見された。ほとんどが今から約4万年〜1万1000年前の動物や鳥類の化石で、マンモス、バイソン、ラクダなど約650種の動・植物の化石は、当時の北米大陸の生態系を知るうえで貴重なものばかり。館内に展示されている化石の90%は本物で、すべてこの公園内で発見されたもの。

オリジナル・ファーマーズマーケット

🏠6333 W. 3rd St., Los Angeles
☎(1-323) 933-9211
🖥farmersmarketla.com
🕐月 〜 土9:00〜21:00（土10:00〜）、日10:00〜19:00
🚫おもな祝日
🚉🚶ダウンタウンからメトロバス#16でFairfax Ave. & 3rd St.下車。約45分。ハリウッドからメトロバス#217でFairfax Ave. & 3rd St.下車。約25分。

素朴で気取りがないショッピングの名所　ミッドウィルシャー　Ⓜ P.60-B2

オリジナル・ファーマーズマーケット
The Original Farmers Market　　✳✳✳

　1934年の大恐慌に苦しめられた農民たちが、野菜や果物を持ち寄って始めた市場だったが、安さと新鮮さが評判を呼んで地元の人や観光客が集まるようになった。現在は、生鮮食料品店をはじめ、レストラン、屋台、銀細工や革製品のみやげもの屋など100軒以上が集まる市場だ。マーケットに隣接する、地元の人に人気のショッピングモール**グローブ The Grove**（→P.96）にもぜひ立ち寄りたい。

メモ　ピーターセン自動車博物館のセルフガイドツアー Self-Guided Vault Tours　一般公開されていない地下フロアに収蔵されている約250台の車を見学できる。🕐毎日10:00〜16:30　💰大人・子供$10

パサデナ
Pasadena

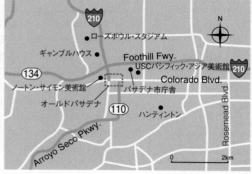

ダウンタウンから北東へ約15km、サン・ガブリエル山脈の裾野に広がるパサデナは、ロスアンゼルスカウンティのなかではいちばん古い街だ。閑静な高級住宅街として開けており、大学や美術館が多くアカデミックな雰囲気に包まれている。

多くの人でにぎわう古いれんが造りの街　パサデナ　ⓂP.65-A3、P.65-A5〜B5

オールドパサデナ
Old Pasadena　＊＊

パサデナ市の西側、Colorado Blvd.とFair Oaks Ave.の交差点を中心にした数ブロックをいう。かつての街の中心地は1970年代に荒廃したが、1980年代から、古いれんが造りの街並みを生かした再開発が始まり、これが大成功する。夜間ブラブラ歩ける街がほとんどないLAにあって、特に週末の夜などたいへんな人出でにぎわう所になったのだ。セピア色の街には、300を超えるブティックやレストラン、クラブなどのナイトスポット、映画館、ギャラリー、ブティックが軒を連ねる。オールドパサデナの一画にある、**ワン・コロラドOne Colorado**は、オープンエアの人気のモール。LAを代表するセレクトショップや人気のレストランなどが入っている。

美術愛好家が必ず満足するコレクション　パサデナ　ⓂP.65-A3

ノートン・サイモン美術館
Norton Simon Museum　＊＊

14世紀からの西洋美術史を代表するコレクション約1万2000点を有する全米屈指の美術館。中規模ではあるが、秀逸といえる作品の数々には圧倒される。

美術館は14〜16世紀、17〜18世紀、19世紀、20世紀美術、地下の東洋美術のコレクションなどに分かれている。ルネッサンス期では宗教画の大家ジョバンニ・パオロ・パンニーニ、聖母子像が印象的なラファエロなど。ほかにはルーベンス、エル・グレコ、ゴヤ、印象派のセザンヌ、ルノワール、モネなども並ぶ。必見はレンブラントの『少年の肖像Portrait of Boy』。20世紀では、ボナール、マチス、モジリアーニ、カンディンスキー、ピカソなど。なかでも数多く展示されているものはドガ。パステル画、スケッチ、ブロンズ像などが並び、彼の作品のファンなら感涙ものだろう。

オールドパサデナ
🌐www.oldpasadena.org
🚃ダウンタウンからメトロレイル・AラインでMemorial Park駅またはDel Mar駅下車、徒歩約10分。所要約40分。

ワン・コロラド
ⓂP.65-B5
🏠41 Hugus Alley, Pasadena
🌐onecolorado.com
☎店舗により異なる。

パサデナの街並み

ノートン・サイモン美術館
🏠411 W. Colorado Blvd., Pasadena
☎(626)449-6840
🌐www.nortonsimon.org
🕐月・木 〜 日12:00〜17:00
（金・土・日19:00）
🚫火・水、おもな祝日
💰大人 $20、シニア（62歳以上）$15、学生・18歳以下無料。毎月第1金曜16:00以降は無料
🚃ダウンタウンからメトロレイル・AラインMemorial Park駅下車。Colorado Blvd. & Fair Oaks Ave.からメトロバス#180に乗り、Colorado Blvd. & Terrace Dr.下車。ダウンタウンから約1時間10分。

＊＊＊おすすめ度

↘（入館料は別途支払うこと）

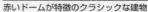

パサデナ市庁舎
- 🏠 100 N. Garfield Ave., Pasadena
- ☎ (626)744-7311
- 🌐 www.cityofpasadena.net
- 🚶 ワン・コロラド(→P.89)からColorado Blvd.を東に5ブロック、北へ2ブロックの所。

USC パシフィック・アジア美術館
- 🏠 46 N. Los Robles Ave., Pasadena
- ☎ (626)787-2680
- 🌐 pacificasiamuseum.usc.edu
- ☎ 水~日11:00~17:00
- 休 月・火、おもな祝日
- 💴 大人$10、シニア(65歳以上)・学生$7、17歳以下は無料。毎月第2日曜は無料
- 🚶 ワン・コロラド(→P.89)からColorado Blvd.を東に8ブロック行った、Los Robles を北へ半ブロック。

ローズボウル・スタジアム
- 🏠 1001 Rose Bowl Dr., Pasadena
- ☎ (626)577-3100
- 🌐 www.rosebowlstadium.com
- 🚶 ダウンタウンからメトロレイル・Aラインに乗りMemorial Park駅下車。Raymond Ave. & Holly St.からパサデナトランジット#51、51S(土・日のみの運行)に乗り換え、Seco St. & Arroyo Blvd.下車。所要約1時間。

ローズボウル・フリーマーケット
- 🌐 www.rgcshows.com/rose-bowl
- ☎ 毎月第2日曜5:00~15:00
- 💴 5:00~8:45は$20、9:00~は$12。ウェブサイトでチケットを事前に購入し、送られてきたメールをクリックし、バーコードをスタッフに見せて入場する

世界各国から多くのバイヤーが訪れる

赤いドームが特徴のクラシックな建物　　　　　　　パサデナ　Ⓜ P.65-A3

パサデナ市庁舎
Pasadena City Hall ☀

　パサデナはアメリカ西海岸でも比較的古くから開けた街で、歴史的建造物を保存しながら景観を重視した整備計画が進められた。そのパサデナ市のシンボルともいえる市庁舎は、1927年に建造された比較的新しい建築物。16世紀のイタリア・ルネッサンス様式を取り入れたデザインで、有名建築家ジョン・ベイクウェルとアーサー・ブラウンが手がけた。歴史的な建物が残るパサデナを自分で回る建築ツアーのパンフレットはパサデナ観光局に置いてある。

映画のロケでもたびたび使用されている

ひときわ静かな空間が広がっている　　　　　　　パサデナ　Ⓜ P.65-A3

USC パシフィック・アジア美術館
USC Pacific Asia Museum ☀

　中国をはじめ、韓国や日本などの東アジア美術、太平洋諸島の美術など1万7000点以上を収蔵している。作品数が多いのが、中国の陶磁器。唐の時代の兵馬俑、欧米で好まれた不死鳥の描かれた絵皿や壺などが見られる。中国の故宮を思わせる建物だけでなく、中国らしい龍や獅子を飾り、また松竹梅を配した中国庭園も一見の価値あり。パサデナのなかでもひときわ静かな場所だ。

アジア美術が充実

毎月巨大フリーマーケットも開催　　　　　　　　パサデナ　Ⓜ P.65-A3

ローズボウル・スタジアム
Rose Bowl Stadium ☀

　カレッジフットボールUCLAブルーインズの本拠地で、約9万人を収容する大スタジアム。名前のとおり、正面入口にはバラをあしらったデザインが施され、周辺にも真紅のバラがたくさん植えられている。毎年1月1日に行われるカレッジフットボール"ローズボウル"でアメリカ中にその名を知られている所だ。NFLのスーパーボウルも何度か開催され、熱狂的なファンがスタジアムを占拠する。

　もうひとつの名物が、**毎月第2日曜の早朝から開かれるローズボウル・フリーマーケットRose Bowl Flea Market**だ。試合のない日は閑散としているスタジアムも、この日ばかりは別。朝早くから車が続々と集まり、7:00頃にはスタジアム前の広大な駐車場が無数の露店で埋まってしまう。掘り出し物を狙うならなるべく早めに出かけよう。

　📝メモ　パサデナ内の移動はパサデナトランジット(バス)を利用しよう　10路線のうち観光に便利なのは2路線。ルート10はノートン・サイモン美術館近くからColorado Blvd.~Lake Ave.~Del Mar Blvd.~Allen↗

ギャンブルハウス

1世紀以上も前に造られた木造建築　　　　パサデナ　MP.65-A3

ギャンブルハウス
Gamble House ★★★

　アメリカの国定歴史建造物に指定されている家屋。アメリカンアートとクラフト建築の権威としても知られている建築家、チャールズ&ヘンリー・グリーン兄弟によって1908年に建てられた。パサデナには、彼らが建てた家が40近く残っているが、そのなかでも最高傑作との呼び声が高いのが、このギャンブルハウスだ。ちなみに、ギャンブルとは、この家の所有者だったギャンブル氏の名に由来する。邸内は撮影禁止。

木造建築の美しさを発見できる

莫大なコレクションを誇る　　　　　　　　パサデナ　MP.65-B4

ハンティントン
The Huntington ★★★

　鉄道事業で財をなしたヘンリー・ハンティントンは博識の人物で、書物、美術、園芸などさまざまなことに興味をもった。その多趣味ぶりを、広大な敷地と大邸宅で堪能することができる。

ハンティントン図書館The Huntington Libraryは特に有名で、その規模だけでも個人のコレクションとは思えない充実ぶりだ。世界初の印刷物であるグーテンベルクの聖書、ベンジャミン・フランクリン直筆の自伝、リンカーンの日記、オーデュボン、シェイクスピア、ヘンリー・ディビッド・ソロー、エドガー・アラン・ポーなど、希少価値の高い本や原稿が見学できる。

　3つのギャラリーのうちHuntington Art Gallery、Virginia Steele Scott Gallery of American Artでは、それぞれのテーマごとに美術品が収められている。トマス・ゲインズバラの『ブルーボーイ』、トーマス・ローレンスの『ピンキー』、カサットの『ブレックファスト・イン・ベッド』、ホッパーの『ロングレッグ』などはお見逃しなく。また、アメリカとイギリス美術の特別展用のスペースで、なかなか見ることができない本や手書きの原稿などが収蔵されているMarylou and George Boone Galleryも興味深い。

　さらにハンティントンといえば、**植物園Botanical Gardens**も必見。西洋風の庭園にはバラが色とりどりに咲き乱れ、日本庭園も本格的な仕上がりで面積も広く、日本情緒たっぷりだ。盆栽のコレクションや京都龍安寺の石庭を思わせる「禅コート」など、館の力の入れ方は目を見張るものがある。熱帯や砂漠地帯の植物が集められたデザートガーデンや、シェイクスピアの戯曲に出てくる植物を集めたシェイクスピアガーデン、中国庭園「流芳園」も見応え抜群。8万3000種の植物を堪能することができる。

ギャンブルハウス
🏠4 Westmoreland Pl., Pasadena
☎(626)793-3334
🌐gamblehouse.org
🕐木〜日11:30〜15:00（日12:00〜）、火10:30〜13:30
休月・水
ガイドツアー
🕐火・木〜土11:30〜15:00、日12:00〜14:30の20〜45分おき。時期により異なる。ツアーチケットは敷地内のBookstoreで購入。
💲$15、シニア（65歳以上）・学生$12.50、12歳以下無料
🚃メトロレイル・AラインMemorial Park駅の西にあるRaymond Ave. & Holly St.からメトロバス#256でOrange Grove Blvd. & Colorado Blvd.下車。約15分。

ハンティントン
🏠1151 Oxford Rd., San Marino
☎(626)405-2100
🌐huntington.org
🕐水〜月10:00〜17:00（最終入場16:00）
休火、おもな祝日
💲大人$25（週末$29）、シニア（65歳以上）・学生（12〜18歳）$21（週末$24）、子供（4〜11歳）$13。3歳以下無料
※金・日は事前にウェブサイトから予約が必要。
※毎月第1木曜は入場無料。事前にウェブサイトからの予約が必要だ。
🚃パサデナからパサデナトランジット#10でAllen Ave. & Del Mar Blvd.下車。そのままAllen Ave.を南へ約1km、徒歩15分。

ハンティントンは、博物館や庭園がいくつもあり、それぞれ見応えがある

Ave.を走り、終点はメトロレイル・AラインのAllen駅。ルート20はLake Ave.沿いを南北に走る。バス停は数ブロックごとにある。料金は大人75¢、子供50¢。www.cityofpasadena.net/pasadena-transit

ロスアンゼルスのスポーツ
Sports in Los Angeles

ベースボール Major League Baseball（MLB）

■ ロスアンゼルス・ドジャース
Los Angeles Dodgers

　1884年ニューヨーク・ブルックリンを本拠地とするチームとして誕生。1958年にロスアンゼルスへ移転し、現在のチーム名となる。ワールドシリーズは直近の2020年を含めて7度制覇。LA移転前の1947年にMLBで初めて黒人選手（ジャッキー・ロビンソン）を入団させた国際色豊かなチームとしても知られている。過去には、ノーヒット・ノーランを達成した野茂英雄のほか、石井一久、斎藤隆、黒田博樹、前田健太、ダルビッシュ有なども在籍した。

　2023年はナショナルリーグ西地区で100勝し地区優勝するが、ディビジョンシリーズで敗退。2024年は大谷翔平選手と山本由伸投手が加入し、主力のムッキー・ベッツ選手やフレディ・フリーマン選手と力を合わせて、ワールドシリーズ制覇を狙う。

:::
本拠地：ドジャースタジアム
Ⓜ P.55-D2　🏠 1000 Vin Scully Ave., Los Angeles
📠 (1-866) 363-4377
🌐 www.mlb.com/dodgers
🚃 試合がある日はダウンタウンのユニオン駅からシャトルバスが運行。試合開始の90分前より運行される。

■ ロスアンゼルス・エンゼルス
Los Angeles Angels

　1961年ロスアンゼルスで創設、1966年からアナハイムを本拠地としている。1997年から2003年まではウォルト・ディズニー・カンパニーが経営に携わっており、2002年のワールドシリーズ優勝時には、ディズニーランド・パークで優勝パレードが行われた。エンゼルスがホームランを打つと、左中間スタンドの火山から間欠泉が水しぶきを上げる仕掛けや、チャンスになるとスクリーンに現れるサルのキャラクターが人気。

　2018年から2023年までは大谷翔平選手が所属し、日本で最も知られるMLB球団のひとつとなった。かつて、長谷川滋利や松井秀喜、高橋尚成が在籍。2023年は73勝89敗のアメリカンリーグ西地区4位で終わった。

:::
本拠地：エンゼル・スタジアム・オブ・アナハイム
Ⓜ 巻頭折込「ロスアンゼルス—おもな見どころ—」-F4
🏠 2000 Gene Autry Way, Anaheim
📞 (714) 940-2000　🌐 www.mlb.com/angels
🚃 ダウンタウンのユニオン駅からメトロリンクのAngels Expressが金〜日曜に1日1便運行している。アナハイムのディズニーランド・リゾートエリアからはKatella Ave. を走るOCTAバス#50で。

バスケットボール National Basketball Association（NBA）

■ ロスアンゼルス・レイカーズ
Los Angeles Lakers

　マジック・ジョンソンやシャキール・オニール、コービー・ブライアントなどのレジェンドが過去には在籍し、NBAファイナルを17度も制している名門チーム。2022〜2023年シーズン途中に八村塁選手が加入した。レブロン・ジェームズやアンソニー・デイビス、ディアンジェロ・ラッセルとともにNBA優勝を目指す。

:::
本拠地：クリプト・ドットコム・アリーナ
Ⓜ P.64-A4　🏠 1111 S. Figueroa St., Los Angeles
📞 (310) 426-6000　🌐 www.nba.com/lakers
🚃 ダウンタウンからダッシュのルートFでCrypto.com Arena下車、目の前。ダウンタウンの南西に位置し、Chick Hearn Ct. と Figueroa St. の角にある巨大多目的施設。

■ ロスアンゼルス・クリッパーズ
Los Angeles Clippers

　ウエスタン・カンファレンス・パシフィック・ディビジョンに所属する。1970年にニューヨーク州バッファローで設立され、1978年サンディエゴへ、1984年にLAへ移ってきた。2011〜2012年シーズンから2022〜2023年までの12年間は、2017〜2018年、2021〜2021年の2シーズンを除いてプレイオフに進出。

:::
本拠地：クリプト・ドットコム・アリーナ（ロスアンゼルス・レイカーズと同じ）
Ⓜ P.64-A4　🏠 1111 S. Figueroa St., Los Angeles
🌐 www.nba.com/clippers
📞 (1-213) 204-2900
🚃 ロスアンゼルス・レイカーズを参照。

アメリカンフットボール　National Football League（NFL）

■ ロスアンゼルス・ラムズ
Los Angeles Rams

　1936年「クリーブランド・ラムズ」として誕生し、1946年LAに移転。1995年から2015年まではセントルイスを本拠地としたが、2016年再びLAに戻ってきた。スーパーボウルには5回出場し、1999年と2021年に優勝を果たした。2023～2024年シーズンは10勝7敗のNFC西地区2位でプレイオフに進出。

・・・
本拠地：ソーファイスタジアム
MP.55-C4　**住**1001 Stadium Dr., Inglewood
電(818)338-0011　**URL**www.therams.com
交通メトロレイル・Eラインの Expo/La Brea 駅からメトロバス #212で Prairie Ave. & Kelso St. 下車、徒歩13分。

■ ロスアンゼルス・チャージャーズ
Los Angeles Chargers

　1959年にロスアンゼルスで創設。1961年から2016年まではサンディエゴを本拠地としていた。1994年にスーパーボウルに出場したが、まだ優勝はない。2023～2024年シーズンは5勝12敗のAFC西地区4位に終わり、プレイオフには進出できなかった。

・・・
本拠地：ソーファイスタジアム（ロスアンゼルス・ラムズと同じ）
MP.55-C4　**住**1001 Stadium Dr., Inglewood
Fax(1-877)242-7437　**URL**www.chargers.com
交通ロスアンゼルス・ラムズを参照。

アイスホッケー　National Hockey League（NHL）

■ ロスアンゼルス・キングス
Los Angeles Kings

　1967年にNHL初のエクスパンションで誕生した西海岸屈指の名門チーム。1988年にスーパースターのウェイン・グレツキーを獲得し、一躍全国区の知名度を得た。2010年代に全盛期を迎え、2度のリーグチャンピオンに輝くもその後低迷。近年ようやく盛り返し3シーズン連続プレイオフ出場はほぼ確実な状況。チケットは基本全試合売り切れる。

・・・
本拠地：クリプト・ドットコム・アリーナ（ロスアンゼルス・レイカーズと同じ）
MP.64-A4　**住**1111 S.
Figueroa St., Los Angeles
Fax(1-888)546-4752
URLwww.nhl.com/kings
交通ロスアンゼルス・
レイカーズを参照。

© Kiyoshi Mio / All American Sports

■ アナハイム・ダックス
Anaheim Ducks

　ウォルト・ディズニー・カンパニーが出資して1993年に創設。自社の映画からマイティ・ダックスと名づけた。日系カナダ人のポール・カリヤを中心に旋風を巻き起こし人気チームに。2006年の初リーグ制覇を皮切りに地区5連覇をするなど2010年代末まで黄金時代を謳歌した。現在は6シーズン連続でプレイオフを逃し再建モード中。アリーナも空席が目立つ。

・・・
本拠地：ホンダセンター
M 巻頭折込「ロスアンゼルス−おもな見どころ」-F4
住2695 E. Katella Ave., Anaheim
Fax(1-877)945-3946　**URL**www.nhl.com/ducks
交通アナハイムにあるアムトラックとグレイハウンドの乗り場（アナハイム・リージョナル・トランスポーテーション・インターモーダル・センター）の目の前。

サッカー　Major League Soccer（MLS）

■ ロスアンゼルス・ギャラクシー
Los Angeles Galaxy

　1996年のリーグ創設時のオリジナルメンバー。過去にはデビッド・ベッカム（イングランド）やズラタン・イブラヒモビッチ（スウェーデン）などのスーパースターも在籍した。MLSカップを5回獲得している名門チームだが、2014年以来リーグ優勝がない。2024年シーズンは吉田麻也、山根視来の日本人選手ふたりの活躍が楽しみだ。

・・・
本拠地：ディグニティ・ヘルス・スポーツ・パーク
M 巻頭折込「ロスアンゼルス−おもな見どころ」-C4
住18400 S. Avalon Blvd., Carson
Fax(1-877)342-5299　**URL**www.lagalaxy.com
交通ダウンタウンからメトロレイル・Jラインで Harbor Gateway Transit Center 駅へ。そこからメトロバス #246 で Avalon Blvd. & 184th St. 下車、目の前。

■ ロスアンゼルス FC
Los Angeles Football Club

　2018年シーズンからMLSに参戦し、加入2年目にいきなりリーグトップの成績を収めた。2022年にはMLSカップで初優勝。2023年も決勝に進むなど、近年は圧倒的な強さを誇る。しかし2024年は、チーム歴史上最多ゴールのメキシコ代表選手カルロス・ベラが退団したあと、チームをどのように組み立てるかが大きな課題になるだろう。

・・・
本拠地：BMO スタジアム
MP.55-D2
住3939 S. Figueroa St., Los Angeles
電(1-213)334-4239
URLwww.lafc.com/stadium
交通エクスポジションパークにある。メトロレイル・Eラインの Expo Park/USC 駅下車、徒歩13分。

ロスアンゼルスのショップ
Los Angeles

ビーチシティズのショッピングは、サンタモニカのサード・ストリート・プロムナード、アボット・キニー・ブルバードがにぎやかだ。ウエストサイドならロデオドライブとその周辺。ハリウッドではオベーション・ハリウッドを中心に回ると効率的。セレクトショップやビンテージならハリウッドの南、メルローズアベニューへ。近年はダウンタウンにも、高感度のショップが増えてきている。ダウンタウンからメトロレイルで約35分のパサデナは高級住宅街。ゆっくりショッピングを楽しみたいならおすすめだ。

SHOP

ファッション	**ビクトリアズシークレット**

Victoria's Secret

日本でも有名な人気ランジェリー店

ピンクストライプのショッピングバッグが目印。アメリカ人女性なら誰もが訪れる店で、シンプルなものから思いっきり派手なランジェリーまで種類は驚くほど豊富。セール品が多いなかで、まとめ買いできるショーツは人気のアイテム。ボディクリームや香水などは、おみやげにもいい。

カード A J M V

ランジェリーのディスプレイもキュート

Ⓜ サード・ストリート・プロムナード P.68-B1
🏠 1311 3rd St. Promenade, Santa Monica
☎ (310) 451-4570
🌐 www.victoriassecret.com
🕐 毎日10:00～21:00
（金・土～22:00）
※LA周辺に約10店舗あり

ファッション	**バンズ**

Vans

サーファーもスケーターも御用達

サンタモニカ＆ベニスのスケートボードカルチャーを牽引するショップ。定番のオールドスクールやオーセンティック、スリッポンなど、日本人に人気のモデルが揃う。サイズも豊富にあるのでぜひ試着してみて。スケートボードの販売も行っている。

カード A M V

カラーバリエーションも豊富

Ⓜ サード・ストリート・プロムナード P.68-B2
🏠 1416 3rd St. Promenade, Santa Monica
☎ (424) 330-8744
🌐 www.vans.com
🕐 月～土10:00～20:00、日11:00～19:00
※クレジットカードでの支払いには、写真付きIDが必要

ファッション＆雑貨	**アンソロポロジー**

Anthropologie

アーバンアウトフィッターズの姉妹ブランド

30～40歳代の女性がターゲットで、大人かわいいデザインの洋服が人気のライフスタイル・ブランド。靴やアクセサリー、家具、インテリア雑貨まで幅広い商品が並ぶ。花柄のエプロンは日本でも話題になった。日本やアメリカの芸能界にもファンが多い。

カード A M V

日本未上陸ブランドのひとつ

Ⓜ サード・ストリート・プロムナード P.68-B2
🏠 1402 3rd St. Promenade, Santa Monica
☎ (310) 393-4763
🌐 www.anthropologie.com
🕐 月～土10:00～19:00、日11:00～18:00

ファッション	**インダストリー・オブ・オール・ネイションズ**

Industry of All Nations

カルバーシティ生まれのアパレルブランド

生地や糸を生産する国で、洋服の製造から縫製まで一貫して行っている。アルパカセーターはボリビア、トレンチコートはイギリス、デニムはインドで製造するという強いこだわりをもつ。ファストファッションを嫌悪するLAっ子のお気に入りブランド。

カード A M V

ミニマルなデザインで支持者が拡大中

Ⓜ サンタモニカ＆ベニス P.67-D2
🏠 1121 Abbot Kinney Blvd., Venice
☎ (310) 396-9400
🌐 www.industryofallnations.com
🕐 毎日11:00～19:00

 メモ **大人買いをするのなら** 高額な買い物を予定している場合、移動の足を確保のうえ、ショッピングを楽しみたい。遅い時間まで大きな荷物を抱えて歩き回らないように注意。

ファッション ファリティブランド
Faherty Brand

双子の兄弟がニューヨークで2013年に開業

金融業界で働いていた兄のアレックスとデザイナーとしてラルフローレンに勤めていた弟マイクが立ち上げた。オーガニックコットンや、ペットボトルを再利用したリサイクル素材のTシャツは日本のサーファーから熱い支持を集めている。

カード AMV

アメカジ好きはマストチェック

Ⓜサンタモニカ&ベニス P.67-D2
🏠1338 Abbot Kinney Blvd., Venice
☎(310)314-8301
🌐fahertybrand.com
🕐毎日11:00〜19:00
（日〜18:00）

ファッション アビエーターネイション
Aviator Nation

サーフファッションの人気店

サーファーでもある女性デザイナーが立ち上げた店で、1970〜1980年代に流行したサーフスタイルにビンテージ感を加えた粋なデザインが人気を呼んでいる。南カリフォルニアのまぶしい太陽とマッチした色使いが美しい。値段はパーカーが$180〜、Tシャツ$83〜。

カード AMV

カラフルな色使いにうきうきする

Ⓜサンタモニカ&ベニス P.67-D2
🏠1224 Abbot Kinney Blvd., Venice
☎(310)396-9400
🌐aviatornation.com
🕐毎日10:00〜20:00

ファッション クリスティダウン
Christy Dawn

大人ガーリースタイルのワンピース

モデルとしても活躍しているクリスティ・ダウンがデザインするドレスは、着心地のよさから日本にもファンが多い。創業当時はビンテージの生地を使用していたが、現在は種から育てたオーガニックコットンの生地をメインに採用する。

カード AMV

毎日着られるドレスがテーマ

Ⓜサンタモニカ&ベニス P.67-D2
🏠1337 Abbot Kinney Blvd., Venice
☎(310)422-8990
🌐christydawn.com
🕐毎日11:00〜19:00

ファッション バックメイソン
Buck Mason

古きよきカリフォルニアの雰囲気がいっぱい

1万ドルの貯金を元手に2013年、サッシャ・コーエンとエリック・アレンがカリフォルニア・ベニスビーチで立ち上げたブランド。流行に左右されることなく、定番のデニムやシャツ、ニットを作り続けることをモットーとする。近隣にウイメンズ店もあり。

カード AMV

LAで製造されているデニムやニット類

Ⓜサンタモニカ&ベニス P.67-D2
🏠1617 Abbot Kinney Blvd., Venice
☎(424)238-5981
🌐www.buckmason.com
🕐毎日11:00〜19:00
（日〜18:00）

ファッション デウス・エクス・マキナ
Deus Ex Machina

コーヒーを飲みながらショッピングできる

2014年に日本にも上陸したが、ベニスでも話題のショップ。バイクやサーフィン、スケートボードをテーマにTシャツやサーフボード、バイク用品を販売する。店内には、カスタムバイクが展示してあるほか、コーヒースタンドも併設。

カード AJMV

買い物の合間にコーヒーブレイクを

Ⓜサンタモニカ&ベニス P.67-D1
🏠1001 Venice Blvd., Venice
📠(1-888)515-3387
🌐deuscustoms.com
🕐毎日9:00〜19:00
（カフェは7:00〜）

雑貨 ジェネラルストア
General Store

ベニスで人気のセレクトショップ

地元の作家が作ったジュエリーや雑貨から、ビンテージ家具まで幅広い商品を取り扱うセレクトショップ。特にホームグッズの品揃えは豊富で、どれもかわいい。本店はサンフランシスコのゴールデンゲート・パーク南（ⓂP.222-A3〜A4）にある。

カード AJM

木のぬくもりを感じる店内

Ⓜサンタモニカ&ベニス P.67-D1
🏠1801 Lincoln Blvd., Venice
☎(310)751-6393
🌐shop-generalstore.com
🕐毎日11:00〜18:00

ウエストサイド

 ショッピングモール

グローブ
The Grove

映画のセットのような街並み

1930 ～ 1940 年代の LA を再現した街並みを、1950 年代製のトロリーが走り抜けていく。まるで映画のワンシーンのよう。LA っ子でにぎわうモールはショッピングのほかに、映画や食事、散歩するだけでも楽しめる。

カード 店舗により異なる

地元の人々でいつもにぎわっている

Ⓜミッドウィルシャー P.60-B2

🏠 189 The Grove Dr., Los Angeles
☎ (1-323) 900-8080
🌐 www.thegrovela.com
🕐 店舗により異なる、基本的に毎日10:00～21:00(水・金・土～22:00、日～20:00)

ショッピングモール

ビバリーセンター
Beverly Center

有名ブランドも充実している

8 階建てのビルの中には、Bloomingdale's と Macy's をキーテナントとし、100 以上の専門店が入る。レストランは Eggslut やチキン料理の Yardbird、モダンなメキシコ料理 Tocaya Modern Mexican などバラエティに富んでいる。

カード 店舗により異なる

セレブもよく訪れるモール

Ⓜミッドウィルシャー P.60-A2

🏠 8500 Beverly Blvd., Los Angeles
☎ (310) 854-0070
🌐 www.beverlycenter.com
🕐 毎日10:00～20:00

デパート

サックス・フィフス・アベニュー
Saks Fifth Avenue

全米屈指の高級デパート

ニューヨークを拠点にしたアメリカを代表する高級デパート。ヨーロッパやアメリカのデザイナーズブランドを中心に、普段使いのものからパーティ用のドレスまで、幅広い品揃えで人気を博している。バッグやアクセサリーが充実していることで知られている。

カード A D J M V

ロデオドライブからも近い

Ⓜウエストサイド P.59-C2

🏠 9600 Wilshire Blvd., Beverly Hills
☎ (310) 275-4211
🌐 www.saksfifthavenue. com
🕐 月～土11:00～19:00、日12:00～18:00

バッグ

ルイ・ヴィトン
Louis Vuitton

このブランドはアメリカでお買い得

ボストンバッグ、ショルダーバッグから小物類まで、広い店内にヴィトン製品が豊富に並ぶ。メイドイン USA の商品は日本未入荷。レアものが欲しいならぜひ。

Ⓜロデオドライブ P.68-A2

🏠 295 N. Rodeo Dr., Beverly Hills
☎ (310) 859-0457
🌐 us.louisvuitton.com
🕐 月～土10:00～19:00、日11:00～18:00
🚫 おもな祝日

カード A D J M V

ファッション

シャネル
Chanel

世界のセレブに愛用される

アクセサリーやスカーフはショーケースに並んでいないものもあるので、スタッフに尋ねるとよい。化粧品売り場のスペースが広く、ゆっくり選べる。

Ⓜロデオドライブ P.68-A1

🏠 400 N. Rodeo Dr., Beverly Hills
☎ (310) 278-5500
🌐 www.chanel.com
🕐 月～土11:00～18:00、日12:00～17:00

カード A D J M V

革製品

エルメス
Hermès

馬具から始まった伝統のハンドメイド

バッグやスカーフ、洋服、アクセサリー、時計、コロン、ベルト、トップス、シューズ、食器などが揃っている。人気のシルクスカーフは品揃えが豊富だ。

Ⓜロデオドライブ P.68-A1

🏠 434 N. Rodeo Dr., Beverly Hills
☎ (310) 278-6440
🌐 www.hermes.com
🕐 毎日10:00～18:00(日11:00～)

カード A D J M V

アクセサリー&ファッション

クロムハーツ
Chrome Hearts

不動の人気を誇るアクセサリーブランド

重量感あふれるシルバーアクセサリーは、多くのハリウッドセレブに愛されている。隅々までき細かい彫刻が施され、手作りならではのこだわりが満載だ。Robertson Blvd. と Melrose Ave. の角、うっそうと木々が茂るなかにある。

カード A M V

シルバーアクセの老舗

Ⓜウエストサイド P.59-D1

🏠 600 N. Robertson Blvd., Los Angeles
☎ (310) 854-9800
🌐 www.chromehearts.com
🕐 月～土11:00～19:00、日12:00～17:00
※2024年3月現在、入店には電話での事前予約が必要

 メモ メトロレイル7th St./Metro Center駅の上にあるショッピングモール デパートのMacy'sのほか、Uniqlo、レストランのHatchやMarugame Udon、Starbucks Coffee、映画館のAlamo Drafthouse Cinemaなどが入る。

セレクトショップ ミスターフリーダム
Mister Freedom

LA のスタイリストも御用達

　LA だけでなく、全米のファッショニスタが一目をおいている有名店。オーナー自らが買い付けるビンテージ商品とデニムやジャケットを中心としたオリジナルワークウエアを取り揃える。キャップ（$39.95〜）やトートバッグ（$69.95〜）などもあり。

カード A M V

日本人に合うサイズが多く揃う

M ミッドウィルシャー P.60-B1

7161 Beverly Blvd.,
Los Angeles
(1-323)653-2014
www.misterfreedom.com
月〜土11:00〜17:00
日

ファッション ステューシー
Stussy

ストリートファッションを代表するショップ

　1980 年にラグナビーチで誕生したステューシー。サーファーやスケーターに人気があり、LA ファッションを語るうえで欠かせないブランドだ。ここはその 1 号店で、運がよければ T シャツなどの LA 限定グッズを入手できるかも。

カード A M V

ロゴ入り T シャツをゲットしたい

M ミッドウィルシャー P.61-C2

112 S. La Brea Ave.,
Los Angeles
(1-323)933-2251
www.stussy.com
月〜土11:00〜19:00、
日12:00〜18:00

セレクトショップ オーケー
OK

アート系小物やインテリア雑貨の店

　ハイセンスなインテリア小物を中心に、アクセサリーやキッチン雑貨など、幅広い商品を扱う。値段はそこそこするが、手に取るとそのよさがわかる高品質なものばかり。おみやげ、プレゼントによさそうな小物もたくさん。時間をかけてじっくり選びたい。

カード A M V

ハイセンスな商品が並ぶ

M ミッドウィルシャー P.60-A2

8303 W. 3rd St.,
Los Angeles
(1-323)653-3501
www.okthestore.com
毎日11:00〜17:00

ファッション キス
Kith

スニーカー好きは外せない店

　2011 年ニューヨークでスニーカーをメインに取り扱うセレクトショップとしてオープン。その後、アパレルも取り扱うようになった。人気キャラクターや Adidas、Nike とコラボした限定アイテムはすぐに完売する。ロデオドライブにも店舗（M P.68-A2）がある。

カード A M V

日本未入荷商品があるかも？

M サンセットストリップ P.68-A4

8500 Sunset Blvd.,
West Hollywood
(414)512-2800
kith.com
月〜土10:00〜20:00、
日11:00〜19:00

ファッション シュプリーム
Supreme

毎週新作が販売される人気のストリートブランド

　ニューヨーク生まれ、スケーター御用達のブランドのひとつ。赤地ボックスに白のロゴがポイントになったセンスのいい T シャツやジャケット、パンツなどが揃う。有名ブランドとのコラボアイテムが発売されるときは、特に長蛇の列ができる。

カード A M V

2023 年、サンセットブルバード沿いに移転した

M サンセットストリップ P.68-A4

8801 Sunset Blvd.,
West Hollywood
(1-323)655-6205
www.supremenewyork.
com
月〜土11:00〜19:00、
日11:00〜18:00
※クレジットカードでの
支払いには、写真付き
IDが必要

ファッション ポールスミス
Paul Smith

LA でも評判がいい

　ロンドン生まれで、トラッドにポップスを加えたユニークなデザインで有名。カジュアルなアイテムからスーツまで幅広いアイテムが並ぶ。シューズやバッグなどはお手頃価格。SNS スポットとして有名なピンク色の壁の前には開店前から行列ができる。

カード A M V

青空にピンク色が映える

M メルローズアベニュー P.69-A4

8221 Melrose Ave.,
Los Angeles
(1-323)951-4800
www.paulsmith.com
月〜土10:00〜18:00、
日11:00〜17:00

ハリウッド

セレクトショップ **バージルノーマル**
Virgil Normal

Virgil Ave. と Normal Ave. の角にある

　LA 在住のコスチュームデザイナーと、スケートボードやスノーカルチャーなどのストリートカルチャーに精通するふたりが立ち上げたショップで、アウトドアライクなメンズウエアが揃う。店舗の中庭では地元アーティストがオブジェなどを作っていることも。

カード A D J M V

ビンテージも取り扱っている

Ⓜ ハリウッド P.63-D4

📍 4157 Normal Ave.,
　Los Angeles
☎ (1-323)741-8489
🌐 www.virgilnormal.com
🕐 毎日11:00〜17:00

セレクトショップ **モホーク・ジェネラルストア**
Mohawk General Store

LA ファッショニスタ御用達

　Dries Van Noten や Maison Margela など、パリコレやミラノコレクションで話題のブランドを数多く取り揃えるセレクトショップ。建物の隣にはメンズ館もあり、男女ともに楽しむことができる。

カード A J M V

日本ブランドも多く揃っている

Ⓜ ハリウッド P.63-D4

📍 4011 Sunset Blvd.,
　Los Angeles
☎ (323)669-1601
🌐 www.
　mohawkgeneralstore.
　com
🕐 毎日11:00〜18:00

ビンテージ **ウエイストランド**
Wasteland

古着好きなら、絶対に訪れたい

　ノーブランドからハイエンドブランドまでを扱う店。広い店内は、T シャツやデニム、靴などがところ狭しと並べられているが、状態がよいのも特徴。1980 年代のロックテイストあふれる T シャツが人気アイテムのひとつ。宝探しのつもりで物色してみよう。

カード A M V

状態のいいものが安く見つかる

Ⓜ メルローズアベニュー P.69-A2

📍 7428 Melrose Ave.,
　Los Angeles
☎ (1-323)653-3028
🌐 www.shopwasteland.
　com
🕐 毎日11:00〜20:00
　（日〜19:00）

ファッション **ドジャース・クラブハウス・ストア**
Dodgers Clubhouse Store

オベーション・ハリウッドに入る

　ロスアンゼルス・ドジャースのオフィシャルストア。選手の背番号入り T シャツやユニホーム、キャップ、キーホルダーなどがところ狭しと並ぶ。サンタモニカのサード・ストリート・プロムナードにも店舗（Ⓜ P.68-B2）がある。必ず立ち寄りたい店のひとつ。

カード A M V

おみやげ探しにいい

Ⓜ ハリウッド中心部 P.66-B3

📍 6801 Hollywood Blvd.,
　#341, Hollywood
☎ (1-323)465-5405
🕐 毎日11:00〜20:00
　（日〜19:00）

コスメ **セフォラ**
Sephora

プチプラコスメもある

　コスメ好きは、要チェックのお店。Nars、Laura Mercier などメークアップアーティスト系ブランドから、Murad のようなドクターズコスメまで幅広く揃い、自由に試すことができるのがうれしい。人気ブランドの香水も揃っている。

カード A M V

コスパのいいコスメ探しに最適

Ⓜ ハリウッド中心部 P.66-B3

📍 6801 Hollywood Blvd.,
　#229, Hollywood
☎ (1-323)462-6898
🌐 www.sephora.com
🕐 毎日10:00〜20:00
　（日〜19:00）

レコード&CD **アメーバミュージック**
Amoeba Music

探していた CD がここにあるかも

　新譜、中古ともに取り揃え、そのストック数は全米 No.1 という充実した CD ショップ。広い店内の奥にはステージがあり、週末は無料でライブや DJ が楽しめる（内容はウェブサイトで確認のこと）。ハリウッドの音楽シーンを支えてきた貴重な店。

カード A M V

音楽マニア必訪！

Ⓜ ハリウッド中心部 P.67-D3

📍 6200 Hollywood Blvd.,
　Hollywood
☎ (1-323)245-6400
🌐 www.amoeba.com
🕐 毎日11:00〜20:00
　（金〜日〜21:00）

メモ　リトルトーキョーにある日系のスーパーマーケット　**マルカイマーケット　Marukai Market** Ⓜ P.64-B2
📍 123 S. Onizuka St., Suite #105, Los Angeles　🕐 毎日9:00〜22:00

楽器 ギターセンター
Guitar Center

観光名所でもあるギター専門店

大物ミュージシャンもギターを求めて訪れる有名店。ここの名物は、ロックの殿堂「ロックウォーク」だ。有名ミュージシャンの手形やサインなどが展示されている。2007年にはB'zが日本人アーティストとして初めて殿堂入りを果たした。

カード A M V

何時間でも楽しめる展示

Ⓜサンセットストリップ P.68-B3
🏠7425 Sunset Blvd.,
　Hollywood
☎(1-323)874-1060
🌐www.guitarcenter.com
🕐毎日11:00〜21:00
　（土10:00〜、日〜19:00）

ショッピングモール フィグ・アット・セブンス
Fig at 7th

手軽に食事とショッピングができる

メトロレイル7th St./Metro Center駅から徒歩2分。こぢんまりとしたモールだが、広場では音楽イベントやファーマーズマーケット（🕐木10:00〜14:00）が開かれる。Victoria's Secret や Pink、Zara、H & M、Sephoraのほか、Target、Nordstrom Rack がある。

カード 店舗により異なる

フードコートもあり

Ⓜダウンタウン中心部 P.64-A3
🏠735 S. Figueroa St.,
　Los Angeles
☎(1-213)955-7170
🌐www.figat7th.com
🕐毎日11:00〜21:00
　（土・日〜19:00）

ファッション アーバンアウトフィッターズ
Urban Outfitters

10代後半から20代後半の男女に人気

ストリートカジュアルのウエア類から下着、小物、室内装飾のアクセサリー、本まで幅広く陳列されている。手頃な価格の雑貨も充実し、ジョークの利いた笑えるアイテムも揃う。日本未入荷の化粧品も多数あり。

カード A M V

カジュアルファッションの代表格

Ⓜダウンタウン中心部 P.64-B4
🏠810 S. Broadway,
　Los Angeles
☎(1-213)627-7469
🌐www.urbanoutfitters.
　com
🕐毎日11:00〜19:00
　（木〜土〜20:00）

本&レコード ラストブックストア
The Last Bookstore

ダウンタウンのSNSスポット

カリフォルニア州最大規模の新書と古本を取り扱っている書店。1階と2階あわせて2万2000平方フィート（2043m²）の売り場には、25万冊を超える書籍のほか、ビンテージレコードも並べられている。希少本のコーナーやアートギャラリーも併設。

カード A M V

2階の展示はマストチェック

Ⓜダウンタウン中心部 P.64-B3
🏠453 S. Spring St.,
　Los Angeles
☎(1-213)488-0599
🌐www.lastbookstorela.
　com
🕐毎日11:00〜20:00

ファッション ジェイクルー
J. Crew

おしゃれ心をくすぐる正統派

一時期日本にも上陸したブランド。カジュアルながらも品のよいスタンダードファッションは、40代でも着こなすことができる。値段も手頃で、シャツやニットなどが $75 〜。男女ともに人気が高い。オバマ元大統領夫人も御用達。

カード A J M V

王道を行くおしゃれなファッション

Ⓜオールドパサデナ P.65-B5
🏠46 W. Colorado Blvd.,
　Pasadena
☎(626)654-1018
🌐www.jcrew.com
🕐月〜土11:00〜19:00、
　日12:00〜18:00

アウトレット シタデルアウトレット
Citadel Outlets

ダウンタウンからいちばん近いアウトレットモール

約110のブランドショップが集まり、常時30〜70％オフ。Banana Republic や Coach、Converse、H & M、Kate Spade New York、Michael Kors、Lululemon Athletica、New Balance、Nike、True Religion、Tumi、Ugg、Vans などが入る。

カード 店舗により異なる

日本人好みのブランドが多い

Ⓜロスアンゼルス P.55-D2外
🏠100 Citadel Dr.,
　Los Angeles
☎(1-323)888-1724
🌐www.citadeloutlets.com
🕐毎日10:00〜21:00
※ユニオン駅やリトルトーキョーなどから無料のシャトルバスが運行（詳細はウェブサイトで確認を）

メモ　パサデナにあるショッピングモール　約30店舗が集まっている。**パセオ　The Paseo**　ⓂP.65-A3
🏠300 E. Colorado Blvd., Pasadena　🕐月〜土10:00〜21:00、日11:00〜19:00（店舗により異なる）

ロスアンゼルスのレストラン
Los Angeles

RESTAURANT

LA では各エリアにたくさんのレストランがあるので、滞在するホテルの近くにもきっといいスポットが見つかるはず。レストラン街として知名度を上げてきたのが、ハリウッドとウエストサイドの中間にあるラ・シエネガ・ブルバード。高級店からファストフードまでバラエティに富んでいる。ビーチシティズは、気軽に入れるカフェやレストランが、ウエストサイドは洗練された高級店が多い。ダウンタウン周辺は、中国料理店が並ぶチャイナタウンや韓国料理店が点在するコリアタウン、スポーツバーが集まる LA ライブ近辺がおすすめ。

ビーチシティズ

カリフォルニア料理　ジェリーナ　Gjelina

地元のおしゃれな人が通う

アボット・キニー・ブルバードで話題の店。週末のランチどきは、長い行列ができる。ピザ（$19 〜）やスモールプレート（$8 〜）など、価格も良心的だ。奥には広々としたパティオ席もある。

カード **A** **J** **M** **V**

週末のブランチも人気がある

Ⓜ サンタモニカ＆ベニス P.67-D2
🏠 1429 Abbot Kinney Blvd., Venice
☎ (310) 450-1429
🖥 www.gjelina.com
🕐 毎日9:00〜23:00

カリフォルニア料理　ローズ・ベニス　The Rose Venice

オーガニック料理を手軽に

店内はレストランとカフェとに分かれている。レストランでは、カロリー控えめでオーガニック野菜を使った朝食やランチ（$20 前後）が、カフェではコーヒーなどのほかにサンドイッチが味わえる。セルフサービス・メニューも充実しているのがうれしい。

カード **A** **M** **V**

早起きして出かけたいカフェだ

Ⓜ サンタモニカ・メインストリート P.69-B4
🏠 220 Rose Ave., Venice
☎ (310) 399-0711
🖥 www.rosecafevenice.com
🕐 火〜日9:00〜22:00
🈳 月

オーガニック料理　トゥルー・フード・キッチン　True Food Kitchen

LA らしい、体に優しい料理

アメリカが日本より先んじているのは、地産地消やオーガニック料理など体にいいもの。この店は動物性のものを使わず、野菜や果物を取ることによって免疫力を高めていくというコンセプト。サンタモニカに来たらぜひ。土・日のブランチあり。

カード **A** **M** **V**

ボリューム満点に見えるがヘルシー

Ⓜ サンタモニカ＆ベニス P.66-B2
🏠 395 Santa Monica Place, #172, Santa Monica（サンタモニカプレイス1階）
☎ (310) 593-8300
🖥 www.truefoodkitchen.com
🕐 月〜金11:00〜21:00（金〜22:00）、土・日10:00〜22:00（日〜21:00）

アメリカ料理　ブルーデイジー　Blue Daisy

カフェとして気軽に利用してもいい

朝食とランチを提供する家族経営のレストラン。クレープ（$18 〜）やフレンチトースト（$17）、サラダ（$16 〜）などの軽食が人気。週末は朝から並ぶこともあるので、早めの時間に訪れたい。ランチどきなら、グリルドチキン・サンドイッチ（$17）がおすすめ。

カード **A** **M** **V**

素材にこだわったメニューが豊富

Ⓜ サンタモニカ＆ベニス P.66-B1
🏠 609 Broadway, Santa Monica
☎ (310) 39597
🖥 www.bluedaisycafe.com
🕐 毎日8:00〜16:00

  メモ　ホットドッグ専門店　ガラガラヘビやうさぎ、アヒルのソーセージが載ったホットドッグが食べられる。カリカリに焼かれたソーセージは、小腹がすいたときにちょうどいい。ダウンタウンのアーツ ↗

アメリカ料理　ファーザーズオフィス
Father's Office

ジューシーなハンバーガーならココ！

サンタモニカの北、おしゃれな店が集まるモンタナアベニューにある人気店。この店自慢のハンバーガー（$21）はとてもジューシーで、スイートポテトのフライ（$9）もやみつきになるおいしさだ。36にも及ぶ世界各地のビールも取り揃えている。入店の際、年齢チェックあり。

カード A M V

ハンバーガーとビールのコンビはなかなか

Ｍサンタモニカ&ベニス P.66-A1
1018 Montana Ave., Santa Monica
(310) 736-2224
www.fathersoffice.com
月〜木17:00〜22:00、金16:00〜23:00、土・日12:00〜22:00

シーフード　ロブスター
The Lobster

シーフード三昧の贅沢なメニュー

有名なサンタモニカ・ピアの看板の横にあり、海がすぐ近くに見える。ロブスターカクテル（$36）、カニのすり身を固めて軽く表面を焼いたクラブケーキの前菜（$45）、クラムチャウダー（$23）などのシーフードメニューが中心。カジュアルな服装でOK。

カード A J M V

サンタモニカの海を見ながら食事ができる

Ｍサンタモニカ&ベニス P.66-B2
1602 Ocean Dr., Santa Monica
(310) 458-9294
www.thelobster.com
月〜木12:00〜21:00、金〜日11:30〜22:00（日〜21:00）

シーフード　ババガンプ・シュリンプ
Bubba Gump Shrimp Co.

映画『フォレスト・ガンプ』がレストランに

店名は映画のなかでガンプが設立した水産会社の名前。ソースにこだわったジャンボシュリンプ・カクテルJumbo Shrimp Cocktail（$14.99）やフィッシュ＆チップスとフライドシュリンプの盛り合わせのForrest's Seafood Feast（$26.99）が人気の品。

カード A M V

家族連れに最適

Ｍサンタモニカ&ベニス P.66-B2
301 Santa Monica Pier, Building 9, Santa Monica
(310) 393-0458
www.bubbagump.com
毎日11:00〜23:00

シーフード　オルブライト
The Albright

ビールと一緒に軽くつまめるメニューが豊富

カウンターで注文して、自分で料理をテーブルに持っていくカジュアルな雰囲気のシーフードレストラン。定番のロブスターロール（$22.50）やダンジェネスクラブ（時価）などもあるが、ここではカラマリ（$13.50）などのフライを頼みたい。ムール貝の酒蒸しは$17.50。

カード A M V

気軽に立ち寄れる貴重な店

Ｍサンタモニカ&ベニス P.66-B2
258 Santa Monica Pier, Santa Monica
(310) 394-9683
www.thealbright.com
毎日11:30〜20:00（日11:00〜）

イタリア料理　エレファンテ
Elephante

サンタモニカで注目度No.1のレストラン

テラス席からサンタモニカ・ピアが見える、雰囲気のいいレストラン。予約なしだと1時間以上の待ちが常。サラダ（$14〜）やパスタ（$17〜）はお手頃価格がうれしい。ナスのディップ Whipped Eggplant（$15）は必食の一品だ。

カード A M V

シーブリーズが気持ちいい

Ｍサード・ストリート・プロムナード P.68-B2
1332 2nd St., Santa Monica
(424) 320-2384
www.elephantela.com
月〜木10:00〜24:00、金〜日9:00〜翌1:00（日〜24:00）

ドーナツ　サイドカードーナツ
Sidecar Doughnuts

できたてのドーナツにかぶりつきたい

食品添加物を一切使用せず、新鮮な食材を使って練り上げられたドーナツは、子供から大人まで幅広い層に人気。常時約10種類取り揃えるが、旬の食材を使ったメニューもあり、毎月バリエーションは異なる。

カード A M V

ベーコンの塩っけがいいアクセント

Ｍサンタモニカ&ベニス P.66-A1
631 Wilshire Blvd., Santa Monica
(310) 587-0022
www.sidecardoughnuts.com
毎日6:30〜18:00（金・土〜21:00）

ビーチシティズ

カリフォルニア料理 シノワ・オン・メイン
Chinois on Main

ウルフギャング・パック氏のプロデュース

　値段的には高級店の部類に入るが、外観はカジュアルなカフェのよう。テーブルでシェアする中華料理のスタイルで食べるのがこの店の基本。おすすめはシノワ・チキン・サラダ（$31）や名物ナマズの丸揚げ（$49）。

カード A M V

何人かで訪れたい店

Ⓜサンタモニカ・メインストリート P.69-B3
🏠2709 Main St., Santa Monica
☎(310)392-9025
🌐wolfgangpuck.com/dining/chinois-santa-monica
🕐水〜日17:30〜21:00（金・土〜22:00）
休月・火

カリフォルニア料理 アースカフェ
Urth Caffe

ヘルシーなオーガニックカフェ

　オーガニックにこだわり、自然な素材に徹したお店。ヘルシー志向の人々の間で絶大な人気があり、いつも超満員だ。無農薬のコーヒー豆を使ったカフェラテ（$5.25〜）は、泡がふわふわ。新鮮野菜がたっぷりのサラダやサンドイッチがいい。

カード A M V

LAを代表するカフェ

Ⓜサンタモニカ・メインストリート P.69-B2
🏠2327 Main St., Santa Monica
☎(310)314-7040
🌐www.urthcaffe.com
🕐毎日7:00〜22:00（金・土〜23:00）

アメリカ料理 レモネード
Lemonade

気楽に立ち寄れるカフェ＆レストラン

　シンプルなレモン味のレモネード（$3.75〜）が看板メニューだが、そのほかにブラッドオレンジ味など9種類ある。サンドイッチ（$12〜）もおすすめ。グリルドチキン丼やポキ丼などもある。店内の雰囲気も明るく、カジュアルで居心地もいい。

カード A M V

アボット・キニー・ブルバードの端にある

Ⓜサンタモニカ＆ベニス P.67-D2
🏠1661 Abbot Kinney Blvd., Venice
☎(310)452-6200
🌐www.lemonadela.com
🕐毎日10:00〜21:00

ウエストサイド

カリフォルニア料理 スパゴ・ビバリーヒルズ
Spago Beverly Hills

有名シェフが手がけるレストラン

　LAのベストレストランの呼び声も高く、有名人も通うカリフォルニア料理の店。オーナーは西海岸を中心に人気のレストランを展開する、有名シェフのウルフギャング・パック。ひとりの予算は約$100。要予約。

カード A D J M V

行き届いたサービスも気持ちがよい

Ⓜウエストサイド P.59-D2
🏠176 N. Canon Dr., Beverly Hills
☎(310)385-0880
🌐wolfgangpuck.com/restaurants/spago-beverly-hills
🕐毎日17:00〜22:00（金・土〜22:30）

カリフォルニア料理 ポロラウンジ
The Polo Lounge

世界中のVIPも集う老舗格

　ハリウッドスターや世界中のVIPたちにも長年愛されるレストラン。ディナーは前菜$38〜、メイン$46〜。好評のサンデイジャズブランチは11:00〜15:00。服装はジャケットなど正装が好ましい。要予約。LAで特別な日におすすめの場所だ。

カード A D J M V

味もサービスも一流だ

Ⓜウエストサイド P.59-C1
🏠9641 Sunset Blvd., Beverly Hills（ビバリーヒルズ・ホテル→P.109）
☎(310)887-2777
🌐www.dorchestercollection.com
🕐毎日7:00〜23:00

ベジタリアン料理 リアル・フード・デイリー
Real Food Daily

究極のマクロビオティック

　肉や魚、乳製品、はちみつさえも使わずに作られる料理は、ビーガン（＝ベジタリアンよりもストイックな食事法）も大満足な仕上がり。月、週替わりのメニューのほかに、バーガー類（$17〜）も揃えている。最もLAらしいレストランのひとつといえる。

カード A M V

ビーガンのイメージを覆すおいしさ

Ⓜミッドウィルシャー P.60-A1
🏠414 N. La Cienega Blvd., Los Angeles
☎(310)289-9910
🌐www.realfood.com
🕐月〜金11:00〜22:00（月〜21:00）、土・日10:00〜22:00（日〜21:00）

 メモ ヘルシーなメキシコ料理店　シーフードやステーキ肉、チキンなどのトッピングを選べるタコスは$3.50。
Tocaya Modern Mexican　ⓂP.64-A3〜A4　🏠801 S. Olive St., #B, Los Angeles　🌐www.tocaya.com

ウエストサイド

アメリカ料理 カーニーズ・レストラン
Carneys Restaurant

40年以上、ハリウッド市民に愛されている

サンセットストリップでひときわ目立つ黄色い客車がレストランとして営業している。内部は改装され、映画に出てくるアメリカンダイナーそのものの雰囲気。チリドッグ（$5.90）やハンバーガー（$4.35）などお手軽フードが味わえる。

カード A M V

ウエストハリウッドのシンボル

Ⓜサンセットストリップ P.68-A3
🏠8351 Sunset Blvd., Los Angeles
☎(1-323)654-8300
🌐www.carneytrain.com
🕐毎日11:00～23:00（金・土～24:00）

イタリア料理 イル・パスタイオ
Il Pastaio

本格的なパスタを食べたくなったらここ

まったく気取らないカジュアルな店だが、このトラットリアで出される料理は本物のイタリアンだ。パスタ（$21.95～）、リゾット（$24.75～）の種類も豊富。ロデオドライブのすぐ近くなので、ランチにもディナーにも便利。一部のパスタは手作り。

カード A J M V

ロデオドライブの買い物のあとにイタリアンを

Ⓜウエストサイド P.59-C2
🏠400 N. Canon Dr., Beverly Hills
☎(310)205-5444
🌐www.ilpastaiobeverly hills.com
🕐毎日11:30～23:00（金・土～24:00、日～22:00）

イタリア料理 アイビー
The Ivy

常時パパラッチが待機している

芸能界で働いている人がよくミーティングに使うことで有名なレストラン。サラダは$37～、ピザは$29～、パスタは$36～と値段はちょっと高めだが、セレブの雰囲気が味わえることを考えれば安いかも。映画『ボディガード』にも登場した。

カード A M V

LA滞在を優雅にしてくれる

Ⓜウエストサイド P.59-D2
🏠113 N. Robertson Blvd., Los Angeles
☎(310)274-8303
🌐theivyrestaurants.com
🕐火～日8:00～22:00
🈺月

ブラジル料理 フォゴ・デ・シャオ
Fogo de Chao

肉とサラダが食べ放題

食べ放題にもかかわらず、高級感漂うブラジリアンレストラン。メインのシュハスコ（牛や豚、鶏肉の炭火焼き）は、スタッフがそのつど切り分けてくれる。ランチ$48.50、ディナー$71.50（サラダバーのみはランチ$18、ディナー$37）。

カード A M V

ジューシーな肉を満喫できる

Ⓜミッドウィルシャー P.60-A2
🏠133 N. La Cienega Blvd., Beverly Hills
☎(310)289-7755
🌐fogodechao.com
🕐ランチ月～金11:30～14:00、ブランチ土・日11:30～14:00、ディナー月～金17:00～22:00（金～22:30）、土・日14:00～22:30（日～21:00）

ハリウッド

アメリカ料理 ムッソー&フランク・グリル
The Musso & Frank Grill

ハリウッドでいちばん古いレストラン

1919年開業とハリウッドでは老舗中の老舗。ハリウッドが華やかなりしときは、映画スターのダイニングスポットとして人気が高かった。作家のヘミングウエイやフィッツジェラルドもこの店を訪れたという。映画『ワンス・アポン・ア・タイム・イン・ハリウッド』にも登場した。

カード A M V

ヘミングウエイなどの文豪もよく訪れた

Ⓜハリウッド中部 P.66-B3
🏠6667 Hollywood Blvd., Hollywood
☎(1-323)467-7788
🌐www.mussoandfrank.com
🕐火～土17:00～23:00、日16:00～22:00
🈺月

アメリカ料理 メルズ・ドライブイン
Mel's Drive-In

まさにアメリカの食堂

オベーション・ハリウッドから歩いて約5分の所にある。1950年代のダイナー（軽食堂）の雰囲気が感じられるレストラン。4人がけのボックス席には、ビニールコーティングされたソファが並ぶなど、昔のハリウッド映画の世界観が満載だ。

カード A D J M V

懐かしい気分になる店内の装飾

Ⓜハリウッド中部 P.66-B4
🏠1660 N. Highland Ave., Hollywood
☎(1-323)465-3111
🌐www.melsdrive-in.com
🕐毎日7:00～23:00（木～土～24:00）

📝メモ メディア関係者が立ち寄る老舗　1931年にオープンした家族経営のレストラン。**カンターズデリ** Canter's Deli Ⓜ P.60-B1 🏠419 N. Fairfax Ave., Los Angeles 🕐日～木5:30～23:30、金土24時間オープン。

ハリウッド

アメリカ料理

バーニーズ・ビーナリー
Barney's Beanery

素朴なアメリカンパワーにあふれる

生ビールが45種類、世界中のボトルビールが200種類以上ある。チリ（$8.50〜）、自家製ピザ（$11〜）やハンバーガー（$13〜）、タコス（$11〜）がおすすめ。店内にはジュークボックスやビリヤード台もあって、いかにも「アメリカン」といった雰囲気。

カード A J M V

ジュークボックスやビリヤード台が並ぶ

M サンセットストリップ P.68-A4
8447 Santa Monica Blvd., West Hollywood
(1-323) 654-2287
www.barneysbeanery.com
毎日11:30〜翌1:30
（土10:30〜、日10:00〜）
※サード・ストリート・プロムナード（M P.68-B2）にもあり

アメリカ料理

ロスコーズ
Roscoe's

アメリカのもうひとつのおふくろの味

R&Bシンガーやラッパー、NBAプレイヤーなど、アフリカ系セレブに人気のソウルフードの店。名物はフライドチキンとワッフルのコンビネーション（$11.50〜）。フライドチキンはダイエットを返上してでも食べる価値ありと評判だ。

カード M V

ヘビーなソウルフードをお試しあれ

M ハリウッド中心部 P.67-D4
1514 N. Gower St., Hollywood
(1-323) 466-7453
www.roscoeschickenandwaffles.com
毎日8:30〜24:00

イタリア料理

ジョン&ビニーズ
Jon & Vinny's

オープンキッチンのカジュアルイタリアン

朝から夜までオープンしている珍しいイタリアン。小さなカウンター越しにキッチンがあり、忙しく料理を作るシェフの姿が見られる。パスタやピザなど、定番のイタリアンのメニューが豊富に揃う。小皿を頼んでワインを楽しむのもいい。朝食は甘いペストリーが中心。

カード A J M V

ボリュームたっぷりのミートボール

M ミッドウィルシャー P.60-B1
412 N. Fairfax Ave., Los Angeles
(1-323) 334-3369
www.jonandvinnys.com
毎日8:00〜22:00

カフェ&フランス料理

リパブリック
Republique

1日中、行列ができている

カフェとベーカリー、レストラン、バーをミックスさせたダイニングプレイス。朝食メニューのリコッタチーズが載ったトースト（$17）から、昼のグリルドチキン・サラダ（$21）やショートリブ・サンドイッチ（$21）まで、どれも外れなし。

カード A M V

ディナーは一品 $30〜

M ミッドウィルシャー P.61-C2
624 S. La Brea Ave., Los Angeles
(310) 362-6115
republiquela.com
カフェ：毎日8:00〜14:00、
レストラン：
火〜土17:30〜22:00
（土17:00〜）

ファストフード

イン・アンド・アウト・バーガー
In-N-Out Burger

B級グルメの傑作

「おいしいハンバーガーを教えて!!」とLAっ子に尋ねると、大多数の人が答える店。上質の肉を用いた厚みのあるパテをふんわりと焼き、たっぷりのレタスとトマトを挟む。加えてその場でスライスして揚げるポテト、これが実にうまい。ハンバーガーが$5前後とはまさにお買い得。

カード J M V

一度は食べてほしい西海岸の味

M ハリウッド中心部 P.66-A4
7009 Sunset Blvd., Hollywood
(1-800) 786-1000
www.in-n-out.com
毎日10:30〜22:00
（金・土〜翌1:30）

ファストフード

ピンクス
Pink's

スターもよく来るチリドッグショップ

LAでチリドッグといえばここPink's。名物のチリドッグ（$5.95）がスタンダードだ。そのほかにもロード・オブ・ザ・リング・ドッグ（$7.50）などユニークなメニューもある。夜中に映画スターに会えるかも。

カード A J M V

LAの名物料理がピンクスのチリドッグ

M メルローズアベニュー P.69-A1
709 N. La Brea Ave., Los Angeles
(1-323) 931-4223
www.pinkshollywood.com
毎日9:30〜24:00
（金・土〜翌2:00）

メモ　ウエストハリウッドのステーキ専門店　おしゃれして立ち寄りたい。看板メニューのリブアイステーキ（$72〜）をぜひ。**ボアステーキハウス　Boa Steakhouse**　M P.68-A4 外　9200 Sunset Blvd., West Hollywood

シーフード **ウォーターグリル**
Water Grill

いつも客足が絶えない人気店

昔からあるシーフードレストランだが、数年前にメニューも一新され、おいしさを増して変わらずの人気を集めている。前菜には生ガキやクラムチャウダー（\$15）を。グラスワインに新鮮な生ガキとくれば、それだけでもう満足だ。新鮮なシーフードが楽しめる。

カード AMV

ダウンタウンでもシーフードを楽しめる

Ⓜ ダウンタウン中心部 P.64-A3
🏠 544 S. Grand Ave.,
　 Los Angeles
☎ (1-213) 891-0900
🌐 www.watergrill.com
🕐 毎日11:30～22:00
　 （金・土～23:00)

アメリカ料理 **オリジナル・パントリー・カフェ**
The Original Pantry Cafe

地球の歩き方読者のLA ロングセラー店

1924年創業のアメリカンダイナー。卵料理を中心とした朝食、ランチやディナーにはサンドイッチ、ステーキなどがある。なかでも、ステーキの安さではLAいち。ニューヨークステーキが\$27.99と他店では考えられない。カジュアルな雰囲気で入りやすい店だ。

カード MV

ダウンタウンで食事に困ったときにいい

Ⓜ ダウンタウン中心部 P.64-A4
🏠 877 S. Figueroa St.,
　 Los Angeles
☎ (1-213) 972-9279
🌐 www.pantrycafe.com
🕐 水～日7:00～14:30
　 （土・日～16:30)
🚫 月・火

アメリカ料理 **アイホップ**
IHOP

人気の朝食スポット

オムレツやフレンチトースト、ワッフル、バターミルク・パンケーキなど朝食メニューがおすすめ。ハンバーガー（\$8～）やオムレツ（\$11.99～）、サラダ（\$5.49～）などはボリュームたっぷりで、男性でもおなかいっぱいになる。

カード AMV

ストロベリー・バナナ・パンケーキ（\$13.29)

Ⓜ ダウンタウン中心部 P.64-A3～A4
🏠 800 S. Flower St.,
　 Los Angeles
☎ (1-213) 629-1759
🌐 ihop.com
🕐 24時間オープン

アメリカ料理 **エッグスラット**
Egg Slut

連日長蛇の列の人気店

2014年のオープン以来、グランド・セントラル・マーケット（→ P.82 脚注）で常に行列ができる人気店。新鮮な卵を使用する数々のメニューは、近隣で働く会社員たちを虜にしている。看板メニューのエッグスラット（\$9）は、LA発の朝食の定番になりつつある。

カード MV

Broadway に面している

Ⓜ ダウンタウン中心部 P.64-B2
🏠 317 S. Broadway,
　 Los Angeles
　 （グランド・セントラル・
　 マーケット内）
☎ (1-213) 625-0292
🕐 毎日8:00～14:00

アメリカ料理 **フィリップ・ジ・オリジナル**
Philippe The Original

昔ながらの素朴な雰囲気を守り続ける老舗

1908年のオープン当時から続く看板メニューのFrench Dipped Sandwichは、ローストビーフやローストポークをグレイビーソースに浸したものをフランスパンで挟んだサンドイッチ（\$11.50～）。10:30までは朝食メニュー（オムレツやホットケーキ）もある。

カード AMV

セルフサービス方式でお手軽

Ⓜ ダウンタウン中心部 P.64-B1
🏠 1001 N. Alameda St.,
　 Los Angeles
☎ (1-213) 628-3781
🌐 www.philippes.com
🕐 毎日6:00～22:00

ブリュワリー **エンゼルシティ・ブリュワリー**
Angel City Brewery

気楽に地ビールを味わおう

1997年に創業されたマイクロブリュワリーで、2013年にアーツディストリクトに移転してきた。小規模ながらも、1年をとおしてIPA、ピルスナー、エールなど約20種類のビールを提供する。夜の移動はライドシェア・サービスを利用するように。

カード AMV

SNS スポットとしてもにぎわう

Ⓜ ダウンタウン中心部 P.64-B3外
🏠 216 Alameda St.,
　 Los Angeles
☎ (1-213) 537-5550
🌐 angelcitybrewery.com
🕐 月～金16:00～23:00
　 （金～翌2:00)
　 土・日12:00～翌2:00
　 （日～23:00)

ダウンタウン

韓国料理　スー・ブル・ジープ
Soot Bull Jeep

おいしいコリアンバーベキュー

ロスアンゼルス誌でベスト韓国料理店に2度輝いた実績をもつ、炭火焼きバーベキューの店。アメリカでもガスを利用するレストランが多いなかで、この店のこだわりは松の炭を使用すること。肉はどれも良心的な値段。週末は長蛇の列を覚悟して出かけよう。

カード J M V

「ザガット・サーベイ」にも紹介された

M ロスアンゼルス P.55-D2
3136 W. 8th St.,
Los Angeles
(1-213) 387-3865
毎日11:00～21:30

韓国料理　ホドリ
Hodori

アツアツのスンドゥブが絶品

おすすめは、石焼きの器に入ったスンドゥブだ。辛いスープの中にアツアツの豆腐と卵が絶妙にマッチする。ご飯を食べたあとはコーン茶でほぐしてお茶漬け風に。石焼きビビンバやユッケジャンなどの定食もある。$25 あればおなかも満足。

カード M V

やみつきになる辛さのスンドゥブ（$18）

M ロスアンゼルス P.55-D2
1001 S. Vermont Ave.,
Los Angeles
(1-213) 383-3554
24時間　年中無休

中国料理　ゴールデンドラゴン・シーフード・レストラン
Golden Dragon Seafood Restaurant

チャイナタウンで飲茶を食べるなら

チャイナタウンに数あるレストランのなかで、地元の中国人が飲茶といえばこことおすすめする。平日は1品 $4.60 ～とLAでは比較的お手頃価格。週末はセットメニューになる。小籠包やシュウマイ、春巻など、ふたりで $40 もあれば満腹になる。

カード A M V

朝から飲茶を味わえる

M ダウンタウン中心部 P.64-B1外
960 N. Broadway,
Los Angeles
(1-213) 626-2039
www.goldendragonla.com
毎日8:00～22:00

フレンチカフェ　ピチョンベーカリー
Pitchoun Bakery

パリのおしゃれ感がにじみ出ている

フランス南部でベーカリー＆農園を営む家族のもとで育ったオーナーが手がけるカフェ。バターがふんだんに使われているクロワッサンは、さくさくとした食感がたまらない。デニッシュやバゲットのほか、タルトやケーキなどもある。

カード A M V

クロックムッシュ（$14.95）

M ダウンタウン中心部 P.64-A3
545 S. Olive St.,
Los Angeles
(1-213) 689-3240
pitchounbakery.com
毎日8:00～15:00

ファストフード　チックフィレイ
Chick-fil-A

全米に3000店舗以上展開するチェーン店

ジューシーでふっくらしたチキンが特長のサンドイッチ Chick-fil-A Chicken は、フライドチキンとピクルスを挟んだシンプルなもの。ソースはかかっていないので、バーベキュー、バッファロー、チックフィレイ（ハニーマスタード風味）などから、ソースを選ぼう。

カード A M V

全米の高校生に人気

M ダウンタウン中心部 P.64-A3
660 S. Figueroa St.,
Suite #100,
Los Angeles
(1-213) 624-2000
www.chick-fil-a.com
月～土6:00～22:00
日

パサデナ

アメリカ料理　マーストンズ
Marston's

地元民が愛する朝食の名店

30年以上の歴史があり、アメリカを代表するグルメ雑誌にもたびたび取り上げられた。フレンチトースト、オムレツ、パンケーキなど定番朝食メニューは $9.25 ～20.50 で、どれもおいしい。メトロレイルの駅からも近いので、朝食を食べにわざわざ足を運ぶ価値がある。

カード A M V

昔から変わらないたたずまい

M パサデナ P.65-A3
151 E. Walnut St.,
Pasadena
(626) 796-2459
marstonspasadena.net
毎日7:00～14:30
（土・日8:00～）

ロスアンゼルスのホテル
Los Angeles

ビーチシティズのホテルの料金は少し高めだが、LA の雰囲気を満喫するにはおすすめ。レンタカーがあれば中心地から離れて比較的手頃なホテルが見つけられる。ウエストサイドは世界に名だたる高級住宅地だけあって、豪華でエレガントなホテルが多い。サンセットストリップ周辺は高級ホテル、ハリウッドの中心地から外れると、エコノミーホテルが多く見られる。ダウンタウンにはエコノミーから高級までランクもさまざまなホテルがある。あちこち回る人はハリウッドかダウンタウンに宿を取りたい。

ビーチシティズ

最高級	**フェアモント・ミラマー・ホテル & バンガローズ** **Fairmont Miramar Hotel & Bungalows**

AAA で 4 ダイヤモンドを獲得している

1921 年にオープンした老舗ホテル。バンガロー、スイートルーム、ゲストルームの 3 タイプあり、ハリウッドセレブも立ち寄るというバー＆コテージの「The Bungalow」のほか、カフェやスパ施設、ヘアサロン、プールなどが備わっている。

Wi-Fi無料　297室　カードADJMV

Ⓜ サンタモニカ＆ベニス P.66-A2
🏠 101 Wilshire Blvd.,
Santa Monica, CA 90401
☎ (310) 576-7777
📠 (310) 458-7912
🌐 www.fairmont.com
🛏 ⑤ⒹⓉ$449～764、⑤ⓤ$782～
2595、バンガロー$935～4499

最高級	**シャターズ・オン・ザ・ビーチ** **Shutters on the Beach**

セレブや有名人も利用するホテル

目の前にサンタモニカビーチが広がる最高級ホテル。ホワイトハウスのインテリアデザインを手がけたマイケル・スミスが内装を担当しただけあり、落ち着いた雰囲気ながらおしゃれさも感じさせる造りだ。併設するカフェやレストラン、スパも人気。

Wi-Fi無料　198室　カードADMV

Ⓜ サンタモニカ＆ベニス P.66-B2
🏠 1 Pico Blvd.,
Santa Monica, CA 90405
☎ (310) 458-0030
📠 (310) 458-4589
🌐 www.shuttersonthebeach.com
🛏 ⑤ⒹⓉ$745～1500、
⑤ⓤ$1900～5500

最高級	**ヴァイセロイ・サンタモニカ** **Viceroy Santa Monica**

都会的なのに、くつろげる

人気デザイナーが手がけたラグジュアリーなインテリアが特徴で、リゾートの非日常感を味わうことができる。滞在はぜひオーシャンビューの客室へ。バルコニーから太平洋を見渡せば、気分爽快でリフレッシュできる。サンタモニカ・ダウンタウンへは徒歩約 10 分。

Wi-Fi無料　162室　カードADJMV

Ⓜ サンタモニカ＆ベニス P.66-B2
🏠 1819 Ocean Ave.,
Santa Monica, CA 90401
☎ (310) 260-7500
🌐 www.viceroyhotelsandresorts.
com/en/santamonica
🛏 ⑤ⒹⓉ$295～819、
⑤ⓤ821～2250

高級	**パリハウス・サンタモニカ** **Palihouse Santa Monica**

暮らすように滞在する

サード・ストリート・プロムナードから、2 ブロックのロケーション。アンティーク風の建物で、緑が美しい中庭が自慢。リネンにも気を配り、キッチン付きの部屋もある。アパートメントだが 1 泊から滞在可。

Wi-Fi無料　38室　カードAMV

Ⓜ サンタモニカ＆ベニス P.66-A2
🏠 1001 3rd St.,
Santa Monica, CA 90403
☎ (310) 394-1279
🌐 www.palisociety.com/
hotels/santa-monica
🛏 ⑤ⒹⓉ$325～715、
⑤ⓤ$1275～

☐ コーヒーメーカー　☐ ミニバー／冷蔵庫　☐ バスタブ　☐ ヘアドライヤー　BOX 室内金庫　☐ ルームサービス　☐ レストラン
☐ フィットネスセンター／プール　☐ コンシェルジュ　J 日本語を話すスタッフ　☐ ランドリー　☐ ワイヤレスインターネット　P 駐車場　☐ 車椅子対応の部屋

ビーチシティズ

高級 ジョージアンホテル
The Georgian Hotel

アールデコのかわいらしい外観

オーシャンアベニューを隔てた向こうはビーチ。サード・ストリート・プロムナードへも徒歩2分と、至極便利なロケーション。サンタモニカらしい青色が印象的な建物で、客室もきれい。オープンエアのレストランは、ぼーっとするには最適な所。

WiFi無料　84室　カード ADJMV

M サンタモニカ&ベニス P.66-B2

住 1415 Ocean Ave.,
Santa Monica, CA 90401
電 (310) 395-9945
URL www.georgianhotel.com
料 ⑤⑩⑪$555～1175、
⑤u$825～3000

高級 ヒルトン・サンタモニカ・ホテル & スイーツ
Hilton Santa Monica Hotel & Suites

フリーウエイ I-10 の出入口からすぐ

メトロレイル・Eラインの Downtown Santa Monica 駅から歩いて5分ほどの立地。吹き抜けになっているロビーは広くて開放感のある空間が広がる。白とベージュを基調とした客室は落ち着いた雰囲気を醸し出し、ゆったりとくつろげるだろう。　WiFi無料　286室　カード ADJMV

M サンタモニカ&ベニス P.66-B2

住 1707 4th St.,
Santa Monica, CA 90401
電 (310) 395-3332
URL www.hilton.com
料 ⑤⑩⑪$278～584、
⑤u$296～658

中級 オーシャン・ビュー・ホテル
Ocean View Hotel

部屋からの眺めは最高

ビーチ、サンタモニカ・プレイスなどいずれにも歩いて行ける抜群のロケーション。白色を基調とした客室はシンプルにまとめられていて落ち着ける。西側のバルコニーからは、サンタモニカの海を眺めることができる。

WiFi無料　67室　カード ADJMV

M サンタモニカ&ベニス P.66-B2

住 1447 Ocean Ave.,
Santa Monica, CA 90401
電 (310) 458-4888
Fax (1-800) 452-4888
URL www.oceanviewsanta
monica.com
料 ⑤⑩⑪$259～559

中級 シー・ブルー・ホテル
Sea Blue Hotel

ビーチまで徒歩2分のロケーション

サード・ストリート・プロムナードまで歩いて5分という立地のわりにはお手頃価格がうれしい。室内には冷蔵庫や室内金庫などがあり便利だ。ただし、クーラーのない部屋もある。夏期は満室になることが多々あるので早めに予約すること。

WiFi無料　27室　カード AMV

M サンタモニカ&ベニス P.66-B2

住 1670 Ocean Ave.,
Santa Monica, CA 90401
電 (310) 393-2363
Fax (310) 393-1063
URL www.seabluehotel.com
料 ⑤⑩⑪$190～394、
⑤u$219～429

中級 ベイサイドホテル
Bayside Hotel

オーシャンビューの部屋もある

サンタモニカの海岸に沿って走る Ocean Ave. に面した最高のロケーション。キッチン付きのオーシャンビューの部屋もあるので予約時に確認しよう。1ブロック北にあるメインストリート沿いには、カフェやレストランもある。サンタモニカ中心部まで徒歩20分。

WiFi無料　45室　カード ADJMV

M サンタモニカ・メインストリート P.69-B1

住 2001 Ocean Ave.,
Santa Monica, CA 90405
電 (310) 396-6000
Fax (310) 396-1000
URL www.baysidehotel.com
料 ⑤⑩⑪$210～510

中級 ホステリング・インターナショナル・ロスアンゼルス・サンタモニカ
Hostelling International Los Angeles Santa Monica

ビーチに近い清潔なユース

サード・ストリート・プロムナードやビーチなどへ徒歩圏内。オフィスは24時間オープンしている。ドミトリー形式のため、部屋はもちろん、バス、トイレ、キッチンなどは共同での使用。ロッカー、コインランドリー、PC作業用スペースもある。

WiFi無料　213ベッド　カード ADJMV

M サンタモニカ&ベニス P.66-B2

住 1436 2nd St.,
Santa Monica, CA 90401
電 (310) 393-9913
Fax (310) 393-1769
URL www.hiusa.org
料 ドミトリー$45～73、
個室$122～241

コーヒーメーカー　ミニバー/冷蔵庫　バスタブ　ヘアドライヤー　BOX 室内金庫　ルームサービス　レストラン
フィットネスセンター/プール　コンシェルジュ　J 日本語を話すスタッフ　ランドリー　ワイヤレスインターネット　P 駐車場　車椅子対応の部屋

最高級 ウォルドーフ・アストリア・ビバリーヒルズ
Waldorf Astoria Beverly Hills

ビバリーヒルズの中心に2017年オープン

有名インテリアデザイナーのピエール・イヴ・ロションが担当した室内は、落ち着いた雰囲気を醸し出す。世界の一流ビジネスマンが宿泊したいホテルのひとつとして挙げている。ロデオドライブまで徒歩約10分。

WiFi 無料　170室　カード A D J M V

Ⓜ ウエストサイド P.59-C2
住 9850 Wilshire Blvd.,
Beverly Hills, CA 90210
☎ (310) 860-6666
Ⓕ (310) 860-6777
URL www.waldorfastoriabeverlyhills.com
料 ⑤ⒹⓉ$889〜1325、
ⓈⓊ$1728〜5500

最高級 ビバリーウィルシャー・ア・フォーシーズンズ
Beverly Wilshire, A Four Seasons

ビジネスマンに人気の格式高いホテル

映画『プリティ・ウーマン』にも出てきた最高級ホテル。もし『プリティ・ウーマン』の世界に浸りたいなら、Wilshire Wing側に泊まろう。Beverly Wing側のベージュで統一されたインテリアは、ロマンティックではない。

WiFi 無料　395室　カード A D J M V

Ⓜ ロデオドライブ P.68-A2
住 9500 Wilshire Blvd.,
Beverly Hills, CA 90212
☎ (310) 275-5200
Ⓕ (310) 274-2851
URL www.fourseasons.com/
beverlywilshire
料 ⑤ⒹⓉ$634〜1195、
ⓈⓊ$1095〜

高級 ビバリーヒルズ・ホテル
The Beverly Hills Hotel

イーグルスのアルバムジャケットにもなった

広い芝生と花壇で囲まれた、ピンクの壁のこの建物は、おとぎ話のお城のようだ。有名なレストラン「The Polo Lounge (→ P.102)」をはじめ、高級ブティックも入っている。8:00〜19:00の間、最大2時間までの自転車の無料貸し出しあり。

WiFi 無料　208室　カード A D J M V

Ⓜ ウエストサイド P.59-C1
住 9641 Sunset Blvd.,
Beverly Hills, CA 90210
☎ (310) 276-2251
URL www.dorchestercollection.
com
料 ⑤ⒹⓉ$995〜1895、
ⓈⓊ$1297〜8200

高級 ビバリ・ヒルトン
The Beverly Hilton

憧れのビバリー・ヒルトン

ビバリーヒルズ最大かつ、数あるヒルトンホテルのなかでもランクが高いホテルのひとつ。1961年からゴールデン・グローブ賞の授賞式会場となっており、その設備には定評がある。ロデオドライブまで徒歩圏内。

WiFi $14.95　569室　カード A D J M V

Ⓜ ウエストサイド P.59-C2
住 9876 Wilshire Blvd.,
Beverly Hills, CA 90210
☎ (310) 274-7777
Ⓕ (310) 285-1313
URL www.hilton.com
料 ⑤ⒹⓉ$389〜980、
ⓈⓊ$469〜4000

中級 コートヤード・ロスアンゼルス・センチュリーシティ／ビバリーヒルズ
Courtyard Los Angeles Century City/Beverly Hills

ウエストウッドとビバリーヒルズの中間にある

センチュリーシティの住宅街にあるチェーン系ホテル。目の前にスーパーマーケットがあるため、巨大ショッピングモールのウエストフィールド・センチュリーシティ (→ P.74) まで徒歩10分の距離と、使い勝手がいい。

WiFi 無料　136室　カード A D J M V

Ⓜ ウエストサイド P.59-C3
住 10320 W. Olympic Blvd.,
Los Angeles, CA 90064
☎ (310) 556-2777
Ⓕ (310) 203-0563
URL www.marriott.com
料 ⑤ⒹⓉ$234〜409、
ⓈⓊ$299〜419

高級 ハリウッド・ルーズベルト・ホテル
The Hollywood Roosevelt Hotel

第1回アカデミー賞授賞式が行われた

ハリウッドのランドマーク、TCLチャイニーズシアターのほぼ向かいにある歴史的なホテル。1927年のオープン以来オーナーは何度か交代しているが、ホテルとしての営業は変わらず続いている。

WiFi 無料　300室　カード A D J M V

Ⓜ ハリウッド中心部 P.66-A3〜A4
住 7000 Hollywood Blvd.,
Hollywood, CA 90028
☎ (1-323) 856-1970
URL www.thehollywood
roosevelt.com
料 ⑤ⒹⓉ$254〜390、
ⓈⓊ$339〜883

ハリウッド

高級　ロウズ・ハリウッド・ホテル
Loews Hollywood Hotel

ハリウッドエリアのど真ん中

　ハリウッド観光の中心地ながら、客室に広い机などビジネス対応も充実。ホテルとオベーション・ハリウッドがつながっている。一部の客室からは、ハリウッドサインも見ることができる。ホテル内のレストランも好評だ。

📶無料　628室　カード A D J M V

Ⓜハリウッド中心部 P.66-B3
🏠1755 N. Highland Ave.,
　Hollywood, CA 90028
☎(1-323) 856-1200
🌐www.loewshotels.com
💲ⓈⒹⓉ$269〜689、
　Ⓢⓤ$395〜929

高級　ベストウエスタン・プラス・サンセット・プラザ・ホテル
Best Western Plus Sunset Plaza Hotel

ナイトスポットも楽しめる好ロケーション

　隠れ家リゾートのような雰囲気が漂う。客室に電子レンジがあるほか、無料の朝食が付く。プールとサンデッキチェアの並ぶ中庭はラグジュリアスで宿泊客にも好評。ホテル前からハリウッドまでメトロバス#2で約15分。

📶無料　100室　カード A D J M V

Ⓜサンセットストリップ P.68-A3
🏠8400 Sunset Blvd.,
　West Hollywood, CA 90069
☎(1-323) 654-0750
🌐www.bestwestern.com
💲ⓈⒹⓉ$229〜397、
　Ⓢⓤ$359〜589

中級　クオリティイン・ニア・ハリウッド・ウオーク・オブ・フェイム
Quality Inn Near Hollywood Walk of Fame

ハリウッド中心部にあるチェーン系ホテル

　メトロレイル・Bラインの Hollywood/Highland 駅から観光客でにぎわう大通りを歩いて10分ほど。Burger King や Wendy's などのファストフード店が集まるエリアにある。ハリウッド観光の拠点としておすすめ。無料の朝食付き。

📶無料　52室　カード A D J M V

Ⓜハリウッド中心部 P.66-A4
🏠1520 N. La Brea Ave.,
　Los Angeles, CA 90028
☎(1-323) 203-0767
📠(1-323) 463-8115
🌐www.choicehotels.com
💲ⓈⒹⓉ$144〜294、
　Ⓢⓤ$174〜384

中級　ハリウッド・ブイアイピー・ホテル
Hollywood VIP Hotel

TCL チャイニーズシアターもすぐ

　オベーション・ハリウッドのすぐ裏側にあるので食事や買い物、観光に便利なホテル。冷蔵庫や電子レンジが客室にあるほか、ビジネスセンターもある。小さなホテルなのでオーナーやスタッフがとても親切。無料の朝食付き。

📶無料　22室　カード A D J M V

Ⓜハリウッド中心部 P.66-B3
🏠1770 Orchid Ave.,
　Hollywood, CA 90028
☎(1-323) 962-1788
🌐www.hollywoodvip
hotel.com
💲ⓈⒹⓉ$109〜349

エコノミー　ハリウッド・ゲスト・イン
Hollywood Guest Inn

スタンダードなモーテル

　メトロレイルの駅やメトロバスのバス停が近くにあるので、公共交通機関を使って観光する人にも便利。周辺にはファストフード店やコンビニエンスストアもある。サンセットブルバード沿いにあるので、夜は車の走行音が気になるかも。

📶無料　29室　カード A M V

Ⓜハリウッド中心部 P.66-B4
🏠6700 Sunset Blvd.,
　Hollywood, CA 90028
☎(1-323) 467-6137
📠(1-866) 397-3027
🌐www.budgethotelhollywood.net
💲ⓈⒹⓉ$99〜259

エコノミー　バナナ・バンガロー・ハリウッド
Banana Bungalow Hollywood

おしゃれなホステル

　トイレやバス・シャワー、キッチンが共同のホステル。ドミトリーは男女混合のこともあるので要確認。宿泊客用に無料で使用できるコンピューターがある。ツアーやイベントもほぼ毎日開催しているので、スタッフに聞いてみよう。無料の朝食付き。

📶無料　68ベッド　カード A M V

Ⓜハリウッド P.62-B3
🏠5920 Hollywood Blvd.,
　Hollywood, CA 90028
☎(1-323) 469-2500
📠(1-844) 469-2500
🌐www.bananabungalows.com
💲ドミトリー$40〜56、
　個室$92〜181

☕コーヒーメーカー　🧊ミニバー/冷蔵庫　🛁バスタブ　🧴ヘアドライヤー　BOX室内金庫　🍽ルームサービス　🍴レストラン
💪フィットネスセンター/プール　🛎コンシェルジュ　🇯🇵日本語を話すスタッフ　🧺ランドリー　📶ワイヤレスインターネット　P駐車場　♿車椅子対応の部屋

ミレニアム・ビルトモア・ホテル
Millennium Biltmore Hotel
高級

由緒あるクラシックホテル
ダウンタウンの中心パーシングスクエアの横に位置する。メトロレイルの Pershing Square 駅もすぐ。LAを代表する歴史的なホテルで、アカデミー賞受賞式典も8回開かれている。ホテル内にはレストランやバーもあり。
WiFi無料　683室　カード A D J M V

Mダウンタウン中心部 P.64-A3
506 S. Grand Ave.,
Los Angeles, CA 90071
(1-213) 624-1011
www.millenniumhotels.com
SDT$169〜369、
SU$379〜899

ヒルトン・チェッカーズ・ロスアンゼルス
Hilton Checkers Los Angeles
中級

ダウンタウンの中心地にある
プライベートな空間を重点におき、1フロアに16室という贅沢なレイアウト。室内はアンティークとモダンが共存する、上品で落ち着いたインテリア。バスルームには大理石が施されている。スパ完備、セキュリティシステムも万全だ。
WiFi$9.95　193室　カード A D J M V

Mダウンタウン中心部 P.64-A3
535 S. Grand Ave.,
Los Angeles, CA 90071
(1-213) 624-0000
(1-213) 626-9906
www.hilton.com
SDT$175〜428、
SU$359〜505

都ホテル・ロスアンゼルス
Miyako Hotel Los Angeles
中級

日本語が通じるので安心
リトルトーキョーの中心に位置し、都ホテルブランドならではの「和」のおもてなしを提供する日系のホテル。日本語の話せるスタッフがいるので、滞在中に何か困ったときには、日本語で相談できるので安心だ。全客室にはバスタブ、温水洗浄機付きトイレ、ハンドシャワーを完備。客室では日本の番組が観られる。ロビーには24時間警備員が常駐。メトロレイル駅まで徒歩1分。
WiFi無料　174室　カード A D J M V

Mダウンタウン中心部 P.64-B2
328 E. 1st St.,
Los Angeles, CA 90012
(1-213) 617-2000
(1-844) 912-0116
(1-213) 617-2700
www.miyakola.com
SDT$174〜449

カワダホテル
Kawada Hotel
中級

ダウンタウンの中心にある宿
メトロレイルのCivic Center／Grand Park駅、Historic Broadway駅から徒歩2分。Hill St.と2nd St.の角にある。セキュリティも安心。WiFi無料　116室　カード A D J M V

M ダウンタウン中心部 P.64-A2〜B2
200 S. Hill St., Los Angeles, CA 90012
(1-213) 621-4455　(1-213) 621-4455
www.kawadahotel.com　SDT$159〜279

スーパー8・ロスアンゼルス・ダウンタウン
Super 8 Los Angeles Downtown
エコノミー

ドジャースタジアム至近！
ドジャースのナイターを試合終了まで観戦し、歩いて帰ってこられる、MLB好きにおすすめのホテル。目の前にメトロバスが停まるので、サンタモニカやビバリーヒルズなどへ乗り換えなしで行くことができる。無料の朝食付き。
WiFi無料　32室　カード A D J M V

Mロスアンゼルス P.55-D1
1341 Sunset Blvd., Los Angeles, CA 90026
(1-213) 250-2233
www.wyndhamhotels.com
SDT$135〜329

ヒルトン・パサデナ
Hilton Pasadena
中級

オールドパサデナも近い
スタイリッシュなインテリアが好評のホテル。ホテル内にはレストラン、バー、フィットネスセンター、会議室まで揃っていて、観光からビジネスまでカバーできる施設が整う。オールドパサデナまでも歩いて行ける距離でロケーションもよい。
WiFi$9.95　296室　カード A D J M V

Mパサデナ P.65-A3
168 S. Los Robles Ave.,
Pasadena, CA 91101
(626) 514-3148
www.hilton.com
SDT$166〜494、
SU$279〜805

サンタバーバラ
ロスアンゼルス・ダウンタウン
サンタモニカ
ロスアンゼルス国際空港(LAX)

サンタバーバラ
Santa Barbara

カリフォルニア有数のビーチリゾート

西海岸最大の都市 LA から車で北西へ150km、サンタイネス山脈と太平洋に囲まれたサンタバーバラは、白壁にオレンジ屋根の瀟洒な南スペイン風の家々が立ち並ぶ、開放的でリラックスできる町だ。ダウンタウンでは、ショッピングを楽しむことができ、夜は満天の星空を観察することができる。

観光ポイントを見て回るだけなら LA からの日帰りも可能だが、サンタバーバラを満喫したいなら最低でも 1 泊はしてほしい。

LA からのアクセス
●グレイハウンド・バスディーポ
MP.113-B3
住224 Chapala St.,
Free(1-800)231-2222
料LA から $17 ～。1日 6便。所要 2時間 30分。
●サンタバーバラ・エアバス
LAXとサンタバーバラ・ダウンタウンの北西にあるLa Cumbre Plaza（住3845 State St.）を結ぶバス。1日8便。所要約2時間30分。
MP.113-A2外
☎(805)964-7759
URLwww.sbairbus.com
料大人 $65
●アムトラック・サンタバーバラ駅
MP.113-B3 住209 State St.
Free(1-800)872-7245
料LAから $20～。1日8便。所要2時間45分。

サンタバーバラ市内交通
● MTD バス
☎(805)963-3366
URLwww.sbmtd.gov
料$1.75、トランスファーは1時間以内1回のみ有効
●サンタバーバラ・トロリー
スターンズワーフやオールド・ミッションから乗車できる。
☎(805)965-0353
URLsbtrolley.com
運行：毎日10:00、12:00、14:00、夏期以外は木～日曜のみ
料大人 $28～30、子供 $10～12
●ダウンタウン・ウォーターフロントシャトル
住料MTDバスと同じ
ダウンタウンシャトル（アーリントン劇場からスターンズワーフ）とウォーターフロントシャトル（サンタバーバラ動物園からカブリヨブルバード経由でサンタバーバラ・ハーバー）がある。
運行：毎日10:00～18:00（10～30分おき）、金・土（夏期）18:00～21:00（15分おき）
料50¢

サンタバーバラの歩き方

サンタバーバラの観光ポイントやショップ、レストランは、ダウンタウンの中心を貫く**ステートストリート State St.**周辺に集まっている。ダウンタウン自体がそれほど広くないので、徒歩で十分見て回ることができる。レンタカーで訪れた人は、ステートストリート沿いやウォーターフロントの駐車場に車を停めて、町を歩くことをすすめる。

ビーチとダウンタウン間は、ゆっくり歩いても25分ほどの距離。ウォーターフロントには**スターンズワーフ Stearns Wharf**や**サンタバーバラ・ハーバー Santa Barbara Harbor**など海辺の町らしい風景が広がっている。海岸に沿って走る**カブリヨブルバード Cabrillo Blvd.**は、パームツリーが立ち並ぶ明るい雰囲気の通り。バイク＆スケート専用レーンがあるので、レンタサイクルで散策するのもいい。

ダウンタウン中心部からは少し離れた所にある**オールド・ミッション・サンタバーバラ The Old Mission Santa Barbara**へは、MTDバス（→下記）で簡単に行くことができる。

サンタバーバラのおもな交通

おもな見どころがダウンタウンに集中しているため、市バスに乗る機会は少ないが、**MTDバス**が市内近郊の路線を網羅する。

日帰りの滞在なら、スターンズワーフやサンタバーバラ動物園、オールド・ミッション・サンタバーバラ、サンタバーバラ自然史博物館などのおもな観光ポイントを1周90分で案内してくれる**サンタバーバラ・トロリーSanta Barbara Trolley**がおすすめ。また、ステートストリート周辺とウォーターフロントのルートをもつ**ダウンタウン・ウォーターフロントシャトルDowntown Waterfront Shuttle**も運行されている。

メモ　ダウンタウン・ウォーターフロントシャトル　ルート間で乗り換えをするなら乗車時運転手に、"トランスファー・プリーズ"と言って、トランスファーチケットをもらうことを忘れずに！

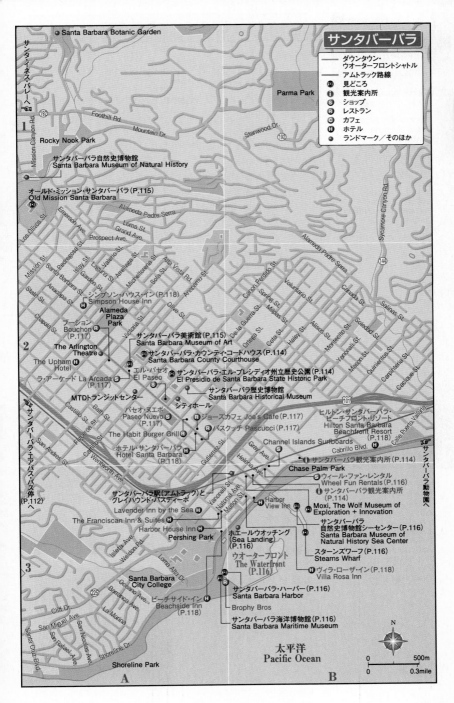

サンタバーバラのおもな見どころ

サンタバーバラを一望する　　　　　　サンタバーバラ 🅜P.113-A2
サンタバーバラ・カウンティ・コートハウス
Santa Barbara County Courthouse　　☀☀

　白い時計台が目印のこの建物は、1929年の完成以来、今でも現役の郡裁判所として使用されている。内部は自由に見学できるが、法廷で裁判が行われている場合もあるので、静かに見学しよう。ボランティアガイドによる無料のガイドツアー（所要約1時間）も行われている。

　ダウンタウンでいちばん高い時計台からは、太平洋とサン・ラファエル山地をバックに、サンタバーバラの町並みが一望できる。1925年の地震で被害を受けたサンタバーバラ市は、町の建物をスペインのアンダルシア風に統一する計画を立て、建築物の高さ、屋根や壁の色などに対する規制を設けた。その結果、統一感のある、自然と調和した美しい町を造ることに成功し、全米有数の観光地サンタバーバラが生まれたのだ。

サンタバーバラを代表する建物

スパニッシュコロニアル文化の発祥地　　サンタバーバラ 🅜P.113-A2
サンタバーバラ・エル・プレシディオ州立歴史公園
El Presidio de Santa Barbara State Historic Park　　☀☀☀

　1782年、先住民との争いに対して、スペイン軍が築いた要塞。サンタバーバラで最も古く、カリフォルニア州でも2番目に古い建物だ。当時のカリフォルニアには4つの要塞があり、1846年までここを本部としていた。また、スパニッシュコロニアル文化の中心にもなった。1925年の地震や都市開発のために、El Cuartel以外のほとんどの建物は倒壊。その後、Presidio Chapelが1985年に再建され、2001年にはChapel Bell Towerも増築された。現存のPadres' QuartersとPresidio Chapelは、再建の際に手作りの日干しれんがが使用されたという。

真っ白な日干しれんがの壁（上）
太陽が差し込み、明るい雰囲気の教会内部（下）

ガーデンストリートの観光案内所

サンタバーバラ観光案内所
Santa Barbara Visitor Center
🔳santabarbaraca.com
State Street Visitor Center
🅜P.113-B3
🏠120 State St.
☎(805)869-2632
🕐毎日11:00〜17:00
Garden Street Visitor Center
🅜P.113-B2
🏠1 Garden St.
☎(805)965-3021
🕐土・日10:00〜15:00。夏期は毎日オープン

サンタバーバラ・カウンティ・コートハウス
🏠1100 Anacapa St.
☎(805)962-6464
🔳www.sbcourts.org
🕐毎日8:00〜17:00（土・日10:00〜）
🚫おもな祝日
🎫無料
ツアー：月〜金10:30、14:00、土・日14:00出発

時計台からの眺め

サンタバーバラ・エル・プレシディオ州立歴史公園
🏠123 E. Canon Perdido St.
☎(805)965-0093
🔳www.sbthp.org/presidio
🔳www.parks.ca.gov
🕐毎日10:30〜16:30
🚫おもな祝日
🎫大人$5、シニア（62歳以上）$4、16歳以下無料

エキゾチックな歴史建造物　　　サンタバーバラ　ⅯP.113-A1

オールド・ミッション・サンタバーバラ
Old Mission Santa Barbara　　　★★★

　その美しい建築様式から、"Queen of the Mission"と呼ばれる。1786年12月4日、聖バーバラの祭礼の日、サンタバーバラ周辺に住んでいたチュマシュ族をキリスト教に改宗させる目的で、スペイン人宣教師により創立され、その後、地震による崩壊などを経て、1820年に現在の姿になった。内部は伝道所の歴史をたどる博物館になっていて、宣教時代に使用された衣服や道具などが展示されている。

　毎年8月第1週の週末には**フィエスタ Fiesta**と呼ばれる祭りが行われる。本来は入植者たちが行う収穫後のささやかなパーティだったが、1924年からThe Old Spanish Days Fiestaとして、伝統を残すべく、町を挙げて行われることになった。まばゆい衣装に着飾ったダンサーがラテン音楽に乗ってパレードする姿は圧巻だ。

敬虔な信者が多いオールド・ミッション・サンタバーバラ

オールド・ミッション・サンタバーバラ
🏠2201 Laguna St.
☎(805)682-4149
🌐www.santabarbaramission.org
🕐毎日9:30～17:00
🚫おもな祝日
💰大人＄15、シニア（65歳以上）＄13、学生（5～17歳）＄10、4歳以下無料
🚌ダウンタウンからMTDバス#6でState St. & Pueblo St.で下車。Los Olivos St.を東へ徒歩約15分。

フィエスタ
🌐www.sbfiesta.org

リゾート地でアートに親しむ　　　サンタバーバラ　ⅯP.113-A2

サンタバーバラ美術館
Santa Barbara Museum of Art　　　★★

　ダウンタウンの北西、サンタバーバラ・カウンティ・コートハウスの西隣にある美術館。マチスやモネのフランス印象派からロダンの彫刻、中国、日本、インド、チベットなどの仏教美術、19～20世紀のイギリスとフランス美術、アメリカ美術、現代美術、写真など、そのコレクションは多岐にわたる。State St.に面した入口を入り、吹き抜けの天窓から太陽が降り注ぐなか、いくつものブロンズ像が出迎えてくれる。

　かつては郵便局だった建物も一見の価値がある。ふらりと立ち寄ってみるには、ちょうどいい広さの美術館だ。1階の右側にはミュージアムショップがある。事前にウェブサイトから時間指定のチケットを購入したほうがいい。春～秋には毎週クラシックコンサートやバレエの公演が行われている。

サンタバーバラ美術館
🏠1130 State St.
☎(805)963-4364
🌐www.sbma.net
🕐火～日11:00～17:00（木～20:00）
🚫月、おもな祝日
💰大人＄10、シニア（65歳以上）・学生（6～17歳）＄6。5歳以下無料。木曜17:00～20:00は無料

アーティスティックな像に迎えられる

State St. 沿いのレストランやカフェにはテラス席がある

スターンズワーフ
MP.113-B3

サンタバーバラ自然史博物館シーセンター
MP.113-B3
211 Steams Wharf
(805)962-2526
www.sbnature.org
水〜月10:00〜17:00
火・祝日、6月最終土曜
大人$15、シニア（65歳以上）・学生（13〜17歳）$13、子供（2〜12歳）$11

サンタバーバラ海洋博物館
MP.113-A3
113 Harbor Way
(805)962-8404
www.sbmm.org
毎日10:00〜17:00
おもな祝日
大人$10、シニア（65歳以上）$7、学生（6〜17歳）$5、子供（5歳以下）無料

ホエールウオッチング
Condor Express
MP.113-B3(Sea Landing)
301 W. Cabrillo Blvd.
(805)882-0088
www.condorexpress.com
春期は約2時間30分のツアーが1日3便（9:00、12:00、15:00発）、夏〜冬期は約4時間30分のツアーが1日1便（10:00発）
春期：大人$70、子供$50、夏〜冬期：大人$125、子供$75

ウオータータクシー
(805)465-6676
liltootsb.com/public-cruises
土・日曜12:00〜16:00。夏期は毎日
片道大人$10、子供$5

やっぱり海を楽しまないと！　　　サンタバーバラ　MP.113-A3〜B3

ウオーターフロント
The Waterfront
★★★

　サンタバーバラの海岸線は、パームツリーの立ち並ぶ美しいビーチが続く。レンタサイクル（→脚注）で走るもよし、ヨットやウインドサーフィンに挑戦するもよし、散歩しているだけでもよし。

　スターンズワーフStearns Wharfは、State St.がビーチに突き当たった所にある。1872年、おもに貨物船用の埠頭として建てられたもので、現在はギフトショップやレストランが並ぶ。小さな博物館だが、**サンタバーバラ自然史博物館シーセンターSanta Barbara Museum of Natural History Sea Center**は子供たちに人気のスポット。また、このワーフからの眺めも最高で、パームツリーの向こうにオレンジ色の屋根と白い壁が続く町並みが眼下に広がる。

　スターンズワーフを西に歩くと、一般のヨットハーバーと漁港が一緒になっている**サンタバーバラ・ハーバーSanta Barbara Harbor**がある。ハーバー前の**サンタバーバラ海洋博物館Santa Barbara Maritime Museum**では、海とかかわりの深いサンタバーバラの海洋史を知ることができる。

　また、サンタバーバラは**ホエールウオッチング**がほぼ1年中楽しめるスポットで、3月にはクジラにちなんだお祭りも開催される。出航はSea Landingから、予約なしで乗れる気軽さがいい（ピーク時は要予約）。海上からの眺めを楽しみたいのなら、スターンズワーフとサンタバーバラ・ハーバーとを結ぶ**ウオータータクシー**を利用するのもおすすめだ。

ウオータータクシーに乗るのもいい

Column 郊外のワイナリーでピクニックランチ

　サンタバーバラの周辺には、100以上ものワイナリーが点在しており、ナパ＆ソノマバレーに劣らず、多くのカリフォルニアンが訪れている。最もワイナリーが集中しているのが、サンタバーバラから北西に約50km行った所にあるサンタ・イネス・バレー Santa Ynez Vallyだ。いくつかのワイナリーには、広大なブドウ畑を見渡すような雰囲気のよいピクニックエリアがあるので、午前中にソルバング（→P.119）に観光へ行き、昼にはワイナリーでピクニックなんていかが？

● **Sunstone Winery**
　南仏をイメージして造られたワイン蔵や、アーティストがこのワイナリーのために描いたラベルやポスターの絵が華やかにテイスティングルームを彩っ

太陽の下で飲むワインは格別

ている。オリジナルグッズも販売しており、おみやげに最適だ。5種類のワインをテイスティングできるフライトは$25。

125 N. Refugio Rd., Santa Ynez
(805)688-9463
www.sunstonewinery.com
毎日11:00〜17:00

 メモ　海岸線を爽快にサイクリング　サンタバーバラの海岸には自転車専用レーンが設けられており、海岸線の景色を眺めながらのサイクリングが楽しめる。**Wheel Fun Rentals**　MP.113-B3　24 E. Mason St.

サンタバーバラのショップ＆レストラン
Santa Barbara

SHOP & RESTAURANT

ショッピングは町の中心にあるショッピングモール、パセオ・ヌエボでことが足りるはず。食事は、ダウンタウンの目抜き通りステートストリート State St. 沿いに、レストランやカフェがずらりと並ぶので、ホテルにレストランがなくてもまったく困らない。サンタ・イネス・バレー産のワインをぜひ味わってほしい。

ダウンタウン

ショッピングモール	パセオ・ヌエボ
	Paseo Nuevo

ダウンタウンいちのショッピング街
　スペイン風の華やいだ雰囲気のモール。Aveda や Sephora、Victoria's Secret、Hollister、Bath & Body Works など数々の有名ブランドが入り、奥の広場ではミニコンサートが行われたりする。現代美術館もあり。夕暮れ後も安心してショッピングができる。

カード 店舗により異なる

そぞろ歩きが楽しいモール

Ⓜ サンタバーバラ P.113-A2
🏠 651 Paseo Nuevo
☎ (805) 963-7147
🌐 www.paseonuevoshopping.com
🕐 毎日11:00〜19:00。店舗により異なる

ショッピングモール	ラ・アーケード
	La Arcada

サンタバーバラが誇るすてきな小径
　ダウンタウンの北の外れにあるアーケードは、左右に雰囲気のあるブティックやレストラン、ギャラリーが約25軒並ぶ人気のスポット。食事もショッピングも、ここへ行けば満足できるはずだ。ローカルも多い。

カード 店舗により異なる

夜はロマンティックな雰囲気に包まれる

Ⓜ サンタバーバラ P.113-A2
🏠 1114 State St.
☎ (805) 966-6634
🌐 laarcadasantabarbara.com
🕐 毎日11:00〜18:00。店舗により異なる

© Visit Santa Barbara / Jay Sinclair

カリフォルニア料理	ブーション
	Bouchon

地元の食材にこだわったキュイジーヌ
　シーフードと地元産の有機野菜で有名な本格派レストラン。サンタバーバラ近郊産のワインに合う食事を求めている人はここがいちばん。日替わりメニューのほか季節のメニューも揃え、地元雑誌でも取り上げられるほどの人気。パティオ席は予約が必要。

カード Ａ Ｊ Ｍ Ｖ

料理の味はもちろん雰囲気も好評だ

Ⓜ サンタバーバラ P.113-A2
🏠 9 W. Victoria St.
☎ (805) 730-1160
🌐 www.bouchonsantabarbara.com
🕐 毎日17:00〜23:00

アメリカ料理	ジョーズカフェ
	Joe's Cafe

1928年創業の老舗レストラン
　朝早くから夜までやっているので、中途半端に小腹がすいたときなどにも重宝する。朝食メニューはオムレツ（$16.75〜）やチキン＆ワッフル（$16.25〜）、ランチやディナーどきには、プライムリブ・サンドイッチ（$27.50）やハンバーガー（$17）などがある。

カード Ａ Ｍ Ｖ

サンタバーバラ最古のレストラン

Ⓜ サンタバーバラ P.113-A2
🏠 536 State St.
☎ (805) 965-4638
🌐 www.joescafesb.com
🕐 毎日7:30〜22:00（金・土〜24:00）

イタリア料理	パスクッチ
	Pascucci

地産地消をモットーに
　気楽にワインを飲みながらピザやパスタをつまめるレストラン。1品の値段もランチなら$15、ディナーでも$18前後とお手軽なので、散策中にぶらりと入ることができる。サラダやデザートもあるので、カフェとして立ち寄るのもいい。ガーリックブレッドが好評。

カード Ａ Ｍ Ｖ

おいしいワインで会話も弾む

Ⓜ サンタバーバラ P.113-A2
🏠 509 State St.
☎ (805) 963-8123
🌐 pascuccirestaurant.com
🕐 毎日12:00〜20:30（金・土〜21:30）

🚲 (805) 966-2282　🌐 www.wheelfunrentals.com　🕐 毎日9:00〜20:30。時期により異なる。💰1時間$13.95〜。

サンタバーバラのホテル
Santa Barbara

サンタバーバラのウオーターフロント側では、Bath St. や Castillo St. あたりにモーテルが並んでいる。施設としては、どこもきれいだが、値段も＄100 を下らないところが多い。人気の観光地なので週末は混み合う。予約なしで到着したら観光案内所で予算を告げて相談すると、予約をしてくれる。

HOTEL

ダウンタウン

高級｜シンプソン・ハウス・イン
Simpson House Inn

あたたかい雰囲気に包まれたB＆B

手入れが行き届いた客室、きれいに整備された庭、置いている家具は決して新しくないがていねいに使われてきたのがわかるエイジング具合……。B&B といってもここは普通のホテル以上の豪華さを味わえる。朝食付き。

Wi-Fi無料　15室　カード A M V

Ⓜ サンタバーバラ P.113-A2
🏠 121 E. Arrellaga St., Santa Barbara, CA 93101
☎ (805) 963-7067
FAX (805) 564-4811
🌐 www.simpsonhouseinn.com
Ⓢ Ⓓ Ⓣ ＄315〜689

中級｜ホテル・サンタバーバラ
Hotel Santa Barbara

ダウンタウンの真ん中にあるホテル

1925 年の大地震の翌年に建てられたホテル。State St. と Costa St. の角とロケーション抜群なうえ、手頃な値段。State St. に面しているが、室内はとても静かで快適、広さも十分。自転車の無料貸し出しを行っている。

Wi-Fi無料　75室　カード A J M V

Ⓜ サンタバーバラ P.113-A2
🏠 533 State St., Santa Barbara, CA 93101
☎ (805) 957-9300
FAX (805) 962-2412
🌐 www.hotelsantabarbara.com
Ⓢ Ⓓ Ⓣ ＄289〜559、
Ⓢ Ⓤ ＄349〜599

ウオーターフロント

高級｜ヒルトン・サンタバーバラ・ビーチフロント・リゾート
Hilton Santa Barbara Beachfront Resort

優雅な大型リゾート

まさにカリフォルニアらしい景観が楽しめる抜群のロケーション。パティオかバルコニー付きの広々とした客室に、ビジネスセンターなど館内の諸施設も充実している。フレンドリーでていねいなサービスも魅力。

Wi-Fi＄14.95　360室　カード A D M V

Ⓜ サンタバーバラ P.113-B2
🏠 633 E. Cabrillo Blvd., Santa Barbara, CA 93103
☎ (805) 564-4333
FAX (1-800) 879-2929
🌐 www.hilton.com
Ⓢ Ⓓ Ⓣ ＄296〜975、
Ⓢ Ⓤ ＄602〜1091

中級｜ヴィラ・ローザ・イン
Villa Rosa Inn

女性におすすめのプチホテル

海岸沿いの Cabrillo Blvd.、町のメインストリートである State St. からも近いので何かと便利なロケーション。部屋は海側と山側とに分かれており、どの部屋でも快適に過ごせる。バフェ形式の朝食が付いている。

Wi-Fi無料　18室　カード A M V

Ⓜ サンタバーバラ P.113-B3
🏠 15 Chapala St., Santa Barbara, CA 93101
☎ (805) 966-0851
🌐 villarosainn.com
Ⓢ Ⓓ ＄129〜479、
Ⓢ Ⓤ ＄299〜529

中級｜ビーチサイド・イン
Beachside Inn

ビーチアクティビティにとても便利

ダウンタウンの中心まではやや離れているが、道路を挟んで反対側はサンタバーバラ・ハーバーというロケーション。ウオーターフロントのアトラクションは、どこも徒歩数分。新鮮な果物が食べられる朝食付き。

Wi-Fi無料　69室　カード A D J M V

Ⓜ サンタバーバラ P.113-A3
🏠 336 W. Cabrillo Blvd., Santa Barbara, CA 93101
☎ (805) 965-6556
FAX (805) 966-6626
🌐 beachsideinn.com
Ⓢ Ⓓ ＄159〜604、
Ⓢ Ⓤ ＄169〜659

☕ コーヒーメーカー　🧊 ミニバー／冷蔵庫　🛁 バスタブ　ヘアドライヤー　BOX 室内金庫　ルームサービス　🍴 レストラン

フィットネスセンター／プール　コンシェルジュ　Ⓙ 日本語を話すスタッフ　ランドリー　ワイヤレスインターネット　Ⓟ 駐車場　♿ 車椅子対応の部屋

変化に富んだ
ドライブコース
カリフォルニア・
セントラルコーストを走ろう

セントラルコーストの町は、LAとSFを結ぶ幹線道路US-101"ワンオーワン"と、この道路に平行して太平洋岸沿いを南北に延びるCA-1"パシフィック・コースト・ハイウェイ"に点在している。アムトラックが停車する町もあるが、車でのアクセスが断然便利。ドライブでふらっと立ち寄りたい場所ばかりだ。

ベンチュラ VENTURA

サンタモニカからUS-101を北西へ約100km（60マイル、約1時間30分）、ベンチュラはミッション（サン・ブエナ・ベンチュラ）を中心に繁栄した町。チャネル諸島国立公園への玄関港で、国立公園に指定された島へはツアーで訪れることができる。Island Packersがベンチュラから島へのツアーを催行。

ベンチュラのマリーナ

- ● Ventura 📖visitventuraca.com
- ● チャネル諸島国立公園 📖www.nps.gov/chis
- ● Island Packers 📖www.islandpackers.com

ソルバング SOLVANG

ベンチュラからUS-101を北西へ、サンタバーバラを過ぎたあたりでCA-154、次の分岐点でCA-246へ（約100km/60マイル、約1時間15分）。ヨーロッパ人が渡来するまで、アメリカ先住民チュマシュ族の土地だったソルバング。20世紀初めにスカンジナビア系移民がこの地に定住し、コミュニティを形成したことが現在のデンマーク村の礎。歩いて回れる小さなエリアに、ヨーロッパ風のショップやデンマーク料理店が軒を連ねる。

上／オランダ村ともいえるのがソルバング。とてもかわいらしい町並みだ　下／オランダ版。甘いこ焼きのオリボルンも食べられる

- ● Solvang
- 📖solvangusa.com

ピズモビーチ PISMO BEACH

ソルバングからCA-246を西へ、US-101を北へ約90km（55マイル、約1時間）の所にあるピズモビーチは、ローカルのサーファーでにぎわうクラシカルな雰囲気のビーチ。ピズモビーチへ向かう途中、US-101とCA-1の分岐点でCA-1を南へ走ると見えてくるOceano Dunesでは、砂浜をハマーで走るユニークなツアー（1時間ひとり$60）を催行。

ピズモビーチはバギーや四駆でビーチを走ることができる。西海岸には車で走れるビーチが少ないので人気だ

- ● Pismo Beach
- 📖www.experiencepismobeach.com
- ● Pacific Adventures（ハマーツアー）
- ☎(805) 481-9330
- 📖pacificadventuretours.com

サンシメオン SAN SIMEON

ピズモビーチからCA-1を約90km（55マイル、約1時間）ほど北上すると、サンシメオンだ。最大の見どころは20世紀のメディア王ハーストが建てた城のような大邸宅と庭、ハーストキャッスル。約10種類あるツアー（$30〜100）で邸宅内を見学する。とても人気のスポットなのでウェブ、または電話での予約をすすめる。

メディア王の城のような豪邸がハーストキャッスル

プールは屋外にも、屋内にもある

- ● San Simeon 📖visitsansimeonca.com
- ● Hearst Castle 🏠750 Hearst Castle Rd., San Simeon
- ☎(1-800) 444-4445 📖hearstcastle.org

119

地図内の表記:
- ●ロスアンゼルス・ダウンタウン
- ✈ロスアンゼルス国際空港
- アナハイム●
- P.121 オレンジカウンティ
- ハンティントンビーチ●
- ニューポートビーチ●
- ラグナビーチ●

オレンジカウンティ
Orange County

カリフォルニアらしいビーチが目玉

　ロスアンゼルスから車で1時間、南東に55kmほど走ると、オレンジカウンティ（＝OC）にたどり着く。内陸部のアナハイム Anaheim 周辺には、ディズニーランド・リゾートやナッツ・ベリー・ファーム、太平洋を望む海岸沿いには、ハンティントンビーチ、ニューポートビーチ、ラグナビーチなど、それぞれに特徴のあるビーチが点在している。また、車ならサンディエゴへもアクセスがよいので、オレンジカウンティを起点に郊外ドライブを楽しむのもいいだろう。

オレンジカウンティの歩き方

サイクリングが気持ちいい
ニューポートビーチ

　アナハイム周辺に点在するテーマパークだけでなく、ビーチライフも楽しみたいところ。ディズニーランド・リゾートが拠点ならニューポートビーチやラグナビーチへ、ナッツ・ベリー・ファームが拠点ならハンティントンビーチへのアクセスが便利だ。公共の交通機関（巻頭折込の「ロスアンゼルス一交通図一」を参照）も走っている。このあたりは観光客も少なく、ビーチが大好きなLAっ子が週末になると集まってくる場所だ。テーマパークのにぎわいとも異なり、のんびりモードで、人々の笑顔を見ていると、こちらまでハッピーになれる。ぜひ、足を延ばしてみよう。

　また、高級ショッピングモール、サウス・コースト・プラザ（→P.125）やファッションアイランド（→P.125）も近くにあり、一つひとつのモールが大規模だ。ヨーロッパの有名ブランドが多いのも特徴。買い物好きにはたまらない。

Column　サンタカタリナ島

　ロングビーチの南約40kmの沖合に浮かぶサンタカタリナ島（M巻頭折込「アメリカ西海岸」参照）は、手つかずの自然が残る南カリフォルニアのリゾートアイランド。車の乗り入れが禁止された島内には、ホテルやB&Bが点在しており、地元の人は1～2泊のショートステイを楽しむ。島内の交通機関には、タクシーやトラム、サファリバス、ゴルフカートなどがある。アクティビティはツアーバスをはじめ、サイクリング、ボート、バードウォッチングなどさまざま。ニューポートビーチからフェリーでアクセスできるので、日帰り旅行にもおすすめだ。

サンタカタリナ島へのアクセス

　ニューポートビーチのバルボアパビリオンから。片道約75分。往復大人$78、3～12歳$61。ニューポートビーチ発9:00、サンタカタリナ島発16:30。
●Catalina Flyer
☎(949) 673-5245
🌐www.catalinainfo.com

人気のエクスカーション、サンタカタリナ島

オレンジカウンティのおもな交通

オレンジカウンティ全域に路線をもつ**OCTA（Orange County Transportation Authority）バス**と、ディズニーランド・リゾートからアナハイム周辺のホテル、ナッツ・ベリー・ファーム、アナハイム・アムトラック駅などとを結ぶ**アナハイム・リゾート・トランスポーテーション（ART:Anaheim Resort Transportation）バス**が、観光の足となる。

ロスアンゼルスの南にあるロングビーチの東端にある VA Long Beach Healthcare Systemから、Pacific Coast Hwy.

を南下し、ハンティントンビーチやニューポートビーチ、ラグナビーチ、メトロリンク・オレンジカウンティ・ラインの San Clemente 駅を結ぶOCTA バス #1が便利。約1時間間隔で運行している。

OCTA バス
☎(714)636-7433
🌐www.octa.net
🎫\$2、1日券\$5

ART バス
📞(1-888)364-2787
🌐rideart.org
🎫\$4、1日バス\$6、3日バス\$16

良質な波を求めてサーファーがやってくる

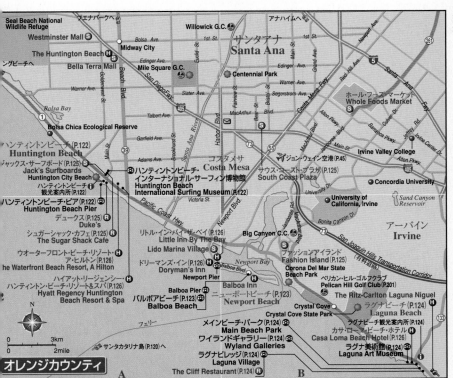

オレンジカウンティ

見どころ ⑤ショップ Rレストラン Hホテル ©カフェ ナナイトスポット ①映画館 ギャラリー ①観光案内所 ●ランドマーク／そのほか ●ビーチ/公園
インターステートハイウエイ ⑯U.S.ハイウエイ ⑯ステートハイウエイ Hollywood Blvd. 道路名 メトロ ×空港 ゴルフ場 ⊞病院 ⊠郵便局

ハンティントンビーチ観光案内所
Visit Huntington Beach
- **M**P.121-A1
- 325 Pacific Coast Hwy., Huntington Beach
- ☎(714)969-3492
- FAX(1-800)729-6232
- www.surfcityusa.com
- 毎日11:00～17:00（夏期は毎日10:00～17:30）

ハンティントンビーチへ
- 行き方 ナッツ・ベリー・ファームの東を走るBeach Blvd.からOCTAバス#29でPacific Coast Hwy. & 1st St.下車。約1時間20分。

ハンティントンビーチ・ピア
毎週金曜に行われるPier Plaza Art Afaireは、人気のイベント。地元のアーティストによる作品を販売するほか、いろいろなお店が出店する。
- 金11:00～19:00、または日没まで。土・日に行われることもある

ハンティントンビーチ・インターナショナル・サーフィン博物館
- 411 Olive Ave., Huntington Beach
- ☎(714)960-3483
- www.surfingmuseum.org
- 火～日11:00～17:00
- 休月
- 料寄付制（$3）

ハンティントンビーチ
らしい見どころ

ハンティントンビーチ
Huntington Beach

ロスアンゼルス近郊のビーチのなかで最も日本のサーファーの間で知られているのが、ハンティントンビーチだ。"サーフシティ"との呼び名のとおり、サーフィンの聖地で、毎年7～8月には国際級の大会が開催される。もし、サーフィンを間近で見たいのならば、海に突き出ているピア（桟橋）へ行き、海を見下ろしてみよう。普段は眺める機会のない新鮮な角度からサーフィンを見ることができる。

ピアの周辺に、博物館、ショップ、レストラン、カフェなどが集中しているので、散策するにはちょうどいい。

サーファーの像があるほど、サーフィンが根づいている

ぶらぶら歩きにちょうどいいスポット　オレンジカウンティ　**M**P.121-A1

ハンティントンビーチ・ピア
Huntington Beach Pier
　　　　　　　　　　　　　　　★★★

海沿いのPCH（Pacific Coast Highway）にある桟橋。PCHと、町の中心を貫くMain St.との交差点には、ハリウッドのものを模したサーフィン・ウオーク・オブ・フェイムがある。また、このあたりのサーフショップは、品揃えも充実しており、日本より格安で手に入るものも多いので、興味がある人はのぞいてみよう。

ピア周辺のビーチではビーチバレーの大会も行われる

サーフィンの歴史がわかる　オレンジカウンティ　**M**P.121-A1

ハンティントンビーチ・インターナショナル・サーフィン博物館
Huntington Beach International Surfing Museum
　　　　　　　　　　　　　　　★★

小さな館内には、サーフィンの発祥から始まる歴史、伝説のサーファーの紹介と彼らのボードコレクション、サーフィンミュージックの廃盤レコードなどが展示されている。サーファーには興味深く、そうではない人にも一見の価値あり。

壁画にも注目

メモ ハンティントンビーチで行われる世界最大規模のサーフィン大会　約50万人もの観客が集まるといわれているUSオープン・オブ・サーフィン。2015年には大原洋人、2017年と2018年には五十嵐カノアが優

ニューポートビーチ
Newport Beach

バルボア半島の入江にある、南カリフォルニア屈指の高級住宅地。老若男女問わず「住んでみたい町」としてとても人気が高いエリアだ。長く続く砂浜に打ち寄せる白い波、海上を行き交うヨットやボート、まさにカリフォルニアらしい景色が目の前に広がる。また、ボート、サーフィン、サイクリングなどのアクティビティ施設や、食事やショッピングなどが楽しめるショッピングモールもあるので1日中いても飽きることはないだろう。

ビーチに沿って続く遊歩道

ニューポート湾には多くのボートが停泊する

ニューポートビーチのおもな見どころ

PCHをNewport Blvd.かBalboa Blvd.で下りて海に向かうと、海岸線に沿って細長く延びたバルボア半島Balboa Peninsulaにたどり着く。メインのスポットである**ニューポートビーチNewport Beach**、**バルボアビーチ Balboa Beach**にはそれぞれにピアがあり、北東には高級ショッピングモールの**ファッションアイランドFashion Island**（→P.125）、ホテル、オフィスビルなどが集まっている。

自転車を借りるのもいい

湾内を1周するハーバークルーズやホエールウオッチングは、バルボアビーチの北、ニューポート湾Newport Bayから運航する。また、カヤック、パドルボートなどのいろいろなボートのレンタルも可能。パラセイルも楽しめる。食事やショッピングなどのアフタービーチはファッションアイランドへ行こう。

クルーズに参加するのもいい

ニューポートビーチ観光案内所
Visit Newport Beach
free (1-855)563-9767
www.visitnewportbeach.com

ニューポートビーチへ
行き方 ディズニーランド・リゾートの東を走るHaster St. & Katella Ave. からOCTAバス#47のBalboa Blvd. & 23rd St.周辺で下車。約1時間30分。

ニューポートビーチ
MP.121-B2

バルボアビーチ
MP.121-B2

The Fun Zone Boat Company
ニューポート湾内を巡る各種クルーズを催行。数種類ある。
700 E. Edgewater Pl., Balboa
(949)673-0240
funzoneboats.com
●シーライオンツアー（アシカ）
毎日11:00、13:00、15:00（夏期は17:00も）
●セレブリティホーム & ヨットツアー
毎日12:00、14:00、16:00
どちらも45分クルーズ：大人$20、シニア（55歳以上）$15、子供（5～11歳）$5

レンタルサイクルやボートレンタルなどのアクティビティ
● **Newport Beach Bike Rentals**
309 Palm St., #102, Newport Beach
(949)630-5600
www.nbbikerentals.com
毎日11:00～17:00（土・日10:00～）
ビーチクルーザー2時間$15～
● **Boat Rentals of America**
510 E. Edgewater Pl., Newport Beach
free (1-855)690-0794
boats4rent.com
毎日10:00～16:00
電動ボート$175～

勝した。**US Open of Surfing** www.usopenofsurfing.com

123

ラグナビーチ観光案内所
Laguna Beach Visitors Center
Ⓜ P.121-B2
🏠 381 Forest Ave., Laguna Beach
☎ (949)497-9229
📠 (1-800)877-1115
🌐 www.visitlagunabeach.com
🕐 毎日10:00〜17:00。時期により異なる。

ラグナビーチ
Ⓜ P.121-B2
🚊 ハンティントンビーチからOCTAバス#1で1時間、ニューポートビーチからOCTAバス#1で約50分。

メインビーチ・パーク
Ⓜ P.121-B2

ラグナ美術館
Ⓜ P.121-B2
🏠 307 Cliff Dr., Laguna Beach
☎ (949)494-8971
🌐 lagunaartmuseum.org
🕐 火〜日10:00〜17:00
🚫 月、おもな祝日
💰 大人$12、シニア・学生・子供$9、17歳以下は無料

ワイランドギャラリー
Ⓜ P.121-B2
🏠 509 S. Coast Hwy., Laguna Beach
☎ (949)376-8000
🌐 www.wyland.com
🕐 毎日9:00〜20:00

ラグナビレッジ内のカフェ
The Cliff Restaurant
Ⓜ P.121-B2
🏠 577 S. Coast Hwy., Laguna Beach
☎ (949)494-1956
🌐 www.thecliffrestaurant.com
🕐 毎日8:30〜22:00(土・日8:00〜)

朝はビーチの散歩から

ラグナビーチ
Laguna Beach

　オレンジカウンティの南、山が海まで迫る入り組んだ海岸線をもつラグナビーチは、20世紀初頭から続く芸術家のコミュニティだ。湾曲したビーチに沿って、ボードウオークのある公園が続き、海を望む山腹には別荘風の家々が並んでいる。このビーチでは、ビーチアクティビティのほかにアートを楽しむことができるのが最大の特徴。町を貫くPCH沿いにはギャラリー、レストランが軒を連ねているので、ぶらりと歩きながらゆっくりと時間を過ごしたい。

(左)芸術家の町にはギャラリーも多く、散策には最適
(右)地元っ子たちは海を眺めて、のんびり

ラグナビーチのおもな見どころ

　ラグナビーチの目抜き通りであるBroadway St. とPCHがぶつかる先にある海浜公園**メインビーチ・パークMain Beach Park**。メインビーチ・パークでのんびり過ごしたあとは、アーティスティックな町の探索に出かけよう。オレンジカウンティで最も歴史のある**ラグナ美術館Laguna Art Museum**は、小さいながらラグナビーチの芸術的財産のひとつとして位置づけられている美術館。展示作品は歴史ある作品から現代絵画までバラエティに富んでおり、アメリカンアートへの理解を深めてもらおうとする、美術館の意欲が伝わるコレクションが揃っている。また、この美術館周辺にはギャラリーも多く点在しているので、散策がてらに立ち寄るのがいい。ギャラリーへ立ち寄るのであれば、クジラやイルカの絵で有名なマリンアーティストWyland氏のギャラリー、**ワイランドギャラリーWyland Galleries**がおすすめだ。

　また、ビーチからPCHを南へ行くと、ラグナビーチの全景が望める**ラグナビレッジLaguna Village**が右側に見えてくる。ここには50軒近いギャラリーがあり、地元の芸術家たちが作品を売り出している。夕暮れどきには、海を見下ろすビレッジのカフェからの夕日の眺めが最高だ。

オレンジカウンティのショップ＆レストラン
Orange County
SHOP & Restaurant

オレンジカウンティには、大きなショッピングモールがふたつあるので、買い物と食事をするためだけに OC を訪れてもいいぐらいの価値がある。ハンティントンビーチのメインストリートにはサーフショップやレストランが並ぶ。ニューポートビーチやラグナビーチは、こぢんまりとしたショップやレストランが多い。

ハンティントンビーチ

スポーツ
ジャックス・サーフボード
Jack's Surfboards

地元を代表するサーフショップ

　ハンティントンビーチ・ピアの目の前に立つ老舗。1957 年にオープンして以来、地元ハンティントン在住のサーファーだけでなく、世界各地の旅行者が訪れるショップだ。店内は明るい雰囲気で、オリジナルのサーフボードや T シャツなどまで品揃えも豊富。

カード A M V

オリジナルの T シャツは日本でも人気

Ⓜ オレンジカウンティ P.121-A1
🏠 101 Main St.,
　Huntington Beach
☎ (714) 536-4516
🌐 jackssurfboards.com
🕐 毎日8:00〜21:00

コスタメサ

ショッピングモール
サウス・コースト・プラザ
South Coast Plaza

ツアーに組み込まれるほどの人気がある

　高級ブランドを中心に 250 を超える専門店とレストランが集まる。LA のダウンタウンから車で 1 時間ほど。オプショナルツアーを利用すると便利だ。ディズニーランド・リゾート周辺からは車で約 20 分。

カード 店舗により異なる

日本人好みのブランドも揃う

Ⓜ オレンジカウンティ P.121-B1
🏠 3333 Bristol St.,
　Costa Mesa
📠 (1-800) 782-8888
🌐 www.southcoastplaza.
　com
🕐 月〜土10:00〜20:00、
　日 11:00〜19:00

ニューポートビーチ

ショッピングモール
ファッションアイランド
Fashion Island

高級感あふれるモール

　キーテナントは Neiman Marcus、Nordstrom、Bloomingdale's、Macy's の 4 つのデパート、さらに約 200 の専門店と 30 のレストラン、ひとつのシネマコンプレックスが集まっている。ニューポートビーチに行ったらぜひ寄ってみたいモールだ。

カード 店舗により異なる

開放感あふれるモール

Ⓜ オレンジカウンティ P.121-B2
🏠 401 Newport Center Dr.,
　Newport Beach
☎ (949) 721-2000
🌐 www.shopfashionisland.
　com
🕐 毎日10:00〜20:00

ハンティントンビーチ

アメリカ料理
デュークス
Duke's

目の前にビーチが広がる

　サーフィンを世界に広めたデューク・カハナモクに敬意を表して名づけられたレストラン。カラマリ（$17.50）やフィッシュタコス（$19）、フィッシュチャウダー（$9.50）やハンバーガー（$17.50）やサンドイッチ（$16.50）、ポークリブ（$17.50）などがある。

カード A M V

ロケーションも雰囲気も最高

Ⓜ オレンジカウンティ P.121-A1
🏠 317 Pacific Coast Hwy.,
　Huntington Beach
☎ (714) 374-6446
🌐 www.dukeshuntington.
　com
🕐 月〜金11:30〜21:00
　（金〜21:30）、
　土・日10:00〜21:30
　（日〜21:00）

アメリカ料理
シュガーシャック・カフェ
The Sugar Shack Cafe

地元サーファーがおすすめする店

　朝早くからパンケーキ（$9.25 〜）やフレンチトースト（$10.50）、オムレツ（$14.50 〜）を求めてローカルが集まるスポット。ランチどきには、グリルドチキン・サンドイッチ（$17）やハンバーガー（$14）などもある。

カード A M V

地元の人で 1 日中にぎわう

Ⓜ オレンジカウンティ P.121-A1
🏠 213 1/2 Main St.,
　Huntington Beach
☎ (714) 536-0355
🌐 hbsugarshack.com
🕐 毎日6:00〜14:00

オレンジカウンティのホテル
Orange County

ロスアンゼルス近郊の富裕層が多く住むエリアのオレンジカウンティ。ビーチが目の前に広がる PCH 沿いには高級ホテルが軒を連ねる。とはいえ、リーズナブルなモーテルもニューポートビーチの北 4km ほどの CA-55 沿いに集まっている。車で 5 分の所で、レストランやファストフード店も周辺にあるので、便利だ。

ハンティントンビーチ

高級	ウオーターフロント・ビーチ・リゾート・ア・ヒルトン

The Waterfront Beach Resort, A Hilton

ビーチの目の前にある高級リゾート

高級感と南カリフォルニアの開放的な雰囲気を併せもった快適なホテル。すべての客室から太平洋を望むことができ、ホテル内のレストランも充実。ハンティントンビーチの魅力もたっぷりと満喫できる。

Wi-Fi リゾート料金（1泊$35）に含まれる
387室　カード A D J M V

Ⓜオレンジカウンティ P.121-A1
🏠21100 Pacific Coast Hwy., Huntington Beach, CA 92648
☎(714) 845-8000
FAX(714) 845-8425
URLwww.waterfrontresort.com
料Ⓢ Ⓓ Ⓣ$329～996、
Ⓢ u$463～1296

高級	ハイアット・リージェンシー・ハンティントン・ビーチ・リゾート＆スパ

Hyatt Regency Huntington Beach Resort & Spa

AAA で 4 つ星を獲得している

赤いルーフと白壁の特徴的な外観が、PCH でひときわ目を引く存在。ビーチに面しているので眺めも最高だ。5 つのレストラン、ショッピングプラザ、スパなどの施設も充実。

Wi-Fi リゾート料金（1泊$42）に含まれる
517室　カード A D J M V

Ⓜオレンジカウンティ P.121-A1
🏠21500 Pacific Coast Hwy., Huntington Beach, CA 92648
☎(714) 698-1234
FAX(714) 845-4990
URLwww.hyatt.com
料Ⓢ Ⓓ Ⓣ$479～、
Ⓢ u$529～4005

ニューポートビーチ

中級	リトルイン・バイ・ザ・ベイ

Little Inn By The Bay

ビーチまで徒歩 5 分

スタッフのフレンドリーな対応が好評のホテル。レストランやショップが集まるショッピングモールの Lido Marina Village まで徒歩圏内にあるのがうれしい。ジャクージ付きの客室「Laguna Jacuzzi」はカップルに人気がある。

Wi-Fi 無料　18室　カード A M V

Ⓜオレンジカウンティ P.121-A2
🏠2627 Newport Beach Blvd., Newport Beach, CA 92663
☎(949) 673-8800
URLlittleinnbythebay.com
料Ⓢ Ⓓ Ⓣ$145～375

B&B	ドリーマンズ・イン

Doryman's Inn

ロマンティックでゴージャスな B&B

ニューポートピアの近くに位置する。室内は、暖炉やアンティーク家具がレイアウトされ、バスタブにいたっては大理石というグレードの高さだ。サンデッキからのビーチの眺めはとても美しい。無料の朝食付き。

Wi-Fi 無料　11室　カード A M V

Ⓜオレンジカウンティ P.121-A2
🏠2102 W. Oceanfront, Newport Beach, CA 92663
☎(949) 675-7300
FAX(949) 673-2101
URLwww.dorymansinn.com
料Ⓓ Ⓣ$235～675、
Ⓢ u$425～

ラグナビーチ

高級	カサ・ローマ・ビーチ・ホテル

Casa Loma Beach Hotel

オーシャンビューの客室に泊まりたい

ラグナビーチの中心に位置し、レストランやカフェ、ギャラリーに徒歩で行くことができる。白色を基調とした客室は落ち着いた雰囲気を醸し出し、リゾートライフを満喫することができるはず。夕方には、テラスでワインの無料サービスがある。

Wi-Fi 無料　70室　カード A D M V

Ⓜオレンジカウンティ P.121-B2
🏠211 N. Pacific Coast Hwy., Laguna Beach, CA 92651
☎(949) 497-9722
Free(1-800) 544-4479
URLcasalomalagunabeach.com
料Ⓢ Ⓓ Ⓣ$204～879、
Ⓢ u$979～1744

☕ コーヒーメーカー　🧊 ミニバー/冷蔵庫　🛁 バスタブ　💇 ヘアドライヤー　BOX 室内金庫　🛎 ルームサービス　🍴 レストラン
🏊 フィットネスセンター/プール　🛎 コンシェルジュ　🇯🇵 日本語を話すスタッフ　🧺 ランドリー　📶 ワイヤレスインターネット　Ⓟ 駐車場　♿ 車椅子対応の部屋

南カリフォルニアのテーマパーク

Theme Parks in Southern California

© Knott's Berry Farm **127**

朝から晩まで
おおはしゃぎ!!

南カリフォルニアのテーマパーク

Theme Parks in Southern California

旺盛なエンターテインメント精神と気候が安定しているカリフォルニアだからこそ生まれたテーマパーク。インターステート5号線を中心に、個性あふれるテーマパークがなんと8つも点在している。レンタカーやツアーを利用すれば、組み合わせも自由自在だ。

126
シックスフラッグス・マジック・マウンテン
Six Flags Magic Mountain(P.153)
15
(車US-101→I-5で56km、35マイル/40分)
ユニバーサル・スタジオ・ハリウッド
Universal Studios Hollywood(P.143)
101
215
ロスアンゼルス
10
(車US-101で15km、9.5マイル/15分)
(メトロレイル・Bライン+トラム/40分)
ナッツ・ベリー・ファーム
Knott's Berry Farm(P.150)
60
10
(車I-5で36km、22マイル/1時間)
(メトロバス#460/1時間45分)
アナハイム
(車I-5で43km、27マイル/1時間)
(メトロバス#460/2時間)
(車I-5→CA-78で136km、85マイル/1時間50分)
405
15
215
ディズニーランド・リゾート
Disneyland Resort(P.129)
(車I-5→CA-78で176km、110マイル/2時間40分)
(車I-5で144km、90マイル/1時間30分)
サンディエゴ動物園・サファリ・パーク
San Diego Zoo Safari Park(P.158)
(車I-5で189km、118マイル/2時間30分)
5
15
(車I-5で105km、65マイル/1時間5分)
カールスバッド
エスコンディード
レゴランド・カリフォルニア
Legoland California(P.160)
78
(車I-5で59km、31マイル/45分)
(車I-15で53km、33マイル/45分)
805
8
シーワールド・サンディエゴ
SeaWorld San Diego(P.156)
サンディエゴ
(車I-5で11km、7マイル/15分)
(サンディエゴ・トロリー・ブルー、グリーンライン+MTSバス #9/50分)
(車I-805で24km、15マイル/30分)
ティファナ
セサミプレイス・サンディエゴ
Sesame Place San Diego(P.162)

事前購入できるお得なパス

Southern California CityPASS

アメリカの各都市でアトラクションの割引のパスを販売しているCityPass。各テーマパークでチケットを購入するより割引料金になる。例えばディズニーランド・リゾートの2日券は$6、ユニバーサル・スタジオの1日券は$45安くなる。複数のチケットを購入すれば、その割引金額はかなり大きくなるし、事前にオンラインで購入できるのも便利だ。
URL www.citypass.com/southern-california

Go City Los Angeles

ユニバーサル・スタジオ・ハリウッドやナッツ・ベリー・ファームを含む40以上のアトラクションに入場可能。3日間有効で$284 。1日、2日、5日、7日パスもあり。
URL gocity.com/ja/los-angeles

Go City San Diego

サンディエゴ動物園やシーワールド・サンディエゴなど、サンディエゴ周辺の60以上のアトラクションに入場できる。3日間有効で$224 。1日、2日、5日、7日パスもあり。
URL gocity.com/ja/san-diego

夢と魔法の世界へ

ディズニーランド・リゾート
Disneyland Resort

ディズニーランド・リゾートとは、ふたつのテーマパーク →P.130 →P.135 とダウンタウン・ディズニー →P.134 、3つの直営ホテル →P.142 の総称だ。南カリフォルニアのこの地にディズニーランドが開園して、約70年の月日が流れたが、いまだに連日多くのディズニーファンを虜にしてやまない。毎年新しい施設やショーが封切りされ、変化し続けている。
地球上でいちばんハッピーな場所は、今日もあなたの訪問を待っている。

データ

Ⓜ P.128
🏠 1313 S. Harbor Blvd., Anaheim
☎ (714)781-4565
🌐 disneyland.jp(日本語)
🕐 ディズニー・カリフォルニア・アドベンチャー・パーク:
毎日8:00〜21:00
🕐 ディズニーランド・パーク:毎日8:00〜22:00
※開園時間は、季節、曜日によって異なるためウェブサイトで確認すること。
💴 1デー・チケット(1パーク・パー・デー):大人$104〜194、子供(3〜9歳)$98〜183
1デー・パークホッパー・チケット:大人$169〜259、子供(3〜9歳)$163〜248
2デー・パークホッパー・チケット:大人$375、子供(3〜9歳)$335　カード AJMV

●事前の入園予約がマスト
パークへの入園には、当日有効なパークチケットと同日のテーマパーク入園予約が必要。パークチケット購入前にテーマパークの空き状況をウェブサイトで確認し、パークチケットを購入。その後すみやかにパーク入園予約を取得すること。なお、2デー以上の場合、1日ごとにパーク入園予約を入れなければならない。
パークの入園予約を取得するためには、Disney accountを取得するする必要がある。下記のウェブサイト「カリフォルニア ディズニーランド・リゾートのパーク入園予約取得方法」「カリフォルニア ディズニーランド・リゾートのテーマパークに入園するためのパーク入園予約プロセス」を参考にすること。
🌐 www.disney.co.jp/park/news/resort/240109
🌐 www.disney.co.jp/park/park-reservations

●アプリ App
ディズニーランド・リゾートの公式アプリDisneyland App(Disneylandアプリ)があれば、ショーの開始時間がわかったり、アトラクションの待ち時間を確認できたり、ファストフードの注文が可能。ディズニー・ジーニー・プラスのアトラクション予約や、ライトニング・レーンの購入、バーチャルキューの取得などもできる。

行き方

ロスアンゼルス国際空港(LAX)から
ロスアンゼルス国際空港の中州にあるオレンジ色の「Share Ride」の柱から、アナハイムのディズニーランド・リゾートへ行くシャトルバス。事前にeメールで予約すること。所要約1時間。
Mickey's Space Ship Shuttle
🌐 mickeysdisneylandexpress.com
💴 $25〜

LAダウンタウンから
メトロバスで
LAダウンタウンの7th St. & Flower St.から、ナッツ・ベリー・ファーム経由の#460を利用、ディズニーランド・リゾート前下車。約2時間。💴片道$1.75
車で
I-5を南へ走り、Exit 110BのDisneyland Dr.の出口で降り、標識に従って、目的のパークやホテルへ向かう。約1時間。駐車場は1日$35〜55。駐車場からメインゲートへはトラムが運行。

ディズニー・ジーニー・プラスで賢く回る！

待ち時間を短縮することができるライトニング・レーン(優先レーン)を利用できる(有料ファストパス)サービス。ひとり$30。アトラクション(適用アトラクションは 🅛🅛)ごとの利用(予約可能な時間帯をひとつだけ選択できる。アトラクション入場ゲートでバーコードをスキャンしたあと、次のアトラクションの予約が可能になる。ただしライトニング・レーン取得後アトラクション乗車まで2時間以上あいている場合、ライトニング・レーン取得2時間後にほかのアトラクションのライトニング・レーンを予約できる)。

🖊メモ　入園するときの注意事項　ディズニー・ハロウィーン・パーティなどの仮装イベントが行われていない期間、14歳以上のゲストがコスプレをして入園することは禁じられている。自撮り棒Selfie Sticksの持ち込み禁止。　**129**

\カリフォルニアをまるごと体感/

ディズニー・カリフォルニア・アドベンチャー・パーク

Disney California Adventure Park

カーズランドは子供たちに大人気
©Disney/Pixar

カリフォルニアの風土と文化を感じられるディズニー・カリフォルニア・アドベンチャー・パーク。さわやかな気候を堪能できる野外アトラクションや、ワインの試飲ができるバーはカリフォルニアならでは。

スーパーヒーローが集まる
アベンジャーズ・キャンパス
©2024 MARVEL

What's New! ディズニー・カリフォルニア・アドベンチャー・パークの 最新情報

2023年8月にテーマランドの「**サンフランソウキョウ・スクエア**」がオープンした。映画『ベイマックス』の舞台、サンフランソウキョウ（サンフランシスコと東京をミックスした架空の未来都市）をテーマにした広場だ。2021年、映画『アベンジャーズ』を題材にしたテーマランド「**アベンジャーズ・キャンパス**」がオープン。アベンジャーズのヒーローと遭遇できるかもしれない。

ディズニー・カリフォルニア・アドベンチャー・パーク/ダウンタウン・ディズニー

■ ハリウッドランド
Hollywood Land
1 ディズニージュニア・ダンス・パーティー
ディズニー・アニメーション
Disney Animation
2 アナとエルサのロイヤル・ウェルカム
3 タートル・トーク・ウィズ・クラッシュ
4 モンスターズ・インク：マイクとサリーのレスキュー

■ アベンジャーズ・キャンパス
Avengers Campus
1 ガーディアンズ・オブ・ギャラクシー：ミッション・ブレイクアウト！

■ カーズランド
Cars Land
1 ラジエーター・スプリングス・レーサー
2 メーターのジャンクヤード・ジャンボリー
3 ルイージのローリッキン・ロードスター

■ ピクサー・ピア
Pixar Pier
1 インクレディコースター
2 ジェシーのクリッター・カルーセル
3 トイ・ストーリー・マニア！
4 ピクサー・パル・ア・ラウンド
5 インサイド・アウト・エモーショナル・ワールウィンド

■ パラダイス・ガーデン・パーク
Paradise Garden Park
1 シリー・シンフォニー・スイング
2 グーフィーのスカイ・スクール
3 ゴールデン・ゼファー
4 リトル・マーメイド：アリエルのアンダーシー・アドベンチャー
5 ワールド・オブ・カラー

■ グリズリー・ピーク
Grizzly Peak
1 グリズリー・リバー・ラン
2 レッドウッド・クリーク・チャレンジ・トレイル
3 ソアリン・アラウンド・ザ・ワールド

■ ダウンタウン・ディズニー
Downtown Disney
1 ワールド・オブ・ディズニー
2 ナポリ・リストランテ＆バー
3 バラスト・ポイント・ブリューイング・カンパニー
4 ジャズキッチン・コースタル・グリル＆パティオ

■ レストラン
Restaurant
F1 スモークジャンバーズ・グリル
F2 パラダイス・ガーデン・グリル
F3 コシーナ・クカモンガ・メキシカン・グリル
F4 ラッキー・フォーチュン・クッカリー
F5 フローのV8カフェ
F6 ワイン・カントリー・トラットリア
F7 メンドシノ・テラス
F8 カーセイ・サークル・レストラン

■ ディズニー・グランド・カリフォルニアン・ホテル＆スパ
Disney's Grand Californian Hotel & Spa
R1 ナパ・ローズ
R2 ストーリーテラー・カフェ

ピクサー・ピア
Pixar Pier

カーズランド
Cars Land

アベンジャーズ・キャンパス
Avengers Campus

サンフランソウキョウ・スクエア
San Fransokyo Square

パラダイス・ガーデン・パーク
Paradise Garden Park

パフォーマンス・コリドー
Performance Corridor

グリズリー・ピーク
Grizzly Peak

ディズニー・グランド・カリフォルニアン・ホテル＆スパ
Disney's Grand Californian Hotel & Spa

ハリウッドランド
Hollywood Land

ブエナビスタ・ストリート
Buena Vista Street

ダウンタウン・ディズニー
Downtown Disney

ディズニー・カリフォルニア・アドベンチャー・パーク
ブエナビスタ・ストリート

ピクサー・プレース・ホテル
ディズニーランド・ホテル
ディズニー・グランド・カリフォルニアン・ホテル＆スパ
ダウンタウン・ディズニー

エンポリアム・プラザ
ディズニーランド・パーク

ライトニングレーン通用アトラクション　　インフォメーション　　ベビーカーレンタル
キャラクター登場スポット　　救護室　　パッケージ・チェック・サービス
カウンターフード　　コインロッカー　　車椅子レンタル
レストラン　　トイレ　　ベビーセンター
ショップ　　ATM　　パレードルート
映画館

130 メモ　ワールド・オブ・カラー・ワン　優先エリア入場には予約券(Virtual Queues バーチャルキュー) の取得がマスト。ディズニーランド・リゾートの公式アプリのVirtual Queues, Join Virtual Queueから取得しよう。

パレード＆ショー
Parades & Shows

　映画の世界をもとにした本格的なミュージカルやパーティなど、音楽に合わせて手拍子を打ったり、踊ったり。子供から大人まで夢の世界で幸せな気分に‼

ワールド・オブ・カラー・ワン
World of Color - one **LL**

　パラダイス・ピアで行われる光と水の大スペクタクルショー。アニメーションや実写画面、レーザー光線などの特殊効果を使ってウォルト・ディズニーと彼の夢を祝う。

ウォルト・ディズニーのイマジネーションを体験できる

ディズニージュニア・ダンス・パーティ
Disney Junior Dance Party!

　音楽に合わせてディズニージュニアの人気キャラクターが登場するライブショー。『ちいさなプリンセスソフィア』のソフィアや『ドックはおもちゃドクター』のドック、『ライオン・ガード』のティモンがアニメのオープニング映像とともに紹介される。

『ミッキーマウスとロードレーサーズ』のミッキーとミニーもダンスを披露

そのほかのパレード＆ショー
ファイブ＆ダイム
Five & Dime

ブエナビスタ・ストリート
Buena Vista Street

　メインゲートをくぐると広がる1920～1930年代のロスアンゼルスの町並み。通り沿いには、レストランやカフェ、ギフトショップが軒を連ねる。また、ハリウッドランドとブエナビスタ・ストリートを結ぶ乗り物レッド・カー・トロリーRed Car Trolley の停車駅もある。

レッド・カー・トロリー

モンスターズ・インク：マイクとサリーのレスキュー
Monsters, Inc. Mike & Sully to the Rescue!

映画『モンスターズ・インク』がモチーフのアトラクション。モンストロポリスで繰り広げられる、波瀾万丈の救出劇だ。マイクとサリーは少女ブーを無事に救出できるのか⁉

ハラハラ、ドキドキの連続
©Disney/Pixar

ハリウッドランド
Hollywood Land

　映画の都、ハリウッドの世界が広がる。映画やアニメをテーマにしたアトラクションを体験して、映画の世界を満喫しよう。

そのほかのアトラクション
タートル・トーク・ウィズ・クラッシュ
Turtle Talk with Crush

アニメーション・アカデミー
Animation Academy

ソーサラー・ワークショップ
Sorcerer's Workshop

アベンジャーズ・キャンパス
Avengers Campus

アベンジャーズやその協力者が集まり、アベンジャーズに協力する次世代ヒーローをリクルートし訓練するテーマランド。トニー・スタークが次世代のスーパーヒーローをトレーニングするための場所として提供した。

ガーディアンズ・オブ・ギャラクシー：ミッション・ブレイクアウト！ **LL**
Guardians of the Galaxy - Mission : BREAKOUT!

映画『ガーディアンズ・オブ・ギャラクシー』をテーマにしたアトラクションは、アライグマのロケットやコレクターの要塞などファン垂涎のエンターテインメントショー。最新技術を駆使し、本物さながらの世界が広がっている。最後は恐怖のフリーフォール！

園内でもひときわ目立つ建物だ
©2024 MARVEL

サンフランソウキョウ・スクエアとパラダイスガーデンを結ぶ橋「サンフランソウキョウ・ゲートブリッジ」

サンフランソウキョウ・スクエア
San Francsokyo Square

映画『ベイマックス』をテーマにしたエリア。メキシコ料理やアジア料理のレストランのほか、ブリュワリー＆ビアガーデンも並ぶ。倉庫「Hamada Bot Shop」では、ベイマックスに会えるかも？

カーズランド
Cars Land

映画『カーズ』をテーマにしたエリア。東京ドーム1個分以上（約4万8500㎡）という広大な敷地に、ラジエーター・スプリングスの町やオーナメント・バレーの赤い岩山を再現。カーレースを体験できるなど、まるで映画の世界にいるような気分にさせてくれる。

メーターのジャンクヤード・ジャンボリー
Mater's Junkyard Jamboree

赤ちゃんトラクターのメーターが牽引する荷台に乗って8の字のコースをぐるぐる回る。子供向けかと思いきや、左右に振られる動きは意外に激しい。よく見るとメーターの表情もさまざま。お気に入りのメーターに乗り込もう。

ルイジのローリッキン・ロードスター
Luigi's Rollickin' Roadsters

ライドタイプのアトラクション。音楽に合わせて乗っている車体が前後左右にダンスを続ける。
ルイジらしい陽気なアトラクションは子供たちに人気だ
©Disney/Pixar

ラジエーター・スプリングス・レーサー
Radiator Springs Racers **LL**

カーズランドの敷地の半分を占める大規模アトラクション。初めにラジエーター・スプリングスの町を訪ね、最後は時速65kmで走るレースは、まさに映画のシーンのよう！

トップスピードでコースを駆け抜けろ！ ©Disney/Pixar

かわいいメーターを見に行こう
©Disney/Pixar

📝メモ ワインを楽しめるレストラン、ワイン・カントリー・トラットリア　パフォーマンス・コリドーにあり、常時25種類以上のワインを用意。カリフォルニア産やイタリア産のワインを少量ずつ試飲できる（メニューにはWine Flightと書いてある）。

ピクサー・ピア
Pixar Pier

ウォーターサイドに豪快なアトラクションが並ぶ、ピクサー・ピア。2018年にピクサー映画の世界観が楽しめるエリアに生まれ変わり、新アトラクションが次々と登場している。

ピクサー・パル・ア・ラウンド
Pixar Pal-A-Round

46mの高さからパークを見渡せる観覧車。スリルを求めるならゴンドラが揺れる「Swinging」に、ゆっくり景色を楽しむなら揺れない「non-Swinging」に乗ろう。

トイ・ストーリー・マニア！
Toy Story Midway Mania! **LL**

映画『トイ・ストーリー』の世界観をモチーフにしたシューティングゲームが楽しめるアトラクション。3Dめがねを装着してライドに乗り込み、次々と現れる的を狙ってシュート！

インクレディコースター
Incredicoaster **LL**

映画『Mr.インクレディブル』をテーマにしたジェットコースター。エリアと同時にオープンした目玉アトラクションで、スーパーヒーロー一家と一緒に爽快なライドが楽しめる。

特殊効果と新しい音楽にも注目！
© Disney/Pixar

そのほかのアトラクション
ジェシーのクリッター・カルーセル
Jessie's Critter Carousel

インサイド・アウト・エモーショナル・ワールウィンド
Inside Out Emotional Whirlwind

ゲーム・オブ・ピクサー・ピア
Games of Pixar Pier

パラダイス・ガーデン・パーク
Paradise Gardens Park

子供も楽しめるアトラクションが多く、ファミリーで楽しめるエリア。ピクサー・ピアの北側が、リニューアルされ新エリアに生まれ変わった。

グリズリー・リバー・ラン
Grizzly River Run **LL**

グリズリー・ピーク山頂からの激流を下るウォーターライドはずぶぬれ必至！ ぬれた服は、カラッとしたカリフォルニアの気候が乾かしてくれる。

ずぶぬれになって盛り上がろう

そのほかのアトラクション
レッドウッド・クリーク・チャレンジ・トレイル
Redwood Creek Challenge Trail

グーフィーのスカイ・スクール
Goofy's Sky School **LL**

1940〜50年代に発表された短編アニメ「グーフィーの教室シリーズ」を題材にしたミニコースター。グーフィーが教えてくれる飛行訓練、どんな飛び方をするかは乗ってからのお楽しみ！

グリズリー・ピーク
Grizzly Peak

豊かな自然を川から、空から、森からと、さまざまな形で体験できるエリア。ライドに乗ったあとは、アスレチックコーナーでカリフォルニアの自然を感じてみてはいかが？

ソアリン・アラウンド・ザ・ワールド
Soarin' Around the World **LL**

五感を使って楽しめるライド、ソアリンがパワーアップしてリニューアルオープン。北極やオーストラリア、ドイツの城など、世界中を自由に飛び回ろう！

とても夢のあるアトラクション

133

\ 豊富なディズニーグッズが揃う /

ダウンタウン・ディズニー
Downtown Disney

夜はロマンティックなムードに包まれる

ダウンタウン・ディズニーは、買い物や食事などが楽しめる入場券不要のエリア。カリフォルニア最大のディズニーグッズを扱うお店をはじめ、個性的な専門店が揃っている。特筆すべきはナイトエンターテインメント施設の充実ぶり。近隣から食事やショッピング、エンタメを楽しみにやってくるローカルにも人気。店舗により異なるが、8:00から深夜まで営業。1日中楽しめるスポットだ!

ワールド・オブ・ディズニー
World of Disney

おみやげを買うならここ!

ディズニーグッズが満載のショップ。おもちゃやTシャツ、ぬいぐるみはもちろん、ありとあらゆるものが揃っている。最後の最後、おみやげ探しはここで!

バラストポイント・ブリューイング・カンパニー
Ballast Point Brewing Co.

家族連れでもくつろげる

サンディエゴで人気のブリュワリー。サラダやハンバーガー、サンドイッチと一緒に約20種類ある樽生クラフトビールを味わいたい。

ディズニーランド・リゾート
直営ホテルの特典

ディズニーランド・リゾート内には、ホテルが3つ →P.142 ある。直営ホテルだけあって、うれしい特典が付いてくる。ディズニー・グランド・カリフォルニアン・ホテル&スパとピクサー・プレース・ホテルは、ディズニー・カリフォルニア・アドベンチャー・パークへ直結で、ディズニーランド・ホテルはモノレールに乗って、ディズニーランド・パークへ直結で入園できる。

特典1 テーマパーク内では現金不要!

宿泊者は、園内各所で会計が必要なとき、ホテルのカードキーを提示するだけでOK。チェックアウトの際に精算することができる。
※クレジットカードの登録が必要。
カード A M V

特典2 ディズニーキャラクターからモーニングコール

なんと、ディズニーキャラクターがモーニングコールをかけてくれる!(録音サービス、自分で設定する必要あり)

特典3 ホテルでもキャラクターたちに会える

キャラクターたちに会うことができるのも魅力のひとつ。ホテルのキャラクター・ダイニング(→下記)でも会うことができる。

特典4 30分早く入場できる

宿泊者は指定された曜日に、通常より1時間早く入場できるアーリーエントリーというサービスがある。

ディズニーランド・ホテル
「グーフィーズ・キッチン」
バフェスタイル。シェフ姿のプルートなど、キャラクターたちが各テーブルに回ってきてくれる。

ディズニー・グランド・カリフォルニアン・ホテル&スパ
「ストーリーテラー・カフェ」
ミッキーが登場するキャラクター・ブレックファストが楽しめる。

「ナパ・ローズ」
アリエルやベルなどが会いに来てくれる。3品コースの朝食が味わえる。

\ 夢と魔法の王国へ /

ディズニーランド・パーク
Disneyland Park

大迫力のショー、ファンタズミック！

ここにしかないオリジナルのアトラクションの数々や、パークの創設者ウォルト・ディズニーゆかりのスポット、子供心を呼び覚ます魅惑のエンターテインメントショー、思わず息をのむディズニー・ミュージックとパレードなど、日本とはまったく違う、びっくりするような体験と笑顔が待っている。本家本元のディズニーランドで味わう楽しさは格別だ。

What's New! ディズニーランド・パークの 最新情報

2023年2月、ディズニーのキャラクターが登場するパレードの「マジック・ハプンズ」がスタートした。2023年1月、「ミッキーとミニーのランナウェイ・レイルウェイ」がミッキーのトゥーンタウンにオープン。『ミッキーマウス』をテーマにしたライドで、機関車ランナウェイ・レイルウェイに乗り込んでミッキーとミニーを追いかけよう。

「ミッキーとミニーのランナウェイ・レイルウェイ」では、愉快なお祭りが始まるよ

■ アドベンチャーランド
Adventureland
① ジャングルクルーズ
Ⓛ ② インディ・ジョーンズ・アドベンチャー
③ 魅惑のチキルーム
④ アドベンチャーランド・ツリーハウス

■ ニューオーリンズ・スクエア
New Orleans Square
① カリブの海賊
Ⓛ ② ホーンテッドマンション

■ フロンティアランド
Frontierland
① 蒸気船マークトウェイン号
② 帆船コロンビア号
③ トムソーヤ島のパイレーツの隠れ家
④ フロンティアランド・シューティング・エクスポジション
Ⓛ ⑤ ビッグサンダー・マウンテン
⑥ ファンタズミック！

■ クリッターカントリー
Critter Country
① デイビー・クロケットのカヌー探検
② プーさんの冒険

■ スター・ウォーズ：ギャラクシーズ・エッジ
Star Wars: Galaxy's Edge
Ⓛ ① ミレニアム・ファルコン：スマグラーズ・ラン
Ⓛ ② スター・ウォーズ：ライズ・オブ・ザ・レジスタンス

■ ミッキーのトゥーンタウン
Mickey's Toontown
① チップとデールのガジェットコースター
② ミッキーの家でミート＆グリート・ミッキー
③ ミニーの家でミート＆グリート・ミニー
④ ロジャーラビットのカートゥーンスピン
⑤ グーフィーのハウ・トゥ・プレイ・ヤードとグーフィーの家
⑥ ドナルドのダック・ポンド
Ⓛ ⑦ ミッキーとミニーのランナウェイ・レイルウェイ

■ ファンタジーランド Fantasyland
① おとぎの国のカナルボート
Ⓛ ② イッツ・ア・スモールワールド
③ マッターホーン・ボブスレー
④ トード氏のワイルドライド
⑤ ふしぎの国のアリス
⑥ ピーター・パン空の旅
⑦ スノーホワイト・エンチャンテッド・ウィッシュ
⑧ ピノキオの冒険旅行
⑨ キングアーサー・カルーセル
⑩ 空飛ぶダンボ
⑪ マッド・ティー・パーティー
⑫ ケイシージュニア・サーカストレイン
⑬ ファンタジー・フェア・ロイヤル・ホール
⑭ ファンタジー・フェア・ロイヤル・シアター
⑮ 眠れる森の美女の城 ウォーク・スルー
⑯ ピクシー・ホロウ

■ トゥモローランド Tomorrowland
Ⓛ ① スペース・マウンテン
② アストロ・オービター
Ⓛ ③ スター・ツアーズ：アドベンチャー・コンティニュー
Ⓛ ④ オートピア
⑤ バズ・ライトイヤー・アストロブラスター
⑥ ファインディング・ニモ・サブマリン・ヴォヤッジ

凡例
• • • • パレードルート
Ⓛ ライトニングレーン適用アトラクション
☆ キャラクター登場スポット
• インフォメーション
救護室
コインロッカー
ATM
ベビーカーレンタル
パッケージ・チェック・サービス
車椅子レンタル
ベビーセンター

■ メインストリートUSA
Main Street, U.S.A.
① メインストリート・シネマ
② オペラハウス
└ ディズニーランド・ストーリー「リンカーン大統領の感動の演説」

（地図）
ミッキーのトゥーンタウン Mickey's Toontown
スター・ウォーズ：ギャラクシーズ・エッジ Star Wars: Galaxy's Edge
ファンタジーランド Fantasyland
クリッターカントリー Critter Country
フロンティアランド Frontierland
ニューオーリンズ・スクエア New Orleans Square
アドベンチャーランド Adventureland
メインストリートUSA Main Street, U.S.A.
トゥモローランド Tomorrowland
ディズニーランド・モノレール
ダウンタウン・ディズニーへ
シティホール
鉄道駅
メインゲート
ディズニー・カリフォルニア・アドベンチャー・パークより ダウンタウン・ディズニー
ディズニーランド・ホテル
ディズニー・グランド・カリフォルニアン・ホテル＆スパ
ピクサー・プレイス・ホテル
ディズニーランド・パーク
① エントリープラザ
② ディズニー・カリフォルニア・アドベンチャー・パーク

ディズニーランド・パーク

135

パレード＆ショー
Parades & Shows

華やかさがちりばめられたエンターテインメントの数々は、忘れずに観ておきたい。ショーやパレードのスケジュールは日によって変動するため、入園時にもらうタイムガイドで確認しよう。

マジック・ハプンズ
Magic Happens

『シンデレラ』『眠れる森の美女』『モアナと伝説の海』『プリンセスと魔法のキス』のフロートがメインストリートUSAを進むパレード。ディズニー作品の魔法の瞬間が壮大なスケールで再現される。

映画『リメンバー・ミー』のミゲルやヘクターもお目見え
©Disney/Pixar

ファンタズミック！
Fantasmic!

アメリカ河で行われる、光と水が織りなす華麗でダイナミックなショー。ウオータースクリーンに映し出される、レーザーや特殊効果を駆使した映像はスケールも大きく、美しさも格別だ。2024年3月現在、一時休止中。2024年5月24日再開予定。

人気のショーなので早めに場所取りをしたい

そのほかのパレード＆ショー
ファンタジーフェア
Fantasy Faire
ストーリーテリング・アット・ロイヤル・シアター
Storytelling at Royal Theatre
ダッパー・ダン
The Dapper Dans
※シーズンにより内容が変わる

そのほかのアトラクション
ディズニーギャラリー
The Disney Gallery
ディズニーランド・ストーリー「リンカーン大統領の感動の演説」
The Disneyland Story presenting
Great Moments with Mr. Lincoln
ディズニーランド鉄道
Disneyland Railroad

メインストリートUSA
Main Street, U.S.A.

正面ゲートをくぐると最初にゲストを迎えてくれるのがここ。古きよきアメリカの町並みを再現したにぎやかなストリートは何ともかわいらしい。30軒近いショップとレストランが並んでいる。広場のあたりはキャラクターがしばしば出没する。ぜひサインをもらっておこう。

メインストリート・シネマ
Main Street Cinema

6つのスクリーンでミッキーマウスの古典的名作『蒸気船ウィリーSteamboat Willie』などを常時上映している。ミッキーマウスは、時代によって少しずつ顔が変化していることもわかる。館内には隠れミッキーもいるらしい!?

メインストリートUSAでは、最先端の技術を用いて再現されたリンカーン大統領の演説を観ることができる

ジャングルクルーズ
Jungle Cruise

熱帯植物の生い茂るジャングルの奥地へと冒険の船旅に出る。途中カバや水浴びするゾウに出会ったり、首狩り族の襲撃をかわしたりしつつ探検をする。緑の茂るクルーズは、暑い夏にほんのひとときの清涼感を与えてくれる。ガイドの説明もリアリティがあって楽しい。

ガイドも魅力のアトラクション

そのほかのアトラクション
**ウォルト・ディズニーの
魅惑のチキルーム**
Walt Disney's Enchanted Tiki Room
**アドベンチャーランド・
ツリーハウス**
Adventureland Treehouse

アドベンチャーランド
Adventureland

ジャングル気分の熱帯の楽園をイメージしたエリア。人気アトラクション「インディ・ジョーンズ・アドベンチャー」をはじめ、ドキドキの大冒険を楽しもう。

インディ・ジョーンズ・アドベンチャー
Indiana Jones™ Adventure **LL**

考古学者インディ・ジョーンズ博士が発掘したインドの古代遺跡を、ジープ型の乗り物で冒険するという人気アトラクション。大ヒット映画のなかで繰り広げられた冒険を、主人公になった気分で体験できるライドだ。3コースあり、これだけは必ず乗っておきたい。ライドまでの古代遺跡の探索もとても凝っている。

大冒険に出発だ

©Disney /
Lucasfilm, Ltd.

ニューオーリンズ・スクエア
New Orleans Square

ディキシーランドジャズが聴こえてくれば、そこは19世紀のニューオーリンズ。ヨーロッパの雰囲気たっぷりのスクエアには個性的なショップも揃っている。

ホーンテッドマンション
Haunted Mansion **LL**

ハイテクなお化け(?)たちが、あの手この手で現れる。れんが造りの不気味な館では、999人の愉快なお化けがパーティの真っ最中! きっと人懐っこい幽霊がカートの自分の隣に乗り込んでくるゾ! ハロウィンから年末年始にかけてスペシャルバージョンに。

ジャック・スパロウをお見逃しなく

カリブの海賊
Pirates of the Caribbean

20人乗りのボートに乗って海賊たちが待ち受けるカリブの海へ航海に出る。真っ暗な水路に目が慣れる頃、周りにはカリブの海賊たちが姿を現す。映画『パイレーツ・オブ・カリビアン』でおなじみのジャック・スパロウとバルボッサ船長が現れるというウワサが……。

愉快なお化けに会いに行こう

137

蒸気船マークトウェイン号
Mark Twain Riverboat

アメリカ南部らしい
趣のある蒸気船

バンドの演奏を楽しみつつ、ゆったりと川辺の
景色を眺めたい人は蒸気船がおすすめ。アッ
パーデッキのいちばん前は1隻見送っても陣取
ろうとする人がいるほど人気がある。古き南部
の香りを味わおう。スリルあるアトラクションもい
いが、ときにはのんびり大河をゆくのも心地いい。

そのほかのアトラクション
帆船コロンビア号
Sailing Ship Columbia
トムソーヤ島のパイレーツの隠れ家
Pirate's Lair on Tom Sawyer Island

フロンティアランド
Frontierland

荒々しいアメリカの西部開拓時代。それ
でも活気にあふれていた時代を再現した町
並みが広がっている。スリリングなジェット
コースター、ビッグサンダー・マウンテンで
大声を上げ、いかだに乗ってトム・ソーヤ
気分を堪能しよう。

ビッグサンダー・マウンテン
Big Thunder Mountain Railroad **LL**

ゴールドラッシュの頃の廃坑を舞台にした、地震あり落石ありのハプ
ニングが愉快なジェットコースター。右へ左へ、上へ下へと激し
い走りで山中を駆け抜ける。

急カーブが
左右に続く

クリッターカントリー
Critter Country

緑の森に囲まれた静かな村をイメージしたクリッター
カントリー。本物の木々が豊富なこのエリアには野鳥
が集まってくる。カントリー・ベアの裏では、くまのプー
さんのかわいらしさ全開のライドもある。

デイビー・クロケットの
カヌー冒険
Davy Crockett's Explore Canoes

西部の暴れん坊、デイビー・クロケットになったつもり
でカヌーを漕ごう。アメリカ河にあるアトラクションでい
ちばんユニークなのがこれ。運航時期と時間に制限
があるので現地で確認すること。

ミレニアム・ファルコン：
スマグラーズ・ラン
Millennium Falcon : Smugglers Run **LL**

『スター・ウォーズ』に登場する宇宙船「ミレニアム・ファルコ
ン」のコックピットに乗り込み、スリリングな極秘ミッションに出
発！　船員それぞれに、パイロット、エンジニア、射撃手の
役割が割り当てられる。ミッションの成功はあなたしだい！

ハン・ソロ船長になりきって操縦！
© Disney ©&™Lucasfilm Ltd.

スター・ウォーズ：
ギャラクシーズ・エッジ
Star Wars : Galaxy's Edge

2019年に誕生したエリア。スター・ウォー
ズの冒険を楽しめる。ここは銀河系の辺境
にある惑星「バトゥー」の貿易港。密輸
業者、闇商人、冒険家などが集まるミステ
リアスな町へ繰り出そう。

そのほかのアトラクション
スター・ウォーズ：
ライズ・オブ・ザ・レジスタンス
Star Wars : Rise of the Resistance

ファンタジーランド
Fantasyland

ディズニーランドの神髄がここにある。おとぎの国を体験できるテーマランド。白雪姫、ピノキオ、ピーターバンたちに会えるハッピーワールド！

眠れる森の美女の城ウォークスルーはストーリーを追うスタイル

ピノキオの冒険旅行
Pinocchio's Daring Journey

ピノキオと一緒に冒険の旅に出かけよう。うまく家に帰れたら大成功。ピノキオが夢をかなえるまでをファンタジーたっぷりに描く。物語シリーズのアトラクションのなかでは比較的すいていて狙い目だ。

眠れる森の美女の城ウォークスルー
Sleeping Beauty Castle Walkthrough

ディズニーランド・パークの象徴が眠れる森の美女のお城。そのお城では特殊効果を使った演出で、ストーリーをたどることができる。必ず立ち寄って、お城の"魔法"を体験しよう。最後はハッピーな気分になる。

子供たちに人気のアトラクション

イッツ・ア・スモールワールド
it's a small world **LL**

ボートにゆったり揺られて世界一周の旅。ディズニーがディズニーであるゆえんを、このアトラクションに見ることができるだろう。各国の民族衣装をまとった人形たちが、かわいい歌声で"it's a small world"を歌い踊る。

見るたびに感動を与えてくれる

そのほかのアトラクション

ピーターパン空の旅
Peter Pan's Flight

白雪姫のエンチャンテッド・ウィッシュ
Snow White's Enchanted Wish

トード氏のワイルドライド
Mr. Toad's Wild Ride

不思議の国のアリス
Alice in Wonderland

キングアーサー・カルーセル
King Arthur Carrousel

マッド・ティーパーティ
Mad Tea Party

おとぎの国のカナルボート
Storybook Land Canal Boats

ケイシージュニア・サーカストレイン
Casey Jr. Circus Train

空飛ぶダンボ
Dumbo the Flying Elephant

マッターホーン・ボブスレー
Matterhorn Bobsleds **LL**

イエティ(雪男)が待ち受ける洞窟を超スピードで駆け抜ける、スピードを実感できるジェットコースター。夜になるとスリル倍増！

鮮明なイエティの登場シーン

139

ミッキーのトゥーンタウン
Mickey's Toontown

このエリアに1歩入ると、ミッキーやミニーが住む愛らしい町が広がっている。お気に入りのキャラクターに出会える可能性が極めて高い。シティホールの時計が時報を鳴らすと、キャラクターが登場する。

ミッキーの家とミート＆グリート：ミッキー
Mickey's House and Meet Mickey

ミッキーの家を訪れ、キッチンや寝室を見て回る。ミッキーの有名なカートゥーン（漫画）もある。ここはミッキーとのツーショットが確実なポイント！ミッキーのサインも忘れずにもらおう。

ミッキーに会うならここ

ロジャーラビットのカートゥーンスピン
Roger Rabbit's Car Toon Spin **LL**

トゥーンタウンのタクシーに乗って悪いイタチから逃げ回る。映画『ロジャー・ラビット』の世界を冒険だ！ 最後には……、それは乗ってからのお楽しみ。トゥーンタウンのなかでも大人気のアトラクション！

タクシーの形をしたかわいい車で冒険旅行に出発

New
ミッキーとミニーの
ランナウェイ・レイルウェイ
Mickey & Minnie's Runaway Railway

ミッキーマウスのアニメーションの世界へひとっ飛び。ミッキーやミニーと一緒にピクニックへ出かけよう。道中ではたくさんのハプニングがあり、片時も目が離せない。

ユーモアあふれるライド

ミニーの家と
ミート＆グリート：ミニー
Minnie's House and Meet Minnie

ミッキーの家の隣にある、ミニーの家を訪れてみよう。なかは夢見る女の子らしいキュートな家庭用品でいっぱい。裏庭の井戸で願いごとをするのも忘れないように。

サインをお願いしよう

そのほかのアトラクション

**グーフィーの
ハウツープレイヤード**
Goofy's How-to-Play Yard

ドナルドのダック・ポンド
Donald's Duck Pond

**チップとデールの
ガジェットコースター**
Chip 'n' Dale's GADGETcoaster

トゥモローランド
Tomorrowland

宇宙や未来都市をイメージしたトゥモローランドには、テクノロジーとイマジネーションあふれるアトラクションがある。未来の世界をひと足先に体験しよう。

バズ・ライトイヤー・アストロブラスター
Buzz Lightyear Astro Blasters **LL**

シューティングポイントでスペースレンジャーのランクが決定する。バズと一緒にスペースレンジャーとなって悪の手から宇宙を守るミッションに出動だ！

Buzz Lightyear Astro Blasters is inspired by Disney/Pixar's "Toy Story2" ©Disney/Pixar

スペース・マウンテン
Space Mountain **LL**

未来の宇宙旅行が体験できるディズニーランドを代表するアトラクション。降りかかる流星群をぬうように、高速ロケットで宇宙空間を走り抜けていく。星がまたたく空間は、コースが見えにくくてスリルも倍増。臨場感あふれる、ディズニー版宇宙旅行を楽しもう。

暗い宇宙空間を猛スピードで進んでいく！

そのほかのアトラクション
アストロ・オービター
Astro Orbiter
スター・ウォーズ・ローンチ・ベイ
Star Wars Launch Bay

スター・ツアーズ：アドベンチャー・コンティニュー
Star Tours - The Adventures Continue **LL**

人気のライド型アトラクション、スター・ツアーズが3Dになって帰ってきた。映画『スター・ウォーズ』でおなじみのキャラクターC-3POに案内されて、宇宙船スタースピーダー1000に乗り込んだら、手に汗握る宇宙空間の旅の始まり！

3Dの宇宙旅行に出発
©Disney ©&™Lucasfilm Ltd.

ファインディング・ニモ・サブマリン・ヴォヤッジ
Finding Nemo, Submarine Voyage

映画『ファインディング・ニモ』の世界が海の中に広がる！水中ではニモや仲間たちの愉快な生活を見ることができる。黄色い潜水艦に乗って、ニモを探す海底探検の旅へ出かけよう。

『ファインディング・ニモ』の世界が潜水艦に乗って楽しめる
Finding Nemo Submarine Voyage is inspired by Disney/Pixar's "Finding Nemo." ©Disney/Pixar

オートピア
Autopia **LL**

ゴーカートで変化に富んだコースを走るので、大人も子供も楽しむことができる。最新の技術で、瞬間的にジェットコースター並みのスピードを出してトゥモローランドを駆け巡る。

トゥモローランドを車で駆けよう

141

アナハイムのホテル
Anaheim

アナハイムといえばディズニーランド・リゾート。実際、ホテル街は、ディズニーランド・リゾートを取り囲むようにできている。なお、リゾート周辺はアナハイム・リゾート・トランジット（ART）のバスが深夜まで運行しているので、テーマパークとホテル街とのアクセスにも不便はない。

※ディズニーのオフィシャルホテル3軒の宿泊料金は目安として参考にしてください。

高級 ディズニー・グランド・カリフォルニアン・ホテル＆スパ
Disney's Grand Californian Hotel & Spa

おすすめディズニーリゾート・ホテル

ディズニー・カリフォルニア・アドベンチャー・パークのオープンにともなって完成した豪華ホテル。メインエントランスやダウンタウン・ディズニーに隣接し、ディズニー・カリフォルニア・アドベンチャー・パークには、ホテルから直接アクセス可。

WiFi 無料　948室　カード ADMV

M ディズニーランド・リゾート P.129
1600 S. Disneyland Dr., Anaheim, CA 92802
(714) 635-2300
FAX (714) 300-7300
disneyland.jp
ⓈⒹⓉ $533～1582、Ⓢ $1706～

高級 ディズニーランド・ホテル
Disneyland Hotel

歴史あるディズニー直営ホテル

いわずと知れたディズニーリゾート・ホテルの元祖。ディズニーランド・パークとはモノレールで直結。3つのプールに加えてビーチやマリーナまであるリゾートホテルだ。レストランも充実し、キャラクターダイニングで人気のグーフィーズ・キッチンもここにある。

WiFi 無料　973室　カード AMV

M ディズニーランド・リゾート P.129
1150 W. Magic Way, Anaheim, CA 92802
(714) 778-6600
FAX (714) 956-6597
disneyland.jp
ⓈⒹⓉ $425～1100、Ⓢ $776～

高級 ピクサー・プレース・ホテル
Pixar Place Hotel

ディズニー・カリフォルニア・アドベンチャー・パークに隣接

2024年1月に「ディズニー・パラダイス・ピア・ホテル」からリニューアルオープンした。映画『ファインディング・ニモ』をモチーフにしたプールや遊び場があり、子連れの家族にたいへん人気がある。

©Disney/Pixar

WiFi 無料　489室　カード AMV

M ディズニーランド・リゾート P.129
1717 S. Disneyland Dr., Anaheim, CA 92802
(714) 999-0990
disneyland.jp
ⓈⒹⓉ $336～634、Ⓢ $933～

高級 シェラトン・パーク・ホテル・アット・ジ・アナハイム・リゾート
Sheraton Park Hotel at the Anaheim Resort

ディズニーランドに近い

ディズニーランドまで歩いて約15分。コンベンションセンターにもほど近い。多くのショップやレストランが入ったアナハイム・ガーデン・ウオークも徒歩圏内。ディズニーランドが見える客室もある。

WiFi $9.95　490室　カード ADJMV

M ディズニーランド・リゾート P.129
1855 S. Harbor Blvd., Anaheim, CA 92802
(714) 750-1811
FAX (714) 971-3626
www.marriott.com
ⓈⒹⓉ $119～643

中級 アナハイム・ホテル
The Anaheim Hotel

大きなプールが家族連れに評判

ディズニーランドまで歩いて10分という好立地。2017年から客室やロビーを徐々にリニューアルし、きれいに生まれ変わった。オリンピックサイズのプールや、ピザが評判のレストランを併設するなど充実した設備も魅力。

WiFi 無料　306室　カード AMV

M ディズニーランド・リゾート P.129
1700 S. Harbor Blvd. Anaheim, CA 92802
(714) 772-5900
FAX (714) 772-8386
www.theanaheimhotel.com
ⓈⒹⓉ $179～529、Ⓢ $559～

コーヒーメーカー　ミニバー／冷蔵庫　バスタブ　ヘアドライヤー　室内金庫　ルームサービス　レストラン
フィットネスセンター／プール　コンシェルジュ　日本語を話すスタッフ　ランドリー　ワイヤレスインターネット　駐車場　車椅子対応の部屋

ハリウッド映画の魅力が凝縮されたパーク

ユニバーサル・スタジオ・ハリウッド
★ Universal Studios Hollywood ★

映画の都ハリウッドにあるテーマパーク。実際に撮影が行われているスタジオやロケ現場を巡ったり、大迫力の映画の仕掛けや演出をアトラクションとして楽しんだりすることができる。本場のユニバーサル・スタジオは、ひと味もふた味も違う。ここここそまさに"究極"のテーマパークだ。

What's New!
ユニバーサル・スタジオ・ハリウッドの 最新情報

2023年2月、ロウアーロットに新エリアの「スーパー・ニンテンドー・ワールド™ SUPER NINTENDO WORLD™」がオープンし、任天堂ゲーム「マリオカートシリーズ」の世界をテーマにしたライド「マリオカート～クッパの挑戦状～™ Mario Kart™: Bowser's Challenge」が登場。
2021年4月、アッパーロットにアニメーション映画『ペット The Secret Life of Pets』をモチーフにしたアトラクション「ペット・オフ・ザ・リーシュ The Secret Life of Pets: Off the Leash」がオープンした。

シンプソンズ一家も待っている！

映画の世界が忠実に再現され、ホグワーツ™城も大迫力！

データ

M ハリウッド　P.62-A1
住 100 Universal City Plaza, Universal City
Free (1-800)864-8377
www.universalstudioshollywood.com
営 毎日10:00～18:00（開園時間は季節、曜日によって異なるため、ウェブサイトで確認すること）
料 1日券：大人$159、子供（3～9歳）$153。2歳以下無料（ウェブサイトで事前に購入する場合、割引あり。価格は変動するため、事前にウェブサイトで確認すること）
VIPエクスペリエンス
専属ガイドがバックロットへ案内してくれるほか、全アトラクションへの優先入場（無制限）、そのほか多数の特典付きチケット。$369～499。詳細は → P.149 。
カード A D J M V

行き方

 LAダウンタウン＆ハリウッドから

メトロレイル・Bラインで
LAダウンタウン、ハリウッドともにUniversal City / Studio City駅下車。LAダウンタウンから約30分、ハリウッドから約6分。駅の改札から地上に出る。通りの向かいから無料シャトルバスが運行（毎日7:00～閉園2時間後まで。10～15分ごとの運行）している。徒歩の場合は約15分。
車で
ダウンタウンからUS-101を北へ14km行き、Exit 11Bで下りた所。所要約30分。
ハリウッドからHighland Ave.、US-101を北へ4km行き、Exit 11Bで下りた所。所要約15分。
※ユニバーサル・スタジオ・ハリウッドの駐車場は$32～70。17:00以降は$10～70。場所により異なる。

 アナハイムエリアから

鉄道で
アナハイム駅 → P.45 からアムトラックか、メトロリンクのOrange County Lineでロスアンゼルスのユニオン駅まで行く。メトロレイル・BラインでUniversal City/Studio City駅へ。

優先パス、ユニバーサル・エクスプレス
「マリオカート～クッパの挑戦状～™」以外のすべてのアトラクションと、座席のあるショーに各1回ずつ優先入場できるチケット。季節により$339～（いずれも1日券の料金を含む）。ウェブサイトで事前に購入する場合、割引あり。

 メモ　セキュリティチェック　入園する前にセキュリティチェックを受けなければならない。手荷物のチェックのほか、X線による身体検査もある。持ち込む荷物は極力少なめにしておくように。

スタジオ・ツアー
Studio Tour

ハリウッドだけでしか体験できないアトラクションがコレ。撮影セット、スタジオ、映画で使われる特殊効果の秘密を、ビデオモニター付きのトラムカーに乗車したまま体験し、知ることができるのだ。実際のスタジオの4エーカー（約1.6ヘクタール）を建て直し、アトラクション（スタジオ・ツアー）として一般に公開している。大人気のアトラクション（所要1時間）なので、開園直後かなるべく早い時間がおすすめ。

ユニバーサル・スタジオ・ハリウッドのマストがスタジオ・ツアー。トラムでGO！

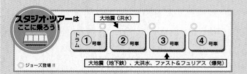

スタジオ・ツアーはここに乗ろう！

| トラム | ①号車 | ②号車 | ③号車 | ④号車 |

大地震（洪水）

◎ ジョーズ登場‼

大地震（地下鉄）、大洪水、ファスト＆フュリアス（爆発）

乗り場

メインゲートからアッパーロットを右手に向かうと"Studio Tour"と記されたゲートがある。そこからエスカレーターで下りて乗り場へ進むと、4両編成のトラムカーが待機している。ツアー最終出発は閉園1時間～2時間前なので注意を。

ユニバーサル・スタジオ・ハリウッド

■ ロウアーロット
Lower Lot
① ジュラシック・ワールド・ザ・ライド
② ディブレイ
③ リベンジ・オブ・ザ・マミー・ザ・ライド
④ トランスフォーマー™：ザ・ライド・3D
⑤ スーパー・ニンテンドー・ワールド™
⑥ マリオカート ～クッパの挑戦状～™

■ アッパーロット
Upper Lot
① ウォーターワールド
② カンフーパンダ
③ スタジオツアー
④ ザ・シンプソンズ・ライド™
⑤ スーパーシリー・ファンランド
⑥ ディスピカブル・ミー・ミニオン・メイヘム
⑦ ペット：オフ・ザ・リーシュ
⑧ ウィザーディング・ワールド・オブ・ハリー・ポッター™
⑨ フライト・オブ・ザ・ヒッポグリフ™
⑩ ハリー・ポッター・アンド・ザ・フォービドゥン・ジャーニー™
⑪ スプリングフィールド

■ ショップ／レストラン
Shop/Restaurant
Ⓢ1 ユニバーサル・スタジオ・ストア
Ⓢ2 ハリウッド・フォトランド
Ⓢ3 アニメーション・スタジオ・ストア
Ⓢ4 クイック・イー・マート
Ⓡ1 ハリウッド＆ダイン
Ⓡ2 メルズ・ダイナー
Ⓡ3 ルイージズ・ピザ
Ⓡ4 クラスティバーガー
Ⓡ5 コシーナメキシカーナ
Ⓡ6 三本の竿™
Ⓡ7 ジュラシック・カフェ
Ⓕ1 スターバックス

ロウアーロット
Lower Lot

ロウアーロットへのエスカレーター

スタジオツアー入口

ユニバーサルプラザ

Ⓕ カウンターフード
Ⓡ レストラン
Ⓢ ショップ
Ⓜ 映画館
Ⓔ エンターテインメント
ⓘ インフォメーション
✚ 救護室
🔒 コインロッカー
🚻 トイレ
🏧 ATM
Ⓑ ベビーカーレンタル
Ⓦ 車イスレンタル
📋 スタジオディレクトリー

フランケンシュタイン駐車場

アッパーロット
Upper Lot

キュリアス・ジョージ駐車場

出口
入園口

ユニバーサル・シティウォーク
Universal CityWalk
＊おもな店舗のみ記載
Ⓜ1 ユニバーサル・シネマ
Ⓔ1 アイフライ・ハリウッド
Ⓢ5 ユニバーサル・スタジオ・ストア
Ⓢ6 ドジャーズ・クラブハウス・ストア
Ⓢ7 アバークロンビー＆フィッチ
Ⓢ8 リッズ
Ⓢ9 シングス・フロム・アナザーワールド
Ⓡ8 ババガンプ・シュリンプ
Ⓡ9 ワサビ・アット・シティウォーク
Ⓡ10 ドンボー・キッチン
Ⓡ11 ジミー・バフェット・マルガリータビル
Ⓡ12 トゥーサム・チョコレート・エンポリアム＆セイボリー・フィースト・キッチン
Ⓕ2 シティフード（フードコート）
Ⓕ3 ブードゥードーナツ

チケットブース

タクシー乗り場

ウッディ・ウッドペッカー駐車場

メトロレイル
Universal City/Studio City駅行きシャトル乗り場

ユニバーサル・シティウォーク
Universal CityWalk

E.T.駐車場
タクシー乗り場

ジュラシックパーク駐車場

ホテル行きシャトル乗り場

📝メモ SUPER NINTENDO WORLD™ Early Access Ticket スーパー・ニンテンドー・ワールドの待ち時間がかなり長いことから登場したパス。通常よりも1時間早く入場できる。💰$20～30

スタジオ・ツアーの代表アトラクション

> 高速カーチェイスを体感!

ファスト & フュリアス・スーパーチャージ
Fast & Furious - Supercharged

カーアクション映画『ワイルド・スピード』のアトラクション。360度の3Dという度肝を抜く映像世界で、190kmを超える高速カーチェイスを体感することができる。大迫力のアトラクションは、スタジオ・ツアーの最後に組み込まれており、ドミニクやブライアンといった、おなじみのキャラクターも登場する。

大迫力の3D映像を堪能しよう

> 名監督がプロデュース、史上最強の3D

キングコング360 3-D
King Kong 360 3-D

スタジオ・ツアーでいちばん目玉のアトラクション。ワイルド・スピード同様、360度の3D映像体験だ。黒いトンネルに近づくにつれ、観客の興奮もピークに達する。ピーター・ジャクソン監督の合図を受け、3Dめがねをかけると、そこは……。
巨大な恐竜がトラムに近づき、あっけにとられているとキングコングも出現。巨大な生物たちのファイティングが、観客の、まさに目の前で繰り広げられる。あわやトラムも巻き込まれ……!?

キングコングと恐竜が格闘する

> いきなりの天候変化にびっくり

大洪水
Flash Flood

メキシコの片田舎で突然ゲリラ豪雨が発生。川が氾濫し、あたり一帯が水浸しになる。トラムにまで迫ってくる洪水に、あなたは対処できるのか?

> トラム、大ピンチ!

大地震：ビッグワン
Earthquake：The Big One

サンフランシスコの地下鉄駅にトラムが停まると、突然地面が揺れ始めた! マグニチュード8.3の地震が起きたのだ。天井は割れ、電柱が倒れ、電線は火花を散らす。そして、前方から電車が飛び込んできて、火の海に! さらに洪水が襲いかかり、トラムは非常事態に巻き込まれる。

洪水がトラムを襲う

> ジョーズには要注意!

ジョーズ
Jaws

ニューイングランドの街、アミティの湖で釣りをしていた人が突然、水中に引きずり込まれた。水面は一瞬にして血の海に!! いったい何が起こったのか?
遠くにいると思ったジョーズは突然、姿を消して……。ジョーズはどこへ? まさか!? アミティ湖では、油断大敵。

食べられないように注意して!

> スタジオ・ツアーで見ることができる映画とドラマのセット
>
> ● バック・トゥ・ザ・フューチャー Back to the Future
> ● ビッグ・ライアー Big Fat Liar
> ● 宇宙戦争 War of the Worlds
> ● デスパレートな妻たち Desperate Housewives
> ● サイコ Psycho

> 事前に映画を観ておきたい!

メモ ユニバーサル・スタジオ・ハリウッドのアプリ 事前にアプリをスマートフォンにダウンロードし、チケットとアプリをリンクさせておこう。ライドの待ち時間やショーの開始時間を知ることができる。

145

アッパーロット
Upper Lot

ウォーターワールド、ハリー・ポッター・アンド・ザ・フォービドゥン・ジャーニー™、ザ・シンプソンズ・ライド™など、映画やドラマ、アニメをモチーフにした迫力のアトラクションで、ユニバーサル作品の世界にどっぷりひたれるのがアッパーロットだ。ハリウッドならではのスタジオ・ツアーのアトラクションは必見。

ウォーターワールド
WaterWorld

ケビン・コスナー主演の映画『ウォーターワールド』の世界を忠実に再現したステージに、50人を超える本場ハリウッドのスタントマンたちが登場。水上バイクやモーターボート、水上飛行機を使った大がかりなアクションショーだ。"ソークゾーンSOAK ZONE"と書かれているスタンドの前方の席は、ショーを間近で見られる特等席。しかし、スタントマンが水鉄砲やバケツで水をまくので、半端じゃなくびしょびしょになる。所要約20分。

前列はびしょびしょになる大迫力アトラクション

ハリー・ポッター・アンド・ザ・フォービドゥン・ジャーニー™
Harry Potter and the Forbidden Journey™

『ハリー・ポッター』の世界を体感できるライド。ホグワーツ™城上空をハリーと一緒に飛び回り、冒険の旅に出る。目の前に迫ってくるスニッチ™の迫力に圧倒されること間違いない?

動く肖像画もある

夜のホグワーツ™城

\ ハリーが住んでいた世界 /
ウィザーディング・ワールド・オブ・ハリー・ポッター™
The Wizarding World of Harry Potter™

日本でも大人気の『ハリー・ポッター』をテーマにしたエリア。ホグワーツ™城やホグズミード™村など映画でおなじみの町並みが広がっている。ショップやレストランもあり、ハリー・ポッターのファンは感涙もの!

フライト・オブ・ザ・ヒッポグリフ™
Flight of the Hippogriff™

家族連れに人気のローラーコースター。オオワシの上半身と馬の下半身からなる魔法の生物ヒッポグリフに乗って、カボチャ畑やハグリッドの小屋の上空を飛び回ろう。前方にはホグズミード™村やホグワーツ™城が広がり、すばらしい景色が楽しめる。

ヒッポグリフとともに飛び立とう

メモ バーチャルラインとは 長い列に並ぶ必要がなくアトラクション（マリオカート～クッパの挑戦状～™を除く）入場の待ち時間を有効に使えるシステム。アプリのなかのVirtual Lineをタップし、「Virtual Line Venues」で希望するアトラクションを▶

ザ・シンプソンズ・ライド™
The Simpsons Ride™

アメリカでは知らない人はいない長寿アニメ番組で、大人気のアニメシリーズ『ザ・シンプソンズ』をモチーフにしたアトラクション。ライドに乗ってクラスティ・ザ・クラウンが夢に描くファンタジー・アミューズメント・パーク、クラスティランドを巡る。それぞれが個性的でユニークなシンプソンズ一家とともに、爆笑とハプニングの3Dアドベンチャーへ出かけよう。

アメリカ版サザエさんといわれるシンプソンズ一家

スーパーシリー・ファンランド
Super Silly Fun Land

小さな子供たちに大人気のゾーン。隣接する「ディスピカブル・ミー・ミニオン・メイヘム」の世界をイメージしたジャングルジム、空中遊泳感覚のかわいらしいライド、ゲームアーケード、水遊びのエリアなどから構成されている。一番人気は西海岸らしいウオーターゾーン。頭から水をかぶって、子供たちは大喜び。

子供たちに人気が高いエリアだ

カンフーパンダ
Kung Fu Panda

2008年公開の映画『カンフーパンダ』をモチーフにした映画館型のアトラクション。最新鋭のプロジェクションマッピングや360度サラウンド音響技術を駆使し、映画世界への没入感が楽しめる。主人公のジャイアントパンダ「ポー」と一緒に冒険に出かけよう。

自分もカンフーマスターになった気分

ペット:オフ・ザ・リーシュ
The Secret Life of Pets: Off the Leash

アニメーション映画『ペットThe Secret Life of Pets』をモチーフにしたアトラクション。ニューヨーク・マンハッタンのアパートに住む子犬の飼い主ケイティが留守にしている間、ペットが巻き起こす騒動はライドに乗る前から始まっている。小型犬のマックス、保健所から引き取られた大型犬のデューク、近所に住むポメラニアンのギジェット、元ペット団のウサギのスノーボールと一緒にニューヨークの街へ繰り出そう。

かわいらしいペットが繰り広げるドタバタ劇

ディスピカブル・ミー・ミニオン・メイヘム
Despicable Me Minion Mayhem

日本でも大人気のアニメ映画『怪盗グルー』シリーズ。その第1弾『怪盗グルーの月泥棒』がベースのアトラクションだ。泥棒グルーと養護施設からやってきた三姉妹、グルーの子分のミニオンたちが大冒険の旅に出る。3Dに加え、風圧や水攻撃などとても刺激的で、子供たちも大喜び。ミニオンたちの好物であるバナナが出てくると、さぁ大変！ 五感を使って楽しめる。

ミニオンと一緒に旅に出よう

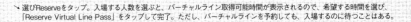

選びReserveをタップ。入場する人数を選ぶと、バーチャルライン取得可能時間が表示されるので、希望する時間を選び、「Reserve Virtual Line Pass」をタップして完了。ただし、バーチャルラインを予約しても、入場するのに待つことはある。

ロウアーロット
Lower Lot

　入口ゲートをくぐり、アッパーロットを突っ切り『ザ・シンプソンズ・ライド™』左側のエスカレーターを下ると、そこが人気アトラクションがあるロウアーロットだ。

　ハリウッド映画ならではの迫力ある特殊効果を、そのままアトラクションにしてしまうのは、さすがユニバーサル・スタジオ！　2023年2月には新ライド「マリオカート～クッパの挑戦状～™ Mario Kart™: Bowser's Challenge」が登場した。

トランスフォーマー™：ザ・ライド-3D
Transformers™ : The Ride-3D

人気映画シリーズ『トランスフォーマー』が3Dのアトラクションになった。これまであった多くの3Dアトラクションは座席が上下左右に動く程度のものだったが、こちらは、巨大なスクリーンに囲まれたなかを実際に疾走するのだ。人間の味方オートボットと敵対するディセプティコンのバトルに巻き込まれるシーンでは、オプティマスプライムたちと本当に戦っているような臨場感を味わえる。

映画を観てからトライしたい

リベンジ・オブ・ザ・マミー・ザ・ライド
Revenge of the Mummy - The Ride

ユニバーサル・スタジオで人気の高いアトラクション。映画『ハムナプトラ』の世界が、世にも恐ろしいローラーコースターに姿を変えて再現されている。遺跡の中を探索していくと、目もくらむほどの財宝の山を発見！　とその瞬間、真っ暗闇のなかで疾駆するコースターと、それに襲いかかるすさまじい形相のミイラたち、予想もつかない動きをするコースター……。恐怖におののいているうちに終わってしまうライドだ。疲労感もたっぷり。

ミイラたちの恐怖に打ち勝って！

ジュラシック・ワールド・ザ・ライド
Jurassic World™ - The Ride

ボート型のライドに乗って大迫力のリバーツアーをするアトラクション。映画『ジュラシック・パーク』に登場する恐竜が最新技術でよりリアルに再現され、スリリングな体験ができる。
※カメラや貴重品などぬれると困る物は、乗り場近くにあるコインロッカーに入れてから乗り込むこと。

恐竜が目の前に迫る

New マリオカート〜クッパの挑戦状〜™
Mario Kart™ : Bowser's Challenge

2023年2月に誕生した、マリオカートの世界を体感できるアトラクション。マリオやルイージ、ピーチ姫がいるチームマリオの一員に加わって、コインの数をチームクッパと競い合おう。ARゴーグルとヘッドバンドを装着して4人乗りのカートに乗車。水中や、レインボーロードなどのコースを周回する。乗車前に、「スーパー・ニンテンドー・ワールド™SUPER NINTENDO WORLD™」にあるショップ1-UP Factory™でパワーアップバンドを購入しておきたい。マリオカートに乗るときも、コインやスタンプを入手することができる。

驚きいっぱいのアトラクションが登場したエリア
「スーパー・ニンテンドー・ワールド™」にあるアトラクション

おすすめ情報

VIPツアーもある

専属のガイドに付いてもらいアトラクションを優先的に体験したり、スタジオ・ツアーでは専用のトラムで通常より長く回る特別ツアー、VIP Experience。普段入れないバックロットを歩いたり、サウンドステージや小道具倉庫を見ることができるのもうれしい（※アトラクションの優先入場は無制限）。要予約。所要6〜7時間。VIPダイニングルームでの食事も付いている。

なお、ツアー出発時刻やツアー本数は、時期によって変動する。

VIPエクスペリエンス

圏$369〜499（1日の入園料・昼食を含む。4歳以下は参加不可）
※VIPツアーの料金については、予告なく変更があるので事前に要確認。ウェブサイトでは、事前購入割引あり。
☎(818)622-8477（英語）
※VIPツアーの参加者は、ユニバーサル・スタジオの正面入口右手にある「VIP Experience」という入口から入場する。その中にあるラウンジで集合し、ツアー開始となる。

ユニバーサル・シティウオーク
Universal CityWalk

ユニバーサル・スタジオに隣接するショッピング＆エンターテインメント・ゾーン。レストランやギフトショップ、映画館、コンサート会場などが一堂に集まっている。ユニバーサル・スタジオ閉園後もほとんどの店はオープンしているので、日中はユニバーサル・スタジオで思いきりアトラクションを楽しみ、閉園後にシティウオークへ移動、みやげ探しや食事などを楽しむといいだろう。

日本では入手できない商品がいっぱい！

M ハリウッド P.62-A1
住 100 Universal City Plaza, Universal City
URL www.citywalkhollywood.com
営 毎 日11:00〜20:00（金・土〜21:00）が基本だが、夏季やホリデーシーズン、またレストランやバー、映画館はさらに遅くまで営業している。

買い物や食事が楽しめる

 メモ　サンリオのキャラクター、ハローキティ　アッパーロットのアニメーション・スタジオ・ストアではハローキティのグッズを販売している。

149

ナッツ・ベリー・ファーム
Knott's Berry Farm

スヌーピーに会えるテーマパーク

ファミリー・エンターテインメント・パークとして知られ、
ベリー畑とチキンが名物のレストランから始まったという、ユニークな歴史がある個性的なテーマパーク。
西部開拓時代の雰囲気が漂う園内は4つのテーマエリアで構成され、
最新の絶叫ライドを交えながらファミリー向けのユニークなショーも華やいでいる。
おなかがすいたら、ナッツ・ベリー・ファーム名物のチキンを食べにマーケットプレイスのレストランへ
足を運ぼう。また、ウオーターパークの「ナッツ・ソーク・シティ」も隣接してある。

What's New!

ナッツ・ベリー・ファームの 最新情報

フィエスタビレッジ

2024年夏、キャンプスヌーピーのエリアがリニューアルオープンし、新ライドの**スヌーピー・テンダーポウ・ツイステッド・コースターSnoopy's Tenderpaw Twister Coaster** が登場する。2023年には、フィエスタビレッジがラテンアメリカの文化の影響を多大に受けたエリアにバージョンアップした。

スヌーピーに会おう！

データ

🅜 P.128
🏠 8039 Beach Blvd., Buena Park
☎ (714)220-5200　🖥 www.knotts.com
🕐 基本的に開園は10:00。閉園は17:00〜23:00の間
🚫 クリスマス　💰 大人$99.99、シニア(62歳以上)・子供(3〜11歳)$54。2歳以下無料。駐車料金$30
カード A J M V

ミセス・ナッツ・チキン・ディナー・レストラン
Mrs. Knott's Chicken Dinner Restaurant
パーク入場ゲートに隣接しているカリフォルニア・マーケットプレイス → P.152 にある。
☎ (714)220-5319
🕐 毎日11:00〜21:00。時期により異なる

ナッツ・ソーク・シティ → P.152
🏠 ☎ 🖥 ナッツ・ベリー・ファームと同じ
🕐 5月下旬〜9月上旬。10:00〜18:00(閉園時間は日によって異なる)　💰 大人$70、シニア(62歳以上)・子供(3〜11歳)$54。駐車料金$30

行き方

LAダウンタウンから
メトロバス → P.48 #460で
7th St. & Flower St.からナッツ・ベリー・ファーム経由ディズニーランド・パーク行きに乗り1時間45分。
車で
LAダウンタウンからI-5を南下。Exit 116のBeach Blvd.の出口を下りて南へ進み、CA-91の下をくぐると標識が出てくる。直進すれば駐車場だ。
ツアーで
● エレファントツアー
(問い合わせ先 → P.52 側注)
ナッツ・ベリー・ファーム1日パスポート
💰 大人・子供$199、所要9時間

アナハイムから
バスで
● メトロバス #460で
ディズニーランド・パークの東、Disney Way & Harbor Blvd. からLAダウンタウン行きで約30分。

優先パス、ファスト・レーン・パス
主要なアトラクション(🎫が付いたアトラクション)に並ばずに優先入場できるファスト・レーン・パスFast Lane Pass。通常の入場券に追加料金($99〜、時期による異なる)が必要。当日でも購入可能だが、枚数制限と割引があるので事前にウェブサイトから購入するのがおすすめ。

150

ボードウオーク
Boardwalk

ボードウオークは、ナッツ・ベリー・ファームでも過激なライドが集中しているエリアだ。絶叫ライド好きはすべてのアトラクションを制覇したい。レストランやゲームコーナーもあり。

エクセレレイター・ザ・ライド
Xcelerator The Ride

ボードウオークのなかでも人気、スリル度はともに1位。姿だけでも圧倒される。スタートしてわずか2〜3秒で約130kmの最高時速に達し、62mの最高地点へ。その後、真っ逆さまに急降下。全長約670mを約1分で走り抜ける。ひときわインパクトがあり尻込みしてしまうが、乗ったあとには恐怖感と爽快感でみんなが笑顔になる。

考える暇もなく頂点に到達する

スプリームスクリーム
Supreme Scream

まずは後ろ向きでコースターは上昇する。手を離されたかのようにレールの上を滑り落ち、そのあと空を見ながら再度上昇、後ろ向きで滑り落ちる。1分30秒の間に最高のスリルを体験できる。

園内でも存在感抜群のスプリームスクリーム

そのほかのアトラクション

ハングタイム
HangTime

コーストライダー
Coast Rider

スカイキャビン
Sky Cabin

ワイプアウト
Wipeout

パシフィックスクランブラー
Pacific Scrambler

サーフサイドグライダース
Surfside Gliders

ウィーラー・ディーラー・バンパー・カーズ
Wheeler Dealer Bumper Cars

■ ゴーストタウン
① ポニーエクスプレス
② キャリコ・リバー・ラピッズ
③ ゴーストライダー
④ キャリコ・マイン・ライド
⑤ キャリコ・レイルロード
⑥ 駅馬車
⑦ シルバーブレット
⑧ ティンバー・マウンテン・ログ・ライド

■ ボードウオーク
① ウィーラー・ディーラー・バンパーカー
② ナッツ・ベアリー・テイルズ
③ パシフィックスクランブラー
④ サーフサイド・グライダー
⑤ コーストライダー
⑥ ハングタイム
⑦ ワイプアウト
⑧ スカイキャビン
⑨ エクセレレイター・ザ・ライド
⑩ スプリームスクリーム

■ フィエスタビレッジ
① ソルスピン
② ジャガー
③ ラ・レボルシオン
④ ハットダンス
⑤ モンテズマズ・フォービドゥン・フォートレス

■ キャンプスヌーピー
① シエラサイドワインダー
② ウッドストックスエアメイル
③ グランド・シエラ・レイルロード
④ ハフ・アンド・パフ
⑤ ラピッド・リバー・ラン

☆ ショー　■ コインロッカー
■ レストラン　■ インフォメーション　■ 救護室
■ トイレ　■ ベビーセンター　S ATM　■ 喫煙所

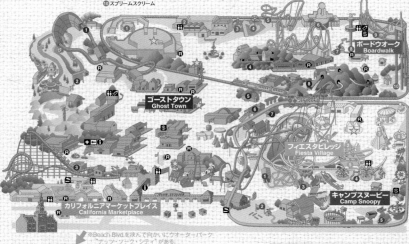

ナッツ・ソーク・シティ
Knott's Soak City

※Beach Blvd.を挟んで向かいにウォーターパーク
"ナッツ・ソーク・シティ"がある。

ナッツ・ベリー・ファーム

そのほかのエリア

人気アトラクションのキャリコ・マイン・ライドCalico Mine Ride

ゴーストタウン
Ghost Town

1880年代のカリフォルニア西部の鉱山村を再現したエリア。ぶらさがり式のシートでスリル満点の**シルバーバレット Silver Bullet**、木製レールを走る**ゴーストライダー GhostRider**、急流下りを模したアトラクションの**ラピッド・リバー・ラン Rapid River Run**も人気が高い。西部の荒くれ者たちのスタントショーも迫力満点!!

そのほかのエリアのアトラクション

■ゴーストタウン
Ghost Town
ポニーエクスプレス　FastLane
Pony Express
ゴーストライダー　FastLane
GhostRider
シルバーバレット　FastLane
Silver Bullet
ティンバー・マウンテン・ログライド　FastLane
Timber Mountain Log Ride
キャリコ・マイン・ライド　FastLane
Calico Mine Ride

■フィエスタビレッジ
Fiesta village
モンテズマの復讐　FastLane
Montezooma's Revenge
ジャガー！　FastLane
Jaguar！

■キャンプスヌーピー
Camp Snoopy
シエラ・サイドワインダー　FastLane
Sierra Sidewinder

フィエスタビレッジ
Fiesta Village

その昔、カリフォルニアにやってきたスペイン人の村をイメージしたエリア。乗車時間は35秒と短いながら発車後3秒で時速約90kmまで加速し、7階建ての高さのループを前後各1周する**モンテズマの復讐Montezooma's Revenge**は人気のライド。ビル6階建ての高さまで持ち上げられ、最大毎分9回転する**ラ・レボルシオン La Revolution**も外せない。

中級の怖さのライド、ジャガーJaguar！

小さい子供も楽しめるライドが集中している

キャンプスヌーピー
Camp Snoopy

子供たちのアイドル、スヌーピーの町。もちろん、チャーリー・ブラウンやルーシー、ライナスもいる。**キャンプスヌーピー・シアターCamp Snoopy Theatre**では、歌やダンスのショーも行われる。ライドは子供向け。

カリフォルニア・マーケットプレイス

パークの外側、メインエントランス脇にある入場券不要のエリア。毎日ランチやディナーでナッツ名物のチキン料理を味わえる**ミセス・ナッツ・チキン・ディナー・レストランMrs. Knott's Chicken Dinner Restaurant**（→P.150）や、スヌーピーグッズがところ狭しと並ぶ**ピーナッツヘッドクオーターPeanuts Headquarters**にはぜひ足を運びたい。

ナッツ・ソーク・シティ
Knott's Soak City

ナッツ・ベリー・ファームと Beach Blvd. を挟んだ向かいにはナッツ・ソーク・シティ Knott's Soak City（Soak は「ずぶぬれ」の意）がある。1950 〜 1960 年代の南カリフォルニアをイメージして造り上げたウオーターテーマパークだ。
データ→P.150

子供たち用のプールもあり、家族みんなで遊べる

絶叫マシンの宝庫
シックスフラッグス・マジック・マウンテン
★★ Six Flags Magic Mountain ★★

LA近郊で絶叫マシンといえば、シックスフラッグス・マジック・マウンテン。
タツ、スクリーム、エックス2などの人気ライドは2～3時間待ち。
リドラーズ・リベンジ、バイパー、ゴライアス、バットマン・ザ・ライドなら1～2時間は並ぶ覚悟が必要。
ただし、冬期などのオフシーズンならば、絶叫マシンの連続乗車も可能だ。
ぶっ倒れるまで挑戦してみる？　ウオーターパークが希望ならハリケーンハーバーへ。

What's New! シックスフラッグス・マジック・マウンテンの最新情報

2022年、DCユニバースに新しいアトラクションの**ワンダーウーマン・フライト・オブ・コーレッジWonder Woman™ Flight of Courage**が登場した。DCコミックスのスーパーヒーロー、ワンダーウーマンをモチーフにしたライドは、全米一の長さと高さとを誇るシングルレールコースター。87度の角度で落下し、3度スピンとツイストする。

何度もチャレンジしたくなる

データ

M P.128
26101 Magic Mountain Pkwy., Valencia
(661)255-4100
www.sixflags.com/magicmountain
基本的に3月下旬～8月は毎日、9～10月は金～日、12月は土・日のみ。そのほかは土・日・祝日のみの営業となっている。開園時間は基本的に10:30で、閉園時間はまちまち。日によって細かく設定されているので、ウェブサイトか電話で確認を。
大人$119.99（ウェブサイトで事前に購入する場合、割引あり）、身長約122cm未満の子供$69.99。駐車料金$45～60

ハリケーンハーバー →P.155
マジック・マウンテンと同じ
www.sixflags.com/hurricaneharborla
5月下旬と9月は土・日のみ、6～8月は毎日オープン。園内は基本的に10:30～、閉園は時期により異なるため、ウェブサイトか電話で要確認。
大人・子供$69.99、2歳以下無料

行き方

公共の交通機関では乗り換えなどが複雑。オプショナルツアー →P.52 やレンタカーを利用しよう。

LAダウンタウンから

車で
I-5を北へ48km行き、Exit 170からMagic Mountain Pkwy.方面へ向かう。あとは直進して道なりに進めばゲートだ。所要約1時間。
ツアーで
●エレファントツアー（→P.52 側注）
シックスフラッグス・マジック・マウンテン1日パスポート
大人$195、子供$180、所要約9時間。
●H.I.S.ツアーズU.S.A.（→P.52 側注）
マジック・マウンテン1日観光
大人・子供$155、所要約9時間30分。

絶叫マシン好きにはたまらない

優先パス、フラッシュパス

アトラクションの優先入場パス、フラッシュパスThe Flash Pass。優先入場のレベル別に通常の入場券に追加料金がかかり、レギュラー$80～125、ゴールド$105～150、プラチナム$190～235。利用人数に応じて加算。利用可能なアトラクションは日によって異なるので要確認。園内のフラッシュパス売り場でも購入可能だが、枚数制限があるので事前にウェブサイトで購入したい。要パスポート。

おもな絶叫マシン

見た目以上に怖いフルスロットル

フルスロットル Full Throttle

スタート直後に時速約112kmまで加速し、直径約50m
のループを走り抜けたら、一瞬停止して今度は後ろ向き
に発射。1分30秒が「あっ」という間に感じられるはず。
18人乗りのライド。

レックスルーサー：ドロップ・オブ・ドゥーム
Lex Luthor™ : Drop of Doom

アメリカンコミックス『スーパーマン』に登場するレックス・
ルーサーがモチーフの垂直落下するスリルライド。床が
ないコースターに乗り、地上120mの高さまで登る。そこ
から、落下が始まり5秒で地面に到達。あっという間の
できごとだが、なんと時速136kmものスピードが出てい
るという。

リドラーズ・リベンジ The Riddler's Revenge

立ったまま乗り、頭から落ちるように回転するスリル満点
のライド。3分の間に6回転、最高時速105kmに達する。

スーパーマン：エスケープ・フロム・クリプトン
Superman : Escape from Krypton

マジック・マウンテンのひときわ高い塔がこれ。14人乗り
のマシンが急加速すると、わずか7秒で時速160kmに
到達し、一気に地上約127mの頂点へ。

ゴライアス Goliath

地上約78mのジャイアント（巨人）コースター！ 約60
度の急勾配を一気に降下し、時速136kmに達する。
天地もわからなくなるほど振り回された最後にフリーフォ
ールがどかんとやってくる。

■ シックス・フラッグス・プラザ
❶ フルスロットル

■ ババリッジ
❶ バイパー
❷ X2

■ ニューレボリューション・プラザ
❶ ニューレボリューション・クラシック

■ ラピッズ・キャンプ・クロッシング
❶ ローリングラピッズ
❷ タツ

■ サムライサミット
❶ ニンジャ
❷ スーパーマン：エスケープ・フロム・クリプトン

■ アンダーグラウンド
❶ アポカリプス
❷ ウェストコースト・レイサーズ
❸ パシフィック・スピードウェイ

■ サイクロンベイ
❶ ダイブデビル
❷ ジェットストリーム

■ メトロポリス
❶ リドラーズ・リベンジ
❷ ジャスティスリーグ・バトル・フォー・メトロポリス
❸ スクランブラー
❹ ジャミン・バンパーズ

■ ボードウォーク
❶ クラザニティ

■ DCユニバース
❶ ワンダーウーマン・フライト・オブ・カーレッジ
❷ バットマン・ザ・ライド
❸ レックスルーサー・ドロップ・オブ・ドゥーム

■ スクリームパンク・ディストリクト
❶ スクリーム
❷ ツイステッド・コロッサス

■ ゴライアスプラザ
❶ ゴライアス

アンダーグラウンド
The Underground

サイクロンベイ
Cyclone Bay

メトロポリス
Metropolis

DCユニバース
DC Universe

サムライサミット
Samurai Summit

スクリームパンク
ディストリクト
Screampunk
District

ラピッズ・キャンプ・
クロッシング
Rapids Camp Crossing

ボードウォーク
Boardwalk

ゴライアスプラザ
Goliath Plaza

ニューレボリューション・プラザ
The New Revolution Plaza

シックスフラッグス・プラザ
Six Flags Plaza

バグズ・バニー・ワールド
Bugs Bunny World

ババリッジ
Baja Ridge

ⓘ インフォメーション
Ⓗ 救護室
Ⓡ レストラン
🔒 コインロッカー
🚻 トイレ
Ⓢ ATM
Ⓑ ベビーカーレンタル
Ⓦ 車椅子レンタル
Ⓢ 喫煙所

シックスフラッグス・マジック・マウンテン

エックス２ X2

胸のみ固定されて、自分の上にも下にもレールがなく足がブラブラ状態なことから、まるで空中を飛ぶような感覚で絶叫の渦に巻き込まれるコースター。

足が宙に放り出されている感覚が恐怖をさらに倍増させる

バットマン・ザ・ライド Batman™ The Ride

足が宙ぶらりんになる、ぶら下がり式のコースターで、終わったあとはフラフラ。逆走バージョンも加わり、スリルも倍増。

バイパー Viper

白の支柱に赤い軌道、美しい姿とはウラハラに、その名はバイパー（毒ヘビ）。14階建てのビルの高さからひねりを加えて時速112kmで急降下するループ。360度宙返り3回を含む、回転に次ぐ回転で、何が何だかわからなくなってしまう。

スクリーム Scream

天井も床もないFloorless Coasterといわれるユニークなデザインと典型的なローラーコースターの技術を取り入れた3分間のライド。最高地点からの落下スピードはもちろん、ツイスト、回転の連続で、まるで飛ぶような感覚を得られるのが売り。

タツ Tatsu

世界最恐の呼び声高いフライングコースター。時速約100kmで突進し、さらに乗客を左右に振り回す。龍のように空中を舞うコースターだ。

人気、絶叫度ともに最高レベルのライド

＼ 絶叫マシン以外のアトラクション ／

入園ゲートをくぐった正面にあるバッグス・バニー・ワールドBugs Bunny Worldは、幼児や子供向けアトラクションが楽しめるエリア。子供向けジェットコースターSpeedy Gonzales Hot Rod RacersやコーヒーカップPepe Le Pew's Tea Party、垂直型のコースターSylvester's Pounce and Bounceなどがある。回転木馬Grand American Carouselのあるシックスフラッグス・プラザSix Flags Plazaも人気だ。

子供から大人まで楽しめるエリア

ハリケーンハーバー
Hurricane Harbor

マジック・マウンテンに隣接するウオーターパーク。流れるプール、波のプール、幼児向けプールなどのスタンダードなプールから、あらゆる趣向を凝らした絶叫系のウオータースライダーまで、さすがシックスフラッグス‼と思わせるアトラクションが揃っている。浮き輪などの用具レンタル、コインロッカー、ピクニックエリアも完備。夏は日差しが強いので、午前中、夕方にマジック・マウンテン、午後の半日をハリケーンハーバーで過ごすのもいい。5月中旬〜10月上旬の開園。データ→P.153

ウオーターパークでも絶叫が響く

シーワールド・サンディエゴ
★ ★ ★ SeaWorld San Diego ★ ★ ★

穏やかなミッションベイに位置するシーワールド・サンディエゴは、
自然保護を理念とし、1964年、この地に誕生した。
多様な海洋動物との触れ合いが、生命の神秘さをダイレクトに感じさせる。
エンターテインメントの枠を超えた体験を思う存分楽しめるだろう。

What's New! シーワールド・サンディエゴの 最新情報

2023年6月に**アークティック・レスキューArctic Rescue**
が登場した。西海岸で最速、最長のバイク型コースターは全長
850mのコースを駆け巡る。地球温暖化によって北極海の氷は
溶け始めている。シーワールドのレスキューチームと一緒に、
危機的な状況にある北極で暮らす動物を助けに行こう。スノ
ーモービルは時速64kmまでスピードアップ。息つく暇もなく
あっという間に到着する。

アークティック・レスキュー

シーワールドのユニークなプログラム
Ultimate VIP Tour

シーワールドでは、特別なツアーや企画を行って
いる。入場料とは別に料金がかかるが、園内の
裏側を見学したり、トレーナーの指示に従って、
動物たちに触れる体験ができる企画などがある。
なお、ツアープログラムは14歳以下の子供の
参加には、同伴者（要ツアー代金）を付けること
が義務づけられている。予約はウェブサイトから。
图大人・子供$499〜699

データ

Ⓜ サンディエゴ周辺　P.176-A1
🏠 500 Sea World Dr., San Diego
☎ (619)222-4732
🔗 seaworld.com
📅 月〜金10:00〜17:00、土・日〜19:00 。時期、日
により変更あり（夏期は毎日10:00〜22:00）
💴 3歳以上$114.99、2歳以下無料。駐車料金$30
〜55
カード A J M V
※コンビネーションチケット ➡P.128 、車椅子レンタル（電
動$105、手動$40）、ベビーカーレンタル（$40）あり。

行き方

ロスアンゼルスから

車で
I-5を南に175km、約2時間。Exit 21のSeaWorld
Dr.で下り、西へ約2km進むとパーク入口が見えてくる。
所要3時間。

ツアーで
● **H.I.S. ツアーズU.S.A.** (➡P.52 側注)
シーワールド1日観光ツアー
图大人・子供$315、所要11時間
● **エレファントツアー** (➡P.52 側注)
サンディエゴ・シーワールドツアー
图大人$360、子供$340、所要11時間

サンディエゴダウンタウンから

バスで
サンディエゴ・トロリーのグリーンラインでOld Town駅下
車。MTSバス#9に乗り換え、約15分。

車で
I-5を北へ進む。Exit 21のSeaWorld Dr.で下り、西
方向に約1km進むとパーク入口が見えてくる。所要約
15分。

ツアーで
● **JTB U.S.A.**
Free (1-800)566-5582
🔗 www.looktour.net
シーワールド1日観光
图大人$160、子供$140、所要8時間

©2024　SeaWorld Parks & Entertainment

📝メモ シーワールドの1日食べ放題バス　Calypso Bay Smokehouseなど5つのレストランで1日食べ放題のバスAll-Day
Dining Deal。1回の食事で注文できる品数は限られるが、かなりお得。图大人$49.99、子供（3〜9歳）$24.99。

ショー Shows

©Mike Aguilera/SeaWorld® San Diego

ダイナミックな
ショーに感動

オルカエンカウンター　Orca Encounter

自然により近い環境でシャチの性質を観察できるショー。海中最強の捕食者であるシャチのハンティングスキル、複雑なコミュニケーション・コード、家族の役割や遊びの重要性について学ぶことができる。

そのほかのショー

アクロバット集団が、水と光で幻想的な世界を作り出す**エレクトリック・オーシャンElectric Ocean**や、イルカたちが美しい技を披露する**ドルフィン・アドベンチャーDolphin Adventures**が人気。

ライド＆展示 Rides & Exhibit

そのほかのライド、展示

海を滑るように泳ぐマンタをイメージしたコースター**マンタManta**や水しぶきを上げてダイブする**アトランティスへの冒険Journey to Atlantis**といったライドではスリルたっぷりの体験ができる。**タートルリーフTurtle Reef**では巨大水槽を泳ぐウミガメを、**シャークエンカウンターShark Encounter**ではガラスのトンネルの下からサメを観察。海の生物を自由に触ることができる**エクスプローラーリーフ・プールExplorer's Reef Pool**は子供たちにおすすめ。

サンディエゴでいちばん
高くて速いコースター

エレクトリック・イール　Electric Eel

電気ウナギをイメージしたジェットコースター。ツイストと反転を繰り返しながら、最高速度は時速96kmという猛スピードで45mの高さから急降下し、全長260mのコースを駆け抜ける。

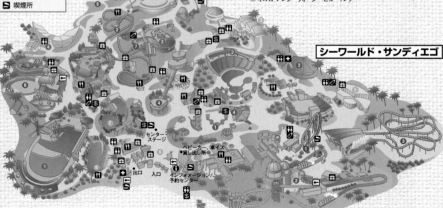

シーワールド・サンディエゴ

©2024 SeaWorld Parks & Entertainment　**157**

サンディエゴ動物園・サファリ・パーク
★ San Diego Zoo Safari Park ★

サンディエゴの北に位置するサンディエゴ動物園・サファリ・パークは、野生動物の保護を目的としたアニマルパーク。1800エーカー（約728万5000m²）もの広大な土地を、動物本来の生息地に近い状態に保ち、動物たちはその恵まれた環境のなかで、のびのびとした生活を営んでいる。

本物のサファリのよう

What's New!

サンディエゴ動物園・サファリ・パークの 最新情報

2023年1月、絶滅危惧種のプジェワルスキー馬の赤ちゃんが、7月にはスマトラトラの赤ちゃんが生まれた。同年5月、ワイオミング州シャイアンにある動物園からオスライオンのボーが移ってきた。

データ

- Ⓜ サンディエゴ周辺 P.176-B1外
- 🏠 15500 San Pasqual Valley Rd., Escondido
- ☎ (760)747-8702
- 🌐 sdzsafaripark.org
- 🕐 毎日9:00～17:00、時期、日により変更あり（夏期～19:00）
- 💰 大人$74、子供（3～11歳）$64。駐車料金$20～
  ※コンビネーションチケットあり ➡ P.128

歩き方

園内の動物は、フィールドの外から見学できる。まずは、トラムツアーのアフリカトラム Africa Tramを利用しよう。キリンやサイ、アンテロープなどのそばで止まっては説明をしながら、約30分で1周する。また、鳥や動物のショーやトレーナーのレクチャーが随時行われているので、スケジュールで確認しよう。
そのほか、ユニークな園内ツアー（有料）がいくつか企画されている。ワイルドライフ・サファリWildlife Safariがその代表で、園内のフィールドを特別な車で移動しながら、動物たちに大接近するというもの（💰$92～）。

行き方

サンディエゴのダウンタウンからは、公共の交通手段でもアクセス可能だが、車またはツアーがおすすめ。

ロスアンゼルスから

車で：I-5を南に約2時間。OceansideのExit 51Bで下り、CA-78 East方向へ進む。道なりに東へ30km行くとパーク入口まで案内がある。所要約2時間40分。

サンディエゴダウンタウンから

車で：I-15を北へ進み、Exit 27のVia Rancho Pkwy.で下りると、パーク入口まで案内がある。所要約45分。
ツアーで：
- **H.I.S. ツアーズU.S.A.** (➡ P.52側注)
  サンディエゴ動物園・サファリ・パーク観光
  💰大人$165、子供（3～11歳）$155、所要8時間
- **JTB U.S.A.**
  Free (1-800)566-5582 🌐 www.looktour.net
  サンディエゴ動物園・サファリ・パーク1日観光
  💰大人$165～、子供（3～9歳）$155～、所要8時間

★ サファリ・パークのショー ★

スマトラタイガーの習性について飼育係から話を聞くことができる**ワイルドライフ・トレック Wildlife Treck**や、地上最速の動物、チーターが全速力で駆け抜ける様子を目撃できる**チーター・ランCheetah Run**など、必見のショーが多数！

サイのお尻がかわいい

ツアー Tour

キリンが近い！

アフリカトラム Africa Tram

4両編成のトラムに乗って約30分で園内を1周するツアー。参加費は入場料に含まれている。知識豊富なガイドの説明で動物への理解も深まる。キリンやサイのほか、運がよければライオンがくつろぐ姿も見られる。

そのほかのツアー

動物たちが生活する様子を、車を停めてじっくり観察することができる**ワイルドライフ・サファリWildlife Safari**（圏$92〜）や8人乗りのカートで園内を回る**カートサファリCart Safari**（圏$60〜）、5種類のコースから選べる所要2時間の**ビハインド・ザ・シーンズ・サファリBehind-the-Scenes Safari**（圏$92〜）のほか、ジップラインに乗ってサファリ内を空中散歩する**フライトライン・サファリFlightline Safari**（8歳以上参加可能、圏$81〜）など、ユニークなツアーが用意されている。

そのほかのおもなエリア

● アフリカンアウトポスト African Outpost
● ナイロビビレッジ Nairobi Village
● ゴリラフォレスト Gorilla Forest
● アフリカンウッズ African Woods
● ライオンキャンプ Lion Camp
● ザ・グローブ The Grove
● タイガートレイル Tiger Trail
● アジアンサバンナ Asian Savanna
● アフリカンプレインズ African Plains
● ワールドガーデンズ World Gardens

アジアンサバンナからフライトラインで滑り降りながらパークを一望できる

エリアガイド Area Guide

サファリ・ベース・キャンプ Safari Base Camp

入口のいちばん近くにあるエリア。ギフトショップやレストランがある。ここでは世界の鳥類やミーアキャットを見学できる。

■ サファリ・ベース・キャンプ
❶ フンテ・ナイロビ・パビリオン
❷ コンサベーション・カーセル
❸ アニマル・アンバサダー・ステージ
❹ ウイング・オブ・ザ・ワールド・エイビアリー

■ ウオークアバウト・オーストラリア
❶ ズーストステーション
❷ カンガルーウォーク
❸ ボンサイパビリオン

■ ワールドガーデンズ
❶ カリフォルニア・ネイティブスケープ・ガーデン
❷ バハガーデン
❸ オールド・ワールド・サキュレント・ガーデン

タイガートレイル
❶ サンブタン・ロングハウス
❷ エピフィルムトレイル
❸ アフリカン・オーバールック
❹ キャンプ プレイエリア

■ ザ・グローブ
❶ ハバンナ・クールゾーン

■ アフリカンプレインズ
❶ ウォータリング・ホール
❷ キジャミー・オーバールック

■ ライオンキャンプ
❶ シェリーズ・チーター・ラン

■ アフリカンアウトポスト
❶ オカバンゴアウトポスト
❷ ジェームソン・リサーチ・アイランド

■ アフリカンウッズ
❶ アフリカンループ

■ ナイロビビレッジ
❶ ナイロビステーション
❷ ペッティングクラール
❸ ビレッジ・プレイグラウンド
❹ ナイロビ保育園
❺ モンバサパビリオン
❻ ロリキートランディング
❼ サンフォード・キッズシアター

■ ゴリラフォレスト
❶ ウォータ・ワイズ・ガーデン
❷ ヒドゥンジャングル
❸ ベンボー・アンフィシアター

凡例
ⓘ インフォメーション
✚ 救護室
🚻 トイレ
$ ATM
♿ 車椅子レンタル
👶 ベビーセンター
🚬 喫煙所

ワールドガーデンズ World Gardens
アジアンサバンナ Asian Savanna
コンドルリッジ Condor Ridge
ウオークアバウト・オーストラリア Walkabout Australia
タイガートレイル Tiger Trail
ザ・グローブ The Grove
アフリカンプレインズ African Plains
サファリ・ベース・キャンプ Safari Base Camp
ナイロビビレッジ Nairobi Village
ライオンキャンプ Lion Camp
ゴリラフォレスト Gorilla Forest
アフリカンウッズ African Woods
アフリカンアウトポスト African Outpost

サンディエゴ動物園・サファリ・パーク

レゴランド・カリフォルニア

レゴ好きにとっては夢の世界

★★★ Legoland California ★★★

子供の創造力を育むことで世界のベストセラーとなっているブロック玩具のテーマパーク。
デンマーク、イギリスに次いで、1999年にサンディエゴとロスアンゼルスとの間に位置する町、
カールスバッドにオープンした。子供だけでなく、大人にも支持されている
レゴのテーマパークとあって、園内は多くのファンでにぎわっている。

What's New! レゴランド・カリフォルニアの 最新情報

2023年、ミニランド USAにサンディエゴが誕生したほか、**レゴ・ニンジャゴー・ザ・ライド**がリニューアルした。2024年春には新しいライドの**エクスプローラー・リバー・クエストとデュプロ・リトル・ディノ・トレイル**が新エリア「ディノバレー」にオープン。

データ

- Ⓜ サンディエゴ周辺 P.176-A1外
- 🏠 1 Legoland Dr., Carlsbad
- Free (1-888)690-5346 📠 www.legoland.com
- 🎫 1日券:大人・子供$129、2歳以下無料
- 🕐 毎日10:00〜18:00(夏期〜20:00)、時期、日によって異なる
- 休 11〜2月の水曜だが、営業している日もあるので事前にウェブサイトで確認を

レゴランド・ウオーターパーク

- 🏠 🕐 📠 レゴランド・カリフォルニアと同じ
- 🎫 1日券(レゴランド・カリフォルニアの入場料込み):大人・子供$154
- 🕐 3月中旬〜11月上旬。基本的に10:00オープン。閉園時間は時期により17:00〜19:00

シーライフ水族館

レゴランドに隣接する小規模な水族館。人気はクラゲのコーナー。ほかにもサメや熱帯魚がいる水槽にレゴブロックの人や船が見え隠れして、遊び心いっぱい。
- 🏠 🕐 📠 レゴランド・カリフォルニアと同じ
- 🎫 レゴランドとの共通券(1日券):大人・子供$129、シーライフ水族館のみ:大人・子供$25
- 🕐 毎日10:00〜17:00(日にちや季節により異なるので、事前にウェブサイトで確認を)
- ※どの施設もウェブサイトでの割引料金あり

行き方

ロスアンゼルスから

車で
I-5を南に約145km、カールスバッドのExit 48 Cannon Rd.で下り、レゴランドへの案内標識に従って進む。渋滞がなければ約1時間50分。駐車料金$30〜35

サンディエゴから

列車＋バスで
サンタフェ駅からNorth County Transit Districtのコースター 号 でCarlsbad Poinsettia駅 下 車。North County Transit Districtのバス#444でArmada Dr. & Fleet St. 下車、徒歩9分。所要約1時間30分。

バス＋バスで
サンディエゴ・トロリー・ブルーラインのNobel Dr.駅からNorth County Transit District のバス #101 で Carlsbad Blvd. & Island Way下車、Carlsbad Poinsettia駅まで歩き、North County Transit Districtのバス#444でArmada Dr. & Fleet St. 下車、徒歩9分。所要約2時間30分。

車で
I-5で北へ約50km、カールスバッドのExit 48 Cannon Rd.で下り、レゴランドへの案内標識に従って進む。所要約45分。

ツアーで
● **H.I.S. ツアーズU.S.A.**(問い合わせ先 → P.52 側注)
レゴランド 1日観光
🎫 大人$200、子供(3〜12歳)$190。所要8時間

● **JTB U.S.A.**
Free (1-800)556-5582 📠 www.looktour.net
レゴランド 1日観光
🎫 大人$200、
子供(3〜12歳)
$190。所要8時間

アメリカ の アイコン、
マウントラシュモアも
レゴで！

レゴランドホテルもある 園内にあるホテルは、家族連れが使いやすいスイート仕様。レゴの人気シリーズのパイレーツやアドベンチャー・オブ・キングダムなどが部屋のテーマになっている。

© LEGOLAND

アメリカの町も精巧に再現

エリアガイド
Area Guide

ファンタウン *Fun Town*

大人も子供も好奇心をかき立てられる楽しいアトラクションが揃う。レゴブロックの製造過程を見学できる**レゴ・ファクトリー・ツアーLego Factory Tour**や、教習を修了すると免許証を発行する自動車教習所**ジュニア・ドライビング・スクールJunior Driving School**、レゴランドでいちばん人気があるアトラクションのひとつ、消防車を操縦して火事を鎮火する**ポリス・アンド・ファイアー・アカデミーPolice and Fire Academy**などがある。

アインシュタインの顔を模した
巨大なレゴブロックがお出迎え

ミニランドUSA *Miniland U.S.A*

レゴランド・カリフォルニアの中心を占めるエリア。2000万個のレゴブロックを使用してアメリカの代表的な都市を20分の1のスケールで再現している。ミニランド内の運河をボートで巡る**コーストクルーズCoast Cruise**では、インドのタージ・マハルやオーストラリアのオペラハウスなど、世界の有名な建築物も見ることができる。

そのほかのおもなエリア

- イマジネーションゾーン Imagination Zone
- エクスプローラーアイランド Explorer Island
- レゴ・ムービー・ワールド
  The Lego Movie World
- パイレートショアーズ Pirate Shores
- キャッスルヒル Castle Hill
- ランド・オブ・アドベンチャー Land of Adventure

■ ファンタウン
Fun Town
1. キッド・パワー・タワー
2. スカイパトロール
3. ジュニア・ドライビング・スクール
4. ドライビング・スクール
5. リビルド・ザ・ワールド
6. ポリス・アンド・
   ファイアー・アカデミー
7. レゴ・ファクトリー・ツアー
8. アドベンチャーズクラブ
9. スキッパースクール
10. レゴランドエクスプレス
11. デュプロプレイタウン

■ パイレートショアーズ
Pirate Shores
1. パイレートリーフ
2. スワビーズデック
3. キャプテン・クランキーズ・チャレンジ
4. スプラッシュバトル

■ ミニランドUSA
Miniland USA
1. コーストクルーズ
2. ～8. アメリカの都市
9. コーストガード・ビルドエアポート

■ キャッスルヒル
Castle Hill
1. ビルダーズギルド
2. ハイドアウェイズ
3. ロイヤルジャウスト
4. ドラゴン

■ ランド・オブ・
アドベンチャー
Land of Adventure
1. ビートルバウンス
2. デューンレイダース
3. カーゴエース
4. ロスト・キングダム・アドベンチャー
5. ファラオリベンジ

チマ・ウォーターパークへ

パイレートショアーズ
Pirate Shores

レゴ・シティ・ディープシー&アドベンチャーへ

キャッスルヒル
Castle Hill

レゴランド・
カリフォルニア

ファンタウン
Fun Town

ミニランドUSA
Miniland USA

ランド・オブ・
アドベンチャー
Land of Adventure

レゴ・ムービー・ワールド
The Lego Movie World

i	インフォメーション
✚	救護室
🚻	トイレ
S	ATM
🔒	ロッカー

イマジネーションゾーン
Imagination Zone

■ エクスプローラー
アイランド
Explorer Island
1. コースターザウルス
2. ディグ・ゾーズ・ディーノズ
3. サファリトレック
4. フェアリーテールブック

エクスプローラー
アイランド
Explorer Island

ザ・ビギニング
The Beginning

レゴ・ニンジャゴー・ワールドへ

■ イマジネーションゾーン
Imagination Zone
1. レゴ・テクニック・コースター
2. バイオニクルブラスター
3. レゴ・ドット
4. レゴ・シティスペース
5. レゴ・マインドストーム
6. レゴ・フェラーリ・ビルド&レース

セサミプレイス・サンディエゴ
★★★ Sesame Place San Diego ★★★

テレビ番組『セサミストリート』をテーマにしたテーマパーク。
ペンシルバニア州フィラデルフィアに次いで、2022年サンディエゴ郊外のチュラビスタにオープンした。
『セサミストリート』にインスパイアされた乗り物を体験したり、
エルモやアビー、ビッグバード、クッキーモンスター、ジュリアに会えたりする。

データ

Ⓜ サンディエゴ周辺 P.176-B2
🏠 2052 Entertainment Circle, Chula Vista
☎ (619)943-3566
🔗 sesameplace.com/san-diego
🕐〈1月〜5月中旬、9月中旬〜12月上旬〉土・日10:00〜16:00、〈5月下旬〜9月上旬〉毎日10:00〜17:00、〈12月中旬〜下旬〉毎日10:00〜16:00。時期により閉館時間は異なるので、ウェブサイトで確認を
💰 1日券：大人・子供（3歳以上）$89.99。セサミプレイスとシーワールドの入場券：大人・子供（3歳以上）$199.98

ライブショーやパレードなども毎日開催されるほか、人気キャラクターと写真撮影できる

行き方

サンディエゴから

車で
CA-94を西へ3km行き、I-805へ移り、16km行ったExit 3で下りる。Main St.とHeritage St.を南東へ4km。所要25分。駐車場$30〜50

アトラクション Attractions

かわいいエルモ型のライドに乗る**エルモのロッキンロケッツ Elmo's Rockin Rockets**や、グローバーをテーマにしたジェットコースターの**スーパー・グルーバーズ・ボックスカー・ダービー Super Grover's Box Car Derby**など、8つの乗り物がある。そのほか、夏期にオープンするのがウオーター・アトラクション。流れるプールの**ビッグバーズ・ランブリング・リバー Big Bird's Rambling River**や、ウオーターチューブの**クッキーズ・モンスター・ミクサー Cookie's Monster Mixer**など10のアトラクションがある。

ショー Shows

園内で毎日行われるのが、**セサミストリート・パーティ・パレード Sesame Street Party Parade**。カラフルなフロートに乗った『セサミストリート』のキャラクターが登場する。ゲストは、音楽に合わせて手拍子したり、ジャンプしたり、踊り出したり。盛り上がること間違いない。

17エーカー（6.5ヘクタール）もあるので1日中遊べる

『セサミストリート』の仲間と写真が撮れる

サンディエゴ
San Diego

サンディエゴでしたい 7 つのこと

これだけは体験しよう！

温暖な気候と高い晴天率、そして安定した治安と清潔で便利な街は、"America's Finest City（アメリカ最良の街）" と呼ばれている。車で 20 分の所にある隣国メキシコの影響が色濃く見られ、ほかの大都市にはない独特の雰囲気がある。

1986 年に公開された映画『トップガン』のロケ地でもある、レストランのカンザスシティ・バーベキュー（→ P.192）

1 オールドタウンで歴史を感じる → P.185

カリフォルニアで最古のキリスト教伝道所は 1769 年、**オールドタウン**に建てられた。1800 年代の街並みが再現され、スペインやメキシコの領土にもなった土地の歴史が感じられる場所だ。

左／オールドタウンはサンディエゴ発祥の地といわれている　右／色鮮やかなタイルや人形、雑貨はおみやげにいい

2 本物の空母に乗艦する → P.179

ダウンタウンの**ウオーターフロント**に停泊している空母、**USS ミッドウエイ**。1970 年代から 1980 年代にかけて神奈川県横須賀に配備されていた航空母艦は、博物館として一般公開されている。

左／日本語のオーディオガイドを借りて見学しよう　右／甲板には、第 2 次世界大戦時代に活躍した航空機をはじめ、多くのアメリカ海軍機が並ぶ。コックピットに乗れるものも

③ ローカル自慢の タコスとビールを味わう
→ P.192〜193

　サンディエゴは、カリフォルニア州のなかでも早い時期からクラフトビールの人気があった。周辺には130以上のブリュワリーがあるといわれている。メキシコと接している街だけあり、本格的なメキシコ料理も味わえる。

左／IPAやラガー、ピルスナーなど、20種類ほどの樽生ビールを楽しめるブリュワリー　右／名物のフィッシュタコスはぜひ試したい一品

④ ホテル・デル・コロナドで 古きよきアメリカを知る
→ P.184、P.195

　国定歴史建造物に指定されている木造のホテル。豪華で優雅な雰囲気が漂い、昔ながらのあたたかなホスピタリティが受けられる。歴代大統領からハリウッドスターまで、ここに滞在した著名人は数えきれない。

1888年に完成した建物は赤い屋根が特徴。由緒あるリゾートホテルだ

⑤ 日本人野球選手を応援する
→ P.189

　ダルビッシュ有投手と松井裕樹投手が所属するサンディエゴ・パドレス。バックスクリーンの後ろにある芝生広場では、子供を遊ばせたり、寝転がったりしながら野球観戦ができる。

1年を通して球場ツアーが開催されているペトコパーク

→ P.188

⑥ ラ・ホヤのビーチでのんびりする

　サンディエゴ随一の高級住宅街が広がるラ・ホヤ。ダウンタウンにはおしゃれなブティックが軒を連ね、ヨーロッパの別荘地のような雰囲気が漂う。美しいサンセットが見られることでも有名だ。

美しいビーチでは野生のアザラシやアシカが昼寝をしている

⑦ シーワールドでかわいいイルカに出合う
→ P.156〜157

　海洋生物の保護活動にも取り組んでいるテーマパーク。ジェットコースターやウオーターコースターなどのアトラクションがあるほか、オルカやドルフィン、アシカのショーも開催されている。

17mの水中展望トンネル、シャーク・エンカウンター・トンネル
©2024 SeaWorld Parks & Entertainment

個性的な店が集まるネイバーフッド

ヒルクレスト
Hillcrest

バルボアパークの北西に位置するヒルクレストは、個人店が多く、週末にはおしゃれな若者が通うエリア。かつてはシャパラルという常緑樹が茂る林だった。1940年にヒルクレストのサインが飾られ、1970年代からLGBTQの人たちが移り住むようになった。現在は、多様性に寛容で、個人を尊重する人たちが多く集まるコミュニティになっている。

🛍 ファイアーキックス

スニーカーやアパレルのリセールショップ。Nike や Adidas、Supreme、Essentials、Converse、Vans など、アメリカでも人気のブランドを取り扱っている。

ゴミ箱もデコレーションされている

🍽 オスカーズ・メキシカン・シーフード

新鮮な食材を使ったタコスやセビーチェが食べられるカジュアルレストラン。シュリンプタコス（$4.25）やグリルド・オクトパス・タコス（$7.50）が人気。

🛍 ホール・フーズ・マーケット

1980年テキサス州オースチンで誕生したオーガニック・スーパーマーケット。米国農務省のオーガニック認定を受けた野菜やフルーツが多いほか、自然派コスメやヨガグッズなどの品揃えも豊富。

地図

バス #3 バス停
バス #120 バス停

N 0　200m

5th Ave.　6th Ave.　7th Ave.　8th Ave.　8th Ave.　9th Ave.　10th Ave.　Vermont St.

163

A　B　C　D　E　F　G　H

🛍 アースエレメンツ

お香やアロマオイル、キャンドルなどを取り扱っているショップ。スタッフはスピリチュアルに詳しく、ヨガのレッスンやタロット占い、マインドフルネス体験講座なども開催している。

🛍 フラッシュバックス

全米からバイヤーが訪れるという、良質の古着が集まっているビンテージショップ。特にバンドTシャツが多く、ニルヴァーナやガンズ・アンド・ローゼズ、メタリカなど1980～1990年代製のものが豊富。

☕ ベター・バズ・コーヒー

サンディエゴ発のコーヒーショップ。フェアトレードで仕入れた100%オーガニックコーヒーにこだわっているうえ、店内で焙煎しているので、新鮮なコーヒーを味わうことができる。

ヒルクレストはどこにある？

サンディエゴ・ダウンタウンから北東へ 4.5km の所。University Ave. 沿いの 1st Ave. から Park Blvd. までの 2km ほどにショップやレストラン、カフェが軒を連ねている。中心は、ヒルクレストのサインが掲げられている University Ave. と 5th Ave. の交差点あたり。

Ⓜ P.176-A1　行き方 ダウンタウンの 5th Ave. & C St. からバス #3、120 で 5th Ave. & University Ave. 下車。所要約 15 分。

Ⓐ アースエレメンツ
Earth's Elements
Ⓜ P.176-A1　住 421 University Ave.
☎ (619) 230-5706　営 毎日 10:00 〜 18:30
カード ＡＭＶ

Ⓑ フラッシュバックス
Flashbacks
Ⓜ P.176-A1　住 3849 5th Ave.
☎ (619) 291-4200　営 毎日 10:00 〜 19:00
カード ＡＭＶ

Ⓒ ファイアーキックス
Fire Kicks
Ⓜ P.176-A1　住 534 University Ave.
☎ (619) 808-3325
URL fire-kicks.shoplightspeed.com
営 火〜土 11:00 〜 19:00、日・月 12:00 〜 18:00　カード ＡＭＶ

Ⓓ オスカーズ・メキシカン・シーフード
Oscars Mexican Seafood
Ⓜ P.176-A1　住 646 University Ave.
☎ (619) 230-5500
URL oscarsmexicanseafood.com
営 毎日 8:00 〜 21:00（金・土〜 22:00）
カード ＡＭＶ

Ⓔ ホール・フーズ・マーケット
Whole Foods Market
Ⓜ P.176-A1　住 711 University Ave.
☎ (619) 294-2800
URL wholefoodsmarket.com
営 毎日 7:00 〜 22:00　カード ＡＭＶ

Ⓕ ベター・バズ・コーヒー
Better Buzz Coffee
Ⓜ P.176-A1　住 801 University Ave.
☎ (619) 269-2740　URL betterbuzzcoffee.com
営 毎日 6:00 〜 20:00　カード ＡＭＶ

Ⓖ トレーダージョーズ
Trader Joe's
Ⓜ P.176-A1　住 1090 University Ave.
☎ (619) 296-3122　URL traderjoes.com
営 毎日 9:00 〜 21:00　カード ＡＭＶ

Ⓗ ダレル・モダントレンド・スリフトストア
Darrell's Modern Trends Thrift Store
Ⓜ P.176-A1　住 1201 University Ave.
☎ (619) 230-5286
営 毎日 10:00 〜 19:00（日〜 17:00）
カード ＡＭＶ

Ⓘ ヒルクレスト・ブリューイング・カンパニー
Hillcrest Brewing Company
Ⓜ P.176-A1　住 1458 University Ave.
☎ (619) 269-4323
URL hillcrestbrewingcompany.com
営 月〜金 14:00 〜 21:00（金〜 22:00）、土・日 11:00 〜 22:00（日〜 20:00）　カード ＡＭＶ

Ⓙ ヒルクレスト・ファーマーズ・マーケット
Hillcrest Farmers Market
Ⓜ P.176-A1　住 3960 Normal St.
☎ (619) 299-3300
URL hillcrestfarmersmarket.com
営 日 9:00 〜 14:00

Ⓖ 🛒 **トレーダージョーズ**

カリフォルニア州パサデナに 1967 年オープンしたグルメ・グローサリーストア。自社ブランドのオリジナル商品が多く、食品から生活用品まで取り揃えている。

Ⓙ 👜 **ヒルクレスト・ファーマーズマーケット**

1 年を通して開かれるファーマーズマーケット。近隣の農家やアーティスト、古着屋など 175 のベンダーが出店している。地元バンドによる生演奏もあり、毎週 1 万人が来場するとか。

> レインボーフラッグが飾られている店も

Ⓘ 🍺 **ヒルクレスト・ブリューイング・カンパニー**

2012 年にオープンした、全米初の LGBTQ ブリュワリー。オリジナルの IPA やエールを含め、サンディエゴ産のビールを中心に約 25 種類取り揃える。サラダやピザなどもあり。

Ⓗ 👜 **ダレル・モダントレンド・スリフトストア**

地元の人たちの寄付によって集まった古着や食器、家電、家具などを販売するユーズドショップ。女性向けのアパレル商品が多く、T シャツやワンピース、サンダルなどは日本でも着用できそう。

サンディエゴ
San Diego

サンディエゴ周辺

カリフォルニア州最南部に位置し、南に20分車を走らせればメキシコという国境の街。アメリカで8番目に大きな都市で、中心部には高層ビルが並んでいるが、道路の幅が広いせいか、それとも街のいたるところにある背の高いヤシの木のせいか、大都市である感じがあまりしない。通年晴天率が高く、気温の変動も少ない気候から、"America's Finest City" と呼ばれている。

サンディエゴの歩き方

サンディエゴは海軍基地の街として発展してきた。カリフォルニア大学サンディエゴ校を中心に、生物学、海洋学の研究機関が集結し、医療や情報通信関連の企業進出も目覚しい。一方、旅行先としては、日本航空が成田から直行便を運航させて

おり、フライト時間はおよそ10時間。LAから南に約195km、車で約2時間の距離にあり、LAからのエクスカーションで訪れる旅行者が多かったが、直行便就航後はサンディエゴ滞在＋近郊の観光スポット巡りといったスタイルが主流になりつつある。

●プランニングのポイント

おもな見どころは、路線バスやトロリー（→ P.173）でアクセスでき、歩いて散策できるエリアがほとんど。また、エリア間の移動も交通機関に複雑さがないため、比較的迷わずに目的地へとたどり着ける（エリアガイド→ P.170）。路線バス、トロリー双方で使えるプロント（→ P.173 側注）を購入し、いくらかチャージしてから歩き始めよう。公共の交通機関をフルに利用して、1日2〜3エリアの街歩きが可能だ。滞在日数が短い場合は、オールドタウン・トロリーやサンディエゴ・シールツアーズ（→ P.174）で市内観光に繰り出そう。

ダウンタウンやオールドタウン州立歴史公園、シーワールド・サンディエゴ、ティファナなどを訪れるなら、ダウンタウン周辺にホテルを取り、そこを拠点に移動するとよい。南カリフォルニアのテーマパークやロスアンゼルスなどを旅程に組み込んでいるなら、レンタカーを利用して、サンディエゴの北に位置するラ・ホヤなどでホテルを取るのもいいだろう。

ジェネラルインフォメーション

カリフォルニア州サンディエゴ市
人口　約138万人（東京23区約971万人）
面積　約842km²（東京23区約628km²）
● セールスタックス　7.75%
● ホテルタックス　12.5%

● 観光案内所
San Diego Visitor Information Center
MP.177-A2
住996 N. Harbor Dr., San Diego, CA
92101
☎(619)236-1242
URLwww.sandiegovisit.org
営 毎日10:00～16:00。時期により異なる。
　観光ガイドや地図、情報誌が置いてある。

● 在米公館
在米公館、治安については P.434 ～を参照。

旅行のシーズンアドバイス
（アメリカ西海岸の気候→ P.407）

　サンディエゴカウンティ（郡）は地域によって沿岸、内陸、山岳、砂漠の4つに分類され、サンディエゴシティ（市）は沿岸地域となる。平均気温15 ～ 22℃で晴天率も高く、1年を通じて温暖で乾燥している。いつ訪れても外れがないが、なかでも現地の学校が夏休みに入る前の3 ～ 5月と夏休み明けの9 ～ 11月がおすすめ。6、7月はロックンロール・マラソン、コミコンなど集客の高いイベントがあるので、ホテル確保は早めにしたい。

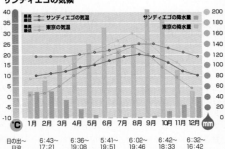

サンディエゴの気候

日の出～ 日没	6:43～ 17:21	6:36～ 19:08 （夏時間）	5:41～ 19:51 （夏時間）	6:02～ 19:46 （夏時間）	6:42～ 18:33 （夏時間）	6:32～ 16:42
	1月 2月	3月 4月	5月 6月	7月 8月	9月 10月	11月 12月

現地の情報誌

　有料情報誌「San Diegan」URLsandiegan.com はアトラクションをはじめ、ショップ、レストランなど観光に役立つ情報が満載。ドラッグストアなどで入手可能だ。フリーペーパーなら「Reader」URLwww.sandiego reader.com や「Arrived」URLsocalpulse.com などがある。日本語の無料情報誌「ゆうゆう Yu-Yu」URLwww.sandiegoyuyu.com は現地在住の日本人向けのタウン誌だが、最新のイベント情報、コラムなどを掲載。日系スーパー、日本食レストラン、ホテルなどで入手可能。

イベント&フェスティバル
※詳細は観光局のホームページ（上記のジェネラルインフォメーションを参照）で確認できる

ロックンロール・マラソン
Rock 'n' Roll Marathon
● 6月1、2日（2024年）
　コースの沿道では多くのバンドが演奏を行い、常に音楽を聴きながら走ることができる。ランナーの仮装 OK という、にぎやかなマラソン大会。

コミコン・インターナショナル
San Diego Comic-Con International
● 7月25 ～ 28日（2024年）
　4日間で14万人動員のアメリカ版コミックマーケット的なイベント。コンベンションセンターで開催されるポップカルチャーの祭典に、コスプレイヤーが大集結する。

フリートウイーク
Fleet Week
● 11月3 ～ 12日（2023年）
　米海軍、海兵隊による航空ショーや艦隊の海上パレード、新兵訓練キャンプ体験などイベント満載のお祭り。ブロードウェイピア周辺で行われる。

サンディエゴのエリアガイド
San Diego Area Guide

アーバンライフが身近に楽しめるサンディエゴでは、日中の観光だけでなく、ナイトライフも快適かつ安全に楽しめる。ダウンタウンのガスランプクオーターは、レストランやバーが集まる商業地域で、夜が最もにぎやかなエリア。健康的なバケーションが目的なら、ぜひビーチエリアやゴルフコースへ出かけよう。サンディエゴはサーフィンが盛んで、夕日も最高にきれいだ。ショッピングは、カリフォルニア大学サンディエゴ校近くやミッションバレー周辺にあるショッピングモール、メキシコとの国境近くにあるアウトレットモールがおすすめ。

ダウンタウン
Downtown（→ P.178）

ダウンタウンでの街歩きはガスランプクオーターから始めてみよう。5th St. にあるみやげ物屋に立ち寄ったり、レストランやカフェで休憩したりするのがいい。Broadway を西に歩けば、港町サンディエゴを実感させる風景を見られる。ガスランプクオーターより東はホームレスが多く、あまり治安がよくない。夜間はむやみに歩かないように。バルボアパークにはスペイン植民地時代の歴史的建造物が数多く残されており、その雰囲気を味わうだけでも訪れる価値あり。

コロナド
Coronado（→ P.184）

ダウンタウンから海を横切るように延びている島がコロナドだ。フェリーやバスでアクセスでき、趣のあるリゾートホテル、ホテル・デル・コロナドが有名。宿泊しなくてもホテル内を歩いてみたり食事をして、雰囲気を楽しんでみるのがいい。

美しいビーチが広がっている

Point to Point サンディエゴ移動術

出発地 ＼ 目的地	Ⓐ 5th Ave. & Broadway ガスランプクオーターの 1 ブロック北（ダウンタウン）	Ⓑ Orange Ave. & Adella Blvd. ホテル・デル・コロナド入口の 1 ブロック北西（コロナド）
Ⓐ 5th Ave. & Broadway ガスランプクオーターの 1 ブロック北（ダウンタウン）		Orange Ave. & Adella Ave. 🚌901 → 5th Ave. & Broadway（40 分）
Ⓑ Orange Ave. & Adella Blvd. ホテル・デル・コロナド入口の 1 ブロック北西（コロナド）	5th Ave. & Broadway 徒歩 2 分→ Broadway & 6th Ave. 🚌901 → Orange Ave. & Glorietta Blvd.（45 分）	
Ⓒ サンディエゴ・トロリー Old Town 駅 オールドタウン州立歴史公園の西隣（オールドタウン周辺）	5th Ave. & Broadway 徒歩 3 分→ Fifth Ave. 駅 🚋ブルー→ Old Town 駅（20 分）	Orange Ave. & Adella Ave. 🚌901→12th & Imperial T/C🚶12th & Imperial 駅 🚋グリーン→ Old Town 駅（55 分）
Ⓓ Sea World & S. Shore Rd. にあるシーワールドの入口（ミッションベイ）	5th Ave. & Broadway 徒歩 3 分→ Fifth Ave. 駅 🚋ブルー→ Old Town 駅🚶Old Town T/C 🚌9 → SeaWorld（55 分）	Orange Ave. & Adella Ave. 🚌901→12th & Imperial T/C🚶12th & Imperial 駅🚋グリーン→ Old Town 駅🚶Old Town T/C 🚌9 → SeaWorld（70 分）
Ⓔ Silverado St. & Herschel Ave. ラ・ホヤ中心部 #30 バス停（ラ・ホヤ）	5th Ave. & Broadway 徒歩 3 分→ Fifth Ave. 駅🚋ブルー→ Old Town 駅🚶Old Town T/C 🚌30 → Silverado St. & Herschel Ave.（70 分）	Orange Ave. & Adella Ave. 🚌901→12th & Imperial T/C🚶12th & Imperial 駅🚋グリーン→ Old Town 駅🚶30 → Silverado St. & Herschel Ave.（100 分）

📝メモ　ホエールウオッチング　シーワールド・サンディエゴ周辺から出港するツアー。12月～6月上旬に催行。所要約3時間。San Diego Whale Watch　MP.176-B3　1617 Quivira Rd. ↗

オールドタウン周辺
Old Town（→ P.185）

19世紀当時の建物と一部再建された建物が立ち並ぶオールドタウン歴史公園では、メキシコの雰囲気を楽しみたい。カリフォルニア発祥の地であるカブリヨ・ナショナル・モニュメントは、シーニックポイントとして有名な場所だ。毎年12月〜翌3月にかけてはホエールウォッチングも楽しめる。

ミッションベイ
Mission Bay（→ P.187）

南カリフォルニア随一のマリンライフパーク、シーワールド・サンディエゴ（→ P.156）を中心に、ローカルが集まるミッションビーチ（→ P.187）やマリンアクティビティが盛んなパシフィックビーチ（→ P.187）など、ダウンタウンにはないにぎやかさがある。特にこのふたつのビーチは遊歩道でつながっており、道沿いに軒を連ねるバーやレストランは、夜になるにつれて若者で活気づく。

ラ・ホヤ
La Jolla（→ P.188）

ダイバーや芸術家たちが愛するラ・ホヤは、海も街並みも美しいリゾート。冒険気分で歩く洞窟、サニー・ジム・シー・ケーブやケーブの上にあるミニトレイルからの眺めに心が癒やされる。リゾート志向の滞在はこのエリアがおすすめだ。

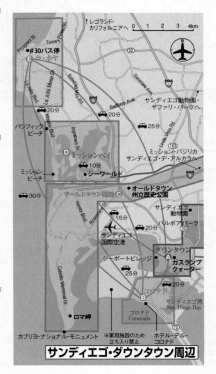

サンディエゴ・ダウンタウン周辺

公共の交通　🚌MTSバス　🚃サンディエゴ・トロリー　🚶乗り換え　※所要時間は目安

※効率よく移動できるものを、複数あるルートから選んでおり、必ずしも最短ルートとは限らない。

©サンディエゴ・トロリー Old Town 駅 オールドタウン州立歴史公園の西隣（オールドタウン周辺）	⑩ Sea World & S. Shore Rd. にあるシーワールドの入口（ミッションベイ）	⑥ Silverado St. & Herschel Ave. ラ・ホヤ中心部 #30 バス停（ラ・ホヤ）
Old Town 駅 🚃ブルー→ Fifth Ave. 駅徒歩2分→ 5th Ave. & Broadway（20分）	SeaWorld 🚌9 → Old Town T/C 🚶 Old Town 駅 🚃ブルー→ Fifth Ave. 駅徒歩2分→ 5th Ave. & Broadway（45分）	Silverado St. & Herschel Ave. 🚌30 → Old Town T/C 🚶 Old Town 駅 🚃ブルー→ Fifth Ave. 駅徒歩3分→ 5th Ave. & Broadway（65分）
Old Town 駅 🚃グリーン→ 12th & Imperial 駅🚶12th & Imperial T/C 🚌901 → Orange Ave. & Glorietta Blvd.（55分）	SeaWorld 🚌9 → Old Town T/C 🚶 Old Town 駅 🚃グリーン→ 12th & Imperial 駅🚶12th & Imperial T/C 🚌901 → Orange Ave. & Adella Blvd.（80分）	Silverado St. & Herschel Ave. 🚌30 → Old Town T/C 🚶 Old Town 駅 🚃ブルー→ 12th & Imperial 駅🚶12th & Imperial T/C 🚌901 → Orange Ave. & Adella Blvd.（110分）
	SeaWorld 🚌9 → Old Town T/C（15分）	Silverado St. & Herschel Ave. 🚌30 → Old Town T/C（40分）
Old Town T/C 🚌9 → SeaWorld（20分）		Silverado St. & Herschel Ave. 🚌30 → Ingraham St. & Grand Ave. 🚶 🚌9 → SeaWorld（40分）
Old Town T/C 🚌30 → Silverado St. & Herschel Ave.（40分）	SeaWorld 🚌9 → Ingraham St. & Grand Ave. 🚶 🚌30 → Silverado St. & Herschel Ave.（50分）	

☎(619)542-9931　🌐sdwhalewatch.com　💰大人$59、シニア・子供$54

グレイハウンド・バス停
Greyhound Bus Stop

バスディーポは、オールドタウンにある。LAから約2時間30分。
Ⓜ P.176-A1
🏠 4005 Taylor St.
☎ (1-800)231-2222
🌐 www.greyhound.com

グレイハウンドと提携しているFlixBusもロスアンゼルスからサンディエゴまでの便を運行している。バス停はオールドタウン（🏠 2728 Congress St.）にある。

サンタフェ駅（鉄道）
Santa Fe Station

LA～サンディエゴ間をパシフィック・サーフライナー号が所要約3時間で1日約10便運行。サンディエゴ・トロリー（→P.173）のSanta Fe Depot駅とアムトラックの乗り場は隣接している。
Ⓜ P.177-A2
🏠 1050 Kettner Blvd.
☎ (1-800)872-7245
🌐 www.amtrak.com
🕐 毎日3:00～翌1:00

サンディエゴ国際空港 (SAN)
San Diego International Airport

Ⓜ P.176-A1～A2　🏠 2751 N. Harbor Dr.
☎ (619)400-2404　🌐 www.san.org

ダウンタウンから北西へ5kmほど。日本航空が成田国際空港から直行便を運航しターミナル2に到着する。LAからのアメリカ国内便が頻繁にあり所要約1時間。ターミナル間の移動は、無料の循環シャトルバス「Terminal Loop Shuttle」で。

サンディエゴ国際空港から市内へ

■ **路線バス　MTS Bus #992**
☎ (619)557-4555　※P.173参照

ダウンタウン（アムトラック駅、ガスランプクオーター付近）へはMTSバス♯992が便利。$2.50。毎日5:51～24:13の間、15～30分おきの運行。所要約20分。

■ **ドア・トゥ・ドア・シャトル　Door to Door Shuttle**

サンディエゴ国際空港から市内、近郊の町まで運行。運賃はダウンタウン周辺$12～16、ラ・ホヤ$27～38前後。
● EZ Ride Shuttle　☎ ezrideshuttle.com

■ **オールドタウン・シャトル "フライヤー" Old Town Shuttle "Flyer"**

サンディエゴ国際空港とオールドタウンを結ぶ無料のシャトルバス。毎日4:45～24:30の間、20～30分間隔。所要15分。

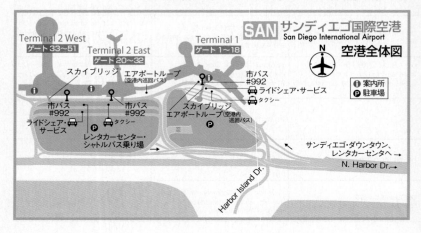

📝 メモ　サンディエゴ・MTSバス乗車の注意点　バスの料金箱はおつりが出ないので、小銭を用意しておくように。

サンディエゴの交通機関
Transportation in San Diego

サンディエゴ・MTS バス（路線バス）
San Diego Metropolitan Transit System (MTS) Bus

サンディエゴ市内と郊外を広くカバーする。バスの起点は、ダウンタウンのBroadwayとオールドタウン・トランジットセンターOld Town T/C。

サンディエゴ・トロリー
San Diego Trolley

ウオーターフロントからぐるっと回って北東のサンティ方面へ行くグリーンラインGreen Lineと、北はカリフォルニア大学サンディエゴ校から南はメキシコ国境まで行くブルーラインBlue Line、コートハウスから東へ延びるオレンジラインOrange Lineの3系統ある。

サンディエゴ・MTS バス
- ☎(619)557-4555
- 🖥www.sdmts.com
- 🎫ルートにより大人$2.50〜5、5歳以下無料

プロント PRONTO
日本のJRでおなじみのSUICAやIcocaなどにあたる電子プリペイドカードのプロント。カード自体の値段は$2〜5（購入場所により異なる）で、サンディエゴ・トロリー駅の自動券売機で購入でき、希望の金額をチャージできる。なお、専用アプリ（PRONTO Mobile App）もある。

サンディエゴ・トロリー
- ☎(619)557-4555
- 🖥www.sdmts.com
- 🎫区間は関係なく$2.50均一

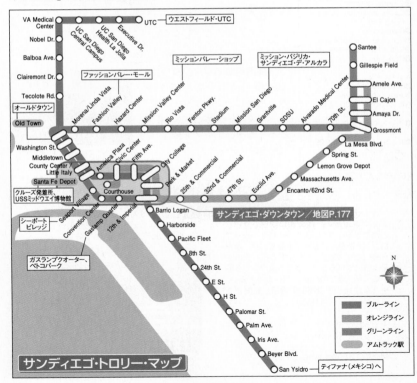

サンディエゴ・トロリー・マップ

📝メモ サンディエゴ・トロリーに乗車する前に　トロリー駅にあるチケットマシンにプロントをタッチするか、専用アプリの画面をスキャンし、乗車運賃を支払ってから乗車すること。

左カラム

コースター
- ☎ (760) 966-6500
- 🌐 gonctd.com
- 🚆 サンディエゴ発：月～金6:40～21:20の間15本運行（金のみ23:40まで16本運行）、土・日9:20～23:40の間10本運行
  オーシャンサイド発：月～金5:16～19:36の間15本運行（金のみ21:16まで16本運行）、土・日7:36～21:16の間10本運行
- 💴 Zone1からZone3まで、6歳以上$5～6.50、5歳以下無料

オールドタウン・トロリー
- 📞 (1-866) 754-0966
- 🌐 www.trolleytours.com
- 🚌 毎日9:00～17:00の間20分間隔で運行（夏期は運転延長あり）
- 🈺 サンクスギビング、クリスマス
- 💴 $63、4～12歳$35。インターネット割引あり

停留所
- Ⓐ Old Town State Historic Park
- Ⓑ Maritime Museum
- Ⓒ Embarcadero Marina
- Ⓓ Headquarters at Seaport Village
- Ⓔ Seaport Village
- Ⓕ Marriott Marquis & Marina
- Ⓖ Gaslamp Quarter
- Ⓗ East Convention Center - Petco Park
- Ⓘ Barrio Logan
- Ⓙ Coronado / Orange Avenue
- Ⓚ Balboa Park / San Diego Zoo
- Ⓛ Little Italy

サンディエゴ・シールズツアーズ
- 📞 (1-800) 868-7482
- 🌐 www.sealtours.com
- 🚌 毎日10:00～17:00（夏期～18:00、冬期～15:00）
- 🈺 サンクスギビング、クリスマス
- 💴 大人$62、4歳～12歳$29、3歳以下$10。インターネット割引あり

右カラム

コースター
Coaster

　サンディエゴ・ダウンタウンのアムトラック・サンタフェ駅から、海岸線を北上した所にある町、オーシャンサイドOceansideを約1時間で結ぶ鉄道。レゴランドに行くときに便利だ。また、アメリカ西海岸のサーフィンの聖地、エンシニータスEncinitasにも停車する。

ツアー案内

オールドタウン・トロリー
Old Town Trolley

　市内のおもな見どころ12ヵ所を結ぶ、1日乗り降り自由のトロリー。1周約2時間。チケット窓口はオールドタウン、観光案内所（→P.169）の横などにあるが、事前に左記ウェブサイトからeチケットを購入しておけば、そのバウチャー提示でどの停留所からも乗車可能だ。ドライバー兼ガイドが、観光案内をしてくれる。

効率のよい観光ができるトロリーツアー

サンディエゴ・シールズツアーズ
San Diego Seal Tours

　水陸両用車でダウンタウンのシーポートビレッジ（→P.179）から出発し、シェルターアイランドのマリーナからボートに変わって湾内クルーズを楽しむ約100分のツアー。

定番になりつつある水陸ともに楽しめるツアー

Column　ローカルに愛されるサンセットを目指して

　サンディエゴの夕日は格別だ。気候もよく空気が澄み、色の濃い夕日を見ることができる。ダウンタウンのウオーターフロントでも見ることができるが、ラ・ホヤ（→P.188）の北、スクリプスビーチの夕日は特にすばらしい。ダウンタウンから遠いぶん観光客が少なく、ローカルが多い。そんな地元っ子の秘密の場所。時間があれば訪れてみてほしい。

●Ellen Browning Scripps Memorial Pier
🗺 P.176-A1
🏠 8650 Kennel Wag, La Jolla

🚍 オールドタウンからMTSバス#30でLa Jolla Shores Dr. & Camino Del Collado下車。所要約45分。

7月中旬、20:00頃の夕日

San Diego Itinerary
―サンディエゴの1日モデルコース―

今日は何する？

朝食は絶品ホットケーキから
Morning Glory 滞在時間：1時間
モーニンググローリー →P.193

リトルイタリーにある、朝食が評判のカフェから1日をスタート。

ふわふわのホットケーキを

8:40

Point
見どころがコンパクトにまとまっているので、街歩きも快適。トロリーを上手に使いこなそう。

Access 徒歩20分

10:00

巨大空母をくまなく観察 滞在時間：2時間
USS Midway Museum
USSミッドウエイ博物館 →P.179

数々の戦争を経てサンディエゴの港に停泊する巨大空母へ！

想像以上の大きさに驚くはず

Access 徒歩20分

絶品イタリアンでランチ 滞在時間：1時間
Little Italy リトルイタリー →P.180

12:20

ピザやパスタなどを提供する、イタリアンレストランが並ぶ。どこもおいしい。

アツアツのピザをほおばろう

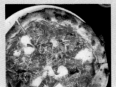

Access County Center/Little Italy駅からトロリーのグリーン、ブルーラインで10分

13:30

サンディエゴの歴史を感じる 滞在時間：1時間30分
Old Town State Historic Park
オールドタウン州立歴史公園 →P.185

Access Old Town T/CからMTSバス#8で約15分

おみやげ屋が多く、ショッピングにも最適。ノスタルジックなエリアをぶらり。

メキシコみやげが揃う

サンディエゴといえばビーチ
Mission Beach 滞在時間：1時間30分
ミッションビーチ →P.187

15:15

若者が集まるミッションビーチをぶらり。サンディエゴは日が長いので、まだ明るい。

歩行者道路は多くの人であふれる

Access Mission Bay Dr. & Mission Blvd. からMTSバス#8→Old Town T/C。Old Town駅からトロリー・グリーンラインで約50分

17:35

ガスランプが街をロマンティックに彩る
Gaslamp Quarter 滞在時間：2時間
ガスランプクオーター →P.178

ディナーはここで。レストランが5th St. 沿いに並ぶ。

南の入口にあるネオン

Access 徒歩5〜25分

20:00

最後はサンディエゴ自慢の地ビールで
Brewery ブリュワリー →P.192, P.193 滞在時間：1時間

ガスランプクオーター周辺やリトルイタリーのブリュワリーで1日の終わりに乾杯！

ほとんどのバーでクラフトビールを提供

How to 夜遊び？
夜遊びならガスランプクオーターで。クラブやバーが多くある。人通りがあり治安もいいので安心して楽しめるだろう。

175

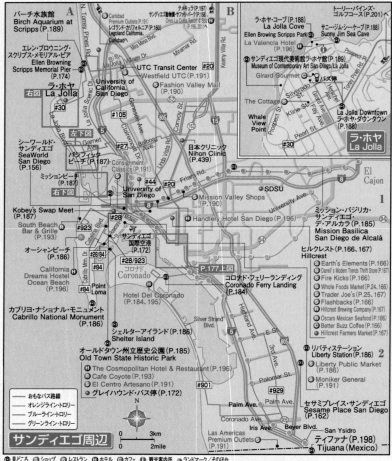

A

バーチ水族館
Birch Aquarium at
Scripps (P.189)

エレン・ブラウニング・
スクリップス・メモリアル・ピア
Ellen Browning
Scripps Memorial Pier
(P.174)

ラ・ホヤ
右図 La Jolla

#30

シーワールド・
サンディエゴ
SeaWorld
San Diego
(P.156)

ミッションビーチ
(P.187)
右下図

Kobey's Swap Meet
(P.187)

South Beach
Bar & Grille
(P.193)

#923

オーシャンビーチ (P.186)

California
Dreams Hostel
Ocean Beach
(P.196)

#28/84

#84

カブリヨ・ナショナル・モニュメント
Cabrillo National Monument
(P.186)

シェルターアイランド (P.186)
Shelter Island

オールドタウン州立歴史公園 (P.185)
Old Town State Historic Park

● The Cosmopolitan Hotel & Restaurant (P.196)
● Cafe Coyote (P.193)
● El Centro Artesano (P.191)
● グレイハウンド・バス停 (P.172)

University of
California,
San Diego

UTC Transit Center
Westfield UTC (P.191)

#20

Fashion Valley Mall
(P.190)

#105

Garnet
Ave.

パシフィック
ビーチ (P.187)

#27

Consignment
Classics (P.191)

#44   #20

University of
San Diego

#28

サンディエゴ
国際空港
(P.172)

#28/923

#84

Point
Loma

コロナド
Coronado

Hotel Del Coronado
(P.184, 195)

Silver Strand
Blvd.

日本クリニック
Nihon Clinic
(P.439)

Mission Valley Shops
(P.190)

SDSU

Handlery Hotel San Diego (P.196)

P.177上図

コロナド・フェリーランディング
Coronado Ferry Landing
(P.184)

Highland Ave.

#5   E St.

3rd Ave.

Palm Ave.   Palm Ave.

#901

#929

Coronado Ave.

Iris Ave.   Beyer Blvd.

Las Americas
Premium Outlets

B

Carlsbad
Carlsbad
Premium Outlets (P.191)
レゴランド・カリフォルニア (P.160)
Legoland California.
Carlsbad

Mira Mesa Blvd.

La Jolla Village Dr.

テメキュラ (P.197)
サンディエゴ動物園・サファリパーク (P.158)
Omni La Costa Resort & Spa
(P.196, 201)へ

ラ・ホヤ・コーブ (P.188)
La Jolla Cove

Ellen Browing Scripps Park

ラ・ホヤ・バレンシア・ホテル
La Valencia Hotel
(P.196)

トーリー・パインズ・
ゴルフコース (P.201)へ

サニー・ジム・シー・ケーブ (P.188)
Sunny Jim Sea Cave

サンディエゴ現代美術館ラ・ホヤ館 (P.189)
Museum of Contemporary Art San Diego/La Jolla

Girard Gourmet

The Cottage

Whale
View
Point

Silverado St.

Kline St.

Fay Ave.

Girard Ave.

Prospect St.

Pearl St.

バス停

La Jolla Downtown
ラ・ホヤ・ダウンタウン
(P.188)

#30

ラ・ホヤ
La Jolla

El
Cajon

1

ミッション・バジリカ・
サンディエゴ・
デ・アルカラ (P.185)
Mission Basilica
San Diego de Alcalá

ヒルクレスト (P.166, 167)
Hillcrest

● Earth's Elements (P.166)
● Daniel's Modern Trends Thrift Store (P.167)
● Fire Kicks (P.166)
● Whole Foods Market (P.24, 166)
● Trader Joe's (P.25, 167)
● Flashbacks (P.166)
● Hillcrest Brewing Company (P.167)
● Oscars Mexican Seafood (P.166)
● Better Buzz Coffee (P.166)
● Hillcrest Farmers Market (P.167)

リバティステーション
Liberty Station (P.186)
● Liberty Public Market
(P.186)
● Moniker General (P.191)

2

セサミプレイス・サンディエゴ
Sesame Place San Diego
(P.162)

ティファナ (P.198)
Tijuana (Mexico)

凡例:
おもなバス路線
オレンジライン・トロリー
ブルーライン・トロリー
グリーンライン・トロリー

サンディエゴ周辺

0   3km
0   2mile

● 見どころ ● ショップ ● レストラン ● ホテル ● カフェ ● 観光案内所 ● ランドマーク/そのほか
インターステートハイウェイ　U.S.ハイウェイ　ステートハイウェイ

A

#30
Pacific Terrace Hotel (P.196)

● Oscars Mexican Seafood

Trader Joe's (P.25)

Garnet Ave.

#8   #30

パシフィックビーチ (P.187)
Pacific Beach

Grand Ave.

● Ralph's

● Handel's Homemade Ice Cream

#8   #9

Missouri St.

Mission Blvd.

Ingraham St.

3

パシフィックビーチ

0   500m

B

ミッションビーチ (P.187)
Mission Beach

● The Funky Lemon

バケーション島

#9

Bahia Resort Hotel
(P.196)

#8

シーワールド・サンディエゴ (P.156)
Sea World San Diego

Belmont Park

San Diego Whale Watch (P.170)

Mission Blvd.

W. Mission Bay Dr.

Ingraham St.

3

ミッションビーチ

0   500m

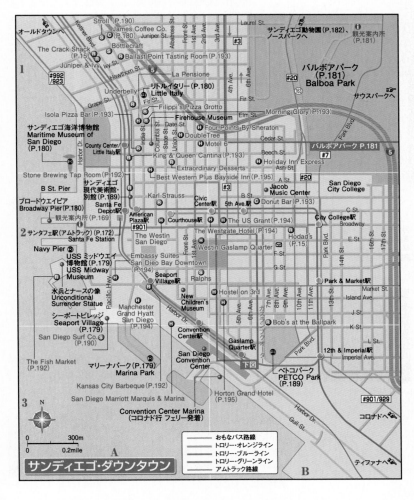

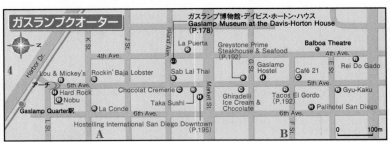

見どころ　ショップ　レストラン　ホテル　カフェ　観光案内所　ランドマーク／そのほか
インターステートハイウエイ　U.S.ハイウエイ　ステートハイウエイ

ダウンタウン
Downtown

地図内ラベル：
ラ・ホヤ
ミッションベイ
シーワールド
オールドタウン
サンディエゴ国際空港(SAN)
ダウンタウン
カブリロ国定記念公園
コロナド

サンディエゴ動物園へ→
サンディエゴ美術館
サンディエゴ航空宇宙博物館
バルボアパーク
リトルイタリー
サンディエゴ海洋博物館
Broadway
観光案内所
ブロードウエイピア
USSミッドウエイ博物館
ガスランプクオーター
Market St.
シーポートビレッジ
マリーナパークへ
0　500m

観光の中心であるダウンタウン。まずはウオーターフロントにある観光案内所へ行き、情報収集から始めたい。海岸沿いには見どころが多く集中している。夜はにぎやかなガスランプクオーターで食事を。

ダウンタウン　Downtown

ガスランプクオーター
☎(619)233-5227
🌐www.gaslamp.org
🚃トロリー・グリーンラインのGaslamp Quarter駅下車。

レトロな雰囲気が漂う
ガスランプクオーター

19世紀末頃隆盛を極めた商業地域　サンディエゴ・ダウンタウン　MP.177-B2～B3
ガスランプクオーター
Gaslamp Quarter　　　　　　　　　　　★★★

　レストランやナイトクラブ、バー、ブティックなどが集まっているダウンタウンの再開発地域。北はBroadway、南はHarbor Dr.、東と西を6th Ave.と4th Ave.に囲まれた細長いエリアだ。街頭には数メートルおきにガスランプが立ち、夜はとても美しい。

　19世紀初頭、西部劇のヒーロー、ワイアット・アープによって建てられたギャンブル場を中心に街は少しずつ発展、19世紀末にはビクトリア調の美しいビルが立ち並ぶ繁華街になった。しかしその後衰退し、一時はゴーストタウンのようになってしまった。

　近年、ビクトリア調の建物（**ウイリアム・ヒース・デイビス・ハウス→下記など**）を残しながらの再開発が進められ、現在ではダウンタウン随一の繁華街として多くの人々でにぎわうエリアとなった。

テラス席を設けているレストランも多い

ガスランプ博物館・デイビス・ホートン・ハウス
🏠410 Island Ave.
☎(619)233-4692
🌐gaslampfoundation.org/visit-the-gaslamp-museum-at-the-davis-horton-house
🕐水～土10:00～16:00
🚫日～火
💰大人・子供$8。オーディオツアー付きは大人・子供$12
※事前に予約すれば火曜もオープン（大人・子供$10）。

ガスランプクオーターの歴史がわかる　ガスランプクオーター　MP.177-A4
ガスランプ博物館・デイビス・ホートン・ハウス
Gaslamp Museum at the Davis-Horton House　　　　★

　1850年代にサンディエゴ・ダウンタウンの街づくりを始めた、商人のウィリアム・ヒース・デイビスWilliam Heath Davis。彼がかつて住んでいた家は、現在博物館として一般公開されている。兵舎として利用された南北戦争時代の展示があり、当時の人々の生活を知ることができる。

ダウンタウンに現存する、サンディエゴ最古の木造建築

　　ダウンタウンの中心にあったモールのホートンプラザ　デパートのメイシーズやスーパーマーケットが入っていて、地元の人にも人気があった。2024年3月現在、大規模改装工事中で、エリア一帯は閉鎖されている。

緑の芝と海のコントラストが美しい　サンディエゴ・ダウンタウン　🗺 P.177-A3

マリーナパーク
Marina Park　※※

　サンディエゴ湾に突き出る形で造られた海浜公園。夏の風物詩、サンディエゴ・シンフォニーのサマーポップスは、**エンバーカデロ・マリーナパーク・サウスEmbarcadero Marina Park South**に屋外ステージが設けられる。また、シーポートビレッジに隣接する**エンバーカデロ・マリーナパーク・ノースEmbarcadero Marina Park North**は、朝から多くの市民や観光客が行き交う憩いの場となっている。マリーナパーク・ノースからUSSミッドウエイ博物館までは遊歩道でつながっており、潮風に当たりながらのんびりと歩くにはちょうどいい距離だ。

マリーナパーク
🚃 トロリー・グリーンラインのSeaport Village駅、Convention Center駅下車。

サンディエゴ・シンフォニー
🌐 www.sandiegosymphony.org

サイクリングやジョギングも楽しい公園

海に面した広くて楽しいショッピングエリア　サンディエゴ・ダウンタウン　🗺 P.177-A2

シーポートビレッジ
Seaport Village　※※※

　サンディエゴ湾が一望できる好ロケーションで、ブティック、レストラン、ギフトショップなど約70店が集まっている。また、1895年にできた回転木馬、噴水、池、ベンチなどが点在しているほか、路上パフォーマンスやライブ演奏などのイベントもしばしば開催される。

子供に人気の回転木馬

コロナド行きのフェリー
　コンベンションセンター裏の船着き場から発着している（ブロードウエイピア→P.180からも発着）。
🏠 600 Convention Way
🌐 www.flagshipsd.com/cruises/flagship-ferry
🕐 毎日9：25～21：55の30分おき（金・土のみ22：25、22：55発あり）
💰 大人 $8、3歳以下無料

シーポートビレッジ
🏠 849 W. Harbor Dr.
☎ (619)530-0704
🌐 www.seaportvillage.com
🕐〈6～8月〉毎日10：00～22：00、〈9～5月〉毎日10：00～21：00
🚃 トロリー・グリーンラインのSeaport Village駅下車。

USS ミッドウエイ博物館
🏠 910 N. Harbor Dr.
☎ (619)544-9600
🌐 www.midway.org
🕐 毎日10：00～17：00（入場は16：00まで）
🚫 サンクスギビング、クリスマス
💰 大人・学生（13歳以上）$31、子供（6～12歳）$21

歴史的な偉業をなし終えた空母ミッドウエイ　サンディエゴ・ダウンタウン　🗺 P.177-A2

USS ミッドウエイ博物館
USS Midway Museum　※※※

　第2次世界大戦末期から、数々の歴史的な戦いを経て、1991年のクウェート解放を最後に47年間の任務を終えた空母、ミッドウエイMidway。その実物が2004年に博物館として生まれ変わり、一般公開されている。館内はセルフ・オーディオ・ガイドツアー（日本語あり）に従って回るシステムを採用している。地下から順にBelow Deck、Hangar Deck、飛行甲板のFlight Deckで構成され、60を超える展示物と当時活躍した戦闘機など、ミッドウエイの歴史を語るうえで、重要かつ興味深い展示がなされている。なお、狭い艦内を上り下りするので、歩いて展示を回るだけだが体力を消耗する。急ぎ足で回っても3時間は欲しいところ。また、シミュレーションライドやボランティアによるミニツアーが盛んに行われている。甲板の一角に軽食が取れるコーナーやギフトショップもあり。

広大な甲板上にたくさんの戦闘機などが展示されている

　2024年末にはレストランやショップが集まるゾーンのキャンパス・アット・ホートンとして、リニューアルオープンする予定だ。

ブロードウエイピア
Flagship Cruises & Events

🏠 990 N. Harbor Dr.
☎ (619)234-4111
🌐 www.flagshipsd.com
● 湾内ツアー
🕐 毎日10:00、12:30、15:00発。
　夏期は増便あり
💰 1時間：大人＄33、子供（4
　～12歳）＄24.75
　2時間：大人＄38、子供（4
　～12歳）＄28.50
● ホエールウオッチングツアー
🕐〈12月中旬～4月中旬〉毎日
　9:30、13:30発
💰 大人＄52～55、子供39～
　41.25(曜日により異なる)

コロナド行きのフェリー
🌐 www.flagshipsd.com/ferry-
　routes/broadway-pier
🕐 毎日9:00～21:00（月～金は
　4:50～8:10の間に6便あり、
　金・土は22:00もあり）
💰 大人＄8、3歳無料

サンディエゴ海洋博物館
🏠 1492 N. Harbor Dr.
🌐 sdmaritime.org
🕐 毎日10:00～17:00
💰 大人＄24、シニア（62歳以
　上）・学生（13～17歳）＄18、
　子供（3～12歳）＄12
🚃 トロリー・グリーン、ブルー
　ラインのCounty Center/
　Little Italy駅下車。

リトルイタリー
🚃 トロリー・グリーン、ブルー
　ラインのCounty Center/
　Little Italy駅下車。

**リトルイタリー・アソシエー
ション**
🌐 www.littleitalysd.com
　毎週水曜と土曜のファー
マーズマーケットMercatoのほ
か、アートウオークや各種フェ
スなどのイベントを数多く開
催している。

**リトルイタリー・メルカート
（ファーマーズマー
ケット）**
🏠 水曜市：W. Date
　St. bet. Kettner
　Blvd. & State St.
　土曜市：W. Date
　St. bet. Kettner
　Blvd. & Front St.
🕐 水9:30～13:30、
　土8:00～14:00

サンディエゴ湾をクルーズで遊覧しよう　サンディエゴ・ダウンタウン　Ⓜ P.177-A2

ブロードウエイピア
Broadway Pier　　　★★

　穏やかなサンディエゴ湾では1年を通じてクルーズが楽しめる。いちばん手頃なのが1～2時間の湾内クルーズ。海上に鎮座する現役の軍艦やアシカの群れを眺めながら、ダウンタウンのスカイラインを一望することができる。**コロナドへ渡るフェリーもここから出航。**

コロナドへのフェリー

また、毎年12月中旬から4月中旬にかけてはホエールウオッチング・クルーズが盛んだ。約2万頭ものコククジラが、太平洋北部のベーリング海からメキシコのバハ・カリフォルニアを目指すという。運がよければ、野生のクジラを間近で見られるかも。

サンディエゴ湾に停泊している歴史ある船　サンディエゴ・ダウンタウン　Ⓜ P.177-A1

サンディエゴ海洋博物館
Maritime Museum of San Diego　　　★★

　1863年に造られた世界でいちばん古い現役の帆船、スター・オブ・インディアStar of Indiaを筆頭に、1898年製の蒸気船バーク

甲板から海を眺めてみよう

レーSteam Ferryboat Berkeley、1904年製蒸気ヨット・ミディアSteam Yacht Medeaといった歴史的価値の高い船をサンディエゴ湾に停泊させている。実際に乗船することができ、甲板や船長室などを自由に見学することができる。

イタリア移民のコミュニティ　サンディエゴ・ダウンタウン　Ⓜ P.177-A1

リトルイタリー
Little Italy　　　★★★

　ダウンタウンの北西にあるリトルイタリー一帯は、1920年代から1970年代、水産業に従事していた多くのイタリア系移民が住んでいた場所だ。水産業の衰退とともに地域の活気も失っていたが、再開発が進められ現在のように整えられた。イタリア系アメリカ人を中心に組織されたリトルイタリー・アソシエーションを母体に地域活性化に取り組んでいる。エリア内の清掃がとても行き届いており、1ブロックに最低ふたつのゴミ箱を設置。インディアストリートIndia St.を中心に、レストランやダイニングバー、ブティック、アート関連のショップなどが軒を連ねている。

土曜のファーマーズマーケットの様子

📓メモ　サンディエゴでコーヒー　リトルイタリーの北にあるジェームズ・コーヒー・カンパニーでは、広々空間でゆったりコーヒーを楽しめる。**James Coffee Co.** Ⓜ P.177-A1 🏠 2355 India St. 🕐 毎日7:00～18:00

アップタウン Uptown

バルボアパーク
Balboa Park

　ダウンタウンの北、約3kmの場所に広がる小高い丘の上に造られた4.9km²の面積をもつ総合公園。サンディエゴ動物園をはじめ美術館、博物館、庭園など約30の施設があり、サンディエゴのレクリエーションや文化活動の中心になっている。青い空を背景にスパニッシュコロニアル風の建物が立ち並ぶ広大な敷地内を、時間をかけてじっくり回りたい。

バルボアパークの歩き方

　サンディエガン憩いの場である**バルボアパーク**は、1日ではとても回り切れないが、**サンディエゴ動物園**にはぜひ足を運びたい。何度も訪れる予定があるなら観光案内所で販売しているパスポートExplorer Pass（→側注）を購入して、公園内の博物館や美術館を回るのがお得。時間がなくても、歴史的建造物群を眺めながら散策を楽しんだり、曜日によっては野外音楽堂でパイプオルガンの演奏があったりと、楽しみ方はいろいろだ。

　まずは、バルボアパークの中心を走る通りEl Pradoに面して立つ観光案内所**House of Hospitality**へ行き、園内の情報を入手しよう。ここには園内案内地図（有料、無料あり）やサンディエゴの観光資料が置いてある。園内の移動にはバルボアパーク・トラムを利用しよう。

側注

バルボアパーク
MP.177-B1
行き方 ダウンタウンからMTSバス#7でPark Blvd. & Village Pl.下車。

観光案内所
MP.181-B1
1549 El Prado
(619)239-0512
www.balboapark.org
毎日9:30～16:30

● **Explorer Pass**
　パーク内にある複数の美術館や博物館を訪れるならパスの購入がお得。Limited Pass（1日券）[大人$56、子供（3～11歳）$35] は16ある施設のうち4ヵ所に入場可能なパス。使い始めから7日間有効のParkwide Pass[大人$67、子供（3～11歳）$43] は全16の施設に入場可能だ。

El Pradoに面して立つ観光案内所

バルボアパーク・トラム
運行：毎日9:00～18:00（夏期～20:00）、8～10分ごと
無料

パーク・トラムは移動の足として大活躍する

バルボアパーク

- サンディエゴ動物園（P.182）San Diego Zoo
- 入口
- Spanish Village Art Center
- サンディエゴ自然史博物館（P.183）San Diego Natural History Museum
- サンディエゴ美術館 The San Diego Museum of Art（P.183）
- Old Globe Way
- Museum of Us
- Prado
- Fleet Science Center
- El Prado
- House of Hospitality（観光案内所 P.181）
- Japanese Friendship Garden and Museum（P.182）
- Spreckels Organ Pavilion
- San Diego Automotive Museum
- ティムケン美術館（P.183）Timken Museum of Art
- Naval Medical Center
- サンディエゴ航空宇宙博物館 San Diego Air & Space Museum（P.183）
- コミコン博物館 Comic-Con Museum（P.182）
- Quince St.
- Kalmia St.
- Juniper St.
- 5th Ave.
- 6th Ave.
- Balboa Dr.
- 8th Dr.
- Pan American Plaza
- Presidents Way
- Park Blvd.
- Zoo Pl.

0　200m　0.2mile

MTSバス#7
トラムルート
駐車場

アメリカを代表する動物園のひとつ　　バルボアパーク　**M**P.181-A1～B1

サンディエゴ動物園
San Diego Zoo　　　　　　　　　　　★★★

左：アフリカのサバンナを再現した
　　エリア
右：間近で動物を観察

サンディエゴ動物園
🏠 2920 Zoo Dr.
☎ (619)231-1515
🌐 zoo.sandiegozoo.org
🕐 毎日9:00～17:00（夏期は
　21:00まで、季節により閉園
　時間が異なる）
💰 大人$71、子供（3歳～11歳）
　$61（ガイドバスツアーとス
　カイファリを含む）。イン
　ターネット割引あり

バスツアーで園内を回ろう

ガイドバスツアー
🕐 毎日9:00～17:00（時期によ
　り異なる）
スカイファリ
🕐 毎日10:00～17:00（時期に
　より異なる）
インサイド・ルック・ツアー
💰 $89。所要2時間

コミコン博物館
🏠 2131 Pan American Plaza
☎ (619)546-9073
🌐 www.comic-con.org/museum
🕐 火～日10:00～17:00
🚫 月、おもな祝日
💰 大人$25、シニア（65歳以
　上）・学生 $18、子供（6～
　12歳）$12、5歳以下無料

バルボアパークの北側にあり、世界的にその名を知られた動物園。100エーカー（約40万m²）の敷地に約660種、約3700頭の動物を飼育している世界的規模の動物園で、園内随所に配された亜熱帯植物のコレクションでも有名だ。また、絶滅の危機に瀕している希少動物の保護と繁殖にも力を入れている。

広大な園内だけに、1日ですべてを見て回ることは容易ではない。まずは**ガイドバスツアーGuided Bus Tour**を利用しよう。ダブルデッキのバスで、園内の70％を網羅する35分のツアーだ。ロープウエイのような乗り物**スカイファリSkyfari**は上空から動物園を眺めることができ、こちらもおすすめ。ガイドバスツアーやスカイファリには、しっかり園内の地図を持って乗り込もう。あとで自分の興味のあるエリアに戻るときに位置関係を把握するためだ。動物は必ずしも生息地別に展示されているわけではないので、場所を確認してから歩き始めたい。

生息地のオーストラリア以外では世界最大のコアラの飼育（繁殖）施設や、ユキヒョウなどの貴重な種類を含む大型ネコ科動物、ゴリラやオランウータン、ボノボなどの多様なサルの仲間は必見。ガラス1枚隔ててホッキョクグマなどの猛獣に接近できる展示は迫力満点だ。

コミックブックに焦点を当てた博物館　　バルボアパーク　**M**P.181-A2

コミコン博物館
Comic-Con Museum　　　　　　　　　　★★

13万人以上の人が来場することで、アメリカでも注目を集めているコミコン（コミック・コンベンション）。毎年サンディエゴ・ダウンタウンで開催されていることからバルボアパークに2021年博物館がオープンした。過去のコミコンで参加者が着用したコスプレ衣装の展示があるほか、スパイダーマンやバットマンといった人気キャラクターを取り上げた企画展（時期により異なる）で成り立っている。

ポップカルチャーと現実世界のテクノロジーに焦点を当てた展示

　📝メモ　バルボアパークにある日本庭園　サンディエゴと姉妹都市の関係にある神奈川県横浜市。友好の証として、日本友好庭園Japanese Friendship Garden and Museumが一般公開されている。横浜市の「三溪園」↗

ヨーロッパ絵画が充実、庭園の彫刻も見応えあり　バルボアパーク　**M**P.181-B1

サンディエゴ美術館
The San Diego Museum of Art ❋❋

　ルネッサンス期のイタリア、バロック時代のスペイン、19～20世紀の欧米の絵画や彫像が中心。ルーベンス、エル・グレコ、ドガ、モネ、ルノワールなど、世界的有名画家の作品も多く展示されている。そのほか、日本をはじめ中国、インドなどアジアの絵画、アメリカンモダンアートのイラスト、庭園に点在する彫刻など、見逃せない作品が多く展示されている。

バトナム姉妹の美術に対する愛情が感じられる　バルボアパーク　**M**P.181-B1

ティムケン美術館
Timken Museum of Art ❋

　サンディエゴ美術館の東に立つ、こぢんまりとした建物がティムケン美術館だ。アン&エイミー・バトナム姉妹の後期のコレクションを展示している（初期のコレクションはサンディエゴ美術館に寄贈）。

　60以上あるコレクションは、おもに15～19世紀のヨーロッパ絵画、18～19世紀のアメリカ絵画、15～17世紀のロシアのアイコンの3つに分けて展示されている。

小規模だが質の高い収蔵品が多い

アメリカ南西部からメキシコの自然史を展示　バルボアパーク　**M**P.181-B1

サンディエゴ自然史博物館
San Diego Natural History Museum ❋❋❋

　地上4階、地下1階の建物には恐竜のコーナーやサンディエゴ周辺の動・植物にフォーカスした展示エリアのほか、7500万年前のメキシコやカリフォルニアに生息していたマストドンゾウ、アルバートサウルスの化石の展示もある。また、宝石コーナーも充実しており、サンディエゴ近くで採掘されたピンクのトルマリンは必見だ。同博物館自慢の**ジャイアント・スクリーン・シアター Giant Screen Theater**では、自然界の美しさ、偉大さ、脅威などを映像化した作品を上映している。

飛行機や宇宙開発の歴史について知る　バルボアパーク　**M**P.181-A2

サンディエゴ航空宇宙博物館
San Diego Air & Space Museum ❋❋

　バルボアパークのいちばん南側、博物館群から外れた奥に立っている。UFOを思わせるユニークな建物内の広いスペースは7つの展示室で構成、約70機の多種多様な飛行機のなかには実物も数多

スピリット・オブ・セントルイス号の模型

い。1969年に宇宙飛行したアポロ9のコマンド・モジュールや、チャールズ・リンドバーグが大西洋単独飛行に初めて成功したスピリット・オブ・セントルイス号の模型は見逃せない。

サンディエゴ美術館
🏠1450 El Prado, Balboa Park
☎(619)232-7931
🌐www.sdmart.org
🕐毎日10:00～17:00（日12:00～）
🚫おもな祝日
💰大人$20、シニア（65歳以上）$15、学生（要ID）$10、子供（7～17歳）$8、6歳以下無料

コレクションが豊富なサンディエゴ美術館

ティムケン美術館
🏠1500 El Prado, Balboa Park
☎(619)239-5548
🌐www.timkenmuseum.org
🕐水～日10:00～17:00
🚫月・火、おもな祝日
💰無料

サンディエゴ自然史博物館
🏠1788 El Prado, Balboa Park
☎(619)232-3821
🌐www.sdnhm.org
🕐毎日10:00～17:00
🚫おもな祝日
💰大人$24、シニア（62歳以上）・学生$20、子供（3～17歳）$14、2歳以下無料

ジャイアント・スクリーン・シアター
🏠入場料に含まれる

マストドンゾウの化石

サンディエゴ航空宇宙博物館
🏠2001 Pan American Plaza, Balboa Park
☎(619)234-8291
🌐sandiegoairandspace.org
🕐毎日10:00～16:30
🚫おもな祝日
💰大人$25、シニア・学生（要ID）$21、子供（3～11歳）$15、2歳以下無料

にちなんで「三景園」の石碑も立つ。**日本友好庭園**　**M**P.181-B1　🏠2215 Pan American Rd. E.　☎(619)232-2721　🌐www.niwa.org　🕐毎日10:00～18:00　💰大人$14、シニア・子供（17歳以下）$12、6歳以下無料

コロナド
Coronado

ダウンタウンからサンディエゴ湾の向こうに見えるコロナド。高架橋で結ばれているが、フェリーで行くこともできる。国の史跡にも指定されているホテル・デル・コロナドは見逃せない。

コロナド
行き方 ダウンタウンのBroadway & 3rd Ave.で海側から来るMTSバス#901に乗ると、サンディエゴ湾を横切る橋を越えてコロナドへ渡ることができる。
早朝から深夜まで、1時間に1～3本運行。ホテル・デル・コロナドまで所要約35分。

ホテル・デル・コロナド
住 1500 Orange Ave., Coronado
電 (619)435-6611
URL hoteldel.com
(→P.195)

レジェンダリーツアー
発 Ice House Museumから
時 毎日10:00出発、金～日は14:00もあり。
料 大人・子供$40

セレーヤ
営 朝食：毎日7:30～11:30(土・日～10:00)、ブランチ：土・日10:00～14:00、ディナー：毎日17:00～21:00(金・土～22:00)

バブコック&ストーリー・バー
営 毎日12:00～22:00(金・土～24:00)。料理の提供は21:00まで。

コロナド・フェリーランディング
住 1201 1st St., Coronado
URL coronadoferrylanding.com
営 毎日10:00～21:00(時期、店舗により異なる)
行き方 ダウンタウンのブロードウエイピア(→P.180)もしくはコンベンションセンター裏(→P.179側注)からフェリーで。ダウンタウンのBroadway & 3rd Ave. からMTSバス#901でも行くことができる。Pomona Ave. & 3rd St. 下車、徒歩6分。

135年以上、サンディエゴのビーチフロントに立つホテル　サンディエゴ周辺　**MP.176-A2**

ホテル・デル・コロナド
Hotel Del Coronado　　　★★★

　1888年に建てられて以来、アメリカ歴代大統領や世界中の有名人が泊まったホテル。1958年のビリー・ワイルダー監督、マリリン・モンロー主演の映画『お熱いのがお好き』の撮影に使用されたことでも知られている。館内には、地元で取れた魚を使った料理が評判の地中海風レストランのセレーヤSerēaや子供向けのメニューもあるバブコック&ストーリー・バーBabcock & Story Barもある。ガイドと一緒にビクトリア様式の建物などを見学できるレジェンダリーツアーLegendary Tour(所要90分)も毎日開催。このホテルは、アメリカ西海岸で初めて電灯を導入した商業施設であり、1922年までコロナドの街に電力を供給していた発電所も敷地内にあったという。また、創業当時の趣を残す2階吹き抜けのメインロビーには、7.5mを超えるクリスマスツリーが毎年テーマを変えて飾られる。なお、本館は改修工事中につき、2025年夏まで立ち入りが制限されているエリアがある。

重厚で高級感あふれるロビーエリア

コロナドへ行くならフェリーが便利　サンディエゴ周辺　**MP.176-A2**

コロナド・フェリーランディング
Coronado Ferry Landing　　　★

　ダウンタウンのブロードウエイピアとコンベンションセンターの2ヵ所と、コロナドを結ぶフェリーの、コロナド島側の発着所。レストランやショップが約15店舗入る。レンタルバイクの店もあるので、ここで自転車を借りてホテル・デル・コロナドへ行くのもいい。なお、フェリーはコンベンションセンター発着が30分ごと、ブロードウエイピア発着が1時間ごとの運航。

メモ コロナド・フェリーランディングで自転車を借りる　フェリーランディングには、レンタル・バイク・ショップが数軒ある。Holland's Bicycles　**住** 1201 1st St., #122, Coronado　**URL** www.hollandsbicycles.com

オールドタウン周辺
Old Town

オールドタウンはダウンタウンから北西へ6kmほど離れた所にある歴史的な地区。1769年にスペイン人によって教会が建てられ、街が作られていった。いわばサンディエゴ発祥の地だ。

オールドタウン *Old Town*

メキシコの雰囲気を感じられる　サンディエゴ周辺　MP.176-A1

オールドタウン州立歴史公園
Old Town State Historic Park
★★★

オールドタウンに数多く残る歴史的な建物は、Plaza de las Armas／Washington Square広場から続くSan Diego Ave.周辺に集まっている。まず最初に、プラザのRobinson Rose Building内にある観光案内所に寄って無料のタウンマップをもらい、広場を出発点としてぐるっと散策しよう。古い建物だけでなく、レストランやメキシコ風のみやげ物を扱うショップなどもあり、にぎやかな雰囲気だ。

往時の街並みを再現

オールドタウン州立歴史公園
- 🏠4002 Wallace St.
- ☎(619)220-5422
- 🌐www.parks.ca.gov
- 🕐毎日10:00～17:00（レストラン、ショップは店舗により異なる）
- 💰博物館は入場無料
- 🚍ダウンタウンからはトロリー・グリーン、ブルーラインでOld Town駅下車。駅を降りて東側の通りを越えると、そこはオールドタウン歴史公園の一角。そのまま進めば、Plaza de las Armas/Washington Square広場に出る。オールドタウン・トロリー（→P.174）の停留所にもなっている。

ミッションバレー *Mission Valley*

カリフォルニア州で最初にできた伝道所　サンディエゴ周辺　MP.176-B1

ミッション・バジリカ・サンディエゴ・デ・アルカラ
Mission Basilica San Diego de Alcalá
★★

カリフォルニア州に全部で21ヵ所あるカトリックの伝道所のなかで、いちばん初めに建てられたのがここだ。熱心な布教活動により多くのインディアンが改宗したことで知られる宣教師、フニペロ・セラJunípero Serraによって1769年に設立され、1774年に現在の場所へと移転した。

白い壁が青い空に美しく映える礼拝堂

ミッション・バジリカ・サンディエゴ・デ・アルカラ
- 🏠10818 San Diego Mission Rd.
- ☎(619)281-8449
- 🌐www.missionsandiego.org
- 🌐www.missionsandiego history.org
- 🕐毎日9:00～16:00
- 💰大人$8、シニア（55歳以上）$5、子供（6～12歳）$3
- 🚍トロリー・グリーンラインのMission San Diego駅下車後、Rancho Mission Rd.を北へ進みSan Diego Mission Rd.を右折。5分ほど歩くと進行方向左側に白い建物が見えてくる。

シェルターアイランド
トロリー・グリーン、ブルーラインのOld Town駅からMTSバ ス#28でShelter Island Dr. & Anchorage Ln.下車。

ハンフリー・コンサート・バイ・ザ・ベイ
2241 Shelter Island Dr.
www.humphreysconcerts.com

カブリヨ・ナショナル・モニュメント
1800 Cabrillo Memorial Dr.
(619)523-4285
www.nps.gov/cabr
毎日9:00~17:00
クリスマス
1人＄10、車1台＄20(7日間有効)
トロリー・グリーン、ブルーラインのOld Town駅からMTSバ ス#28でRosecrans St. & Shelter Island Dr.下車、MTSバス#84に乗り換える。#28は毎日20~60分間隔、#84は月~金60分間隔の運行。Old Town駅から約60分。

フアン・ロドリゲス・カブリヨの像は1913年に設立された

リバティステーション
libertystation.com

リバティ・パブリック・マーケット
P.176-A1
2820 Historic Decatur Rd.
libertypublicmarketsd.com
毎日9:00~20:00。店舗により異なる
トロリー・グリーン、ブルーラインのOld Town駅からMTSバ ス#28でRosecrans St. & Lytton St.下車。Lytton St.を東へ8分ほど歩くと右側に見えてくる。

マーケット内は連日多くの人が訪れる

ポイントロマ *Point Loma*

コロナド島の対岸にあるリゾート　　サンディエゴ周辺　MP.176-A2

シェルターアイランド
Shelter Island
＊

　カブリヨ・ナショナル・モニュメント（→下記）へバスで行く際の乗り継ぎ地点でもあるシェルターアイランドは、コロナド島の対岸にあるリゾートだ。サンディエゴのハワイをうたっており、のんびりと過ごしたい人にはおすすめのエリアとなっている。

　この地を夏に訪れるならぜひ体験したいのが野外コンサート。**ハンフリー・コンサート・バイ・ザ・ベイHumphreys Concerts by the Bay**には1450席があり、毎年5~10月の間、大物アーティストが連日ライブを行っている。

コロナドや太平洋が一望　　サンディエゴ周辺　MP.176-A2

カブリヨ・ナショナル・モニュメント
Cabrillo National Monument
＊＊

　サンディエゴ湾を守るように細く突き出したポイントロマ岬Point Loma。一方にサンディエゴ港やコロナド、もう一方に広大な太平洋を望む風光明媚なこの地は、1542年、スペインの探検家フアン・ロドリゲス・カブリヨJuan Rodrigues Cabrilloがヨーロッパ人として初めてカリフォルニアに上陸した地点として、国定記念物に指定されている。案内所には、カリフォルニアの歴史やカブリヨの業績についての展示がある。

　1855年に完成したという白い小さな灯台の内部は、19世紀のままに保存されている。ホエールウオッチングの名所でもあり、12月から4月のシーズンに訪れたなら、ぜひ沖合に目を凝らしてみよう。海から顔を出すクジラを拝むことができるかもしれない。

かつての海軍施設が一大商業施設に　　サンディエゴ周辺　MP.176-A1

リバティステーション
Liberty Station
＊＊＊

　1923年から海軍の施設があったリバティステーション（ステーションとあるが駅ではなく基地のこと）。冷戦が終わり軍縮が進んだ結果、1997年に閉鎖された。2000年、サンディエゴ市が土地を保有することになり再開発が進んだ結果、ショッピングや食事、アートを楽しめ、イベントも開催される市民のための場として生まれ変わった。

　リバティステーションを訪れる多くの人が向かう先は、2016年にオープンした市場**リバティ・パブリック・マーケットLiberty Public Market**。約40のテナントで構成され、その多くが飲食店。マーケット内外にはテーブルと椅子が設置され、週末は多くのローカルたちでにぎわう場所となっている。

メモ　オーシャンビーチ　ローカルの評判も高く、イベントも多く開催されるビーチ。周辺にはおいしいレストランも多い。**Ocean Beach Pier** MP.176-A2 1850 Ocean Front St.

ミッションベイ
Mission Bay

ダウンタウンのサンディエゴ湾とは対照的に、幾重もの波が押し寄せるミッションベイ。海では季節を問わず、朝からサーフィンに興じる人でにぎわっている。最大の見どころシーワールド・サンディエゴ（→ P.156）も忘れずに。

ビーチアクティビティに挑戦したい　　　サンディエゴ周辺　　MP.176-A1

ミッションビーチ
Mission Beach

★★★

　ミッションベイと太平洋に挟まれた細長い半島の太平洋側にあるビーチ。サーフィンを中心としたアクティビティが盛んに行われている。ミッションビーチ沿いには遊園地**ベルモントパークBelmont Park**が立ち、ジェットコースターなどの絶叫系ライドがある。

サーファーが集うにぎやかなビーチ　　　サンディエゴ周辺　　MP.176-A1

パシフィックビーチ
Pacific Beach

★★

　ミッションビーチの北に隣接するパシフィックビーチは、サーフポイントが多く、波を求めてやってきたサーファーが多く集まる。パシフィックビーチとミッションビーチは約5kmの遊歩道Ocean Front Walkでつながっており、その遊歩道に沿ってレストランやバーが軒を連ねている。とりわけ夜になると、ナイトライフを楽しむ若者で盛り上がり、昼とは違う雰囲気を感じることができる。ビーチの中心にある木製の桟橋クリスタルピアCrystal Pierは、独特の雰囲気のある絶景のポイント。

ミッションビーチ
トロリー・グリーン、ブルーラインのOld Town駅からMTSバス#8でMission Bay Dr. & Mission Blvd.下車。

ベルモントパーク
3146 Mission Blvd.
(858) 488-1549
www.belmontpark.com
毎日11:00〜20:00（金・土〜22:00、日〜23:00）。時期により異なるので、ウェブサイトや電話で確認すること
入場無料。乗り物1日乗り放題$60、身長121cm以下$55

パシフィックビーチ
トロリー・グリーン、ブルーラインのOld Town駅からMTSバス#8でMission Blvd. & Thomas Ave.下車、もしくはMTSバス#30でMission Blvd. & Felspar St.下車。

きれいなサンセットを拝もう

Information　サンディエゴ最大のフリーマーケット

● **Kobey's Swap Meet**
　有名歌手のコンサートが行われる屋内アリーナのペチャンガ・アリーナ Pechanga Arena。金〜日曜までその駐車場がフリーマーケット（**コービーズ・スワップ・ミートKobey's Swap Meet**）の会場になる。約1000のベンダーが出店し、2万人が訪れるという。地元アーティスト手作りの陶器やビンテージ古着、食器などが並ぶ。

MP.176-A1　3500 Sports Arena Blvd.
kobeyswap.com
金 6:00 〜 15:00、土・日 5:00 〜 15:00
金 $1 〜 5、土・日 $3 〜 20（入場時間により異なる）
トロリー・グリーン、ブルーラインの Old Town 駅から MTS バス #8、9 で Sports Arena Blvd. & Sports Arena Dr. 下車。所要約 8 分。

トロリー・グリーン、ブルーラインのOld Town駅からMTSバス#35でCable St. & Newport Ave.下車。所要約30分。

ラ・ホヤ
La Jolla

バーチ水族館
スクリプスビーチ
サンディエゴ現代美術館
ラ・ホヤ館
ラ・ホヤ・コーブ
ラ・ホヤ・ダウンタウン
La Jolla Village Dr.
La Jolla Scenic Dr.
La Jolla Blvd.
Genesee Ave.
805
5
52
N
0　　　2km

ダウンタウンから北西へ約20km。高級住宅地として知られるラ・ホヤは、海と明るい陽光に包まれたリゾート地でもある。変化に富んだ海岸線が美しく、マリンスポーツも盛んに行われている。

ラ・ホヤ
行き方 トロリー・ブルー、グリーンラインのOld Town駅からMTSバス#30でSilverado St. & Herschel Ave.下車。約40分。

人がいようが関係なし、
アザラシはビーチで昼寝

サニー・ジム・シー・ケーブ
🏠1325 Coast Blvd., La Jolla
☎(858)459-0746
🌐www.cavestore.com
🕐毎日9:00〜16:30
💰大人$10、子供（3〜17歳）$6

サニー・ジム・シー・ケーブの入口

サンディエゴの高級住宅街　　　　　　　　ラ・ホヤ **M**P.176-B1
ラ・ホヤ・ダウンタウン
La Jolla Downtown ★★★

　スペイン語で宝石という意味のラ・ホヤ。目抜き通りのGirard St.を中心にセレクトショップやレストラン、カフェ、ギャラリーが軒を連ねる。海沿いにあるのが**サンディエゴ現代美術館ラ・ホヤ館**（→P.189）。ラ・ホヤは有名人や資産家の邸宅が多いことで有名だが、治安がよく、美しい海岸線があることからリゾート地としても1年中にぎわっている。

ラ・ホヤ・コーブは海遊びに最適　　　　　ラ・ホヤ **M**P.176-B1
ラ・ホヤ・コーブとサニー・ジム・シー・ケーブ
La Jolla Cove & Sunny Jim Sea Cave ★★★

　Girard Ave.を北へ真っすぐ下りていくと海浜公園に出る。海岸沿いには、荒波に削られ下の部分が浸食された崖や洞窟が、複雑に入り組んでいる。この辺一帯の入江が、**ラ・ホヤ・コーブ**だ。岩場が多いため、海辺の生き物もたくさんいる。世界中からダイバーが集まってくるだけあって、水の透明度はすばらしい。この周辺は環境保存地域に指定されている。

　また、海浜公園の海を前にして右方向（東）へ進めばラ・ホヤで最も大きい洞窟**サニー・ジム・シー・ケーブ**がある。最小限の明かりがともされた145の階段を降り洞窟内部に到着すると、外には海と沿岸の風景が広がる。また、ケーブの上にあるコーストウオーク（15分間のミニトレイル）を周りの草花、鳥たちに目を向けながら散歩するのもいい。カリフォルニアアザラシの観賞ポイントとしても知られている。

薄暗い洞窟内

海洋研究の成果を一般に広める　　サンディエゴ周辺　Ⓜ P.176-A1

バーチ水族館
Birch Aquarium at Scripps　　✴

海洋研究では全米随一のカリフォルニア大学サンディエゴ校（UCSD）の海洋学研究所の付属施設。平屋建ての館内には、海洋科学関連の展示物と水族館があり、派手さはないが充実した内容。

クジラの彫刻が目印

現代美術の宝庫　　　　　　　　ラ・ホヤ　Ⓜ P.176-B1

サンディエゴ現代美術館ラ・ホヤ館 (MCASD / La Jolla)
Museum of Contemporary Art San Diego / La Jolla　✴✴

絵画、写真、オブジェなど、1950年代以降の現代美術のコレクションは西海岸でも有数のもの。別館はダウンタウンのサンタフェ駅の隣にもある（Ⓜ P.177-A2）。作品もさることながら、海に面した展示室の窓から見える景色は一見の価値あり。

建物そのものもユニークだ

バーチ水族館
🏠2300 Expedition Way, La Jolla
☎(858)534-3474
🌐aquarium.ucsd.edu
🕐〈3月〜9月上旬〉毎日9:00〜19:00、〈9月中旬〜2月〉毎日9:00〜17:00
💲大人＄24.95、シニア（60歳以上）＄22.95、子供（3〜17歳）＄19.95
🚃トロリー・ブルー、グリーンラインのOld Town駅からMTSバス#30でLa Jolla Shores Dr. & Downwind Way下車。約55分。

サンディエゴ現代美術館ラ・ホヤ館
🏠700 Prospect St., La Jolla
☎(858)454-3541
🌐www.mcasd.org
🕐木〜日10:00〜16:00
休月〜水
💲大人＄25、シニア・学生＄15、子供（17歳以下）無料

サンディエゴのスポーツ
Sports in San Diego

ベースボール　Major League Baseball（MLB）

■ サンディエゴ・パドレス
San Diego Padres

　1969年、ナショナルリーグに加入。過去に西地区優勝は5回あるが、まだワールドシリーズ制覇はない。2021年からダルビッシュ有投手、2024年から松井裕樹投手が加入。2024年は日本人投手リレーに期待したい。2023年シーズンは、82勝80敗の地区3位で終わった。

本拠地：ペトコパーク
Ⓜ P.177-B3　🏠100 Park Blvd.
☎(619)795-5000
🌐www.mlb.com/padres
🚃トロリー・グリーンラインのGaslamp Quarter駅下車。

ペトコパークツアー
☎(619)795-5011　💲大人・子供（3歳以上）＄38
🕐毎日10:00、11:00、12:00、13:00、14:00（試合のある日は時間に変更があるので、ウェブサイトで確認すること）。所要1時間20分。

サンディエゴのショップ
San Diego

ダウンタウンではシーポートビレッジやガスランプクオーターでのショッピングが楽しい。アメリカらしい巨大ショッピングモールならウエストフィールド・UTC やファッションバレー・モールへ。トロリーの駅から近いので、車のない人でも簡単にアクセス可能だ。ラ・ホヤに行けば、おしゃれなショッピングエリアと海を一度に楽しめ、オールドタウン州立歴史公園に行けば、メキシコのテイストにあふれた楽しいおみやげに、目移りすること間違いなし。

ダウンタウン

ファッション	**サンディエゴ・サーフカンパニー** **San Diego Surf Co.**

Tシャツのデザインは40種類以上！

日本の芸能人が着用していたことで注目を集めたファッションブランド。サーフボードやカリフォルニアベアのイラストが描かれた半袖のTシャツ（$30〜）やロングスリーブのTシャツ（$40〜）は性別を問わず着こなすことができそう。

カード **A** **M** **V**

Ⓜ サンディエゴ・ダウンタウン P.177-A2
🏠 839 W. Harbor Dr., #B
☎ (619) 696-8967
💻 sandiegosurfco.com
🕐 毎日9:00〜21:00

おみやげにも自分用にもいい

ファッション	**ストロール** **Stroll**

リトルイタリーで立ち寄りたい店

地元民がダウンタウン周辺で買い物するならここと、おすすめするセレクトショップ。きれいめ&ガーリーなワンピースやドレス、カーディガンからイヤリング、ネックレスなどのジュエリー、ハンドソープやキャンドルなどまで幅広いセレクションがうれしい。

カード **A** **M** **V**

Ⓜ サンディエゴ・ダウンタウン P.177-A1
🏠 2300 India St.
☎ (619) 770-1888
💻 shop.sdstroll.com
🕐 月〜土9:00〜19:00、
日10:00〜18:00

サンディエゴの流行も知ることができる

オールドタウン周辺

ショッピングモール	**ファッションバレー・モール** **Fashion Valley Mall**

3つのデパートと200を超える専門店

オープンエアの開放的なモール。Macy's やBloomingdale's などのデパートのほか、Louis Vuitton や Gucci、Cartier、Dolce & Gabbana、Prada、Tiffany & Co.、Bottega Veneta など高級ブランドが集まっている。映画館やレストランもあり。

カード 店舗により異なる

Ⓜ サンディエゴ周辺 P.176-A1
🏠 7007 Friars Rd.
☎ (619) 688-9113
💻 www.simon.com/mall/
fashion-valley
🕐 月〜土10:00〜21:00、
日11:00〜19:00

日本人に人気のブランドも入店

ショッピングモール	**ミッションバレー・ショップス** **Mission Valley Shops**

旅行者はあまり訪れないモール

約80のショップやレストランが集まる屋外型モール。高級デパートのアウトレット店の Bloomingdale's Outlet や Nordstrom Rack のほか、ファストフード店や映画館が集まる。Target や Trader Joe's も西側にあり。

カード 店舗により異なる

Ⓜ サンディエゴ周辺 P.176-A1
🏠 1640 Camino Del Rio N.
☎ (619) 296-6375
💻 www.mission-valley.
com
🕐 月〜土10:00〜21:00、
日11:00〜19:00

アメリカ西海岸で人気のレストランも入る

雑貨	エル・セントロ・アルテサーノ **El Centro Artesano**

豊富な陶器が揃う

オールドタウンのなかで、最もショップが集中する Twigg St. 側にある、メキシコ雑貨のお店。メキシコらしいペイントが施された陶器や雑貨が、日本では考えられないような価格で販売されている。外に雑多に並んでいる陶器類は $12 〜。破損がないかチェックしてから購入するように。

カード **M** **V**

メキシコらしいデザインが多い

M サンディエゴ周辺 P.176-A1
- 2637 San Diego Ave.
- (619) 297-2931
- 毎日9:30〜18:00
  （金〜20:00、土〜21:00、
  日〜20:00）

ファッション ＆雑貨	モニカ・ジェネラル **Moniker General**

センスのいいアイテムが並ぶ

リバティステーションにある市場、リバティ・パブリック・マーケットに併設するセレクトショップ。地元アーティストが作る美術工芸品や民芸品のほか、全米で話題のグッズも取り扱う。カフェやバーもあり、地元民の憩いの場になっている。

カード **A** **M** **V**

30歳代の女性向けのアパレルが多い

M サンディエゴ周辺 P.176-A1
- 2860 Sims Rd.
- (619) 255-8772
- www.monikergeneral.
  com
- 毎日10:00〜18:00
  （金〜日〜19:00）

アンティーク モール	コンサイメント・クラシックス **Consignment Classics**

ビンテージ＆アンティーク商品探しを

1100坪の敷地に100軒以上のディーラーが出店している。アンティーク家具や絵画、ビンテージ雑貨、人形、おもちゃなど集められたアイテムはさまざま。日本のバイヤーはパイレックスやファイヤーキングの食器、メキシコ製のジュエリーを求めに来るとか。

カード **A** **M** **V**

パイレックスのボウルもあり

M サンディエゴ周辺 P.176-A1
- 3602 Kurtz St.
- (619) 291-3000
- consignmentclassics.
  net
- 月〜土9:00〜19:00、
  日10:00〜18:00

ショッピング モール	ウエストフィールド・UTC **Westfield UTC**

カリフォルニア大学の近くにあるモール

デパートの Macy's と Nordstrom のほか、ショップやレストラン、カフェが約170店舗集まる。Victoria's Secret や Forever 21、Hollister、H & M、J. Crew、Free People、Abercrombie & Fitch、American Eagle Outfitters などカジュアルな店が多い。

カード 店舗により異なる

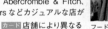
フードコートもある

M サンディエゴ周辺 P.176-A1
- 4545 La Jolla Village Dr.
- (858) 546-8858
- www.westfield.com/
  united-states/utc
- 月〜土10:00〜21:00、
  日11:00〜19:00
- 交通 トロリー・ブルーライン
  のUTC駅下車、目の前。

アウトレット	ラス・アメリカス・プレミアム・アウトレット **Las Americas Premium Outlets**

大人気のショップがアウトレットに

ダウンタウンからトロリーで行けるアウトレット。American Eagle Outfitters や Brooks Brothers、Coach、Converse、New Balance、Nike などのアウトレットが約150軒集まる。ファストフード店やカフェも25店以上あり。

カード 店舗により異なる

日本より安く商品が手に入る

M サンディエゴ周辺 P.176-B2
- 4211 Camino de la
  Plaza
- (619) 934-8400
- www.premiumoutlets.
  com/outlet/las-americas
- 毎日10:00〜20:00
- 交通 トロリー・ブルーライ
  ンのSan Ysidro駅下車、
  徒歩13分。

アウトレット	カールスバッド・プレミアム・アウトレット **Carlsbad Premium Outlets**

レゴランドの近くにあるアウトレット

テナント数は約90。Banana Republic や Hurley、Levi's、Oakley、The North Face、Tommy Hilfiger などカジュアル・スポーツ系のショップが充実。春の風物詩カールスバッドのお花畑は、ここの駐車場から見学できる。

カード 店舗により異なる

確かな品揃えのアウトレットモール

M サンディエゴ周辺 P.176-A1外
- 5620 Paseo del Norte,
  Carlsbad
- (760) 804-9000
- www.premiumoutlets.
  com/outlet/carlsbad
- 毎日10:00〜19:00
  （金・土〜20:00）

サンディエゴのレストラン
San Diego

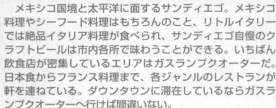

メキシコ国境と太平洋に面するサンディエゴ。メキシコ料理やシーフード料理はもちろんのこと、リトルイタリーでは絶品イタリア料理が食べられ、サンディエゴ自慢のクラフトビールは市内各所で味わうことができる。いちばん飲食店が密集しているエリアはガスランプクオーターだ。日本食からフランス料理まで、各ジャンルのレストランが軒を連ねている。ダウンタウンに滞在しているならガスランプクオーターへ行けば間違いない。

RESTAURANT

ダウンタウン

バーベキュー カンザスシティ・バーベキュー
Kansas City Barbeque

映画『トップガン』に出てきたレストラン

トム・クルーズの出世作、映画『トップガン Top Gun』はサンディエゴが舞台。名物のポーク・スペア・リブ（$17.95）に舌鼓を打ったあとは、年季の入った店内の装飾にも注目したい。公開から35年以上過ぎた今でもファンが訪れる。

カード **A J M V**

3種類の肉とふたつのサイドが付く Works（$22.95）

M サンディエゴ・ダウンタウン P.177-A2
住 600 W. Harbor Dr.
☎ (619) 231-9680
URL www.kcbbq.net
営 毎日11:00〜23:00
（バーは翌2:00まで）

シーフード フィッシュマーケット
The Fish Market

サンディエゴ湾を見ながらシーフードを

USSミッドウエイ博物館の向かいにあるレストラン。シーフードを食べるならここに来るという、地元民おすすめの店。クラムチャウダー（$9.50〜）とカニのほぐし身が入った Louie Salad（$23.95）で満腹になる。

カード **A M V**

ロブスターとエビのグリル（$51）

M サンディエゴ・ダウンタウン P.177-A2
住 750 Harbor Dr.
☎ (619) 232-3474
URL www.thefishmarket.
com/location/san-
diego
営 毎日11:30〜20:30
（金・土〜21:00）

メキシコ料理 タコス・エル・ゴルド
Tacos El Gordo

メキシコ人に混ざってタコスをほお張りたい

ガスランプクオーターにあるタコス専門店で、カウンターの前でトッピングを注文するスタイル。自家製のコーントゥーティーヤに、ポークやチキン、ビーフなどの肉の具材と、ワカモレやパクチー、サルサソースをかけてもらおう。1個から注文できるのがいい。

カード **M V**

タコス Taco de Suadero（$3.94）

M ガスランプクオーター P.177-B4
住 511 F St.
☎ (619) 955-8220
URL tacoselgordobc.com
営 毎日10:00〜翌2:00
（金・土〜翌4:00）

ブリュワリー ストーンブリューイング・タップルーム
Stone Brewing Tap Room

人気ブリュワリーの味を気軽に楽しめる

サンディエゴの北部に醸造所を構える巨大ブリュワリー、ストーンブリューイングの味を、ダウンタウンで気軽に楽しめるタップルーム。アムトラックのサンタフェ駅そばにあり、店内ではTシャツなどのオリジナルグッズも販売している。

カード **A J M V**

4種類のビールを試飲できる Flight は $13

M サンディエゴ・ダウンタウン P.177-A2
住 1202 Kettner Blvd.,
#101
☎ (619) 450-4518
URL www.stonebrewing.
com
営 毎日12:00〜21:00
（金・土〜22:00）

  サンディエゴ随一のステーキハウスと呼び声高い　フィレミニヨン（$49.95）やリブアイ（$58.95）、和牛ステーキなどが食べられる。**Greystone Prime Steakhouse & Seafood** M P.177-B4 住 658 5th Ave.

アメリカ料理 モーニンググローリー Morning Glory

サンディエゴの朝食はここで

朝から開店待ちの行列ができるレストラン。定番のパンケーキ（$13〜）やフレンチトースト（$13）、フライドチキン&ワッフル（$17）が味わえる。おしゃれなインテリアは、写真映えスポットとしても有名。ミシュランガイドのビブグルマンにも選ばれている。

カード AMV

Soufflé Pancakes（$17）

M サンディエゴ・ダウンタウン P.177-A1
550 W. Date St.
(619) 629-0302
morningglorybreakfast.com
毎日8:00〜15:00
（土・日〜16:00）

イタリア料理 イゾラ・ピッツァ・バー Isola Pizza Bar

リトルイタリーでピザを食べるなら

トロリー・グリーンラインの County Center/Little Italy 駅から1ブロックの所にあるスタイリッシュなイタリアンレストラン。ワインが豊富に揃っており、店自慢のピザ（$18〜22）やパスタ（$18〜24）とのマリアージュを楽しめる。

カード AMV

しっとりと落ち着いた雰囲気の店内

M サンディエゴ・ダウンタウン P.177-A1
1526 India St.
(619) 255-4230
www.isolapizzabar.com
月〜水14:30〜21:00、木〜日11:00〜21:00
（金・土〜22:00）

メキシコ料理 キング・アンド・クィーン・カンティーナ King & Queen Cantina

モダンメキシカンの人気店

メキシコ料理をベースに日本料理や韓国料理のテイストも取り入れたフュージョンメキシカン。定番のタコスも、トルティーヤの代わりにレタスでラップをしたり、健康志向の人にも人気がある。もちろんクラフトビールの種類も豊富。

カード AMV

地元の常連客に交ざって列に並ぼう

M サンディエゴ・ダウンタウン P.177-A1
1490 Kettner Blvd.
(619) 756-7864
kingandqueencantina.com
月〜木11:00〜24:00（木〜翌1:00）、金〜日10:00〜翌1:00（日〜23:00）

ブリュワリー バラストポイント・テイスティング・ルーム Ballast Point Tasting Room

サンディエガン人気 No.1 の地ビール

サンディエゴの数あるブリュワリーのなかでも、抜群の知名度と人気を誇るバラストポイントのテイスティング・ルーム。ビールと相性のいい料理も提供されており、週末の夜は多くの地元客でにぎわっている。スカルピン IPA やファゾム IPA が人気。

カード MV

ビールの注文カウンターに行列ができる

M サンディエゴ・ダウンタウン P.177-A1
2215 India St.
(619) 255-7213
www.ballastpoint.com
毎日11:00〜21:00（火〜土〜23:00、日〜20:00）

メキシコ料理 カフェコヨーテ Cafe Coyote

正統派のメキシコ料理

オールドタウンというメキシカン激戦区にありながら、味、人気ともに定評があるレストラン。これまでに何度も「サンディエゴのベストメキシコ料理店」に選ばれている。朝食からディナーまで、本格的なメキシコ料理が味わえる。予算は朝食で$15前後、ランチ・ディナーは$25前後。

カード AMV

活気あふれるメキシカンレストラン

M サンディエゴ周辺 P.176-A1
2461 San Diego Ave.
(619) 291-4695
www.cafecoyoteoldtown.com
月〜木11:00〜20:30、金9:00〜21:00、土・日8:00〜21:00（日〜20:30）

アメリカ料理 サウスビーチ・バー&グリル South Beach Bar & Grille

海を見ながら食事を

オーシャンビーチで人気のシーフードレストラン。サンディエゴのビールを中心に国内のクラフトビールも豊富に取り扱っている。タコスがおすすめ料理なのだが、ここではサメやメカジキ、豆腐などの変わり種タコスも楽しめる。

カード AMV

ビーチに近く開放的な雰囲気

M サンディエゴ周辺 P.176-A1
5059 Newport Ave.
(619) 226-4577
southbeachob.com
毎日12:00〜22:00（月〜23:00）

サンディエゴのホテル
San Diego

　ダウンタウンには、中級以上のホテルが多い。少し離れれば比較的安いモーテルがあるので観光案内所で教えてもらうのもいい。ラ・ホヤやコロナドはリゾートとしての要素が強くなるため、宿泊料金の相場は高い。サンディエゴは交通網がしっかりしているので、中心部から少し外れても極端に足の便が悪くなることはない。オールドタウンが穴場。ガスランプクオーター周辺にあるユースホステルにはバックパッカーが集まる。

HOTEL

ダウンタウン

高級	マンチェスター・グランド・ハイアット・サンディエゴ
	Manchester Grand Hyatt San Diego

ウオーターフロントの高層・高級ホテル

　シーポートビレッジのすぐ横。海に面して立っているため全客室から海が見える。スパやサロンなどの施設も充実している。最上階（40階）はバーラウンジになっていて、ダウンタウンの美しい夜景と海が両方楽しめる。

WiFi無料　1628室　カード A D J M V

Ⓜサンディエゴ・ダウンタウン P.177-A2
🏠1 Market Pl., San Diego, CA 92101
☎(619)232-1234
📠(619)358-6720
🌐www.hyatt.com
💰Ⓢ Ⓓ Ⓣ $255～699、Ⓢ$525～1459

高級	ウエストゲート・ホテル
	The Westgate Hotel

ダウンタウンの真ん中にある高級ホテル

　ダウンタウンにありながら街の喧騒を忘れさせてくれる、ラグジュアリーで落ち着いた雰囲気のホテル。宿泊費のほかに1泊当たり$30の施設利用料金（市内通話、ビジネスセンター、室内でのWi-Fi利用など）がかかる。

WiFi無料　223室　カード A D J M V

Ⓜサンディエゴ・ダウンタウン P.177-B2
🏠1055 2nd Ave., San Diego, CA 92101
☎(619)238-1818
📠(619)557-3737
🌐www.westgatehotel.com
💰Ⓢ Ⓓ Ⓣ $199～495、Ⓢ$423～1551

高級	US グラント
	The US Grant

ガスランプクオーター近くの優雅なホテル

　1910年創業のクラシックなホテル。合衆国第18代大統領の名前がホテル名になっているのは、その大統領の息子が創業者だから。ジョン・F・ケネディやジョージ・W・ブッシュ元大統領をはじめ、多くの著名人も宿泊した。

WiFi$15.95　270室　カード A D J M V

Ⓜサンディエゴ・ダウンタウン P.177-B2
🏠326 Broadway, San Diego, CA 92101
☎(619)232-3121
📠(619)232-3626
🌐www.marriott.com
💰Ⓢ Ⓓ Ⓣ $289～739、Ⓢ$389～1139

高級	エンバシー・スイーツ・サンディエゴ・ベイ・ダウンタウン
	Embassy Suites San Diego Bay Downtown

ファミリーにも人気の全室スイートホテル

　サンディエゴ湾に面し、ウオーターフロントを一望できる部屋もある。無料の朝食もうれしい。コンベンションセンターやシーポートビレッジなどが徒歩圏内にあるので、ビジネス、レジャーどちらの利用者にも便利だ。

WiFi$14.95　341室　カード A D J M V

Ⓜサンディエゴ・ダウンタウン P.177-A2
🏠601 Pacific Hwy., San Diego, CA 92101
☎(619)239-2400
🌐www.hilton.com
💰Ⓢ$229～1099

☕コーヒーメーカー　🍸ミニバー／冷蔵庫　🛁バスタブ　ヘアドライヤー　BOX 室内金庫　ルームサービス　🍽レストラン
フィットネスセンター／プール　🛎コンシェルジュ　J日本語を話すスタッフ　ランドリー　ワイヤレスインターネット　P駐車場　♿車椅子対応の部屋

中級 ベストウエスタン・プラス・ベイサイド・イン
Best Western Plus Bayside Inn

客室はきれいで、ロケーションも抜群！

観光でもビジネスでも快適に滞在できるホテル。リトルイタリーの入口にあり、トロリー・ブルー、グリーンラインの County Center/Little Italy 駅まで歩いて 5 分ほど。ガスランプクオーターへも徒歩圏内なのがうれしい。2024 年春に客室の内装と家具を一新し、よりスタイリッシュになった。すべての客室にバルコニーが付いていて、ダウンタウンかサンディエゴ湾の景色を楽しめる。ブリートやフルーツなどが入った無料の朝食バッグ（Grab & Go）が毎朝付く。基本的に平日は日本人スタッフも勤務している。

Wi-Fi無料　120室　カード A D J M V

おしゃれなデザインの客室

Ⓜサンディエゴ・ダウンタウン P.177-A1
🏠555 W. Ash St.,
　San Diego, CA 92101
☎(619) 233-7500
📞(1-800) 341-1818
📠(619) 239-8060
🌐www.baysideinn.com
💲ⓈⒹⓉ$180〜350

清潔感あふれるフロント

中級 ホートン・グランド・ホテル
Horton Grand Hotel

サンディエゴの名物ホテル

ガスランプクオーターにあるクラシックなホテル。れんが造りの外観と、ピンクを基調にしたロマンティックな客室。また、ここの 309 号室に Roger Whitaker という名前のゴーストが住み着いているといううわさがある。

Wi-Fi無料　132室　カード A D M V

Ⓜサンディエゴ・ダウンタウン P.177-B2
🏠311 Island Ave.,
　San Diego, CA 92101
☎(619) 544-1886
📠(619) 544-0058
🌐www.hortongrand.com
💲ⓈⓉⓈu$223〜2385

エコノミー ホステリング・インターナショナル・サンディエゴ・ダウンタウン
Hostelling International San Diego Downtown

ダウンタウンにあるユースホステル

ガスランプクオーターの中心部にあるユースホステル。スタッフの手で改装された部屋は、ポップな色使いでかわいらしい。館内にはキッチンがあるうえ、周囲にレストランがあるので不自由しない。4 人、6 人、8 人でシェアするドミトリーと個室がある。

Wi-Fi無料　153ベッド　カード A J M V

Ⓜガスランプクオーター P.177-B4
🏠521 Market St.,
　San Diego, CA 92101
☎(619) 525-1531
🌐www.hiusa.org
💲ドミトリー$36〜67、
　個室$94〜251

高級 ホテル・デル・コロナド
Hotel Del Coronado

西海岸きってのリゾート

1888 年に誕生したサンディエゴを代表するホテル。ビクトリア様式の木造建築は国定歴史建造物に認定されている。一流のサービス、格式高い客室、重厚感のある落ち着いた雰囲気のロビーは、世界中の著名人を虜にしている。レストランやバーもあるので、休憩に立ち寄るのもいい。ホテルの歴史がわかる Ice House Museum & Legacy Court には、映画撮影でホテルを訪れたマリリン・モンローの写真も飾ってある。2024 年 3 月現在、日本人コンシェルジュがひとり週 5 日勤務している。

Wi-Fi無料　901室　カード A M V

Ⓜサンディエゴ周辺 P.176-A2
🏠1500 Orange Ave.,
　Coronado, CA 92118
☎(619) 435-6611
🌐www.hoteldel.com
💲ⓈⒹⓉ$300〜470、
　Ⓢu$767〜1220

砂浜に赤い円錐の屋根が映える

シーフードが楽しめる
レストランのセレーヤ

コロナド

オールドタウン周辺

中級
ハンドレリー・ホテル・サンディエゴ
Handlery Hotel San Diego

ダウンタウンから車で数分のリゾート

便利さと高級リゾート感覚を併せもつホテル。サンディエゴ動物園やシーワールドへの無料シャトルのサービスがある。大きな温水プールやフィットネスセンターなどもあり、家族連れに人気が高い。ペット OK の部屋もある。

Wi-Fi 無料　217室　カード A D M V

M サンディエゴ周辺 P.176-A1
950 Hotel Circle N., San Diego, CA 92108
(619) 298-0511
(1-800) 676-6567
(619) 260-8235
sd.handlery.com
S D T $139〜369

中級
コスモポリタン・ホテル＆レストラン
The Cosmopolitan Hotel & Restaurant

オールドタウン州立歴史公園の中にある

静かに滞在できるようにテレビや電話は置いていない。朝食はバルコニーで公園を眺めながら。

Wi-Fi 無料　10室　カード A J M V

M サンディエゴ周辺 P.176-A1
2660 Calhoun St., San Diego, CA 92110
(619) 297-1874　www.oldtowncosmopolitan.com
S D T S $169〜289

エコノミー
カリフォルニア・ドリーム・ホステル・オーシャンビーチ
California Dreams Hostel Ocean Beach

風光明媚なポイントロマに近い

カブリヨ・ナショナル・モニュメントやオーシャンビーチにとても近いホステル。

Wi-Fi 無料　16室　カード M V

M サンディエゴ周辺 P.176-A1
3790 Udall St., San Diego, CA 92107　(619) 832-0327
(619) 223-1883　ocean.californiadreamshostel.com
ドミトリー $50〜75、個室 $90〜210

ミッションベイ

高級
パシフィック・テラス・ホテル
Pacific Terrace Hotel

ビーチ沿いに立つ高級リゾート

夕日を眺めながら優雅に過ごせる。オールドタウン・トランジットセンターからバス#30で約30分。

Wi-Fi 無料　73室　カード A D M V

M パシフィックビーチ P.176-A3
610 Diamond St., San Diego, CA 92109　(858) 581-3500
(858) 274-2534　www.pacificterrace.com
S D T $299〜739、Su $369〜1659

中級
バーヒア・リゾートホテル
Bahia Resort Hotel

ファミリーで楽しめる充実の施設

穏やかな湾内に位置するリゾートホテル。ホテル棟の客室は広々としており、ファミリーにも好評。ロマンティックな雰囲気を楽しみたいのなら、プライベートビーチに面したヴィラ棟がおすすめ。屋外温水プール、テニスコートあり。

Wi-Fi 無料　314室　カード A D J M V

M ミッションビーチ P.176-B3
998 W. Mission Bay Dr., San Diego, CA 92109
(858) 488-0551
www.bahiahotel.com
S D T $282〜707、Su $447〜1061

ラ・ホヤ

高級
ラ・バレンシア・ホテル
La Valencia Hotel

ラ・ホヤのランドマーク的存在

淡いピンクの壁が美しい、コロニアル調の優雅なホテルだ。大海原を見下ろす絶好のロケーション。ラ・ホヤのランドマークとなっているホテルで、海を眺めてお茶をするためだけでも訪れてみたい。

Wi-Fi 無料　114室　カード A D J M V

M ラ・ホヤ P.176-B1
1132 Prospect St., La Jolla, CA 92037
(858) 476-6870
www.lavalencia.com
S D T $429〜1119、Su $579〜1619

高級
オムニ・ラ・コスタ・リゾート＆スパ
Omni La Costa Resort & Spa

スパ＆ゴルフリゾートで過ごす

ラ・ホヤのさらに北、カールスバッド（レゴランド近く）に位置する。広大な敷地にノース、サウスの2種のゴルフコースを備え、ゴルフ好きにはたまらない。2024年3月現在、チャンピオンズ・ゴルフコースは改修工事中、2024年6月再オープン予定。

Wi-Fi 無料　607室　カード A D J M V

M サンディエゴ周辺 P.176-B1外
2100 Costa Del Mar Rd., Carlsbad, CA 92009
(760) 438-9111
www.omnihotels.com
S D T $439〜819、Su $519〜3149

コーヒーメーカー　ミニバー／冷蔵庫　バスタブ　ヘアドライヤー　BOX 室内金庫　ルームサービス　レストラン
フィットネスセンター／プール　コンシェルジュ　J 日本語を話すスタッフ　ランドリー　ワイヤレスインターネット　P 駐車場　車椅子対応の部屋

サンディエゴからのエクスカーション

テメキュラ
Temecula

南カリフォルニアのワインカントリー

沿岸部のインターステート5号線より内陸に25マイルほど入ったテメキュラバレーは、19世紀末の面影を色濃く残す、素朴でレトロな雰囲気が漂うエリア。テメキュラバレーの東にあるワインカントリーでは、谷間の温暖な気候を利用して、1970年代から本格的にワイン生産も行われるようになった。現在では、サンディエゴやロスアンゼルスからワインを買い付けに来る固定ファンもいるほどだ。

テメキュラの歩き方

テメキュラでは、まずワイナリーへ行こう。Rancho California Rd.沿いを中心に30以上のワイナリーが点在している。効率よくワイナリーをはしごするなら、ピクニック風のランチ付きで数ヵ所のワイナリーを訪問できる、グレープラインのツアーが便利。

テメキュラのおもな見どころ

エンターテインメントも楽しめるカジノ

ペチャンガ・リゾート＆カジノ
Pechanga Resort & Casino

テメキュラのオールドタウンから南東へ5kmの所にある、ラスベガススタイルのカジノ。ホテル、スパ、スポーツ施設、ダイニング、ギフトショップも充実。ショーシアターには、ロスアンゼルスやラスベガスでもチケット入手困難な人気アーティストが出演することもある。

スパやカジノで休暇を満喫 ©Temecula CVB

テメキュラ
M巻頭折込「アメリカ西海岸」

サンディエゴからテメキュラへ
サンディエゴのダウンタウンから車でI-15を北へ約60マイル、1時間の所にある。LAのダウンタウンからはI-10→I-15を南へ走る。約85マイル、1時間30分。

ワイナリー巡りツアー
グレープライン Grapeline
テメキュラのダウンタウン周辺を出発して、テメキュラのワイナリーを巡るツアー。3つのワイナリーを回るクラシック・ワイン・アドベンチャーClassic Wine Adventureやランチ付きのヴィンヤード・ピクニックツアーVineyard Picnic Tourなどがある。
☎(951)693-5755
gogrape.com
クラシック・ワイン・アドベンチャー：1人$129〜139、ヴィンヤード・ピクニックツアー：1人159〜189

ペチャンガ・リゾート＆カジノ
45000 Pechanga Pkwy., Temecula
(1-888)732-4264
www.pechanga.com

Information サウスコースト・ワイナリー・リゾート＆スパ
South Coast Winery Resort & Spa

ワイナリーに併設して、レストラン、バーなどの設備が充実しているホテル。結婚式などのセレモニーができるパティオもある。ヴィラスタイルの宿泊棟は、全室に暖炉、ジャクージ、プライベートテラスあり。ワインのテイスティングも$20〜でできる。132室あり。

34843 Rancho California Rd., Temecula, CA 92591
(1-855)821-9431
www.southcoastwinery.com
ヴィラスタイル$239〜359
Wi-Fi無料 カードAMV

ティファナ
Tijuana

国境を越えてメキシコへ

　気軽にメキシコ情緒が味わえるティファナ。治安の悪さが目立っていた時代は終わり、週末はアメリカ人も多く訪れる、人気の観光スポットとなりつつある。また、不法・合法問わず、アメリカへ入国を試みようとするメキシコ人たちの一大拠点であり、人口は約210万人にのぼる。

ティファナへの入出国と行き方

※アメリカ／メキシコ国境を越えるので、パスポートを忘れないこと！

ティファナ
M巻頭折込「アメリカ西海岸」

バハカリフォルニア観光局
🌐www.bajanorte.com
❶観光案内所
MP.199
🕐毎日9:00〜18:00

ビザの手続き等に関する問い合わせ先
在日メキシコ合衆国大使館
🏠東京都千代田区永田町2-15-1
☎(03)3581-1131
🌐embamex.sre.gob.mx/japon
メキシコ総領事館
Consulate General of Mexico
🏠1549 India St., San Diego
☎(619)231-8414
🕐月〜金8:00〜18:00
❌土・日

　日本人（日本国籍）がアメリカからメキシコへ入国する場合、90日を超えない観光、商談の場合、ビザは不要だが、陸路での入国の場合のみ、数次入国フォーム（FMM）の提出が必要。入国フォームは国境にて取得が可能だ（必要ない場合も多い）。なお、アメリカから入国し国境都市のみ滞在、72時間以内にアメリカへ戻る場合は原則入国フォーム（FMM）の提出が不要だ。

　アメリカから徒歩で入国する場合、パスポートの提示は必須。また、アメリカ再入国の際は、税関と入国審査を通る荷物検査、パスポートチェックがある。**アメリカ入国時は非常に混雑するので時間に余裕をもって行動すること。**

　なお、最新の渡航情報は、外務省海外安全ホームページ（🌐www.anzen.mofa.go.jp）から中南米地域のメキシコを検索して確認を。メキシコへの出入国の状況や危険情報を入手できる。

サンディエゴから国境へ
●サンディエゴ・トロリー

　サンディエゴ・ダウンタウンからトロリー・ブルーラインで国境のサン・イシドロ駅San Ysidroへ。駅から前方の歩道を道なりに進む。鉄棒の回転ドアを抜けるとそこはもうメキシコだ。またサン・イシドロ駅から徒歩15分の所にある出入国審査ゲートU.S. Customs & Border Protection-San Ysidro Port of Entry(Ped West)からも入国できる。

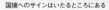

国境へのサインはいたるところにある

●レート
US$1=約16.77ペソ（2024年3月25日現在）
●時差
太平洋標準時間（PST）で日本との時差は−17時間。夏時間（4月第1日曜〜10月最終日曜）は−16時間。アメリカの夏時間（3月第2日曜〜11月第1日曜）とは期間が異なるので注意。

ティファナ中心部にあるアーチ。これを拠点に町歩きをしよう

メモ　シーザーサラダはティファナで生まれた　1920年代アメリカでは禁酒法が続いていた。当時イタリア系移民のシーザー・カルディーニがオーナーを務めていたホテルのレストランでは、酒を求めて訪れて

●レンタカー

I-5の"Last Exit in U.S.A."という出口を出て国境のアメリカ側にある駐車場を利用する。**レンタカーでの国境越えはほとんど認められていないので注意。**
国境からセントロ（ダウンタウン）へ
●徒歩

鉄棒の回転ドアを通って入国したら道なりに進む。「タクシー！」と呼び声がかかるなかを歩き、アメリカ再入国の行列近くにある陸橋を渡る。そのあとは"Centro"という看板に従って人の波について行けばいい。

メキシコからアメリカへ向かうための交通渋滞

ティファナの歩き方

ティファナでのショッピングは革製品、銀細工、陶器が狙い目だ。同じ商品があちこちで売られているので、比べてから購入しよう。ここでのショッピングは**値切るのがルール**。かなりふっかけてくるので注意が必要だ。また、アメリカ国内に比べ、ティファナは**医薬品や化粧品、香水が2〜3割安く**、処方箋がなくても購入できる薬がある。そのため薬局が非常に多く、レボルシオン通りだけで何十軒もある。

おもなショップやモールの営業時間は10:00〜19:00。メキシコでは「シエスタ」を取る習慣があるが、ティファナでは少ない。なお**近年ティファナの治安は改善されつつあるが、明るいうちに行動し、裏通りに入り込まないように注意しよう。**

中心部ではUSドルを使えるが、屋台での軽食やちょっと離れたメルカド（市場）などを訪れるなら**メキシコペソ（$と表記される）も持っておきたい**。換金所は国境付近のいたるところにある。また、ティファナ中心部は英語が通じるが、離れた途端通じなくなる。片言でもスペイン語を勉強しておくといいだろう。英語で話すのとスペイン語で話すのでは、みやげ物屋の反応も全然違うし、彼らも素顔を見せてくれるはずだ。

原色が似合うティファナ

サンディエゴから国境へ
レンタカー

サンディエゴのダウンタウンから、I-5を南下して約25分。しかし、レンタカーでの国境越えは、ほとんどのレンタカー会社が認めていない。**アメリカ国内の保険は適用不可**、盗難や事故などトラブルも多い。

アメリカ側駐車場

I-5の最終出口"Last Exit in U.S.A."で下り、Camino de la Plazaを右折。その先に24時間営業の駐車場がある。
Border Station Parking
🏠4570 Camino de la Plaza, San Ysidro
☎(619) 428-9477
🌐www.borderparking.com
🕐10時間$9〜18（曜日により異なる）

国境からセントロへ

国境からセントロまで徒歩約20分。

国境の待ち時間（徒歩）

以前はメキシコからアメリカへの国境越えは2、3時間待つのが当たり前だった。しかし近年はウェブサイトやアプリで現在の待ち時間がわかり、Ped Westも完成したことで以前ほどの混雑はなくなってきている。
CBP Border Wait Times
🌐bwt.cbp.gov（徒歩や車での国境越え待ち時間がわかるウェブサイト）

憧れのカリフォルニア・ゴルフラウンドへGO!

アメリカがゴルフ人口世界一である理由は、質量ともに充実したゴルフの施設だけでなく、誰もが気軽にプレイできる環境が整っていること。特にカリフォルニアでは、思い立ったらすぐにプレイができる近所のパブリックコースから、全米オープンなどのメジャートーナメントで使用される名門ゴルフコースまで、その種類の多さは全米トップクラス。安定した気候で季節を問わず快適なラウンドが楽しめるのも、カリフォルニアの特徴だ。さあ、憧れのコースで海外ゴルフデビューを果たそう!

アメリカのゴルフ事情

ゴルフ場の種類

アメリカのゴルフ場は大きく分けて、プライベートコースとパブリックコースのふたつ。プライベートはメンバー所有(会員制)と民営(完全プライベートとセミプライベート)によるもので、会員でないと利用できないコース。一方、パブリックは公営(郡や市が所有)や民営のコースで、誰でも利用できる。

グリーンフィは?

グリーンフィの目安は、トップレベルのコースで18ラウンド$150〜300、以下ランク順に$100前後、$80〜100といったところ。市営だとかなり安い。ただし、全米オープン開催コースのペブルビーチ・ゴルフリンクスだけは例外で、グリーンフィだけで$550〜+カート代$45だ。

ゴルフラウンドについて

ラウンドの人数は日本のように3〜4人グループでなくてもOK。当日、少人数のプレイヤーとの組み合わせで回るシステムなので、ひとりでの利用も可能だ。基本的にセルフプレイなのでキャディが付くことはなく、自らカートを利用してクラブを運ぶことになる。また、ラウンド時間は日本のようにハーフを挟んで長い昼食を取ることはなく、18ホールを一気に回るスタイルだ。服装については、トップスは襟付きのポロシャツであれば問題ない。男性も女性も日焼け対策を忘れずに。

ゴルフ場に到着したら、まずはプロショップでチェックイン。できれば予約をウェブサイトから入れよう

打ちっ放しはプロショップで購入したボールのレシートを係員に渡すだけでOK

トーリー・パインズ・ゴルフコース

予約をしよう

　予定なしでも空いてるコースは多いが、人気の高いコースは早めに予約を入れておきたい。ティータイムの予約は、ひとりの場合を除いて電話またはインターネットが便利。電話の場合、人数とスタート時間を伝えるだけ。ただし、保証の意味でクレジットカードが必要な場合がある。あとは、ゴルフ場までの交通手段を確保して、当日は早め（約1時間前）に着くように心がけたい。たいていロッカールームはないので、すぐにプレイできる格好で出かけよう。チェックインはプロショップ内の受付でグリーンフィを先払いし、ボールもここで購入する。

　予約からプレイ当日の流れはざっとこんな感じだが、「予約が不安」「ゴルフ場までの足はどうしよう」「見知らぬ人とラウンドできるかな」など、心配がある人はゴルフツアーに参加したり、現地の手配会社を頼ってストレスのないゴルフを楽しむのも一案。日本人のティーチングプロに付いてもらってのラウンドや、まったくの初心者でもゴルフレッスンをつけてくれるなど、コースを回るだけでなくいろいろなチャレンジができる。カリフォルニアの旅を機にゴルフを始めるのもいいかもしれない。

ディボット跡は目土（めつち）で直しておく。マナーを守り、気持ちのよいラウンドを

飲み物のカートが巡回している。購入したらチップも忘れずに！

写真提供：藤井誠氏

憧れのゴルフ場一覧

地球の歩き方 関連書籍のご案内

アメリカ各地への旅を「地球の歩き方」が応援します！

地球の歩き方　ガイドブック

地球の歩き方　aruco

地球の歩き方　Plat

地球の歩き方　リゾートスタイル

地球の歩き方　旅と健康

地球の歩き方　BOOKS

※表示価格は定価（税込）です。改訂時に価格が変更になる場合があります。

サンフランシスコ とその近郊

San Francisco & Suburbs

サンフランシスコでしたい
7つのこと これだけは体験しよう！

サンフランシスコの観光地は、東西約13km、南北約6kmのこぢんまりとしたエリアに点在する。陸側の暖かく湿った空気が、冷たい海風の吹くサンフランシスコ湾へ流れこむことで発生する霧や、坂道が多いことが特徴だ。

ビクトリア様式の住宅が立ち並ぶアラモスクエア（→ P.238）

1 ゴールデンゲート・ブリッジを 歩いて渡る →P.246

サンフランシスコのランドマークである**美しい橋**。全長2737mある橋を、歩いてでも車でも渡ることができる。歩道は橋の東側にあり、サンフランシスコ湾を行き来する**フェリー**や**アルカトラズ島**、**ダウンタウン**の高層ビルを一望できる。

左／サイクリングで橋を渡るのも楽しい。風が強いので注意すること　右／橋のたもとにあるウエルカムセンター裏からの眺め

2 ケーブルカーに乗る →P.217

坂が多いサンフランシスコの街なかで活躍する**ケーブルカー**は、交通手段としてだけでなく街のシンボルとしても有名だ。グリップマンと呼ばれる運転手が、レバーを引いたり戻したりして、速度を調整する。

左／ロンバードストリート周辺からはアルカトラズ島も見える　右／終点ではケーブルカーをターンテーブルに乗せて人力で方向転換する

③ ワインカントリーでテイスティング → P.276 ~ 287

足を延ばしてカリフォルニアワイン生産の中心地、**ナパバレー**や**ソノマカウンティ**を訪れたい。400以上のワイナリーがあり、テイスティングルームやレストラン、宿泊施設を併設しているところもある。サンフランシスコからツアーで訪れるのがいい。

左／ブドウ畑に立つナパバレーのウエルカムサイン　右／テイスティングは $20～165くらい

④ フィッシャーマンズワーフでシーフード料理を食べる → P.241、P.269

「漁師の桟橋」を意味する**フィッシャーマンズワーフ**。1840年代後半にイタリア系移民の漁師が、獲れたばかりの魚を水揚げしたことが漁港の始まりといわれている。新鮮な**シーフード料理**が食べられるレストランが集まっていて、観光客でにぎわう。

名物のダンジネスクラブのサラダ

⑤ 世界的に有名なIT企業を訪問 → P.258 ~ 259

2023年10月にリニューアルオープンしたグーグルストア（🏠2000 N. Shoreline Blvd., Mountain View）

グーグルやアップル、インテルの本社が集まっている**シリコンバレー**。博物館やビジターセンター、ギフトストアを併設しているところもあり、最新の商品を展示しているほか、限定商品の販売もしている。

⑥ かつての刑務所、アルカトラズ島へ → P.243

サンフランシスコ湾に浮かぶ島には、1934年から1963年まで連邦刑務所があった。島を取り巻く潮流と低水温のため、脱獄不可能の刑務所と呼ばれていた。**ピア33から出発するツアー**でのみ見学できる。

フィッシャーマンズワーフから約2.4kmのところに浮かぶ島

⑦ ビート・ジェネレーションについて学ぶ → P.245、P.264

第2次世界大戦後のアメリカの政治や文化に影響を与えた思想運動のビート・ジェネレーション。その中心になったのが、**シティライツ・ブックセラーズ**。ジャック・ケルアックの『路上』やアレン・ギンズバーグの『吠える』を出版した。

ビート・ジェネレーションが文学や音楽に影響を与えた活動についての展示があるビート博物館

いまサンフランシスコで最もアツい通り

バレンシアストリート
Valencia Street

サンフランシスコ最古のエリアといわれている、ミッション地区を南北に走るバレンシアストリート。市内最大のヒスパニック系コミュニティがあるミッションの名前は、ミッションドロレス（→ P.253）に由来する。かつてはあまり治安のよくないことで知られていたが、IT 企業に勤める富裕層が移り住んできたことから、近年おしゃれな店が増えている。

グラフィティアートが多いエリア

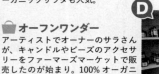

🍽 リトル・スター・ピザ

毎日店内で仕込む生地を使ったピザは、ミートボールや BBQ チキン、カルボナーラなど約 15 種ある。自家製のドレッシングがかかったオーガニックサラダも人気。

12th St. との交差点にあるストリートサイン

🛍 オーフンワンダー

アーティストでオーナーのサラさんが、キャンドルやビーズのアクセサリーをファーマーズマーケットで販売したのが始まり。100% オーガニック、天然の大豆油を原料として作られたキャンドルは環境に優しい。

🛍 バレンシア・ストリート・ビンテージ

2022 年 11 月にオープンするや、すぐに地元民の間で話題になった古着屋。オーナーが全米で買い付けたアパレル商品のほか、アクセサリーや雑貨などがところ狭しと並んでいる。

🛍 ダンデライオン・チョコレート

トッド・マソニス氏とキャメロン・リング氏が 2010 年に創業したビーン・トゥ・バー・チョコレート・ショップ＆カフェ。カカオ豆の選別から、焙煎、摩砕、調合、成形まで手作業で行っている。

Clarion Alley にある壁画

🛍 パクストンゲート

カモシカや羊など、さまざまな動物の剥製が壁に飾られている一風変わったショップ。ヘビの頚椎を使った指輪やエイの骨でできているイヤリングなどは、ほかでは入手できない可能性大。

14th St.
15th St.
16th St.
17th St.
18th St.
19th St.
20th St.
21st St.
22nd St.
23rd St.
24th St.

Ⓐ
Ⓑ
Ⓒ
Ⓓ
Ⓔ
Ⓕ
Ⓖ
Ⓗ
Ⓘ
Ⓙ

バート 16th St Mission

N
0   200m

Dolores St.
Guerrero St.
Valencia St.
Mission St.

バート 24th St. Mission 駅

バレンシアストリートはどこにある？

サンフランシスコ・ダウンタウンから南西へ2.5kmの所。Valencia St. 沿い、Duboce Ave. から24th St. あたりまでの2kmほどにショップやレストラン、カフェが並んでいる。中心は16th St. と Valencia St. の交差点周辺。

M P.231-C1 ～ C3　行き方 ダウンタウンのPowell St. 駅からバート・イエロー、ブルー、グリーン、レッドラインで16th St. Mission 駅下車。16th St. を西へ200m。所要約10分。

Valencia Street

A フォーバレルコーヒー
Four Barrel Coffee
M P.231-C1　🏠375 Valencia St.
☎ (1-415) 935-0604
🌐www.fourbarrelcoffee.com
🕐 毎日 7:00 ～ 17:00　カード A M V

B テイラースティッチ
Taylor Stitch
M P.231-C1　🏠383 Valencia St.
☎ (1-415) 621-2231
🌐www.taylorstitch.com
🕐 毎日 11:00 ～ 19:00　カード A M V

C リトル・スター・ピザ
Little Star Pizza
M P.231-C1　🏠400 Valencia St.
☎ (1-415) 551-7827
🌐littlestarvalencia.com
🕐 毎日 11:30 ～ 21:00（金・土 ～ 22:00）
カード A M V

D オーフンワンダー
Often Wander
M P.231-C2　🏠593 Valencia St.
☎ (1-415) 915-5317　🌐oftenwander.com
🕐 毎日 11:00 ～ 19:00（日 ～ 18:00）
カード A M V

E バレンシア・ストリート・ビンテージ
Valencia Street Vintage
M P.231-C2　🏠714 Valencia St.
🌐www.valenciavintagesf.com　🕐 毎日 11:00
～ 19:00（金・土 ～ 20:00）　カード A M V

F ダンデライオン・チョコレート
Dandelion Chocolate
M P.231-C2　🏠740 Valencia St.
☎ (1-415) 349-0942
🌐www.dandelionchocolate.com
🕐 毎日 7:30 ～ 21:00（金・土 ～ 22:00）
カード A M V

G フォートポイント・ビール・カンパニー
Fort Point Beer Co.
M P.231-C2　🏠742 Valencia St.
☎ (1-415) 917-7647　🌐fortpointbeer.com
🕐 毎日 12:00 ～ 21:00（水・木 ～ 22:00、金・土 ～ 23:00、日 ～ 20:00）　カード A M V

H タコリシャス
Tacolicious
M P.231-C2　🏠741 Valencia St.
☎ (1-415) 649-6077
🌐www.tacolicious.com
🕐 毎日 11:00 ～ 22:00（木・土 ～ 23:00）
カード A M V

I パクストンゲート
Paxton Gate
M P.231-C2　🏠824 Valencia St.
☎ (1-415) 824-1872　🌐paxtongate.com
🕐 毎日 11:00 ～ 19:00　カード A M V

J ニードルズ・アンド・ペン
Needles and Pens
M P.231-C3 外　🏠1173 Valencia St.
☎ (1-415) 872-9189
🌐www.needles-pens.com
🕐 毎日 12:00 ～ 19:00　カード A M V

A ☕ フォーバレルコーヒー

サンフランシスコのサードウエイブ・コーヒーを牽引するコーヒーショップ。リチュアルコーヒーの創業者のひとり、ジェレミー・トゥッカー氏が2008年にオープンした。特に焙煎にこだわっている。

B 🛍 テイラースティッチ

2008年に幼なじみのクリエーター3人がサンフランシスコで創業。素材や縫製技術にこだわるオリジナルのシャツは、着心地のよさと長年着用できる頑丈さが売り。

G 🍺 フォートポイント・ビール・カンパニー

ゴールデンゲート・ブリッジのふもとにあるフォート・ポイント国立歴史地区にちなんで名づけられたビール会社。ピアホールでは、ラガーやIPA、ピルスナーなど約10種類の樽生ビールが味わえる。

🌮 タコリシャス

地元のメキシコ人がすすめるメキシコ料理レストラン。ホルモン剤や抗生物質を使わずに育てられた肉を、自家製のコーントルティーヤで挟んだタコスは食べ逃せない。

J 🛍 ニードルズ・アンド・ペン

地元アーティストが作ったジュエリーやネックレス、文具、Zine（小冊子）、雑貨などを取り扱うショップ。手作りのアクセサリー類は、一点ものが多い。

サンフランシスコ
San Francisco

ソノマ
Sonoma 12 121
ナパ
Napa 12
121 29
37
101 80 680
580 4
N
サンフランシスコ
80 オークランド
Oakland
1 ヨセミテ
国立公園へ
オークランド 580
国際空港(OAK)
92 238
101 84 880
サンフランシスコ
国際空港(SFO) 680
シリコンバレー
Silicon Valley 280 サンノゼ・ミネタ
国際空港(SJC)
モントレー半島へ

0   10   20miles
0 10 20km

霧に包まれた赤い橋梁、夕日を受けて走るケーブルカー、急な坂道に並ぶビクトリア調の家々……。アメリカで最も絵になる街の魅力は、その風景だけではない。保守的なカリフォルニアにあって、ここには常に新しいものを求める気風がある。ヒッピーもLGBTQの文化も最先端のITもここで生まれた。そんなサンフランシスコとベイエリアの文化が、この街をより魅力的なものにしている。

サンフランシスコの歩き方

　市内は、公共の交通機関が発達しており、道路は規則正しく碁盤の目のようになっているので、初めて訪れた人にもわかりやすい。散策するにはぴったりのコンパクトさもいい。さらに、車で1時間ほど走ればシリコンバレー（→ P.258）、さらに2時間圏内にはナパやソノマといったワインカントリー（→ P.276）や、モントレーやカーメル（→ P.288）など、小旅行に出かけたいデスティネーションも豊富だ。レンタカーやツアーで気軽に行けるのも魅力的。

●プランニングのポイント

　サンフランシスコ・ダウンタウンの中心は、ユニオンスクエア。デパートや高級ブランドショップ、レストランなどが集まる。ユニオンスクエアから南に3ブロック行ったところには、ケーブルカーの発着所や、ミュニメトロの駅（Powell）とバートの駅（Powell St.）がある。

　ユニオンスクエアを起点にすると、チャイナタウン、ファイナンシャルディストリクト、ノースビーチまでが徒歩圏内。フィッシャーマンズワーフまでは、坂道が多いので、ケーブルカーでアクセスするのがいい。おもな見どころは徒歩＋公共の交通機関で1～2日で回れる。ミュニパスポート（→ P.216側注）を購入のうえ、自分のペースで歩こう。

　個人旅行で注意したい点は、ホテルの手配。サンフランシスコはニューヨーク並みにホテル代が高い。大規模なコンベンションが頻繁に行われるため、時期が重なると非常に予約が取りにくくなる。旅行日程が決まったら早めの手配をすすめる。

メモ　ゴーシティ・サンフランシスコ　Go City San Francisco　ホップオン・ホップオフ・サンフランシスコ・ビッグバス・ツアーやカリフォルニア科学アカデミー、アクエリアム・オブ・ザ・ベイ、ウォルト・ディズニー・ファミリー↗

ジェネラルインフォメーション

カリフォルニア州サンフランシスコ市
人口 約80万人（東京23区約971万人）
面積 約121km²（東京23区約628km²）
●セールスタックス
　サンフランシスコ市　8.625%
　ワインカントリー　7.75～9.0%
　モントレー＆カーメル　9.25%
●ホテルタックス
　サンフランシスコ市　約16.25%（ホテルの
　規模による）
　ワインカントリー　14～14.25%
　モントレー＆カーメル　12～14%＋$1～2／泊

●観光案内所
California Welcome Center-San Francisco
Ⓜ P.229-D2
🏢 Pier 39, The Embarcadero & Beach St.,
　Building B, San Francisco, CA 94133
☎ (415) 377-2707
🕐 毎日9:00～17:00（冬期は短縮あり）
🚫 おもな祝日

●在米公館
在米公館、治安については P.434 ～を参照。

●サンフランシスコ市内の電話のかけ方
SF市内では、市内・市外いずれの通話も最
初に「1」と「エリアコード」を入力する。

旅行のシーズンアドバイス
（アメリカ西海岸の気候→ P.407）

　夏は寒く、冬暖かいのがサンフランシ
スコの気候最大の特徴。そのため、季
節ごとの温度差は少ないが、1日のなか
で気温や気候が著しく変化する。夏でも
20℃を下回り、日中暑くても夜になると
一気に冷え込む。観光シーズンは6～8
月で9～11月はコンベンションのシー
ズン。晩秋に突然暖かくなるインディア
ンサマーという現象により、夏より暖か
い日もしばしば。12～2月は風が肌寒く、
降水率が高い。

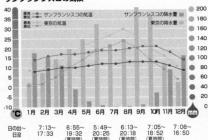

日の出—　7:13～　6:55～　5:49～　6:13～　7:05～　7:06～
日没　　17:33　19:32　20:25　20:18　18:52　16:50
　　　　　　　（夏時間）（夏時間）（夏時間）（夏時間）

現地の情報誌

　地元紙サンフランシスコ・クロニクルの
日曜版（$3）には、サンフランシスコとベ
イエリアのスポーツ、演劇などのエンター
テインメント情報が満載。フリーペーパー
の「SF Weekly」📱www.sfweekly.com は、

カフェやホテルなどで入手可能だ。ベイエ
リアで最高発行部数を誇る日本語のフリー
ペーパー「bayspo」📱bayspo.com には、
レストランやイベント情報が載っていて便
利。日系のスーパーマーケットや日本食レ
ストランに置いてあることが多い。

イベント＆フェスティバル
※詳細はサンフランシスコ観光協会のホームページ（📱www.sftravel.com）で確認できる

チャイナタウンの旧正月
Chinese New Year
● 2月10日（2024年）
　中国の旧正月を祝うイベント
が2週間にわたって盛大に行わ
れる。Market St. & 2nd St.
から出発するパレードが有名。

サンフランシスコマラソン
San Francisco Marathon
● 7月28日（2024年）
　エンバーカデロからフィッシ
ャーマンズワーフを抜け、ゴー
ルデンゲート・ブリッジを走る
という魅力的なコース。

SFプライド
SF Pride
● 6月29～30日（2024年）
　LGBTQが民権や差別根絶を
訴えるために全米から集う。目
玉はMarket St. を練り歩くパ
レード。

🔖 博物館、デ・ヤング美術館を含む約35のアトラクションに入場可能なお得な観光パス。3日間有効で$160。1日間、2日間、5
日間有効のパスもあり。　📱gocity.com/ja/san-francisco

サンフランシスコのエリアガイド
San Francisco Area Guide

おもな観光スポットやショッピングエリアは、ダウンタウンとフィッシャーマンズワーフに集中している。そのほかのエリアはおおむね住宅街やコミュニティタウンが形成されて、家並みや雰囲気を感じながら散策が楽しめる。観光スポットとローカルの生活エリアが隣り合った街でもある。

ダウンタウン
Downtown（→ P.232）

ユニオンスクエアを中心としたサンフランシスコのへそ。公共交通機関もこのエリアを中心に延びており、旅行者が滞在するのに最も便利な場所だ。高級デパートやブランドショップも集まっている。

シビックセンターとパシフィックハイツ
Civic Center & Pacific Heights（→ P.238）

シビックセンターはカルチャーと行政の中心地だ。ここでは質の高いオペラやバレエ、サンフランシスコ交響楽団の演奏を楽しもう。サンフランシスコを象徴するビクトリアンハウスの街並みはパシフィックハイツへ。

ノブヒルとチャイナタウン
Nob Hill & Chinatown（→ P.235）

ユニオンスクエアからケーブルカーで北上すると、重厚な高級ホテルやビクトリアンハウスが並ぶノブヒルにたどり着く。アメリカ最大のチャイナタウンは、ユニオンスクエアから徒歩圏内。おいしい中華料理はここで。

フィッシャーマンズワーフとノースビーチ
Fisherman's Wharf & North Beach（→ P.241）

シーフードレストランが軒を連ねるフィッシャーマンズワーフはサンフランシスコ観光のマスト。イタリア人コミュニティのノースビーチにある小高い丘、テレグラフヒルに立つコイトタワーで市街の全景を楽しもう。

Point to Point サンフランシスコ移動術

目的地 ＼ 出発地	Ⓐ Powell St. & Market St. ユニオンスクエアから南へ3ブロック（ダウンタウン）	Ⓑ Washington St. & Taylor St. ケーブルカー博物館と同じブロックの南西角（ノブヒルとチャイナタウン）	Ⓒ Geary Blvd. & Fillmore St. ジャパンタウン・センター（シビックセンターとパシフィックハイツ）
Ⓐ Powell St. & Market St. ユニオンスクエアから南へ3ブロック（ダウンタウン）		Washington St. & Taylor St. ケーブルPH → Powell St. & Market St. (15分)	Geary Blvd. & Fillmore St. ミュニ38、38R → O'Farrell St. & Powell St. 徒歩2分 → Powell St. & Market St. (30分)
Ⓑ Washington St. & Taylor St. ケーブルカー博物館と同じブロックの南西角（ノブヒルとチャイナタウン）	Powell St. & Market St. ケーブルPH → Jackson St. & Taylor St. 徒歩1分→ Washington St. & Taylor St. (15分)		Geary Blvd. & Fillmore St. ミュニ22→Fillmore St. & Sacrament St. 乗り換え ミュニ1→Clay St. & Taylor St. 徒歩1分→ Washington St. & Taylor St. (23分)
Ⓒ Geary Blvd. & Fillmore St. ジャパンタウン・センター（シビックセンターとパシフィックハイツ）	Powell St. & Market St. 徒歩6分→ Geary St. & Powell St. ミュニ38、38R → Geary Blvd. & Fillmore St. (15分)	Washington St. & Taylor St. 徒歩3分→ Washington St. & Mason St. ケーブルPM→ Powell St. & Geary St. 乗り換え ミュニ38、38R → Geary Blvd. & Fillmore St.(25分)	
Ⓓ Hyde St. & Beach St. ケーブルカーの終点、キャナリーの南西角（フィッシャーマンズワーフとノースビーチ）	Powell St. & Market St. ケーブルPH → Hyde St. & Beach St. (25分)	Washington St. & Taylor St. 徒歩1分→ Jackson St. & Taylor St. ケーブルPH → Hyde St. & Beach St. (10分)	Geary Blvd. & Fillmore St. ミュニ22→ Fillmore St. & Lombart St. 乗り換え ミュニ28→ North Point St. & Hyde St. 徒歩2分→ Hyde St. & Beach St. (28分)
Ⓔ Goldengate Bridge Toll Plaza ゴールデンゲート・ブリッジの南側（プレシディオとゴールデンゲート・パーク）	Powell St. & Market St. 徒歩4分→ Mission St. & 4th St. ミュニ150 → Goldengate Bridge Toll Plaza (30分)	Washington St. & Taylor St. 徒歩1分→ Jackson St. & Taylor St. ケーブルPH → Hyde St. & North Point St. 徒歩1分→ North Point St. & Hyde St. ミュニ28→ Goldengate Bridge Toll Plaza (35分)	Geary Blvd. & Fillmore St. ミュニ22 → Lombart St. & Fillmore St. 乗り換え ミュニ150 → Goldengate Bridge Toll Plaza (30分)
Ⓕ Mission St. & 16th St. ミッションドロレスの3ブロック東（ヘイトアッシュベリーとミッション）	Powell St. & Market St. バートブルー、グリーン、イエロー、レッドライン → 16th St. Mission 駅 (5分)	Washington St. & Taylor St. ケーブルPH → Powell St. & Market St. 乗り換え バートブルー、グリーン、イエロー、レッドライン → 16th St. Mission 駅 (20分)	Geary Blvd. & Fillmore St. ミュニ22 → 16th St. & Mission 駅 (23分)

公共の交通 ケーブルカー（PM=Powell-Mason 線、PH=Powell-Hyde 線） ミュニバス ゴールデンゲート・トランジット バート 乗り換え ※所要時間は目安。

プレシディオとゴールデンゲート・パーク
Presidio & Golden Gate Park （→ P.246）

プレシディオはゴールデンゲート・ブリッジのたもと
に広がるエリア。広大なゴールデンゲート・パークには
美術館や博物館が点在し、なかでも熱帯雨林コーナーの
あるカリフォルニア科学アカデミーは人気のスポットだ。

ヘイトアシュベリーとミッション
Haight Ashbury & Mission （→ P.252）

ヘイトアシュベリーは 1960 年代ヒッピームーブメン
トの中心地で、個性的なショップが並ぶ LGBTQ のコミュ
ニティが確立したカストロと人気店が並ぶミッションは、
サンフランシスコで最もヒップなエリアだ。

サンフランシスコ・ダウンタウン周辺

※効率よく移動できるものを、複数あるルートから選んでおり、必ずしも最短ルートとは限らない。

Ⓓ Hyde St. & Beach St. ケーブルカーの終点、キャナリーの南西角 （フィッシャーマンズワーフとノースビーチ）	Ⓔ Goldengate Bridge Toll Plaza ゴールデンゲート・ブリッジの南側 （プレシディオとゴールデンゲート・パーク）	Ⓕ Mission St. & 16th St. ミッションドロレスの 3 ブロック東 （ヘイトアッシュベリーとミッション）
Hyde St. & Beach St. 🚋PH → Powell St. & Market St. (20 分)	Goldengate Bridge Toll Plaza 🚌101 → Mission St. & 5th St. 徒歩 3 分 → Powell St. & Market St. (40 分)	16th St. Mission 駅 🚇ブルー、グリーン、イエロー、レッドライン→ Powell St. 駅 (5 分)
Hyde St. & Beach St. 🚋PH → Washington St. & Taylor St. (10 分)	Goldengate Bridge Toll Plaza 🚌28 → North Point St. & Hyde St. 🚶🚋PH → Washington St. & Taylor St. (40 分)	Mission St. & 16th St. 🚌49 → Van Ness Ave. & Pacific St. 🚌12 → Pacific Ave. & Taylor St. 徒歩 3 分 → Washington St. & Taylor St. (30 分)
Hyde St. & Beach St. 徒歩 3 分 → North Point & Hyde St. 🚌30 → Chestnut St. & Fillmore St. 🚶🚌22 → Geary Blvd. Fillmore St. (30 分)	Goldengate Bridge Toll Plaza 🚌28 → Lombert St. & Fillmore St. 🚶🚌22 → Geary Blvd. & Fillmore St. (20 分)	Mission St. & 16th St. 🚌22 → Geary Blvd. & Fillmore St. (20 分)
	Goldengate Bridge Toll Plaza 🚌28 → Hyde St. & North Point St. 徒歩 2 分→ Hyde St. & Beach St. (20 分)	Mission St. & 16th St. 🚌49 → Van Ness Ave. & Bay St. 徒歩 8 分 → Hyde St. & Beach St. (28 分)
Hyde St. & Beach St. 徒歩 2 分 → Hyde St. & North Point St. 🚌28 → Goldengate Bridge Toll Plaza (22 分)		Mission St. & 16th St. 🚌49 → North Point St. & Van Ness Ave. 🚶🚌28 → Goldengate Bridge Toll Plaza (50 分)
Hyde St. & Beach St. 徒歩 9 分 → Van Ness Ave. & North Point St. 🚌49 → Mission St. & 16th St. (35 分)	Goldengate Bridge Toll Plaza 🚌28 → Van Ness Ave. & Chestnut St. 🚶🚌49 → Mission St. & 16th St. (25 分)	

サンフランシスコへのアクセス
Access to San Francisco

日本からの直行便
2024年3月現在

●**サンフランシスコ国際空港（SFO）へ**
・東京（成田）から
　全日空（NH）
　日本航空（JL）
　ZIPAIR Tokyo（ZG）
　ユナイテッド航空（UA）
・東京（羽田）から
　全日空（NH）
　日本航空（JL）
　ユナイテッド航空（UA）
・大阪（関空）から
　ユナイテッド航空（UA）
●**サンノゼ国際空港(SJC)へ**
・東京（成田）から
　ZIPAIR Tokyo（ZG）

空港の施設も充実
　国際線ターミナルは北米最大規模で、ショップ、レストランも充実している。もちろん、Wi-Fiも無料。

飛 行 機

　日本からの直行便が多く到着するサンフランシスコ国際空港のほか、成田からZIPAIR Tokyo（ZG）の直行便が運航するサンノゼ国際空港、サンフランシスコの対岸にあるオークランド国際空港の3つの空港がある。サンフランシスコ国際空港へは、ロスアンゼルスやシアトルなどを経由しても到着できる。

サンフランシスコ国際空港（SFO）
San Francisco International Airport

📍P.221-A2　☎(1-650)821-8211　🖥www.flysfo.com
　成田、羽田、関西の国際空港から直行便が運航しており、ユナイテッド航空のハブ空港でもある。空港ターミナル間や、バート駅、レンタカーセンターへは、エアトレインAir Trainという無人モノレールで移動する。日本からの便はすべて国際線ターミナルに到着する。

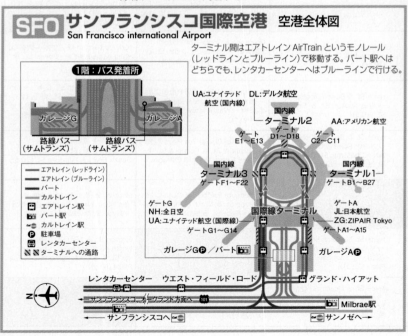

SFO サンフランシスコ国際空港 空港全体図
San Francisco international Airport

ターミナル間はエアトレイン AirTrain というモノレール（レッドラインとブルーライン）で移動する。バート駅へはどちらでも、レンタカーセンターへはブルーラインで行ける。

1階：バス発着所

ガレージG　　　ガレージA

路線バス（サムトランズ）　路線バス（サムトランズ）

──エアトレイン（レッドライン）
──エアトレイン（ブルーライン）
──バート
──カルトレイン
🚉 エアトレイン駅
🚉 バート駅
🚉 カルトレイン駅
🅿 駐車場
🏢 レンタカーセンター
⊠ ターミナルへの通路

UA:ユナイテッド航空（国内線）　DL:デルタ航空
国内線 ターミナル2
ゲート E1〜E13　ゲート D1〜D18　ゲート C2〜C11
AA:アメリカン航空

国内線 ターミナル3　ゲートF1〜F22
国内線 ターミナル1　ゲートB1〜B27

ゲートG
NH:全日空
UA:ユナイテッド航空（国際線）
ゲートG1〜G14
国際線ターミナル
ゲートA
JL:日本航空
ZG:ZIPAIR Tokyo
ゲートA1〜A15

ガレージG🅿／バート🚉　　ガレージA🅿

レンタカーセンター　ウエスト・フィールド・ロード　グランド・ハイアット

N　サンフランシスコ、オークランド方面へ 101
サンフランシスコへ　　Milbrae駅
サンノゼへ

サンフランシスコ国際空港から市内へ

■ バート BART

☎(1-510)464-6000　※ P.217 参照

　空港（SFO）から乗り換えなしに、イエローラインとレッドラインでサンフランシスコ・ダウンタウンやバークレー、オークランドまで行ける。国際線ターミナルの Level 3 のバート駅から乗車。バート San Francisco International Airport 駅からダウンタウンの Powell St. 駅まで所要約 30 分。

ホテルが駅から近いならバートがおすすめ

　片道 $10。イエローラインは SFO 月〜金 4:57 〜 24:00 に 10 〜 20 分間隔、土 5:47 〜 24:00、日 7:47 〜 24:00 に約 20 分間隔の運行。レッドラインは月〜金 6:19 〜 20:59 に 20 分間隔、土 7:19 〜 20:59、日 9:19 〜 20:59 に 20 分間隔の運行。

■ サムトランズ（バス）　samTrans（Bus）

☎(1-800)660-4287　※ P.218 参照

　#292 と #398 のバスが空港とダウンタウンのセールスフォース・トランジット・センター（→ P.215）を経由して、フェリービルディング前に到着。国際線ターミナルの乗り場は Level 1：Bus Courtyard A と G。片道 $ 2.25。

市内へいちばん安く行くならこのバス

#292 は月〜金 4:40 〜翌 2:08、土・日 4:42 〜翌 1:48 に 30 〜 60 分間隔で運行し所要約 60 分。#398 は月〜金 6:38 〜 8:22 に 2 時間間隔で運行し所要 40 〜 60 分。

■ タクシー Taxi

　国際線ターミナルの Level 2 を出た所にある Taxi のサインの所から乗車。ラッシュアワーに巻き込まれると 2 倍以上の時間がかかることもある。ユニオンスクエア周辺まで $70 〜、フィッシャーマンズワーフ周辺まで $80 〜（要別途チップ）、所要 35 〜 60 分（空港利用料が $4 加算される）。

荷物や人数が多いときは便利

Information　サンフランシスコ国際空港の施設

●バーマン・リフレクション・ルーム
The Berman Reflection Room
　大きな窓から滑走路が見える休憩所。荷物の整理や休憩に利用できる。国際線ターミナルの 3 階、バート駅のすぐそばにある。
🕐 毎日 9:00 〜 19:00

●航空博物館 & 図書館
Aviation Museum & Library
　キャビンアテンダントの制服や飛行機の模型などが展示されている。国際線ターミナルの 3 階、搭乗エリア A 付近にある。入場無料。
🕐 毎日 10:00 〜 16:30

●サンフランシスコ空港美術館
SFO Museum
　国際線のターミナルや搭乗口付近の各所がギャラリーとなっており、随所に作品が展示されている。🌐www.sfomuseum.org

空港にはいたるところにアートがある

サンフランシスコ国際空港から各エリアへ

■ 郊外へのエアポートバス

空港2階（Level 2）を出た場所にある、「Airporter」の乗り場から乗車する。事前に予約すること。

● ソノマへ（→ P.282）
■ **Groome Transportation**
☎ (707) 837-8700
🖥 groometransportation.com/sonoma-county

サンフランシスコ国際空港（SFO）からサンタローザを経由してソノマカウンティ空港へ。SFO5:30 〜 24:30 の 60 分間隔。所要約 2 時間 15 分。大人 $51、シニア・学生 $49、12 歳以下無料。

● サンノゼ・ミネタ国際空港（→ P.215）やモントレー（→ P.289）へ
■ **Groome Transportation**
☎ (831) 373-7777
🖥 groometransportation.com/monterey

サンフランシスコ国際空港（SFO）からサンノゼ・ミネタ国際空港を経由してモントレーへ。SFO5:15 〜 24:00 の 90 分間隔。サンノゼ・ミネタ国際空港まで所要 1 時間、大人・子供 $25、3 歳以下無料。モントレーまで所要 2 時間 35 分、大人・子供 $64、3 歳以下無料。

サンノゼまで行くならグルーム・トランスポーテーションが便利

■ レンタカー Rent-a-Car

サンフランシスコ国際空港の敷地内には、おもなレンタカー会社のカウンターが集まるレンタカーセンターがある。各ターミナルからエアトレインのブルーラインに乗車し、Rental Car Center 駅まで行く。

● **サンフランシスコ・ダウンタウンへ**

レンタカーセンターを出て、US-101 North へ乗り北へ。サンフランシスコ・ダウンタウン周辺の Exit 433B で I-80 East へ移り、Exit 2 で下り、3rd St. を左折するとダウンタウン中心部。所要 30 〜 60 分。

● **サンノゼ（シリコンバレー）へ（→ P.258）**

レンタカーセンターを出て、US-101 South に乗り南へ。Guadalupe Fwy.（CA-87）に入り南下すると、左側にサンノゼのダウンタウンが見えてくるので、Exit 5 で下りる。所要約 45 分。

● **ワインカントリー（ナパ＆ソノマ）へ**
（→ P.276）

ナパへは、レンタカーセンターを出て、US-101 North に乗り北へ。サンフランシスコ・ダウンタウン周辺の Exit 433B で I-80 East へ移る。Exit 33 で CA-37 West に乗り、Eixt 19 で CA-29 へ。Exit 18A で 1st St. を右折するとナパ・ダウンタウン。所要約 1 時間 20 分。

ソノマへは、レンタカーセンターを出て、US-101 North に乗り北へ。サンフランシスコ・ダウンタウン周辺の Exit 433B で I-80 East へ移る。I-580 West、US-101 North で北へ進み、Exit 460A から CA-37 West に乗る。CA-121 North、CA-12 West へ。所要約 1 時間 20 分。

サンフランシスコ市内や、ナパ、ソノマ方面へ

凡例	
🚐	レンタカーセンター
━	サンフランシスコ市内への道順
━	サンノゼ方面への道順
AT	エアトレイン駅

ガソリンスタンド

Regency Inn

レンタカーセンター
Rental Car Center 駅 AT
アラモ、エイビス、ダラー、バジェット、ハーツ

2nd Ave. 6th Ave. 7th Ave.
Angus Ave.
S. Airport Blvd
San Bruno Ave.
N. McDonnell Rd.
W. Area Dr.
W. Field Rd.

0 250m 500m

サンフランシスコ国際空港周辺

サンフランシスコ国際空港
空港ターミナル、サンノゼ、モントレー、カーメル方面へ

📖メモ 空港シャトル　サンノゼ・ミネタ国際空港：ABC Airporter 🖥 www.abcairporter.com、Blue Shuttle Airporter 🖥 www.blueshuttle.com。オークランド国際空港：A 1 American Shuttle 🖥 www.a1americanshuttle.com、

長距離バス（グレイハウンド）

■ グレイハウンド・バスターミナル
Greyhound Bus Terminal

ターミナルはダウンタウンの東、セールスフォース・トランジット・センターSalesforce Transit Center内にある。ユニオンスクエア周辺まではミュニバス＃38、38Rで現金＄3、クリッパーカード（→P.216脚注）＄2.50、8分。徒歩18分。

鉄道（アムトラック）

■ アムトラックステーション
Amtrak Station（鉄道）

サンフランシスコに駅はなく、対岸のエメリビルとオークランドにある。利用する路線により発着する駅が異なるので要確認。両駅からはダウンタウンへの無料のシャトルバスが出ている。サンフランシスコ・ダウンタウンのバス停にアムトラックのバスが停車する。待合室やチケット窓口はない。

アムトラック鉄道の駅は対岸のオークランドにある

グレイハウンド
📠 (1-800)231-2222
🌐 www.greyhound.com

セールスフォース・トランジット・センター
Ⓜ P.225-E4
🏠 425 Mission St.
🎫 チケットオフィス：毎日 6:00～23:00

アムトラック
📠 (1-800)872-7245
🌐 www.amtrak.com

アムトラック／エメリビル駅
Ⓜ P.221-B2
🏠 5885 Horton St., Emeryville
🕐 毎日5:45～22:30

アムトラック／オークランド駅
Ⓜ P.221-B2
🏠 245 2nd St., Oakland
🕐 毎日4:30～23:00

アムトラック・サンフランシスコ・ダウンタウン・バス停
Ⓜ P.225-E4
🏠 555 Mission St.

Information　サンフランシスコ周辺の空港

サンノゼ・ミネタ国際空港（SJC）
San Jose Mineta International Airport

Ⓜ P.221-B4、P.258-B
🏠 1701 Airport Blvd., San Jose
☎ (1-408)392-3600
🌐 www.flysanjose.com

成田からの直行便も運航しているシリコンバレーの空港。国内線と国際線のターミナルＡと、国内線専用のターミナルＢがある。サンフランシスコ市内へは、空港シャトルや公共の交通機関を使ってアクセスできる。

SJCからサンフランシスコ市内へ
● 空港シャトル　随時運行。＄105～150、所要1時間20分～40分。
● VTAバス＆カルトレイン
　無料のVTAバス＃60で、Santa Clara駅まで行き、カルトレインでSan Francisco駅へ。クリッパーカード＄9.95、現金＄10.50、所要約1時間45分。
● VTAバス＆バート
　無料のVTAバス＃60でMilpitas駅まで行き、バート・グリーンラインでサンフラ

ンシスコ・ダウンタウンのPowell St. 駅などへ。＄11.40、所要約1時間50分。

オークランド国際空港（OAK）
Oakland International Airport

Ⓜ P.221-B2
🏠 1 Airport Dr., Oakland
☎ (1-510)563-3300
🌐 www.oaklandairport.com

空港からサンフランシスコ市内へは公共の交通機関（バートBART）を乗り継ぐか、タクシーやライドシェア・サービスなどでアクセスできる。

OAKからサンフランシスコ市内へ
● 空港シャトル　随時運行。＄80～120、所要約45分。
● タクシー　＄90～120＋tip、所要約35分。
● バート・トゥOAK（高架鉄道）＆バート
　ターミナルを出た駐車場のほぼ中央にあるバートの空港駅からColiseum駅まで行き、バート・グリーンラインでサンフランシスコ・ダウンタウンのEmbarcadero駅、Powell St. 駅などで下車。＄11.40、所要約50分。

サンフランシスコの交通機関
Transportation in San Francisco

ミュニ
☎311（サンフランシスコ市内）
(1-415)701-2311（ベイエリア）
🌐www.sfmta.com

トランスファー制度
　ミュニバスとミュニメトロ
で目的地へ行くのに乗り換え
が必要な場合、120分以内なら
何回でも相互の乗り換えが可
能だ。

ミュニバス
💵クリッパーカード $2.50、
現金 $3
　乗車は前のドアでも後ろの
ドアでもいいが、現金の場合
は前のみで、乗車と同時
に料金を払う。領収証代わり
にトランスファーチケットを
必ずもらうこと。入口付近は
日本でいうシルバーシート。
バス停は、赤字で白で "MUNI"
と書かれたか、電柱に
黄色で "BUS STOP" と書か
れている。

ミュニメトロ
💵クリッパーカード $2.50、
現金 $3
　クリッパーカードを持って
いない場合、駅にある自動券
売機で事前にチケットを購入
しておくこと。

ミュニパスポート
　ケーブルカー、ミュニバス、
ミュニメトロに乗り放題の紙
製のミュニパスポートをケー
ブルカーのチケット売り場で
発行している。使用する日に
ちを自分で削ってから使う。
クリッパーカードにチャージ
することもできる。
💵1日券（1-Day Visitor Passport)
$13、3日券 （3-Day Visitor
Passport)$31、7日券 （7-Day
Visitor Passport)$41

地下を走るミュニメトロの改札口

ミュニバス
Muni Bus

　サンフランシスコ一帯を走る路線バス。ルートによっては
24時間運行している。ダウンタウンのMarket St.を起点と
したり、経由したりするバスが多い。
　乗車は基本的に前のドアから。現金を料金箱に入れるか、
クリッパーカードをタッチするか、ミュニパスポートを提示
する。降りるときは、降車したいバス停の手前で、赤い「Stop」
ボタンを押すか、黄色いひもを引いて、降車することをドラ
イバーに合図し、後ろのドアから降りる。

ミュニメトロ
Muni Metro

　ダウンタウン東にあるエンバーカデロを起点に、サン
フランシスコ西のオーシャンビーチや南のバルボアパー
ク、サニーデールなどまで延びるライトレイル。路線は、

ダウンタウン交通路線図

凡例	
━━━	ケーブルカー：パウエル-ハイド線 Cable Car : Powell-Hyde Line
━━━	ケーブルカー：パウエル-メイソン線 Cable Car : Powell-Mason Line
━━━	ケーブルカー：カリフォルニア線 Cable Car : California Line
Ⓑ	バート駅 BART Station
Ⓜ	ミュニメトロ駅 Muni Metro Station
----	ミュニメトロ：Fライン Muni Metro F Line
......	ミュニメトロ：Nライン Muni Metro N Line

ピア39
Pier 39
フィッシャーマンズ
ワーフ

ギラデリスクエア
Ghiradelli Square
キャナリー
Cannery
North Point St.
Beach St.
コイトタワー
Coit Tower

Bay St.
Chestnut St.
Lombard St.
Union St.
ロシアンヒル
ケーブルカー博物館
Cable Car Museum
Pacific Ave.
Jackson St.
Broadway
フェリービルディング・
マーケットプレイス
Ferry Building
Marketplace

Clay St.
Washington St.
Sacramento St.
ノブヒル
California St.
Bush St.
Sutter St.
Post St.
Geary St.
O'Farrell St.
Ellis St.
Eddy St.
チャイナタウン
Embarcadero
Montgomery
Montgomery St.
Powell
Powell St.
ユニオン
スクエア

Turk St.
McAllister St.
Civic Center
Grove St.
Hayes St.
Civic Center/
UN Plaza

Van Ness
Howard St.

サンフランシスコ・カルトレイン駅
San Francisco Caltrain Station

0　　　500m

📝**メモ**　交通機関を利用するのに便利なカード　クリッパーカードClipper Cardは、事前に必要な金額がチャージで
きるIC交通カード。カード代 $3が必要だが、乗車のたびにチケットを買ったり、現金で支払ったりす ✎

E、F、J、K、L、M、N、Tの8つ。 EとFを除き、ダウンタウンのEmbarcadero駅からVan Ness駅、Chinatown-Rose Park駅からYerba Buena/Moscone駅まで地下を走り、それ以外は、地上を走る。

乗車は、地下駅の場合、クリッパーカードを改札口の白いマークにタッチするか、券売機で購入したチケットをチケット挿入口に入れて入場する。地上駅の場合は、車両の前から乗車し、クリッパーカード読み取り機にカードをタッチする。

降車する際は、地上駅の場合、降車したい駅の手前で赤い「Stop」ボタンを押して降りる。地下駅の場合は、改札をそのまま出るだけ。

ケーブルカー
Cable Car

サンフランシスコのシンボルでもあり、観光の目玉のひとつでもあるケーブルカー。

●乗車の仕方
①始発点以外で乗車する場合は、茶色と白のストップサインのある所が停留所。手を振り合図をすれば停まってくれる。観光シーズンは始発駅でも30分以上待つことも。
②窓付きの座席と窓なしの座席、ライディングボード（立ち乗り）のいずれかに乗車できる。乗車人数は車掌が決める。

バート
BART(Bay Area Rapid Transit)

サンフランシスコと対岸のオークランドやバークレーを含むイーストベイを結ぶ鉄道網。

バート路線図

ケーブルカー
■$8
乗車する前に、始発点近くにある自動券売機で買うか、乗り込んでから車掌に現金を支払う。クリッパーカード（→P.216脚注）も使える。ミュニバスポートの1-Day Visitor Passport利用可能。

ケーブルカーの路線
❶パウエル－ハイド線 Powell-Hyde Line
ユニオンスクエアの南Powell St.とMarket St.との交差点を行くと、フィッシャーマンズワーフの西寄りHyde St.の停留所を結ぶ。所要約20分。

❷パウエル－メイソン線 Powell-Mason Line
パウエル－ハイド線と同じ、Market St.とPowell St.の交差点近くに乗り場がある。終点はフィッシャーマンズワーフの東寄りTaylor St.の停留所。所要約20分。

❸カリフォルニア線 California Line
Market St.とCalifornia St.の交差点から、California St.とVan Ness Ave.の交差点までを結ぶ。所要約20分。

ケーブルカーはカリフォルニア線がすいている

バート
☎(1-510)464-6000
URL www.bart.gov
圏毎日5:00〜24:00（土6:00〜、日8:00〜）。路線により異なる
圏行き先により異なる
※ミュニとはシステムが違うので、ミュニの1-Day Visitor Passportや3-Day Visitor Passportなどは利用できない。

注意
ダウンタウンのMarket St.沿い地下のバートの停留所では、ミュニメトロの駅と同じ階に改札がある所も。ミュニとバートは異なった交通機関なので乗り間違えないように注意しよう。

サンフランシスコのダウンタウンPowell St.駅からのバート料金
San Francisco International Airportまで
圏$10
Downtown Berkeleyまで
圏$4.50
Oakland International Airportまで
圏$11.40

↘ 必要がないので便利。バート、ミュニバス、ミュニメトロ、ケーブルカー、ゴールデンゲート・トランジット、ACトランジットで利用できる。バートやミュニメトロ駅の自動券売機で購入可能。

ゴールデンゲート・トランジット
- ☎ (1-415) 455-2000
- 🌐 www.goldengate.org
- 💰 現金$5.25～14.25、クリッパーカード$4.20～11.40

サムトランズ
- ☎ (1-800) 660-4287
- 🌐 www.samtrans.com
- 💰 現金$2.25～4.50、クリッパーカード$2.05～4

AC トランジット
- ☎ (1-510) 891-4777
- 🌐 www.actransit.org
- 💰 $2.25～6
- セールスフォース・トランジット・センター（MP.225-E4）発。

カルトレイン
● **サンフランシスコ駅**
- M P.223-F3
- 🏠 700 4th St.
- ☎ (1-800) 660-4287
- 🌐 www.caltrain.com
- 💰 大人$3.75～15
- カルトレイン・サンフランシスコ駅からダウンタウンへは、ミュニメトロNかTで。ケーブルカー乗り場Powell St. & Market St.まで所要約15分。

ビッグバス・サンフランシスコ
- M P.229-D2
- 🏠 99 Jefferson St.
- 🌐 www.bigbustours.com/en/san-francisco/san-francisco-bus-tours
- ● **Hop-on, Hop-off San Francisco Big Bus Tour**
- 🕐 毎日10:00～18:00。15～30分間隔
- 💰 大人$73、子供（3～12歳）$63。インターネット割引あり

グレイライン・サンフランシスコ
- ☎ (1-415) 353-5310
- 🌐 www.grayline.com/sanfrancisco
- ● **Yosemite National Park Day Tour**
- ヨセミテ国立公園への日帰りツアー。ダウンタウンを早朝に出発し、ヨセミテ国立公園では3時間の散策時間あり。所要14時間。
- 💰 大人$199、子供（5～11歳）$146
- ● **Deluxe Napa & Sonoma Valley Wine Country Tour**
- ナパとソノマのワイナリーを巡る日帰りツアー。ダウンタウンを出発して、3つのワイナリーでテイスティングできる。所要8時間30分。
- 💰 大人$165、子供（5～11歳）$85

●乗車の仕方

① 料金は距離制。改札口近くにある券売機でクリッパーカードを購入。券売機の料金表で必要な金額を確認し、チャージする。改札では青いマークにクリッパーカードをタッチして入場。なお、2023年11月30日、紙製のチケットは廃止された。

② 出場の際もクリッパーカードを青いマークにタッチする。クリッパーカードの残高が不足していたら、改札横の機械で不足分をチャージしてから改札を出ること。

その他のバス

ゴールデンゲート・ブリッジの北側、マリンカウンティやソノマカウンティを結ぶバスが**ゴールデンゲート・トランジットGolden Gate Transit**。市内からゴールデンゲート・ブリッジやサウサリートへ行く際に利用するといい。

サムトランズSam Transは、バートのDaly City駅からサンマテオカウンティ内を走り、パロアルトまで行くバス。サンフランシスコ国際空港やスタンフォード大学に行くときに便利だ。

ACトランジットAC Transitは、ベイブリッジを渡ってサンフランシスコとイーストベイ（オークランドやバークレー）を結ぶバス。

カルトレイン
Caltrain

サンフランシスコと、南のサンノゼとを結ぶ。ダウンタウンの駅（San Francisco駅）はサウス・オブ・マーケットの4th & King Sts.にある。スタンフォード大学、カリフォルニアズ・グレイト・アメリカ、サンノゼ方面に行くときに便利だ。

ツアー案内

ビッグバス・サンフランシスコ
Big Bus San Francisco

●Hop-on, Hop-off San Francisco Big Bus Tour

サンフランシスコ市内のおもな見どころを、2階建てバスで巡る乗り降り自由のバスツアー。フィッシャーマンズワーフを出発し、チャイナタウン、フェリービルディング、ユニオンスクエア、シビックセンター、ヘイトアシュベリー、ゴールデンゲート・パーク、ゴールデンゲート・ブリッジ、ロンバートストリート、ピア39などを車上から見学できる。1周約2時間。

📝メモ　シティバス　カリフォルニア科学アカデミーとブルー&ゴールド・フリートの1時間ベイクルーズの入場券が付くほか、5つ（アクアリウム・オブ・ザ・ベイ、エクスプロラトリウム、サンフランシスコ近代美術館、サンフランシスコ▶

San Francisco Itinerary
―サンフランシスコの1日モデルコース―

今日は何する？

ひんやりした空気に包まれパンとコーヒー
8:50

Ferry Building Marketplace 滞在時間：1時間
フェリービルディング・マーケットプレイス → P.233

人気のパン屋とコーヒーショップで朝食を買い、海を見ながら食べよう。

有名レストランにも卸しているアクミ

Point
急な坂が多い。特に街の中心を走るMarket St.から北は起伏が激しいので注意。

Access ミュニメトロMでCivic Center駅まで行き、Larkin St. & Grove St.からゴールデン・ゲート・トランジット#101で。約40分。

10:30

サンフランシスコのアイコンを拝む
Golden Gate Bridge 滞在時間：1時間
ゴールデンゲート・ブリッジ → P.246

オレンジ色の橋はサンフランシスコの名物。これを見ずしてサンフランシスコを去れない。

霧がかかっていることが多い

Access ミュニバス#28でLombard St. & Fillmore St.まで行き、ミュニバス#22で16th St. & Mission St.下車。約50分。

オーガニックレストランとショッピング
12:20

Mission 滞在時間：3時間
ミッション → P.206、P.253

サンフランシスコ屈指のおしゃれエリアでランチとショッピング。

壁画も多いエリアだ

Access Mission St.を走るミュニバス#14Rで20分

15:40

西海岸屈指の収蔵品がある
SF MOMA 滞在時間：1.5時間
サンフランシスコ近代美術館 → P.234

アメリカン・ポップアートの作品が多く、ギフトショップも充実。デザイン雑貨はどれもキュート。
斬新な建物にも注目

Access 徒歩10分

一大ショッピングゾーン
17:20

Union Square ユニオンスクエア 滞在時間：2時間 → P.232

ユニオンスクエア周辺は高級デパートやハイエンド・ブランドのショップがひしめくエリア。思う存分ショッピングを。

高級ブランド店が並ぶ

Access 徒歩10分

19:30

漢字の看板がずらり
Chinatown チャイナタウン 滞在時間：1時間 → P.236

今日のディナーは中華で決まり。クオリティの高い中華料理店が多く、価格も良心的。

おいしい中華料理が食べられる

Access Montgomery駅からミュニメトロK、L、Mで10分

LGBTQの聖地で盛り上がる
20:40

Castro St. 滞在時間：1時間
カストロストリート → P.252

LGBTQに寛容なエリアは夜が刺激的。バーもクラブも、ジェンダーレスに盛り上がる
ここでは性別なんて気にしない！

How to 夜遊び？
ダウンタウンやミッション、カストロなどに夜遊びスポットが集中する。しかし、ダウンタウンでも1本道を外れるだけで雰囲気がガラリと変わるので注意。

クリッシーフィールドから見るゴールデンゲート・ブリッジ

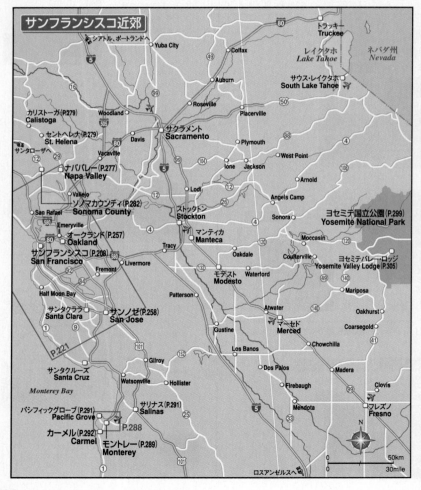

サンフランシスコ近郊

シアトル、ポートランドへ
Yuba City
Colfax
トラッキー
Truckee
レイクタホ
Lake Tahoe
ネバダ州
Nevada
Auburn
サウス・レイクタホ
South Lake Tahoe
カリストーガ (P.279)
Calistoga
Woodland
Roseville
Placerville
セントヘレナ (P.279)
St. Helena
Davis
サクラメント
Sacramento
Plymouth
サンタローザへ
Vacaville
West Point
ナパバレー (P.277)
Napa Valley
Ione Jackson
Arnold
Vallejo
Lodi
Angels Camp
ソノマカウンティ (P.282)
Sonoma County
San Rafael
ストックトン
Stockton
Sonora
ヨセミテ国立公園 (P.299)
Yosemite National Park
Emeryville
オークランド (P.257)
Oakland
マンティカ
Manteca
Moccasin
サンフランシスコ (P.208)
San Francisco
Tracy
Oakdale
Coulterville
ヨセミテバレー・ロッジ (P.305)
Yosemite Valley Lodge
Fremont
Livermore
モデスト
Modesto
Waterford
Half Moon Bay
Patterson
Mariposa
サンタクララ
Santa Clara
サンノゼ (P.258)
San Jose
Atwater
Oakhurst
Gustine
マーセド
Merced
Coarsegold
サンタクルーズ
Santa Cruz
Gilroy
Los Banos
Chowchilla
Monterey Bay
Watsonville
Hollister
Dos Palos
Madera
Clovis
パシフィックグローブ (P.291)
Pacific Grove
サリナス (P.291)
Salinas
Firebaugh
フレズノ
Fresno
カーメル (P.292)
Carmel
P.288
Mendota
モントレー (P.289)
Monterey
ロスアンゼルスへ
50km
30mile

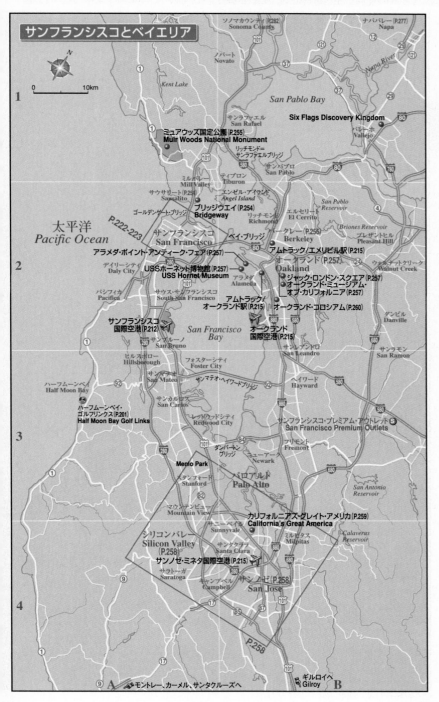

サンフランシスコとベイエリア

ソノマカウンティ (P.282)
Sonoma County

ナパバレー (P.277)
Napa

ノバート
Novato

Kent Lake

San Pablo Bay

Napa River

サンラファエル
San Rafael

Six Flags Discovery Kingdom

バレーホ
Vallejo

リッチモンド＝
サンラファエルブリッジ

ミュアウッズ国定公園 (P.255)
Muir Woods National Monument

サンパブロ
San Pablo

ティブロン
Tiburon

ミルバレー
Mill Valley

サンパブロ
San Pablo
Reservoir

エンゼル・アイランド
Angel Island

エルセリート
El Cerrito

サウサリート (P.254)
Sausalito

ゴールデンゲート・ブリッジ

ブリッジウエイ (P.254)
Bridgeway

リッチモンド
Richmond

San Pablo
Reservoir

Briones Reservoir

プレザントヒル
Pleasant Hill

太平洋
Pacific Ocean

P.222-223

サンフランシスコ
San Francisco

ベイ・ブリッジ

バークレー (P.255)
Berkeley

アラメダ・ポイント・アンティーク・フェア (P.257)

デイリーシティ
Daly City

オークランド (P.257)
Oakland

ウォールナットクリーク
Walnut Creek

USSホーネット博物館 (P.257)
USS Hornet Museum

アラメダ
Alameda

ジャック・ロンドン・スクエア (P.257)
オークランド・ミュージアム・
オブ・カリフォルニア (P.257)

ダンビル
Danville

パシフィカ
Pacifica

サウス・サンフランシスコ
South San Francisco

アムトラック／
オークランド駅 (P.215)

オークランド・コロシアム (P.260)

サンフランシスコ
国際空港 (P.212)

San Francisco
Bay

オークランド
国際空港 (P.215)

サンラモン
San Ramon

サンブルーノ
San Bruno

ヒルズボロー
Hillsborough

サンリアンドロ
San Leandro

フォスターシティ
Foster City

ハーフムーンベイ
Half Moon Bay

サンマテオ
San Mateo

サンマテオ・ヘイワードブリッジ

ヘイワード
Hayward

ハーフムーンベイ・
ゴルフリンクス (P.201)
Half Moon Bay Golf Links

サンカルロス
San Carlos

レッドウッドシティ
Redwood City

サンフランシスコ・プレミアム・アウトレット
San Francisco Premium Outlets

ダンバートン
ブリッジ

フリモント
Fremont

メンローパーク
Menlo Park

ニューアーク
Newark

スタンフォード
Stanford

パロアルト
Palo Alto

San Antonio
Reservoir

マウンテンビュー
Mountain View

カリフォルニアズ・グレイト・アメリカ (P.259)
California's Great America

サニーベイル
Sunnyvale

Calaveras
Reservoir

シリコンバレー
Silicon Valley
(P.258)

サンタクララ
Santa Clara

ミルピタス
Milpitas

サンノゼ・ミネタ国際空港 (P.215)

サラトガ
Saratoga

キャンベル
Campbell

サンノゼ (P.258)
San Jose

モントレー、カーメル、サンタクルーズへ

P.258

ギルロイへ
Gilroy

0　　　10km

N

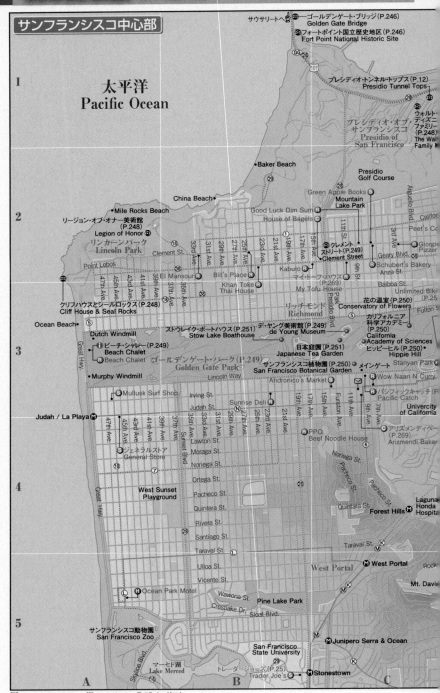

サンフランシスコ中心部

太平洋
Pacific Ocean

サウサリートへ
ゴールデンゲート・ブリッジ (P.246)
Golden Gate Bridge
フォートポイント国立歴史地区 (P.246)
Fort Point National Historic Site

プレシディオ・トンネル・トップス (P.12)
Presidio Tunnel Tops

ウォルト・ディズニー・ファミリー (P.248)
The Walt Family M

プレシディオ・オブ・サンフランシスコ
Presidio of San Francisco

Presidio Golf Course

Baker Beach

China Beach

Mile Rocks Beach

Green Apple Books
Mountain Lake Park

リージョン・オブ・オナー美術館 (P.248)
Legion of Honor

リンカーンパーク
Lincoln Park

Good Luck Dim Sum
House of Bagels

クレメント ストリート (P.249)
Clement Street

Peet's Coffee

Giorgio Pizzer

Schubert's Bakery
Anza St.

Point Lobos

Clement St.

El Mansour

Kabuto

マイ・トーフ・ハウス (P.269)
My Tofu House

Geary Blvd.

Unlimited Bik

クリフハウスとシールロックス (P.248)
Cliff House & Seal Rocks

Bill's Place

Khan Toke
Thai House

リッチモンド
Richmond

花の温室 (P.250)
Conservatory of Flowers

Ocean Beach

Dutch Windmill

ストウレイク・ボートハウス (P.251)
Stow Lake Boathouse

デ・ヤング美術館 (P.249)
de Young Museum

カリフォルニア科学アカデミー (P.250)
California Academy of Sciences

ビーチ・シャレー (P.249)
Beach Chalet

ゴールデンゲート・パーク (P.249)
Golden Gate Park

日本庭園 (P.251)
Japanese Tea Garden

ヒッピーヒル (P.250)
Hippie Hill

Murphy Windmill

Lincoln Way

サンフランシスコ植物園 (P.250)
San Francisco Botanical Garden

メインゲート
Stanyan Park

Wow Naan N Curry

Mullusk Surf Shop

Irving St.

Andronico's Market

パシフィックキャッチ (P.269)
Pacific Catch

University of California

Judah / La Playa

Judah St.

Sunrise Deli

アリズメンディベー (P.269)
Arizmendi Baker

ジェネラルストア
General Store

Lawton St.

Moraga St.

Noriega St.

PPQ
Beef Noodle House

West Sunset Playground

Ortega St.

Pacheco St.

Quintara St.

Rivera St.

Santiago St.

Taraval St.

Noriega St.

Quintara St.

Laguna Honda Hospita

Forest Hills

Ulloa St.

Vicente St.

West Portal

West Portal

Mt. Davie

Ocean Park Motel

Wawona St.

Crestlake Dr.

Pine Lake Park

Sloat Blvd.

サンフランシスコ動物園
San Francisco Zoo

マーセド湖
Lake Merced

San Francisco State University

Junipero Serra & Ocean

トレーダージョーズ (P.25)
Trader Joe's

Stonestown

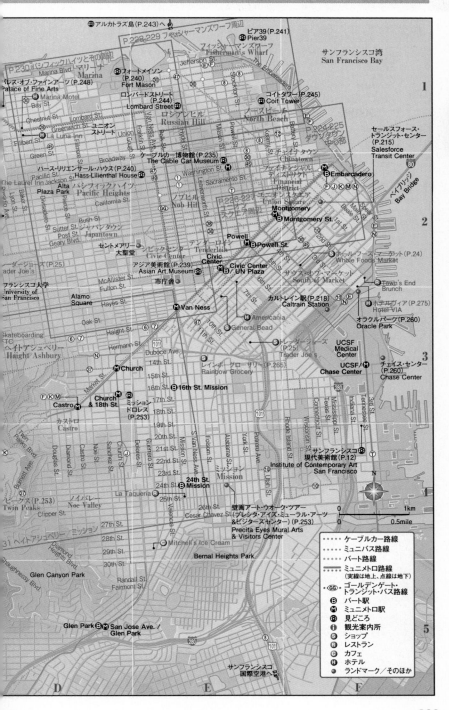

アルカトラズ島 (P.243)へ

P.228,229 フィッシャーマンズワーフ周辺
ピア39 (P.241)
Pier39

フィッシャーマンズワーフ
Fisherman's Wharf

サンフランシスコ湾
San Francisco Bay

P.230 パシフィックハイツとその周辺
フォートメイソン (P.240)
Fort Mason

コイトタワー (P.245)
Coit Tower

セールスフォース・トランジット・センター (P.215)
Salesforce Transit Center

パレス・オブ・ファインアーツ (P.248)
Palace of Fine Arts

Marina Motel
マリーナ
Marina

ロンバードストリート (P.244)
Lombard Street

ノースビーチ
North Beach

ユニオンストリート
Union Street

ロシアンヒル
Russian Hill

チャイナタウン
Chinatown

ダウンタウン

ケーブルカー博物館 (P.235)
The Cable Car Museum

ハース・リリエンサール・ハウス (P.240)
Hass-Lilienthal House

Embarcadero

パシフィックハイツ
Pacific Heights

ノブヒル
Nob Hill

ユニオンスクエア
Union Square

ベイブリッジ
Bay Bridge

Montgomery
Montgomery St.

ジャパンタウン
Japantown

セントメアリー大聖堂

Powell
Powell St.

ホールフーズ・マーケット (P.24)
Whole Foods Market

シビックセンター
Civic Center

テンダーロイン
Tenderloin

アジア美術館 (P.239)
Asian Art Museum

Civic Center / UN Plaza

市庁舎

サウス・オブ・マーケット
South of Market

Town's End Brunch

フランシスコ大学
University of San Francisco

Alamo Square

カルトレイン駅 (P.218)
Caltrain Station

ホテルヴィア (P.275)
Hotel VIA

Van Ness

Americania

オラクルパーク (P.260)
Oracle Park

General Bead

トレーダージョーズ (P.25)
Trader Joe's

UCSF Medical Center

ヘイトアシュベリー
Haight Ashbury

Church

レインボーグローサリー (P.265)
Rainbow Grocery

UCSF / Chase Center

チェイス・センター (P.260)
Chase Center

Church & 18th St.

16th St. Mission

カストロ
Castro

ミッションドロレス (P.253)

24th St. Mission

サンフランシスコ現代美術館 (P.12)
Institute of Contemporary Art San Francisco

ツインピークス (P.253)
Twin Peaks

ノエバレー
Noe Valley

La Taqueria

ミッション
Mission

壁画アート・ウォーク・ツアー (プレシタ・アイズ・ミューラル・アーツ＆ビジターズセンター (P.253))
Precita Eyes Mural Arts & Visitors Center

ヘイトアシュベリー / ミッション

Mitchell's Ice Cream

Bernal Heights Park

Glen Canyon Park

San Jose Ave. / Glen Park

サンフランシスコ国際空港へ

•••••	ケーブルカー路線
•••••	ミュニバス路線
•••••	バート路線
——	ミュニメトロ路線（実線は地上、点線は地下）
•⒢⒢•	ゴールデンゲート・トランジット・バス路線
Ⓑ	バート駅
Ⓜ	ミュニメトロ駅
ⓢ	見どころ
ⓘ	観光案内所
Ⓢ	ショップ
Ⓡ	レストラン
Ⓒ	カフェ
Ⓗ	ホテル
●	ランドマーク／そのほか

0　　0.5mile　　1km

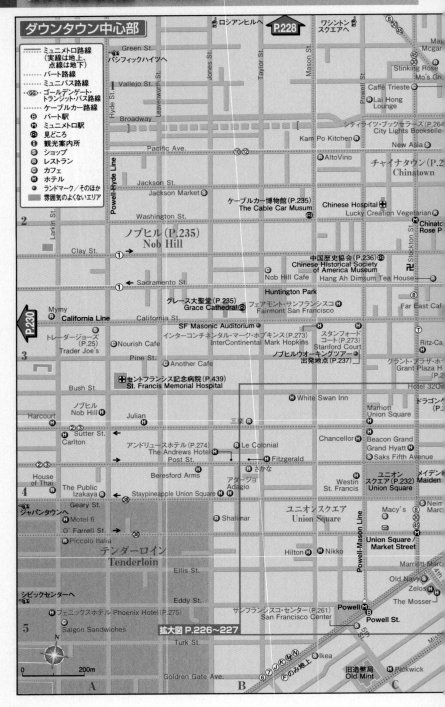

ダウンタウン中心部

ミュニメトロ路線
（実線は地上、
点線は地下）
バート路線
ミュニバス路線
GG ゴールデンゲート・
トランジット・バス路線
ケーブルカー路線
B バート駅
M ミュニメトロ駅
H 見どころ
i 観光案内所
S ショップ
R レストラン
C カフェ
H ホテル
ランドマーク／そのほか
雰囲気のよくないエリア

P.228

ロシアンヒルへ

ワシントン
スクエアへ

Green St.

パシフィックハイツへ

Vallejo St.

Broadway

Pacific Ave.

Jackson St.

Jackson Market

ケーブルカー博物館 (P.235)
The Cable Car Musum

Washington St.

ノブヒル (P.235)
Nob Hill

Clay St.

Sacramento St.

グレース大聖堂 (P.235)
Grace Cathedral

P.230

California Line

California St.

SF Masonic Auditorium

インターコンチネンタル・マーク・ホプキンス (P.273)
InterContinental Mark Hopkins

Mymy

California Line

トレーダージョーズ
(P.25)
Trader Joe's

Nourish Cafe

Pine St.

Another Cafe

Bush St.

セントフランシス記念病院 (P.439)
St. Francis Memorial Hospital

ノブヒル
Nob Hill

Harcourt

Julian

Sutter St.
Carlton

アンドリューズホテル (P.274)
The Andrews Hotel

Post St.

House
of Thai

Beresford Arms

The Public
Izakaya

Staypineapple Union Square

Geary St.

Motel 6

ジャパンタウンへ

O' Farrell St.

Piccolo Italia

テンダーロイン
Tenderloin

Ellis St.

シビックセンターへ

Eddy St.

フェニックスホテル Phoenix Hotel (P.275)

Saigon Sandwiches

拡大図 P.226〜227

Turk St.

Goldren Gate Ave.

Caffè Trieste

Lai Hong
Lounge

シティライツ・ブックセラーズ (P.264)
City Lights Bookselle

New Asia

AltoVino

チャイナタウン (P.2
Chinatown

Chinese Hospital

Lucky Creation Vegetarian

Chinato
Rose P

中国歴史協会 (P.236)
Chinese Historical Society
of America Museum

Nob Hill Cafe

Hang Ah Dimsum Tea House

Huntington Park

フェアモント・サンフランシスコ
Fairmont San Francisco

Far East Caf

スタンフォード
コート (P.273)
Stanford Court

Ritz-Ca

ノブヒルウオーキングツアー
出発地点 (P.237)

グラント・プラザ・ホ
Grant Plaza H

Hotel 32O

White Swan Inn

ドラゴンゲ
(P.

Marriott
Union Square

Chancellor

三楽

Le Colonial

Fitzgerald

さかな

アダージョ
Adagio

Westin
St. Francis

Shalimar

Hilton

Nikko

ユニオンスクエア
Union Square

Beacon Grand

Grand Hyatt

Saks Fifth Avenue

ユニオン
スクエア (P.232)
Union Square

メイデン
Maiden

Neim
Marc

Macy's

Union Square /
Market Street

Marriott Marc

Old Navy

Zelos

The Mosser

Powell

サンフランシスコ・センター (P.261)
San Francisco Center

Powell St.

Ikea

Old Mint

Packwick

0   200m

Kam Po Kitchen

Lucky Creation Vegetarian

Larkin St.

Hyde St.

Leavenworth St.

Jones St.

Taylor St.

Mason St.

Powell St.

Stockton St.

Powell-Hyde Line

Powell-Mason Line

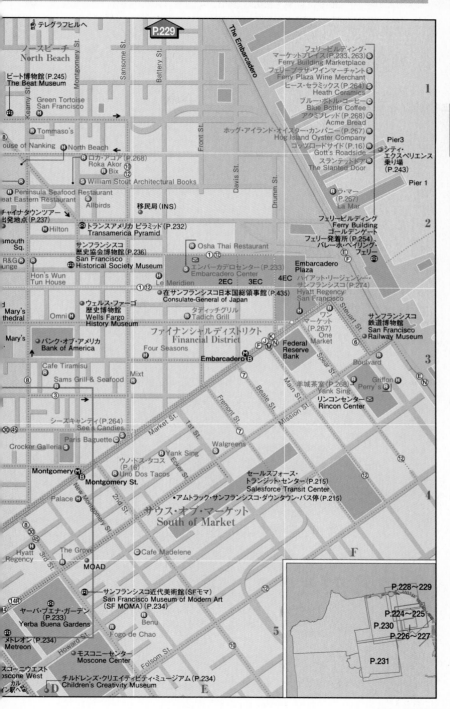

テレグラフヒルヘ

ノースビーチ
North Beach

ビート博物館 (P.245)
The Beat Museum

Green Tortoise
San Francisco

Tommaso's

House of Nanking

North Beach ←

Peninsula Seafood Restaurant
East Eastern Restaurant

ロカ・アコア (P.268)
Roka Akor
Bix
William Stout Architectural Books
Allbirds
移民局 (INS)

チャイナタウンツアー
出発地点 (P.237)

Hilton

smouth
Sq.

R&G
Lounge

Hon's Wun
Tun House

トランスアメリカ ピラミッド (P.232)
Transamerica Pyramid

サンフランシスコ
歴史協会博物館 (P.236)
San Francisco
Historical Society Museum

Osha Thai Restaurant

エンバーカデロセンター (P.233)
Embarcadero Center
Le Meridien　2EC　3EC　4EC

在サンフランシスコ日本国総領事館 (P.435)
Consulate-General of Japan

Mary's
thedral

Omni

ウェルス・ファーゴ
歴史博物館
Wells Fargo
History Museum

タディッチグリル
Tadich Grill

Mary's

バンク・オブ・アメリカ
Bank of America

Four Seasons

ファイナンシャルディストリクト
Financial District

Embarcadero

ワン
マーケット
(P.267)
One
Market

Federal
Reserve
Bank

Cafe Tiramisu

Sams Grill & Seafood

Mixt

Boulevard

羊城茶室 (P.268)
Yank Sing

Griffon
Perry's

シーズキャンディ (P.264)
See's Candies

Crocker Galleria

Paris Baguette

Walgreens

リンコンセンター
Rincon Center

Montgomery

ウノ・ドス・タコス
(P.16)
Uno Dos Tacos

Montgomery St.

Yank Sing

Palace

セールスフォース・
トランジット・センター (P.215)
Salesforce Transit Center

アムトラック・サンフランシスコ・ダウンタウン・バス停 (P.215)

Hyatt
Regency

The Grove

Cafe Madelene

サウス・オブ・マーケット
South of Market

MOAD

サンフランシスコ近代美術館 (SFモマ)
San Francisco Museum of Modern Art
(SF MOMA) (P.234)

ヤーバ・ブエナ・ガーデン
(P.233)
Yerba Buena Gardens

Benu

メトレオン (P.234)
Metreon

Fogo de Chao

スコーニウエスト
oscone West
カル
ン駅へ

モスコーニセンター
Moscone Center

チルドレンズ・クリエイティビティ・ミュージアム (P.234)
Children's Creativity Museum

フェリービルディング・
マーケットプレイス (P.233, 263)
Ferry Building Marketplace
フェリープラザ・ワインマーチャント
Ferry Plaza Wine Merchant
ヒース・セラミックス (P.264)
Heath Ceramics
ブルー・ボトル・コーヒー
Blue Bottle Coffee
アクミブレッド (P.268)
Acme Bread
ホッグ・アイランド・オイスター・カンパニー (P.267)
Hog Island Oyster Company
ゴッツロードサイド (P.16)
Gott's Roadside
スランテッドア
The Slanted Door

Pier3
シティ・
エクスペリエンス
乗り場
(P.243)

Pier 1

ラ・マー
(P.267)
La Mar

フェリービルディング
Ferry Building
ゴールデンゲート
フェリー発着所 (P.254)
バレーホ・ベイリング・
フェリー

Embarcadero
Plaza

ハイアット・リージェンシー・
サンフランシスコ (P.274)
Hyatt Regency
San Francisco

サンフランシスコ
鉄道博物館
San Francisco
Railway Museum

P.228～229

P.224～225

P.230

P.226～227

P.231

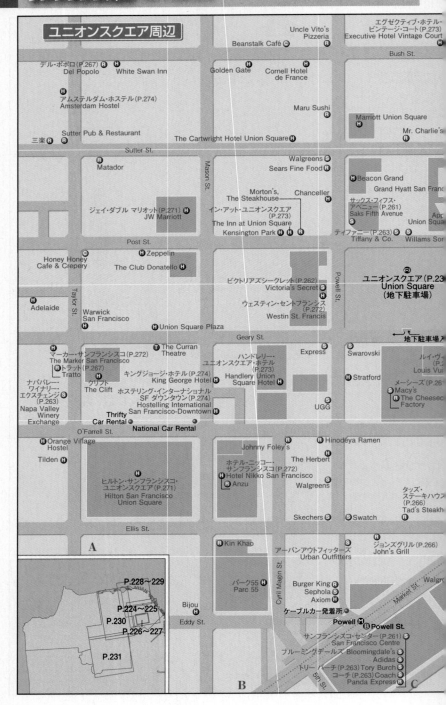

ユニオンスクエア周辺

Uncle Vito's Pizzeria Ⓡ
Beanstalk Café Ⓖ

エグゼクティブ・ホテル・
ビンテージ・コート (P.273)
Executive Hotel Vintage Court

Bush St.

デル・ポポロ (P.267) Ⓡ
Del Popolo   White Swan Inn

Golden Gate Ⓡ   Cornell Hotel
de France Ⓡ

アムステルダム・ホステル (P.274)
Amsterdam Hostel Ⓗ

Maru Sushi Ⓡ

Marriott Union Square Ⓗ

Mr. Charlie's Ⓡ

三楽 Ⓡ   Sutter Pub & Restaurant   The Cartwright Hotel Union Square Ⓗ

Sutter St.

Matador Ⓗ

Walgreens Ⓢ
Sears Fine Food Ⓡ

Beacon Grand Ⓗ   Grand Hyatt San Franc

ジェイ・ダブル マリオット (P.271) Ⓗ
JW Marriott

Morton's,
The Steakhouse
イン・アット・ユニオンスクエア
(P.273)
The Inn at Union Square
Kensington Park Ⓗ

Chanceller Ⓗ

サックス・フィフス・
アベニュー (P.261)
Saks Fifth Avenue

App

Union Squa

ティファニー (P.263) Ⓢ
Tiffany & Co.   Willams Sor

Post St.

Honey Honey
Cafe & Crepery

Zeppelin Ⓗ
The Club Donatello Ⓗ

ビクトリアズシークレット (P.262)
Victoria's Secret Ⓢ

ユニオンスクエア (P.23 Ⓗ
Union Square
（地下駐車場）

Adelaide Ⓗ

Warwick
San Francisco Ⓗ

Union Square Plaza Ⓗ

ウェスティン・セントフランシス
(P.272)
Westin St. Francis

Taylor St.

Powell St.

Geary St.

地下駐車場 ↑

The Curran Ⓣ
Theatre

マーカー・サンフランシスコ (P.272)
The Marker San Francisco
トラット (P.267) Ⓡ
Tratto

キングジョージ・ホテル (P.274)
King George Hotel

ハンドレリー・
ユニオンスクエア・ホテル
(P.273)
Handlery Union
Square Hotel Ⓗ

Express Ⓢ   Swarovski Ⓢ

ルイ・ヴィ
(P.
Louis Vui

ナパバレー・
ワイナリー・
エクスチェンジ
(P.263)
Napa Valley
Winery
Exchange Ⓢ

クリフト
The Clift Ⓗ

ホステリング・インターナショナル
SF ダウンタウン (P.274)
Hostelling International
San Francisco-Downtown Ⓗ

Stratford Ⓢ

メーシーズ (P.26 Ⓢ
Macy's
The Cheesec
Factory

UGG Ⓢ

Thrifty
Car Rental ⊗
National Car Rental

O'Farrell St.

Orange Village Ⓗ
Hostel

Tilden Ⓗ

Johnny Foley's Ⓡ

Hinodeya Ramen Ⓡ

The Herbert Ⓗ

ホテル・ニッコー・
サンフランシスコ (P.272)
Hotel Nikko San Francisco Ⓗ
Anzu Ⓡ

Walgreens Ⓢ

タッズ・
ステーキハウス
(P.266)
Tad's Steakh Ⓡ

ヒルトン・サンフランシスコ・
ユニオンスクエア (P.271)
Hilton San Francisco
Union Square Ⓗ

Skechers Ⓢ

Swatch Ⓢ

Ellis St.

A

Kin Khao Ⓡ

アーバンアウトフィッターズ
Urban Outfitters Ⓢ

ジョンズグリル (P.266) Ⓡ
John's Grill

P.228〜229

Bijou Ⓗ

パーク55 Ⓗ
Parc 55

Burger King Ⓡ
Sephola Ⓢ
Axiom Ⓗ

Mason St.

Cyril Magin St.

Market St.

Walgr

P.224〜225

P.230

P.226〜227

ケーブルカー発着所 ⊙

Eddy St.

Powell Ⓜ Ⓑ Powell St.

P.231

サンフランシスコ・センター (P.261) Ⓢ
San Francisco Centre
ブルーミングデールス Bloomingdale's Ⓢ
Adidas Ⓢ
トリー バーチ (P.263) Tory Burch Ⓢ
コーチ (P.263) Coach Ⓢ
Panda Express Ⓢ

5th St.

B

C

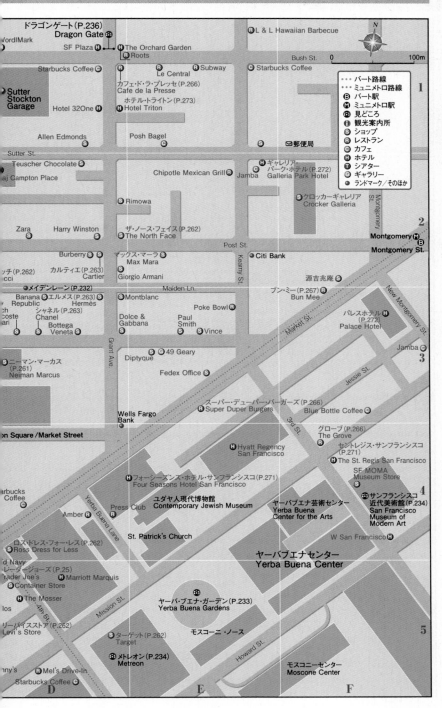

ドラゴンゲート（P.236）
Dragon Gate 🚇
WorldMark
SF Plaza 🚇 🚇 The Orchard Garden
🚇 Roots
🅁 L & L Hawaiian Barbecue

Starbucks Coffee 🄲
🅁 🅁 🅁 Subway
Le Central
カフェ・ド・ラ・ブレッセ（P.266）
Cafe de la Presse
🅂 Starbucks Coffee

N
0   100m

•••• バート路線
•••• ミュニメトロ路線
Ⓑ バート駅
Ⓜ ミュニメトロ駅
🄷 見どころ
ⓘ 観光案内所
🅂 ショップ
🅁 レストラン
🄲 カフェ
🄷 ホテル
🅃 シアター
🄶 ギャラリー
🄾 ランドマーク／そのほか

Sutter
Stockton
Garage
Hotel 32One 🄷

ホテル・トライトン（P.273）
🄷 Hotel Triton

Allen Edmonds
🅂
Posh Bagel
🄲
🅂
✉ 郵便局

1

Sutter St.

Teuscher Chocolate 🅂
aj Campton Place
Chipotle Mexican Grill 🅁　Jamba
🄷 ギャラリア・
パーク・ホテル（P.272）
Galleria Park Hotel

Zara
🅂
Harry Winston
🅂
🅂 Rimowa
ザ・ノース・フェイス（P.262）
🅂 The North Face
🅁 クロッカーギャレリア
Crocker Galleria

Montgomery

2

Burberry 🅂 🅂
ッチ（P.262）
cci
カルティエ（P.263）
Cartier
マックス・マーラ 🅂
Max Mara
Giorgio Armani
Post St.
🄲 Citi Bank
Montgomery 🄜
Montgomery St. Ⓑ

メイデンレーン（P.232）
Banana 🅂 🅂 エルメス（P.263）
Republic   Hermès
ch   シャネル（P.263）
coste   Chanel
ari   🅂   🅂 🅂 Bottega
              Veneta 🅂
Maiden Ln.
🅂 Montblanc
Poke Bowl 🅁
源吉兆庵 🅂
ブン・ミー（P.267）🅁
Bun Mee

ニーマン・マーカス
（P.261）
🅂 Neiman Marcus
Dolce &
Gabbana
Paul
Smith
🅂 Vince
🅂 🄲 49 Geary
Diptyque
Fedex Office 🅂
パレスホテル
（P.272）
Palace Hotel
Jamba 🄲

3

Wells Fargo
Bank
🅂
スーパー・デューパー・バーガーズ（P.266）
🅁 Super Duper Burgers
グローブ（P.266）
The Grove
🄲
Blue Bottle Coffee 🄲
セントレジス・サンフランシスコ
（P.271）

on Square /Market Street
Hyatt Regency
San Francisco
🄷 The St. Regis San Francisco
SF MOMA
Museum Store
🅂

4

rbucks
Coffee
Amber 🅁
フォーシーズンズ・ホテル・サンフランシスコ（P.271）
🄷 Four Seasons Hotel San Francisco
Press Club
ユダヤ人現代博物館
Contemporary Jewish Museum
ヤーバブエナ芸術センター
Yerba Buena
Center for the Arts
サンフランシスコ
近代美術館（P.234）
San Francisco
Museum of
Modern Art

ロス・ドレス・フォー・レス（P.262）
🅂 Ross Dress for Less
d Navy
レーダージョーズ（P.25）
ader Joe's　🄷 Marriott Marquis
🅂 Container Store
🄷 The Mosser
los
St. Patrick's Church
W San Francisco 🄷

ヤーバブエナセンター
Yerba Buena Center

5

リーバイスストア（P.262）
Levi's Store
ヤーバ・ブエナ・ガーデン（P.233）
Yerba Buena Gardens

Mission St.
🅂 ターゲット（P.262）
Target
メトレオン（P.234）
Metreon
モスコーニ・ノース

nny's
🅁 Mel's Drive-In
Starbucks Coffee 🄲

モスコーニセンター
Moscone Center

D   E   F

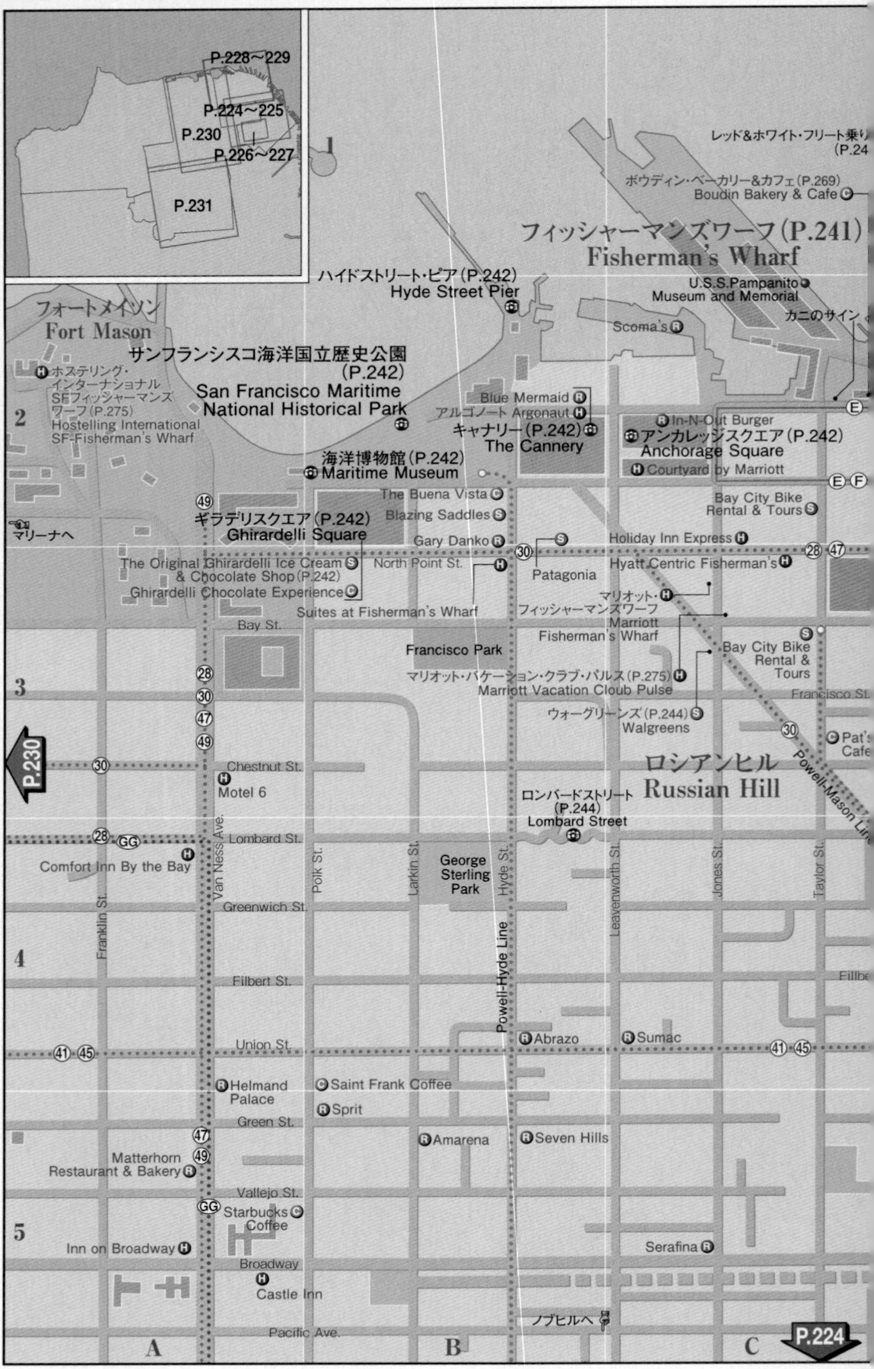
P.228～229
P.224～225
P.230
P.226～227
P.231
レッド&ホワイト・フリート乗り(P.24
ボウディン・ベーカリー&カフェ(P.269)
Boudin Bakery & Cafe
フィッシャーマンズワーフ(P.241)
Fisherman's Wharf
ハイドストリート・ピア(P.242)
Hyde Street Pier
U.S.S.Pampanito
Museum and Memorial
カニのサイン
Scoma's
フォートメイソン
Fort Mason
サンフランシスコ海洋国立歴史公園(P.242)
San Francisco Maritime National Historical Park
ホステリング・インターナショナルSFフィッシャーマンズワーフ(P.275)
Hostelling International SF-Fisherman's Wharf
Blue Mermaid
アルゴノート Argonaut
キャナリー(P.242)
The Cannery
In-N-Out Burger
アンカレッジスクエア(P.242)
Anchorage Square
Courtyard by Marriott
海洋博物館(P.242)
Maritime Museum
The Buena Vista
Blazing Saddles
Bay City Bike Rental & Tours
ギラデリスクエア(P.242)
Ghirardelli Square
マリーナへ
Gary Danko
Holiday Inn Express
The Original Ghirardelli Ice Cream & Chocolate Shop(P.242)
North Point St.
Patagonia
Hyatt Centric Fisherman's
Ghirardelli Chocolate Experience
マリオット・フィッシャーマンズワーフ
Marriott Fisherman's Wharf
Suites at Fisherman's Wharf
Bay St.
Francisco Park
Bay City Bike Rental & Tours
マリオット・バケーション・クラブ・パルス(P.275)
Marriott Vacation Cloub Pulse
Francisco St.
ウォーグリーンズ(P.244)
Walgreens
Pat's Cafe
P.230
Chestnut St.
ロシアンヒル
Russian Hill
Powell-Mason Line
Motel 6
ロンバードストリート(P.244)
Lombard Street
Lombard St.
Comfort Inn By the Bay
Van Ness Ave.
Polk St.
Larkin St.
George Sterling Park
Hyde St.
Leavenworth St.
Jones St.
Taylor St.
Greenwich St.
Franklin St.
Filbert St.
Powell-Hyde Line
Union St.
Abrazo
Sumac
Helmand Palace
Saint Frank Coffee
Sprit
Green St.
Amarena
Seven Hills
Matterhorn Restaurant & Bakery
Vallejo St.
Starbucks Coffee
Inn on Broadway
Serafina
Broadway
Castle Inn
ノブヒルへ
Pacific Ave.
P.224
A
B
C
1
2
3
4
5

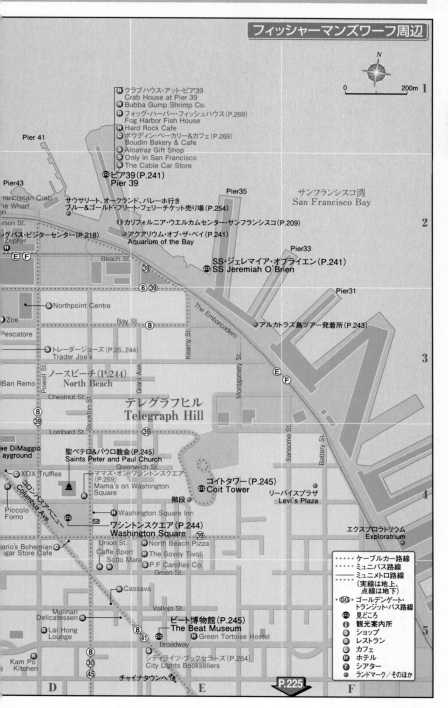

フィッシャーマンズワーフ周辺

N

0　　　　200m

サンフランシスコ湾
San Francisco Bay

クラブハウス・アット・ピア39
Crab House at Pier 39
Bubba Gump Shrimp Co.
フォッグ・ハーバー・フィッシュハウス (P.269)
Fog Harbor Fish House
Hard Rock Cafe
ボウディン・ベーカリー&カフェ (P.269)
Boudin Bakery & Cafe
Alcatraz Gift Shop
Only in San Francisco
The Cable Car Store
ピア39 (P.241)
Pier 39

Pier 41

Pier43

Pier35

Pier33

Pier31

ranciscan Crab
e Wharf
Inn

erson St.

グバス・ビジターセンター (P.218)
Zephyr

サウサリート、オークランド、バレーホ行き
ブルー&ゴールド・フリート・フェリーチケット売り場 (P.254)

カリフォルニア・ウエルカムセンター・サンフランシスコ (P.209)

アクアリウム・オブ・ザ・ベイ
Aquarium of the Bay

SS・ジェレマイア・オブライエン (P.241)
SS Jeremiah O'Brien

アルカトラズ島ツアー発着所 (P.243)

Beach St.

Zoe

Pescatore

Northpoint Centre

Bay St.

The Embarcadero

トレーダージョーズ (P.25, 244)
Trader Joe's

San Remo

ノースビーチ (P.244)
North Beach

Chestnut St.

テレグラフヒル
Telegraph Hill

e DiMaggio
ayground

Lombard St.

XOX Truffles

聖ペテロ&パウロ教会 (P.245)
Saints Peter and Paul Church
Greenwich St.

Piccolo
Forno

ママズ・オン・ワシントンスクエア
(P.269)
Mama's on Washington
Square

コイトタワー (P.245)
Coit Tower

リーバイスプラザ
Levi's Plaza

階段

Washington Square Inn

ワシントンスクエア (P.244)
Washington Square

エクスプロラトリウム
Exploratrium

ario's Bohemian
igar Store Cafe

Union St.
Caffe Sport
Sotto Mare

North Beach Pizza
The Sovoy Tivoli
P.F Candles Co.
Green St.

Cassava

Molinari
Delicatessen

Vallejo St.

Lai Hong
Lounge

ビート博物館 (P.245)
The Beat Museum
Green Tortoise Hostel

Broadway

Kam Po
Kitchen

シティライツ・ブックセラーズ (P.264)
City Lights Booksellers

チャイナタウンへ→

ケーブルカー路線
ミュニバス路線
ミュニメトロ路線
（実線は地上、
点線は地下）
GG・ゴールデンゲート・
トランジット・バス路線
見どころ
観光案内所
ショップ
レストラン
カフェ
ホテル
シアター
ランドマーク／そのほか

P.225

D　　　　E　　　　F

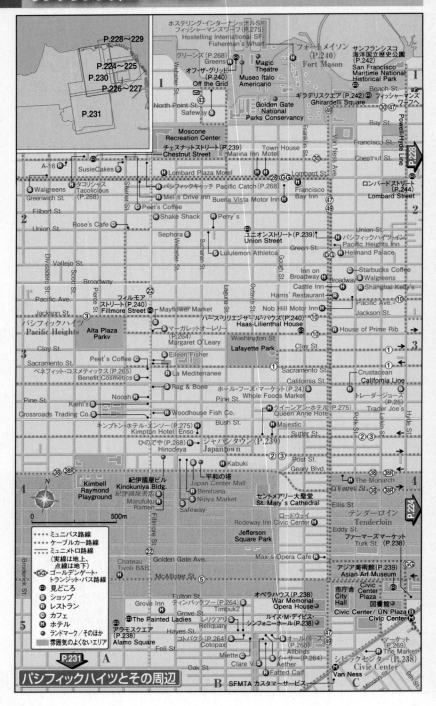

ホステリング・インターナショナルSF
フィッシャーマンズワーフ (P.275)
Hostelling International SF-
Fisherman's Wharf

P.228〜229

P.224〜225
P.230
P.226〜227

P.231

フォートメイソン
(P.240)
Fort Mason

サンフランシスコ
海洋国立歴史公園
(P.242)
San Francisco
Maritime National
Historical Park

グリーンズ (P.268)
Greens
オフ・ザ・グリッド
(P.240)
Off the Grid
Magic
Theatre
Museo Italo
Americano

ギラデリスクエア (P.242)
Ghirardelli Square

フィッシャーマンズ
ワーフ

North Point St.
Safeway

Golden Gate
National
Parks Conservancy

Beach St.

Bay St.

Powell-Hyde Line

Moscone
Recreation Center
チェスナットストリート (P.239)
Chestnut Street

Town House

Francisco St.

Chestnut St.

ロンバードストリート
(P.244)
Lombard Street

A-16
SusieCakes

タコリシャス
Tacolicious
(P.268)
Walgreens
Greenwich St.

Lombard Plaza Motel

Lombard St.

Francisco
Bay Inn

Marina Inn Motel

パシフィックキャッチ Pacific Catch (P.268)
Mel's Drive Inn
Buena Vista Motor Inn

Filbert St.

Union St.

Peet's Coffee

Shake Shack
Perry's

Union St.

Rose's Cafe

パシフィックハイツ・イン
Pacific Heights Inn

Sephora
ユニオンストリート (P.239)
Union Street

Helmand Palace

Vallejo St.

Green St.

Starbucks Coffee
Walgreens

Broadway

Inn on
Broadway
Castle Inn

Shanghai Kelly's

Pacific Ave.

フィルモア
ストリート (P.240)
Fillmore Street

Harris' Restaurant
Nob Hill Motor Inn

Pacific Ave.

Jackson St.

Mayflower Market

House of Prime Rib

パシフィックハイツ
Pacific Heights

Alta Plaza
Parkv

ハース・リリエンサール・ハウス (P.240)
Haas-Lilienthal House

マーガレットオーレリー
(P.264)
Margaret O'Leary

Washington St.
Lafayette Park

Clay St.

Sacramento St.

Peet's Coffee

Eileen-Fisher

Sacramento St.

Crustacean
California Line

ベネフィット・コスメティックス (P.265)
Benefit Cosmetics

La Mediterranee

California St.

Pine St.

Kiehl's
Noosh

Rag & Bone

ホール・フーズ・マーケット (P.24)
Whole Foods Market

トレーダージョーズ
(P.25)
Trader Joe's

Crossroads Trading Co.

Woodhouse Fish Co.

クイーンアン・ホテル (P.275)
Queen Anne Hotel

キンプトン・ホテル・エンソ (P.275)
Kimpton Hotel Enso
ひのでや (P.268)
Hinodeya

Bush St.

Majestic
Sutter St.

ジャパンタウン (P.239)
Japantown

Kabuki

Post St.

The Monarch

Kimbell
Raymond
Playground

紀伊國屋ビル
Kinokuniya Bldg.
紀伊國屋書店

平和の塔
Japan Center Mall

Benihana
Nijiya Market

Geary Blvd.

O'Farrel St.

テンダーロイン
Tenderloin

Marufuku
Ramen
Safeway

セントメアリー大聖堂
St. Mary's Cathedral

Ellis St.

ファーマーズ
マーケット
Turk St. (P.238)

ロードウェイ
Rodeway Inn Civic Center

Chateau
Tivoli B&B

Golden Gate Ave.

Jefferson
Square Park

Eddy St.

McAllister St.

Max's Opera Cafe

アジア美術館 (P.239)
Asian Art Museum

市庁舎
City
Hall

Civic
Center
Plaza

Grove Inn

Fulton St.
ティンバックツー (P.264)
Timbuk2

Grove St.

オペラハウス (P.238)
War Memorial
Opera House

図書館
Civic Center/ UN Plaza
Civic Center

The Painted Ladies

Hayes St.

レリクアリ
Reliquary

ルイス・M・デイビス・
シンフォニーホール (P.238)

コトパクシ (P.264)
Cotopaxi

アラモスクエア
(P.238)
Alamo Square

Fell St.

Miette
Clare V.

オールバーズ
(P.265)
Allbirds
エイサー (P.264)
Aether

Fatted Calf

マーケット
(P.269)
The Market

シビックセンター (P.238)
Civic Center

Oak St.

Van Ness

Mission St.

パシフィックハイツとその周辺

凡例：
ミュニバス路線
ケーブルカー路線
ミュニメトロ路線
（実線は地上、
点線は地下）
ゴールデンゲート・
トランジット・バス路線
見どころ
ショップ
レストラン
カフェ
ホテル
ランドマーク／そのほか
雰囲気のよくないエリア

0   500m

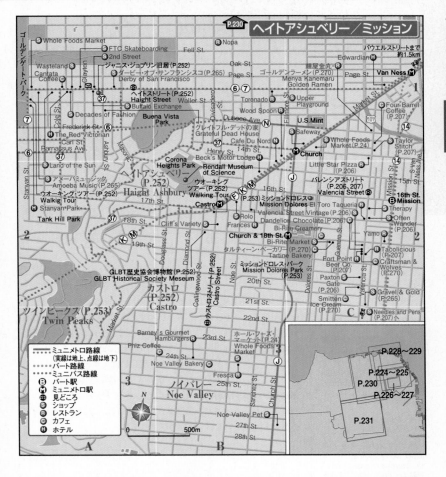

Whole Foods Market
FTC Skateboarding　Fell St.
Nopa
2nd Street
ジャニス・ジョプリン旧居 (P.252)
Wasteland
Cantata
Coffee
ダービー・オブ・サンフランシスコ (P.265)
Oak St.
Edwardian
Page St.
糖屋金丸 (P.270)
Menya Kanemaru
Golden Ramen
Page St.
パウエルストリートまで
約1.5km
Van Ness
ヘイトストリート (P.252)
Haight Street　Waller St.
Buffalo Exchange
Toronado
Wood Spoon
Upper
Playground
Four-Barrel
Coffee (P.207)
Decades of Fashion
Buena Vista
Park
Dubece Ave.
U.S. Mint
Taylor
Stitch
(P.207)
Frederick St.
The Red Victorian
Carl St.
Parnassus Ave.
グレイトフル・デッドの家
Grateful Dead House
Cafe Du Nord
14th St.
Safeway
Whole Foods
Market (P.24)
Land of the Sun
アメーバミュージック
Amoeba Music (P.265)
ウオーキング・ツアー (P.252)
Walkig Tour
Stanyan Park
Tank Hill Park
コロナ・
Corona
Heights Park
Rendall Museum
of Science
Henry St.
Beck's Motor Lodge
Church
Little Star Pizza
(P.206)
バレンシアストリート
Valencia Street
(P.206, 207)
ヘイトアシュベリー
(P.252)
Haight Ashbury
17th St.
ウオーキング
ツアー (P.252)
Walking Tour
Castro
16th St.
ミッションドロレス
Mission Dolores
Valencia Street Vintage (P.206)
El Toro Taqueria
Dandelion Chocolate (P.206)
Bi-Rite Creamery
16th St.
Mission
Therapy
Offen
Wander
(P.206)
Yamo
Cliff's Variety
Frances
Church & 18th St.
Bi-Rite Market
タルティーン・ベーカリー
Tartine Bakery
Tacolicious
(P.207)
Craftsman &
Wolves (P.207)
GLBT 歴史協会博物館 (P.252)
GLBT Historical Society Meseum
カストロ
(P.252)
Castro
ツインピークス (P.253)
Twin Peaks
ミッションドロレス・パーク
Mission Dolores Park
(P.253)
Fort Point
Beer Co.
(P.207)
Paxton
Gate
(P.207)
Gravel & Gold
(P.265)
20th St.
21st St.
22nd St.
Smitten
Ice Cream
(P.270)
Needles and Pens
(P.207) へ
Barney's Gourmet
Hamburgers
Phiz Coffee
23rd St.
24th St.
Noe Valley Bakery
ホール・フーズ・
マーケット (P.24)
Whole Foods
Market
Fresca
25th St.
ノイバレー
Noe Valley
Noe Valley Pet
27th St.
28th St.

ミュニメトロ路線
（実線は地上、点線は地下）
バート路線
ミュニバス路線
B　バート駅
M　ミュニメトロ駅
見どころ
S　ショップ
R　レストラン
C　カフェ
H　ホテル

0　　　　500m

N

P.228〜229
P.224〜225
P.230
P.226〜227
P.231

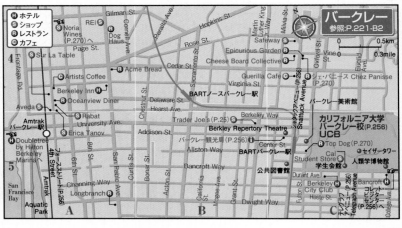

H　ホテル
S　ショップ
R　レストラン
C　カフェ

REI
Noria
Wines
(P.270)
Dog
Haus
Gilman Ave.
Hopkins St.
Safeway
Epicurious Garden
Cheese Board Collective
0　　0.5km
0.3mile
Sur La Table
Page St.
Acme Bread
Cedar St.
Guerilla Cafe (P.256)
シェ・パニーズ Chez Panisse
(P.270)
Artists Coffee
Virginia St.
Berkeley Inn
Oceanview Diner
Delaware St.
Hearst Ave.
BARTノースバークレー駅
カリフォルニア大学
バークレー校 (P.256)
UCB
Aveda
Rabat
Erica Tanov
Trader Joe's (P.25)
Berkeley Way
バークレー美術館
Amtrak
バークレー駅
Berkley Repertory Theatre
Addison St.
Center St.
Top Dog (P.270)
セイザータワー
Cal
Student Store
学生会館
人類学博物館
Doubletree
by Hilton
Berkeley
Marina へ
バークレー観光局 (P.256)
Alliston Way
BARTバークレー駅
Bancroft Way
公共図書館
Durant Ave.
Berkeley
City Club
Hoste St.
Bancroft
Way
コレット・
ビジターズ・
センター (P.256)
San
Francisco
Bay
Channing Way
Longbranch
California Ave.
Dwight Way
Aquatic
Park
A　　　　　　　B　　　　　　　C

ダウンタウン
Downtown

フィッシャーマンズワーフ 15~25分

ノブヒルと 10~15分
チャイナタウン

プレシディオ 25~30分

シビックセンター 5~10分

ダウンタウン

ゴールデンゲート・パーク

N 30~40分

ヘイトアシュベリーとミッション 5~30分

0 5km

サンフランシスコの中心であるユニオンスクエアとビジネス街のファイナンシャルディストリクト、美術館などの文化施設が集中しているソーマなど、地元の人や観光客でいつもにぎわっている。ホテルも多いため、ここを起点に観光を楽しむ人が多い。

ユニオンスクエア
行き方 Powell St. & Market St. から北へ3ブロック行った所。Powell St. & Market St.の交差地点には、ケーブルカーの発着所がある。横にある地下への階段を下りるとミュニメトロとバートの駅がある。

ユニオンスクエアにはハートのオブジェがある

メイデンレーン
MP.227-D2 ～ E3

トランスアメリカピラミッド
住 600 Montgomery St.
URL transamericapyramid.com
行き方 ケーブルカーのパウエルーメイソン線、パウエルーハイド線のClay St. & Powell St.停留所で下車、東へ4ブロック。

ダウンタウンの憩いの場　　　　ユニオンスクエア周辺　　MP.226-C2~C3

ユニオンスクエア
Union Square　　　　　　　　　　　　　　　　　　　★★★

　ユニオンスクエアは、パウエルストリートPowell St.、ポストストリートPost St.、ストックトンストリートStockton St.、ゲーリーストリートGeary St. の4本の通りに囲まれた広場。南北戦争の時代、北軍（ユニオン）を支持していた市民がデモを起こしたことに由来する。ダウンタウンの中心にあり、イベントやオープンマーケットが頻繁に開かれ、周辺には、ホテル、デパート、ブランド店、レストランなどが集中する。特に広場の東側にある**メイデンレーンMaiden Lane**には、有名ブランドのブティックが軒を連ね、洗練された雰囲気が漂っている。コンサートなどのチケットを販売するブースやカフェもある。

サンフランシスコのシンボルビル　　　ダウンタウン中心部　　MP.225-D2

トランスアメリカピラミッド
Transamerica Pyramid　　　　　　　　　　　　　　　★★

　高さ260m、48階建ての白い三角形のビル。サンフランシスコ市内では、セールスフォースタワーに次いで2番目に高い。1972年完成当時は、サンフランシスコ市民からその形が不評だったが、今やサンフランシスコを代表する建築物のひとつになっている。最上階から上の尖塔の高さ65m、アルミのパネルで覆われた中は空洞になっている。ビル内部は一般に開放されていない。

スタイリッシュな外観はサンフランシスコの街並みに調和する

 メモ　バレエやブロードウエイ・ミュージカル、オペラのチケットが割安で購入できる **todaytix**ではサンフランシスコ周辺で行われているイベントのチケットを10～50%引きで販売している。

エンバーカデロセンター
Embarcadero Center
ビジネスマンが闊歩する複合ビル　ダウンタウン中心部　MP.225-E2~F2 ☀

ファイナンシャルディストリクトの真ん中の4ブロックを占め、いくつものビルからなる巨大なコンプレックス。ビルのほとんどはオフィスだが、2階部分Lobby Levelを中心に、レストランやショ

ップが約30軒集まるショッピングセンターになっている。センターの屋外には、世界中のアーティストが制作したオブジェが配置され、歩いているだけで芸術鑑賞ができる。

オフィス街兼ショッピングセンターだ

フェリービルディング・マーケットプレイス
Ferry Building Marketplace
食通の街、サンフランシスコのランドマーク　ダウンタウン中心部　MP.225-F2 ☀☀☀

おしゃれなダイニング＆ショッピング・スポットとして人気のマーケットプレイスには、サウサリート生まれの陶器メーカー、ヒースセラミックスなど、地元ベイエリアの厳選されたショップやレストランが約40軒入店する。週3回、建物の前と後ろのプラザで、地元で取れた新鮮な野菜や果物、自家製チーズなどを販売する**フェリープラザ・ファーマーズマーケットFerry Plaza Farmers Market**が開かれる。

時計台は、スペインのセビリア大聖堂を模して造られた

ヤーバ・ブエナ・ガーデン
Yerba Buena Gardens
構想から30年をかけてオープン　ユニオンスクエア周辺　MP.227-E5 ☀☀

かつて治安の悪いエリアだったソーマ（South of Market＝マーケットストリートの南）は、ヤーバ・ブエナ・ガーデンの誕生とともに生まれ変わった。Mission St.、Folsom St.、3rd St.、4th St. の通りに囲まれた2ブロックにわたるエリアには、多目的ギャラリーと劇場のふたつからなる**芸術センターYB Center for the Arts**、一面に緑の芝生が敷かれた庭園**エスプラネードEsplanade**、コンベンションセンターの**モスコーニセンターMoscone Center**などがある。チルドレンズ・クリエイティビティ・ミュージアム（→P.234）や**ボウリング場Bowling Center**、**アイススケートリンクIce Skating**なども併設されている。

コンベンションセンターもあるヤーバ・ブエナ・ガーデン

エンバーカデロセンター
- 🏠 1 Embarcadero Center
- 🌐 embarcaderocenter.com
- 🕐 ショップの営業：月～土10:00～19:00（土～18:00）、日12:00～17:00。店舗により異なる
- 🚃 バートとミュニメトロのEmbarcadero駅下車、Drumm St.を北へ2ブロック。

フェリービルディング・マーケットプレイス
- 🏠 1 Ferry Building
- 🌐 www.ferrybuildingmarketplace.com
- 🕐 月～金10:00～19:00、土8:00～18:00、日11:00～17:00。店舗により異なる
- 🚃 バートとミュニメトロのEmbarcadero駅下車、Market St.を北東へ4ブロック。

フェリービルでは、地元の人気店が並ぶ

フェリープラザ・ファーマーズマーケット
- ☎ (1-415)291-3276
- 🌐 foodwise.org/markets/ferry-plaza-farmers-market
- 🕐 火・木10:00～14:00、土8:00～14:00

ヤーバ・ブエナ・ガーデン
- 🏠 750 Howard St.
- ☎ (1-415)651-3684
- 🌐 yerbabuenagardens.com
- 🕐 毎日6:00～22:00
- 🚃 バートのPowell St.駅、ミュニメトロのPowell駅下車、東へ2ブロック。

ボウリング場
- ☎ (1-415)820-3541
- 🌐 www.skatebowl.com
- 🕐 水～金14:00～21:00（金～22:00）、土13:00～22:00、日12:00～18:00
- 💲 1レーン（1時間）$45～65　貸し靴代$6
- ※貸し切りの日もあるので電話かウェブサイトで確認を。

アイススケートリンク
- ☎ (1-415)820-3521
- 🌐 www.skatebowl.com
- 🕐 日により異なるためウェブサイトで確認を。
- 💲 大人$14、シニア（55歳以上）$12、子供（5歳以下）$8、貸し靴代$5

チルドレンズ・クリエイティビティ・ミュージアム
🏠 221 4th St.
📞 (1-415)820-3320
🌐 creativity.org
🕐 金～日10:00～16:00
休 月～木、おもな祝日。時期により異なるので、ウェブサイトで確認を
💰 $20

大人も子供も楽しめる博物館

大人もいつの間にか学んでしまう　　ユニオンスクエア周辺　MP.225-D5

チルドレンズ・クリエイティビティ・ミュージアム
Children's Creativity Museum ★★

　ヤーバ・ブエナ・ガーデンにある体験型の博物館。人気のコーナーは、カーペットの上をジャンプしたりダンスしたりしてさまざまな音を出して遊ぶMaking Music Studio!。ほかにも地元の子供たちのアートを、テーマを設けて期間ごとに展示している。博物館の前には、1906年にロードアイランド州で作られた回転木馬Leroy King Carousel（🕐 金～日10:00～16:00、💰 $5）の複製もあり、ノスタルジックな雰囲気だ。

全米屈指の現代アートなら　　ユニオンスクエア周辺　MP.227-F4

サンフランシスコ近代美術館（SF モマ）
San Francisco Museum of Modern Art (SF MOMA) ★★★

　通称SFモマ。収蔵品数3万3000点以上、1935年設立のアメリカ西海岸を代表する美術館だ。拡張工事が行われ、2016年にリニューアルオープンした。
　アンディ・ウォーホルやジャスパー・ジョーンズ、ロイ・リキテンシュタインなどアメリカン・ポップアートの旗手たちの作品が充実。ほかにもレストランやカフェ、書籍やオリジナルグッズが揃うギフトショップも併設。スイス人建築家マリオ・ボッタによる建物にも注目したい。

個性的な建物は存在感抜群
© Henrik Kam 2015

サンフランシスコ近代美術館（SF モマ）
🏠 151 3rd St.
📞 (1-415) 357-4000
🌐 www.sfmoma.org
🕐 月・火・金～日10:00～17:00、木13:00～22:00
休 水、サンクスギビング、12/24、12/25
💰 大人$30、シニア（65歳以上）$25、19～24歳$23、18歳以下無料
🚃 バートのMontgomery St.駅、ミュニメトロのMontgomery駅下車、南へ2ブロック。

入口は 3rd St. 側にある

メトレオン
🏠 135 4th St.
🌐 shoppingmetreon.com
🕐 毎日11:00～19:30（金・土～20:30）
🚃 バートのPowell St.駅、ミュニメトロのPowell駅下車、東へ2ブロック。

映画館
📞 (1-415)369-6201
🌐 www.amctheatres.com
💰 大人$18.49、シニア（60歳以上）$16.99、子供（2～12歳）$15.49
アイマックスシアター
💰 大人$25.99、シニア（60歳以上）$24.49、子供（2～12歳）$22.99
ドルビーシネマ
💰 大人$26.99、シニア（60歳以上）$25.49、子供（2～12歳）$23.99

総合エンターテインメントセンター　ユニオンスクエア周辺　MP.227-D5～E5

メトレオン
Metreon ★★

　レストランやカフェ、映画館のAMC Theatres、フードコートがあり、旅行者も気軽に立ち寄れるスポット。全米に展開しているディスカウントストア、ターゲットTargetのサンフランシスコ初の旗艦店も入っている。エンターテインメントと食事、買い物が一緒に楽しめる所は市内でも少なく、みやげ探しにも最適だ。フードコートはエスニック料理が揃い、テラスからはヤーバ・ブエナ・ガーデンの景色も満喫できる。

ショッピング以外も楽しめる

✏️メモ　**Market St.より南のソーマ**　おしゃれなレストランや粋なショップが増えているが、散策する際は、注意する必要がある。海に近いほうはまだ治安が悪い所が多いので、人通りの少ない道は歩かないように。

ノブヒルとチャイナタウン
Nob Hill & Chinatown

見晴らしのいい丘ノブヒルは、最高級ホテルや瀟洒な邸宅が並ぶ優雅で静かな住宅地だ。ノブヒルの東側はガラリと雰囲気が変わる。漢字の看板であふれ、聞こえてくるのは英語ではなく中国語。全米でニューヨークと並び1、2の規模を誇るチャイナタウンだ。

ノブヒル　Nob Hill

静寂に包まれた荘厳なカテドラル　　　　ダウンタウン中心部　🅼P.224-B3

グレース大聖堂
Grace Cathedral　　　　✳✳

ノブヒルの頂上にあり、全米のキリスト教監督派の教会のなかでも3番目の大きさを誇るグレース大聖堂。建物はゴシック様式を凝らした荘厳なもので、ステンドグラスも美しい。ゴールドラッシュの1849年に建立されたが、1906年の震災で焼失。現在の建物は1964年に完成したもの。ローマカトリックとプロテスタントの中庸をいくという、開かれた教会でもある。聖堂内は、両壁の見事なステンドグラスから差し込む薄日に照らされ、外の喧騒がうそのような静寂に包まれている。入口にある**キース・ヘリング**がエイズ撲滅を願って制作した『**キリストの生涯 The Life of Christ**』は一見の価値あり。

構内ではコンサートなどのイベントも行われるが、ヨガのセッションがあるのがサンフランシスコらしい。

ケーブルカーの動力を目の当たりに　　　ダウンタウン中心部　🅼P.224-B2

ケーブルカー博物館
The Cable Car Museum　　　　✳✳

アンティークなれんが造りの博物館。ケーブルカーの車庫 Cable Car Barnにもなっており、ケーブルカーをコントロールしている地下のワイヤーが轟音をたてて回転している。博物館の中に入ると、展示よりもその大迫力の音に圧倒されるだろう。すべてのケーブルカーのパワーはここから作り出されているのだ。館内は資料館としてケーブルカーにまつわる資料や写真が展示されているほか、ケーブルカーのビンテージ模型などがあり、見応えたっぷりだ。ケーブルカーのグッズを売るショップもある。

グレース大聖堂
🏠1100 California St.
☎(1-415)749-6300
🌐gracecathedral.org
🕐毎日10:00～17:00(日13:00～)
💰大人\$12、シニア(65歳以上)・子供(12～22歳)\$10、11歳以下無料
🚶ケーブルカーのカリフォルニア線California St. & Taylor St.で下車。

グレース大聖堂。内部は荘厳な雰囲気

ケーブルカー博物館
🏠1201 Mason St.
☎(1-415)474-1887
🌐www.cablecarmuseum.org
🕐火～日10:00～16:00(金～日～17:00)
🚫月、サンクスギビング、12/25、1/1
💰無料
🚶ケーブルカーのパウエルーハイド線、パウエルーメイソン線のJackson St. & Mason St.で下車。

博物館ではケーブルが動いているところを見られる

✳✳✳おすすめ度

チャイナタウン *Chinatown*

チャイナタウン
- Broadway、Stockton St.、Bush St.、Kearny St.に囲まれたエリア。

ドラゴンゲート
- Bush St. & Grant Ave.
- ユニオンスクエアから北に2ブロック歩き、Bush St.を東へ1ブロック。約5分。もしくは、ケーブルカーのカリフォルニア線でCalifornia St. & Grant Ave.で下車。

チャイナタウンにずらりと並ぶ中華料理店

1970年に完成した異国への入口　ユニオンスクエア周辺　**MP.227-D1**

ドラゴンゲート
Dragon Gate ※

　サンフランシスコで最も古い通りグラントアベニューGrant Ave.とブッシュストリートBush St.の角にあるのが**ドラゴンゲートDragon Gate**。1970年に完成したもので、寺院の山門という感じの、異国への入口だ。ゲートの両側にある狛犬は邪悪なものから街を守り、門の上部両端の魚は繁栄を、龍は力と豊かさを、中央の玉は真実を表している。

チャイナタウンの象徴だ

中国系アメリカ人の歴史を記録　ダウンタウン中心部　**MP.224-C2**

中国歴史協会
Chinese Historical Society of America Museum ※

時期により特別展も開催している

　1963年に造られたこの協会は、中国からの移民や中国系アメリカ人の歴史の記録と文化遺産保存のために設立された非営利団体。この協会の中に小さな博物館があり、中国移民の歴史を写真と展示物で紹介している。1850年代初期の移民時代から現在までのパネルを見ていくと、アメリカ社会に根付くまでの中国系移民の苦難の歴史を感じる。

中国歴史協会
- 965 Clay St.
- (1-415)391-1188
- chsa.org
- 水〜日11:00〜16:00
- 月・火、おもな祝日
- 大人＄12、シニア（62歳以上）・子供（5〜18歳）＄5、4歳以下無料
- ケーブルカーのパウエルーハイド線、パウエルーメイソン線のPowell St. & Clay St.下車。

サンフランシスコ歴史協会博物館
- 608 Commercial St.
- (1-415)399-1124
- www.sfhistory.org
- 木〜土10:00〜16:00
- 日〜水
- 無料

サンフランシスコ初の造幣所だった博物館　ダウンタウン中心部　**MP.225-D2**

サンフランシスコ歴史協会博物館
San Francisco Historical Society Museum ※

　サンフランシスコで最初の造幣所（1854〜1874年）があった場所で、造幣所を再現したれんが造りの建物。長い間、いろいろな人手に渡ってきた建物を1970年に広東銀行が買い取ったことがきっかけで、1984年から博物館として環太平洋諸国の美術を公開している。入口そばのギャラリーでは特別展を開催。建物自体もカリフォルニア州の歴史的建築物に指定されている。

こぢんまりとした博物館

Column ノブヒルの歴史

1865年、ドクターのアーサー・ハイネ Dr. Arthur Hayneが深い茂みを切り開き、丘の頂上への道を造り、現在のフェアモント・サンフランシスコ・ホテルのある場所に家を建てた。数年後には、その道を通って貧しい人々が多数やってきて住み着くようになった。バスやケーブルカーがなかった大昔、この丘は馬でも上がるのが大変だったという。

●ケーブルカーの出現で金持ちが集合

1873年、サンフランシスコの名物ともいえるケーブルカーはノブヒルで生まれた。クレイストリートClay St.からジョイスストリート Joice St.まで、歴史的なテスト運転が霧の中で行われた。ケーブルカーの出現により、見晴らしのよい丘の上へ金持ちが集まり、派手な邸宅が増えていった。当時のノブヒルは、すばらしく有望な丘 "ゴールデンプロミス Golden Promise" と名づけられていた。

しかし、1906年、サンフランシスコ大地震の火災によって、一夜にしてすべてが焼失してしまったのである。

●現在のノブヒル

ある意味では、ノブヒルはいまだに宮殿の丘 Palacesである。以前のような派手さはなく、抑えられた上品さが漂っている。しかし、今なおここは、力をもった人間のいる雰囲気がある。

●ノブヒルのウオーキングツアー

ノブヒルの歴史的な建造物を解説付きで巡るウオーキングツアーが行われている。ツアーに参加すれば、グレース大聖堂やフェアモント・サンフランシスコ・ホテルの歴史や裏話などを聞くことができる。所要1時間30分～2時間。事前にウェブサイトから予約すること。

ノブヒルウオーキングツアー
MP.224-C3
🏠905 California St.（Stanford Court）ホテル正面から出発
🕐木・土・日14:00に出発。時期により異なるので、ウェブサイトで確認すること。
🎫無料

このツアーの主催はSan Francisco City Guides。サンフランシスコ公立図書館のサポートによって運営されており、長い歴史がある。サンフランシスコ市内の有名な地域のウオーキングツアーをボランティアのガイドが案内してくれる。詳細はウェブサイトで。
🌐www.sfcityguides.org

ノブヒルを代表する、グレース大聖堂

ディープ・イン・チャイナタウン

前述の「ノブヒルのウオーキングツアー」で紹介したSan Francisco City Guides主催のチャイナタウンツアーもおすすめ。ツアーでは、中国からの移民がやって来始めた1830～40年代から、どのようにしてアメリカ有数のチャイナタウンになっていったかを、中国マフィアや秘密結社の歴史とともに解説してくれる。サンフランシスコのチャイナタウンは、現在のポーツマススクエ

ア周辺に1850年代、中国人のコミュニティが一気に拡大したのが始まりといわれている。所要約1時間30分。事前にウェブサイトから予約すること。

チャイナタウンツアー
MP.225-D2
🏠745 Kearny St.（Portsmouth Square）。Walter U. Lum Pl. と Washington St.の交差点近くにあるエレベーター周辺から出発
🕐月10:00、13:30、水・木10:30、土10:00に出発。時期により異なるので、ウェブサイトで確認すること。
🎫無料

上記のノブヒルやチャイナタウンばかりでなく、ビクトリアンハウスを見学したり、壁画を見て回るウオーキングツアーもある。

ポーツマススクエアは中国系の人々の憩いの場所

シビックセンターとパシフィックハイツ
Civic Center & Pacific Heights

フィッシャーマンズワーフ
🚗20→40分

プレシディオ
🚗10→40分

ノブヒル
🚗15→30分

ダウンタウン
🚗5～20分

シビックセンターと
パシフィックハイツ

ゴールデンゲート・
パーク
🚗15～30分

ヘイトアシュベリー
とミッション
🚗15分

0　　　　5km

N

　シティホール（市庁舎）を中心に連邦政府ビル、州政府ビルが集中し、文化施設も立ち並ぶのがシビックセンターだ。日本でいう「官庁街」のこと。
　シビックセンターの北にあるパシフィックハイツには、19世紀のビクトリアンハウスが立つ。

シビックセンター
🌐sfciviccenter.org
🚉バートのCivic Center/UN
Plaza駅、ミュニメトロの
Civic Center駅、Van Ness
駅下車。いずれも徒歩5分。

市庁舎
🏠1 Dr. Carlton B. Goodlett Pl.
📞(1-415)554-4000
🌐sfgov.org/cityhall
🕐月～金8:00～18:00
🚫土・日、おもな祝日

オペラハウス
🗺P.230-C5
🏠301 Van Ness Ave.
📞(1-415)621-6600
🌐www.sfopera.com

**ルイス・M・デイビス・
シンフォニーホール**
🗺P.230-C5
🏠201 Van Ness Ave.
📞(1-415)864-6000
🌐www.sfsymphony.org
🌐daviessymphonyhall.org

アラモスクエア
🚌Civic Centerからミュニバ
ス#21に乗り、Hayes St.
& Pierce St.で下車。

周辺にもビクトリアンハウスが多い

シビックセンター　*Civic Center*

威風堂々とした建造物が集中　　パシフィックハイツとその周辺　🗺P.230-C5

シビックセンター
Civic Center　　　　　　　　　　　　　　　　★★

　サンフランシスコの市役所、連邦政府ビル、州政府ビル、図書館などが集結するエリア。その中心が荘厳なドーム型の**市庁舎City Hall**だ。見る人すべてを圧倒する美しい巨大なロタンダ（丸天井の大広間）が印象的。一般公開されているので、ぜひのぞいてみよう。1954年にマリリン・モンローと大リーガーのジョー・ディマジオが結婚式を挙げた。向かいに立っているフランスバロック風の建物が**オペラハウス War Memorial Opera House**。巨大なガラス張りの建物がサンフランシスコ交響楽団の本拠地**ルイス・M・デイビス・シンフォニーホール Davies Symphony Hall**。オペラやバレエ、クラシックのシーズンは華やいだ雰囲気になる。

写真撮影の名所　　　　　　　　　　　パシフィックハイツとその周辺　🗺P.230-A5

アラモスクエア
Alamo Square　　　　　　　　　　　　　　　　★★

　高級住宅街がある丘の一画に芝生の敷かれた広場がある。この広場の目の前にパステルカラーの7軒のビクトリアンハウスが並んでいる。サンフランシスコを代表する景観のひとつ。

海外ドラマ『フルハウス』のオープニングでおなじみ

📝メモ　シビックセンターのファーマーズマーケット　フェリービルディングに比べると庶民的。　🗺P.230-C5
🏠Fulton St. bet. Larkin St. & Hyde St.（Fulton Plaza）　🕐水・日7:00～16:00

日本語の通じるショップやレストランが集結　パシフィックハイツとその周辺　MP.230-A4～B4

ジャパンタウン
Japantown　★★

　全米に残る3つの日本町（ニホンマチ）のひとつ。1860年代初頭から日本人がサンフランシスコに移住したといわれており、SFのジャパンタウンは1960年ごろに誕生した。その後、場所を変えながらも1968年には日本の文化と産業を紹介するためにジャパンセンター・モールが建設された。五重塔を中心に、紀伊國屋書店や和食店、日系のスーパーマーケットが点在している。伝統行事の春の桜祭りは毎年盛大に祝われている。

全米最大規模のアジア美術館　パシフィックハイツとその周辺　MP.230-C5

アジア美術館
Asian Art Museum　★★

　中近東から極東の日本まで、アジア広域からそれぞれの風土を反映した美術品を所蔵している。駅舎をオルセー美術館（パリ）としてよみがえらせたことで有名なイタリアの女性建築家、ガエ・アウレンティ Gae Aulentiにより、かつての図書館が2003年美しくリニューアルされ、建築物としても価値のある美術館となっている。コレクションの約半数が、エブリー・ブランデージ Avery Brundageという実業家がサンフランシスコ市に寄贈したもの。2～3階にはインド、東南アジア、韓国、日本の絵画、ブロンズ、陶磁器、ヒスイなど約6000年にわたる1万8000点以上の作品を所蔵する。

パシフィックハイツ　Pacific Heights

洗練されたアイテムが揃うストリート　パシフィックハイツとその周辺　MP.230-B2

ユニオンストリート
Union Street　★★

　センス抜群のセレクトショップ、ナチュラルとリラックスがテーマのコスメショップ、オーガニック素材を扱うスーパーなど、こだわりの品が揃うのがユニオンストリートUnion StreetとフィルモアストリートFillmore Street近辺だ。小さいながらも個性豊かな店が並び、歩くだけでも楽しい。

自然体のSF生活を感じる　パシフィックハイツとその周辺　MP.230-A2

チェスナットストリート
Chestnut Street　★

　雑貨店、ブティック、カフェ、レストランが並ぶ庶民派ショッピングストリート。住民たちの格好のウインドーショッピング・エリアとあって、お店の内容も多彩だ。ユニオンストリートUnion St.から北に4ブロック、フィルモアストリートFillmore St.からディヴィサデロストリートDivisadero St.の間がこの通りの中心。

ジャパンタウン
🌐www.sfjapantown.org
🚌ユニオンスクエアからミュニバス＃38でGeary Blvd. & Webster St.下車。

ジャパンセンター・モール
MP.230-B4
🏠1737 Post St.

アジアの幅広いコレクションで知られる

アジア美術館
🏠200 Larkin St.
☎(1-415)581-3500
🌐asianart.org
🕐木13:00～20:00、金～月10:00～17:00
❌火・水、おもな祝日
💰大人＄20、シニア（65歳以上）＄17、学生（13～17歳）＄14。特別展は追加料金が必要。毎月第1日曜は無料
🚶バートのCivic Center/UN Plaza駅、ミュニメトロのCivic Center駅から徒歩約4分。

ユニオンストリート
🌐unionstreetsf.com
🚌ミュニバス＃45がUnion St.を走る。ユニオンスクエアから乗車。

そぞろ歩きも楽しいユニオンストリート

チェスナットストリート
🚌ミュニバス＃30でChestnut St. & Fillmore St.あたりで下車。

クイーンアン様式の代表的ハウス　パシフィックハイツとその周辺　MP.230-C3
ハース・リリエンサール・ハウス
Hass-Lilienthal House ＊＊＊

内部見学できるツアーもある

パシフィックハイツは美しいビクトリアンハウスの街並みが印象的なエリア。なかでも、代表的なものといえば、1886年に建てられたハース・リリエンサール・ハウス。1時間のツアーにより建物の外観だけでなく内部も見学できるようになっている。家具やインテリアは、すべて当時のまま保存してあるので、興味のある人は参加してみよう。2024年3月現在、一時休館中。2024年春〜夏に、再オープン予定。

このエリアにはビクトリアンハウスが多い

時代を超えた建築美

ハース・リリエンサール・ハウス
🏠2007 Franklin St.
📞(1-415)441-3000
🌐www.haas-lilienthalhouse.org
🕐第2、第4水・土・日12:00、13:00、14:00。時期により異なるので、ウェブサイトで確認すること。
💰大人＄10、シニア（60歳以上）＄8、12歳以下無料
🚌ユニオンスクエアからミュニバス＃38、38RでGeary Blvd. & Van Ness Ave.下車。Geary Blvd. & Van Ness Ave.でミュニバス＃49に乗り換えてVan Ness Ave. & Clay St.下車。

博物館や美術館などが集まっている　パシフィックハイツとその周辺　MP.230-B1〜C1
フォートメイソン
Fort Mason ＊＊＊

1860年から第2次世界大戦にかけて、軍隊の駐屯地として使われていた場所。現在は、国立レクリエーション地区となっており、軍時代の建物が博物館やレストラン、ギャラリーとしてそのまま使用されている。その中核ともいうべき、**フォートメイソン・センター・フォー・アート＆カルチャー Fort Mason Center for Arts & Culture**では、芸術、文化、環境をテーマに美術展やカルチャー教室、演劇などの特別イベントが催されるなど、文化活動も展開しているユニークな存在だ。

ここから眺めるダウンタウンのスカイラインも美しく、芝生に座り込んでのんびり眺める人の姿などが見られる。また、敷地内の駐車場では春〜秋期の金曜夕方にフードトラックが集結するイベント、**オフ・ザ・グリッドOff the Grid**も行われ、盛況だ。敷地内には、人気のベジタリアンレストラン、グリーンズ（→P.268）もある。

フォートメイソン・センター・フォー・アート＆カルチャー
🏠2 Marina Blvd.
📞(1-415)345-7500
🌐fortmason.org
🚌ユニオンスクエアからミュニバス＃30でChesthut St. & Laguna St.下車。

オフ・ザ・グリッド
MP.230-B1
🏠2 Marina Blvd.
📞(1-415)339-5888
🌐offthegrid.com
🕐3〜10月の金17:00〜22:00（ウェブサイトで確認を）

フォートメイソンでは金曜の夕方からフードトラックが集まる

📝メモ　フィルモアストリート　ジャパンタウンの西にあるFillmore Street。南はBush St.から北のJackson St.までの7ブロックには、有名アパレルショップや古着屋、レストラン、カフェが並ぶ。MP.230-A3〜B3

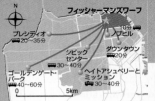

フィッシャーマンズワーフとノースビーチ
Fisherman's Wharf & North Beach

フィッシャーマンズワーフは、港町サンフランシスコを代表する観光エリア。その少し南が、イタリア系移民が多く「リトルイタリー」と呼ばれるノースビーチだ。また、フィッシャーマンズワーフの沖3kmには監獄の島、アルカトラズ島がある。

フィッシャーマンズワーフ Fisherman's Wharf

週末にはストリートパフォーマーも登場 フィッシャーマンズワーフ周辺 **MP.229-D2**

ピア39
Pier 39 　　　　　　　　　　　　　　　　　★★★

木造2階建ての建物が木のデッキで結ばれている、大人も子供も楽しめる桟橋上の人気スポット。フィッシャーマンズワーフでいちばんにぎやかで、ダイニング約25軒、ギフトショップなど45以上が軒を並べている。ピア39の名物は、ピア西側のKドックに集まる野生のアシカ。海上に設置された台で無数のアシカが群れで日なたぼっこをしている。

またピアの敷地内にある**アクアリウム・オブ・ザ・ベイ Aquarium of the Bay**は、深さ約90mのクリスタルトンネルを通り、2万4000匹以上もの海洋生物に出合える水族館だ。クラゲコーナーが人気。

SFを代表する観光スポットらしくいつもにぎやか

歴史的建造物に指定されている輸送船 フィッシャーマンズワーフ周辺 **MP.229-E2**

SS・ジェレマイア・オブライエン
SS Jeremiah O'Brien 　　　　　　　　　　　★

第2次世界大戦中に建造された輸送船（Liberty Ship）。アメリカ独立戦争で活躍した船長ジェレマイア・オブライエンにちなんで名づけられた。エンジンルームやデッキを歩き回れるほか、実際に使用されていた装備品なども見学できる。なお、エンジンルームは、映画『タイタニック』の撮影に使用された。

フィッシャーマンズワーフ
行き方 ケーブルカーのパウエル−ハイド線、またはパウエル−メイソン線の終点で下車。ユニオンスクエアから20分。パウエル−ハイド線の終点はHyde St. & Beach St.。メインストリートのJefferson St.まで北へ1ブロック。パウエル−メイソン線の終点はTaylor St. & Bay St.。Jefferson St.まで北へ3ブロック。もしくはMarket St.からWharf行きのミュニメトロFで終点まで。

ピア39
住 Beach St. & The Embarcadero
☎(1-415)705-5500
画 www.pier39.com
圏 毎日10:00〜20:00（レストランは11:00〜21:00が多い）
※時期、店舗により異なる

アクアリウム・オブ・ザ・ベイ
☎(1-415)623-5300
画 www.aquariumofthebay.org
圏 毎日11:00〜18:00
休 クリスマス
料 大人＄31.75、シニア（65歳以上）＄26.75、子供（4〜12歳）＄21.75。ファミリーチケット（大人2人、子供4〜12歳2人）＄90。各種コンビネーションチケットあり

SS・ジェレマイア・オブライエン
住 Pier 35
☎(1-415)544-0100
画 www.ssjeremiahobrien.org
圏 水〜月10:00〜16:00
休 火、おもな祝日
料 大人＄20、シニア（62歳以上）＄15、子供（5〜12歳）＄10、4歳以下無料
行き方 ミュニメトロFでThe Embarcadero & Bay St.下車。

 メモ スリ、置き引きに注意 フィッシャーマンズワーフは常に観光客でにぎわう所。ひとりが写真を撮ってくれと頼み、荷物を置いたすきに仲間が奪っていくという手口が多い。人に話しかけられたときは注意。

海洋博物館
- MP.228-A2~B2
- 900 Beach St.
- (1-415)447-5000
- maritime.org
- 水~日10:00~16:00
- 月・火
- 無料
- ケーブルカーのパウエ
  ルーハイド線でHyde St.
  & Beach St.下車。

ハイドストリート・ピア
- MP.228-B1~B2
- Corner of Jefferson St. &
  Hyde St. Pier
- (1-415)561-7169
- www.nps.gov/safr
- 毎日8:30~17:00
- 大人$15、15歳以下無料

ギラデリスクエア
- 900 North Point St.
- (1-415)775-5500
- www.ghirardellisq.com
- 毎日11:00~21:00(冬期は短
  縮он)。店舗により異なる
- ユニオンスクエアからケー
  ブルカーのパウエルーハイ
  ド線でHyde St. & North
  Point St.下車。

オリジナル・ギラデリ・アイ
スクリーム&チョコーレト・
ショップ
- 毎日9:00~23:00(金・土~
  24:00)

巨大なフロアすべてチョコの
ショップとカフェが占める

キャナリー
- 2801 Leavenworth St.
- 毎日10:00~22:00(日9:00
  ~)。店舗により異なる
- サンクスギビング、クリスマス
- ケーブルカーのパウエ
  ルーハイド線でHyde St.
  & Beach St.下車。

アンカレッジスクエア
- 500 Beach St.
- (1-415)775-6000
- www.anchoragesquare.com

サンフランシスコの船舶の歴史を知る フィッシャーマンズワーフ周辺　MP.228-A2~B2

サンフランシスコ海洋国立歴史公園
San Francisco Maritime National Historical Park ✹

　公園内にある**海洋博物館Marine Museum**は、1840年代から1世紀にわたるアメリカ西海岸の海運史を、船のマスト、帆柱といった実物の展示や当時の写真、船の模型などで説明している。また、海洋博物館の北にある**ハイドストリート・ピアHyde Street**

船の形を基本に設計された海洋博物館

Pierには、1886年進水の貨物船バルクルーサ号Balclutha、1890年に建造の客船ユーリカ号Eureka、1907年建造の曳航船ヘラクレス号Herculesなど数隻が停泊している。

昔はチョコレート工場があったスクエア フィッシャーマンズワーフ周辺　MP.228-B2

ギラデリスクエア
Ghirardelli Square ✹✹

　1849年、イタリアから来たドミンゴ・ギラデリが製造を始め、今やサンフランシスコ名物となっている**ギラデリチョコGhirardelli Chocolate**。昔のチョコレート工場を改造したれんが造りの建物の中には、ブティックやレストラン、カフェが入っている。場所はケーブルカーのパウエルーハイド線の終点の斜め前。建物は中庭の広場を囲むように7つあり、その一角にはギラデリチョコのカフェを併設したショップの**オリジナル・ギラデリ・アイスクリーム&チョコレート・ショップThe Original Ghirardelli Ice Cream & Chocolate Shop**がある。夜は"Ghirardelli"のイルミネーションがきれいだ。

フィッシャーマンズワーフのショッピングプレイス フィッシャーマンズワーフ周辺　MP.228-B2~C2

キャナリー/アンカレッジスクエア
The Cannery / Anchorage Square ✹✹

　おしゃれなれんが造りの**キャナリー**。建物は、1937年までデルモンテの缶詰工場だったもの。現在はブティックやギャラリー、バーやクラブなどが入店している。東隣の建物は、ショップやレストランが集まっている**アンカレッジスクエア**と呼ばれるショッ

赤れんがのおしゃれな建物が目印

ピングセンター。2階以上はコートヤード・バイ・マリオットのホテルだ。どちらにも中庭があり、バンド、ストリートパフォーマーによるステージやイベントが行われる。

かつて刑務所があった監獄の島　　サンフランシスコ中心部　MP.223-E1外

アルカトラズ島
Alcatraz Island
★★★

　毎年150万人以上が訪れる、サンフランシスコきっての人気スポット。幾度も映画の舞台となり、その存在は長い間畏怖されてきた。島は、1934年から1963年まで連邦刑務所として使用され、この間1576人の囚人たちが収監された。島を取り巻く速い潮流と7〜10℃の冷たい水温のため、島からは絶対に泳いで脱出できない脱獄不可能の島といわれていた。「岩（ザ・ロック）」と呼ばれたこの島に投獄された犯罪者たちには、マフィアの帝王、アル・カポネやマシンガン・ケリーなどがいる。経費の問題から、1963年3月21日最後の囚人の離島を最後にその歴史に幕を閉じた。

　島はツアーに参加しないと見学することができないので、ウェブサイトから予約しよう。スタンダードなデイツアー、夕方出発するナイトツアー、一般に公開されていないエリアを巡るビハインド・ザ・シーン・ツアーがある。

脱出不可能なアルカトラズ島。人気のスポット

アルカトラズ島
🌐www.nps.gov/alca
🚢最初のフェリーはピア33を毎日9:00前後に出航、季節に応じて20〜30分おきに運行。ナイトツアーを除いた最後は15:50（冬期は短縮あり）に出航
🈺おもな祝日

シティ・エクスペリエンス（アルカトラズ島へのフェリー：アルカトラズ・シティ・クルーズ）
MP.229-E3（ツアー発着所）
🏠Pier 33
☎(1-415)981-7625
🌐www.cityexperiences.com/san-francisco/city-cruises/alcatraz
🎫デイツアー：大人・学生（12〜17歳）$45.24、シニア（62歳以上）$42.65、子供（5〜11歳）$27.55。ナイトツアー：大人$56.30、シニア（62歳以上）$52.25、学生（12〜17歳）$55.10、子供（5〜11歳）$33。ビハインド・ザ・シーン・ツアー：大人$101.30、シニア（62歳以上）$94.25、学生（12〜17歳）$97.10
🚶ミュニメトロのFラインで。

Information ｜ # フィッシャーマンズワーフ周辺から発着する観光クルーズ

　サンフランシスコ湾周辺のピア（埠頭）からは、ベイエリアの街へ運航する定期船のほかに、豪華客船でのダイニングクルーズ、湾上から景色を楽しむ遊覧クルーズなどさまざまなスタイルの観光クルーズが発着している。

●シティ・エクスペリエンス City Experience
MP.225-F1
🏠Pier 3, at the Embarcadero
☎(1-800)459-8105
🌐www.cityexperiences.com/san-francisco/city-cruises
　ピア3より出航。服装はビジネスカジュアルで、ジーンズやタンクトップなどカジュアル過ぎる服装は控えるように。

San Francisco Signature Lunch Cruise
　ゴールデンゲート・ブリッジとベイブリッジの範囲を遊覧する2時間のクルーズ。ランチバフェが楽しめるほか、生演奏もある。
🕐春〜秋の金〜日11:30から乗船、クルーズは12:00〜14:00。時期により異なるので、事前に確認すること。

🎫大人$86.90、子供（4〜12歳）$71.90、3歳以下無料

●レッド＆ホワイト・フリート Red and White Fleet
MP.228-C2
🏠Pier 43 1/2, at Fisherman's Wharf
☎(1-415)673-2900
🌐www.redandwhite.com
コースによって日本語解説あり。

Golden Gate Bay Cruise
　ピア43 1/2から出航。ゴールデンゲート・ブリッジとアルカトラズ島周辺を1時間ほど航行するクルーズ。
🕐毎日10:00（夏期9:15）から1日3〜12便出航（クリスマスは運休）
🎫大人（18歳以上）$38、子供（5〜17歳）$29、4歳以下無料
※ほかにもベイブリッジまで航行する2時間コース、カリフォルニアサンセットクルーズ（1時間30分）などがある。

1時間の湾内クルーズに一度は乗ってみたい

メモ　サンフランシスコ湾に面した街の北部は、冷たい風が吹いていることが多く、体感温度は実際の気温よりかなり低い。真夏でも必ず上着を用意しておこう。

ロンバードストリート
[交通]ケーブルカーのパウエルーハイド線がHyde St.とLombard St.の交差する所で止まる。グリップマンのアナウンスに従ってケーブルカーを降りればよい。

ロンバードストリートの上はフォトスポット

道沿いに花や緑が植えられている急な坂道 フィッシャーマンズワーフ周辺 MP.228-B4

ロンバードストリート
Lombard Street ＊＊＊

別名「**世界一曲がりくねった坂道The Crookedest Street in the World**」。サンフランシスコ観光名所のひとつで、ハイドストリートHyde St.とレベンワースストリートLeavenworth St.の間の急勾配の1ブロックにS字状の急カーブが8ヵ所もある坂道。1920年、

腕自慢のドライバーがひっきりなしにチャレンジする

この急斜面を車でも通行可能にするため、8つのカーブを加え、このような通りになった。腕自慢のドライバーがS字カーブに挑戦しようと列を作っている。坂の両側に歩行者用の通路があるので、徐行する車を見ながら歩いて下りることもできる。往復約15分。上りは息切れがして、立ち止まって休憩してしまうかも。道沿いには色鮮やかなアジサイや緑が植えられており、とても美しい景観だ。坂の上からは、右手前方のほうにコイトタワーが美しく見える。

ノースビーチ North Beach

荘厳な美しさを放つ聖ペテロ＆パウロ教会が必見 フィッシャーマンズワーフ周辺 MP.229-D4

ワシントンスクエア
Washington Square ＊

ワシントンスクエア
[住]Filbert St. & Stockton St.
[URL]sfrecpark.org/902/Washington-Square
[交通]ケーブルカーのパウエルーメイソン線でMason St. & Filbert St.下車。

ユニオンスクエア、チャイナタウンのポーツマススクエアと並び、市内でも古い公園のひとつ。周囲の住人の集いの場でもある。近くのカフェからエスプレッソの匂いがして、イタリア系の老人が公園のベンチに腰をかけ、長話に興じていたり、早朝なら太極拳ならぬラジオ体操に励む中国系の人々の姿が見られたりと、さ

Information | フィッシャーマンズワーフ周辺で楽しむスーパー巡り

フィッシャーマンズワーフ周辺にあるスーパーマーケットでワインやチーズ、おみやげ用のチョコレートや小物などを安く手に入れよう。

●ウォーグリーンズ Walgreens
[MAP]P.228-C3
[住]1175 Columbus Ave.
[電](1-415)345-1079
[URL]www.walgreens.com
[営]毎日8:00～22:00

スナックや飲み物から化粧品、市販薬まで幅広く扱う。旅行中に必要なものは、ほとんど揃っているので便利だ。

●トレーダージョーズ Trader Joe's
[MAP]P.229-D3
[住]401 Bay St.
[電](1-415)351-1013
[URL]www.traderjoes.com
[営]毎日8:00～21:00(日～17:00)

輸入ワインやチーズなどこだわりがある商品が豊富。エコバッグはおみやげの定番(→P.25)。

オリジナルのスナックも豊富

まざまな人種が住むノースビーチを、いちばん体感することができるスポットだ。

公園に面して立つ教会は、**聖ペテロ&パウロ教会Saints Peter and Paul Church**。1884年にイタリアンナショナル教会Italian National Churchとして建設が開始され、完成したのは約40年後の1924年だった。祭壇の像やステンドグラスは荘厳な美しさを放ち、礼拝堂内はまるで別世界のよう。クリント・イーストウッド主演の映画『ダーティハリー』やウーピー・ゴールドバーグ主演の映画『天使にラブ・ソングを2』の撮影が行われた。

白亜の聖ペテロ&パウロ教会

1933年に完成したタワー　　フィッシャーマンズワーフ周辺　MP.229-E4

コイトタワー
Coit Tower　　　　　　　　　　　　　　　　　＊

テレグラフヒルの頂上に立つ高さ約64mの塔。リリー・ヒッチコック・コイト Lillie Hitchcock Coitの遺産12万5000ドルで建てられた。完成は1933年。1906年の大地震で発生した火災に立ち向かった消防士をたたえて、消火ホースのノズルの形をイメージしてデザインしたといわれるが、設計者にはそんなつもりはなかったようだ。限られた予算で、狭い敷地に記念碑を造るために

SFの鳥瞰図を楽しもう

シンプルな円柱状のデザインを考えたのだ。丘の上に立っていても不安定な印象を与えないために、実際は完全な円柱ではなく、頂上部の直径は下部より約50cmほど小さくなっている。頂上の展望台まではエレベーターで上り、市内を見渡すことができる。1階では、カリフォルニアの産業やサンフランシスコ市民の生活のひとコマ、デパート、港の様子などが描かれているフレスコ壁画をお見逃しなく。

ビート・ジェネレーションを学ぼう　フィッシャーマンズワーフ周辺　MP.229-E5

ビート博物館
The Beat Museum　　　　　　　　　　　　　　＊

1950年代から1960年代にかけてアメリカで起こった思想運動「ビート・ジェネレーション」。小説『オン・ザ・ロード』の著者ジャック・ケルアックや、詩集『吠える』を綴ったアレン・ギンズバーグ、小説『裸のランチ』を執筆したウィリアム・バロウズなどが中心となり、当時の社会通俗に反抗し、個人の自由を求めた。館内には、ビート・ジェネエレーションが文学や音楽に影響を与えた活動についての展示がある。

聖ペテロ&パウロ教会
MP.229-D4
666 Filbert St.
(1-415)421-0809
salesianspp.org
毎日7:00～15:00（土・日～18:00）。ミサは月～金7:00、9:00、土7:30、9:00、17:00、日8:45、10:15、12:00、17:00
無料
ケーブルカーのパウエルーメイソン線でMason St. & Filbert St.下車。

コイトタワーからファイナンシャルディストリクトを望む

コイトタワー
1 Telegraph Hill Blvd.
(1-415)249-0995
sfrecpark.orgからCoit Towerを検索
〈4～10月〉毎日10:00～18:00、〈11～3月〉毎日10:00～17:00
サンクスギビング、クリスマス、元日
大人＄10、シニア（62歳以上）・12～17歳＄7、子供（5～11歳）＄3、4歳以下無料
※ チケットは1階のギフトショップで購入する。
ミュニバス#39がフィッシャマンズワーフからコイトタワーまで行く。

ビート博物館
540 Broadway
(1-800)537-6822
木～月10:00～19:00
火・水
大人＄8、シニア・学生＄5

プレシディオとゴールデンゲート・パーク
Presidio & Golden Gate Park

サンフランシスコの北西、ゴールデンゲート・ブリッジのたもと周辺にあり、美しい森林が残されているプレシディオ。その南側にあるのがゴールデンゲート・パーク。どちらも緑にあふれ、市民に愛されているエリアだ。サンフランシスコいちの見どころ、ゴールデンゲート・ブリッジは必見。

ゴールデンゲート・ブリッジ
🌐www.parksconservancy.org/parks/golden-gate-bridge
🚃ミュニメトロのPowell駅から南へ1ブロック行ったMisson St. & 5th St.からゴールデンゲート・トランジット#101、130でウエルカムセンター下車。
※橋には歩道があり、歩いて渡ることができる（🕐日の出〜日没）。所要約50分。

ウエルカムセンター
🕐毎日9:00〜18:00

橋の通行料（車）
　ゴールデンゲート・ブリッジの通行料の支払い（$8.75〜9.75）は、電子決済、電話、ウェブサイトや対面での支払いが可能だ。詳細は下記ウェブサイトで確認を。レンタカーで渡る場合は、事前に各レンタカー会社にオプションなどの確認をしておこう。
🌐www.goldengate.org/bridge/tolls-payment
FasTrak
🌐www.bayareafastrak.org

ゴールデンゲート・ブリッジを自転車で渡るのもいい

フォートポイント国立歴史地区
☎(1-415)561-4959
🌐www.nps.gov/fopo
🕐木〜月10:00〜17:00
🚫火・水、おもな祝日
💰無料
🚃ゴールデンゲート・ブリッジのたもと。

プレシディオ *Presidio*

サンフランシスコの象徴、世界一美しい橋　サンフランシスコ中心部　🗺P.222-B1
ゴールデンゲート・ブリッジ
Golden Gate Bridge　　　　　　　　　　　　　★★★

　世界的に有名なこの橋は、全長2737m、橋の中央の高さは水面から67mもあり、あのクイーンエリザベス号も橋との間をわずか60cm残して通り抜けたという記録がある。1988年に完成した日本の瀬戸大橋とは姉妹橋になっている。

　橋は2012年に誕生75周年を迎え、それにともない**ウエルカムセンター Welcome Center**もオープンした。建設当時の写真パネルや橋の歴史を紹介する映像など、ミニ博物館の役目も果たしている。また、ゴールデンゲート・ブリッジのTシャツ、絵本、写真集などのオリジナルグッズも販売されている。

オレンジ色が映える金門橋

当時は126基の大砲を装備　サンフランシスコ中心部　🗺P.222-B1
フォートポイント国立歴史地区
Fort Point National Historic Site　　　　　　　★★

　海上の攻撃からサンフランシスコを守るため、1853〜1861年の間に建設された花崗岩とれんが造りの砦。ミシシッピ川以西では、砦の存在自体が珍しく、当時126基の大砲が装備されていた。ゴールデンゲート・ブリッジ南端の下にあり、現在は博物館になっている。砦内には当時の古い剣や銃、大砲、制服、写真などが展示されている。時間によってレンジャーによるガイドツアーが出ているので参加してみよう（所要約15分）。

Column　ゴールデンゲート・ブリッジができるまで

建設は住民たちの力で始まった

　1930年、橋の建設はサンフランシスコと周辺6つの郡の住民投票により決定された。各郡の財産を担保に公債発行が承認されていたが、当時は大恐慌の最中。公債を引き受けようとする金融機関は見当たらなかった。

　この危機を救ってくれたのが、当時世界最大の商業銀行であったバンク・オブ・イタリー（現在のバンク・オブ・アメリカ）の創業者、アマデオ・ピーター・ジャンニーニ。彼の決断で、この公債は同行が引き受けることになった。

　建設費用は国からでも、州からでもなく、サンフランシスコ湾岸の人々によってまかなわれたため、住民や利用者の愛着は深かった。返済金のほとんどは通行料から捻出され、彼らが元利とともに返済を終えたのは開通から34年後の1971年。この間、彼らは橋を利用しながらコツコツと借財を返済していったことになる。

不可能な夢をかなえた男

　詩人でもあり、哲学者でもあり、この橋の設計者でもあるジョセフ・バーマン・ストラウスは、世界中の400以上の大鉄橋を設計した人物だった。彼は架橋の夢を追い続け、そして夢の総決算となったのが、このゴールデンゲート・ブリッジだ。彼が設計案を発表した当時、海流の速い、強風と霧の海峡につり橋を架けるのは、まず不可能だといわれていた。

　だが、彼はそれを成功させた。完成時に書かれた彼の詩は、今でも多くの人を感動させている。そして1年後、技術報告書にサインしたその直後に、架橋に生きた生涯は静かに幕を閉じた。

死と隣り合わせの建設作業

　橋の建設が着工されたのは1933年1月。着工後3ヵ月間は足場までのエレベーターがなかったため、労働者は30分かけてそこまで上らなければならなかった。もちろん危険と隣り合わせだ。足場上では強風が吹きつけ、安全ベルトなしでは作業できない状態だった。

　また、作業を安全に進めるため、8万ドルの施工費をかけて巨大なネットが橋下に張られた。建設が着工され、4年後の1937年5月に開通するまで、なんと19人の労働者がこのネットにバウンドして、一命をとりとめたという。彼らは後にハーフ・ウエイ・トゥ・ヘル・クラブ（地獄まであと1歩）という組織を作り、交流を深め合ったと伝えられている。

橋の設計者、ジョセフ・バーマン・ストラウス

霧の都に映えるオレンジ色

　建設当時は橋の名にちなんで金色にするとか、灰色、はたまた黄色と黒のストライプにするなど数案あったようだ。霧の中でもはっきり見えること、周囲の色とのコントラストが美しいとの理由で、橋の色はオレンジ（公式にはInternational Orange）に決定された。

　塗り替え作業は、頻繁に行われているとのこと。ちなみにペンキはオレンジと黒の混合塗料を使用している。

"ゴールデン"ゲート・ブリッジがなぜ赤い？

　なぜ金色ではないのか、と疑問に思う人もいるだろう。答えは簡単。"Golden"は"Bridge"にではなく、"Gate"にかかっているということ。つまり、"Golden Gate"に架かる"Bridge"という意味だからだ。

　ではなぜこの海峡が"Golden Gate"なのか。多くの人がゴールドラッシュのことを思い浮かべるだろう。しかし、カリフォルニアに金鉱が発見されたのは1848年のこと。一方、ジョン・C・フリーモントがこの海峡に"Golden Gate"と名づけたのは1846年のことだ。実は、外洋船の船長であったフリーモントがこの海峡を見たとき、トルコのイスタンブールにある金角湾Golden Hornを思い出したことから、この名がつけられたのだそうだ。

ブリッジ開通の日

　1937年5月、開通第1日目は歩行者のみに開放された。その数なんと20万人。渡橋1号はドナルド・ブライアントという人だった。

　当日は約2800マイル（約4500km）離れたホワイトハウスからフランクリン・D・ルーズベルト大統領が開通の祝電を送り、ベルやサイレン、霧笛が打ち鳴らされた。軍艦などが集まり、街中が開通を祝福したという。

ウォルト・ディズニー・ファミリー博物館

🏠104 Montgomery St.（The Presidio of San Francisco）
📞(1-415)345-6800
🌐www.waltdisney.org
🕐木～日10:00～17:30（入場は16:30まで）
🚫月～水、おもな祝日
💴大人$25、シニア（65歳以上）・学生$20、子供（6～17歳）$15、5歳以下無料
🚌ミュニバス#30でMason St. & Halleck St.下車、徒歩10分。

リージョン・オブ・オナー美術館

🏠100 34th Ave.（Lincoln Park）
📞(1-415)750-3600
🌐www.famsf.org/visit/legion-of-honor
🕐火～日9:30～17:15
🚫月、おもな祝日
💴大人$20、シニア（65歳以上）$17、学生$11、17歳以下無料、第1火曜は入場無料。ミュニのトランスファーチケットを提示すると$2割引き
🚌ミュニメトロバス#38、38RでGeary Blvd. & 39th Ave.下車、徒歩13分。

リージョン・オブ・オナー美術館のシンボルが「考える人」

クリフハウス

🏠1090 Point Lobos Ave.
🚌ミュニバス＃38、38Rで終点48th Ave. & Point Lobos Ave.まで行き、少し戻ってPoint Lobos Ave.を海のほうに5分ほど下る。ユニオンスクエア周辺から所要約40分。

★★★★おすすめ度

ウォルトを支えた家族愛から生まれた　サンフランシスコ中心部　Ⓜ P.222-C1

ウォルト・ディズニー・ファミリー博物館
The Walt Disney Family Museum　★★

　夢と魔法の王国の生みの親、ウォルト・ディズニー。彼の存在なしには、ミッキーマウスの誕生も、ディズニーランドの開園もなかった。そんな彼の生涯とアートワークに着目した博物館。テーマ別に10のギャラリーに分かれていて、ミッキーマウスの原画や数々のキャラクター、映画を生み出してきた秘蔵品などが展示されている。ここではひとりの夫、父親としてのウォルトを家族写真やビデオから知ることができて、家族愛が彼を支えていたことが理解できる。

博物館の中にはカフェもあり、のんびりできる

フランスの芸術家の作品を多数所蔵　サンフランシスコ中心部　Ⓜ P.222-A2

リージョン・オブ・オナー美術館
Legion of Honor　★★

　ゴールデンゲート・ブリッジと太平洋を望む絶好のロケーションに総工費3400万ドルをかけて1924年完成した美術館。リンカーンパークの丘の上に立ち、ヨーロッパを思わせる白亜の壮大な建築物は、霧が立ち込める午前中は幻想的ともいえる風景になる。全米でも指折りのヨーロピアンアートの殿堂として、紀元前2500年から20世紀にまたがる絵画や素描、印刷物、ヨーロッパ装飾美術など12万4000点以上の作品を所蔵する。コレクションは1380年代のアンジェーのタペストリーや、パリのドゥシエール・ホテルの18世紀のインテリアなどが有名。エントランスの前にはロダンの「考える人」が配置されている。館内には25以上の展示室があり、自然光が差し込む造りになっているのが特徴だ。

夕日を眺める絶景ポイント　サンフランシスコ中心部　Ⓜ P.222-A2

クリフハウスとシールロックス
Cliff House & Seal Rocks　★

　太平洋から常に強い西風が吹きつける断崖にある建物がクリフハウスだ。かつては7階建ての建物だったが火災で焼失。現在の建物は1909年に建てられたもの。沖に見える小さな島々がシールロックス。ペリカンが羽を休めている姿が見られる。2024年3月現在、ラウンジやギフトショップ、レストランは休業中。

クリフハウス（左）とシールロックス（右）

 映画のロケ地にもなったパレス・オブ・ファインアーツ　サンフランシスコ万国博覧会のイベント会場として1915年に完成した、神秘的な雰囲気が漂うロマネスク様式の建物。トム・ハンクス主演映画『フォレ

中国系の店が多く見られる　サンフランシスコ中心部　MP.222-C2
クレメントストリート
Clement Street　　　　　　　　　　　　　　※

　中国系移民やその子孫が多く住むリッチモンド地区を東西に貫く通り。とりわけアーグエロブルバードArguello Blvd.と25th Ave.間の一帯はサンフランシスコ第2のチャイナタウンの異名をもち、中国人のみならず、さまざまなエスニック・バックグラウンドをもつサンフランシスカンを引きつける。ダウンタウンのチャイナタウンが、みやげ物屋など観光客を目当てに成り立っている店が多いのに比べて、こちらは生活を営む住民が対象である。ベトナム、タイ、インドネシア、ミャンマー、インド、日本料理などカジュアルなレストランなども軒を並べ、ほかの民族と共存し、週末ともなるとインターナショナルなにぎわいを見せる。

ゴールデンゲート・パーク　*Golden Gate Park*

文化施設も充実している市民の公園　サンフランシスコ中心部　MP.222-A3～C3
ゴールデンゲート・パーク
Golden Gate Park　　　　　　　　　　　※※※

　サンフランシスコの北西部にあるゴールデンゲート・パークは、美術館や博物館、テニスやゴルフなどのスポーツ施設、温室や日本庭園、池などを配置するなど、多岐にわたるレクリエーションが楽しめる広大な公園だ。公園の西口にある**ビーチ・シャレーBeach Chalet**がインフォメーションセンター。ここで公園のパンフレットや地図を入手して、歩き始めるのもいい。

　この公園は、東西5km、南北800mの長方形（4.1km²）で、東京の日比谷公園のおよそ25倍に相当する広さ。徒歩では大変なので、無料の園内シャトルを利用するか、公園周辺のレンタルバイク・ショップ（→P.251）で自転車を借りると便利。

　公園内にある見どころで注目したいのが、**デ・ヤング美術館de Young Museum**。アメリカを中心に、オセアニアやアフリカなどの美術品が2万7000点以上所蔵されており、モダンアート色の強い美術館だ。なかでもアメリカ絵画のコレクションが目玉のひとつで、ジョージア・オキーフ、エドワード・ホッパー、グラント・ウッドなど、巨匠たちの作品がめじろ押しだ。ほかにも世界各地より集められたテキスタイル（織物）のコレクションも充実。デ・ヤング美術館は地上2階、地下1階の3フロアからなり、展示室やミュージアムショップ、カフェがあるほか、タワー

1895年に開館したデ・ヤング美術館

クレメントストリート
行き方 Geary St.を走るミュニバスの#38がClement St.の1本南を走る。Arguello Blvd.から12th Ave.の間にレストランが集中している。

生活感あふれる第2のチャイナタウン

ゴールデンゲート・パーク
URL sfrecpark.org/770/Golden-Gate-Park
行き方 ミュニバス#5でFulton St. & 8th Ave.まで行く。美術館、博物館、日本庭園のある所に出られるので便利。またはミュニメトロNラインのIrving St. & 9th Ave.との角で下車。

ビーチ・シャレー
MP.222-A3
住 1000 Great Hwy.
電 (1-415)386-8439
営 毎日11:00～18:00。太平洋を見渡せる2階のレストラン：月～金9:00～20:00（木・金～21:00)、土・日10:00～21:00(日～20:00)
行き方 ミュニバス#5でLa Playa St. & Fulton St.下車。

ゴールデンゲート・パーク・シャトル
URL www.sfrecpark.org/1617/Golden-Gate-Park-Free-Shuttle
営 毎日12:00～18:00（土・日9:00～)。月～金は15分間隔、土・日は20分間隔
料 無料

デ・ヤング美術館
MP.222-C3
住 50 Hagiwara Tea Garden Dr.
電 (1-415)750-3600
URL www.famsf.org/visit/de-young
営 火～日9:30～17:15
休 月、サンクスギビング、クリスマス
料 大人＄20、シニア（65歳以上）＄17、学生＄11,17歳以下は無料。毎月第1火曜は無料。ミュニバスポートまたはトランスファー提示で＄2割引き
行き方 ミュニバス#5でFulton St. 10th Ave.下車、徒歩5分。

花の温室
MP.222-C3
住100 John F. Kennedy Dr.
☎(1-415)831-2090
URLggp.org/conservatory-of-flowers
開木〜火10:00〜16:30
休水、おもな祝日
料大人$15、シニア（65歳以上）・学生（12〜17歳）$7、子供（5〜11歳）$3。毎月第1火曜は無料

サンフランシスコ植物園
MP.222-C3
住1199 9th Ave.
☎(1-415)661-1316
URLggp.org/san-francisco-botanical-garden
開〈2〜10月〉毎日7:30〜17:00
（3月上旬〜9月は〜18:00）、〈11〜1月〉毎日7:30〜16:00
料大人$15、シニア（65歳以上）・学生$7、子供（5〜11歳）$3。毎月第2火曜は無料

無料ツアー
メイン入口近くのブックストア前から毎日13:30（時期により異なる）。所要90分

カリフォルニア科学アカデミー
MP.222-C3
住55 Music Concourse Dr.
☎(1-415)379-8000
URLwww.calacademy.org
開毎日9:30〜17:00（日11:00〜）、木曜は18:00〜22:00もオープン（21歳以上のみ）
休無休
料大人$40〜50、シニア（65歳以上）・学生（18歳以上、要ID）$35〜45、子供（3〜17歳）$30〜40、2歳以下無料、料金は日によって異なる。インターネット割引あり

VIP ツアー
料大人・シニア・子供$26.95（入場券とは別）所要約1時間。

ナイトライフ
毎週木18:00〜22:00にライブミュージックやDJイベントが行われる。21歳以上のみ。

館内を回るポイント
入場後、蒸し暑い熱帯雨林のドーム「オッシャー・レインフォレスト」を見る前に、厚着をしている人は上着をロッカー（料$8）に預けよう。その足でプラネタリウムの整理券（毎日10:30〜16:30の1時間ごと）を入手し、指定時間までに館内中央にある「オッシャー・レインフォレスト」または地階にある水族館を回るといい。

環境に優しいエコな博物館
関西国際空港を設計した有名建築家レンゾ・ピアノが設計を担当した。建築素材の90%はリサイクル材を使用、屋上にはソーラーパネルを設置し、自家発電も行っている。

に当たる9階部分の総ガラス張りの展望室からは、サンフランシスコ市内の眺望が楽しめる。

1879年に一般公開された**花の温室Conservatory of Flowers**は、2000種もの熱帯植物や花が見もの。ビクトリア様式の優雅な外観の温室だ。

花の温室では熱帯植物も数多く見られる

55エーカー（0.2k㎡）の敷地に世界各国の8000種の珍しい植物や樹木が植林されている**サンフランシスコ植物園San Francisco Botanical Garden**では、都会にいながら森林浴ができる。毎日無料ツアーが行われているので参加するのもいい。

園内の最東端は**ヒッピーヒルHippie Hill**（MP.222-C3）と呼ばれ、現在もヒッピーと市民のいこいの場だ。

カリフォルニア科学アカデミーCalifornia Academy of Sciencesは、水族館やプラネタリウム、自然史博物館が同居した世界でも珍しい施設。館内中央には熱帯雨林のドーム「オッシャー・レインフォレストOsher Rainforest」がそびえ立つ。4階建て（27m）のドームの内部は常約28℃に設定されており、チョウやカブトムシ、クモ、ヘビなど1600匹以上の昆虫や動物が飛び回っている。地下にあるのは、「スタインハート水族館Steinhart Aquarium」。1000種類、6万匹の水生生物が生息している。フィリピンのサンゴを飼育しているPhilippine Coral Reefの水槽は、屋内展示としてはアメリカ国内で最大級のものだとか。

最新のデジタル画像を駆使したモリソンプラネタリウムMorrison Planetariumはいちばんの人気。2024年3月現在、太陽系の天体の起源を含む、さまざまな天文現象に焦点を当てた『Spark: The Universe in Us』と、地球を出発し光よりも速いスピードで宇宙の端まで旅する『Tour of the Universe』を上映している。

2.5エーカー（約1万㎡）の屋上Living Roofは、ソーラーパネルが設置された庭園。170種類の植物が植えられており、断熱作用を利用して館内の空調を調節しているという。世界で最も環境に優しい博物館の裏側を知ることができるツアーVIP Tourも常時催行。約170年の歴史をもつ博物館の珍しい標本や宝石・鉱物を見学できるうえ、屋上の展望デッキやテラスにも立ち寄ることができる。2024年5月に始まる新しい展示「California：State of Nature」では、レッドウッドの森から砂漠地帯、大都会までカリフォルニア全域の生態系を題材にしたインタラクティブな体験で、このエリアに生息している動・植物と人とのつながりを学ぶことができる。

水族館では巨大水槽が迎えてくれる

カリフォルニア科学アカデミーの根強い人気展示　ボルネオや南米の熱帯雨林を再現したOsher Rainforestは大人に人気。湿度の高い空間には、そこでしか生きられない動・植物がたくさんいる。

日本庭園**Japanese Tea Garden**は、カリフォルニア冬季万国博覧会が開かれた1894年に造られた。萩原真という日本人がレイアウトを任され、彼の一家は約50年にわたり庭園の手入れなどをした。その後、第2次世界大戦時に名称が変更され、多くの建物が破壊されたり、みやげ物屋に変わってしまったりしたが、1952年にもとの名前に戻り、仏教色が強い、華やかな色とりどりの塔や月の橋ができた。園内には五重塔、太鼓橋などがあり、200本余りの桜や松、カエデが日本情緒を引き立てている。親日家の多いサンフランシスコでも人気の場所だ。東屋ではお茶も飲める。

日本庭園
MP.222-C3
🏠75 Hagiwara Tea Garden Dr.
☎(1-415)752-1171
🌐www.japaneseteagardensf. com
🕐毎日9:00〜17:45（11〜2月は毎日〜16:45）
💰大人＄15〜18（曜日により異なる）、シニア（65歳以上）・学生（12〜17歳）＄7、子供（5〜11歳）＄3。月・水・金は10:00まで入園無料

日本庭園の太鼓橋。チャレンジする人が後を絶たない

庭園には五重塔もある

Information　ゴールデンゲート・パーク内のアクティビティ

ゴルフ Golf
　パークの西側、47th Ave.の近くにある9ホール、1302ヤード、パー27のゴルフコース。ショートコースだが、レンタルクラブもあり気軽に楽しむにはよい。
●**Golden Gate Park Golf Course**
🏠970 47th Ave.
☎(1-415)751-8987
🌐goldengateparkgolf.com
🕐毎日 日の出30分後〜日の入り30分前
💰月〜金＄15〜25、土・日＄17〜30
※事前にウェブサイトで予約すること。

テニス Tennis
　テニスコートは公園内に全16面。花の温室Conservatory of Flowersの南側にある。2700万ドルをかけた改修工事が2021年に終わり、再オープンした。事前にウェブサイトから予約すること。
●**Lisa + Douglas Goldman Tennis Center**
🏠Nancy Pelosi Dr. & Bowling Green Dr.
☎(1-415)581-2540
🌐sfrecpark.org
🌐www.lifetimeactivities.com/san-francisco
🕐8:30〜21:00（土・日〜18:00）
💰1時間＄13〜16

ボート Boat
　パーク内のストウレイクStow Lakeではボートレンタルを行っている。週末は家族連れやカップルでにぎわう。
●**Stow Lake Boathouse**
MP.222-B3
🏠50 Stow Lake Dr.
☎(1-415)386-2531
🌐stowlakeboathouse.com
🕐月〜金10:30〜16:00、土・日10:00〜17:00（レンタルは閉店1時間前まで）
💰1時間＄26〜32.50

自転車とインラインスケート Bike & Skate
　パーク内には全長12kmのサイクリングロードがある。また、John F. Kennedy Dr. 沿いは2020年から歩行者天国になりインラインスケートが思いっきり楽しめるようになった。公園周辺には自転車のレンタル店もあるので気軽にトライしてみよう。
●**Unlimited Biking**
MP. 222-C3
🏠1792 Haight St .
☎(1-415)854-2222
🌐unlimitedbiking.com/san-francisco
🕐毎日9:00〜19:00（冬期は短縮あり）
💰自転車：2時間レンタル＄20〜40、1日レンタル＄45。インラインスケート：1日＄25

ヘイトアシュベリーとミッション
Haight Ashbury & Mission

　ヘイトアシュベリーは1960年代のヒッピー発祥の地。今でもその面影を残し、古着屋、クラブなどちょっとファンキーな店が集まっている。その南東に位置するミッションはロコに人気で、その中心はLGBTQコミュニティで有名なカストロだ。

ヘイトアシュベリー
ミュニバス#6、7でHaight St. & Masonic Ave.下車。

ヘイトアシュベリー・フラワー・パワー・ウオーキング・ツアー
Haight Ashbury Flower Power Walking Tour
圏www.haightashburytour.com
圏火・土10:30、金14:00。所要約2時間30分
圏大人・子供$25、9歳以下無料
※Stanyan St. & Waller St.より出発（MP.231-A1）。要予約

ジャニス・ジョプリンが住んでいたアパート（旧居）
MP.231-A1
圏635 Ashbury St.

カストロストリート
行き方ミュニメトロF、K、L、MでCastro駅下車。

クルージン・ザ・カストロ・ウオーキング・ツアー
Crusin' the Castro Walking Tour
圏(1-415)550-8110
圏cruisinthecastro.com
圏火・水・金・土10:00～（日によって異なるので事前に確認を）。所要2時間
圏大人$30
※集合場所はCastro駅を出てすぐCastro St.とMarket St.の角の巨大なレインボーフラッグの下（MP.231-B2　圏Castro St. & Market St.）。

GLBT歴史協会博物館
MP.231-B2
圏4127 18th St.
圏(1-415)777-5455
圏www.glbthistory.org
圏火～日11:00～13:00、13:30～17:00　圏月
圏大人$10、シニア（65歳以上）・学生（13～17歳）$6。毎月第1水曜は無料

ヘイトアシュベリー　*Haight Ashbury*

1960年代ヒッピーの発祥地といわれる場所　ヘイトアシュベリー／ミッション　MP.231-A1

ヘイトストリート
Haight Street　　　　★★★

　アメリカ激動の1960年代。若者たちは家賃の安いこの地区に移り住み「反戦・平和・自由」をスローガンに独自のカルチャーを生み出した。現在は、ロックやパンクの店、古着店が多く、個性派の若者たちのたまり場といった雰囲気。ジャニス・ジョプリンがペギー・カゼルタとともに住んでいたアパートがヘイトアシュベリーに残っている（現在は個人宅のため立ち入り禁止）。

世界最大のLGBTQコミュニティ　ヘイトアシュベリー／ミッション　MP.231-B2～B3

カストロストリート
Castro Street　　　　★★★

　Castro St.とMarket St.あたりを中心とするエリアがLGBTQ（Lesbian、Gay、Bisexual、Transgender、Queer/Questioningの頭文字）のコミュニティになっている、通称〝カストロ〟。1960～1970年代に労働者階級がカストロに流入してきた頃から、ゲイコミュニティが発生。同性愛者を公言し、議員に当選したハーベイ・ミルクの登場でさらに発展し、現在は世界中から多様な性をもつ人たちが集まる。**GLBT歴史協会博物館GLBT Historical Society Museum**（GLBTはLGBTと同意）では1960年代から現在にいたるまでの歴史や社会背景を、写真や資料の展示物、映像を通じてわかりやすく解説している。歴史的背景などのガイドツアー（→側注）も開催されているので、興味がある人は参加してみるといいだろう。

カストロストリートはレインボーカラーが目につく

メモ　映画『ミルクMilk』アメリカで初めてゲイの市議会議員となったハーベイ・ミルク（1930～1978年）を描いた作品。カストロを歩くと、その面影が残っている。2008年にアメリカで公開された映画。

SF の夜景はここから！　ヘイトアシュベリー／ミッション　MP.231-A2～A3
ツインピークス
Twin Peaks　✺✺

　約281mのふたつの丘からなり、市内の43の丘のうち、展望のよさはナンバーワン。頂上は、自然の状態が保たれている。市内の街並みやサンフランシスコ湾がすべて見下ろせ、特に夜は、ライトアップされたベイブリッジからダウンタウンの高層ビル群が美しい。丘は、強くて冷たい風が常に吹き、夏でも長袖を用意したい。日中であれば徒歩で行けなくもないが、タクシーかレンタカーが便利だ。

ミッション　Mission

1791 年に建てられた古い教会　ヘイトアシュベリー／ミッション　MP.231-C2
ミッションドロレス
Mission Dolores　✺✺

　ステンドグラスの美しい教会。建設は1776年に始まり、1791年に完成となった。ゴールドが基調で、ちょっとキリスト教らしくない印象を受けるが、内部は静寂に包まれて心がやすらぐ。教会内には小さな博物館があり、建てられた当初をしのばせる興味深い展示物も数多い。ベイエリア一帯の先住民だったオロニ族Ohloneの残存する数少ない記録やゴールドラッシュ前のサンフランシスコの記録などもある。目の前にある小高い丘は**ミッションドロレス・パークMission Dolores Park**という公園になっており、週末になると園内は大勢の人で埋めつくされる。

サンフランシスコ最古の教会、ミッションドロレス

いろいろな壁画が集まっている　サンフランシスコ中心部　MP.223-E4
壁画アート・ウオーク・ツアー
The Classic Mission Mural Walk Tour　✺✺

こんな壁画がいたるところで見られる

　ヒスパニック系のコミュニティが多いミッション周辺には、優れた壁画アートが数多くあることでも知られている。これは、わずか6ブロック内に70以上もある壁画を歩いて回るウオーキングツアー。なかでも見事なのが18th St.沿い、Valencia St.とGuerrero St.の間にある "Woman's Building" の壁画。グループ以外予約は不要。

ツインピークス
⌂501 Twin Peaks Blvd.
🕐毎日5:00～24:00
🚃ミュニメトロF、K、MのForest Hill駅下車。ミュニバス#36に乗り、Skyview Way & City View Way下車。徒歩12分。

ツインピークスから見るダウンタウン

ミッションドロレス
⌂3321 16th St.
☎(1-415)621-8203
🖥www.missiondolores.org
🕐毎日10:00～16:00
休おもな祝日
料寄付制（$7ぐらい）
🚃ミュニメトロJのChurch St. & 16th St.下車、東へ1ブロック。

ミッションドロレス・パーク
MP.231-C2
⌂19th St. & Dolores St.
🕐毎日6:00～22:00

市民の憩いの場、ミッションドロレス・パーク

壁画アート・ウオーク・ツアー
☎(1-415)285-2287
🖥www.precitaeyes.org
🕐土13:30出発、所要約1時間30分
料大人 $25、シニア・学生 $15、17歳以下 $10
集合場所はプレシタ・アイズ・ミューラル・アーツ＆ビジターズセンター　Precita Eyes Mural Arts & Visitors Center（MP.223-E4　⌂2981 24th St.）。
🚃バートの24th St. Mission駅下車。24th St.を東へ約8歩く。Harrison St.とAlabama St.の間。

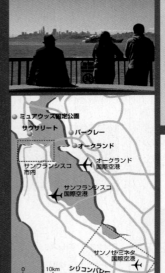

San Francisco

ベイエリアの町とシリコンバレー
Bay Area & Silicon Valley

サンフランシスコ市内からサンフランシスコ湾を挟んで位置する、サウサリートとバークレー、オークランド、ミュアウッズ国定公園をベイエリアの町、サンノゼを含むハイテク産業の中心地をシリコンバレーとして紹介している。

サウサリート
Sausalito

サンフランシスコ湾の北側、ノースベイの急な丘とサンフランシスコ湾に挟まれた狭い土地に、きれいな家や店、ギャラリーが点在している。芸術家の町として知られるサウサリートは、ベイエリアで最もおしゃれな町だ。サンフランシスコが霧に包まれているときも明るい日差しがあふれ、地中海沿いの町のような雰囲気が漂っている。

サウサリート
ⓂP.221-A2

サンフランシスコからバスで
（所要1時間）
行き方 ゴールデンゲート・トランジット ＃101、150が毎日1時間に1本運行。
Golden Gate Transit
🌐www.goldengate.org
料金 現金：大人＄8.25、子供
＄4。クリッパーカード：大人＄6.60、子供＄4

SFフェリービルよりフェリーで
ピア1にあるフェリービルディング（ⓂP.225-F2）から1日4〜7便（時期により異なる）。所要約30分。
Golden Gate Ferry
☎(1-415)455-2000
🌐www.goldengate.org/ferry
料金 現金：大人＄14、子供＄7。クリッパーカード：大人＄7.75、子供＄4

SFピア41よりフェリーで
フィッシャーマンズワーフのピア41（ⓂP.229-D2）から、1日4便〜（時期により異なる）。
Blue & Gold Fleet Ferry
☎(1-415)705-8200
🌐www.blueandgoldfleet.com
料金 大人＄14.25、シニア（65歳以上）・子供＄8.50

サウサリート観光案内所
Sausalito Historical Visitor Center
住780 Bridgeway, Sausalito
☎(1-415)332-0505
営火〜日11:30〜16:00
休月

サウサリートのメインストリート　　サンフランシスコとベイエリア　ⓂP.221-A2

ブリッジウエイ
Bridgeway　　　　　　　　　　　　　　　　　★★★

　サウサリートの見どころは、海岸沿いのブリッジウエイBridgeway。自転車専用車線が設けてあり、のんびりとサイクリングを楽しんでいる人も多い。Richardson St. からNapa St. までのわずか1kmほどの通りの間に並ぶレストランやギャラリー、ブティック、アンティークショップなどは、どれも個性的でハイセンス。ハーバーに停泊している豪華なヨットやクルーザーを眺めたり、ショッピングやギャラリーの見物をしてゆっくりと過ごそう。また、海岸沿いから望むサンフランシスコの街やアルカトラズ島、ゴールデンゲート・ブリッジの風景は格別である。

　サウサリートの町自体は小さいので、ブリッジウエイ周辺なら徒歩で十分楽しめる。1日満喫するのならサンフランシスコから貸し自転車の利用がおすすめだ。なお、観光案内所は、フェリー乗り場近くのカーサ・マドローナ・ホテル＆スパCasa Madrona Hotel & Spaの前。地図やホテル情報などがある。また奥の部屋はサウサリートの歴史を綴る小さな資料館になっており、写真などが展示されている。

サウサリートにはかわいらしい店が並ぶ

ミュアウッズ国定公園
Muir Woods National Monument

サンフランシスコの北西27km、自然保護の点からも貴重になってしまったレッドウッド Redwood の森林がある。地球で最も長寿な樹木として知られ、現在、公園内には平均樹齢600〜800歳のレッドウッドが生息する。都会を離れ、空高くそびえる大木の間をゆっくりと歩けば、気分もリフレッシュ。現在入園にはツアーを除いてウェブサイトからの予約が必要。

ミュアウッズ国定公園の歩き方

　自然を愛し、その保全に努めた地元の環境哲学者ジョン・ミュアにちなんで名づけられた国定公園。レッドウッドとは、日本名でセコイアメスギと呼ぶ。レッドウッドは古いもので樹齢2200年以上に達し、最高115.6mにも生長するという。西部開拓入植前の1800年代以前、北カリフォルニア一帯の海岸線はこのレッドウッドに深く覆われていた。しかし、湿気に強い性質を利用して、建材として多く使用されたため、伐採が進んだ現在にいたっては、ごく一部にしか生えていない。

　園内のハイキングコースは全長9.6km。木漏れ日のなか、レッドウッドの森林をゆっくりと歩いてみよう。シダ類やコケ類も豊富で、マイナスイオンの恩恵を受けながら森林浴を満喫できる。また、舗装されたトレイルもあるので、体の調子を考えて散策ルートを選ぶのもいいだろう。

　公園内のインフォメーションはビジターセンターで入手すること。また、軽食を取るならビジターセンター裏にあるショップを利用しよう。スナック売り場とギフトショップを併設しているので、おみやげもこちらでどうぞ。

ミュアウッズ国定公園
MP.221-A1
1 Muir Woods Rd., Mill Valley
www.nps.gov/muwo
〈夏期〉毎日8:00〜20:00、〈冬期〉毎日8:00〜17:00（季節によって変更あり）
入園料大人（16歳以上）$15、子供無料
※ミュアウッズ国定公園に車で訪れる人、またはシャトルバス（→脚注）を利用する人は、事前にウェブサイトから予約を入れなければならない。
gomuirwoods.com

サンフランシスコから車で
US-101をExit 445B Mill Valley/Stinton Beachの出口で下り、CA-1を北西に進み、Panoramic Hwy.、Muir Woods Rd.へ。駐車料金$9.50。

グレイラインツアー
ミュアウッズ国定公園とサウサリートを訪れるMuir Woods & Sausalito Tour。所要5時間。
(1-415)353-5310
graylineofsanfrancisco.com
大人$96、子供（5〜11歳）$75

ミュアウッズ観光案内所
Muir Woods Vistor Center
(1-415)388-2595
www.nps.gov/muwo
ミュアウッズ国定公園の閉園30分前に閉まる。

レッドウッドのなかでも、いちばん背の高いものは37階建てのビルに相当する

入口近くにはショップやカフェもある

バークレー
Berkeley

サンフランシスコの対岸、イーストベイにあるバークレー。カリフォルニア大学バークレー校を中心に"教養と文化"にあふれたアカデミックな町でもある。ベイエリアの芸術、文化の中心として、多くの作家や音楽家、芸術家が住むことでも知られている。おしゃれで個性的なショップ、オーガニックにこだわるレストランやカフェも多い。また、住民は環境意識が高いことで有名だ。

バークレー
MP.221-B2
行き方 バートのレッド、オレンジライン
Downtown Berkeley駅下車。

バークレー観光局
Visit Berkeley
MP.231-C5
(住)2030 Addison St., Berkeley
(電)(1-510)549-7040
(URL)www.visitberkeley.com
(営)月〜金9:00〜17:00(昼休み
13:00〜14:00)
(休)土・日、おもな祝日

**カリフォルニア大学
バークレー校**
(URL)www.berkeley.edu

**UC Berkeley Koret
Visitor Center**
MP.231-C5外
(住)2227 Piedmont Ave.,
Berkeley
(電)(1-510)642-5215
(営)月〜金8:30〜16:30、土・日
9:00〜13:00

**Bear Transit Campus
Shuttles**
大学構内を走るシャトルバス。
(URL)pt.berkeley.edu/BearTransit
(料)$1〜1.50

セイザータワー
(URL)visit.berkeley.edu/campus-
attractions/campanile
(営)月〜土10:00〜16:00(土〜
17:00)、日10:00〜13:00、
15:00〜17:00
(料)大人$5、シニア(65歳以上)
$4、子供(3〜17歳)$4
※毎日7:50、12:00、18:00に
は、カリヨンベルが鳴る。

フォースストリート
行き方 バートのDowntown Berkeley
駅からAC Transit#51BでUni-
versity Ave. & 6th St.下車。

いかにも学生向けのレストランやパブが多い

カリフォルニアで最初に誕生した公立大学　　　バークレー　MP.231-C5
カリフォルニア大学バークレー校（UCB）
University of California, Berkeley　　　★★★

1960年代、全米を巻き込んだ学生運動発祥の地であり、多数のノーベル賞受賞者を輩出している、全米で1、2を争う公立大学だ。

大学のランドマークは**セイザータワー Sather Tower**。エレベーターで展望台に登ると、晴天ならサンフランシスコまで見渡せるすばらしい眺望が楽しめる。ほかにもバークレー美術館、ローレンス科学館、UC植物園などの見どころがあり、キャンパス内の無料ツアーも行われている。

UCバークレーのシンボル、
セイザータワー

バークレーのメインストリート　　　　　　　バークレー　MP.231-C5
テレグラフアベニュー
Telegraph Avenue　　　★★

バークレー校のスチューデントユニオンASUC Student Unionから南に延びるテレグラフアベニュー。Durant Ave.との交差点付近には本屋やカフェ、パン屋、レストラン、靴屋、レコード屋などが並び、通りには手作りのアクセサリーを売る屋台が軒を連ねている。そぞろ歩きの楽しい所だ。

グルメなストリート　　　バークレー　MP.231-C4〜C5、P.231-A4〜A5
シャタックアベニュー & フォースストリート
Shattuck Avenue & 4th Street　　　★★

シャタックアベニューは、バートのDowntown Berkeley駅を中心として南北に走る通り。グルメなスポットとしても人気があり、元祖カリフォルニア料理のレストランといえる"シェ・パニースChez Panisse"(→P.270)も、この通りにある。一方、シャタックアベニューの西へ3km行ったフォースストリート4th Streetは話題と流行の発信地といわれ、洗練されたおしゃれなショップが並ぶ。一見変哲のないショップでも、店内はオーナーのセンスに満ちあふれている。

(メモ)無料のキャンパスツアー　在学生が大学構内を案内するツアー。要事前予約。(URL)visit.berkeley.edu/
campus-tours/free-guided-walking-tours　(営)時期により異なるが基本的に月〜木9:30〜11:00

オークランド
Oakland

サンフランシスコの対岸、バークレーの南にあるオークランド。1890年代から日系移民がオークランドへ流入し、1910年代には、日本人コミュニティ（日本町）ができていた。当時は、カリフォルニア州で5番目の大きさだったが、第2次世界大戦により消滅。現在はチャイナタウンとなっている。サンフランシスコとオークランドを結ぶサンフランシスコ＝オークランド・ベイ・ブリッジ（通称ベイブリッジ）が架かっていることでもなじみ深い町だ。

サンフランシスコ湾に面したウオーターフロント　サンフランシスコとベイエリア　🅜P.221-B2

ジャック・ロンドン・スクエア
Jack London Square　✴✴

　映画館やレストラン、カフェ、ショップ、ホテルが約30軒集まっているエリア。『野生の呼び声』など、日本でも翻訳本が出版されている作家ジャック・ロンドンが、若い頃に散策していたことから名づけられた。日曜には、**ファーマーズマーケットThe Jack London Square Farmers Market**も開かれる。サンフランシスコ発のフェリーが到着するターミナルの横に停泊しているのは、**USSポトマックUSS Potomac**。1934年に完成し、1936～1945年までは第32代大統領フランクリン・D・ルーズベルトの専用ヨットとして、非公式の会議などに使われた。

オークランドについてわかるミュージアム　サンフランシスコとベイエリア　🅜P.221-B2

オークランド・ミュージアム・オブ・カリフォルニア
Oakland Museum of California　✴

　カリフォルニアの歴史や自然科学がわかる博物館と、カリフォルニアに特化した美術作品が集まる美術館が一体となった複合型施設。180万点の作品を収蔵する館内は3つのフロアに分かれ、アルバート・ビアスタットが描いたカリフォルニアの風景画が並ぶGallery of California Art、アメリカ先住民から現代にいたるまでにカリフォルニアに移り住んできた人々の生活をテーマにしたGallery of California History、オークランドやヨセミテ国立公園、コーチェラバレーの自然環境にフォーカスを当てたGallery of California Natural Sciencesから成り立っている。

オークランド観光局
Visit Oakland
🌐www.visitoakland.com

オークランド
🚉バートの12th St./Oakland City Center駅下車。もしくは、サンフランシスコ・ベイ・フェリーで。
San Francisco Bay Ferry:Oakland & Alameda Route
🌐sanfranciscobayferry.com/oakland-alameda-ferry-route
🕐月～金7:05～21:10の19便、土・日9:20～21:40の14便
💲$4.60

ジャック・ロンドン・スクエア
🏠427 Water St., Oakland
ジャック・ロンドン・スクエア・ファーマーズマーケット
🕐日11:00～16:00

USSポトマック
🏠540 Water St., Oakland
🌐www.usspotomac.org
🕐水・日11:00、12:30
💲$10

オークランド・ミュージアム・オブ・カリフォルニア
🏠1000 Oak St., Oakland
☎(510)318-8400
🌐museumca.org
🕐水～日11:00～17:00（木～20:00）
🚫月・火、おもな祝日
💲大人$19、シニア（65歳以上）$16、子供（13～17歳）$12、12歳以下無料

Information　アラメダ・ポイント・アンティーク・フェア

　北カリフォルニア最大の規模を誇り、800以上の業者がブースを構えている巨大フリーマーケット。家具や食器、洋服、アート作品などが並び、毎回1万人の客が訪れるという。早朝はバイヤーがビンテージアイテムを求めて集まることでも有名だ。
Alameda Point Antiques Faire
🅜P.221-B2　🏠3900 Main St., Alameda

☎(510) 522-7500
🌐www.alamedapointantiquesfaire.com
📅毎月第1日曜 6:00～15:00
💲6:00～7:30は$20、7:30～9:00は$15、9:00～12:00は$10、12:00～15:00は$5
🚉バートの12th St./Oakland City Center駅からAC Transitバス#96でW. Midway Ave. & Pan Am Way下車、徒歩12分。

✏️メモ ミッドウェイ海戦に参加した空母が博物館としてオープン **USS Hornet Museum** 🏠707 W. Hornet Ave., Alameda 🌐uss-hornet.org 🕐金～月10:00～17:00 💲大人$20、シニア・学生$15、子供（7～17歳）$10

シリコンバレー
Silicon Valley

サンフランシスコ南側のベイエリアにあるサンノゼ。その温暖な気候や生活水準の高さから、アメリカ人にとって一度は住んでみたい場所として人気が高い。第2次世界大戦前まで、このあたりは一面果樹園だった。現在では、この地域はシリコンバレー Silicon Valley と呼ばれるようになり、IT産業の中心地として発展を続けている。車があればIT企業めぐりもおすすめだ。

サンノゼ
MP.221-B4

サンノゼ観光局
Team San Jose
MP.258-B
住408 Almanden Blvd., San Jose
URLwww.sanjose.org
圏月～金9:00～17:00　休土・日

テック・インターアクティブ
住201 S. Market St., San Jose
☎(408)294-8324
URLwww.thetech.org
圏毎日10:00～17:00
休サンクスギビング、クリスマス
料大人$34、シニア（65歳以上）・学生・子供$28。IMAXのチケット料金も含む。
交通VTAライトレイル・グリーン、ブルーラインのConvention Center駅下車。

サンノゼが誇るテクノロジーの博物館　サンノゼ&シリコンバレー　MP.258-B
テック・インターアクティブ
The Tech Interactive ★★★

丸いドームとオレンジのビルは、サンノゼのダウンタウンでひときわ目立つ。シリコンバレーのハイテク技術を集結し、見て、触れて、体験ができる博物館だ。ウエアラブル端末を身に付けて体の動きを可視化してくれるものや、自分の顔を立体映像化できるスキャナーなど、そのおもしろさは大人にとってもテーマパーク並みといっても過言ではない。IMAXシアターもあり、科学や宇宙に関する映画を毎日上映している。

大人も子供も楽しめる博物館

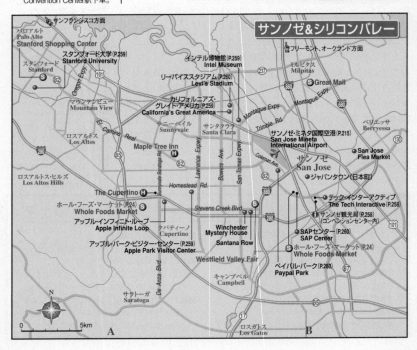

サンノゼ&シリコンバレー

メモ　サンノゼへのアクセス　SFダウンタウンのSan Francisco駅からカルトレインでSan Jose Diridon駅まで所要1時間40分。カルトレインのサンノゼ駅すぐ左には、サンノゼ・シャークスの本拠地SAPセンター（→P.260）がある。

アップル本社に隣接　サンノゼ&シリコンバレー　MP.258-A

アップル・パーク・ビジターセンター
Apple Park Visitor Center　***

　1984年、コンピューターを誰もが気軽に使える「道具」として製品化したMacintoshを発売。それ以来、革新的な製品を生み出し続けるアップル。本社に隣接するビジターセンターには、アップルストアやカフェがあり、限定グッズも購入できる。店内にある本社の模型にiPadをかざすとARで未来的な社屋の見学ができるバーチャルツアーをぜひ体験したい。

世界で最も有名な半導体メーカー　サンノゼ&シリコンバレー　MP.258-B

インテル博物館
Intel Museum　***

　インテル社が、「マイクロプロセッサー」を紹介する博物館。300mmの半導体を製造する施設内部の解説や、約30の体験型展示、インテル社の歴史などの展示もある。ミュージアムストアもあり。

全米でもトップレベルの大学　サンノゼ&シリコンバレー　MP.258-A

スタンフォード大学
Stanford University　***

　サンフランシスコとサンノゼの間、パロアルトPalo Altoにあるスタンフォード大学は、東のハーバード大学と並び全米でもトップレベルの私立大学だ。大陸横断鉄道建設の立役者、リーランド・スタンフォードが15歳で病死したひとり息子の追悼のために1891年設立した。広大なキャンパスで正面入口近くに案内所があり、受験者向けのキャンパスツアーも行われている。

建築も美しいスタンフォード大学

北カリフォルニア最大のテーマパーク　サンノゼ&シリコンバレー　MP.258-B

カリフォルニアズ・グレイト・アメリカ
California's Great America　**

　ファミリー向けアトラクションからスリルライドまで充実しており、メインキャラクターのスヌーピーのエリアもある。また、ウオーターパークの**ブーメランベイBoomerang Bay**（夏期のみオープン、期間中でもクローズする場合がある。料金は入園料に含まれる）には波のプールやスライダー、大小プールなど数種類のウオーターアトラクションがある。
　2023年、Pacific Glidersが登場したほか、Barney Oldfield Redwood Rallyがリニューアルオープンした。

絶叫マシンが揃うグレイト・アメリカ

アップル・パーク・ビジターセンター
- 🏠10600 N. Tantau Ave., Cupertino
- ☎(408)961-1560
- 🕐月～土10:00～19:00、日11:00～18:00
- 🌐www.apple.com/retail/appleparkvisitorcenter/
- 🚗サンフランシスコ方面からI-280を南下。Exit 9のStevens Creek Blvd.でフリーウエイを下りたら右折。さらにN. Tantau Ave.を再度右折してI-280の上を越えて700m先の右側。

インテル博物館
- 🏠2200 Mission College Blvd., Santa Clara
- ☎(408)765-5050
- 🌐www.intel.com/museum
- 🕐月～金9:00～18:00
- 🚫土・日、おもな祝日
- 💰無料
- 🚗サンフランシスコから車でUS-101を南へ、Exit 392のMontague Expwy.で下りる。Mission College Blvd.を左折、さらに右折しインテル社へ。

スタンフォード大学
- 🌐www.stanford.edu

スタンフォード大学ビジターセンター
- 🏠295 Galvez St., Stanford
- ☎(650)723-2560
- 🌐visit.stanford.edu
- 🕐月～金9:00～17:00
- 🚫土・日
- 🚗カルトレインでPalo Alto駅下車。駅前のバス乗り場からスタンフォード大学行きの無料シャトルMarguerite Shuttleが利用できる。観光に便利なのは#X、Yライン。SFから所要約1時間30分。車の場合はUS-101またはI-280を南下。所要約45分。

カリフォルニアズ・グレイト・アメリカ
- 🏠4701 Great America Pkwy., Santa Clara
- ☎(408)988-1776
- 🌐www.cagreatamerica.com
- 🕐(5月下旬～8月中旬)毎日10:00～20:00(金・土～22:00)、(3月下旬～5月中旬、8月下旬～10月中旬)週末のみ10:00～18:00。
- ※冬期閉鎖。営業時間はとても変則的なのでウェブサイトで確認を。
- 💰3歳以上$74.99。インターネット割引あり
- 🚗サンノゼ・ダウンタウンのSan Jose Diridon駅からVTAライトレイル・グリーンラインでGreat America駅下車。徒歩8分。

ベースボール Major League Baseball（MLB）

■ サンフランシスコ・ジャイアンツ
San Francisco Giants

　1883年にニューヨーク・ゴッサムズとして誕生し、1885年ジャイアンツと改名された。1958年サンフランシスコに移転。1964年にマッシー村上（村上雅則）、2002年に新庄剛志、2015年に青木宣親が在籍した。2023年は79勝83敗のナショナルリーグ西地区4位で終わった。

本拠地：オラクルパーク
MP.223-F3
住24 Willie Mays Plaza, San Francisco
電(1-415)972-2000　**图**www.mlb.com/giants
行动ミュニメトロE、NラインのKing St. & 2nd St. 駅下車、目の前。ユニオンスクエアから徒歩30分。

■ オークランド・アスレチックス
Oakland Athletics

　1883年にフィラデルフィアで発足し、1901年からアメリカンリーグに所属。1968年にオークランドへ移ってきた。過去9度ワールドシリーズ制覇を成し遂げている。2023年11月ラスベガス移転が決まり、2028年に新球場をオープンする。2023年は50勝112敗のアメリカンリーグ西地区5位で終わった。

本拠地：オークランド・コロシアム
MP.221-B2
住7000 Coliseum Way, Oakland
電(1-510)638-4900　**图**www.mlb.com/athletics
行动バートのブルー、グリーン、オレンジラインColiseum駅下車、目の前。

バスケットボール National Basketball Association（NBA）

■ ゴールデンステート・ウォリアーズ
Golden State Warriors

　1946年フィラデルフィアで創設されたチーム。NBAで最も歴史のある3チームのひとつだ。2021〜2022年シーズンはNBAファイナル優勝、2022〜2023年シーズンはプレイオフに進出するなど、NBA有数の強豪チーム。

本拠地：チェイス・センター
MP.223-F3
住1 Warriors Way, San Francisco
Fax(1-888)479-4667
图www.nba.com/warriors
行动ミュニメトロTラインのUCSF/Chase Center駅下車、目の前。

アメリカンフットボール National Football League（NFL）

■ サンフランシスコ・フォーティナイナーズ
San Francisco 49ers

　1946年にAAFCの一員として創設。スーパーボウルには7回出場し、5度優勝している。過去には、名クォーターバックとして名をはせたジョー・モンタナが所属していた。2023〜2024年シーズンは12勝5敗のNFC西地区1位でプレイオフに進出。スーパーボウルのオーバータイム（延長）で力尽き、惜敗。

本拠地：リーバイススタジアム
MP.258-B
住4900 Marie P. DeBartolo Way, Santa Clara
電(1-415)464-9377　**图**www.49ers.com
行动バートのグリーンラインMilpitas駅からVTAライトレイル・オレンジラインに乗りGreat Mall駅下車。

アイスホッケー National Hockey League（NHL）

■ サンノゼ・シャークス
San Jose Sharks

　1991年に創設。1976年にゴールデンシールズが移転して以来、ベイエリアは長らくNHL空白地帯だった。創設3年目から2018〜2019年シーズンまでプレイオフに出られなかったのはたった4度だけという強豪だが、黄金時代を支えた主力選手が高齢化し揃って退団したため、現在は世代交代の真っただ中。

本拠地：SAPセンター
MP.258-B
住525 W. Santa Clara St., San Jose
電(408)287-7070
图www.nhl.com/sharks
行动カルトレインSan Jose Diridon駅下車、徒歩7分。

サッカー Major League Soccer（MLS）

■ サンノゼ・アースクエイクス
San Jose Earthquakes

　1996年から2005年までサンノゼを本拠地として、2度MLSカップを獲得したチームを継ぎ、2008年にMLSに再参戦した。2012年にレギュラーシーズン1位となるも、その後は低迷が続いたが、2023年は3年ぶりにプレイオフ進出。若手を中心に強いチームの復活が期待されている。

本拠地：ペイパル・パーク
MP.258-B
住1123 Coleman Ave., San Jose
電(408)556-7700
图www.sjearthquakes.com
行动バートのグリーンラインMilpitas駅からVTAバス#60に乗り、Coleman Ave. & Earthquake Way下車、目の前。

サンフランシスコのショップ
San Francisco

SHOP

世界的なファッションブランドのブティックから、1960年代のヒッピー文化が色濃く残る古着屋、かと思えば世界のIT産業をリードするベイエリアらしいデジタルガジェットのショップ、健康意識の高い住人のためのオーガニックコスメや食材の店……。西海岸一多様性をもった文化の街らしく、店の種類もいろいろ。もちろん普通のデパートやショッピングセンター、そしてスーパーもたくさんある。店にはエリアごとの個性もあり、それを感じるのもサンフランシスコでのショッピングの楽しみのひとつだ。

ショッピングモール サンフランシスコ・センター
San Francisco Centre

フードコートもある

Market St. に面した巨大ショッピングモール。隣接して、Bloomingdale's や映画館、フードコートなどもある。SF市内のショッピングモールでは最大の規模で、Tory Burch や Coach、Kate Spade New York、H＆M、J. Crew、Sephora などの人気ブランドが入る。

カード 店舗により異なる

Powell St. 駅とつながっていてとても便利

M ユニオンスクエア周辺 P.226-C5
865 Market St.
(1-415) 512-6776
www.shopsanfrancisco centre.com
毎日11:00〜20:00
（土10:00〜、日〜18:00）。

デパート メーシーズ
Macy's

品揃えが自慢の庶民派デパート

衣料品やアクセサリー、靴、化粧品、キッチン用品、インテリア雑貨など、ありとあらゆるものが揃っている。ブランド品も比較的お手頃価格で販売しているのがうれしい。レストランの The Cheesecake Factory やカフェの Boudin Bakery Cafe も入っている。

カード A D J M V

ユニオンスクエアに面して立つ

M ユニオンスクエア周辺 P.226-C3
170 O' Farrell St.
(1-415) 397-3333
www.macys.com
月〜土10:00〜21:00、
日11:00〜19:00。

デパート サックス・フィフス・アベニュー
Saks Fifth Avenue

NYが本店の高級デパート

ニューヨークから発信される流行最先端のファッションが揃う。レディスファッションを扱う店舗で、ビジネスウーマンにファンが多い。コスメブランドも充実している。5階にレストランがあり、1階にブランドコスメが揃う。

カード A D J M V

高級感あふれる格式あるデパート

M ユニオンスクエア周辺 P.226-C2
384 Post St.
(1-415) 986-4300
www.saksfifthavenue.com
月〜土11:00〜19:00
日12:00〜18:00

デパート ニーマン・マーカス
Neiman Marcus

世界の高級品が集まるデパート

中に入るとすぐに、4階まで吹き抜けの空間が広がる。天井を見上げるとすばらしいステンドグラス。店の雰囲気同様、扱う商品もエレガントなブランド品が中心。アメリカでは最高級デパートとして知られ、ニーマン・マーカスにしか卸さないブランドもあるほど。

カード A D J M V

ハイランクのデパートとして知られる

M ユニオンスクエア周辺 P.227-D3
150 Stockton St.
(1-415) 362-3900
www.neimanmarcus.com
毎日10:00〜18:00
（日12:00〜）

メモ メーシーズでお得にショッピング　日本からの旅行者向けに10%割引のクーポンをウェブサイトからダウンロードできる。**Visitor Saving Pass** www.visitmacysusa.com/voucher/savings-international-visitors

ユニオンスクエア周辺

アウトレット ロス・ドレス・フォー・レス
Ross Dress for Less

掘り出し物がたくさんのアウトレット店

　手頃な価格の洋服や雑貨が盛りだくさんの店。洋服はカジュアルなアイテムが中心。靴やバッグなどの小物も豊富。靴は試し履きを忘れずに。なかには、有名ブランド品もあったりするので、掘り出し物を探してみよう。メンズ、レディスに加え、キッズも揃っている。

カード A M V

アメリカでは有名なショップ

Ⓜユニオンスクエア周辺 P.227-D4
🏠799 Market St.
☎(1-415) 957-9222
🌐www.rossstores.com
🕐毎日8:30～19:30

スーパーマーケット ターゲット
Target

巨大ディスカウントスーパー

　ありとあらゆるものを扱うターゲットは、激安価格であることでも有名。ソーマのメトレオン2階にあり、食料品、衣料品、日用雑貨を中心に、MLBジャイアンツのグッズやギラデリチョコなどサンフランシスコみやげになりそうなものも販売している。

カード A J M V

買い物に興味がなくても、行ってほしい所

Ⓜユニオンスクエア周辺 P.227-D5
🏠789 Mission St.
☎(1-415) 343-6272
🌐www.target.com
🕐毎日8:00～20:00

ファッション リーバイスストア
Levi's Store

ジーンズはこの会社から始まった

　世界中の人々に愛用されているジーンズはサンフランシスコのリーバイスが発祥。この店舗は全米で2番目の広さといわれ、ディスプレイの斬新さやニーズに合った品揃えは、さすが老舗と唸らせる。カスタムメイドも受け付けている。

カード A J M V

知識豊富な店員のいるリーバイスの店

Ⓜユニオンスクエア周辺 P.227-D5
🏠815 Market St.
☎(1-415) 501-0100
🌐www.levi.com
🕐月11:00～18:00、
　火～日10:00～19:00
　(日～18:00)

ファッション ザ・ノース・フェイス
The North Face

アメリカならではのデザインを入手！

　1968年、カリフォルニア州バークレーで誕生したアウトドアブランド。日本で展開しているアイテムは、アメリカとは異なるので、サンフランシスコならではの物を入手できるはずだ。ダウンパーカーやスウェットが人気。Tシャツはだいたい$30から。

カード A D J M V

アメリカならではのデザインをゲット

Ⓜユニオンスクエア周辺 P.227-D2
🏠180 Post St.
☎(1-415) 433-3223
🌐www.thenorthface.com
🕐月～土10:00～19:00、
　日11:00～18:00

ファッション ビクトリアズシークレット
Victoria's Secret

ランジェリーもおしゃれに

　セクシー路線からシンプルまでバラエティに富んだランジェリーが揃う。オリジナルのクリームやボディミスト（$15～）をおみやげに。

Ⓜユニオンスクエア周辺 P.226-C3
🏠335 Powell St.
☎(1-415) 433-9671
🌐www.victoriassecret.com
🕐月～土12:00～19:00、日11:00～20:00

カード A D J M V

ファッション ルイ・ヴィトン
Louis Vuitton

人気のシリーズも揃う

　定番のボストンバッグをはじめ、キーホルダーなどの小物から大型トランクまで人気商品が充実。新しいシリーズも見つかる。日本では扱っていない物もあるので、ぜひのぞいてみよう。

Ⓜユニオンスクエア周辺 P.226-C3
🏠233 Geary St.
☎(1-415) 391-6200
🌐us.louisvuitton.com
🕐月～土10:00～19:00、日12:00～18:00

カード A D J M V

ファッション グッチ
Gucci

流行の品をいち早く

　ファッション、靴、小物などグッチのトータルブティック。新作バッグやウォレットをチェックしてみよう。メンズの商品も充実している。

Ⓜユニオンスクエア周辺 P.227-D2
🏠240 Stockton St.
☎(1-415) 392-2808
🌐www.gucci.com
🕐月～土10:00～19:00、日11:00～18:00

カード A J M V

ファッション	トリー バーチ Tory Burch

ひとつは欲しい、おなじみのロゴ

日本のワーキングウーマンに人気の高いブランド。ビビッドなカラーで、普段使いによいバレーシューズ、バッグ、ウォレットなど最新の物をゲットしよう。

Ⓜ ユニオンスクエア周辺 P.226-C5
🏠 845 Market St., #153
☎ (1-415)371-0065
🌐 www.toryburch.com
🕐 月〜土10:00〜20:00、日11:00〜18:00
カード AJMV

ファッション	シャネル Chanel

豊富な品揃え

ココ・シャネルが創業した高級ファッションブランド。コスメからスカーフ、サングラス、アクセサリー、香水、時計、バッグ、ドレスまで幅広いアイテムが手に入る。

Ⓜ ユニオンスクエア周辺 P.227-D3
🏠 156 Geary St.
☎ (1-415)981-1550
🌐 www.chanel.com
🕐 月〜土10:00〜18:00(金・土〜19:00)、
　日11:00〜18:00
カード ADJMV

ファッション	エルメス Hermès

女子憧れのスーパーハイエンドのブランド

スカーフ、ネクタイの定番商品のほか流行のファッションも充実。バッグ、アクセサリー、腕時計の小物や、レディス、メンズのウエアも揃う。

Ⓜ ユニオンスクエア周辺 P.227-D3
🏠 125 Grant Ave.
☎ (1-415)391-7200
🌐 www.hermes.com
🕐 月〜土10:00〜18:00
🈺 日
カード AJMV

宝飾品	ティファニー Tiffany & Co.

アメリカ随一の高級ブランド

入ってすぐがクリスタルと陶器、銀製品。奥のコーナーに金のアクセサリーがディスプレイされている。スターリングシルバーのペンダントはかわいいデザインが多い。

Ⓜ ユニオンスクエア周辺 P.226-C2
🏠 350 Post St.
☎ (1-415)781-7000
🌐 www.tiffany.com
🕐 月〜土10:00〜19:00、日11:00〜18:00
カード AJMV

宝飾品	カルティエ Cartier

ノーブルに輝く

高級感漂う店内に、豪華でエレガントなジュエリーが並ぶ。結婚指輪を買いに来る人もいる。タンクフランセーズ、クリスタルや銀製品も揃う。

Ⓜ ユニオンスクエア周辺 P.227-D2
🏠 199 Grant Ave.
☎ (1-415)397-3180
🌐 www.cartier.com
🕐 月〜土10:00〜18:00、日12:00〜18:00
カード ADJMV

バッグ	コーチ Coach

確かな技術と縫製で定評のある

アメリカを代表するブランド。クラシックなラインから、ファッショナブルなデザインのものまで、いろいろなバッグを展開している。幅広い年齢層に支持されている。

Ⓜ ユニオンスクエア周辺 P.226-C5
🏠 845 Market St., #183
☎ (1-415)392-1772
🌐 www.coach.com
🕐 月〜土10:00〜20:00、日11:00〜18:00
カード AJMV

ワインショップ	ナパバレー・ワイナリー・エクスチェンジ Napa Valley Winery Exchange

日本語での対応が可能

1988年にオープン以来、小規模生産のワインから最高評価のカルトクラシックまで幅広いセレクションを誇るショップ。ユニオンスクエアやミュニメトロのPowell駅から徒歩8分なので、観光のついでに立ち寄れるのがいい。日本への発送も可能だ。

カード ADJMV

スタッフはワインの知識が豊富

Ⓜ ユニオンスクエア周辺 P.226-A3
🏠 415 Taylor St.
☎ (1-415)771-2887
🌐 nvwe.com
🕐 月〜土10:00〜18:00
🈺 日

ダウンタウン

ショッピングモール	フェリービルディング・マーケットプレイス Ferry Building Marketplace

サンフランシスコの名産品が一堂に会する

フェリービルディングのテナントは、ヒース・セラミックス(→ P.264)、ダンデライオン・チョコレート、アクミブレッド(→ P.268)などすべてサンフランシスコを代表する店。フードも物品もクオリティが高く、サンフランシスコ限定の店が多いのも特徴。

カード 店舗により異なる

日本にも店舗があるダンデライオン・チョコレート

Ⓜ ダウンタウン中心部 P.225-F2
🏠 1 Ferry Building
☎ (1-415)983-8030
🌐 www.ferrybuilding
　marketplace.com
🕐 毎日7:00〜20:00。
　店舗により異なる。

ダウンタウン

食器 ヒース・セラミックス
Heath Ceramics

カラーバリエーションも豊富

1940年代にエディス・ヒース氏がオープンした陶磁器ブランド。現在もサウサリートに製造工場があり、設立当時のハンドメイド製法で作られている。優しいフォルムと絶妙な色合いが特徴で、日本でもたいへん人気がある。

カード A D J M V

日本で買うよりも安い

Ⓜダウンタウン中心部 P.225-F2
🏠1 Ferry Building
（フェリービルディング・マーケットプレイス内）
☎(1-415)399-9284
🌐www.heathceramics.com
🕐月〜金10:00〜18:00、
土・日9:00〜17:00
（日10:00〜）

書籍 シティライツ・ブックセラーズ
City Lights Booksellers

SFの名物書店

ビートニクの詩集を多く出版した詩人ロレンス・ファーリンゲティ氏が始めた、サンフランシスコを代表する書店。スタッフはそれぞれ詩、音楽など専門分野を担当し、知識も豊かだ。オリジナルグッズは本好きに喜ばれる。

カード A M V

SFの名物本屋。チェーン店でないのは珍しい

Ⓜダウンタウン中心部 P.224-C1
🏠261 Columbus Ave.
☎(1-415)362-8193
🌐www.citylights.com
🕐毎日10:00〜22:00

フード/おみやげ シーズキャンディ
See's Candies

クセになるチョコ

サンフランシスコではギラデリ・チョコレート・カンパニーが有名だが、シーズもお忘れなく。おすすめはトフィーエッツ Toffee-Ettes（$29.50）。スコッチキャンディがチョコでコーティングされ、あとをひくおいしさだ。

カード A J M V

おみやげにおすすめのトフィーエッツ

Ⓜダウンタウン中心部 P.225-D4
🏠542 Market St.
☎(1-415)362-1593
🌐www.sees.com
🕐月〜土10:00〜19:00、
日11:00〜18:00

シビックセンターとパシフィックハイツ

ファッション マーガレットオーレリー
Margaret O'Leary

素材のよさが光るニットがウリ

アイルランド出身のマーガレットさんがサンフランシスコで始めたニットブランド。肌触りのいいセーターやカーディガン（$185〜）は、マドンナやケイト・ハドソン、ハル・ベリーなど有名芸能人も愛用する。日本未入荷ブランド。

カード A M V

着心地抜群のニットが手に入る

Ⓜパシフィックハイツとその周辺 P.230-B3
🏠2400 Fillmore St.
☎(1-415)771-9982
🌐www.margaretoleary.com
🕐月〜土10:00〜18:00、
日11:00〜19:00

ファッション コトパクシ
Cotopaxi

サステイナブルなアウトドアブランド

大量生産によって生まれた廃材を再利用して作られるアウトドアグッズは、屋外スポーツ愛好家の多いアメリカでも大人気。ポップな色使いが魅力的で、街歩きでも活躍しそうなTシャツ（$35〜）やスウェット（$70〜）がおすすめ。

カード A M V

カラーバリエーションが豊富

Ⓜパシフィックハイツとその周辺 P.230-B5
🏠549 Hayes St.
☎(1-415)652-1747
🌐www.cotopaxi.com
🕐毎日11:00〜18:00

かばん ティンバックツー
Timbuk2

SF生まれのメッセンジャーバッグ

サンフランシスコでバイクメッセンジャーとして働いていたロブ・ハニーカット氏が1989年に創業したかばんメーカー。スタイリッシュなデザインにクオリティの高さから日本でも人気がある。形や色の種類が豊富で迷ってしまうかも。定番のメッセンジャーバッグは$99〜。

カード A J M V

機能的にも優れている

Ⓜパシフィックハイツとその周辺 P.230-B5
🏠506 Hayes St.
☎(1-415)252-9860
🌐www.timbuk2.com
🕐月〜土10:00〜19:00、
日11:00〜18:30

メモ **センスのいいアウトドアギア** シックでクオリティの高いアパレルやアクセサリーが男女問わず人気。
Aether Ⓜ P.230-B5 🏠489 Hayes St. ☎(1-415)437-2345 🌐www.aetherapparel.com ↗

靴	**オールバーズ** **Allbirds**

履き心地のいい靴が並ぶ

アメリカの雑誌『Time』が世界一快適なシューズと取り上げたブランド。ニュージーランドのメリノウールを使ったウールランナー（$125〜）やユーカリの木の繊維からできたツリーランナー（$98〜）など定番のアイテムが揃う。

カード A M V

サンフランシスコで誕生したブランド

M パシフィックハイツとその周辺 P.230-B5
(住) 425 Hayes St.
(電) (1-415) 802-2800
(URL) www.allbirds.com
(営) 毎日11:00〜19:00

コスメ	**ベネフィット・コスメティックス** **Benefit Cosmetics**

サンフランシスコ生まれのメイクブランド

1976年、双子姉妹ジーン＆ジェーン・フォード氏がサンフランシスコにオープンしたビューティショップ。メイクアップアーティストやモデルの間で評判となり、2024年現在50ヵ国以上で販売されている。マスカラ（$29〜）やアイブロウペンシル（$26〜）が人気。

カード A M V

かわいらしいデザインが多い

M パシフィックハイツとその周辺 P.230-A3
(住) 2117 Fillmore St.
(電) (1-415) 567-0242
(URL) www.benefitcosmetics.com
(営) 毎日9:00〜18:00
　　（土〜18:30、日10:00〜）

ファッション	**ダービー・オブ・サンフランシスコ** **Derby of San Francisco**

日本にもファンが多いアメカジブランド

1960年代から1980年代まで、アメリカの若者の間でたいへん人気があったダービージャケット。近年の古着ブームで再注目を集めているブランドだ。サンフランシス本店では、ジャケットのほか、ニットキャップ、ステッカー、キーホルダーなどを販売している。

カード A M V

ハリウッドセレブも着用している

M ヘイトアシュベリー／ミッション P.231-A1
(住) 1472 Haight St.
(電) (1-415) 624-3131
(URL) www.derbysf.com
(営) 毎日11:00〜18:00

雑貨	**グラベル＆ゴールド** **Gravel & Gold**

ミッション地区を代表するショップ

オリジナルのテキスタイルで作ったポーチやトートバッグなどが並ぶ、地元のファッショニスタたちも足しげく通う人気店。ほかにも国内、国外でセレクトされた器など、センスが光る商品が揃っている。

カード A J M V

オリジナルのテキスタイル商品が多数

M ヘイトアシュベリー／ミッション P.231-C2
(住) 3266 21st St.
(電) (1-415) 552-0112
(URL) gravelandgold.com
(営) 毎日12:00〜19:00
　　（日〜17:00）

音楽	**アメーバミュージック** **Amoeba Music**

廃盤レコードも見つけられるかも?!

新品、中古のレコードやCD、DVD、テープが揃っている。レア物は定価の何倍もの価格がつけられていることも。また、新アルバムを発売したアーティストがたびたびインストアライブを行う。ライブの詳細はウェブサイトで確認しよう。

カード J M V

レアなCDも眠っている

M ヘイトアシュベリー／ミッション P.231-A1
(住) 1855 Haight St.
(電) (1-415) 831-1200
(URL) www.amoeba.com
(営) 毎日11:00〜19:00

スーパーマーケット	**レインボーグローサリー** **Rainbow Grocery**

地球環境に真剣に取り組むスーパー

無駄な容器を減らすために、食材だけでなくシャンプーや洗剤までも量り売りする、サンフランシスコを代表する高級スーパー。スイーツやサンフランシスコの観光名所イラスト付き文房具、オリジナルショッピングバッグはおみやげにおすすめ。

カード A M V

雑貨もかわいいので必見

M サンフランシスコ中心部 P.223-E3
(住) 1745 Folsom St.
(電) (1-415) 863-0620
(URL) www.rainbow.coop
(営) 毎日9:00〜21:00

 (営) 火〜日11:00〜18:00　(休) 月　カード A M V

サンフランシスコのレストラン
San Francisco

RESTAURANT

全米でも有数のグルメな街サンフランシスコでは、さまざまな料理が楽しめる。ファストフード店、気軽に立ち寄れるカジュアルレストラン、ドレスアップして訪れたい高級レストランまで幅広い店が揃っている。特にユニオンスクエア周辺には店が多く、旅行者も利用しやすい。ここ数年のトレンドは、豆にこだわったコーヒーやアメリカでは貴重なおいしいパンを出すカフェの増加。グルメの最先端を行く、地球と体に優しい料理を味わいたい。

ユニオンスクエア周辺

| アメリカ料理 | **スーパー・デューパー・バーガーズ**
Super Duper Burgers |

ジューシーなパテが自慢
素材と新鮮さにこだわったグルメバーガー店。スーパーバーガー（8oz $10）とミニバーガー（4oz $7）に好みのトッピングを選ぶ。肉はジューシーで食べ応え十分。シェイク（$6〜）も大人気。オーガニックのベジバーガー（$8）もある。

カード A J M V　ボリュームたっぷりのハンバーガー

Ⓜ ユニオンスクエア周辺 P.227-E3
🏠 721 Market St.
☎ (1-415) 538-3437
🌐 www.superduperburgers.com
🕐 毎日10:00〜21:00
　（金・土〜21:30）

| アメリカ料理 & カフェ | **グローブ**
The Grove |

ローカルに人気
足休めにコーヒー一杯でくつろいでもいいし、ランチどきにアボカドトースト（$16.25）やハンバーガー（$16.95）、サラダ（$16.25〜）を食べるのもいい。オーナーが生まれたニューヨーク・マンハッタンにあるようなおしゃれなカフェの雰囲気が漂う。

カード A M V　The Grove Breakfast Sandwich（$14.25）

Ⓜ ユニオンスクエア周辺 P.227-F4
🏠 690 Mission St.
☎ (1-415) 655-9194
🌐 thegrovesf.com
🕐 毎日7:30〜20:30

| ステーキ | **ジョンズグリル**
John's Grill |

政治家やハリウッドセレブも来店
1908年創業の老舗レストラン。アル・ゴア元副大統領やロナルド・レーガン元大統領といった政治家をはじめ、キアヌ・リーブス、レネー・ゼルウィガーなど、多くの著名人に愛されてきた。短パンやTシャツなどのカジュアルすぎる服装は控えたい。

カード A M V　リブアイ・ステーキ（$44.95）

Ⓜ ユニオンスクエア周辺 P.226-C4
🏠 63 Ellis St.
☎ (1-415) 986-0069
🌐 www.johnsgrill.com
🕐 毎日11:45〜21:30

| フランス料理 | **カフェ・ド・ラ・プレッセ**
Cafe de la Presse |

テラス席が気持ちいい
全席120のうち20席が外にあるというフレンチレストラン。晴れた日には外のテーブル席が、片手にワインを持った地元の人たちで盛り上がる。メニューはオニオンスープ（$15）やチーズ3種盛り（$28）、チキンサラダ（$19）、クロックムッシュ（$16）がおすすめ。

カード A D J M V　ポーク料理の評判がいい

Ⓜ ユニオンスクエア周辺 P.227-D1
🏠 352 Grant Ave.
☎ (1-415) 398-2680
🌐 cafedelapresse.com
🕐 火〜日8:00〜18:00
　（日〜15:00）
🈺 月

📖 メモ　ユニオンスクエア周辺のお手頃レストラン　早朝から夜までオープンしている、使い勝手のいいレストラン。朝はオムレツ（$11.99〜）やトーストのコンボ（$13.99）、ランチ以降はサラダ（$10.99〜）や

イタリア料理 デル・ポポロ / Del Popolo

絶品ピザが食べたいなら

ユニオンスクエアから北西に3ブロック、Bush St. 沿いにあるピザ屋。サンフランシスコで1、2を争う人気のピザ屋のため、ディナータイムは混雑必至。予約しておいたほうが無難だ。ピザはホールで$15～24。ワインも豊富に揃っている。

カード AMV

薄暗い店内は雰囲気もいい

Ⓜ ユニオンスクエア周辺 P.226-A1
🏠 855 Bush St.
☎ (1-415)589-7940
🌐 www.delpopolosf.com
🕐 火～土17:30～21:00
　（金・土～22:00）
休 日・月

イタリア料理 トラット / Tratto

ワインとのペアリングを楽しみたい

マーカー・サンフランシスコ（→ P.272）の1階に入るカフェレストラン。朝食時はアボカドトースト（$16）やフレンチトースト（$18）、夕食時はピザ（$20～）やパスタ（$22～）、ステーキ（$40）などが食べられる。ワインはスパークリングを含めて25種類以上揃っている。

カード AMV

お酒のおつまみは $6～

Ⓜ ユニオンスクエア周辺 P.226-A3
🏠 501 Geary St.
☎ (1-415)292-8151
🌐 www.tratto-sf.com
🕐 月7:00～10:00、
　火～土7:00～10:00、
　17:00～21:00
　（金・土～22:00）、
　日7:00～10:00

ベトナム料理 ブン・ミー / Bun Mee

フランスとベトナムが調和したサンド

パリパリっとしたフランスパンに薄くスライスした肉、ニンジンやレタスなどたくさんの野菜を挟んだサンドイッチは、フランスとベトナムの味のコラボ。辛味は備え付けの調味料で調節可。5つのスパイスをブレンドしたチキン $12.50 など。

カード AJMV

ランチはベトナム風サンドイッチを

Ⓜ ユニオンスクエア周辺 P.227-F3
🏠 650 Market St.
☎ (1-415)362-8663
🌐 www.bunmee.co
🕐 月～金11:00～15:00
休 土・日

カリフォルニア料理 ワンマーケット / One Market

オリジナルメニューが豊富

オーガニックの野菜をふんだんに取り入れたオリジナルメニューが人気の店。素材のほとんどは地元のファーマーズマーケットで仕入れたもの。肉料理やシーフードが楽しめる。ランチタイムはオフィス街で働く人々でいつもにぎわっている。メインは$26～50。

カード ADJMV

洗練されたアメリカ料理が評判

Ⓜ ダウンタウン中心部 P.225-F3
🏠 1 Market St.
☎ (1-415)777-5577
🌐 onemarket.com
🕐 ランチ月～金11:30～
　14:00、ディナー月～金
　17:00～20:00
　ハッピーアワー月～金
　16:00～20:00
休 土・日

シーフード ホッグ・アイランド・オイスター・カンパニー / Hog Island Oyster Company

お得なハッピーアワーといえばココ

新鮮なカキがウリのこの店は、地元でも最高級のものを揃え、カキ好きなローカルがこぞって足を運ぶ。半ダースの生ガキが$23～ほどで、海を眺めながら楽しめるとあって連日にぎわう。早めに行くのがコツ。クラムチャウダーもおすすめ。

カード AMV

フェリービルにある人気のシーフード

Ⓜ ダウンタウン中心部 P.225-F2
🏠 1 Ferry Bldg.
　（フェリービルディング・
　マーケットプレイス内）
☎ (1-415)391-7117
🌐 hogislandoysters.com
🕐 毎日11:00～20:00

ペルー料理 ラ・マー / La Mar

フェリービルディング近くの絶品ペルー料理店

ここのウリはペルー料理、特に刺身をマリネしたセビーチェ（$25～）がおすすめだ。カルパッチョのようにサッパリとした味で、いくらでも食べられそう。サンフランシスコ湾を望むデッキ席もある。雰囲気よし。

カード AMV

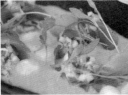
白身も赤身も提供している

Ⓜ ダウンタウン中心部 P.225-F2
🏠 Pier 1 1/2,
　the Embarcadero
☎ (1-415)397-8880
🌐 lamarsf.com
🕐 ランチ毎日11:30～
　14:30、ディナー毎日
　17:00～21:00（金・土～
　21:30）

↘ ステーキ（$27.99）、BLTサンドイッチ（$13.99）、ハンバーガー（$13.99）がある。**Tad's Steakhouse**
 Ⓜ P.226-C4　🏠 38 Ellis St.　☎ (1-415)956-2139　🌐 www.tadssf.com　🕐 毎日 7:00～21:00

ダウンタウン

中国料理 羊城茶室
Yank Sing

飲茶の種類が 60 品以上！

点心専門で 30 年以上営業しているレストラン。メニューの数は 60 品以上。さっぱりとした味つけが多く、焼きそばなど別途メニューの注文も OK。人気があるので週末は混雑するが、並ぶ価値はある。週末は 80 品以上になる。飲茶はひとり $25 ～。

カード [A][J][M][V]

飲茶ならココへ

Ⓜ ダウンタウン中心部 P.225-F3
🏠 101 Spear St.
（Rincon Center内）
☎ (1-415) 781-1111
🌐 www.yanksing.com
🕐 毎日11:00～15:00
（土・日10:00～）

日本料理 ロカ・アコア
Roka Akor

創作和食はどれもレベル高し

鉄板焼きや刺身などの日本食を、独創的にアレンジし提供する人気のレストラン。そのクオリティの高さから、各方面から絶賛されている。ダウンタウン中心部から離れた場所にあり、店内の雰囲気はアダルト。おまかせは $148。

カード [A][M][V]

巻き寿司も本格的な味

Ⓜ ダウンタウン中心部 P.225-D2
🏠 801 Montgomery St.
☎ (1-415) 326-7570
🌐 www.rokaakor.com
🕐 ディナー毎日17:00～
21:00（金・土～21:30）

ベーカリー アクミブレッド
Acme Bread

行列のできるバークレー生まれのベーカリー

1990 年代からオーガニックの原料に着目したパン作りを行っている先駆者的存在。シェ・パニース（→ P.270）など有名レストランにも卸していて、その確かな味は多くのシェフたちに支持されている。作り手の徹底したこだわりを味わってみて。バゲット$2.49 ～。

カード 現金のみ

地元民に大人気のパン屋

Ⓜ ダウンタウン中心部 P.225-F2
🏠 1 Ferry Bldg.
（フェリービルディング・マーケットプレイス内）
☎ (1-415) 288-2978
🌐 www.acmebread.com
🕐 毎日8:00～18:00

シビックセンターとパシフィックハイツ

ベジタリアン グリーンズ
Greens

ヘルシーかつ低カロリーで美味

サンフランシスコではフレッシュな大地の恵みがおいしく食べられるレストランの人気が高まっている。野菜料理のイメージを覆すほど、ボリュームたっぷりでおいしく仕上げている。土曜はコースのみ。マリーナが見えて雰囲気もいい。お客のほとんどがサンフランシスコっ子。

カード [A][M][V]

SF のヘルシーフードの代表店

Ⓜ パシフィックハイツとその周辺 P.230-B1
🏠 2 Marina Blvd., Fort Mason Center Bldg. A
☎ (1-415)771-6222
🌐 greensrestaurant.com
🕐 ランチ火～日11:30～14:30
（土・日10:30～）、ディナー火～日17:30～21:00（金～日17:00～）　※要予約
🕐 月

メキシコ料理 タコリシャス
Tacolicious

おつまみ感覚のメキシカン

新しいスタイルでメキシコ料理を提供したいというアイデアから生まれた店。タパススタイル（小皿料理）を取り入れ、おつまみ感覚でタコスを楽しむことができる。名物のタコスは全部で 9 種類ほど。値段も $7.50 ～と、まさに居酒屋のよう。

カード [A][M][V]

小ぶりのタコスなら何種類でもいけそう！

Ⓜ パシフィックハイツとその周辺 P.230-A2
🏠 2250 Chestnut St.
☎ (1-415) 649-6077
🌐 www.tacolicious.com
🕐 毎日11:00～22:00
（木～土～23:00）

日本料理 ひのでや
Hinodeya

だしがうまいラーメン

アメリカでも日本のラーメンは珍しくなくなったが、この店こだわりのカツオと昆布から取っただしの和風ラーメン（$16）は絶品。スープをすすると、ほっとしてしまうおいしさだ。メンマや味付け卵のトッピングも可。ジャパンタウンにある。

カード [M][V]

懐かしい日本の味のラーメン

Ⓜ パシフィックハイツとその周辺 P.230-B4
🏠 1737 Buchanan St.
☎ (1-415) 216-5011
🌐 hinodeyaramen.com
🕐 毎日10:00～22:00
（金・土～24:00）

📝 メモ　ローカルに人気のレストラン　魚介類や野菜を多く用いた料理で人気。ハワイアンスタイルのポキ（マグロの醤油漬け）丼（$25）がおすすめ。**Pacific Catch** ⓂP.230-A2 🏠2027 Chestnut St.

フードホール　マーケット The Market

ヘルシーフードが多めだ

サンフランシスコの人気フードホール

中央にあるスーパーマーケットのエリアを囲むように飲食店が軒を連ねる。韓国料理やハワイ料理のポキ、サンドイッチ、ピザ、タコスなど、10軒以上が入店し、平日の昼どきは周辺のオフィスワーカーたちでにぎわっている。

カード 店舗により異なる

M パシフィックハイツとその周辺 P.230-C5
住 1355 Market St.
☎ (1-415) 767-5130
URL www.visitthemarket.com
営 月〜金8:00〜20:00。店舗により異なる。
休 土・日

アメリカ料理　ママズ・オン・ワシントンスクエア Mama's on Washington Square

地元の人にも大人気

週末は長蛇の列

店に入ったら、まずレジでオーダーを。そのあと席に案内してくれる。ふわふわのパンケーキ（$13.95）と自家製シロップがよく合う。オムレツの種類も豊富。週末は特に混雑するので、早めに行って並ぼう。アメリカンブレックファストを一度は食べてみたいという人におすすめ。

カード 現金のみ

M フィッシャーマンズワーフ周辺 P.229-D4
住 1701 Stockton St.
☎ (1-415) 362-6421
営 火〜日8:00〜14:00（土・日〜15:00）
休 月

シーフード　フォッグ・ハーバー・フィッシュハウス Fog Harbor Fish House

名物のひとつ、海鮮シチューのチョッピーノ（$41）

サステイナブルなシーフードを

おいしいのはもちろんのこと、貴重な水産資源を守るためにルールに従って水揚げされた食材のみを使用している。またグルテンフリーメニューもあり、環境だけでなく、健康も意識する人にも好評。メニューは驚くほど豊富で、サンフランシスコ湾を見渡す景色もすばらしい。

カード ADMV

M フィッシャーマンズワーフ周辺 P.229-D2
住 Pier 39
☎ (1-415) 421-2442
URL fogharbor.com
営 毎日11:00〜21:00

カフェ　ボウディン・ベーカリー＆カフェ Boudin Bakery & Cafe

トマトブレッドスープもおすすめ

焼きたてのサワードゥブレッドをどうぞ

サンフランシスコ名物のサワードゥブレッド。1849年、フィッシャーマンズワーフにあった今はなき店で焼き上げられたのが始まりだとか。ちょっと酸味があるパンをくり抜いてクラムチャウダーを入れたメニューが定番（$12.79）。トマトブレッドスープやビーフチリもおいしい。

カード ADJMV

M フィッシャーマンズワーフ周辺 P.229-D2
住 Pier 39
☎ (1-415) 421-0185
URL boudinbakery.com
営 毎日9:30〜20:00（金・土〜21:00）
ここから徒歩5分のJefferson St.にも店舗（M P.228-C2）がある。

韓国料理　マイ・トーフ・ハウス My Tofu House

野菜もたっぷりチャージできる

韓国版おふくろの味

日本でも人気の豆腐鍋（スンドゥブ）や石焼ビビンバなど、ボリュームたっぷりの韓国料理が味わえる。辛さを選べる料理もある。予算は$20前後。ふっくら炊き上がったご飯や種類豊富なナムル、ボリュームたっぷりの焼き肉もマシッソヨ（おいしい）！

カード JMV

M サンフランシスコ中心部 P.222-C2
住 4627 Geary Blvd.
☎ (1-415) 750-1818
営 火〜土17:00〜21:00、日11:30〜15:00、17:00〜21:00
休 月

ピザ　アリズメンディベーカリー Arizmendi Bakery

具だくさんのピザでおなかも心もほっこり

絶品ピザをぜひ試したい

バークレーの有名ベーカリー、チーズボード・ピザ・コレクティブでパン作りを学び、のれん分けをされた店。ハード系ブレッド（$3.75〜6）と、本店の看板メニューであるチーズたっぷりのピザが人気。グルテンのたんぱく質を気にする人にもいい。

カード MV（最低＄10から）

M サンフランシスコ中心部 P.222-C3
住 1331 9th Ave.
☎ (1-415) 566-3117
URL www.arizmendibakery.com
営 火〜日7:30〜18:00
休 月

↘ ☎ (1-415) 440-1950 URL pacificcatch.com 営 毎日11:00〜21:00（金・土〜22:00）。ゴールデンゲート・パーク近くの9th Ave. にも支店がある。 M P.222-C3 住 1200 9th Ave. ☎ (1-415) 504-6905 営 毎日11:00〜21:00（金・土〜22:00）

ヘイトアシュベリーとミッション

日本料理 麺屋金丸・ゴールデンラーメン
Menya Kanemaru Golden Ramen

コスパ最高のお弁当がおすすめ

ミッション地区の北にある。一番人気の麺屋醤油ラーメン（$18）のほか、塩ラーメン、スパイシー味噌ラーメン、ビーガン・トマトラーメンなどがある。ひじきやブロッコリーなどのお総菜が付いたトンカツ弁当（$19）やギンダラ西京焼弁当（$27）はボリューム満点。

カード A M V

チキン南蛮弁当（$19）

Ｍヘイトアシュベリー／ミッション P.231-C1
圄174 Valencia St.
☎(1-415) 527-6577
🌐www.menya-kanemaru.com
🕐毎日11:00〜21:00
（金・土〜22:00、日〜21:30）

カフェ クラフツマン・アンド・ウルブズ
Craftsman & Wolves

甘さ控えめのスイーツが美味

流行のバレンシアストリートにあり、スノビッシュな人々でいつもにぎわう。パンのおいしさで有名だが、スイーツもおすすめ。フルーツやクリーム類を用いたケーキ類は繊細な味で、日本人好み。ひと口ほおばれば幸せの香りが口いっぱいに広がる。

カード A J M V

パンとスイーツの人気店

Ｍヘイトアシュベリー／ミッション P.231-C2
圄746 Valencia St.
☎(1-415) 913-7713
🌐www.craftsman-wolves.com
🕐月〜金7:30〜15:30、土・日8:00〜16:00

カフェ タルティーン・ベーカリー
Tartine Bakery

地元っ子も並ぶ人気店

朝はクロワッサン（$5.50〜）、夕方は天然酵母のパン（$7.75〜）が焼き上がる時間になると行列がさらに長くなる。キッシュやホットサンド、ケーキも絶品。2号店（圄595 Alabama St.）がオープンし、こちらは4倍の広さ。すぐに座れる確率大。

カード A M V

焼きたてパンの香りが充満する店内

Ｍヘイトアシュベリー／ミッション P.231-C2
圄600 Guerrero St.
☎(1-415) 487-2600
🌐www.tartinebakery.com
🕐毎日8:00〜17:00

アイスクリーム スミッテン・アイスクリーム
Smitten Ice Cream

液体窒素で作るオリジナルアイス

今やサンフランシスコで体に優しいアイスクリームは当たり前！！ 注目のアイスは、オーガニックミルクから液体窒素で一気に作りあげる。チョコチップに地元のチョコメーカー、TCHOを使い、月ごとにシーズンフレーバーも発表。1カップ2スクープ$5.50。

カード J M V

進化し続けるSFアイスをぜひ味わって

Ｍヘイトアシュベリー／ミッション P.231-C2
圄904 Valencia St.
☎(1-415) 590-3144
🌐www.smittenicecream.com
🕐火〜金14:00〜21:00（金〜22:30）、土・日13:00〜22:30（日〜21:30）
🚫月

バークレー

カリフォルニア料理 シェ・パニース
Chez Panisse

安全、新鮮な素材は特筆モノ

オーナーは「カリフォルニアキュイジーヌの祖」と呼ばれるアリス・ウオータース。1階のレストランと2階のカフェからなる。新鮮な地元産のオーガニック食材を使い、毎日メニューが異なるのが特徴。レストランはプリフィックスメニューのみで$175。要事前予約。

カード A D M V

キノコのパスタ。カリフォルニア料理の老舗だ

Ｍバークレー P.231-C4
圄1517 Shattuck Ave., Berkeley
☎(1-510) 548-5525
🌐www.chezpanisse.com
🕐カフェ：火〜木11:30〜14:30、17:00〜22:00
レストラン：火〜土17:30〜22:00
🚫日・月

ワイン・テイスティングルーム ノリアワインズ
Noria Wines

日本人が作るカリフォルニア・ワインが飲める

バークレーに2023年オープンしたワイナリー＆テイスティングルーム。日本食にも合うカリフォルニア・ワインをコンセプトに、複数品種のピノ・ノワールや全日空ファーストクラスでも採用されたシャルドネ、ワイナリー限定ワインなどが試飲できる。営業日時は時期により異なる。

カード A M V

日本人スタッフが常駐するテイスティングルーム

Ｍバークレー P.231-A4
圄725 Gilman St., Berkeley
🌐noriawines.com
🕐金15:00〜19:00、土・日12:00〜18:00
💲テイスティング：白ワイン3種類$25、赤ワイン3種類$30、白2種類・赤2種類$35

📖メモ　バークレーで人気のホットドッグ専門店　パンにソーセージが挟まっているだけのシンプルなホットドッグ（$4〜）。**Top Dog** ＭP.231-C5　圄2160 Center St., Berkeley　🕐毎日10:00〜17:00（土・日11:00〜）

サンフランシスコのホテル
San Francisco

サンフランシスコでホテルが集中しているのはユニオンスクエア、フィッシャーマンズワーフのあたり。小規模なブティックホテルから大型ホテルまで種類もグレードもさまざまだ。ノブヒルには高級ホテルが多く、客室からサンフランシスコの美しい街並みを楽しめる。また、4～6月、9～10月にはコンベンションが数多く開かれ、ホテル料金が跳ね上がるので、早めに宿の確保をしよう。

なお、シビックセンター周辺には料金が安いホテルも多いが、周囲の治安をよく確認してから予約するようにしたい。

最高級 | セントレジス・サンフランシスコ
The St. Regis San Francisco

フォーブス・トラベルガイドで5つ星！

ラグジュアリーな時間を過ごすことができるサンフランシスコ最高峰のホテル。近代美術館やヤーバ・ブエナ・ガーデン、モスコニーセンターが周囲にあるほか、レストランやカフェも徒歩圏内に集まっている。目抜き通り Market St. まで2ブロック。

WiFi $14.95　260室　カード ADJMV

Ⓜ ユニオンスクエア周辺 P.227-F4
🏠 125 3rd St., San Francisco, CA 94103
☎ (1-415) 284-4000
📠 (1-415) 284-4100
🌐
Ⓢ Ⓓ Ⓣ $534～1025、
Ⓢ $1245～25000

最高級 | フォーシーズンズホテル・サンフランシスコ
Four Seasons Hotel San Francisco

スパやフィットネスルームが充実

Market St. 沿いに立つ近代的なビルに入るホテル。20年以上連続でAAAの4つ星を獲得しているだけあり、何ひとつ不自由ないホテルライフを楽しめる。カリフォルニア料理が食べられるレストランのMKT Restaurant & Barはビジネス客にも好評だ。

WiFi 無料　277室　カード ADJMV

Ⓜ ユニオンスクエア周辺 P.227-D4～E4
🏠 757 Market St., San Francisco, CA 94103
☎ (1-415) 633-3000
📠 (1-415) 633-3001
🌐 www.fourseasons.com/sanfrancisco
Ⓢ Ⓓ Ⓣ $504～1099、
Ⓢ $1200～14470

高級 | ヒルトン・サンフランシスコ・ユニオンスクエア
Hilton San Francisco Union Square

高級ホテルチェーンの安心感

ユニオンスクエアから南西に2ブロックの所にある、市内でも最大級のホテル。3つの棟があり、ビジネス、観光客ともに人気がある。46階にあるラウンジ（Cityscape Lounge）からはサンフランシスコ市内を一望できるとあって人気。

WiFi $12.95　1921室　カード ADJMV

Ⓜ ユニオンスクエア周辺 P.226-A4～B4
🏠 333 O'Farrell St., San Francisco, CA 94102
☎ (1-415) 771-1400
📠 (1-415) 202-7798
🌐 www.hilton.com
Ⓢ Ⓓ Ⓣ $149～1019、
Ⓢ $210～1165

高級 | ジェイ・ダブル・マリオット
JW Marriott

スマートなサービスが気持ちいい

ユニオンスクエアから1ブロックの所にある高級ホテル。フロント、ロビーがある2階から、21階の最上階までが吹き抜けになっている。スマートフォンのドックスタンドやUSBなどのプラグイン・パネルなど、ビジネス客向けのサービスも充実。

WiFi $14.95　344室　カード ADJMV

Ⓜ ユニオンスクエア周辺 P.226-B2
🏠 515 Mason St., San Francisco, CA 94102
☎ (1-415) 771-8600
📠 (1-800) 228-9290
🌐 www.marriott.com
Ⓢ Ⓓ Ⓣ $314～1644、
Ⓢ $354～2000

🍵 コーヒーメーカー　🧊 ミニバー／冷蔵庫　🛁 バスタブ　💨 ヘアドライヤー　BOX 室内金庫　📞 ルームサービス　🍴 レストラン
🏊 フィットネスセンター／プール　🛎 コンシェルジュ　J 日本語を話すスタッフ　🔄 ランドリー　💻 ワイヤレスインターネット　P 駐車場　♿ 車椅子対応の部屋

ユニオンスクエア周辺

高級 ウェスティン・セントフランシス
Westin St. Francis

ユニオンスクエアの伝統ホテル

ユニオンスクエアを見下ろすように立ち、世界のVIPたちに愛されているホテル。2023年には、2000万ドルをかけて行われたリノベーションが終わった。館内には、カフェやレストランのほか、ワインのテイスティングバーもある。

Wi-Fi $15　1189室　カード A D J M V

Ⓜユニオンスクエア周辺 P.226-B2〜C3
🏠335 Powell St., San Francisco, CA 94102
☎(1-415) 397-7000
🆚(1-415) 774-0124
🌐www.marriott.com
💲ⓈⒹⓉ$189〜1349、Ⓢⓤ$259〜7329

高級 ホテル・ニッコー・サンフランシスコ
Hotel Nikko San Francisco

最高の立地と落ち着いた雰囲気が人気

日系のホテルならではのおもてなしが受けられるホテル。ケーブルカー乗り場やバートのPowell St. 駅、ミュニメトロのPowell駅まで徒歩約5分という立地のよさから、ビジネス、観光どちらの用途でも選ばれている。白を基調とした落ち着いた雰囲気の客室で、ゆったりと過ごせるだろう。館内にあるレストランのAnzuでは、朝食時には和食ビュッフェやアメリカ料理のアラカルト、夕食時には寿司の握りや巻物を中心にステーキを食べることができる。フィットネスルームやプールもあり。

Wi-Fi 無料　532室　カード A D J M V

ツインベッドの部屋もある

Ⓜユニオンスクエア周辺 P.226-B4
🏠222 Mason St., San Francisco, CA 94102
☎(1-415) 394-1111　🆚(1-415) 394-1106
🌐www.hotelnikkosf.com
💲ⓈⒹⓉ$170〜757、Ⓢⓤ$511〜1819

ユニオンスクエアまで徒歩3分

高級 マーカー・サンフランシスコ
The Marker San Francisco

ロビーエリアには暖炉がある

1910年に完成した建物に入る。2013年には客室、2018年にはロビーエリアのリノベーションを行った。フロントカウンターの裏にあるウオーターサーバーはありがたい。イタリア料理レストランのTratto（→ P.267）が1階にある。

Wi-Fi 無料　208室　カード A D J M V

Ⓜユニオンスクエア周辺 P.226-A3
🏠501 Geary St., San Francisco, CA 94102
☎(1-415) 292-0100
🆚(1-888) 446-1150
🌐www.themarkersf.com
💲ⓈⒹⓉ$179〜519、Ⓢⓤ$229〜699

高級 ギャレリア・パーク・ホテル
Galleria Park Hotel

ユニオンスクエアまで3ブロック

バートのMontgomery St. 駅から徒歩3分。ケーブルカー乗り場やフェリービルも徒歩圏内と、観光、買い物、食事にも便利だ。ロビーや外観はクラシックな印象だが、客室はとてもスタイリッシュで、実に快適。ロビーでは朝はコーヒー、夕方はワインのサービスもある。

Wi-Fi 無料　177室　カード A D M V

Ⓜユニオンスクエア周辺 P.227-E2
🏠191 Sutter St., San Francisco, CA 94104
☎(1-415) 781-3060
🆚(1-415) 433-4409
🌐www.galleriapark.com
💲ⓈⒹⓉ$149〜1189、Ⓢⓤ$349〜1329

高級 パレスホテル
Palace Hotel

歴史あるラグジュアリーなホテル

1875年に開業した老舗ホテル。美を損なうことのないエレガントでモダンな客室は快適そのもの。まさに別世界というべき装いだ。ミュニメトロMontgomery駅のすぐ上。優雅なアフタヌーンティー（土 14:00〜16:00）もおすすめ。

Wi-Fi $14.95　556室　カード A D J M V

Ⓜユニオンスクエア周辺 P.227-F3
🏠2 New Montgomery St., San Francisco, CA 94105
☎(1-415) 512-1111
🆚(1-415) 543-0671
🌐www.marriott.com
💲ⓈⒹⓉ$269〜1659、Ⓢⓤ$322〜7500

メモ　読者割引料金で宿泊できる　P.273で紹介するハンドレリー・ユニオンスクエア・ホテルは、ヘンリー高野氏（日本語可。予約にはクレジットカード番号が必要）を通して予約すると割引料金で滞在できる。☎ (1-650)

高級	インターコンチネンタル・マーク・ホプキンス **InterContinental Mark Hopkins**

ノブヒルにそびえ立つ豪華ホテル

エレガントなロビー、クリスタルのシャンデリアなど内装は超一流。上部の部屋から見下ろすサンフランシスコのパノラマは、このホテルならではの贅沢な眺めだ。ケーブルカーのカリフォルニア線がホテルの目の前を走る。

WiFi $14.95　383室　カード A D J M V

Ⓜ ダウンタウン中心部 P.224-C3
🏠 999 California St., San Francisco, CA 94108
☎ (1-415) 392-3434
🖷 (1-415) 421-3302
🌐 www.sfmarkhopkins.com
🛏 ⑤ⒹⓉ$209〜731、ⓈⓊ$309〜3177

高級	スタンフォードコート **Stanford Court**

上品で落ち着きのあるホテル

小さめのロビーには天井にゴージャスなステンドグラスがはめられ、その下には季節の花々が飾られていて品がある。ノブヒルにある豪華ホテルのなかでも、ひと味違う洗練されたホテルだ。ケーブルカー停留所のすぐそば。

WiFi無料　400室　カード A J M V

Ⓜ ダウンタウン中心部 P.224-C3
🏠 905 California St., San Francisco, CA 94108
☎ (1-415) 989-3500
🖷 (1-415) 732-4051
🌐 www.stanfordcourt.com
🛏 ⑤Ⓓ$279〜609、ⓈⓊ$549〜1942

中級	イン・アット・ユニオンスクエア **The Inn at Union Square**

ひとり旅の女性に特におすすめ

こぢんまりとしたブティックホテルは、落ち着いた雰囲気で30〜40歳代の女性に人気がある。ユニオンスクエアをはじめ、ケーブルカー乗り場やバート駅、チャイナタウンへ歩いていける距離だ。徒歩圏内にはレストランが集まっている。

WiFi無料　30室　カード A M V

Ⓜ ユニオンスクエア周辺 P.226-B2
🏠 440 Post St., San Francisco, CA 94102
☎ (1-415) 397-3510
🖷 (1-415) 989-0529
🌐 www.unionsquare.com
🛏 ⑤Ⓓ$159〜1213、ⓈⓊ$239〜

中級	ハンドレリー・ユニオンスクエア・ホテル **Handlery Union Square Hotel**

ロケーション抜群の快適なホテル

ユニオンスクエアまで半ブロック。広々とした快適な客室と高級ホテル並みのサービスは、中心部ではとても貴重だ。日本セールス担当のヘンリー高野氏（→ P.272 脚注）を通して日本語で予約することもできる。

WiFi無料　377室　カード A D J M V

Ⓜ ユニオンスクエア周辺 P.226-B3
🏠 351 Geary St., San Francisco, CA 94102
☎ (1-415) 781-7800
🖷 (1-800) 995-4874
🌐 sf.handlery.com
🛏 ⑤ⒹⓉ$179〜549、ⓈⓊ$269〜709

中級	エグゼクティブ・ホテル・ビンテージ・コート **Executive Hotel Vintage Court**

1階のスポーツバーもおすすめ

古い建物をリノベーションしたホテルなので、部屋の造りは古さを感じるが、水回りはもちろん、部屋の内装も設備も新しいので快適。チャイナタウンのゲート、ユニオンスクエアまでいずれも徒歩2分という抜群のロケーション。

WiFi無料　106室　カード A D J M V

Ⓜ ユニオンスクエア周辺 P.226-C1
🏠 650 Bush St., San Francisco, CA 94108
☎ (1-415) 392-4666
🖷 (1-415) 433-4065
🌐 vintagecourthotel.com
🛏 ⑤Ⓢ$109〜1100、ⓈⓊ$808〜1158

中級	ホテル・トライトン **Hotel Triton**

アーティスティックなこだわりホテル

部屋ごとに異なるポップなインテリアが自慢のホテル。ドラゴンゲートのすぐそばにある。禅のテイストでリラックスできる Zen Dens ルームなどもあり、とてもユニークだ。向かいにスターバックス・コーヒーもあり便利。

WiFi無料　140室　カード A J M V

Ⓜ ユニオンスクエア周辺 P.227-D1
🏠 342 Grant Ave., San Francisco, CA 94108
☎ (1-415) 394-0500
🖷 (1-415) 394-0555
🌐 www.hoteltriton.com
🛏 ⑤ⒹⓉ$159〜995、ⓈⓊ$309〜1145

ユニオンスクエア周辺

中級 アンドリュースホテル
The Andrews Hotel

ヨーロッパの雰囲気が漂うホテル

　スタッフがフレンドリーで親身な対応が評判のホテル。ロビーエリアではコーヒーや紅茶のサービスがあり、くつろげる。ユニオンスクエアまで2ブロック。1階に入るイタリア料理レストランの Fino Ristorante & Bar も人気がある。

WiFi無料　48室　カード A M V

Ｍダウンタウン中心部 P.224-B4
624 Post St.,
San Francisco, CA 94109
(1-415) 563-6877
(1-415) 928-6919
andrewshotel.com
ＳＤＴ$111〜774、
Ｓｕ$159〜789

中級 キングジョージ・ホテル
King George Hotel

ロケーション抜群

　日本人旅行者に人気のブティックホテル。1915年のサンフランシスコ万国博覧会のために建てられた。ヨーロッパ風の明るいインテリアが心地よい。徒歩圏内にはレストランやカフェがあるうえ、ユニオンスクエアまで徒歩5分と立地もよい。

WiFi無料　153室　カード A D J M V

Ｍユニオンスクエア周辺 P.226-B3
334 Mason St., San
Francisco, CA 94102
(1-415) 781-5050
(1-415) 391-6976
www.kinggeorge.com
ＳＤＴ$109〜1252、
Ｓｕ$219〜1302

エコノミー グラント・プラザ・ホテル
Grant Plaza Hotel

チャイナタウンの入口でコスパ高し

　近くをケーブルカーが通り、ユニオンスクエアやファイナンシャルディストリクトも徒歩圏内と、意外に便利なロケーション。客室は広くはないが清潔で使いやすく、何より料金が安いのがうれしい。それだけに人気も高く、予約は早めに。

WiFi無料　71室　カード A J M V

Ｍダウンタウン中心部 P.224-C3
465 Grant Ave., San
Francisco, CA 94108
(1-415) 434-3883
(1-800) 472-6899
(1-415) 434-3886
www.grantplaza.com
ＳＤＴ$109〜159

エコノミー ホステリング・インターナショナル SF ダウンタウン
Hostelling International San Francisco-Downtown

ユニオンスクエア近くのユース

　Geary St. と O'Farrell St. の間にあるユースホステル。バス付きの部屋もある。キッチン、シャワー、自動販売機などは24時間利用できる。ロケーションのよさから、ユースホステルのなかでも人気があるので予約は早めに。無料の朝食付き。　WiFi無料　330ベッド　カード A M V

Ｍユニオンスクエア周辺 P.226-B3
312 Mason St., San
Francisco, CA 94102
(1-415) 788-5604
(1-415) 788-3023
www.hiusa.org
ドミトリー$39〜81、
個室$75〜381

エコノミー アムステルダム・ホステル
Amsterdam Hostel

フレンドリーな対応で安心

　ユニオンスクエアから2ブロック先の所にある、ロケーションのよいユースホステル。食事もショッピングも観光も、ここに滞在していれば快適だ。トイレやバス、キッチンは共同で使用。ロッカーあり。パンケーキの朝食付き。自転車のレンタルもある。

WiFi無料　100ベッド　カード A J M V

Ｍユニオンスクエア周辺 P.226-A1
749 Taylor St., San
Francisco, CA 94109
(1-415) 673-3277
hostelsf.com
ドミトリー$31〜69、
個室$87〜225

ダウンタウン

高級 ハイアット・リージェンシー・サンフランシスコ
Hyatt Regency San Francisco

贅沢なひとときをここで

　ファイナンシャルディストリクトの中心にあるホテル。すぐ前にケーブルカーやバートの乗り場がある。フェリービルディングも近い。広々とした客室は快適そのもの。

WiFi無料　821室　カード A D J M V

Ｍダウンタウン中心部 P.225-F3
5 Embarcadero Center,
San Francisco, CA 94111
(1-415) 788-1234
(1-415) 398-2567
www.hyatt.com
ＳＤＴ$269〜1072、
Ｓｕ$394〜1402

`中級` **フェニックスホテル**
Phoenix Hotel

SFのロックンロールホテル

ミュニメトロのCivic Center駅から徒歩10分。敷地内は南の島のリゾート地のようなカジュアルで開放的な雰囲気が漂う。建物のデザインや色使いもポップでユニーク、客室は使い勝手もよく快適だ。無料の朝食が付く。

WiFi無料　44室　カード A M V

Ⓜダウンタウン中心部 P.224-A5
🏠601 Eddy St., San Francisco, CA 94109
☎(1-415)776-1380
FAX(1-415)885-3109
🌐www.bunkhousehotels.com
🛏ⓈⒹⓉ\$149～679
ⓈⓊ\$299～749

`中級` **クイーンアン・ホテル**
Queen Anne Hotel

サンフランシスコらしいホテル

閑静な住宅街、パシフィックハイツにあり、周囲はとても静か。100年以上も前に建てられたビクトリアンスタイルの建物で、ホテルに足を踏み入れるとゴージャスなラウンジがある。歴史のあるホテルでとっておきのひとときを。朝食無料。

WiFi無料　48室　カード A D J M V

Ⓜパシフィックハイツとその周辺 P.230-B4
🏠1590 Sutter St., San Francisco, CA 94109
☎(1-415)441-2828
FAX(1-415)775-5212
🌐www.queenanne.com
🛏ⓈⒹⓉ\$175～699、
ⓈⓊ\$245～879

`中級` **キンプトン・ホテル・エンソー**
Kimpton Hotel Enso

静かな環境でリラックス

ジャパンタウンにあり、食事や書籍など日本のものには事欠かない。SFっ子に人気のフィルモアストリートへ1.5ブロック、中心部には目の前を走るミュニバス#2でわずか15分と意外に便利だ。洗練されたインテリアで、落ち着く。

WiFi\$12.99　131室　カード A D J M V

Ⓜパシフィックハイツとその周辺 P.230-B4
🏠1800 Sutter St., San Francisco, CA 94115
☎(1-415)921-4000
FAX(1-415)923-1064
🌐www.ensohotelsf.com
🛏ⓈⒹⓉ\$225～615

`高級` **マリオット・バケーション・クラブ・パルス**
Marriott Vacation Club Pulse

設備が整った客室は快適

家族連れに人気のホテル。中庭には焚き火台もある。ケーブルカーのパウエル－メイソン線の終点から1ブロック。シーフードレストランが集まるフィッシャーマンズワーフへは徒歩で6分ほどなので、不自由しない。

WiFi無料　234室　カード A D J M V

Ⓜフィッシャーマンズワーフ周辺 P.228-C3
🏠2620 Jones St., San Francisco, CA 94133
☎(1-415)885-4700
FAX(1-415)771-8945
🌐www.marriott.com
🛏ⓈⒹⓉ\$149～609

`エコノミー` **ホステリング・インターナショナルSFフィッシャーマンズワーフ**
Hostelling International San Francisco-Fisherman's Wharf

海のそば、環境も設備も最高

博物館やギャラリーが集まっているフォートメイソンの高台の森にあるホステル。1部屋4～20人でシェアするドミトリーと個室がある。ユニオンスクエアまでケーブルカーのパウエルーハイド線で約35分。

WiFi無料　44ベッド　カード A D J M V

Ⓜフィッシャーマンズワーフ周辺 P.228-A2
🏠240 Fort Mason, San Francisco, CA 94123
☎(1-415)771-7277
🌐www.hiusa.org
🛏ドミトリー\$35～62、
個室\$108～180

`高級` **ホテルヴィア**
Hotel VIA

オラクルパーク至近のホテル

道路を挟んだ向かい側にオラクルパークがあり、試合が行われる日は周辺がいっそうにぎやかになる。ミュニメトロの駅までは徒歩3分。客室はモダンな家具でまとめられ、観光、ビジネス問わず、どんなシチュエーションでも快適に過ごすことができる。

WiFi無料　159室　カード A D J M V

Ⓜサンフランシスコ中心部 P.223-F2
🏠138 King St., San Francisco, CA 94107
☎(1-415)209-1374
FAX(1-415)764-4849
🌐www.hotelviasf.com
🛏ⓈⒹⓉ\$209～1374、
ⓈⓊ\$409～1624

ワインカントリー（ナパ&ソノマ）
Wine Country(Napa & Sonoma)

ロマンティックな週末リゾート

ワインカントリーは、カリフォルニアで1、2を争う人気の観光スポット。この地域には大小400以上のワイナリーがあり、レストランや宿泊施設を併設しているところも。ワインと料理、景色が楽しめるワイントレインも人気。周辺の小さな町も個性的だ。マッドバス（泥風呂）で有名なカリストーガや、スヌーピーの生みの親のミュージアムはサンタローザにある。SFからの小旅行にはぴったりのエリアだ。

サンフランシスコからナパへ
行き方 ベイブリッジを渡り、I-80、CA-12、CA-29を約80km北上する。所要約1時間30分。
サンフランシスコからソノマへ
行き方 ゴールデンゲート・ブリッジを渡り、US-101、CA-37、CA-121、CA-12を約70km北上。所要1時間15分。

サンフランシスコからのエアポートバス （→P.214）
サンフランシスコ国際空港の国際線ターミナル2階（到着階）を出て中州にある「Airporter」の乗り場から。
グルーム・トランスポーテーション
📠groometransportation.com
🎫大人・シニア・子供$20、12歳以下無料

現地在住でソムリエの日本人が作るウェブサイト
ワインカントリーの最新情報がわかる。
📠mywineus.com

ワインカントリーへの行き方

日帰りにもちょうどいい距離で、サンフランシスコから車で約1時間30分。ソノマカウンティの中心にあるサンタローザへは、ゴールデンゲート・ブリッジを渡りUS-101を80km北上する。サンタローザの南東35kmにあるのがソノマ・ダウンタウン。ソノマからCA-12とCA-29を北東へ進むとナパにたどり着く。ナパからCA-29を北上すれば、**セントヘレナ、カリストーガ**の町だ。また、飲酒運転を避けるならサンフランシスコからツアー（→P.218）に参加するのもいい。**ナパ名物「ワイントレイン」のツアー**（→P.278）など、日帰りでも十分楽しめる。

サンフランシスコ国際空港（SFO）から、サンタローザやソノマ・カウンティ空港へは、グルーム・トランスポーテーションGroome Transportationのバスが1日19便（毎日5:30～24:30）運行している。

ワインカントリーの歩き方

いちばんの見どころはやはり**ワイナリー巡り**。ナパバレーNapa Valley、ソノマカウンティSonoma Countyを中心に、セントヘレナSt. Helena、サンタローザSanta Rosaへと、ワイナリーが広範囲にわたって点在しているので、興味のあるワイナリーを絞って訪れたい。グルメなレストランや洗練されたホテルが多いのも特徴で、ナパバレーの北にあるカリストーガCalistogaは温泉保養地。ミネラルウオーター、スパ、間欠泉なども有名だ。車でワインカントリーの町を走り、スパリゾートで1泊、おいしいレストランで舌鼓を打つ……そんな旅のスタイルがうってつけ。

ナパ
セントヘレナへ
オックスボウ・パブリック・マーケット
Oxbow Public Market (P.285)
Gott's Roadside
リバー・テラス・イン (P.287)
River Terrace Inn
Senza Hotel
ナパバレー・ワイントレイン
Napa Valley Wine Train (P.278)
Indigo Napavalley
Chablis Inn
Slanted Door (P.286)
ナパ・ファーマーズマーケット (P.278)
ナパバレー観光局 (P.277)
Embassy Suites Napa Valley
ナパ・プレミアム・アウトレット (P.285)
Napa Premium Outlets
メイカーズマーケット (P.285)
Makers Market
ワイントレイン・ワインストア (P.285)
Wine Train Wine Store
ロバート・モンダビ・アーチ&タワー (P.281)
Robert Mondavi Arch & Tower
Old Sonoma Rd.
ナパ
Napa
Best Western Plus Inn at the Vines
3km
2mile

ナパバレー
Napa Valley

1976年フランスのパリで行われたワイン・テイスティング競技会でナパのカベルネ・ソービニヨンが優勝して以来、一躍知名度を上げたカリフォルニアワイン。アメリカで生産されるワインの大部分を占めている。

ナパのダウンタウンには観光案内所やバスセンター（VINE Transit Center）がある。ワイントレインの乗り場も近い。ワインカントリーの出発点として絶好の場所だ。ここからはバスの本数も多くて便利なので、車を置いて各路線バスの旅もできる。特に#10のバスは、ナパからワイナリー街道のセントヘレナ・ハイウエイ（CA-29）を走る。

ナパバレー
MP.221-B1

ナパバレー観光局（観光案内所）
Napa Valley Welcome Center
MP.276
1300 1st St., #313, Napa, CA 94559
(707)251-5895
www.visitnapavalley.com
毎日9:30～18:00。時期により異なる

目の前にブドウ畑をもつワイナリーもある

Information

ナパバレーのおもなワイナリー

1　Fairwinds Estate Winery
　(707)341-5300
2　Sterling Vineyards
　(→P.281)
　(1-800)726-6136
3　Davis Estates
　(707)942-0700
4　Schramsberg Vineyards
　(1-800)877-3623
5　Larkmead Vineyards
　(707)942-0167
6　Rombauer Vineyards
　(1-866)280-2582
7　Viader
　(707)963-3816
8　Freemark Abbey
　(1-800)963-9698
9　Markham Vineyards
　(707)963-5292
10　Beringer Vineyards
　(→P.281)
　(707)257-5771
11　Prager
　(707)963-7678
12　Merryvale Vineyards
　(707)963-7763
13　Louis M. Martini
　(707)968-3362
14　V. Sattui
　(707)963-7774
15　Sutter Home
　(707)963-3104
16　Joseph Phelps Vineyards
　(1-800)707-5789
17　Whitehall Lane
　(707)963-9454
18　Inglenook
　(→P.281)
　(707)968-1161

19　Sullivan Vineyards
　(707)963-9646
20　Mumm Napa
　(1-800)686-6272
21　ZD Wines
　(707)963-5188
22　Miner Family Winery
　(707)944-9500
23　Beaulieu Vineyards
　(707)257-5749
24　Peju Province
　(707)963-3600
25　Opus One(→P.281)
　(707)944-9442
26　Robert Mondavi
　(→P.281)
　2024年3月現在改築中
27　Silver Oak
　(707)942-7022
28　Silverado Vineyards
　(707)257-1770
29　Clos Du Val
　(707)261-5212
30　Trefethen Family Vineyards
　(707)255-7700
31　William Hill
　(707)265-3024
32　Domaine Carneros
　(1-800)716-2788
33　Bouchaine
　(707)252-9065
34　Domaine Chandon
　(→P.281)
　(1-888)242-6366
35　Larson Family Winery
　(→P.281)
　(707)938-3031
36　Jaccuzi Family Vineyards
　(→P.281)
　(707)931-7500

※表内の数字は左の地図中の数字に対応している

ワイナリーマップ

メモ　ナパを走る市バス　ナパ市内やセントヘレナ、ヨウントビルを走る市バスのバイン。**VINE** vinetransit. com 大人$1.60、子供（6～18歳）$1.10。バスセンターVINE Transit Center 625 Burnell St., Napa

ナパバレーのおもな見どころ

ナパバレー・ワイントレイン
🏠出発場所：1275 McKinstry St., Napa
☎(707)253-2111
📠(1-800)427-4124
🌐www.winetrain.com
※事前にウェブサイトから予約すること
ランチ／10:30乗車、
ディナー／17:30乗車

ノスタルジックに食事を楽しむ　　　　　　　　　　　　ナパ　**MP.276**

ナパバレー・ワイントレイン
Napa Valley Wine Train　　　　　　　　　　　　★★★

年間350万人もの観光客が訪れるナパバレーで、人気のアトラクションといえばナパバレー・ワイントレイン。1989年創立で、35年以上の歴史を誇り、年を追うごとにその人気は高まっている。

車のない人にはおすすめのワイントレイン

ワイントレインとは？

ナパバレー・ワイントレインは、ナパのダウンタウンを出発し、北のセントヘレナへ向かう観光列車。セントヘレナで方向転換し、ナパへと戻る。列車ならではの心地よいテンポで、ゆっくりと進む。1910年代のクラシックなアンティーク車両を改良した車両は、どこか懐かしい雰囲気が漂い、年代を問わず多くの人々に親しまれている。車窓から美しいブドウ畑を眺めながら、本格派カリフォルニア料理に舌鼓。美しい景色とおいしい食事が、優雅な列車の旅をぐっと盛り上げる。

列車内ではナパ産のワインを中心にテイスティングも楽しめる。ワインカントリーの魅力を十分に満喫できるのがこのワイントレインなのだ。

ツアーは、午前中に出発のランチプランLunch、夕方出発のディナープランDinner、1日プランのレガシーエクスペリエンスThe Legacy Experienceなどがある。所要3時間のランチプランとディナープランでは、3～4コースの料理が付く。所要6時間のレガシーエクスペリエンスでは、4コースの料理が付くほか、チャールズ・クリュッグ・ワイナリーとヴィ・サトゥイ・ワイナリーに立ち寄り、ワインのテイスティングもできる。

車両で選ぶ楽しみ方

ランチとディナーのプランではそれぞれ、1950年代の列車を復元したガラスドームが印象的な展望車両（ビスタ・ドーム・カーVista Dome Car）に乗る「Vista Dome」と、くつろいだ雰囲気が漂うグルメ車両（Gourmet Cars）に乗る「Gourmet Express」の2種類がある。どちらの車両でもおいしいひとときを過ごせる。※料理の内容は、車両によって異なる。

ツアーダイジェスト

●チェックイン

カウンターで名前と人数、申し込み内容などを確認する。

●本格カリフォルニア料理を楽しむ

列車内には全部でふたつのキッチンがある。本格派のカリフォルニア料理が列車内で作られ、すぐにテーブルへと運ばれてくる。地元の食材と旬にこだわったシェフ自慢の料理だ。ナパバレーの豊かな味わいをワインと一緒に楽しみたい。

ツアーの種類
ランチ：グルメ車両（3コース料理）$195～、展望車両（4コース料理とスパークリングワイン1杯）$300～
ディナー：グルメ車両（3コース料理）$225～、展望車両（4コース料理とスパークリングワイン1杯）$360～。

ナパ・ダウンタウンの散策

ワイントレインの駅の横には、グルメな店が集結したオックスボウ・パブリック・マーケット（→P.285）がある。ここはカップケーキやチョコレート、オリーブオイルの専門店、カフェなど24店舗が揃うグルメスポット。ナパ・プレミアム・アウトレット（→P.285）では、人気ブランドの商品が毎日25～65％オフで購入できる。

大きな窓から美しい景色も楽しめる

乗車中にワインに合うおいしい料理が出てくる

📝メモ ナパで開催されているファーマーズマーケット　毎週土曜と4～12月の火曜8:00～12:00にダウンタウンで行われる。**Napa Farmers Market**　**MP.276**　🏠1100 West St., Napa　🌐napafarmersmarket.org

セントヘレナ
St. Helena

おしゃれでおいしい、小さな町　　　セントヘレナ　MP.277　★★

実際のところ、ワイナリーが集中しているのは、ナパのダウンタウンから10kmほど北上したあたり。セントヘレナに到着する頃には、両サイドが軒並みワイナリーとなる。ナパから北上し、お昼はおしゃれなセントヘレナの町で、カリフォルニアワインとカリフォルニアキュイジーヌのランチを召し上がれ。

セントヘレナ観光案内所
St. Helena Welcome Center
MP.279
🏠1154 Main St., St. Helena, CA 94574
☎(707)963-4456
🌐www.sthelena.com
🕐毎日10:00〜17:00

ダウンタウンにはグルメな店も多い

カリストーガ
Calistoga

マッドバスでリラクセーション　　　カリストーガ　MP.277　★★

セントヘレナの北西約13kmにあるカリストーガは、温泉保養地。カリストーガの天然水を生産しているなどヘルシーな雰囲気で、特にマッドバス（泥風呂）が盛んなスパリゾートとして有名だ。町はリンカーンアベニューLincoln Avenue沿いに500mくらいの広がりをもち、この周辺にスパがある。値段もお手頃なので、ぜひトライしたい。

周辺のスーパーマーケットには、ナパ近郊産のワインがずらりと並び、カリストーガの天然水が各種置いてある。天然水には、鉱物やカルシウム、塩化ナトリウムなどミネラルが豊富に含まれていて、これらがお肌つるつるへの働きを促す。

カリストーガ・ウエルカムセンター
Calistoga Welcome Center

観光に関する資料も豊富。親切なスタッフが、新しいワイナリーや、時期によっては無料ワインテイスティングの情報を教えてくれる。スパやホテルの紹介もしてくれる。
MP.280
🏠1133 Washington St., Calistoga, CA 94515
☎(707)942-6333
🌐visitcalistoga.com
🕐毎日10:00〜16:00

マッドバスでリフレッシュ

★★★おすすめ度　　　　　　　　　　　**279**

クロ・ペガス
🏠1060 Dunaweal Ln.,
　Calistoga
☎(707)942-4981
🌐www.clospegase.com
🕐毎日10:00～17:00
💰テイスティング＆ツアー$125、
　テイスティングのみ$40～60
※要事前予約

建築デザインにも注目

カリストーガでリラックスし
て美しく

アートなワイナリー　　　　　　　ワイナリーマップ MP.277

クロ・ペガス
Clos Pegase ✶✶✶

　オーナーのイアン・シュラムJan Schremは13年に及ぶ日本滞在中に出版業で成功を収めた起業家。夫人のミツ子さんの影響でワインのおもしろさに目覚め、ボルドー第2大学で本格的に学ぶ。その後1984年、カリストーガにクロ・ペガスを開業。ワイナリーは2013年にVintage Wine Estateに売却された。サンフランシスコ現代美術館との共同コンペで建てられた建物は、夫妻の美術コレクションと見事に調和している。410エーカーの敷地に3つのブドウ畑があり、11種類のブドウを育てている。週末の午後は混む。

カリストーガ

ゴールデン・ヘブン・ホットスプリングス・スパ＆リゾート(P.280)
Golden Haven Hot Springs Spa & Resort
ロマン・スパ・ホットスプリングス・リゾート(P.280)
Roman Spa Hot Springs Resort
Sharpsteen Museum
Pioneer Park
マウント・ビュー・ホテル&スパ(P.280)
Mount View Hotel & Spa
警察署
シティホール
City Hall
Dr. Wilkinson's Hot Springs Resort
Bella Bakery
Cal Mart
カリストーガ・イン
Calistoga Inn
(P.287)
Calistoga Bikeshop
インディアンスプリングス・スパ&リゾート(P.280)
Indian Springs Spa & Resort
カリストーガ・ウエルカム・センター
Calistoga Welcome Center
(P.279)
郵便局
カリストーガ・スパ・ホットスプリングス(P.280)
Calistoga Spa Hot Springs
Pine St.
The Inn on Pine
セントヘレナ、ナパへ
0　　　100m

Information　カリストーガのスパ　下記物件すべてMP.280

●Calistoga Spa Hot Springs
🏠1006 Washington St., Calistoga
☎(707)942-6269
🌐www.calistogaspa.com
🕐毎日10:00～21:00。時期により異なる。
　マッドバス$135、ミネラルバス$50、マッサージ（60～90分）$145～245。ミネラルプールは宿泊客と知人ひとりまで入ることができる。$75。

●Golden Haven Hot Springs Spa & Resort
🏠1713 Lake St., Calistoga
☎(707)942-8000(予約)
🌐www.goldenhaven.com
🕐毎日8:00～23:00
　マッドバス$138～、全身マッサージ$139～249、水中マッサージ$39～59などがある。マッサージ体験者向けのミネラルプールを利用できるパッケージもあり。

●Indian Springs Spa & Resort
🏠1712 Lincoln Ave., Calistoga
☎(707)709-8139
🌐www.indianspringscalistoga.com
🕐毎日9:00～18:00
　マッドバス$170、マッサージ$170～390、フェイシャル$170～380。

●Roman Spa Hot Springs Resort
🏠1300 Washington St., Calistoga
📞(1-800)914-8957
🌐www.romanspahotsprings.com
🕐毎日9:00～17:00(木～日～21:00)
　マッドバス$129、ミネラルバス$105、マッサージ(45～75分)$129～189など。

●Mount View Hotel & Spa
🏠1457 Lincoln Ave., Calistoga
☎(707)942-6877
🌐mountviewhotel.com
🕐木～月9:00～17:00(金・土～19:00)
　マッサージは7コースあり、$190～250。

メモ カリストーガの間欠泉　"Oldfaithful（昔から忠実な）"と呼ばれる間欠泉が、カリストーガの町から車で5分ほどの場所にある。「忠実」というのは、間欠泉が噴き出す間隔と噴き上がる時間が季節ごと↗

Information　おもなワイナリー

※テイスティングは21歳以上。ほとんどのワイナリーで事前予約が必要。ツアーにより催行時間は異なる。おもな祝日は休館。

●ロバート・モンダビ
Robert Mondavi
Ⓜ️P.279
🏠7801 St. Helena Hwy., Oakville
※2024年3月現在、改装につき一時閉鎖中。
📞(1-888)766-6328
🌐www.robertmondaviwinery.com

　カリフォルニアワインのなかでも高級なワインを造っているワイナリーとして知られている。2024年3月現在、ワイナリーはリノベーションにより閉鎖中。2023年秋、ナパにオープンしたロバート・モンダビ・アーチ＆タワーRobert Mondavi Arch & Towerでは、テイスティング（$65～145）や料理とのペアリング体験コース（$165）を提供している。

Robert Mondavi Arch & Tower
Ⓜ️P.276　🏠930 3rd St., Napa
📞毎日11:00～16:00

●イングルノック
Inglenook
Ⓜ️P.279
🏠1991 St. Helena Hwy., Rutherford
📞(707)968-1161
🌐www.inglenook.com
📞毎日10:30～17:00

　1879年創業。映画監督のフランシス・フォード・コッポラ氏がワイナリーを購入し、2011年に商標権を取得した。ガイドツアーは$125～、テイスティングは$75～125。

●オーパスワン
Opus One
Ⓜ️P.279
🏠7900 St. Helena Hwy., Oakville
📞(707)944-9442
📞(1-800)292-6787
🌐en.opusonewinery.com
📞毎日10:00～16:00

　ボルドーのシャトー・ムートンを所有するロスチャイルド家とロバート・モンダビ氏が、夢のワインを造るために建てたワイナリーだ。テイスティングは$125～200。

●ドメイン・シャンドン
Domaine Chandon
Ⓜ️P.277
🏠1 California Dr., Yountville
📞(1-888)242-6366
🌐www.chandon.com
📞木～月10:00～16:00（月11:00～）
🚫火・水

　有名シャンパンメーカー、モエ・エ・シャンドン系列のワイナリー。緑いっぱいのワイナリーは、開放感もあり、とてもくつろげる。テイスティングは$44～65。料理とのペアリング体験コースは$155。

●ベリンジャービンヤーズ
Beringer Vineyards
Ⓜ️P.279
🏠2000 Main St., St. Helena
📞(707)358-6831
🌐www.beringer.com
📞毎日10:00～17:00

　1876年からワインを造り続けている老舗のワイナリー。1884年に建てられたステンドグラスが美しい豪華な屋敷でのテイスティングが含まれた各種ツアー（$20～150）を楽しめる。

●スターリングビンヤーズ
Sterling Vineyards
Ⓜ️P.277
🏠1111 Dunaweal Ln., Calistoga
📞(1-800)726-6136
🌐www.sterlingvineyards.com
📞毎日10:00～17:00（火・水～16:30）

　ナパバレーを見下ろす丘の上に立つワイナリー。駐車場から丘の上までトラムに乗ってワイナリーにたどり着く。入場券（$55）にはトラムの往復乗車券とワインテイスティングが含まれる。料理とのペアリング体験コース（$125）やセルフガイド付きテイスティング（$75）もあり。

●ジャクージ・ファミリー・ビンヤーズ
Jaccuzi Family Vineyards
Ⓜ️P.277
🏠24724 Arnold Dr., Sonoma
📞(707)931-7500
📞(1-866)522-8693
🌐www.jacuzziwines.com
📞月～金11:00～17:00、土・日10:00～17:30

　ジェットバスを開発したイタリアのジャクージ家が経営するワイナリー。約5種類のワインをテイスティングできる（$30～75）。

●ラーソン・ファミリー・ワイナリー
Larson Family Winery
Ⓜ️P.277
🏠23355 Millerick Rd., Sonoma
📞(707)938-3031
🌐www.larsonfamilywinery.com
📞木～日11:00～17:00
🚫月～水

　ソノマにあるワイナリー。ファミリー経営であたたかい雰囲気が特徴的だ。こぢんまりとしているが、赤ワインで賞を取ったこともある。テイスティング$35～50。

ドメイン・シャンドンのワイナリー。ワイナリーはそれぞれが個性的

ソノマカウンティ
MP.221-B1

ソノマバレー観光局
Sonoma Valley
Visitors Bureau
　プラザの一角にある。
📍453 1st St. E., Sonoma, CA 95476
☎(1-866)996-1090
🌐www.sonomavalley.com
🕐毎日10:00～16:00

ソノマカウンティ・トランジット
　サンタローザを中心にソノマ・ダウンタウンやヒールズバーグ、ペタルマへ走る。
🌐sctransit.com
💴大人$1.50～4.80、子供（18歳以下）無料

プラザ
📍453 1st St. E., Sonoma

ミッション・サンフランシスコ・ソラーノ（ソノマ州立公園内）
📍114 E. Spain St., Sonoma
☎(707)938-9560
🌐www.missionscalifornia.com/missions/san-francisco-solano
🌐www.sonomaparks.org
🕐毎日10:00～17:00
🚫おもな祝日
💴大人$3、子供（6～17歳）$2

ソノマカウンティ
Sonoma County

　カリフォルニアワインの発祥地が、ここソノマカウンティだ。1823年、ミッション・サンフランシスコ・ソラーノ・デ・ソノマの伝道師たちにより、ブドウ作りが始まった。ワイナリーは、ソノマバレーに広く点在している。ソノマカウンティの中心地サンタローザ Santa Rosa やソノマ・ダウンタウン周辺に観光スポットが点在している。

ソノマのダウンタウンも散策したい

ワイナリーに囲まれたヒストリックサイト　ワイナリーマップ **MP.277**
プラザ
The Plaza　　★★

　ソノマ・ダウンタウンの中心地となるのがここプラザだ。スパニッシュスタイルの歴史的なプラザの周辺には、伝道所の**ミッション・サンフランシスコ・ソラーノMission San Francisco Solano**や市役所、美術館、レストランなどが集まっている。

Column ## サイクリング in ソノマカウンティ

　サンフランシスコから北に約56kmの所に位置するソノマカウンティは、車やツアーで気軽にアクセスできることもあり、日帰りや週末旅行で訪れる観光スポットとしてポピュラーだ。サンフランシスコ市内から車で1時間30分ほど走ると、あたりの風景が一変する。なだらかに連なる丘陵、みずみずしい緑が一面に広がるブドウ畑……。足早に通過してしまうのは、何だかもったいない気がするはず。

　ワインカントリーの自然を巡るツアーを企画するGetaway Adventuresでは、いくつかのユニークなツアーを催行している。そのなかのひとつ、Healdsburg Sip' N Cycleは、ソノマバレーのワイナリーと自然が息づく広々とした道を、サイクリングで巡るというもの。トータルで16～20kmほど走るが、平坦な道のりなので、心地よいサイクリングが楽しめるだろう。

ブドウ畑をガイドとともに自転車で走る

●**Getaway Adventures**
📍61 Front St., Healdsburg
☎(1-800)499-2453
🌐getawayadventures.com

Healdsburg Sip' N Cycle
　ソノマバレーのワイナリーを巡り（試飲料別）、途中、ピクニックランチを取る。10:00集合（📍61 Front St., Healdsburg）、所要約5時間30分。
💴$250　自転車、ヘルメット、水、ランチ、パーソナルガイド付き
※ツアーはウェブサイトから申し込める

サイクリングするのに気持ちのよい道

📖メモ 「ピーナッツ」とは？　チャーリー・ブラウンと個性豊かな仲間たちとの日常を描いた漫画。新聞に初めて連載が決まった当時、主人公の"チャーリー・ブラウン"にちなんだタイトルを考えていたチャールズ・

漫画『ピーナッツ』の作者シュルツの功績をたたえる　サンタローザ周辺　MP.283

チャールズ・M・シュルツ博物館
Charles M. Schulz Museum ★★★

サンタローザ Santa Rosaにあるチャールズ・M・シュルツ博物館は、スヌーピーの生みの親であるCharles M. Schulzゆかりのものを展示する、世界でひとつだけのミュージアム。シュルツ氏が存命中に、ミュージアム建設の構想があったが、控えめな性格のシュルツ氏は一切興味を示すことはなかったという。しかし、シュルツ氏と親交をもつアーティストや友人たちの情熱は失われなかった。後世に受け継がれるべき彼の功績を残すためのプロジェクトは、日本人アーティストの大谷芳照氏による、日本のスヌーピータウンショップ設置を機に勢いづく。創造性と遊びに満ちたスヌーピータウンに惚れ込んだ発起人たちは大谷氏を迎え、シュルツ氏の監督の下でプロジェクトが進行していく。2002年、シュルツ氏が亡くなるまで約40年を過ごしたこの土地に念願のミュージアムがついに誕生し、一般にも公開されている。

館内はシュルツ氏の作品や原画を展示するほかに、関係書物の閲覧室、シュルツ氏が実際に使用していた机と椅子を用いて仕事場を再現したりと、彼のゆかりのものであふれている。また、大谷氏の2作品『ピーナッツのタイル壁画 Peanuts Tile Mural』『進化するスヌーピー Morphing Snoopy Wood Culture』は必見。前者の作品には製作に2年を費やし、3588枚ものタイルで『ピーナッツ』(→P.282脚注)の4コマ漫画を再現している。後者の作品は、シュルツ氏の子供時代の愛犬だったビーグルの"スパイク"がスヌーピーに進化するまでを描いた木製彫刻で、43枚のレイヤーで構成される、総重量3トン以上もある巨大な作品だ。

ミュージアムには展示室のほかにスヌーピー関連のグッズが満載のギフトショップがある。ミュージアムのエントランス前にはスヌーピーの頭部をモチーフにした迷路もあり、とてもユニークだ。また、道路を1本挟んだ向かい側にはスヌーピーズギャラリー&ギフトショップやアイスアリーナSnoopy's Home Iceもあり、アイスホッケーをこよなく愛したシュルツ氏の心がここにも宿っている。

ピーナッツの仲間たちのフィギュアも展示されている

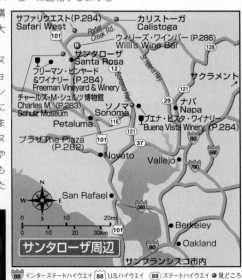

サンタローザ周辺

サンフランシスコ市内

サンタローザ
M巻頭折込「アメリカ西海岸」

チャールズ・M・シュルツ博物館
住2301 Hardies Ln., Santa Rosa
電(707)579-4452
URLschulzmuseum.org
開〈夏期〉毎日11:00～17:00（土・日10:00～）、〈冬期〉水～月11:00～17:00（土・日10:00～）
休冬期の火、おもな祝日
料大人$12、シニア（62歳以上）$8、子供・学生（4～18歳）$5、3歳以下無料

日本人アーティスト、大谷芳照氏による作品『ピーナッツのタイル壁画』を見学しよう

サンフランシスコから
車ゴールデンゲート・ブリッジを渡り、US-101を約55マイル（約90km）ほど北上し、Exit 491で下りる。所要約1時間10分。

88 インターステートハイウエイ　88 U.S.ハイウエイ　88 ステートハイウエイ　●見どころ

> M・シュルツ氏はエージェントが勝手に付けた『ピーナッツ』というタイトルが気に入らなかったという。75ヵ国、2600紙以上に掲載され、世界中の人に愛される作品になった。

283

サファリウエスト

住 3115 Porter Creek Rd.,
Santa Rosa
電 (707)579-2551
URL www.safariwest.com
※事前にウェブサイトから訪問日時を予約すること。
営 ツアー：毎日9:00、10:00、12:00、13:00、14:00、16:00（季節により異なり、1日2～6回）

		大人	子供	シニア
9～	月～金	$105	$45	$95
5月	土・日	$115	$45	$105
6～	月～金	$126	$45	$116
8月	土・日	$148	$50	$138

※3歳以下はツアーに参加できない。
※子供料金は4～12歳まで。シニアは62歳以上。
※基本は歩きやすい靴と丈の長いパンツ着用で、カメラと双眼鏡を持参しよう。夏は短パン可、サングラス、日焼け対策を。秋～春は薄手のジャケットがあると便利。冬は地面がぬかるむので汚れてもよい靴がベスト。
※ランチ（$13～19）やディナー（$17～35）を付けることもできる（要事前予約）

宿泊施設
テント
料 2名 $330～550

サンフランシスコから
交通 ゴールデンゲート・ブリッジを渡り、US-101を90km北上。サンタローザを越えたExit 494で下りる。Mark West Springs Rd.、Porter Creek Rd.を北東へ11km進んだ左側。所要約1時間30分。

北カリフォルニアのサファリパーク　　サンタローザ周辺　**M** P.283

サファリウエスト
Safari West ★★★

　非営利の野生動物保護団体が運営するサファリパークで、彼らが保護、育成した野生動物を放し飼いにした自然公園になっている。90種以上、約1000匹の動物がここで暮らしている。カリフォルニアの乾いた空気と広大な自然のなかで生活する動物たちを眺めていると、アフリカの野生に限りなく近づけようとしている運営努力と、のびのびと暮らしている姿に平和を感じるだろう。

　園内は、豊富な知識を備えたガイドが案内するサファリツアーでのみ見学可能。オープンエアの車で公園内の見どころを3時間で回る。ガイドを交えながらところどころで車を停め、至近距離でチーターを観察したり、草食動物に触ったりできる、アドベンチャー気分満載のツアーだ。

　パーク内には宿泊施設も完備。アフリカ風のテントキャビンとコテージの2種類で、設備は万全、快適そのものの滞在ができる。ちょっぴりワイルドな体験がお望みなら、ぜひテントキャビンに泊まってみよう。電気は通っているが電話もテレビもなく静寂のなかで、外から聞こえてくるのは虫の鳴き声、動物の遠吠え……。晴れた日の夜空には満天の星が輝いている。キャンプ場での滞在をハイグレードに仕立てた演出は、さすがアメリカ！と感心してしまう。

動物たちと間近で触れ合える

Column ## ソノマでおすすめのワイナリー

● **ブエナ・ビスタ・ワイナリー**
　Buena Vista Winery
　1857年に創設されたカリフォルニアで2番目に古いとされるワイナリー。史跡にも登録されている建物は趣があって絵になる。敷地内にあるデリで食材とワインを購入し、ピクニックを楽しむのもいい。
　M P.283　**住** 18000 Old Winery Rd., Sonoma　**Free** (1-800) 926-1266　**URL** buena vistawinery.com　**営** 毎日10:00～17:00
　テイスティングは1人 $25～35、建物に併設された博物館とワイナリーを巡るツアー（**営** 毎日11:00、14:00　**料** 大人 $50）がある。要事前予約。ナパ・ダウンタウンにはテイスティングルームThe Chateau Buena Vista Tasting Room［**住** 1142 1st St., Napa　**営** 木～月12:00～20:00（金・土～22:00、日・月～19:00）］もあり。

● **フリーマン・ビンヤード＆ワイナリー**
　Freeman Vineyard & Winery
　2001年にオープン。日本人女性（アキコ・フリーマン氏）がオーナー兼醸造家であるワイナリー。歴史は浅いが、世界的な品評会で金賞を受賞するなど、ワインのクオリティの高さは折り紙付き。テイスティング＆ツアーは予約制。静かな環境で美しいブドウ畑のツアーとテイスティングが楽しめる。
　M P.283
　住 1300 Montgomery Rd., Sebastopol
　電 (707) 823-6937
　URL www.freemanwinery.com
　営 毎日10:00～17:00（日～16:00）
　テイスティング＆ツアーは1人 $40。1グループ、最大6名まで。事前にウェブサイトから予約のこと。

ワインカントリーのショップ
Wine Country

SHOP

ワインカントリーでのおみやげといえば、やはりワインだろう。ワインはテイスティングをして、気に入ったものを購入しよう。よいワインのあるエリアには、食材もよいものが揃うもの。農場も多く、フルーツやハーブのおみやげも人気がある。

ナパバレー

ワインショップ ワイントレイン・ワインストア
Wine Train Wine Store

ナパワインを日本でも

ワイントレインの駅に併設するワインショップは、600以上もの種類のワインを揃えている。ナパの有名ワイナリーはもちろん、少量生産の希少ワインの品揃えも充実。日本への配送も行っているので相談するといい。

カード A M V

ワイントレインで出されるワインを販売する　Ⓒ Napa Valley Wine Train

Ⓜ ナパ P.276
🏠 1275 McKinstry St., Napa（ワイントレイン駅内）
☎ (707) 251-5201
🌐 store.winetrain.com
🕐 毎日9:30～17:30
🚫 クリスマス、元日、12月中旬～2月の月～木

セレクトショップ＆雑貨 メイカーズマーケット
Makers Market

古きよきクラフトマンシップをもう一度

2000年代に廃れてしまったアメリカの職人魂を復活させるべくオープンしたショップ。ワインカントリー在住のアーティストが製作したジュエリーやキャンドル、陶磁器などをメインに販売している。昔ながらの製法にこだわったアイテムは、観光で訪れるアメリカ人にも好評だとか。 カード A M V

おみやげ探しにもいい

Ⓜ ナパ P.276
🏠 1300 1st St., #301, Napa
☎ (707) 637-4637
🌐 makersmarket.us
🕐 毎日10:00～19:00（金・土～20:00）

ショッピングモール オックスボウ・パブリック・マーケット
Oxbow Public Market

ナパのダウンタウンにあるグルメスポット

グルメなレストラン、ショップが約20店あり、見るだけでも楽しい。人気のコーヒー店や、カップケーキの有名店などが集結。おみやげ探しにも、ひと役買ってくれそう。ここでは自転車もレンタルできるので、サイクリングをしながらワイナリー巡りもできる。 カード 店舗により異なる

食材を買ったあと、カフェでひと休みもできる

Ⓜ ナパ P.276
🏠 610 & 644 1st St., Napa
☎ (707) 226-6529
🌐 oxbowpublicmarket.com
🕐 毎日7:30～19:00。店舗により異なる
🚫 サンクスギビング、クリスマス

アウトレット ナパ・プレミアム・アウトレット
Napa Premium Outlets

ブランド品が毎日25～65%オフ

ダウンタウンからもアクセスしやすいアウトレット。Tommy Hilfiger、Coach、Michael Kors、J.Crew、Brooks Brothersなど日本人に人気のブランドもある。約50店舗と見て回りやすい大きさだ。 カード 店舗により異なる

ナパの中心部にアウトレットがある

Ⓜ ナパ P.276
🏠 629 Factory Stores Dr., Napa
☎ (707) 226-9876
🌐 www.premiumoutlets.com
🕐 毎日10:00～21:00（日～19:00）
🚫 おもな祝日

ヒールズバーグ

雑貨 スタジオバーンディーバ
Studio Barndiva

センス抜群のギフトショップ

オペラハウスを店舗として改装。世界中から集められた、オーナーの審美眼にかなったアイテムが揃う。雑貨をはじめとしてグラスや革製品、ジュエリーなどの商品は、センスはもちろん、作り手のこだわりが詰まったものばかり。 カード A M V

隣には同系列のレストランもある

Ⓜ ワイナリーマップ P.277外
🏠 237 Center St., Healdsburg
☎ (707) 771-9481
🌐 www.barndiva.com
🕐 水～日17:30～21:00
🚫 月・火

 メモ ワインを日本に持ち帰る際の注意　現在、空港で機内持ち込みの手荷物には基本的にワインを入れることはできない。厳重に梱包して預け入れ荷物に入れるか、いっそ、日本へ別送品で発送することをすすめる。

ワインカントリーのレストラン
Wine Country

RESTAURANT

ワインのおいしいところらしく、グルメなファストフード店から洗練されたレストランまでたくさんある。この地に宿泊するなら豪華なディナーも堪能できるし、ランチだけでもとてもリーズナブルにアメリカのトップレベルの味を楽しむことができる。

ナパバレー

アメリカ料理
フレンチランドリー
The French Laundry

有名ガイドブックでも好評

　石造りの建物にツタが絡まる重厚なレストラン。料理はニューアメリカンキュイジーヌで、美しい料理が大きなお皿に小さなポーションで供される。知る人ぞ知る名店で、人気も高く、予約は1ヵ月前から受け付けている。ディナーのコースは$350。

カード A M V

ナパを代表する超人気のレストラン

Ⓜワイナリーマップ P.277
🏠6640 Washington St., Yountville
☎(707)944-2380
🖥www.thomaskeller.com/tfl
🕐ランチ金〜日11:00〜12:30、ディナー毎日17:00〜20:45
※予約客のみ。ドレスコードあり

アメリカ料理
ゴッツロードサイド
Gott's Roadside

サンフランシスコでも人気店の本店

　セントヘレナ発の老舗ハンバーガー店。サンフランシスコやナパのダウンタウンにも支店がある。有名店でランチ時には特に混む。一番人気は、ジューシーなハンバーガー（$10.99〜18.99）。サンドイッチやホットドッグもある。SFグルメバーガーの先駆者的存在だ。

カード A M V

ジューシーなハンバーガーは絶品だ

Ⓜワイナリーマップ P.277
🏠933 Main St., St. Helena
☎(707)963-3486
🖥www.gotts.com
🕐毎日10:00〜22:00、（冬期〜21:00）

ベーカリー
ブションベーカリー
Bouchon Bakery

パンもスイーツもおいしい

　上記のフレンチランドリー同系列のビストロ、ブションのパン屋さん。クロワッサン（$4.50〜）やブリオッシュがおすすめで、地元の人も買いにくる。バターの香りが広がるパンは、ふわっとした食感が人気。ハイグレードなチョコレートを使ったケーキやマカロンも美味。

カード A J M V

サンフランシスコから訪れる人もいる名店

Ⓜワイナリーマップ P.277
🏠6528 Washington St., Yountville
☎(707)944-2253
🖥www.thomaskeller.com/bouchonbakeryyountville
🕐毎日7:00〜15:00（土・日〜18:00）
🚫クリスマス

サンタローザ

カリフォルニア料理
ウィリーズ・ワインバー
Willi's Wine Bar

小皿料理がおつまみに

　気軽に楽しめる小皿料理が30品以上揃っていて、ソノマ産のワインを飲みながら、それに合う料理が少しずつ楽しめる。テイスティングもできるので、頼んでみるといい。予算は$30〜50。

カード A M V

タパススタイルでいろいろ食べられるのがいい

Ⓜサンタローザ周辺 P.283
🏠1415 Town and Country Dr., Santa Rosa
☎(707)526-3096
🖥starrestaurants.com
🕐毎日11:30〜21:00

ヒールズバーグ

ビーガン料理＆カフェ
リトルセイント
Little Saint

健康や自然環境へ配慮したメニューが豊富

　動物性食材を極力減らし、植物性由来の材料を多く取るプラントベースを推奨するレストラン。季節の野菜を使ったキッシュ（$17）やケールサラダ（$16）、アボカドトースト（$17）のほか、柿プディング（$13）やアフォガート（$10）などのデザートもある。

カード A M V

居心地がよく、長居したくなる雰囲気

Ⓜワイナリーマップ P.277外
🏠25 North St., Healdsburg
☎(707)433-8207
🖥littlesainthealdsburg.com
🕐毎日8:00〜22:00（火・水〜18:00）

  メモ　ナパのおすすめレストラン　サンフランシスコで大人気のベトナム料理レストランが2023年ナパにオープン。
Slanted Door　ⓂP.276　🏠1650 Soscol Ave., Napa　🖥slanteddoor.com/napa　🕐毎日17:00〜22:00

ワインカントリーのホテル
Wine Country

HOTEL

宿泊におすすめは、おいしいレストランの集まるセントヘレナとマッドバスの保養地カリストーガだ。サンフランシスコから週末旅行で来る人も多く、宿泊、スパパッケージともに混み合うので、予約が望ましい。5〜10月がハイシーズン。オンシーズンかオフシーズン、平日か週末かで料金がずいぶん違ってくることが多い。

ナパバレー

高級　オーベルジュ・ドゥ・ソレイユ
Auberge du Soleil

レストランも人気の高級ホテル
ジャクージ、プール、マッサージルーム、テニスコートなど、リラクゼーション施設が充実している。レストランでは、ヘルシーなカリフォルニア料理が堪能できる。センス抜群の地中海風の さわやかなインテリアは女性客にも評判がいい。

WiFi無料　50室　カード A D J M V

Ⓜワイナリーマップ P.277
🏠180 Rutherford Hill Rd., Rutherford, CA 94573
☎(707) 963-1211
🌐aubergeresorts.com/ aubergedusoleil
💰ⓈⒹⓉ$1050〜2425、 ⓈⓊ$1925〜7125

高級　ナパバレー・ロッジ
Napa Valley Lodge

ゆったりとした滞在ができる
広々とした美しいエントランスが特徴的。部屋も上品でシックな内装になっている。プール、スパ、サウナなどの施設も充実。無料の朝食が付くほか、ロビーエリアにはクッキーも置いてある。周囲にはレストランも多い。全館禁煙。

WiFi無料　55室　カード A D M V

Ⓜワイナリーマップ P.277
🏠2230 Madison St., Yountville, CA 94599
☎(707) 944-2468
📠(1-888) 944-3545
🌐www.napavalleylodge.com
💰ⓈⒹⓉ$300〜1085、 ⓈⓊ$795〜1395

中級　リバー・テラス・イン
River Terrace Inn

テラスから景色が楽しめる
ナパリバーのすぐそば。周囲は緑にあふれ、まさにワインカントリーの休日らしい、豊かな時間を過ごせる。広々とした客室は、家族連れにも好評だ。ナパのダウンタウンも徒歩圏内で、観光を楽しむのにぴったりのホテル。

WiFi無料　114室　カード A M V

Ⓜナパ P.276
🏠1600 Soscol Ave., Napa, CA 94559
☎(707) 927-2217
📠(707) 258-1236
🌐www.riverterraceinn.com
💰ⓈⒹⓉ$289〜899、 ⓈⓊ$739〜

カリストーガ

中級　カリストーガ・イン
Calistoga Inn

2階建ての、こぢんまりとしたホテル
トイレやシャワーを含めたバスルームは共同だが、各客室には洗面台がある。静かな時間を過ごしてほしいという願いから、ほとんどの部屋にはTVも電話も置かれていない。併設するレストランやブリュワリーにはパティオがあり人気がある。

WiFi無料　17室　カード A M V

Ⓜカリストーガ P.280
🏠1250 Lincoln Ave., Calistoga, CA 94515
☎(707) 942-4101
🌐www.calistogainn.com/ hotel
💰ⓈⒹ$129〜229

ヒールズバーグ

B&B　カメリア・イン
Camellia Inn

ヒールズバーグのとっておきのB&B
ヒールズバーグ・ダウンタウンにあるB&B。緑がいっぱいの庭やあたたかいもてなしで、満足度も高い。客室は、かわいらしいインテリアでまとめられ、特に女性に好評だ。夕方にはワインとチーズのサービスあり。

WiFi無料　9室　カード A M V

Ⓜワイナリーマップ P.277外
🏠211 North St., Healdsburg, CA 95448
☎(707) 395-0800
🌐camelliainn.com
💰ⓈⒹⓉ$219〜449、 ⓈⓊ$285〜529

☕ コーヒーメーカー　🧊 ミニバー／冷蔵庫　🛁 バスタブ　💨 ヘアドライヤー　BOX 室内金庫　🛎 ルームサービス　🍴 レストラン
🏋 フィットネスセンター／プール　👤 コンシェルジュ　J 日本語を話すスタッフ　🧺 ランドリー　📶 ワイヤレスインターネット　P 駐車場　♿ 車椅子対応の客室

モントレー＆カーメル
Monterey & Carmel

カリフォルニア文化の発祥地

　サンフランシスコから南へ約200km、真っ青な太平洋に突き出たモントレー半島の海岸線沿いに美しく魅力的な町がある。スタインベックの小説で知られるモントレーと、芸術家が集まるカーメルだ。

　モントレーは良港として知られ、イワシの缶詰工場など昔の面影が今も色濃く残る観光地。カーメルはアートギャラリーが多く、街歩きが楽しい。隣接する、ふたつの町を訪れてみたい。

SFからモントレーへ

行き方 グレイハウンドでサリナスまで$23～38、所要2時間30分。ここから3ブロックの所にあるSalinas Transit CenterからMSTバス＃20がモントレーまで運行。
🌐www.greyhound.com
🌐mst.org

行き方 アムトラックで行く場合、エメリビルへのアムトラック連絡バスは列車のチケット購入時に一緒に予約を。サンフランシスコからモントレーまで$30～140、所要6時間。
🌐www.amtrak.com

グルーム・トランスポーテーション

🌐groometransportation.com
🎫大人・子供$64、3歳以下無料。1日16便

モントレー＆カーメルへの行き方

　サンフランシスコからは、車での移動が便利。US-101を**サリナスSalinas**まで南下、CA-68でモントレーへ。所要約2時間30分。グレイハウンドは、隣町のサリナスまでの運行。アムトラックならサンフランシスコから連絡バスでエメリビル駅へ。そこから列車に乗り、サリナス駅で下車。駅からアムトラックの連絡バスがモントレーのトランジットプラザまで運行している。サンフランシスコ国際空港（SFO）から直接向かうのなら、モントレーまでグルーム・トランスポーテーションGroome Transportationが走っている。日帰りならツアーバス（→P.289脚注）を利用しよう。

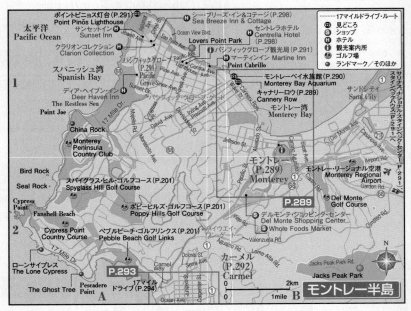

太平洋
Pacific Ocean

ポイントピニョス灯台(P.291)
Point Piños Lighthouse
サンセットイン
Sunset Inn

クラリオンコレクション
Clarion Collection

スパニッシュ湾
Spanish Bay

ディア・ヘブン・イン
Deer Haven Inn
The Restless Sea
Point Joe

China Rock

Monterey Peninsula Country Club

Bird Rock

Seal Rock

スパイグラス・ヒル・ゴルフコース(P.201)
Spyglass Hill Golf Course

Cypress Point
Fanshell Beach

ポピーヒルズ・ゴルフコース(P.201)
Poppy Hills Golf Course

Cypress Point Country Course

ペブルビーチ・ゴルフリンクス(P.201)
Pebble Beach Golf Links

ローンサイプレス
The Lone Cypress

The Ghost Tree
Pescadero Point

17マイルドライブ(P.294)
17マイルドライブ(P.294)

P.293

A

シー・ブリーズ・イン＆コテージ(P.298)
Sea Breeze Inn & Cottage
Ocean View Blvd.
Lovers Point Park

セントラホテル
Centrella Hotel (P.298)

パシフィックグローブ観光局(P.291)
マーティンイン Martine Inn
Point Cabrillo

モントレーベイ水族館(P.290)
Monterey Bay Aquarium
キャナリーロウ(P.289)
Cannery Row

モントレー湾
Monterey Bay

モントレー (P.289)
Monterey

P.289

デルモンテ・ショッピング・センター
Del Monte Shopping Center
Whole Foods Market

モントレー・リージョナル空港
Monterey Regional Airport
Del Monte Golf Course

サンドシティ
Sand City

カーメル (P.292)
Carmel

Jacks Peak Park

モントレー半島

2km
1mile

B

...... 17マイルドライブ・ルート
📷 見どころ
🅂 ショップ
🄷 ホテル
ℹ 観光案内所
🄶 ゴルフ場
🄻 ランドマーク／そのほか

📝メモ 景色のよいドライブルート　SFからI-280を南下し、CA-85でサラトーガSaratogaへ。カーブが多い山道のCA-17でサンタクルーズSanta Cluzへ、そしてモントレー湾沿いのCA-1からモントレーへ。約2時間10分。

モントレー＆カーメルの歩き方

　モントレー半島は、サンフランシスコからの小旅行で人気の観光地だ。1泊2日の週末を過ごすのに最適の場所で、年間を通じて観光客でにぎわっている。

　観光ポイントやアクティビティが集まっているのはモントレー。変化に富んだ海洋環境が、自然観察に絶好の土地柄だ。

　モントレーからUS-1を車で15分ほど走ると隣町カーメルに達する。モントレーを訪れる人は、ほとんどがカーメルも訪れる。車なら、夕方には17マイルドライブ（→P.294）でサンセットを眺めて、宿泊ならば静かなカーメルまで足を延ばしたい。

モントレー
Monterey

　ダウンタウンには、カリフォルニア最古の官庁や古い劇場などが歴史的建造物として残されていて、漁港として栄えていた頃の名残が感じられる。素朴なムードが魅力のオールドフィッシャーマンズワーフ、スタインベックの小説の舞台になったキャナリーロウ（缶詰横町）、豊富な海洋生物の展示で有名なモントレーベイ水族館など、こぢんまりとした町ながらも見どころは充実している。

おもな見どころ

モントレー　MP.289-A1
モントレー観光のメインストリート
キャナリーロウ
Cannery Row　※※

　オールドフィッシャーマンズワーフの北西1.5kmにある、海岸沿いのにぎやかな通りがキャナリーロウ。1940年代、スタインベックの小説の舞台になったキャナリーロウは、缶詰工場が並ぶ素朴な通りのある港町だった。1920～1930年代の雰囲気を残しながら改装された缶詰工場にはショップやレストランがあり、観光客でにぎわっている。

モントレー
MP.220

モントレー観光案内所
Monterey Visitors Center
　無料の地図や小冊子、ホテルやモーテルのパンフレットもある。
MP.289-B2
🏠353 Camino El Estero, Monterey, CA 93940
☎(831)648-5350
🌐www.seemonterey.com
🕐月～金9:00～17:00
🚫土・日、おもな祝日

モントレーを走る無料のトロリー MST Trolley
🌐mst.org/routes/monterey-trolley
🕐5月下旬～9月上旬の毎日10:00～18:00の10～15分間隔

キャナリーロウ

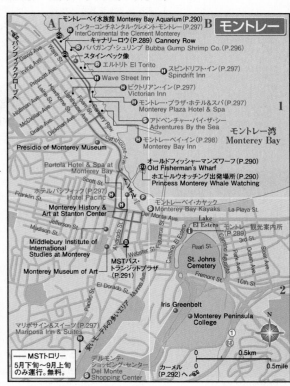

モントレー（地図内ラベル）

モントレーベイ水族館 Monterey Bay Aquarium (P.290)
インターコンチネンタル・クレメント・モントレー InterContinental the Clement Monterey
キャナリーロウ (P.289) Cannery Row
ババガンプ・シュリンプ Bubba Gump Shrimp Co. (P.296)
スタインベック像
エルトリト El Torito
スピンドリフト・イン (P.297) Spindrift Inn
Wave Street Inn
ビクトリアン・イン (P.297) Victorian Inn
モントレー・プラザ・ホテル＆スパ (P.297) Monterey Plaza Hotel & Spa
アドベンチャー・バイ・ザ・シー Adventures By the Sea
モントレーベイ・イン (P.298) Monterey Bay Inn
オールドフィッシャーマンズワーフ (P.290) Old Fisherman's Wharf
ホエールウォッチング出発場所 (P.290) Princess Monterey Whale Watching
モントレーベイ・カヤック Monterey Bay Kayaks
モントレー観光案内所 モントレー (P.289)
モントレー湾 Monterey Bay

Presidio of Monterey Museum
Portola Hotel & Spa at Monterey Bay
ホテルパシフィック (P.297) Hotel Pacific
Monterey History & Art at Stanton Center
Middlebury Institute of International Studies at Monterey
Monterey Museum of Art
MSTバス・トランジットプラザ (P.291)
マリポサイン＆スイーツ (P.297) Mariposa Inn & Suites
Iris Greenbelt
Monterey Peninsula College
St. Johns Cemetery
Lake El Estero
デルモンテ・ショッピング・センター Del Monte Shopping Center
カーメル (P.292) へ

David Ave. / Irving Ave. / Prescott Ave. / Hoffman Ave. / McClellan Ave. / Drake Ave. / Dickman Ave. / Franklin St. / Scott St. / Jefferson St. / Madison St. / El Dorado St. / Pacific St. / Del Monte Ave. / Webster St. / Pearl St. / Fremont St. / 3rd St. / 10th St. / La Playa St.

MSTトロリー 5月下旬～9月上旬のみ運行。無料。

0　0.5km
0　0.5mile

（右端縦書き）
サンフランシスコ San Francisco
モントレー＆カーメルへの行き方／歩き方／モントレーの見どころ

オールドフィッシャーマンズワーフ

住 1 Old Fisherman's Wharf, Monterey
☎ (831) 238-0777
URL www.montereywharf.com

オールドフィッシャーマンズワーフは
モントレーでも観光の中心

ホエールウオッチング

● Princess Monterey Whale Watching
MAP P.289-A1
住 96 Fisherman's Wharf
☎ (831) 372-2203
URL www.montereywhalewatching.com
圏 毎日9:00〜15:30に3〜5便。
所要2時間30分〜3時間
圏 大人$70〜90、子供（3〜11歳）$45〜65
カード M V

モントレーベイ水族館

住 886 Cannery Row, Monterey
☎ (831) 648-4800
URL www.montereybayaquarium.org
圏 毎日10:00〜17:00（夏期の金・土は〜20:00）
休 クリスマス
圏 大人 $59.95、シニア（65歳以上）・学生（13〜17歳）$49.95、子供（3〜12歳）$44.95、2歳以下無料

巨大水槽の中の海藻の森

モントレー発祥の桟橋　　　　　　　　　モントレー　**MAP** P.289-A1

オールドフィッシャーマンズワーフ
Old Fisherman's Wharf　　　　　　　　　　　　　　★★★

　ダウンタウンの北、海に突き出た桟橋がオールドフィッシャーマンズワーフだ。1846年に造られた桟橋は、かつては多くの漁師が働いていた所だが、現在はみやげ物店やレストランが並ぶ観光スポットとなっている。

　ノスタルジックな木製の桟橋には、名物のクラムチャウダーや、新鮮な魚をその場で蒸し焼きにして食べさせる店、カジュアルな雰囲気のレストランが軒を連ねる。また、突端まで行くと、観光客が投げる小魚を目当てにカモメが集まっている。桟橋の端から端まで歩いても10分とかからない。この桟橋からは、いくつものツアー会社による湾内クルーズやホエールウオッチングツアーが出ている。時間があればぜひ参加してみよう。

世界に誇る水族館　　　　　　　　　　　モントレー　**MAP** P.289-A1

モントレーベイ水族館
Monterey Bay Aquarium　　　　　　　　　　　　　　★★★

　キャナリーロウにある、モントレー湾特有の動・植物にスポットを当てた貴重な水族館。一般教育活動、研究の分野でも世界的に有名で、特に **"海藻の森 Kelp Forest"** のコーナーが名高い。館内は広いのでインフォメーションでマップや案内を入手し、混雑時は見たいところを絞って効率よく回るようにしよう。

館内のおもな見どころ
●海藻の森　Kelp Forest

　高さ約9mのアクリル製水槽の中に、カリフォルニア沿岸のいたるところで見られる巨大なケルプが群生している。ケルプは30m以上に生長することもある海藻。1日2回ダイバーによる餌づけショーKelp Forest Feedingも行われている。

●ジェリー（クラゲ）　Jellies

　癒やしの生物として人気者のクラゲはとても見応えがある。ミズクラゲやクラウンジェリー、クリスタルジェリーなど20種類以上のクラゲを展示。腕につけたLEDライトでクラゲの反応を見られる工夫がされている。

●ラッコ　Sea Otters

　モントレー湾のケルプの森には、多くのラッコがすんでいる。ここにいるのは冬の嵐で母親とはぐれ、岸にいるところを救われたラッコたち。彼らは水族館スタッフとボランティアたちにより、大切に飼育されている。

●外海　Open Sea

　水族館自慢の水槽は約120万ℓもの水量を誇り、マンボウやアカシュモクザメがゆうゆうと泳いでいる姿が印象的だ。モントレー湾のすみかMonterey Bay Habitatsでは、アカエイやチョウザメなど、ケルプの生育しているエリアと異なった魚類が見られる。

モントレー周辺
Outskirts

モントレーの町から半島の先（西）は、パシフィックグローブと呼ばれる海岸線。観光客でにぎわうモントレーとは対照的で、海とビクトリアンハウス、そして花々が鮮やかな色を添える居住地だ。また、モントレーから内陸（東）へ車で約30分（約17マイル）で、文豪スタインベックの故郷、キャベツ畑に囲まれた小さな町サリナスに到着する。

パシフィックグローブでは太平洋沿いのシバザクラが美しい

かつてのモントレーの落ち着きを保つ住宅地　モントレー半島　**MP.288-A1**
パシフィックグローブ
Pacific Grove　　　　※※

毎年11月になるとアラスカやカナダからチョウの群れが避寒にやってくるため、**バタフライタウンButterfly Town**のニックネームをもつパシフィックグローブ。観光の中心となるのは、**ラバーズポイントLovers Point**と呼ばれる海に突き出た小さな岬。キャナリーロウから約1kmと、観光気分で歩ける。5月にはピンクのシバザクラが楽しめる。

海沿いを歩いて半島の最北端まで行くと**ポイントピニョス灯台 Point Pinõs Lighthouse**がある。灯台に上って太平洋を眺めれば、半島を堪能した気分も満点だ。

アメリカの文豪スタインベックを知る　　モントレー半島　**MP.288-B2外**
ナショナル・スタインベック・センター
National Steinbeck Center　　　※※

映画にもなった『エデンの東』の舞台で、原作者ジョン・スタインベックの生誕の地が**サリナス Salinas**。町の中心地にあるスタインベックセンターは、彼の人となりや、作品に込められた思いを深く知ることができる。作品ごとにコーナーを設け、背景を掘り下げている。彼が『怒りの葡萄』を書いた動機や経緯など、重くなりがちな展示も、実感をもって理解させようという工夫がなされている。

今ではレストランとおみやげ店　　　　モントレー半島　**MP.288-B2外**
スタインベックハウス
The Steinbeck House　　　　　※

スタインベック生誕の地は、スタインベックセンターからわずか3ブロックの場所にある。生家のツアー（夏期のみ）も行われている。現在はレストランとして営業をしているが、ランチのみで要予約。地下にはギフトショップThe Best Cellar Gift Shopもある。

館内ツアーは夏のみの開催

モントレーからパシフィックグローブへ
行き方 トランジットプラザ（**MP.289-A2**）よりMSTバス#1で。モントレーベイ水族館経由でLighthouse/Asilomarで下車すればポイントピニョス灯台。ラバーズポイントへはMTSバス#1でLighthouse/19th下車。

パシフィックグローブ観光局
Pacific Grove Chamber of Commerce
MP.288-A1
🏠584 Central Ave., Pacific Grove
☎(831)324-4668
🌐www.pacificgrove.org
🕐毎日10:00～17:00

ポイントピニョス灯台
MP.288-A1
🏠80 Asilomar Ave., Pacific Grove
☎(831)648-3176
🌐www.pointpinoslighthouse.org
🕐月11:00～13:00、金～日13:00～15:00（土・日11:00～）
休火～木
料大人 $7、子供（7～17歳）$3

サリナス
MP.220

ナショナル・スタインベック・センター
🏠1 Main St., Salinas
☎(831)775-4721
🌐steinbeck.org
🕐水～日10:00～17:00
休月・火、おもな祝日
料大人 $15、シニア・学生 $13、子供（6～17歳）$7
行き方 MSTバス#20がモントレーとサリナス間を日中1時間に2本程度走る。

スタインベックハウス
🏠132 Central Ave., Salinas
☎(831)424-2735
🌐steinbeckhouse.com
ツアー
🕐7月～9月上旬の日11:00～14:00。
料大人・子供（10歳以上）$10、9歳以下無料
レストラン
🕐火～土11:30～14:00
ギフトショップ
🕐火～土11:00～15:00

カーメル
MP.220

モントレーからカーメルへ
🚌MSTバス・トランジットプラザ（MP.289-A2）からMSTバス#5がカーメルダウンタウンを通る。

カーメル観光案内所
Carmel Visitors Center
MP.293-A1
🏠Carmel Plaza, 2nd Fl., Ocean Ave. & Mission St., Carmel, CA 93921
☎(831)624-2522
🌐www.carmelcalifornia.org
🕐月〜土10:00〜17:00、日11:00〜16:00
休おもな祝日

古い教会と花の美しい庭園を満喫したい

カーメル・ミッション・バジリカ
🏠3080 Rio Rd., Carmel
☎(831)624-1271
🌐carmelmission.org
🕐水〜土10:00〜16:00（金・土〜17:00）、日11:30〜17:00
休月・火、おもな祝日
🎫博物館：大人$13、シニア（62歳以上）$10、子供（7〜17歳）$7、6歳以下無料
🚌モントレー発のMSTバス#5が前を通る。

カーメル
Carmel

　20世紀初頭に画家や作家たちが集まって造った芸術家の町。格子状に規則正しく並んだ通りには緑があふれ、芸術家の町にふさわしい洗練された雰囲気と落ち着きをもっている。建物や看板はすべて町の美観を損ねないように工夫されている。またここは、映画俳優であり監督としても知られるクリント・イーストウッドが市長を務めたことでも有名。町の西のビーチでのんびりするのもよい。

おもな見どころ

カーメルの観光名所　　　　カーメル・ダウンタウン　MP.293-B2
カーメル・ミッション・バジリカ
Carmel Mission Basilica　　　　　　　　　　　　　　　　★★

　町の中心から南へ歩いて行くと、咲き乱れる花に囲まれたれんが色の屋根の教会が前方に見えてくる。正式な名前は "Mission de San Carlos de Borromeo del Rio Carmelo"。スペイン人、フニベロ・セラ神父が1771年に創設したもので、1771〜1836年の間に、4000人もの人がここで洗礼を受けたという。洗礼を受けた人のなかには、アメリカ先住民も多く含まれていた。

　セラ神父は1784年に亡くなるまでこのミッションで過ごし、遺体はすぐ近くに埋葬された。建物の中には彼が愛読していた本などが展示されている。教会の内部は古く、くすんだアドービ（日干しれんが）の壁が歴史を感じさせる。

カーメルのメインストリート　カーメル・ダウンタウン　MP.293-A1〜B1
オーシャンアベニュー
Ocean Avenue　　　　　　　　　　　　　　　　　　　★★

　カーメルのダウンタウンを東西に貫くメインストリート。ひと休みにぴったりのカフェや、オーナーの趣味が感じられるショップが軒を連ねている。沿道にはギャラリーも多く、風光明媚な地にひかれて移り住んだアーティストたちの作品を紹介している。まずは観光案内所も入るショッピングモール、**カーメルプラザ**（→P.296）へ行ってみよう。点在するおしゃれなレストランは決して安くはないが、地元の素材を生かしたおいしい料理がサーブされる。週末ならレストランも早めに予約しておきたい。

カーメルの小さなショッピングモールがカーメルプラザ

オーシャンアベニューはぶらぶら歩くのが楽しい所

🗒️メモ　カーメルのウオーキングツアー Carmel Walks　かわいらしい家並みや小道、庭などを見学できる。事前に予約すること。🏠Ocean Ave. (bet Monte Verde St. & Lincoln St.), Carmel (Pine Inn→P.298) から出発。↗

カーメルビーチ
Carmel Beach

サンセットを見に行こう　カーメル・ダウンタウン　**MP.293-A1～A2**

★★★

オーシャンアベニュー沿いにどんどん坂を下って行くと、白い砂のビーチにぶつかる。カーメルビーチのロマンティックなサンセットは、この地を訪れる人たちの大きな楽しみになっている。

カーメルビーチ
www.carmelcalifornia.com/carmel-beach/
[行き方] カーメルプラザ（→P.296）からOcean Ave.を東へ1km。

白い砂が映える美しいビーチ

現地に住む人たちも飼い犬たちとともに散歩するのが日課のようだ。「夕日に染まる海辺で戯れる犬と子供たち」という絵になる風景に出合える場所だ。

ビーチからペブルビーチ・ゴルフ・リンクスも見渡せる

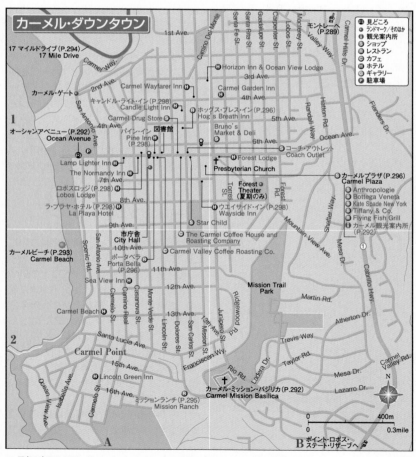

カーメル・ダウンタウン

(831) 223-4399　www.gaelgallagher.com　月～土10:00、14:00（約2時間）　$35

293

17 Mile Drive

17マイルドライブ
海岸線と森林の中を走る人気のドライブルート

モントレー、カーメルのふたつの町に挟まれるようにして海に突き出すモントレー半島。この半島を行く海岸線と森林のなかを走る人気のドライブルートが17マイルドライブ 17 Mile Driveだ。

5つのゲートから

入口はモントレー側からのパシフィックグローブ・ゲート、CA-1からのハイウエイ1ゲート、そしてカントリークラブ・ゲート、S.F.B.モースゲート、カーメル側からのカーメルゲートの5ヵ所。料金所で車1台につき$11.75（ペブルビーチ・リゾートで$35以上食事をすれば返却。ペブルビーチ・リゾート宿泊者は無料）を払うと、いよいよスタート（オートバイは通行できない）。

ゲートで渡される地図は、17のビューポイントの説明が付いた詳細なコースガイドになっている。番号順に進みたければCA-1側のハイウエイ1ゲートから入ること。それぞれのポイントには、地図と同じナンバーの付いた標識がある（見逃してしまうほど小さいものもある）。

パシフィックグローブ・ゲート
Pacific Grove Gate

ここでは、モントレー側のパシフィックグローブ・ゲートから、海岸沿いをペブルビーチまで走るコースを紹介する。標識に従い、松林を抜けるワインディング

※上の地図の①～⑰は、ゲートで渡される地図と対応

ロードを進むと右側にリンクス・アット・スパニッシュベイThe Links at Spanish Bayが見えてくる。1987年設立のスコットランド式ゴルフコースだ。その先にあるイン・アット・スパニッシュベイThe Inn at Spanish Bayで右折すると、③スパニッシュベイ・ビーチSpanish Bay Beachに出る。ここはスペインの探検家が1769年に上陸した所で、湾沿いにはピクニックエリアがある。右側には砂地が広がり、反対の山側にはゴルフコースとガラス張りの家などシックな造りの家々が見える。緩やかなカーブを描きながら進むと、④レストレスシーThe Restless Sea、⑤ポイントジョー Point Joeに出る。ここからは、スパニッシュベイや太平洋の大海原を見渡すことができる。その先は、次の⑥チャイナロックChina Rockと⑦バードロックBird Rockまで、右に太平洋、左にゴルフコースを見ながらのドライブになる。

シールロック&バードロック
Seal Rock & Bird Rock

地形の変化を生かした砂地混じりのゴルフコースを過ぎると、17マイルドライブの人気スポット、⑦バードロックBird Rockと⑧シールロックSeal Rockに着く。海岸線から少し離れた所に大きな岩があり、カモメが羽を休めたり、オットセイやアシカがのんびり寝転んだりしている。双眼鏡があれば、より迫力ある姿を見ることができるだろう。また、⑪にはピクニックエリアやトイレもあるので、ひと休みするとよい。

ロックを過ぎると、右側には白砂の浜辺の⑨ファンシェルビーチ・オーバールック

風光明媚なドライブ道が続く17マイルドライブ

Fanshell Beach Overlook（4/1〜6/1の間はゴマフアザラシの出産、子育てのために閉鎖）が、左側にはサイプレス・ポイント・クラブCypress Point Clubが広がる。

ローンサイプレス　*Lone Cypress*

　杉林の中をしばらく走ると、⑩サイプレスポイント・ルックアウト Cypress Point Lookout（4/1〜6/1の間は閉鎖）への分岐点に出る。ここには、波打ち際に展望台があり、そこから岩に砕け散る荒々しい波を見ることができる。また、晴れた日には、32km南にあるポイントサー灯台も見える。左手には、現存するなかで最古・最大のモントレー杉が生い茂るエリアの⑪クロッカーグローブ Crocker Groveが広がる。⑫ローンサイプレスThe Lone Cypress、"ひとりぼっちの杉"と、その名のとおり、断崖の上にポツンと立っている1本の糸杉は、北カリフォルニアのシンボル。観光客がしきりにカメラのシャッターを切っている。ローンサイプレスから、途中⑬ゴーストツリーGhost Treeの中をくぐり抜ける。このあたりの木の幹は、風や波しぶきを受けて白くなっている。

光と風のペブルビーチ

　緑豊かな杉の木林を走り、しばらくすると視界が開ける。そこは⑭ペブルビーチ・ビジターセンター Pebble Beach Visitor Center。世界的に有名な⑮ペブルビーチ・ゴルフリンクス Pebble Beach Golf Linksがある所だ。このゴルフコースは1919年に設立された名門コースで、ジャック・ネヴィルによるデザイン。以来、1972年、1982年、1992年、2000年、2010年、2019年のUSオープン、1977年のPGAチャンピオンシップなどの大会が行われた。海、断崖、砂浜、松林、池などを巧みに配したリンクスは、世界中のゴルファーの憧れ。米国内のゴルフコースベスト10には、必ずその名がランクインし、眺望も抜群。"水晶"の意味があるペブルの名のとおり、美しい渚はまるで水晶をちりばめたかのようだ。

Pebble Beach Golf Links
📞(1-800)877-0597
🌐www.pebblebeach.com
💰$625〜675。事前に予約すること。
　クラブハウスの売店では、ペブルビーチの名前入りスポーツ用品を売っている。

ペブルビーチ周辺

　ペブルビーチ・ゴルフリンクス一帯には、ショッピングアーケード、レストランやデリカテッセンなどがある。ビーチ沿いに立つ高級ホテルはロッジ・アット・ペブルビーチThe Lodge at Pebble Beach。全面ガラス張りのロビーからは、ペブルビーチとゴルフコースが一望できる。⑭ペブルビーチ・ビジターセンターから東に行くと、乗馬センターの⑯エクエストリアンEquestrian Centerが左にある。

The Lodge at Pebble Beach
🏠1700 17 Mile Dr., Pebble Beach, CA 93953
📞(831)624-3811
💰1泊$960〜4795

最後に……

　これより先、カーメルに抜ける場合は、カーメルゲートの標識をもとに進路をとる。CA-1に乗りたい人は山の中を上り、⑰フォードメドーFord Meadowを過ぎると、ハイウエイ1ゲートに到着。

　このドライブウエイは、ただひたすら走るのみなら30分もかからない。穏やかな白砂のビーチ、太平洋の激しい波と風が造り上げた断崖、岩場に集まる鳥の姿、杉林と咲き乱れる花々、そしてそこにすむ動物たち。自然の景観を楽しむからこそ、このドライブの価値が生まれてくる。のんびり、豊かな気持ちでこの17マイルを走ってほしい。

※ゲートで渡される地図には、ここで紹介しているルート以外のビューポイントの説明も載っている。

モントレーとカーメルのショップ＆レストラン

Monterey & Carmel

SHOP & RESTAURANT

モントレーは観光地なので、キャナリーロウに行くと、食べる場所には事欠かない。一方、カーメルには、派手ではないがじっくりと食事を楽しむグルメ派レストランが多く、アメリカ各都市で見られるチェーンのファストフード店は見当たらない。

カーメル

ショッピングモール　カーメルプラザ
Carmel Plaza

日本人好みのブランドも多い

　オーシャンアベニューの東にあるショッピングモール。モールとしては、それほど大きくないが、日本人に人気の Kate Spade New York、Bottega Veneta、Anthropologie、Tiffany & Co. などのショップやレストランなど約 40 店舗と観光案内所も入っている。

カード 店舗により異なる

M カーメル・ダウンタウン P.293-A1
住 Ocean Ave. & Mission St., Carmel
☎ (831) 624-0138
URL carmelplaza.com
営 月～土10:00～18:00、日11:00～17:00（店舗により異なる）

カーメルの町並みを壊さないモールだ

モントレー

シーフード　ババガンプ・シュリンプ
Bubba Gump Shrimp Co.

映画『フォレスト・ガンプ』がレストランに！

　店名は、映画のなかでガンプが設立したシュリンプの水産会社名。モントレーの中心、キャナリーロウにあり、店内には映画で使われた衣装が飾られ、メニューはもちろんシュリンプがメイン。定番の Shrimper's Net Catch ($15.99) はぜひ注文したい。

カード A J M V

M モントレー P.289-A1
住 720 Cannery Row, Monterey
☎ (831) 373-1884
URL www.bubbagump.com
営 毎日11:00～ （木～21:00、金・土～22:00、日～21:00）

スパイスが効いたケイジャンシュリンプ

カーメル

アメリカ料理　ホッグス・ブレス・イン
Hog's Breath Inn

古きよき西部の雰囲気が漂う

　ランチはサンドイッチ、ハンバーガー、サラダなどが $20 前後。ディナーのメインは $40 ～で、サラダやベイクドポテトが付くものもある。アメリカらしい料理が楽しめる。1972 ～ 1999 年までクリント・イーストウッドがオーナーだった。

カード A M V

M カーメル・ダウンタウン P.293-A1
住 San Carlos St. (bet. 5th & 6th Aves.), Carmel
☎ (831) 625-1044
URL www.hogsbreathinn.net
営 毎日11:00～21:00

雰囲気もいい人気レストラン

カーメル

イタリア料理　ポータベラ
Porta Bella

地中海料理の人気店

　地元の素材を存分に使い、イタリア、スペイン、南フランスの料理をうまくミックスして仕上げた料理の数々。特に、新鮮な野菜だけがもつ甘さに驚くはず。ランチは $20 ほど、ディナーの前菜 $20 程度、メイン $30 ～ 40 程度。

カード A J M V

M カーメル・ダウンタウン P.293-A1
住 Ocean Ave. (bet. Lincoln St. & Monte Verde St.), Carmel
☎ (831) 624-4395
URL www.portabellacarmel.com
営 毎日11:30～21:30（金・土～22:00）

カーメルでイタリアンといえばここ

Information ／ パワースポット「ビッグサー Big Sur」

　カーメルから CA-1（Cabrillo Hwy.）を南へ 40km 行くとビッグサーに着く。近年、景色のすばらしさと空気のすがすがしさからパワースポットのように位置づけられている。切り立った崖と太平洋のコントラストが見事で、周辺には 10 近くの州立公園がある。

● ビッグサー商工会議所 Big Sur Chamber of Commerce
M 巻頭折込「アメリカ西海岸」
URL www.bigsurcalifornia.org

モントレーとカーメルのホテル
Monterey & Carmel

モントレーとカーメルのホテルは、観光地だけあって値段が高い。車がある人ならモントレーの中心部から外れたモーテル街もあるが、そうでない人は、前もってウェブサイトなどで予約をしたほうがいい。昼はモントレーで遊んで、夜は B&B が多くあるカーメルに宿泊することをおすすめする。

HOTEL

モントレー

最高級	インターコンチネンタル・クレメント・モントレー InterContinental the Clement Monterey

モントレーで贅沢に時間を過ごすなら

目の前は海で、さざ波の音を聞きながら眠りにつける。夕日観賞できるレストランもある。水族館へ徒歩3分。

Ｗi-Fi 無料　208室　カード A D J M V

Ｍ モントレー P.289-A1
住 750 Cannery Row, Monterey, CA 93940
☎ (831) 375-4500　Ｆax (1-888) 233-9450
URL www.ihg.com　料 ⑤ⒹⓉ$449〜904、ⓈⓊ$807〜1759

最高級	モントレー・プラザ・ホテル＆スパ Monterey Plaza Hotel & Spa

モントレーの最高級ホテル

モントレー湾に面した老舗ホテル。落ち着いたたたずまいで、客室も清潔。スパも併設され、女性客に人気。

Ｗi-Fi 無料　250室　カード A D J M V

Ｍ モントレー P.289-A1
住 400 Cannery Row, Monterey, CA 93940
☎ (831) 920-6710　Ｆax (1-877) 862-7552
URL montereyplazahotel.com　料 ⑤ⒹⓉ$329〜2829、ⓈⓊ$1199〜4579

高級	ビクトリアン・イン Victorian Inn

観光の中心地キャナリーロウに至近

ビクトリア調のかわいらしいブティックホテル。各部屋は広く贅沢に整えられていて、夕方にはワインとチーズのサービスがあるほか、無料の朝食も付く。キャナリーロウや水族館へ数ブロックと、場所もいうことなし。

Ｗi-Fi 無料　70室　カード A M V

Ｍ モントレー P.289-A1
住 487 Foam St., Monterey, CA 93940
☎ (831) 373-8000
Ｆax (831) 373-4815
URL www.victorianinn.com
料 ⑤ⒹⓉ$169〜674、ⓈⓊ$229〜724

中級	スピンドリフト・イン Spindrift Inn

海側の部屋がベスト

モントレー観光の中心、キャナリーロウにある、ヨーロッパ風のプチホテル。ロマンティックなインテリアでまとめられた客室は広々としていて快適。朝食を部屋で食べることができたり、夕方にはワインとチーズのサービスがあるのもうれしい。

Ｗi-Fi 無料　45室　カード A D M V

Ｍ モントレー P.289-A1
住 652 Cannery Row, Monterey, CA 93940
☎ (831) 646-8900
Ｆax (1-800) 841-1879
URL www.spindriftinn.com
料 ⑤ⒹⓉ$239〜1009、ⓈⓊ$554〜1099

中級	マリポサイン＆スイーツ Mariposa Inn & Suites

おしゃれなインテリアも魅力

屋外プールで泳いだり、パティオでのんびりしたりと、モントレーらしい、ゆったりとした時間を満喫できる。町でも人気の高い宿だ。スパ付きのスイートもあり、カップルにも家族連れにもおすすめ。無料の朝食付き。

Ｗi-Fi 無料　50室　カード A M V

Ｍ モントレー P.289-A2
住 1386 Munras Ave., Monterey, CA 93940
☎ (831) 649-1414
Ｆax (1-800) 824-2295
URL www.mariposamonterey.com
料 ⑤ⒹⓉ$189〜764、ⓈⓊ$229〜814

中級	ホテルパシフィック Hotel Pacific

暖炉付きで趣のあるスイート

ダウンタウンにあるロマンティックなホテル。全室がゆったりとしたスイート。無料の朝食付き。

Ｗi-Fi 無料　105室　カード A M V

Ｍ モントレー P.289-A1
住 300 Pacific St., Monterey, CA 93940
☎ (831) 373-5700　Ｆax (831) 373-6921
URL www.hotelpacific.com　料 ⓈⓊ$229〜1400

 コーヒーメーカー　 ミニバー／冷蔵庫　 バスタブ　 ヘアドライヤー　BOX 室内金庫　ルームサービス　J レストラン
フィットネスセンター／プール　コンシェルジュ　J 日本語を話すスタッフ　ランドリー　ワイヤレスインターネット　P 駐車場　車椅子対応の部屋

モントレー

中級 モントレーベイ・イン
Monterey Bay Inn

モントレー湾の眺めがすばらしい

キャナリーロウにあり、観光に便利なロケーション。モントレー湾に面して立っているのでバルコニーで波の音を聞きながら静かなひとときを過ごせる。無料の朝食は部屋まで届けてくれる。ジャクージ付きの部屋がおすすめ。

WiFi 無料　49室　カード ADJMV

Ⓜ モントレー P.289-A1
🏠 242 Cannery Row, Monterey, CA 93940
☎ (831) 373-6242
📠 (831) 655-8174
🌐 www.montereybayinn.com
💰 ⓈⒹⓉ$214〜829

パシフィックグローブ

中級 シー・ブリーズ・イン＆コテージ
Sea Breeze Inn & Cottage

ビーチに近い

ビーチに歩いて行ける距離にあるかわいらしいホテル。インとコテージの2タイプがある。朝食無料。

WiFi 無料　42室　カード AMV

Ⓜ モントレー半島 P.288-A1
🏠 1100 Lighthouse Ave., Pacific Grove, CA 93950
☎ (831) 372-7771
🌐 www.seabreezeinnandcottages.com
💰 ⓈⒹⓉ$130〜350

中級 セントレラホテル
Centrella Hotel

ロマンティックなB&B

チャーミングなビクトリアン建築のB&B。建設当時のデザインや装飾を大切に守り続けている。

WiFi 無料　25室　カード AMV

Ⓜ モントレー半島 P.288-A1
🏠 612 Central Ave., Pacific Grove, CA 93950
☎ (831) 372-3372
🌐 www.centrellahotel.com
💰 ⓈⒹ$145〜755、Ⓢu$225〜

カーメル

高級 パイン・イン
Pine Inn

シックなヨーロピアンイン

Ocean Ave. に面した豪華なヨーロッパ調ホテル。予約は日本セールス担当のヘンリー高野氏（→脚注）まで。

WiFi 無料　49室　カード ADJMV

Ⓜ カーメル・ダウンタウン P.293-A1
🏠 Ocean Ave. (bet. Lincoln St. & Monte Verde St.), Carmel, CA 93921
☎ (831) 624-3851　📠 (1-800) 228-3851　🌐 www.pineinn.com
💰 ⓈⒹⓉ$219〜449、Ⓢu$449〜579

高級 ラ・プラヤ・ホテル
La Playa Hotel

庭が美しいホテルとして有名

1905年に建てられた地中海風の別荘で、デザインやインテリアまでこだわりが感じられる。

WiFi 無料　75室　カード AMV

Ⓜ カーメル・ダウンタウン P.293-A1
🏠 Camino Real at 8th Ave., Carmel, CA 93921
☎ (831) 293-6100　📠 (1-800) 582-8900　📠 (831) 624-7966
🌐 www.laplayahotel.com　💰 ⓈⒹⓉ$399〜2399、Ⓢu$699〜

中級 キャンドル・ライト・イン
Candle Light Inn

眺めのよさが自慢

カーメルの目抜き通りである Ocean Ave. から2.5ブロック。コーヒーメーカーや冷蔵庫、バスローブが全室に備わっている。暖炉やジャクージ、キッチン付きの部屋もあり。親身なスタッフが、レストランやスパ、ゴルフの予約などもしてくれる。

WiFi 無料　20室　カード AMV

Ⓜ カーメル・ダウンタウン P.293-A1
🏠 San Carlos (bet. 4th Ave. & 5th Ave.), Carmel, CA 93921
☎ (831) 624-6451
📠 (831) 624-6732
🌐 www.candlelightinncarmel.com
💰 ⓈⒹⓉ$247〜569

中級 ウエイサイド・イン
Wayside Inn

キッチン付きの部屋もある

全室トイレ、シャワー付き。バスタブ、キッチン、暖炉付きの部屋もある。海にも歩いて行ける。

WiFi 無料　22室　カード AMV

Ⓜ カーメル・ダウンタウン P.293-A1
🏠 7th Ave. & Mission St., Carmel, CA 93921
☎ (831) 624-5336　📠 (1-800) 433-4732　📠 (831) 626-6974
🌐 www.waysideinncarmel.com　💰 ⓈⒹ$231〜539、Ⓢu$247〜679

中級 ロボスロッジ
Lobos Lodge

白砂のビーチまで徒歩5分

庭がきれいに整備されており、ホテル内もとても清潔。朝食を部屋まで運んでくれるサービスがうれしい。

WiFi 無料　30室　カード AMV

Ⓜ カーメル・ダウンタウン P.293-A1
🏠 Ocean Ave. & Monte Verde St., Carmel, CA 93921
☎ (831) 624-3874　📠 (831) 624-0135
🌐 www.loboslodge.com　💰 ⓈⒹⓉ$265〜375、Ⓢu$355〜575

メモ　読者割引料金で宿泊できる　パイン・インは、ヘンリー高野氏をとおして予約すると読者割引料金で宿泊できる。☎ (650) 827-9491、📠 (650) 827-9105、📧 henrytakano@earthlink.net、🌐 www.nishikaigan.com

UNESCO 世界遺産

ヨセミテ国立公園
Yosemite National Park

氷河が造り出した芸術

　シエラネバダ山脈の懐に広がる面積約 3000km² のヨセミテ国立公園。東京都の 1.4 倍の広さに、巨大な岩峰、雪解け水を集めた無数の滝と渓流、氷河の名残の湖など「自然が造った最高の宝物」がある。2 万年前、渓谷は厚さ 1000m の氷河に覆われていたが、急速な温暖化により後退。氷河が岩肌を削り、現在の岩壁ができた。アメリカを代表する大自然をぜひとも訪れておきたい。

地図: ナパ、ソノマ、ヨセミテ国立公園、サンフランシスコ、サンノゼ、カーメル、モントレー、100km

ヨセミテ国立公園への行き方

　ヨセミテ国立公園はカリフォルニア州の東端にあり、**サンフランシスコ（SF）から車で約4時間、ロスアンゼルスからは約6時間**で行ける。レンタカーでのアクセスがおすすめだが、ツアーや列車、バスなどの交通機関もあるので心配はない。

　バス、列車でヨセミテへ向かう場合、ヨセミテまで約110kmの**マーセド Merced**が拠点だ。マーセドから国立公園へは YARTSのバスが運行している。

そびえ立つエルキャピタン

●グレイハウンド（バス）＋YARTSバス

　サンフランシスコからマーセドまで直行便で約4時間、1日1本。ロスアンゼルスからは直行便で6〜7時間、1日2本運行。

　マーセドからYARTSバス（1日5便）に乗り換える。

マーセドからヤーツ YARTS のバスでアクセスできる

●アムトラック（鉄道）＋YARTSバス

　サンフランシスコ〜ロスアンゼルスを結ぶ列車（サン・ホーキンズ号San Joaquins）が、マーセドに停車。ヨセミテ国立公園へのシャトルバスである上記のYARTSバスと連絡している。なお、サンフランシスコ市内からエメリービル駅間、ロスアンゼルスのユニオン駅からベイカーズフィールド間はアムトラック連絡バスによる接続となる。マーセドまで、サンフランシスコからは約4時間、1日5本。ロスアンゼルスからは約6時間、1日9本運行。

サンフランシスコからマーセドへ
●グレイハウンド
📞 (1-800)231-2222
🌐 www.greyhound.com
マーセドのバスディーポ
🏠 710 W.16th St., Merced
🚌 SF→マーセド片道＄24〜、
　 LA→マーセド片道＄33〜
●アムトラック
📞 (1-800)872-7245
🌐 www.amtrak.com
マーセドの鉄道駅
🏠 324 W. 24th St., Merced
🕐 毎日7:00〜21:30
🚃 SF→マーセド駅片道＄24〜、
　 LA→マーセド駅片道＄37〜

マーセドからヨセミテへ
● YARTS
📞 (1-877)559-2787
🌐 yarts.com
🚌 マーセド↔ヨセミテ往復大人＄45、シニア＄22、大人1人につき子供（6〜12歳）1人無料（国立公園入園料込み）

ヨセミテ国立公園へのツアー
●グレイライン・サンフランシスコ
　サンフランシスコから日帰りツアー（所要時間14時間）を催行している。ヨセミテ国立公園で3時間のフリータイムあり。
Grayline San Francisco
📞 (1-415)353-5310
🌐 graylineofsanfrancisco.com
💲 ＄199〜215、子供（5〜11歳）＄146〜165

事前予約について
　2024年4/13〜6/30までの土・日・祝 日5:00〜16:00、7/1〜8/16まで の 毎日5:00〜16:00、8/17〜10/27までの 土・日・祝 日5:00〜16:00に車でヨセミテ国立公園を訪問する際は、ウェブサイトから事前予約（Peak Hours Reservation）が必要だ。
🌐 www.nps.gov/yose/planyour visit/reservations.htm

ヨセミテ国立公園の歩き方

ヨセミテ国立公園
Yosemite National Park
MP.220
P.O. Box 577, Yosemite N.P., CA 95389
(209)372-0200
www.nps.gov/yose
一部を除いて24時間オープン
車1台＄35。バイク1台＄30。
※ヨセミテではゲートを出る際にも入園料のレシートをチェックされるので、なくさないようにしよう。7日間有効で出入り自由。ヨセミテの各ゲートではAMVのカードで支払い可。
※2024年の入園無料の日：4/20、6/19、8/4、9/28、11/11

広大な公園のなかでも、巨大な岩壁や滝など、見どころが集中しているのが**ヨセミテバレー Yosemite Valley**だ。ヨセミテバレーは、深さ約1km、幅1.6km、長さ11.5kmのU字型の細長い渓谷。バレー内にはホテルやレストラン、キャンプ場などが点在しているので、できればここに宿を取りたい。無料のシャトルバスも運行されている。このバレー内の中心的な存在が**ヨセミテビレッジ Yosemite Village**だ。案内所（ウエルカムセンター）、郵便局、診療所、スーパーマーケット、ギフトショップ、ギャラリーなどもあり、大自然のなかに開けた"村"である。また、案内所にある**ヨセミテガイドYosemite Guide**（→側注）という情報誌は利用価値大。ヨセミテビレッジから少し離れた、マーセド川の対岸にあるのが**カリービレッジ Curry Village**。キャビンなどの宿泊施設が緑のなかに立ち並ぶ。グロサリー、カフェテリアなどの施設も充実している。

ヨセミテバレー・ウエルカムセンター
MP.303
毎日9:00～17:00
ヨセミテバレーに到着したら、まずは案内所へ行こう。地図や本などの資料が豊富に揃っている。また、年に数回発行の「Yosemite Guide」は必ず入手しておきたい情報誌。イベントや園内シャトルバスのスケジュール、ツアー案内、ジェネラルインフォメーションなどが掲載されている。ウェブサイトからダウンロード可。日本語の案内もある。
www.nps.gov/yose/planyour visit/brochures.htm

どこまでも広がる大自然

ヨセミテ国立公園の交通

バレーシャトル
●**バレーワイド・シャトル（グリーンルート）**
運行：毎日7:00～22:00の12～22分間隔
●**イーストバレー・シャトル（パープルルート）**
運行：毎日7:00～22:00の8～12分間隔

●**ヨセミテ・バレー・シャトル　Yosemite Valley Shuttle**

バレー内を無料のシャトルバスが循環している。ふたつルートがあり、エルキャピタンやカリービレッジまで行くバレーワイド・シャトル（グリーンルート）Valleywide Shuttle（Green Route）と、ウエルカムセンターとカリービレッジ、ミラーレイクを回るイーストバレー・シャトル（パープルルート）East Valley Shuttle（Purple Route）。

レンタサイクル
ヨセミテバレー・ロッジ、カリービレッジ、ヨセミテビレッジストア横にレンタルセンターがある。
www.travelyosemite.com/things-to-do/biking
毎日9:00～18:00
半日＄30、1日＄40

●**レンタサイクル　Bike Rentals**

バレー内を自由に散策するのなら、レンタサイクルがおすすめ。自転車専用道路も整備されているので、安全で快適なサイクリングが楽しめる。4月上旬～10月の間のみ。

ツアーバス
予約は、ウェブサイト、電話、ヨセミテバレー・ロッジ、カリービレッジのTour & Activity Deskで。
Fee(1-888)413-8869
www.travelyosemite.com/things-to-do/guided-bus-tours
●**Glacier Point Tour**
〈5月下旬～11月上旬〉毎日8:30、13:30ヨセミテバレー・ロッジ発。所要4時間
大人往復＄57、子供（2～12歳）＄36.50（片道のみで帰路はハイキングでも可。大人片道＄28.50、子供（2～12歳）＄18.25、1歳以下無料

●**ツアーバス　Yosemite Tours**

年間を通して園内のポイントへ各種の有料のガイドバスツアーが催行されている。観光案内所などで配布されるYosemite Guideやウェブでスケジュールを調べて、早めに予約しよう。

ヨセミテ国立公園のおもな見どころ

ヨセミテのシンボル　　　　　　　　　　ヨセミテバレー　**MP.303**

ハーフドーム
Half Dome　　　　　　　　　　　　　　　　　***

丸いドームをナイフで縦半分に切り落としたような形をしている。麓から頂上まで1443m。この巨大な岩壁を、2万年もの昔に

氷河が造りだしたことを思うと、自然の偉大さを実感せずにはいられない。バレー内は**センチネル橋Sentinel Bridge**からの景色が美しい。ハーフドームの向かい側の丸いドーム状の岩峰はノースドームだ。

ハーフドームも時間を違えて見学したい

センチネル橋
MP.303
住ヨセミテビレッジの入口にある

自然が造ったパノラマ展望台　　　　　　ヨセミテバレー　**MP.303**

グレイシャーポイント（積雪時は閉鎖）
Glacier Point　　　　　　　　　　　　　　**

ハーフドームを見るための特等席。カリービレッジの頭上の岩壁のてっぺんにある。眼前にハーフドームが迫り、シエラネバダ山脈ははるかかなたまで続く。下方には、ビレッジが豆粒のように小さく見える。

グレイシャーポイント
行き方グレイシャーポイント・ツアー（→P.300側注）に参加するか車で。グレイシャーポイントへ行くGlacier Point Rd.は11月～5月下旬まで閉鎖される。そのほか、徒歩ならフォーマイル・トレイルFour Mile Trailをハイキング。所要3～4時間。

ロッククライマーたち憧れの岩壁　　　　ヨセミテバレー　**MP.302**

エルキャピタン
El Capitan　　　　　　　　　　　　　　　　***

ヨセミテバレーの入口に君臨するエルキャピタンは、谷底からの高さ1095m、花崗岩としては世界最大の一枚岩だ。その堂々とした姿は、男性的な力強さを感じさせる。バレーフロアから垂直にそびえていることから、世界中のロッククライマーたちの憧れの岩でもある。彼らは途中のテラスで眠りながら、3～6日かけて頂上を目指す。双眼鏡でのぞいても、中腹以上のクライマーは米粒ほどにしか確認できない。

エルキャピタン
行き方ヨセミテビレッジからバレーワイド・シャトル（グリーンルート）で、エルキャピタン・ピクニックエリアやエルキャピタン・メドウ下車。

春の必見ポイント
春先に訪れたら、エルキャピタンのすぐ左側の絶壁から流れ落ちているリボン滝（→P.304）をお見逃しなく。また、エルキャピタンの向かい側にあるのがブライダルベール滝（→P.304）だ。

神々しさが感じられる

無料のバレー・シャトルを利用しよう

 メモ LAから車で行くルート　I-5を北へ。山間部を過ぎた所でCA-99へ移ってフレズノへ。あとはCA-41を北上すればヨセミテのSouth Entrance到着。所要約6時間。約460kmの距離。

朝のバレービュー

ヨセミテを代表する絶景ポイント　　　　　ヨセミテバレー　MP.302

バレービュー
Valley View
✴✴✴

　マーセド川の流れを前景に、エルキャピタンとブライダルベール滝が絶妙なバランスで配置されている。滝の横にそびえる岩壁は**カテドラルロックCathedral Rocks**。氷河の彫刻の見事な技に心打たれる思いだ。

ヨセミテで最も有名な風景のひとつ　　　　　ヨセミテバレー　MP.302

トンネルビュー
Tunnel View
✴✴✴

トンネルビューは
ヨセミテのハイライトが見られる

　ヨセミテバレーからグレイシャーポイントや公園南口へ向かう道（CA-41）を行くと、途中ワウォナトンネルWawona Tunnelがある。トンネル入口にあるのが、トンネルビューという展望台だ。アンセル・アダムスの写真にもたびたび登場する、ヨセミテで最も有名な風景が開ける。ハーフドーム、エルキャピタン、カテドラルロック、そしてブライダルベール滝を一望するさまは、アメリカでも指折りの絶景ポイントといっても過言ではない。

ヨセミテバレー

- ━━ 道路
- ─── トレイル
- ━━ ヨセミテバレー・シャトルバス
- ━━ エルキャピタン・シャトルバス（夏期のみの運行）
- ⓘ ビジターセンター
- Ⓗ ホテル
- Ⓟ 駐車場
- ⚠ キャンプ場
- 🔭 展望台
- 🚻 トイレ

N

0　　　　　1km
0　　0.5mile

Eagle Peak

Three Brothers

エルキャピタン (P.301)

リボン滝

→ タイオガパス、マンテカへ
→ マーセドへ

Merced River

バレービュー (P.302)
→ トンネルビュー (P.302)

Cathedral Rocks

Cathedral Spires

タフトポイント

Taft Point Trail

グレイシャーポイント（車）、
マリポサグローブ (P.303)
Ⓗ ワワォナホテル (P.305)へ
Wawona Hotel
（この先、冬期閉鎖）

ブライダルベール滝

マリポサグローブ（積雪時は閉鎖）
Mariposa Grove ＊＊

ヨセミテバレーから南へ約1時間15分。公園の南端に、ジャイアントセコイアの森がある。これがマリポサグローブだ。セコイアは、日本の杉にかなり近い種類の世界最大の木で、ビッグツリーの別名をもっている。なかでも最大は**グリズリージャイアントGrizzly Giant**という木で、直径約9m、根元の周囲28m、そして推定樹齢はなんとおよそ2900年だというから驚く。何度も落雷を受けたため、高さ63.7mで生長が止まり、17度傾いている。なお、一般車は森の入口までしか入れない。あとは歩くか、シャトルを利用しよう。

高さ60m以上ある大木を実感してみよう

マリポサグローブへ
マリポサグローブへ向かうマリポサグローブ・ロードMariposa Grove Rd.は、一般車の通行が制限されている。森の入口のマリポサグローブ・ウエルカムプラザMariposa Grove Welcome Plazaに300台入る駐車場があるが、昼近くには満車になることもあるので早めに到着したい。ここからマリポサグローブまでは無料のシャトルが往復している。

シャトル
運〈4月～6月上旬、9月中旬～11月上旬〉毎日8:00～17:30までの15分間隔、〈6月中旬～9月上旬〉毎日8:00～19:00までの10分間隔、〈11月中旬～11月下旬〉毎日8:00～15:30までの15分間隔
休12～3月

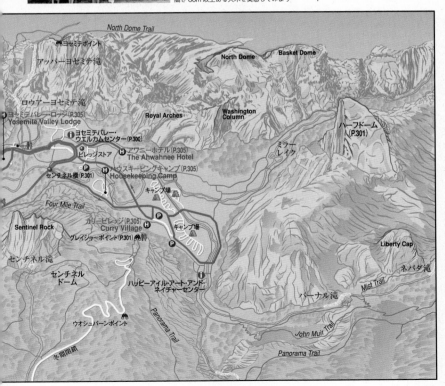

公園内の滝は
春から初夏にかけてが見頃だ

Fall と Falls の違い
　Nevada Fallのように"Fall"と単数形になっているものは、一気に落ちる滝。Yosemite Fallsのように"Falls"と複数形のものは、いくつかの段に分かれて連続して落ちる滝だ。

ネバダ滝ハイキング
　ネバダ滝へのトレイルは日帰りハイキングにちょうどいい。往復8.6km、約5〜7時間。途中のバーナル滝までは往復4.8km、約3時間。

ロッククライミング
● Yosemite Mountaineering School & Guide Service
🌐www.travelyosemite.com/things-to-do/rock-climbing
🗓4月中旬〜10月上旬の毎日
💰1人 $205〜

ラフティング
Rafting
　カリービレッジのレンタルセンターで申込み。
💰1人$30.50（体重22.7kg未満は参加不可）

ハイキング
　園内には全長約1300mのハイキングコースがある。ウエルカムセンターでは、パンフレットを入手できる。
🌐www.travelyosemite.com/things-to-do/hiking

ヨセミテはクライミングの聖地でもある

滝を見に行くなら時期を選ぼう　　　ヨセミテバレー　MP.302〜303

ヨセミテ内の代表的な6つの滝
Fall & Falls　　　　　　　　　　　　　　　　✳✳✳

●ヨセミテ滝　Yosemite Falls（739m）
　ヨセミテビレッジのすぐ裏にあり、滝つぼまで歩いて行くことができる。アッパー滝（435.8m）、カスケード（205.7m）、ロウアー滝（97.5m）に分かれている。3つ合わせると北米で最大の落差をもつが、7月からは徐々に水量が減り、秋から春にかけては涸渇してしまう。ヨセミテバレー・ロッジやロウアー滝トレイルヘッド、センチネル橋からの眺めがいい。

●センチネル滝　Sentinel Falls（610m）
　センチネルロックの南側の絶壁から、階段状に流れ落ちる滝。フォーマイル・トレイルやバレードライブから見ることができるが、初夏には消えてしまう。

●リボン滝　Ribbon Fall（491m）
　リボンのようにねじれながら落下する美しい滝で「処女の涙」の別名をもつ。エルキャピタンの西側の絶壁から流れ落ちる。5月中旬〜6月上旬以外は水が涸れてしまう。

●ブライダルベール滝　Bridalveil Fall（189m）
　細い柔らかな流れの滝で、風でしぶきが吹き上げられて霧になって広がる姿が美しい。その様子が花嫁のベールのようなので、こんなロマンティックな名前がついた。カテドラルロックのちょうど真下にある。

●ネバダ滝　Nevada Fall（181m）
　ネバダ滝は雪崩を連想させる力強い滝。ハーフドームの後ろにあり、グレイシャーポイントからよく見える。水量が多く、幅も広いので迫力がある。

●バーナル滝　Vernal Fall（97m）
　ネバダ滝の手前、下流にあるバーナル滝は爽快感がある滝で、別名「青春の滝」と呼ばれている。

ヨセミテ国立公園のアクティビティ

　ヨセミテでは、あらゆるアクティビティが楽しめるので、ぜひチャレンジしてみよう。

●ロッククライミング
　カリービレッジ（→P.305）のYosemite Mountaineering School & Guide Serviceでロッククライミングのレッスンを行っている。約7時間かけて、ハーネスやロープの使い方などの基礎を教えてくれる。

●ラフティング
　年によるが、基本的に6月中旬〜8月下旬にマーセド川をラフティングで楽しむツアーが実施される。

✏️メモ　**クマに注意**　ヨセミテ国立公園では、昼夜に限らず、クマがキャンプ場などに出没し、人間の食料などをあさる。キャンプをする人は、食べ物と匂いがするものは必ずフードロッカーに入れること。

ヨセミテ国立公園のホテル
Yosemite National Park

HOTEL

公園内の宿泊予約（ホテル）は1年前から下記にて受付。
Yosemite Reservations
☎ (1-888) 413-8869　🖳 www.travelyosemite.com

キャンプ場予約は5ヵ月前の15日（10:00〜。太平洋時間）から下記にて受付。
National Park Reservation Center
☎ (606) 515-6777　🖳 (1-877) 444-6777　🖳 www.recreation.gov
※Mariposa County Room Tax 10%が別途加算される。

ヨセミテバレー

高級　**アワニーホテル**
The Ahwahnee Hotel

自然と調和したデザインがすてき

ハーフドーム、ヨセミテ滝両方が見える最高の位置に立つリゾートホテル。花崗岩や松、樫などすべてヨセミテバレーで調達できる材料で造られている。アメリカ人の間でも「一生に一度は泊まってみたい」と憧れの的。

Wi-Fi無料　123室　カード A D J M V

Ⓜ ヨセミテバレー P.303
🛏 ⓈⒹⓉ$518〜631、
　Ⓢⓤ$653〜1294

中級　**ヨセミテバレー・ロッジ**
Yosemite Valley Lodge

ヨセミテで最も人気の宿泊施設

ヨセミテ国立公園内で人気ナンバーワンのロッジ。大自然のよさを味わってもらうため、TVなど音の出るものは避けるなどの配慮がされている。部屋のタイプも実に多彩。自転車の貸し出しステーション（→ P.300 側注）もある。

Wi-Fi無料　245室　カード A D J M V

Ⓜ ヨセミテバレー P.303
🛏 ⓈⒹⓉ$310〜338

中級　**ワウォナホテル**
Wawona Hotel

マリポサグローブ入口のホテル

ヨセミテ国立公園内最古のホテル。ビクトリア調の外観で、ロマンティックな雰囲気だ。建物自体は古いが部屋はきれいに保たれている。場所はバレーからは遠く、公園南口のそばのマリポサグローブの入口にある。

Wi-Fi無料　104室　カード A D J M V

Ⓜ ヨセミテバレー P.302 外
🛏 ⓈⒹⓉバス付き$231〜、
　ⓈⒹⓉバスなし$157〜
🈺 1月上旬〜3月中旬

エコノミー　**カリービレッジ**
Curry Village

木立の中の素朴なキャビン

ホテル形式の部屋もあるが、自然を身近に感じたい人にはキャビンのほうがおすすめだ。ただし、木製のフレームにキャンバスをかけたテントキャビンは、夏以外は寝袋がないと寒い。数に限りがあり先着順だが、フロントに貸し出し用の寝袋もある。

Wi-Fi無料　481室　カード A D J M V

Ⓜ ヨセミテバレー P.303
🛏 ホテル$270〜、
　バス付きキャビン$264、
　テントキャビン$159〜
　216
🈺 11月下旬〜12月上旬、1月上旬〜3月下旬

エコノミー　**ハウスキーピングキャンプ**
Housekeeping Camp

キャンプ場に準ずる施設

ヨセミテで最も安く泊まれる所。ひとつのテントに4人までOK。夏のみのオープンだ。キャンバスの中には2段ベッドがあるだけの質素な建物なので、雨露がしのげればよいという人向け。

266棟　カード A D J M V

Ⓜ ヨセミテバレー P.303
🛏 1ユニット$89〜109
　（4人まで利用可）
🈺 10月中旬〜4月中旬

🖳 コーヒーメーカー　🖳 ミニバー／冷蔵庫　🖳 バスタブ　🖳 ヘアドライヤー　BOX 室内金庫　🖳 ルームサービス　🍴 レストラン
🖳 フィットネスセンター／プール　🖳 コンシェルジュ　🖳 日本語を話すスタッフ　🖳 ランドリー　🖳 ワイヤレスインターネット　Ｐ 駐車場　♿ 車椅子対応の部屋

★マウントシャスタ

0　100km

5　レディング

5

505　サクラメント
ナパ
80　660
サンフランシスコ　サンノゼ
280

壮麗なシャスタ山

マウントシャスタ
Mount Shasta

北カリフォルニアのヒーリングスポット

　カスケード山脈が連なり、深い緑と潤沢な水源に恵まれたマウントシャスタ。その湧き水は、おいしい飲料水として世界中で親しまれている。標高4300mを超えるシャスタ山の麓にある、マウントシャスタ・シティ、マクラウド、ウィードからは、どこからでもシャスタ山を仰ぐことができる。近年はシャスタ山に癒やしを求めてやってくる者も多いが、明確な"パワースポット"があるのではなく、この地域一帯が強いエネルギーに包まれている。

マウントシャスタ
Ⓜ巻頭折込「アメリカ西海岸」

SFからマウントシャスタへ
●**飛行機**　SFから国内線のフライトがあるレディング空港 Redding Regional Airport（RDD）へ。空港からはレンタカーでI-5を北へ109km、所要約1時間30分。マウントシャスタ・シティへ。
●**車**　SFからI-80を東のサクラメント方面へ。I-505を北へ向かうとその道はI-5になるのでひたすら北上。440km、所要約5時間。

レディング空港
　SFからユナイテッドエキスプレスが毎日2～3便運航。
🏠6751 Woodrum Circle, Redding
🖥www.cityofredding.gov

観光案内所
Mt. Shasta Chamber of Commerce & Visitor Center
🏠300 Pine St., Mt. Shasta, CA 96067
☎(530)926-4865
🖥www.visitmtshasta.com
🕐毎日9:00～16:30

マウントシャスタ・シティパーク
🏠1315 Nixon Rd., Mt. Shasta
🖥www.msrec.org/mt-shasta-city-park
🚗Mt. Shasta Blvd.を北へ2km

公園の湧き水を汲みに来る人が絶えない

マウントシャスタの歩き方

　マウントシャスタの中心は**マウントシャスタ・シティ Mt. Shasta City**。I-5のExit 73Bを下りてすぐ、Lake St.とPine St.の角にある観光案内所で情報収集をしたい。レストランやショップはメインストリートのMt. Shasta Blvd.（北のJessie St.と南のOld McCloud Ave.間）に、ホテルやモーテルは、Mt. Shasta Blvd.沿いに点在している。

　マウントシャスタ・シティの南東にある**マクラウド McCloud**は林業で栄えた町。当時社宅だった建物が住居、B&B、グローサリーストア、レストランとして現在も利用され、ノスタルジックな雰囲気を醸し出している。シャスタ山の朝日を見るにはベストな町だ。

　マウントシャスタ・シティの北にある**ウィード Weed**はミネラルウオーターのクリスタルガイザー採水地と工場がある。

マウントシャスタの見どころ

　バニーフラット Bunny Flat（標高約2118m）は、車で通年アクセスできるシャスタ山の5合目。7～10月頃（積雪状況によって変わる）は、バニーフラットより先の**オールド・スキー・ボウル Old Ski Bowl**（標高約2391m）まで車でのアクセスが可能。自然を満喫できるハイキングコースのオールド・スキー・ボウル・トレイル Old Ski Bowl Trailがある。

　マウントシャスタのダウンタウンから2km北上した所にある**マウントシャスタ・シティパーク Mt. Shasta City Park**。アッパー・サクラメント川の源泉のほか、ピクニックエリア、トレイルがある。春から秋にかけてシャスタ山の雪解け水を求める人でにぎわっている公園だ。

ラスベガスと グランドキャニオン

Las Vegas & Grand Canyon

ラスベガスでしたい

これだけは体験しよう！

7つのこと

エンターテインメントがあふれているラスベガス。世界トップクラスのショーや有名歌手のコンサート、叫ばずにはいられないジェットコースター、アウトレットでのショッピング、食べ放題のバフェ、郊外にある国立公園など、あらゆる人を楽しませてくれる何かがある。

ハリー・リード国際空港近くにあるラスベガス・サイン

1 ショーやアトラクションを満喫 →P.322〜323、P.326〜327

シルク・ドゥ・ソレイユによる大人気のショーや大型ホテルの前で行われている噴水のショー、アクロバティックなサーカスアクトなど、さまざまなエンターテインメントを体験できる。リンクにある観覧車の**ハイ・ローラー**からの眺めはラスベガス随一だ。

左／観覧車からの夜景を目に焼き付けたい
右／シルク・ドゥ・ソレイユによる神秘的な水のショー『オー』

©Tomasz Rossa

2 ストリップ沿いの →P.319〜321、P.325、P.329
ゴージャスホテルを巡る

観光客を楽しませる仕掛けが盛りだくさんの巨大ホテル。建物内にカジノエリアがあるのはもちろんのこと、劇場や屋外プール、バフェレストラン、スパ施設など、さまざまな年齢層のゲストに対応する設備が充実している。大理石で造られた豪華なバスルーム付きの客室もあり、ラグジュアリーな気分に浸れる。

上／ベラッジオにある植物園 The Conservatory & Botanical Gardens
下／ベネチアンではゴンドラに乗って運河を遊覧しよう

③ 有名ブランド店での **ショッピング** →P.328

ストリップにあるショッピングモールの**ショップス・アット・クリスタルズ**や**ファッションショー**には、ルイ・ヴィトンやプラダ、グッチなどのほか、サックス・フィフス・アベニューやメーシーズなどのデパートも入る。ダウンタウンからのアクセスがいい**ラスベガス・ノース・プレミアムアウトレット**では、高級ブランド品を割安で入手できるのでおすすめ。

左／ストリップ沿い、コスモポリタンの並びにあるショップス・アット・クリスタルズ
右／路線バスでもアクセスできるラスベガス・ノース・プレミアムアウトレット

④ **バイキング式のバフェで 満足！満腹！に** →P.329

入場待ちの行列ができるほど人気のバフェ。ローストビーフやプライムリブ、ロブスター、巻き寿司、小籠包、サラダ、ピザ、パスタなど、いろいろな料理を少しずつ食べられるのが魅力的だ。ケーキやアイスクリームなどのデザートも食べ放題なので、お腹をすかせて訪れたい。

コスモポリタンのバフェでは、ジューシーな肉をたらふく食べられる

⑤ **カジノで一攫千金を!?** →P.324~325

一生に一度は試してみたいカジノ。運任せの**スロットマシン**から頭脳戦の**カードゲーム**まで、ゲームの種類も豊富。**ポーカー**や**ブラックジャック**をするなら、事前にルールやマナーを覚えておきたいが、スロットマシンはコインを入れるだけなのでハードルが低い。

テーブルの上にチップを賭けるルーレットは初心者でも挑戦しやすいゲームのひとつ

⑥ **スパで極上の リラクゼーションを** →P.325

ホテル内にある**スパ**や**エステルーム**、**ネイルサロン**で心や体を労りながら、優雅なひとときを過ごしたい。**フェイシャルトリートメント**や**ボディマッサージ**の施術を受けるだけでなく、**ジャクージ**や**サウナ**でリラックスするのもいい。**フィットネスルーム**を併設するところもある。

シーザースパレスにある Qua Bath & Spa　©Qua Bath & Spa

⑦ **大自然が広がる国立公園へ** →P.331~339

ラスベガスから比較的簡単にアクセスできる**グランドキャニオン国立公園**。600万年もの時をかけて削り出されてできたダイナミックな地形は見るものを圧倒する。日常から解放されて、大自然のパワーに癒やされたい。

大自然の偉大さに感動

ラスベガス
Las Vegas

ラスベガス近郊

ネバダ州
アリゾナ州 グランドキャニオン
国立公園（P.331）
ハバスパイ族
居留地
トゥースリム
サウスリム・ビレッジ＆
ワラパイ族 ウエストリム
居留地
ラスベガス Hoover Dam
グランドキャニオン
国立公園空港
グランドキャニオン・
ウエスト（P.338）
Cameron

荒涼としたモハーベ砂漠の中に突如現れるオアシスが、ラスベガス。第2次世界大戦後、ひとりのマフィアが造りあげたカジノホテルが発端となり、ラスベガスはカジノの都として発展した。近年はアミューズメント性を高めた施設が街じゅうにあふれ、世界のエンターテイナーが集う"エンターテインメントキャピタル"に変貌を遂げた。

ラスベガスの歩き方

年間4000万人以上もの人が訪れるラスベガスは、観光客だけでなく1年を通してさまざまなコンベンションが行われ、ビジネスの場としても活気ある街だ。

ラスベガスの中心街は、ホテルのネオンサインがきらめく大通り、Las Vegas Blvd.（ストリップ→ P.312）。そして、ストリップの北端から約3kmにはダウンタウン（→ P.312）が広がる。おおまかにいうと、ラスベガスの観光地はこのふたつのエリアからなり、いたって単純な構造だ。この街で道に迷うことは皆無に等しく、むしろ観光名所のひとつである"巨大カジノホテル"の内部のほうが複雑で迷ってしまうはず。また、ストリップのエリアに限っては夜もひとりで出歩けるほどのにぎわいで、治安のよさはアメリカの都市ではたいへん珍しい。カジノ以外にも、シルク・ドゥ・ソレイユに代表されるパフォーマンスや有名エンターテイナーのショー、ショッピング、ダイニング、スパなど、お楽しみがめじろ押し。元気をもらいにラスベガスを訪れる日本人も増加している。1日24時間、フルに遊べる"眠らない街"がラスベガスなのである。

●プランニングのポイント

街の構造は単純なのに、効率的に移動するのはけっこう難しい。ストリップ沿いのホテルは見た目以上に巨大で、隣のホテルまで歩こうと思っても予想以上に時間がかかる。特に夏は猛暑で、日中は歩くのも容易ではない。車も時間帯によっては使い勝手が悪く、夕方から夜にかけては大渋滞となる。さらに駐車場からホテルまで離れている場合も多い。そこで活躍するのがバスやモノレールなどの交通機関。Las Vegas Blvd.を走るデュース（→ P.315）、トラムやモノレール（→ P.316）を利用して効率的な街歩きを楽しもう。

宿泊に関しては、エンターテインメント性のある、いわゆるカジノホテルはストリップに集中しており、ホテルのランクもさまざま。コンベンションの開催が客室料金に影響することも多く、加えて平日と週末料金の差が激しいのが特徴。ラスベガス初心者は、多少値は張ってもロケーション重視で、ストリップ中心の滞在をおすすめする。

ジェネラルインフォメーション

ネバダ州ラスベガス市
人口　約65万人（東京23区約971万人）
面積　約352km²（東京23区約628km²）
●セールスタックス　8.38%
●ホテルタックス　13～13.38%。ショーのチケット
などにはライブエンターテインメント税9%
※ラスベガスでは、ほぼすべてのホテルでリゾート料金 Resort Fee（1泊$20～50）が加算される。インターネット接続料やフィットネスルームの利用が無料になるなどのメリットがあるが、利用しない人には高くつく。宿泊予約時に要確認。

●観光案内所
Las Vegas Convention and Visitors Authority
MP.318-B3
3150 Paradise Rd., Las Vegas, NV 89109
(1-877)847-4858
www.visitlasvegas.com（英語）
www.lvcva.com（英語）
www.visitlasvegas.com/ja（日本語）
月～金 8:00～17:00　土・日

●在米公館
在米公館、治安については P.434 ～を参照。

 ## 旅行のシーズンアドバイス
（アメリカ西海岸の気候→ P.407）

　砂漠気候のため、年間を通じて昼夜の寒暖の差が激しく、平均湿度は31%ときわめて低い。3～5月は平均最高気温21～32℃と過ごしやすいが、夜はジャケットが必要なことも。6～8月は1年のなかで最も暑く平均最高気温37～40℃、以降9月までは35℃前後を保ち、プールで泳げるくらいの気候だ。12～2月はクリスマスや正月などのホリデイを過ごす人々でにぎわう。平均気温は15℃、時間帯によっては氷点下になる。

ラスベガスの気候

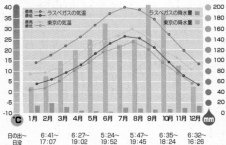

	日の出	6:41	6:27	5:24	5:47	6:35	6:32
	日没	17:07	19:02	19:52	19:45	18:24	16:26
			（夏時間）	（夏時間）	（夏時間）	（夏時間）	

 ## 現地の情報誌

　ホテルの客室などに置いてある「Las Vegas Magazine」lasvegasmagazine.com は、ショーやアトラクション、ショッピング、ダイニング、ナイトライフにいたるまで約100ページで構成。クーポンの掲載あり。また、ストリップの情報だけでなくローカルな話題も盛り込んだ「Las Vegas Weekly」lasvegasweekly.com も見応えあり。ショッピングモール、カフェ、スーパーなどに置かれている。日本料理レストランに置いてあることが多い日本語の月刊情報紙「ラスベガス・ジャパンタイムズ Las Vegas Japan Times」www.lasvegasjapantimes.com には、コンベンションやレストラン情報が載っている。

 ## イベント＆フェスティバル
※詳細は観光局のホームページ（上記のジェネラルインフォメーションを参照）で確認できる

ロックンロール・ラスベガス・マラソン
Rock 'n' Roll Las Vegas Marathon
● 2月24～25日（2024年）
　派手なネオンが輝くなか、ストリップを走り抜ける。開始は夕刻。ラスベガスらしく派手なパフォーマーたちも一緒に走る。随所でロックの演奏あり。

ペンゾイル 400 ナスカーカップ
Pennzoil 400 NASCAR Cup
● 3月上旬開催
　ラスベガス・モーター・スピードウエイで開催されるナスカーのレース。四駆市販車両を改造した車（ストックカー）がサーキットを走り抜ける。

F1 グランプリ
Formula 1 Grand Prix
● 11月22～24日（2024年）
　世界最高峰の四輪自動車レース。ラスベガスの目貫き通り（Las Vegas Blvd.）を含む一般道を周回する。2023年11月、約40年ぶりに開催された。

ラスベガスのエリアガイド
Las Vegas Area Guide

ストリップ
Strip

　Las Vegas Blvd. 北のストラット・ホテル・カジノ＆タワーから、南のマンダレイベイの間、約4マイル（約6.4km）がストリップと呼ばれている。南北に長いストリップは、交差する東西の道（右のエリアマップの薄いピンク色の道）を覚えておけば、自分の位置、あるいは目的のホテルの位置がだいたいわかる。ここでは巨大なホテル自体が見どころだ。ショー、ショップ、レストラン、カジノが備わっているテーマホテル見学を存分に楽しもう。

ダウンタウン
Downtown

　ストリップの北へ約3km行った所にあるのがダウンタウン。フリーモントストリート・エクスペリエンスが最大の見どころで、この周辺に郡の役所やパフォーミングアートの拠点であるスミスセンターなどがある。ホテル代もストリップと比べてぐんと安くなる。なお、夜間は人通りの少ない道や裏道は避けるように。

ラスベガス・ストリップ周辺

ラスベガス移動術

出発地 / 目的地	Ⓐハリー・リード 国際空港	Ⓑ Las Vegas Blvd. & Flamingo Rd.（ストリップ）	Ⓒ 4th St. & Carson Ave.（ダウンタウン）
Ⓐハリー・リード 国際空港		Grand Bazzar Shops前（Las Vegas Blvd.交差点付近）🚌南行き→ハリー・リード国際空港（30分）	4th St. & Carson Ave. 徒歩5分→ Casino Center Blvd. & Fremont St. 🚌南行き→ハリー・リード国際空港（60分）
Ⓑ Las Vegas Blvd. & Flamingo Rd.（ストリップ）	ハリー・リード国際空港 🚌北行き→ The Cromwell 前（Las Vegas Blvd. 交差点付近）（30分）		4th St. & Carson Ave. 徒歩1分→ Carson Ave. & 3rd St. 🚌南行き→ Caesars Palace 前（Las Vegas Blvd. 交差点付近）（40分）
Ⓒ 4th St. & Carson Ave.（ダウンタウン）	ハリー・リード国際空港 🚌北行き→ 4th St. & Carson Ave.（60分）	Harrah's 前（Las Vegas Blvd. 交差点付近）🚌北行き→ 4th St. & Fremont St. 徒歩2分→ 4th St. & Carson Ave.（40分）	

公共の交通 🚌 Deuce 🚌 CX

メモ　空港からストリップ（Las Vegas Blvd.）、ストリップから空港までのタクシー料金　定額制でエリアにより異なる。ストリップ沿いのエクスカリバーやMGMグランドより南は Zone 1で$21、ニューヨーク・

ラスベガスへのアクセス
Access to Las Vegas

ハリー・リード国際空港（LAS）
Harry Reid International Airport

MP.318-B4 **国**5757 Wayne Newton Blvd.
☎(702)261-5211 **URL**www.harryreidairport.com

　日本からの直行便はないが、西海岸の都市からアメリカン、デルタ、ユナイテッドなどのアメリカ大手航空会社が運航している。空港から繁華街のストリップはとても近く、南端のMGMグランドあたりなら約4km。ダウンタウンでも約9kmだ。しかし時間帯によっては渋滞がひどく、移動するのに予想以上の時間がかかる場合がある。

　ラスベガスで自由自在に移動したい、あるいは郊外に行きたいという人は、空港からレンタカーの利用をすすめる。

ハリー・リード国際空港から市内へ

■空港シャトル　ベルトランズ　Bell Trans
Free（1-800）274-7433　**URL**www.airportshuttlelasvegas.com
営24時間

　乗り合いのシャトルバンは1～2名の利用ならタクシーよりも割安。ストリップへは片道$15。ベルトランズのシャトルが運行。

　ターミナル1はバゲージクレームのドア8の近く、ターミナル3はバゲージクレームのドア51の近くに乗り場がある。

■ RTC バス　RTC Bus（→ P.315）
　ダウンタウンへは急行の**WAX**と**CX**が出ている。どのバスもストリップは通らないが、CXはベラジオ（→P.319）付近で下車できる。または**#109**でサウスストリップ・トランジット・ターミナルSouth Strip Transit Terminal（→P.315側注）へ行き、デュースDeuceに乗り換えればストリップにアクセスできる。

　ターミナル1のLevel 0の乗り場から#108、109が運行。ターミナル3のLevel 2（ターミナルを出て道路を渡った先）の乗り場からWAXとCXが運行。

■タクシー　Taxi（→ P.315）
　乗り場は、ターミナル1は1階バゲージクレームのドア1～4を出てすぐ。ターミナル3はLevel 0のすぐ外側。空港からの所要時間の目安は、ストリップ南のマンダレイベイから北のストラット・ホテル・カジノ＆タワーまでの範囲で約20分。ダウンタウンのホテルまで約25分。

ハリー・リード国際空港のターミナル
　基本的にターミナル1は国内線、ターミナル3は国際線。航空会社により、機内預けの荷物を受け取る「バゲージクレーム」の場所が異なるため、現地で要確認。

ショーやカジノの広告でとてもにぎやかなターミナル1のバゲージクレーム

ライドシェア・サービス
　ライドシェアのウーバーやリフト。乗り場は、ターミナル1は駐車場のLevel 2、ターミナル3は駐車場のValet Levelにある。

レンタカー　Rent-a-Car
　レンタカー会社は、空港敷地外のレンタカーセンターにある。バゲージクレームから外へ出ると「Airport Rent-A-Car Center」と表示された白に青いラインのバスが見えるので、それに乗り込もう（無料）。7分ほどでセンターに到着。各社で手続きを終え、レンタカー会社ごとに分かれたゲートへ進めば、目的の駐車場に出られるようになっている。24時間営業。
レンタカーセンター
国7135 Gilespie St.
☎(702)261-6001
営24時間

グレイハウンド・バスディーポ
Greyhound Bus Depot
　バスディーポ（停車場）は、ハリー・リード国際空港南のサウスストリップ・トランジット・ターミナル内にある。ストリップへは、そこからデュースでアクセスできる。
MP.318-A4外
国6675 Gilespie St.
Free（1-800）231-2222
営24時間

> ニューヨークからベラジオまではZone 2で$25、シーザーズパレスからストラットまではZone 3で$29。

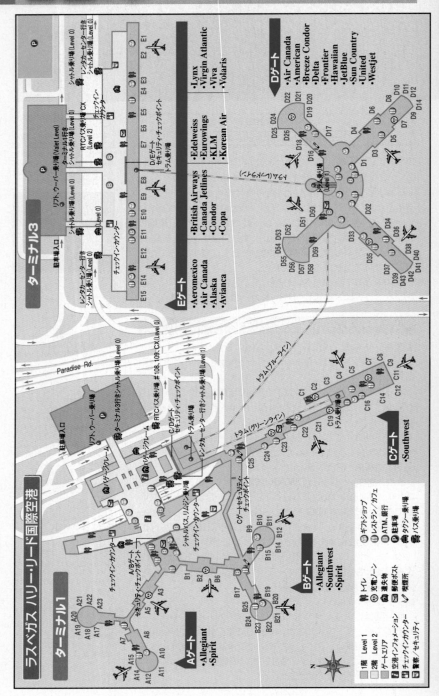

ラスベガス ハリー・リード国際空港

ターミナル1

ターミナル3

Aゲート
- Allegiant
- Spirit

Bゲート
- Allegiant
- Southwest
- Spirit

Cゲート
- Southwest

Dゲート
- Air Canada
- American
- Breeze Condor
- Delta
- Frontier
- Hawaiian
- JetBlue
- Sun Country
- United
- Westjet

Eゲート
- Aeromexico
- Air Canada
- Alaska
- Avianca
- British Airways
- Canada Jetlines
- Condor
- Copa
- Edelweiss
- Eurowings
- KLM
- Korean Air
- Lynx
- Virgin Atlantic
- Viva
- Volaris

Paradise Rd.

凡例
- 1階 Level 1
- 2階 Level 2
- ゲートエリア
- チェックインカウンター
- 警察/セキュリティ

- トイレ
- 充電ゾーン
- 遺失物
- 郵便ポスト
- 喫煙所

- ギフトショップ
- レストラン/カフェ
- ATM、銀行
- 駐車場
- トラム乗り場
- バス乗り場

メモ　ストリップの移動法　ストリップ通りを南北に移動する場合、週末のストリップは大渋滞となり、歩いたほうが速いくらい。週末の移動はバスではなく、モノレールをおすすめする。ただ、モノレールは料金

ラスベガスの交通機関
Transportation in Las Vegas

デュース（路線バス）
Deuce

　ラスベガス一帯の公共交通機関を運営するのが**RTC**（Regional Transportation Commission）だ。一般の旅行者が使う路線は、ストリップを南北に走る2階建てバスの**デュースDeuce**。そして、ハリー・リード国際空港とダウンタウンを結ぶ急行バスの**WAX**と**CX**、同じく空港からパラダイスロードを通って、ダウンタウン近くのボンネビル・トランジット・センター(BTC)まで行く**#108**とメリーランドパークウエイを通ってボンネビル・トランジット・センターへ行く**#109**のほぼ5路線に限られる。

　ストリップを走るデュースは、ダウンタウンのフリーモントストリートからストリップの南のサウスストリップ・トランジット・ターミナル（SSTT）の間を往復する。24時間、10～20分間隔の運行。

　ストリップは日中を除きほぼ1年中渋滞している。バスが来るまでかなり待たされることもある。

ストリップとダウンタウンを結ぶ便利なバスがデュース

タクシー
Taxi

　ラスベガスでは、**路上で流しているタクシーを呼び止めることは禁止**されている。ホテル正面玄関にあるタクシー乗り場から乗車すること。ストリップとダウンタウンの間を行き来するのにも便利だが、ストリップ内の短い移動にも使える。初乗りが$3.50で、その後12分の1マイルごとに23¢の加算（距離料金）。空港からの乗車は$2、運賃のクレジットカード決済には$3の手数料が別途加算される。初乗りと距離料金、手数料などの総額に、3%の州税が課せられた料金が最終的な支払い額だ。

RTC
☎ (702)228-7433
📠 (1-800)228-3911
🌐 www.rtcsnv.com
💰 デュースは2時間パス$6、24時間パス$8、3日パス$20。それ以外の路線は$4

時間帯によるが、ラスベガスの交通渋滞はかなりひどい

RTCの主要ターミナル
　ダウンタウン近くのボンネビル・トランジット・センター(BTC)とハリー・リード国際空港近くにあるサウスストリップ・トランジット・ターミナル(SSTT)。
● **Bonneville Transit Center (BTC)**
MP.318-B1
🏠 101 E. Bonneville Ave.
🎫 チケット窓口：毎日7:15～17:45（ロビーは24時間オープン）
● **South Strip Transit Terminal (SSTT)**
MP.318-A4外
🏠 6675 Gilespie St.
🕐 毎日6:00～22:00(ロビーは24時間オープン)

おもなタクシー会社
Checker/Yellow/Star Cab
☎ (702)873-2000
Western Cab
☎ (702)736-8000

タクシー料金の目安
　ストラット・ホテル・カジノ＆タワーからダウンタウンまで$16、MGMグランドまで$24、タウンスクエア Town Square（ストリップから南へ約2.5マイルにあるショッピングエリア）まで$32。

ライドシェア・サービス
(→ P.423)
　ホテル正面玄関周辺にあるライドシェア乗り場から乗車すること。

＼ が高いうえ（1回$6）、ルートも不便（各ホテルの東側を走るので、ストリップに出るには巨大なホテル内を横断しなくてはならない。MP.316)なので、週末のみの利用をすすめる。

トラムとモノレール
Tram & Monorail

ストリップにある一部のホテルとホテルをつなぐトラムとモノレールが走っている。トラムは無料、ラスベガス・モノレールは有料だ。駅によってはストリップから遠いので注意。

●**エクスカリバー←→マンダレイベイ**（トラム：無料）新フォーコーナー（エクスカリバー前）に駅があるのが魅力。2路線が平行して走っている。毎日10:00～24:00の間3～7分ごと運行（北行きのみルクソールにも停車）。

●**ベラッジオ←→シティセンター（ショップス・アット・クリスタルズ）←→パークMGM**（トラム：無料）ショップス・アット・クリスタルズがあるシティセンターと両隣のホテル、ベラッジオとパークMGMを結ぶ。毎日8:00～翌2:00の間15分ごと運行。

●**ミラージュ←→TI：トレジャーアイランド**（トラム：無料）ミラージュの正面玄関近くに乗り場があり、TI：トレジャーアイランドの2階と連絡している。毎日12:00～21:00（金・土～翌2:00）の間5分ごと運行。

●**MGMグランド←→サハラ・ラスベガス**片道約15分（ラスベガス・モノレール：1回$6、1日券$15、3日券$32）。新フォーコーナーからコンベンションセンターを通ってストラット・ホテル・カジノ&タワー手前にあるサハラアベニュー（サハラ・ラスベガスの向かい）まで。毎日7:00～翌2:00（月～24:00、金～日～翌3:00）の間4～8分ごと運行。

ラスベガス・モノレール
URL www.lvmonorail.com
乗り方と降り方
ラスベガス・モノレールは改札近くの券売機でチケットを購入し、チケットを改札機に通して乗車する。下車時は、改札の扉が自動で開くので、そのまま出るだけ。

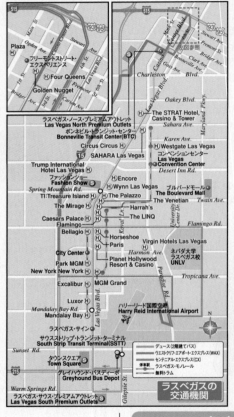

ツアー案内

グランドキャニオン・シーニック航空
Grand Canyon Scenic Airlines

日本にも営業所のある**グランドキャニオン・シーニック航空Grand Canyon Scenic Airlines**（→P.332）がラスベガス発のツアーを催行。ラスベガス名物の夜景を楽しめる遊覧飛行（$129）、観光バスなどで訪れるグランドキャニオン日帰りコース（$169～）がおすすめだ。ラスベガスのホテルへの送迎付き。

グランドキャニオン・シーニック航空
☎ 0120-288-747（日本）
☎ (702)638-3300（ラスベガス）
URL www.scenic.co.jp

メモ にぎやかなベガスで静かに過ごせる場所　マンダレイベイ（→P.320）のタワー棟はデラーノ・ラスベガスが運営しており、最上階にあるラウンジは隠れ家的な夜景スポット。↗

今日は
何する？

8:00

朝から癒やしの空間へ　滞在時間：3時間
Qua Bath & Spa
クア・バス & スパ → P.325脚注

朝食前のニュートラルな状態で、50分のマッサージ（$160〜）とホットタブでリラックスタイムを。

3つのホットタブがある

Point
毎晩夜ふかししたいベガスでは、疲れを翌日に残さないのが鉄則。朝はのんびり、夜はアクティブにいこう！

Access 徒歩15分

11:20

ブランチをバフェで！　滞在時間：1.5時間
Wicked Spoon　ウイキッドスプーン → P.329

コスモポリタンのホテルバフェは、味、種類、雰囲気も高評価。肉もデザートもがっつりいこう！

カービングステーションで肉料理をチョイス

Access コスモポリタンからプラネットハリウッドの前にあるバス停まで徒歩5分→Deuceで約40分

13:30

アーケードで雄叫び！　滞在時間：1時間
Fremont Street Experience
フリーモントストリート・エクスペリエンス → P.326

LEDのショーは日没後。昼間はジップライン（→P.326脚注）で、アーケードをひとっ飛び！

woohoo~

けっこう楽しいかも

Access ダウンタウンからバス#401で約12分

14:40

いいものをお安くゲット！　滞在時間：2.5時間
Las Vegas North Premium Outlets
ラスベガス・ノース・プレミアムアウトレット → P.328

何時間でもいられるアウトレットモール。お気に入りのブランドに絞って、効率よく回ろう。

驚きの安さだ！

Access ストリップの中心までCXで約25分

17:55

観覧車で空中散歩　滞在時間：2.5時間
The Linq　リンク
全米でいちばん高い観覧車 → P.327 やビルの12階の高さからスタートするジップラインがある。ラスベガスで空中散歩を楽しむならここ。

夕暮れの眺めが最高

Access シーザースパレス前のバス停からDeuceでマンダレイベイまで15分→徒歩10分

21:00

憧れのシルク・ドゥ・ソレイユを観る
Michael Jackson One　滞在時間：2時間
マイケル・ジャクソン・ワン → P.323

シルクもMJも堪能できちゃう欲ばりな演目。ホログラムでよみがえるMJに大感激!!

『スムースクリミナル』のワンシーン

©Isaac Brekkan/Getty Images

Access 劇場からデラーノ・ラスベガスへは徒歩すぐ

23:00

アップスケールなラウンジで最高の1杯を
Skyfall Lounge　滞在時間：1時間
スカイフォールラウンジ → P.316脚注

マンダレイベイ（→P.320）とツインタワーのデラーノ。最上階で最高の景色を楽しもう。

開放感のあるパティオ

How to 夜遊び？
クラブ、ラウンジ、バーは、すべてホテル内にあるので、宿泊先のホテルなら移動の心配もいらない。ただし酔いつぶれは厳禁！　詳細は→P.330を参照。

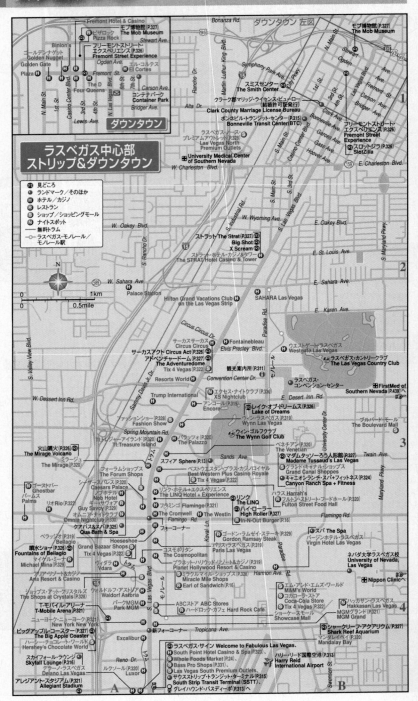

メモ　ラスベガスのライドシェア・サービス事情　タクシーに取って代わるウーバーUberやリフトLyft（→P.423）だが、ラスベガスの主要ホテルや空港にも、わかりやすい乗り場が設置されている。

ラスベガスのホテル＆カジノ
Las Vegas

ラスベガスのホテルは単なる宿泊施設ではない。ストリップに集中しているほとんどのホテルが、巨大なカジノを併設し、独自のテーマをもっている。外観も内観もユニークな造りで、来訪者をワクワクさせてくれる。そう、ラスベガスのホテルは「見どころ」なのだ。ひとりでも多くの人に立ち寄ってもらい、カジノをはじめとする施設でお金を落としてもらうよう、さまざまな努力がされている。

なお、ラスベガスのホテルでは、宿泊料とは別にリゾート料金 Resort Fee という施設使用料も徴収される（1 泊当たり $20 ～ 55）。予約時に確認を。

ストリップ

高級　ウィン・ラスベガス & アンコール
Wynn Las Vegas & Encore

洗練されたデザインのホテル

隆盛を極めるラスベガス。その仕掛人、スティーブ・ウィンが夢見たホテルだ。ラスベガスの粋を集めたというべきホテルで、エレガントな装いのカジノ、厳選した素材を使った料理、ハイエンドブランド店などが揃う。リゾート料金 $45。

WiFi無料　2716室、2034室　カード ADJMV

M P.318-A3
住3131 Las Vegas Blvd. S., Las Vegas, NV 89109
☎(702) 770-7000
Fax(1-888) 320-7123
URL www.wynnlasvegas.com
料⑤⑥T$259～1609、
Su$339～5500

高級　ベラッジオ
Bellagio

噴水のバレエが名物の高級リゾート

カジノホテルがゴージャスなリゾートになりうることを証明した革命児。北イタリアのコモ湖を模した池では優雅な噴水ショーが行われ、カジノへのアプローチにはティファニー、シャネルといった高級店がずらりと並ぶ。リゾート料金 $50。

WiFi無料　3933室　カード ADJMV

M P.318-A4
住3600 Las Vegas Blvd. S., Las Vegas, NV 89109
☎(702) 693-7111
Fax(702) 693-8456
URL bellagio.mgmresorts.com
料⑤⑥T$159～3430、
Su$299～4799

高級　パリス・ラスベガス
Paris Las Vegas

砂漠の大通りにフランスのエスプリを

エッフェル塔、凱旋門、ルーブル美術館などパリのポイントが集まるホテルでは、従業員のあいさつもフランス語。食事がおいしいと評判だ。エッフェル塔展望台（$19.50 ～ 24.50）から観るベラッジオの噴水ショーは必見。リゾート料金 $45.95。

WiFi無料　2916室　カード ADJMV

M P.318-A4
住3655 Las Vegas Blvd. S., Las Vegas, NV 89109
Free(1-877) 796-2096
URL www.caesars.com/
paris-las-vegas
料⑤⑥T$50～1336、
Su$105～9699

高級　プラネット・ハリウッド・リゾート & カジノ
Planet Hollywood Resort & Casino

ショッピングゾーンも充実のホテル

こだわりのある客室は、ハリウッド映画に関するメモラビリア（ゆかりの品）をインテリアにし、デザインもその映画に合わせて施されている。カジノはスタイリッシュで、週末になるとダンスガールも現れる。リゾート料金 $52.10。

WiFi無料　2567室　カード ADJMV

M P.318-A4
住3667 Las Vegas Blvd. S., Las Vegas, NV 89109
Free(1-866) 919-7472
URL www.caesars.com/
planet-hollywood
料⑤⑥T$38～2924、
Su$380～14799

 コーヒーメーカー　 ミニバー／冷蔵庫　バスタブ　ヘアドライヤー　BOX 室内金庫　ルームサービス　レストラン

フィットネスセンター／プール　コンシェルジュ　日本語を話すスタッフ　ランドリー　ワイヤレスインターネット　P 駐車場　車椅子対応の部屋

319

ストリップ

高級　シーザースパレス　Caesars Palace
ラスベガスを代表するカジノリゾート

　ギャンブラーの憧れの館であり、全米屈指の知名度を誇る。ホテルが誇るオクタヴィアスタワーはラグジュアリー感と快適さを十分備えている。館内にNobu Hotel（スタンダード＄149〜、182室）が入っている。リゾート料金＄45。

Wi-Fi無料　4000室　カード ADJMV

M P.318-A3
3570 Las Vegas Blvd. S., Las Vegas, NV 89109
(1-866) 227-5938
www.caesars.com/caesars-palace
SDT$111〜4889、su$154〜11999

高級　ミラージュ　The Mirage
コスパの高い老舗カジノリゾート

　熱帯魚が泳ぐロビーの巨大水槽、ランの花咲くアトリウム、ヤシの葉を葺いたカジノなどトロピカルムードでいっぱい。火山噴火ショー（→ P.326）が毎晩行われる。リゾート料金＄42。

Wi-Fi無料　3044室　カード ADJMV

M P.318-A3
3400 Las Vegas Blvd. S., Las Vegas, NV 89109
(702) 791-7111
(1-800) 374-9000
www.hardrockhotelcasinolasvegas.com
SDT$69〜845、su$199〜1799

高級　ベネチアン＆パラッツォ　The Venetian & The Palazzo
灼熱の街に水の都が出現

　ゴンドラが浮かぶ運河に砂漠の太陽が強烈に照りつけ、繊細な彫刻を施したドゥカーレ宮殿やリアルト橋に誘われてロビーへ入れば、丸天井を飾るフレスコ画に圧倒される。ベネチアンと別館パラッツォは全室スイート。リゾート料金＄45。

Wi-Fi無料　4029室、3064室　カード ADJMV

M P.318-A3
3355 Las Vegas Blvd. S., Las Vegas, NV 89109
(702) 414-1000
www.venetianlasvegas.com
su$189〜2859

高級　TI：トレジャーアイランド　TI: Treasure Island
大人のホテルへとイメージチェンジ

　スタイリッシュな大人向けのホテルへと大幅に変身して名称もTIとなったが、なじみがないためTreasure Islandの名を残した。シルク・ドゥ・ソレイユの原点ともいうべきショー、ミステア（→ P.323）はTIで観ることができる。リゾート料金＄44.95。

Wi-Fi無料　2884室　カード ADJMV

M P.318-A3
3300 Las Vegas Blvd. S., Las Vegas, NV 89109
(702) 894-7111
(1-800) 944-7444
treasureisland.com
SDT$36〜912、su$84〜1241

高級　マンダレイベイ　Mandalay Bay
レストランも充実、遊べるリゾート

　エクスカリバーからトラムで約3分。ストリップ南端の黄金色に輝くホテルに到着する。プールの規模と美しさはトップクラスで、アトラクションとレストランの多さも魅力だ。別棟のタワーは全室スイートのデラーノ・ラスベガス。リゾート料金＄45。

Wi-Fi無料　3209室　カード ADJMV

M P.318-A4
3950 Las Vegas Blvd. S., Las Vegas, NV 89119
(702) 632-7777
(1-877) 632-7700
www.mandalaybay.com
SDT$59〜889、su$89〜3400

中級　ルクソール　Luxor
高さ107m、30階建てのピラミッド

　ファラオ像に見守られた神殿カジノをはじめとして、ホテル中が古代エジプト。客室はピラミッドの外壁に沿って配置され、エレベーターも斜めに上がる。客室はタワー棟のほうが広くてきれい。リゾート料金＄37。

Wi-Fi無料　4400室　カード ADJMV

M P.318-A4
3900 Las Vegas Blvd. S., Las Vegas, NV 89119
(702) 262-4000
luxor.mgmresorts.com
SDT$32〜765、su$91〜865

メモ　ハラスホテルにあるフルトン・ストリート・フードホール　ファストフード店が集結するフードコートとは一線を画すスタイルで人気。ラーメンが食べられるので、日本の味が恋しい人にもおすすめ。

中級　MGM グランド
MGM Grand

華やかなメガリゾート

横切るだけでも歩き疲れるほどの巨大リゾート。エンターテインメントの充実度もラスベガス屈指で、ビッグスターのコンサートやボクシングの世界タイトルマッチが行われる。また、レストラン $ には有名シェフが店を構えている。リゾート料金 $45。WiFi無料　5044室　カード A D J M V

M P.318-A4
3799 Las Vegas Blvd. S., Las Vegas, NV 89109
(702) 891-1111
mgmgrand.mgmresorts.com
S D T$65〜1200、SU$190〜2500

中級　ニューヨーク・ニューヨーク
New York New York

ノスタルジックなホテル、ナンバーワン！

自由の女神と摩天楼を見れば一目瞭然。ホテルのテーマはマンハッタンだ。1920 年代のマンハッタンをテーマにしていて、当時流行したアールデコのデザインが取り入れられている。名物のローラーコースターからは常に悲鳴が。リゾート料金 $42。WiFi無料　2024室　カード A D J M V

M P.318-A4
3790 Las Vegas Blvd. S., Las Vegas, NV 89109
(702) 740-6969
newyorknewyork.mgmresorts.com
S D T$49〜566、SU$164〜785

中級　フラミンゴ
Flamingo

かつてフラミンゴ・ヒルトンとして知られた

ラスベガスの隆盛はこのホテルから始まった。フラミンゴやペンギンもいる大きなプールが自慢。フラミンゴの羽をかたどったピンクのネオンサインはあまりにも有名だ。古いだけに値段もリーズナブル。リゾート料金 $39.95。WiFi無料　3446室　カード A D J M V

M P.318-A3
3555 Las Vegas Blvd. S., Las Vegas, NV 89109
(702) 733-3111
www.caesars.com/flamingo-las-vegas
S D T$36〜1886、SU$125〜5509

ラスベガスのスポーツ
Sports in Las Vegas

アメリカンフットボール
National Football League（NFL）

■ ラスベガス・レイダース
Las Vegas Raiders

1960年カリフォルニア州オークランドで創設。ロスアンゼルスとオークランドに本拠地をおいていた時期に、3度スーパーボウルを制している。2020年にオークランドからラスベガスへ移転。2023〜2024年シーズンは8勝9敗でAFC西地区2位で終わった。

本拠地：アレジアント・スタジアム
M P.318-A4
3333 Al Davis Way
(1-800) 724-3377　www.raiders.com
マンダレイベイからMandalay Bay Rd.を西へ1km。

アイスホッケー
National Hockey League（NHL）

■ ベガス・ゴールデンナイツ
Vegas Golden Knights

2017年にラスベガス初の4大スポーツフランチャイズとして創設。初年度にいきなりファイナルに進出して関係者やファンの度肝を抜き、創設6年目の2022〜2023年には早くもリーグ初制覇を成し遂げた。チケットは毎試合売り切れるので早めの準備が必須。

本拠地：T-モバイル・アリーナ
M P.318-A4
3780 Las Vegas Blvd. S.
(702) 692-1616　www.nhl.com/goldenknights
パークMGMからPark Ave.を西へ300m。

Fulton Street Food Hall　M P.318-A3　www.caesars.com/harrahs-las-vegas → Restaurants
24時間。時期、店舗により異なる。

ラスベガスのショー
Las Vegas

©Matt Beard

SHOW

©Denise Truscello

夜ごときらびやかなショーが繰り広げられる街、ラスベガス。近年カジノよりも超一流のショーを目当てにやってくる人も増えている。ラスベガスの特徴は、ミュージカルをはじめとして、大仕掛けなイリュージョン、神秘的なアクロバット、大物エンターテイナーのコンサートなど、種類がバラエティに富んでいること。さらにほとんどが専用の特別劇場をもっていて、仕掛けもダイナミック。時代の最先端をいく一流エンターテインメント鑑賞が楽しめる。

シルク・ドゥ・ソレイユでは多くの日本人パフォーマーが活躍している。
©Eric Jamison

有料ショーの
チケットの買い方

最も簡単なチケットの買い方は現地で購入する方法。お目当ての公演の劇場内にある "Box Office" に直接出向いて購入すればいい。

事前に予約購入する場合は、各公演の公式ウェブサイトから購入が可能。決済はクレジットカードで行う。手続きが完了すると、チケット交換のための予約確認番号 Confirmation Number が通知されるので、指定された期間内（開演30分前まで、などの案内がある）に、現地の劇場の "Will Call" とある窓口でチケットを発行してもらう。この際、予約番号と一緒にパスポートなどのIDや決済に使ったクレジットカードの提示を求められるので、必ず携行すること。なお、近年は自宅などで印刷可能なeチケットで対応してくれるケースもある。現地で "Will Call" に立ち寄る手間が省けるので便利だ。

そのほか、スマートフォンの画面にeチケットを表示して入場できることもある。

ラスベガスの
半額チケット売り場はココ！

シルク・ドゥ・ソレイユをはじめとした人気のショーが半額になることはまれだが、客足が落ちてきたショーは半額になったり、割引で販売されることもある（下記参照）。

また、多くの劇場がカジノの上得意客用にいい席を確保しており、その日に上得意客は来ないと見なされれば、数日前や直前にその席が出回ることもある。運がよければいい席を入手することもできるので、劇場のボックスオフィスをのぞいてみるのも一考だ。

Information ★ Tix 4 Vegas

公演間近のショー、アトラクションの割引前売券を販売している。ただし、これらの店で購入すると、1回の購入につき$2〜6の手数料がかかり、税金も入れると、半額以上の金額になる。

Tix 4 Vegas
🌐 www.tix4vegas.com
☎ 毎日 10:00 〜 20:00（店舗によって異なる）
サーカスサーカス
📍P.318-B2　サーカスサーカスの2階
ベストウエスタン・プラス・カジノロイヤル
📍P.318-A3　マクドナルドの巨大サインが目印
グランド・バザー・ショップス
📍P.318-A3 〜 A4　ホースシューの隣にあるショッピングモール内
ショーケースモール
📍P.318-A4　巨大コカ・コーラビンが目印

アクロバットショー オー O

シルクならではの優美な水の舞台

　幻想的な水上＆水中アクロバット。舞台上に設けられた大きなプールを使って、飛び込みやシンクロナイズドスイミング、空中ブランコなどを展開する。プールが消えるなどマジック以上の不思議な世界が観客を魅了する。5歳未満は入場不可、18歳以下は大人の同伴が必要だ。 [カード] A M V

© Tomasz Rossa
人気No.1といわれるショーが『オー』

〈場所〉ベラッジオ
MP.318-A4
Ⓦ www.cirquedusoleil.com
營 水～日19:00、21:30
休 月・火
圏 $79～290
予約はウェブサイトか、
☎ (1-888) 488-7111へ

アクロバットショー カー KÀ

ド派手な演出で終始興奮

　ラスベガスでは、『カー』を超える舞台装置はないと言っても過言ではない。事実、『オー』の舞台制作費を上回る約220億円の巨額を投じて造られたのだ。火のシーンでは約120個の火薬が92mの炎を上げ、ヘッドレストに内蔵されているふたつのスピーカーが大迫力の音響を生む。 [カード] A M V

© Tomas Muscionico
激しいパフォーマンスに注目！

〈場所〉MGMグランド
MP.318-A4
Ⓦ www.cirquedusoleil.com
營 土～月19:00、21:30
休 火～金
圏 $69～303
予約はウェブサイトか、
☎ (702) 531-3826、
圏 (1-800) 929-1111へ

アクロバットショー ミステア Mystère

1993年に上演が始まった

　ラスベガスにおけるシルク・ドゥ・ソレイユの原点ともいえるショー。ミステアがきっかけでシルク・ドゥ・ソレイユは世界的に有名になったといわれている。躍動感あふれるアクロバティックなパフォーマンスが続き、見るものを飽きさせない。序幕を飾る和太鼓も必見。 [カード] A M V

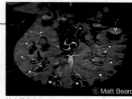
© Matt Beard
迫力満点のショー

〈場所〉TI：トレジャーアイランド
MP.318-A3
Ⓦ www.cirquedusoleil.com
營 金～火19:00、21:30
休 水・木
圏 $64～135
予約はウェブサイトか、
☎ (702) 894-7722、
圏 (1-800) 392-1999へ

アクロバットショー マイケル・ジャクソン・ワン Michael Jackson One

マイケルとシルクの最強タッグ！

　「キング・オブ・ポップ」の異名を取り、2009年6月に急逝したマイケル・ジャクソン（MJ）。マイケルが残した数々の名曲が、シルク・ドゥ・ソレイユの華麗で軽快なアクロバットと融合して、夢のステージができあがった。誰もが知るヒット曲が、新鮮な形でよみがえる。 [カード] A M V

MJのトリビュートショー

〈場所〉マンダレイベイ
MP.318-A4
Ⓦ www.cirquedusoleil.com
營 木～月19:00、21:30
休 火・水
圏 $76～302
予約はウェブサイトか、
圏 (1-877) 632-7400へ
© Isaac Brekken/
Getty Images

モータウンショー ヒューマン・ネイチャー Human Nature

イケメン・ボーカリスト4人組にも注目

　1960年代に流行した「モータウン・サウンド」を現代風にアレンジ。軽快で美しいハーモニーで観客を魅了する。スティービー・ワンダーやテンプテーションズなど、誰もが一度は聴いたことがあるサウンドで会場を盛り上げる。 [カード] A M V

客席で踊り出す熱狂的なファンもいる

〈場所〉サウスポイント・ホテル・カジノ＆スパ
MP.318-A4 外
Ⓦ www.humannaturelive.com
營 火・金～日18:30。
　時期により異なる。
休 月・水・木
圏 $45～
予約はウェブサイトから

アダルトショー チッペンデールズ Chippendales

女同士で盛り上がるならコレ！

　筋肉隆々の男性ダンサーによるアダルトショー。アメリカでは、結婚を控えた男性が独身最後の記念にハメを外すための必見ショーとして知られている。ストリップショーではあるが、あくまでエンターテインメントとしてのセクシーさがウリ。18歳未満入場不可。 [カード] A M V

観客の99%は女性だ

〈場所〉リオ
MP.318-A3
Ⓦ www.chippendales.com
營 水～日20:00
圏 $49.95～149.95
予約はウェブサイトか、
☎ (702) 777-7776へ

メモ　シルク・ドゥ・ソレイユの長期休演日に注意　通常はひと晩に2ステージ、週に1、2回の休演日を設けているが、3～4ヵ月に1回、1週間ほどの不定期休演がある。ウェブサイトなどで事前に確認を。

カジノでの遊び方
How to play games

◆カジノでのマナー◆

- 服装はカジュアルでかまわないが、ホテルによってはラフな格好は避けたほうがいい
- テーブルゲームで席に座るのはプレイヤーのみ。見物するときは必ず立って
- カジノ内は基本的にビデオ・写真撮影禁止
- ピット内（ディーラーの背後）立入禁止
- ドリンクのサービスには$1〜2のチップを渡す
- 21歳未満はゲーム禁止。ゲームをするときは必ずパスポートを持参すること
- カードゲームなどをするときには各カジノ専用のチップを使う
- チップから現金への再両替はキャッシャー（両替所）で

◆スロットマシン◆

1回の賭け金が25¢と$1のマシンが多いが、5¢、$100などのマシンもある。回転速度や停止のタイミングは調整できないので、頭脳もテクニックもほとんど関係ない。運命の女神に祈るのみだ。

- コインか紙幣を入れて、1枚賭けなら Bet One Credit、3枚賭けなら Play 3 Credits を押す。25¢マシンで3枚賭けなら、1回75¢賭けることになる。
- Spin Reels を押す。レバーを引くマシンもある。
- 勝負は中央の横1列の3つの絵柄で決まる。
- 賭け金、配当金の精算は自動的に行われ、1回ごとの残高が表示される。
- 終わるときは Change を押すと残高分のコイン、またはバウチャーが出てくる。

◆ルーレット◆

- 席に着いたら、テーブルに紙幣を置いてルーレット専用に色分けされた「ホイールチップ」を買う。参加者ごとに色が異なる。
- テーブル上の枠内または線上にチップを張る（賭ける）。ルーレットの回転が遅くなり「No more bet！」と声がかかったら、以後チップに触れてはいけない。
- 玉が入った数字または、色や列に賭けていた人のみ、所定の配当がもらえる。
- ゲームを終えるときはディーラーに「Change, please.」と言って普通のカジノチップに交換してもらおう。
  ※以下のⒶ〜Ⓘの賭け方は右の図に対応。
- Ⓐ数字ひとつに賭け、当たれば36倍
- Ⓑ数字2個にまたがって賭け、当たれば18倍
- Ⓒ横1列（数字3個）に賭け、当たれば12倍
- Ⓓ4つの数字にまたがって賭け、当たれば9倍
- Ⓔ0、00、1、2、3の5つの数字に賭け、当たれば7倍
- Ⓕ横2列（6個）に賭け、当たれば6倍
- Ⓖ縦1列（12個）に賭け、当たれば3倍
- Ⓗ1〜12など横4列（12個）に賭け、当たれば3倍
- Ⓘ1〜18か19〜36、偶数 EVEN か奇数 ODD、赤 RED か黒 BLACK に賭ける。18個に賭けることになり、当たる確率は約2分の1なので、保険と思って利用しよう。当たれば2倍

◆ブラックジャック◆

◆日本のトランプの "21" とルールは基本的に同じ。カジノでは最もポピュラーなゲームだ。テーブルによって賭け金が違うから、始める前に確認をしておきたい。ジョーカーは使わないので注意。最低賭け金は $10 前後くらいから。

◆カードの合計が 21 以内で、21 に近いほうが勝ち。21 をオーバーしてしまうと、"バストbust（破産）" といって、負けになる。

◆テーブルに何人もプレイヤーが並ぶが、ディーラー（親）対それぞれのプレイヤー（客）とのゲームになる。

◆席に着いたら、お金をカジノチップに替えてもらう。

◆カードは最低 2 枚で勝負する。21 を超えない限り、何枚でももらえる。カードが欲しいときは、手のひらを下に向け、人さし指でテーブルをとんとんと軽くたたく。もういらないときは、同じく手のひらを下に向け、左右（水平）に軽く 1 回振る。

◆2 ～ 9 のカードはそのまま 2 ～ 9 として数える。

◆10 と J（11）、Q（12）、K（13）は、すべて 10 と数える。10 以上のカードが 16 枚もあるわけで、ほぼ 3 枚に 1 枚は 10 が出る確率。

◆A は 1、または 11 の好きなほうに数えていい。A ＋ 7 なら、8 でも 18 でもいい。

◆最初の 2 枚が A ＋ 10（10 ～ K）だったら、ブラックジャック Blackjack。最強の手だ。3 枚以上のカードの合計が 21 になるよりもブラックジャックのほうが強い。ディーラーがブラックジャックでない場合、掛け金が 2.5 倍になる。

◆ディーラーは配るとき、自分の分を 1 枚目は伏せて、2 枚目は表にして見せなければならない。これを見て、プレイヤーは考える。

いざ、勝負！

Information ホテルのスパでリラックス

ほとんどのカジノホテルにスパが併設されているラスベガスでは、全米でも 1、2 を争う人気スパや個性的なコンセプトのスパなど、バラエティに富んだスパ体験が宿泊客以外も楽しめる。スパの利用法は以下のとおり。

【スパに行く前に】
●予約をする

トリートメントやフェイシャルなどの施術には予約が必要（スパ施設だけの利用は不要）。ウェブサイト、電話または直接スパで予約を。予約時は名前、クレジットカード情報、電話番号か滞在ホテル名を聞かれる（当日パスポートを提示することも）。
※スパによっては、宿泊客のみ受付可としているところもあるので要確認。

【スパでの注意点】
●水着を持参する

スパの基本料金にはフィットネスルームなどの使用料が含まれている。施術前後にスパを利用するとき、基本的には水着を着用する。
●禁煙、基本的に 18 歳未満は不可

【当日の手順】
❶予約の 30 ～ 45 分前までに入室

遅れると自動的にキャンセルになり、キャンセル料が発生するので注意。入室時間は予約時に確認しておくこと。キャンセルをする場合は予約時間の 4 時間前までに（スパにより異なる）。
❷受付、着替えを済ませて施術室へ

ロッカールームでバスローブに着替え、指示された部屋で担当者を待つ。
❸施術終了、精算をする

施術後、担当者が精算のレシートを持ってくるので内容を確認。ほとんどの場合、チップが含まれていないので施術料に対して 18～20% の額を Tip／Gratuity の欄に計上し、総支払額を記入する。宿泊者以外の利用可。
❹そのほかの施設の利用

施術後、ジャクージ、サウナを利用できる。フィットネスルームではスポーツシューズを着用のこと。

代表的なスパ
→P.324脚注

キャニオン・ランチ・
スパ＋フィットネス

ラスベガスのアトラクション

Las Vegas

ラスベガスではカジノへの客寄せのため、観覧無料のショーがあちこちで行われている。5〜15分程度のショーだが、その迫力と演出は無料とは思えない本格的なものばかり。タイミングを合わせて観に行く価値がある。

また有料のものでは、はるか300mも下に街を見下ろしながらのフリーフォール、バンジージャンプや高速スピードでレールを走り抜ける最新鋭の絶叫マシンなど、遊ぶことにも徹底したラスベガスらしい、スケールの大きなアトラクションがずらりと勢揃いしている。

ATTRACTION

無料のアトラクション

噴水	**ベラッジオ 噴水ショー** **Fountains of Bellagio**

イタリアのコモ湖をイメージ

ベラッジオ前の巨大な人造湖では、1000本以上の噴水口から噴出される水が見事なバレエを踊る。オペラやミュージカルのナンバー、ワルツ、シナトラなど約30パターンほどあり、夜は光の演出も加わっていっそう美しい。この噴水ショーは、今やラスベガスのイメージとして定着した。

ベラッジオの噴水ショーのベストスポットはエッフェル塔

Ⓜ P.318-A4
〈場所〉ベラッジオ前の池
⊠月〜金15:00〜18:30に30分ごと、19:00〜24:00に15分ごと、土〜日12:00〜18:30に30分ごと、19:00〜24:00に15分ごと。時期により異なる

ファイアーショー	**ミラージュ 火山噴火** **The Mirage Volcano**

エンターテインメント性の高い火山

ストリップの名物アトラクション。ホテル前のラグーンを流れる高さ16mの滝が、音楽に合わせて火山となって噴火する。轟音とともに溶岩を噴き上げたかと思うと、あっという間にあたり一面が真っ赤な炎と溶岩で埋め尽くされる。最前列で見れば溶岩の熱気がほおに伝わってくる。

水面からも炎が燃え上がる演出だ

Ⓜ P.318-A3
〈場所〉ミラージュ ストリップ沿い正面玄関前
⊠毎日20:00、21:00、22:00、23:00

映像ショー	**レイク・オブ・ドリームス** **Lake of Dreams**

人工湖で行われる幻想的なショー

普段は滝が流れている場所に、レーザーやホログラムを使って、幻想的でミステリアスな空間が現れる。映像と音楽が見事にマッチし、無料とは思えないクオリティのショーだ。

Ⓜ P.318-A3
〈場所〉ウィン・ラスベガス前の湖
⊠毎日日没後〜23:30の30分ごと

映像ショー	**フリーモントストリート・エクスペリエンス** **Fremont Street Experience**

イベントが開催されるアーケード

ダウンタウン中心部のフリーモントストリートにアーケードをかぶせて造った、巨大なLEDスクリーン。日没後毎正午になると、4ブロック分もある長いスクリーンに迫力ある映像が流れる。

Ⓜ P.318-A1、B1
〈場所〉ダウンタウン Fremont St.のMain St.から4th St.までの間
⊠毎日18:00〜翌2:00の毎正時にスタート。上演約6分

アクロバットショー	**サーカスアクト** **Circus Act**

子供たちに人気のサーカスショー

ホテル2階にある特設ステージで、空中ブランコやトランポリン、ピエロによるパフォーマンス、ライブコンサートなどが行われている。観覧席は上演前に家族連れで満席になる。

Ⓜ P.318-B2
〈場所〉サーカスサーカスの2階
⊠毎日13:30〜23:00（金〜日12:30〜）の30分ごと。時期により異なる。上演約10分

📝メモ アーケードを飛ぶジップライン フリーモントストリート・エクスペリエンス（→上記）の人気アトラクション。 スロットジラSlotZilla 🖳vegasexperience.com ⊠毎日12:00〜翌1:00（金・土〜翌2:00）📞\$49〜69

有料のアトラクション

| 絶叫マシン | ビッグアップル・コースター
The Big Apple Coaster |

ラスベガス最強のローラーコースター

自由の女神も思わず耳をふさぐ爆音、時速107kmのスピード、最大約40mの急降下、540度のスパイラル、ひねりながら落下するループなど、コースデザインは比類のないおもしろさ。摩天楼のすき間を走り抜ける爽快な3分間はラスベガスでしか味わえない！

カード ADJMV

マンハッタン中に響く絶叫

Ｍ P.318-A4
〈場所〉ニューヨーク・ニューヨーク
⏰毎日11:00～23:00（金～日～24:00）
💲$25
身長137cm以上のみ。

| 観覧車 | ハイ・ローラー
High Roller |

全米一高い大観覧車

ショップやレストランなどがあるプロムナード、リンクにある高さ168mの観覧車。ガラス張りのカプセルに乗って約30分かけて一周する。ラスベガスの街が砂漠に囲まれているのが、上空から見れば一目瞭然。晴天時には最高到達地点からはるか40km先まで見渡せる。

カード ADJMV

圧巻の夜景を楽しもう

Ｍ P.318-A3
〈場所〉リンク
⏰毎日12:00～24:00
💲昼（12:00～18:00）：大人$25～、子供$10～、夜（18:00～24:00）：大人$35.50～、子供$19～。時期や曜日により異なる

| ファンスポット | マダムタッソーろう人形館
Madame Tussaud's Las Vegas |

ビッグスターと夢の共演!?

TV、映画、音楽、スポーツ界などで活躍したスターを中心に、話題の人物やアメコミのヒーローまで100体以上のろう人形が並ぶ。これらの人形は、本人が生存している場合、手、足などのパーツの型取りに協力してもらい、さらに写真やコンピューターで立体分析をして制作する。

カード AMV

息遣いが聞こえてきそうな精巧さにビックリ

Ｍ P.318-A3
〈場所〉ベネチアン
⏰毎日10:00～20:00　時期や曜日により異なる
💲大人・子供$38.99～、2歳以下無料。時期や曜日により異なる

| 博物館 | モブ博物館
The Mob Museum |

ラスベガスの暗黒時代を暴露

「モブ Mob」とは、マフィアやギャングなどの犯罪組織のこと。マフィアとは無縁の街となった今だからこそ、誕生した博物館だ。ラスベガスに限らず、ニューヨークやシカゴなど大都市で組織化していったマフィアの歴史と、映像化されたギャング映画などを紹介する。

カード AMV

ギャングについて詳しく解説する博物館だ

Ｍ P.318-A1、B1
〈場所〉ダウンタウン
🏠300 Stewart Ave.
☎(702)229-2734
🌐themobmuseum.org
⏰毎日9:00～21:00
💲大人$34.95、子供（11～17歳）と学生$19.95。10歳以下無料

| 絶叫マシン | ストラット
The Strat |

スリル満点のライドが集結

人気アトラクションは、タワー頂上からのバンジージャンプ「スカイジャンプ Skyjump」。ほかにも、フリーフォール式の「ビッグショット Big Shot」、シーソー式の「エックススクリーム X-Scream」など絶叫系ライドが集まっている。ライドによって身長制限あり。

カード ADJMV

©Las Vegas News Bureaw
シーソー式のエックススクリーム

Ｍ P.318-B2
〈場所〉ストラット・ホテル・カジノ＆タワー
⏰毎日10:00～翌1:00
💲展望台大人$20～、展望台入場とライド1回$21～31、展望台入場とライド2回$31～。展望台とライド1日券$25.95～43.95。スカイジャンプは1回$129.99

| 絶叫マシン | アドベンチャードーム
The Adventuredome |

エアコン完備だから猛暑もへっちゃら

空調が効いたドーム内に、絶叫コースターやファミリーアトラクションなど、さまざまなライドがぎっしりと詰まっている。ラスベガスでは唯一の大型遊園地。はしゃぎ過ぎて、ちょっと休憩したい人は、ゲームセンターでくつろぐものもいい。

カード AMV

©Las Vegas News Bureaw
暑いラスベガスだから誕生した遊園地

Ｍ P.318-B2
〈場所〉サーカスサーカス
⏰毎日11:00～22:00　時期により異なる
💲乗り放題の1日券は$60、子供（身長122cm以上）$30
身長122cm以上のみ。

メモ　シャークリーフ・アクアリウム　マンダレイベイの中の水族館。約2000種以上の水の生物を展示。
Shark Reef Aquarium　ＭP.318-A4　💲大人$29～36、子供（5～12歳）$24～31、4歳以下無料。

ラスベガスのショップ
Las Vegas

SHOP

ラスベガス・ショッピングの最大の利点は、21:00 頃まで一流ブランド品が買えること。高級店は普通のショップに比べて早く閉店してしまうのがアメリカの常だが、時間を気にせずショッピングできるのはありがたい。ストリップ沿いには大型カジノに隣接してショッピングモールがあり、入店しているブランドもカジュアル路線から高級ブランドまでモールによって特徴がある。

また、アウトレットは通常、街から 1 時間以上離れた場所にあることが多いが、ラスベガスには中心部から非常に近い場所に 2 軒あり、アクセスも抜群だ。

ストリップ

| ショッピングモール | **ショップス・アット・クリスタルズ**
The Shops at Crystals |

世界の高級ブランドが集結！！
ストリップのど真ん中に位置するシティセンターのモール。Louis Vuitton、Prada、Gucci、Hermès のブティックをはじめ、Maestro's Ocean Club などのレストランが約 60 入店。環境に配慮した建物、シックで芸術的な内装も見もの。

カード 店舗により異なる

ドルチェ＆ガッバーナも入店

Ⓜ P.318-A4
🏠 3720 Las Vegas Blvd. S.
☎ (702) 590-9299
🌐 www.theshopsatcrystals.com
🕐 毎日11:00〜21:00
（金・土〜22:00）

| ショッピングモール | **ファッションショー**
Fashion Show |

実際にファッションショーが行われる
230 以上の店舗と 6 軒のデパートをもつ巨大モール。フードコートも充実している。日本人におなじみのファッションブランド Abercrombie & Fitch や American Eagle Outfitters、Coach、Forever 21、Hollister などが入る。ときおりファッションショーが開催される。

カード 店舗により異なる

近未来的な建物がモールとは思えない

Ⓜ P.318-A3
〈場所〉ストリップ沿い。ウィン・ラスベガス前
🏠 3200 Las Vegas Blvd. S.
☎ (702) 784-7000
🌐 www.thefashionshow.com
🕐 日〜木11:00〜20:00
（日〜19:00）、
金・土10:00〜21:00

| ショッピングモール | **ミラクルマイル・ショップス**
Miracle Mile Shops |

バラエティ豊かなショップがラインアップ
ショップやレストラン、小劇場など 170 以上ある店舗は、プラネット・ハリウッドリゾート＆カジノのカジノフロアや劇場を囲むように配置されているので、とても歩きやすい。アパレルとレストランはカジュアルラインがメインで、ハワイ発祥のコンビニ ABC ストアも入店している。

カード 店舗により異なる

日本人に人気のショップも多い

Ⓜ P.318-A4
〈場所〉プラネット・ハリウッド
🏠 3663 Las Vegas Blvd. S.
☎ (702) 866-0703
🌐 www.miraclemileshopslv.com
🕐 毎日10:00〜21:00
（金・土〜22:00）。
レストランとナイトクラブは店舗により異なる

ダウンタウン

| アウトレット | **ラスベガス・ノース・プレミアムアウトレット**
Las Vegas North Premium Outlets |

アクセスのよいアウトレットモール
砂漠のオアシスをイメージした広い敷地内に、日本でも人気のブランドが約 180 以上ある。CX や #401 のバスが停車し、アクセスも便利。屋外型のアウトレットなので、夏場はマメに水分補給をしながらショッピングを楽しみたい。

カード 店舗により異なる

拡張工事を終えて新ブランドが増えた

Ⓜ P.318-B1
🏠 875 S. Grand Central Pkwy.
☎ (702) 474-7500
🌐 www.premiumoutlets.com
🕐 毎日9:00〜20:00
（日〜19:00）。
時期により異なる

ラスベガスのレストラン
Las Vegas

ラスベガスでの食事にはバフェ Buffet（食べ放題の食事のこと）、世界各国の一流レストランの支店などがあり、気分や予算に合わせて選べるのがうれしい。

ストリップ沿いのカジノホテルにはバフェが入店しており、種類の多さ、シーフード、デザートなど、各バフェに特徴がある。

カジノで一攫千金を手にできなくても行ってみたいのが、世界各国から集まったカリスマシェフと呼ばれる有名料理人が手がける高級レストランだ。ラスベガスは、非常に多くの有名店が集まるグルメシティ。ストリップのホテルに出店している場合が多く、交通手段に困ることなく行くことができる。非常に人気が高いので、事前に予約をしておきたい。

RESTAURANT

カリスマシェフ

シーフード　マイケル・ミーナ
Michael Mina

ミシュランスターシェフのレストラン

季節のシーフード料理、エアルーム野菜を盛り込んだメニューなど独創的な料理が人気。ベラッジオの温室に面しており、静かな雰囲気で食事を堪能できる。代表的な料理で構成したシグネチャー・テイスティング・メニューは前菜、メイン、デザートなど5品で $195。

カード A D J M V

ぷりぷりの身がおいしいメイン州産のロブスター

Ⓜ P.318-A4
〈場所〉ベラッジオ
🏠 3600 Las Vegas Blvd. S.
☎ (702) 693-7223
🖥 www.michaelmina.net
🕐 水〜日17:00〜21:30
休 月・火

ステーキ　ゴードン・ラムゼイ・ステーキ
Gordon Ramsay Steak

熟成ステーキを味わいたい

スコットランド出身のカリスマシェフ、ゴードン・ラムゼイ氏がプロデュースする。看板メニューであるテイスティングメーニューは、前菜とメイン、デザートの5品が付いて $199.95。アラカルトで宮崎牛サーロインステーキやプライムリブステーキなどもあり。

カード A D J M V

肉質が柔らかいうえ、うま味がアップした熟成肉

Ⓜ P.318-A4
〈場所〉パリス・ラスベガス
🏠 3655 Las Vegas Blvd. S..
📠 (1-877) 796-2096
🖥 www.gordonramsay restaurants.com
🕐 毎日16:00〜22:00

フランス料理　ギー・サヴォア
Guy Savoy

世界屈指のフレンチシェフの味を堪能

ラスベガス支店はミシュランスター2つ星を獲得、また「ラスベガスで最もロマンティックなレストラン」として、そのエレガントな雰囲気が評価されている。5スター・セレブレーション・メニュー（6品、$420）には、人気メニューのアーティチョークとトリュフのスープも含まれている。

カード A D J M V

パリの名店の料理が比較的気軽に楽しめる

Ⓜ P.318-A3
〈場所〉シーザースパレス
🏠 3570 Las Vegas Blvd. S.
☎ (702) 731-7286
🖥 www.caesars.com
🕐 水〜日17:30〜21:30
休 月・火

ラスベガスのおもなバフェ

ホテル名 バフェ名	営業時間　料金	週末ブランチ　料金	ホテル名 バフェ名	営業時間　料金	週末ブランチ 料金
Bellagio (Ⓜ P.318-A4) The Buffet	ブランチ(月〜金)8:00〜15:00 $54.99 ディナー(水〜日)15:00〜21:00 $74.99〜	朝食(土・日) 8:00〜11:00 $54.99 ブランチ(土・日) 11:00〜15:00 $66.99	**The Cosmopoiltan** (Ⓜ P.318-A4) Wicked Spoon	ブランチ(月〜金) 8:00〜15:00 $47	土・日 9:00〜16:00 $54
Caesars Palace (Ⓜ P.318-A3) Bacchanal Buffet	ブランチ(月〜木)9:00〜13:00 $64.99 ディナー(水〜月)15:00〜22:00 $79.99〜$84.99	金〜日 9:00〜15:00 $84.99	**Wynn Las Vegas** (Ⓜ P.318-A3) The Buffet	月〜金 8:00〜13:00 $54.99 毎日 13:00〜21:00 $74.99	土・日 8:00〜13:00 $54.99

329

© AI Powers

ラスベガスの ナイトクラブ

ラスベガスのナイトライフは、メガクラブの存在なくして語れない。ラグジュアリーな空間に最先端の設備が整い、セレブもお忍びで訪れるほど。また、世界を席巻するDJと専属契約を結んでいることも人気の理由だ。世界中のクラバー(クラブの常連)に交じって思いきり楽しむために、知っておきたいルールを即チェック!!

教えて! ナイトクラブ Q&A

カルヴィン・ハリスのDJプレイは最高! クラブイベントは、事前にウェブサイトを要チェック

Q. 予算はどのくらい?
A. クラブやイベントの内容、曜日によってまちまちだが、平均チャージは$25~75。

Q. ドレスコードでひっかからない服装は?
A. ダメージデニムやバギーパンツ、短パン、スポーツウエア、帽子、サンダル、スニーカー、ブーツなどはNG。男性はえり付きシャツに、チノパンや細身のデニムというスタイルが無難だ。女性は男性ほど細かくチェックされないが、ドレスやワンピースなど、きれいな格好で出かけたい。

Q. 最新情報はどこで手に入る?
A. 現地の情報誌 → P.311 、ラスベガス観光局のウェブサイトで確認を。

Q. クラブ内は危ない?
A. 入店前に係員がID、身だしなみのチェックも行い、少しでも危険と見なす客は入店させないため、ある程度の安全は保たれている。女性は男性から声をかけられることもあるので、その際はしっかりと人を見極めること! また、スリなどの窃盗にも気をつけたい。

おさえるべき9つのポイント!

1 21歳未満は入店不可
2 パスポートなどの写真付きIDは必携
3 各クラブのドレスコードを要チェック
4 楽しむためにも荷物は最小限に
5 有名DJのイベントもお見逃しなく!
6 人気のクラブは長時間待たされる覚悟で
7 クラブ内のテーブル席はボトル購入者のみ着席可
8 いちばん盛り上がる時間帯は24:00~翌2:00
9 比較的安全な街だが、帰りはタクシーで!

世界トップクラスのDJがプレイする 注目のナイトクラブ

Omnia Nightclub

全米で最もホットなナイトクラブ、ハッカサン・ラスベガス(MGMグランド→P.321)と同じ運営会社が手がける最新クラブ。専属DJは世界で最も稼ぐカルヴィン・ハリスを筆頭に、ゼッド、アフロジャック、スティーブ・アオキ、ティエストなど、そうそうたる顔ぶれ!

オムニア・ナイトクラブ
MP.318-A3
住シーザーズパレス → P.320
☎(702)785-6200
URL omnianightclub.com
営火・木~日22:30~
休月・水 料$25~
カード A J M V

©Wynn Las Vegas

とにかく盛り上がりたい若者に大人気

XS Nightclub

DJを務めるのはディロン・フランシスやDJスネイクなど。ザ・チェイン・スモーカーズやデビット・ゲッタもステージに立つ。ウェブサイトで彼らのスケジュールをチェックしておこう。

エクセス・ナイトクラブ
MP.318-A3
住アンコール → P.319
☎(702)770-0097
URL xslasvegas.com
営金~日22:00~翌4:00
休月~木 料$20~
カード A D J M V

©Rukes

メインフロアには可動式のLEDシャンデリアがある

グランドキャニオン国立公園
Grand Canyon National Park

UNESCO 世界遺産

ラスベガスからのエクスカーション

大自然の芸術に感動する

コロラド川が500万〜600万年という途方もない時間をかけて大地を削り、造り上げた大峡谷。その圧倒的なスケールを目の当たりにすると、人知を超えた地球の営みにただ驚くしかない。リム（崖のふち）に立って見る、時間ごとに表情を変えてゆく光景は、まさに大自然の生み出す芸術品だ。特に日の出と日の入りがすばらしい。光と影が織りなす峡谷は一生に一度は見ておきたい絶景だ。

日の出と日の入りの変化を見てほしい

ラスベガス Las Vegas
ラスベガスのナイトクラブ／グランドキャニオン国立公園への行き方

グランドキャニオン国立公園への行き方

グランドキャニオン国立公園
🗺 巻頭折込「アメリカ西海岸」
🌐 www.nps.gov/grca
🕐 24時間365日。ただし、ノースリムは5月中旬〜11月のみオープン
💰 サウスリムとノースリム共通で車1台 $35、バイク1台 $30、そのほかの方法での入場1人 $20（7日間有効）

●レンタカー（ラスベガスから）

ハリー・リード国際空港の南を走るI-215 Eastに乗り、あとはI-11 South、US-93 Southへと進む。フーバーダムでコロラド川を渡り、アリゾナ州に入ってから75マイル（約120km）でキングマンKingman。ここでI-40 Eastに乗り、110マイル（約176km）でウィリアムズWilliamsだ。Exit 165でAZ-64に移ればサウスリムまでは57マイル（約91km）の一本道。ラスベガスから約5時間。

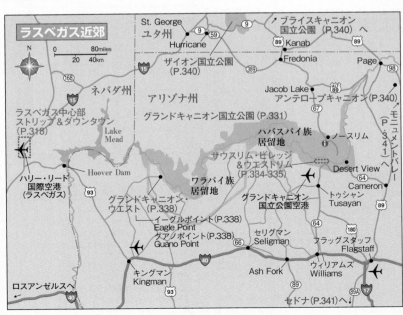

ラスベガス近郊

St. George ユタ州
Hurricane
ブライスキャニオン国立公園（P.340）へ
Kanab
Fredonia
Page
ザイオン国立公園（P.340）
ネバダ州
アリゾナ州
Jacob Lake
アンテロープキャニオン（P.340）
ラスベガス中心部 ストリップ＆ダウンタウン（P.318）
グランドキャニオン国立公園（P.331）
Lake Mead
ハバスパイ族居留地
ノースリム
モニュメントバレー（P.341）へ
Hoover Dam
サウスリム・ビレッジ＆ウエストリム（P.334-335）
Desert View
ハリー・リード国際空港（ラスベガス）
ワラパイ族居留地
Cameron
グランドキャニオン国立公園空港
トゥシャン Tusayan
グランドキャニオン・ウエスト（P.338）
イーグルポイント（P.338）Eagle Point
グアノポイント（P.338）Guano Point
セリグマン Seligman
フラッグスタッフ Flagstaff
キングマン Kingman
Ash Fork
ウィリアムズ Williams
ロスアンゼルスへ
セドナ（P.341）へ

📖メモ　大型アウトドア店　国立公園に行く際はぜひ立ち寄りたい。Bass Pro Shops 🗺P.318-A4外　☎8200
Dean Martin Dr., Las Vegas　🌐 www.basspro.com　🕐月〜土9:00〜20:00、日10:00〜19:00 **331**

グレイハウンド
☎ (1-800) 231-2222
🌐 www.greyhound.com

**フラッグスタッフの
バスディーポ**
🏠 880 E. Butler Ave.
Flagstaff, AZ
☎ (928) 774-4573
🕐 毎日10:00〜17:30、22:00〜
翌1:30

グルーム・トランスポーテーション
☎ (928) 350-8466
🌐 groometransportation.com/
grand-canyon/
🚌 フラッグスタッフ発7:45、
12:45、15:45。所要2時間
💰 片道 $44（公園の入園料 $6
は含まず）

グランドキャニオン鉄道
🏠 ウィリアムズ駅：233 N. Grand
Canyon Blvd., Williams, AZ
☎ (303) 843-8724
📠 (1-800) 843-8724
🌐 www.thetrain.com
🚉 1日1往復。ウィリアムズ発
9:30、グランドキャニオン発
15:30。所要2時間15分
💰 往復 $90〜240。席のグレー
ドによって5つの料金設定。
コーチクラスの場合往復
$90（税金と国立公園の入園
料が別途加算される）
🎄 クリスマス

**グランドキャニオン・
シーニック航空**
ボルダーシティ→グランドキャニ
オン空港
🕐 毎日1日2便。夏期は3便。
所要1時間30分
💰 片道 $370

●長距離バス

　グレイハウンドで行く場合、まずラスベガスから**フラッグスタッフFlagstaff**へ行き、町にあるアムトラック駅から**グルーム・トランスポーテーションGroom Transportationのシャトル**を利用する。フラッグスタッフのアムトラック駅（フラッグスタッフのバスディーポから車で約5分、徒歩約20分）を出発し、ウィリアムズWilliamsのグランドキャニオン鉄道駅（→下記の鉄道を参照）に寄ってから、サウスリムのマズウィックロッジへ行く。なお、グレイハウンドはロスアンゼルスから1日5便（途中乗り換えあり、12時間30分〜13時間10分）、ラスベガスから1日1便（約5時間30分）、フェニックスから1日6便（約3時間）走っている。

●鉄道

　ウィリアムズ駅からサウスリムまでの間を運行している観光用の**グランドキャニオン鉄道Ground Canyon Railway**も人気。ウィリアムズ駅までは、フラッグスタッフ駅からグルーム・トランスポーテーションのバスに乗りHoliday Inn Express & Suites Williamsで下車、そこから徒歩で15分ほど。

●飛行機

　グランドキャニオン・シーニック航空（→下記）が、ラスベガスの郊外にあるボルダーシティの空港からグランドキャニオン空港まで定期便を飛ばしている。

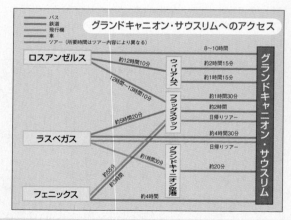

グランドキャニオン・サウスリムへのアクセス

Column **ラスベガスからツアーでグランドキャニオンへ**

　ラスベガスからグランドキャニオンへは、大型バンや観光バスで行く日帰り、または1泊2日のツアーがポピュラー。朝日や夕日を見たいのであれば、1泊2日のツアーがおすすめ。また、小型機で飛行遊覧を楽しんだあと、国立公園内をバスで回る日帰りツアーも人気だ。右記の会社ではグランドキャニオン・ウエスト（→P.338）へのツアー

も催行している。
●ネバダ観光サービス（日本語）
☎ (702) 731-5403（ラスベガス）
🌐 www.lasvegas2grandcanyon.com
●グランドキャニオン・
シーニック航空（日本支社）
📠 0120-288-747（日本）
☎ (702) 638-3300（ラスベガス）
🌐 www.scenic.co.jp

📖 メモ 　国立公園でやってはいけないこと　アメリカの国立公園は、自然は自然のままにしておくのがルール。国立公園内のものは、花をつんだり、何ひとつ持ち帰ってはいけない。動物に餌を与えるのも厳禁だ。

グランドキャニオン国立公園の歩き方

グランドキャニオン国立公園はコロラド川両岸、南北に広がっており、**南側をサウスリム（南壁）、北側をノースリム（北壁）**と呼ぶ。なお、本書では交通の便がよく、施設の整ったサウスリムを中心に紹介している。

サウスリムには断崖沿いにトレイルと舗装道路が敷かれ、自然の形を利用したビューポイントがいくつも点在する。東端から西端まで移動するだけでも、キャニオンの様相は変化に富むが、少しでもいいから歩いて下からキャニオンを見上げてほしい。夏期ならばノースリムに行ってみるとか、ヘリで空から眺めてみるなどすれば、大峡谷のさらなる違った表情に巡り会えるだろう。

サウスリムビレッジを中心に、**ウエストリム〜イーストリム間は、15〜30分おきに無料のシャトル（ハーミッツレスト・ルート、ビレッジルート、カイバブ・リム・ルート、トゥシャンルート）**が走っている（P.334〜335の地図参照）。各ポイントがバス停になっているので、まずは、端から端まで、くまなく乗りこなしてみよう。

気候と服装について

グランドキャニオンでは4〜10月は天候も安定し気温も快適だが、夏は突然の雷雨もあるので注意が必要。

冬は天候も荒れ、吹雪の日も多い。サウスリムは標高が高く、朝夕の温度差がかなりあるので、Tシャツ、セーター、ジャケットなど数種の衣類を持参し、重ね着で対応しよう。

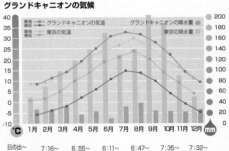

グランドキャニオンの気候

日の出　7:16〜　6:55〜　6:11〜　6:47〜　7:35〜　7:32〜
日没　　18:10　20:02　20:47　20:18　18:53　17:15
　　　　　　　（夏時間）（夏時間）（夏時間）

下から見上げるグランドキャニオン

グランドキャニオンは、「リム（崖のふち）に立って見るよりも、下から見上げる景色のほうが、何倍もスゴイ」ということがよく言われる。ラスベガスからの日帰りツアーとして人気が高いが、できれば数時間、いや1泊して、少しでもいいから峡谷を下ってほしい。自分の足と、自分の目で大峡谷のすばらしさを体感すれば、生涯心に残る旅の思い出になるだろう。

●峡谷を実感するショートトレイル

時間がない、谷底まで行く体力に自信がないという人におすすめなのが、ブライトエンジェル・トレイルBright Angel Trailだ。途中で引き返しても、頭の上から覆いかぶさるような大迫力のキャニオンを実感できる。トレイルは、グランドキャニオンで最もにぎわうサウスリムのブライトエンジェル・ロッジのすぐ西側からスタートする。3マイル・レストハウスまでのコース（往復約10km）なら、往復4〜6時間ほど。なお、短距離のハイキングでも、十分な水、スポーツドリンクの粉末（塩分も必要）、軽食、ジャケット、帽子、タオル、

日焼け止めなどの装備は万全に。また、天気が悪くなったら、すぐに引き返そう。早朝に出発して早めに戻りたい。

●もっとグランドサークルを楽しむために

グランドキャニオンのように、大自然のなかでのトレッキングは、アメリカの魅力を満喫する最良の方法だ。グランドキャニオンを含めたユタ州南部とアリゾナ州北部には、大西部ならではの国立公園が8つあり、このエリアを総称して「グランドサークルGrand Circle」と呼ぶ（→P.340）。

そのグランドサークルを詳しくガイドしているガイドブックが『地球の歩き方B13　アメリカの国立公園』。このエリアを訪れるなら、こちらの本もぜひ参考に。

『地球の歩き方 B13
アメリカの国立公園』
Gakken 刊

グランドキャニオン・ビジターセンター
Grand Canyon Visitor Center
MP.335
☎(928)638-7888
圖〈夏期〉毎日8:00〜18:00、〈冬期〉毎日10:00〜16:00
　案内所は観光客でにぎわうビレッジではなく、マーザーポイントの展望台近くにある。マイカー対策として造られた巨大な駐車場に隣接する。国立公園発行の「The Guide」にはレンジャーツアー、地図、ハイキングマップなど情報が満載。必ず手に入れておきたい。
滞在が短いのなら、ヤババイポイント(→P.335)にあるヤババイ地質学博物館もビジターセンターの役割を担っており、天気などの基本情報は各ロッジでも案内している。

ビレッジからブライトエンジェルトレイル(谷を下るトレイル)の各ポイントまで
　往復距離、標高差、往復の所要時間(登山経験のあまりない、ごく一般の人が普通に歩いた場合の目安)は以下のとおり。
●1.5マイル・レストハウス(1.5-Mile Resthouse)まで
4.8km、340m、2〜4時間
●3マイル・レストハウス(3-Mile Resthouse)まで
9.6km、645m、4〜6時間

注意:
谷底までの日帰りの往復は危険なので、絶対にしないように。忠告の掲示を無視する人も絶えないが、毎年、死者が出ているほど危険なのだ。
また、トレイルの歩道から外れて転落する事故も多発。注意を払おう。

サウスリム＆イーストリムのおもな見どころ

旅行パンフレットにも登場する絶景　サウスリム・ビレッジ＆ウエストリム　MP.335

マーザーポイント
Mather Point　　　　　　　　　　　　　　　★★★

　ここからの眺望は、数あるビューポイントのなかでも1、2を争うすばらしさ。旅行のパンフレットなどに登場するグランドキャニオンの写真は、ここで撮影したものが圧倒的に多い。キャニオンに張り出した自然の岩の展望台に立てば、断崖と残丘が幾重にも重なり、16km先に対峙するノースリムが青く霞んで一直線に見える。ヤババイポイントと同様、日の出、日の入りを見るには最高のポイントだ。ビレッジから行くには、ビレッジルートの無料シャトルに乗り、ビジターセンターで下車してからマーザーポイントまで約5分ほど歩く。トイレあり。

グランドキャニオンでも屈指のビューポイント

サウスリム・ビレッジ＆ウエストリム

メモ　ブライトエンジェル・ロッジ＆キャビン(圖P.335)から各見どころまでの所要時間　マーザーポイントまで徒歩約1時間30分、ヤババイポイントまで徒歩約1時間。

早朝、夕方に訪れたい　サウスリム・ビレッジ＆ウエストリム　MP.335

ヤバパイポイント
Yavapai Point
★★★

夕方のヤバパイポイント

1540年、西洋人として初めてグランドキャニオンを発見したスペインの遠征隊は、このポイントで深い峡谷と劇的な対面をしたという。**ヤバパイ地質学博物館Yavapai Geology Museum**からは、ガラス越しに広がる180度のパノラマが楽しめる。インディアンガーデンからブラトーポイントに向かってブラトーポイント・トレイルPlateau Point Trailが延びているのがよく見える。さらに谷底の緑のなかにはファントムランチがある。

断崖の下にはハイカーやラバの姿が見える　サウスリム・ビレッジ＆ウエストリム　MP.335

ヤキポイント
Yaki Point
★★★

正面のノースリムを一直線にえぐっているのがブライトエンジェル・キャニオン。その断崖の端をよく見ると、グランドキャニオン・ロッジが立っているのがわかる。右手の奥には**ウータンの玉座 Wotans Throne**や美しい**ビシュヌ寺院 Vishunu Temple**も見えている。東のほうへ目をやるとイーストリムのそばの奇妙な形をした岩の上にアヒル Duck on The Rockがいる。南を振り返れば、白いサンフランシスコ連峰がそびえている。ビジターセンターからカイバブルートの東行きシャトルで約25分。

ヤキポイントの夜明け。日没と日の出が最も美しい

ヤバパイ地質学博物館
　ヤバパイポイントの崖っぷちに立つ、こぢんまりとした博物館兼展望台。なかにはグランドキャニオンの立体模型や化石の展示があり、レンジャープログラムも行われる。
📞〈夏期〉毎日8:00〜20:00、〈冬期〉毎日8:00〜18:00
🎫無料

※ヤキポイント・ロードは、シャトルバス以外の一般車両は進入禁止

下から見上げる造形美
　リムから見下ろすのもいいが、少しだけでも谷の中に下りてみれば、キャニオンのまた違った表情を楽しむことができる。グランドキャニオンは見上げる大峡谷なのだ。谷を下るトレイルには、ブライトエンジェル・トレイルとサウス・カイバブ・トレイルがあるが、ビレッジを出発点とするブライトエンジェル・トレイルのほうがポピュラーだ。

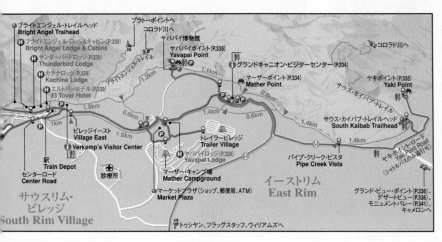

化石の宝庫
　グランドキャニオンは世界で最も多くの化石が見つかっている場所でもある。コロラド川が岩石を深く削ってくれたおかげで、岩壁には、いたるところに化石が露出している。グランドキャニオンは生物の進化の過程を、われわれに教えてくれているのだ。

できれば、朝がおすすめのポイント　サウスリム・ビレッジ＆ウエストリム　MP.335 地図外

グランド・ビュー・ポイント
Grand View Point　✹✹

　壮大な景色が目の前に広がるポイントで、静かな朝などは、吹き抜けていく風の音とともにコロラド川の流れの音が聞こえてくる。駅馬車が走っていた時代にはここにホテルが立っていたが、サンタフェ鉄道の開通と同時にさびれてしまい、今は撤去されている。東側に開けているので朝方には崖の各層が浮かび上がり、まるで地層の標本を見るようだ。残念ながら、車がないと早朝に訪れるのは無理。

幾重にも重なる地層

イーストリムを走るドライブウエイの終点　サウスリム・ビレッジ＆ウエストリム　MP.335 地図外

デザートビュー
Desert View　✹✹✹

　コロラド川がカーブする角にあるので西と北両方に視界が開き、東から支流のリトルコロラド川が合流しているのが見える。名前が示すとおり北側には、はるか地平線まで続く砂漠（カラーデザート Color Desertと呼ばれる）が見渡せる。西側の複雑なキャニオンとの対比がおもしろい。

サウスリムとは異なる景色が広がる

ウオッチタワー
閏（夏期）毎日8:00～17:00、〈冬期〉毎日9:00～16:30
料無料

デザートビューにはツアーで行ける

イーストリムの終点にある展望台、ウオッチタワー

　展望台に立つ**ウオッチタワー Watchtower**は古代先住民の遺跡を再現したもの。鉄筋とグランドキャニオンの岩石で造られており、中には先住民の壁画が描かれている。夕暮れ時は上部からの眺望がすばらしいので、機会があればぜひ訪れたい。また、近くには観光案内所、食料品や衣料品が揃うストア、ガソリンスタンド、カフェテリアやキャンプ場があり、東へ行くと東口ゲートに出る。

ウエストリムのおもな見どころ

双眼鏡を持って巡りたい

探検家パウエルの名を冠したポイント　サウスリム・ビレッジ＆ウエストリム　**MP**.334

パウエルポイント
Powell Point　✸✸

　キャニオンに突き出した所で、雄大な景色が楽しめる。展望台から見ると、正面にダナビュート Dana Butte、対岸にアイシス寺院 Isis Templeという名の岩峰が北壁をバックに屹立している。パウエルとは、コロラド川を最初に下った探検家J・W・パウエル J. W. Powellのこと。

夕日を見るのによいポイント　サウスリム・ビレッジ＆ウエストリム　**MP**.334

ホピポイントとモハーベポイント
Hopi Point & Mohave Point　✸✸

　西側に視界が開けているので夕焼けの時間を狙って行こう。クフ王のピラミッド Cheops Pyramidと呼ばれる岩山の下をコロラド川が蛇行して流れるのが見える。ホピポイントとモハーベポイントの間は、日が差すと炎のように赤く見えるためインフェルノ（地獄）と呼ばれている。

急流の音に耳を傾けてみて　サウスリム・ビレッジ＆ウエストリム　**MP**.334

ピマポイント
Pima Point　✸✸✸

　180度開けたパノラマが楽しめるポイント。赤いコロラド川の中で白く見えるのは急流の部分。静かな日にはブーシェの急流 Boucher Rapidsの音が聞こえてくるという。対岸には勇壮なオシリス神殿 Osiris Templeがそびえている。

仙人の休憩所というポイント　サウスリム・ビレッジ＆ウエストリム　**MP**.334

ハーミッツレスト
Hermits Rest　✸✸

　石造りの休憩所がある。ラウンジに大きな暖炉があり、ポーチに出るとグランドキャニオンの壮大な景観が広がっている。一般の観光客が来られるのはここまでで、西の終点だ。無料シャトルで約40分。軽食スタンド、ギフトショップ、トイレあり。

ウエストリムの無料シャトルバス
● **Hermits Rest Route**
麗3〜11月のみ運行。15〜30分ごとに運行。80分で1往復する

ホピポイント
　ホピポイントからは、はるか東の断崖に、デザートビューのウオッチタワーがポツンと見える。

オプショナルツアー
　ビレッジから離れた展望台を巡るツアーバスがある。予約はなるべく前日までに。ビレッジの各ロッジに送迎してくれる。
● **Grand Canyon National Park Lodges**
予約麗(1-888)297-2757
麗www.grandcanyonlodges.com
現地での予約は各ロッジにあるツアーデスクで。
● **Hermits Rest Motorcoach Tour**
麗大人$52、子供(3〜16歳)$26。所要2時間。マズウィックロッジを9:00、ブライトエンジェル・ロッジ＆キャビンを9:10に出発。
● **Desert View Motorcoach Tour**
麗大人$90、子供(3〜16歳)$45。所要3時間30分。ブライトエンジェル・ロッジ＆キャビンを9:00、マズウィックロッジを9:10に出発。

モハーベポイントからコロラド川を見渡す

337

グランドキャニオン・ウエスト
Grand Canyon West

「ぜひグランドキャニオンを見てみたい。でも、どうしても半日しか時間が取れない！」という人向けスポットで、ラスベガスとサウスリムの間にある。正確には国立公園内ではないが、ワラパイ族先住民居留地にあるため、ネイティブアメリカンの文化に触れられる。峡谷にせり出したガラスの橋"スカイウオーク"を訪れるツアー、ヘリコプターで遊覧するツアー、ラフティングツアーなど数多く催行されている。ラスベガスから車でも行けるが、ネバダ観光サービスや、グランドキャニオン・シーニック航空（→ P.332 Column）などのツアーを利用するとラク。

グランドキャニオン・ウエストのおもな見どころ

スカイウオークがあるのはこのエリア　　　　　ラスベガス近郊　MP.331

イーグルポイント
Eagle Point　　　　　　　　　　　　　　　　　　　　　　　***

　ワシが羽を広げたように見える岩があり、先住民の間で古くから聖地とされていた。そこに絶壁から谷にU字型にせり出したガラスの橋**スカイウオークSkywalk**が造られている。景観を乱す、聖地が汚れる、など物議を醸しているが、その奇抜なアイデアと技術は一見に値する。コロラド川からの標高差は1100mだそうだが、支谷へ入った所にあるので、足元に川が見下ろせるわけではない。時間はないがグランドキャニオンに行きたい人には最適だ。隣ではインディアンダンスなどのパフォーマンスも行われている。

足元がガラスなので、とてもスリリング

雄大なポイントが広がる展望ポイント　　　　　ラスベガス近郊　MP.331

グアノポイント
Guano Point　　　　　　　　　　　　　　　　　　　　　　　**

　グランドキャニオン国立公園のサウスリムに比べれば、はるかに浅く小さな峡谷である。化粧品などに利用するグアノ（コウモリの糞）を採掘した跡が残っており、コロラド川を足元に見下ろせる。

グランドキャニオン・ウエスト
MP.331
Fax (1-888) 868-9378
www.grandcanyonwest.com
入園料＋スカイウオーク$68〜71、入園料＋スカイウオーク＋ヘリコプターツアー$367〜429
※入園料には園内シャトルバスの料金が含まれている。

車での行き方
　ラスベガスからUS-93を南下し、フーバーダムを過ぎてから40マイルの所でPierce Ferry Rd.へ左折。28マイル走ってDiamond Bar Rd.へ右折し、21マイルで飛行場に到着。スカイウオークへはシャトルバスに乗り換える。所要約2時間30分。
● **Grand Canyon West Airport**
5001 Diamond Bar Rd., Peach Springs, AZ 86434

スカイウオーク
　スカイウオークにはカメラ、手荷物など一切持込み禁止。ギフトショップで買い物をするための財布のみ持ち込みが許されている。

グランドキャニオン・シーニック航空
日本 0120-288-747
www.scenic.co.jp
● **スカイウオーク（ラスベガス発）**
$384〜
　ラスベガスのホテル、またはハリー・リード国際空港の送迎付き。レイクミード、フーバーダムの上空を飛行し、グランドキャニオン・ウエストへ。所要約7時間30分。

イーグルポイント

グアノポイント

グランドキャニオンのホテル Hotel in Grand Canyon

グランドキャニオンを代表するホテルがエルトバーホテル

●園内宿泊施設の予約窓口（ヤババイロッジを除く）
Xanterra Travel Collection Central Reservations
☎ (303) 297-2757　ＦＲＥＥ (1-888) 297-2757
当日予約は ☎ (928) 638-2631　ＵＲＬ www.grandcanyonlodges.com
休 サンクスギビング、クリスマス、元日
●ヤババイロッジの予約窓口
DNC Parks & Resorts at Grand Canyon, Inc.
ＦＲＥＥ (1-877) 404-4611　ＵＲＬ www.visitgrandcanyon.com

※ヤババイロッジを除き、下記ホテルでは客室内で Wi-Fi を使うことができる（無料。ヤババイロッジはロビーで使用可能）。しかし、電波が弱いため、動画のストリーミングや重たいファイルのダウンロードなどは難しい。

園内には8軒の宿泊施設があり、下記の6軒はサウスリム・ビレッジにある。通年混雑しているがピークは4〜10月で、できれば1年前からの予約をすすめる。予約は Xanterra 社の場合、13ヵ月前の1日から（例えば2024年8/1〜8/31までの予約は2023年の8/1から受け付ける）、DNC 社は13ヵ月前から可能。当日のキャンセル狙いは、Xanterra 社のロッジ1ヵ所で聞けば全ロッジの予約状況を確認できる。それでも宿が見つからない場合、フラッグスタッフ（ＭＰ.331）でなら宿を確保できるだろう。

高級	エルトバーホテル El Tovar Hotel	Ｍ サウスリム・ビレッジ&ウエストリム P.335
		健 1 El Tovar Rd., Grand Canyon, AZ 86023
歴史的高級リゾート		Ｓ Ｄ$236〜559、Ｓｕ$674〜789

1905年建造。北アリゾナ地方に初めて探検隊を送ったトバー伯爵の名を取った。真夏と真冬は意外にすいている。　78室　カード ＡＤＪＭＶ

中級	ブライトエンジェル・ロッジ&キャビン Bright Angel Lodge & Cabins	Ｍ サウスリム・ビレッジ&ウエストリム P.335
		健 9 N. Village Loop Dr., Grand Canyon, AZ 86023
観光の中心地		Ｓ Ｄ（シャワー共同）$82〜130、 Ｓ Ｄ（シャワーあり）$95〜150、キャビン$156〜359

部屋のグレードや設備についてはほかのロッジに比べて劣るが、バスの発着所、公園内のツアーデスクも兼ねている。　90室　カード ＡＤＪＭＶ

中級	サンダーバードロッジ Thunderbird Lodge	Ｍ サウスリム・ビレッジ&ウエストリム P.335
		健 7 N. Village Loop Dr., Grand Canyon, AZ 86023
キャニオンが見下ろせる部屋もある		ストリートサイドＳＴ$186〜336、 キャニオンサイドＳＴ$218〜400

モーテルのような造りで、華美ではないが清潔で快適だ。チェックインなどは、ブライトエンジェル・ロッジで行う。　55室　カード ＡＤＪＭＶ

中級	カチナロッジ Kachina Lodge	Ｍ サウスリム・ビレッジ&ウエストリム P.335
		健 5 N. Village Loop Dr., Grand Canyon, AZ 86023
現代的ロッジで設備もよく、快適		ストリートサイドＳＴ$200〜336、 キャニオンサイドＳＴ$251〜400

ムードよりも快適さを選ぶ人向きのロッジだ。チェックインなどはエルトバーホテルで行う。　49室　カード ＡＤＪＭＶ

中級	マズウィックロッジ Maswik Lodge	Ｍ サウスリム・ビレッジ&ウエストリム P.335
		健 202 S. Village Loop Dr., Grand Canyon, AZ 86023
スイスシャレー風の石造りのロッジ		南側ＳＤＴ$161〜380、北側ＳＤＴ$119〜330

客室は南側（South）と北側（North）とで設備と料金が異なる。ブライトエンジェル・トレイルヘッドまで徒歩5分。　250室　カード ＡＤＪＭＶ

中級	ヤババイロッジ Yavapai Lodge	Ｍ サウスリム・ビレッジ&ウエストリム P.335
		健 11 Yavapai Lodge Rd., Grand Canyon Village, AZ 86023
ビジターセンター奥の松林の中に立つ		☎ (928) 638-4001
		西側ＳＤ$158〜259、東側ＳＤ$198〜285

1階建ての旧館（West）と2階建ての新館（East）があり、無料シャトルがロッジ棟を回っている。358室　カード ＡＤＪＭＶ

 コーヒーメーカー　 ミニバー／冷蔵庫　 バスタブ　 ヘアドライヤー　ＢＯＸ 室内金庫　 ルームサービス　 レストラン
フィットネスセンター／プール　コンシェルジュ　Ｊ 日本語を話すスタッフ　 ランドリー　ワイヤレスインターネット　Ｐ 駐車場　車椅子対応の部屋

Column ラスベガスからグランドサークルへ

ラスベガスに滞在していると実感できないが、実はラスベガス周辺は全米屈指の大自然の宝庫。西には灼熱のデスバレー国立公園、東にはグランドキャニオンをはじめとする国立公園や国定公園が集中し「グランドサークルGrand Circle」と呼ばれるエリアになっている。

時間が許すのであれば、ぜひ、これらのエリアまで足を延ばしてみよう。レンタカーでの移動がいちばん便利ではあるが、ラスベガス発着のツアーもバラエティ豊かだ。パンフレットで比較するなど、自分の予定に合ったツアーを選ぶといいだろう。

●ザイオン国立公園 MP.331
Zion National Park

バージン川に浸食された渓谷と、両岸にそびえる巨大な岩峰が魅力。できれば、花が咲く5月、黄葉の10～11月の頃に訪れたい。ラスベガスから車で3時間弱なので、日帰りもOK。また、ブライスキャニオンと組み合わせた1泊2日のツアーもある。

おもな見どころは、公園の中心を貫く渓谷。ウエストテンプルWest Temple、エンジェルスランディングAngels Landing、世界最大級の一枚岩グレート・ホワイト・スローンGrate White Throneなどが谷の両側に並ぶ。

ビジターセンター
Zion Canyon Visitor Center
☎(435)772-3256 ■www.nps.gov/zion
圏公園は24時間オープン。ビジターセンター：〈夏期〉毎日8:00～18:00、〈夏期以外〉毎日8:00～17:00
行き方
ラスベガスからI-15をひたすら北上し、130マイル（約208km）走ってSt. Georgeを過ぎた所でUT-9に乗る。さらに東に35マイル（約56km）走れば公園に着く。
入園料（公園は年中オープン）
車1台$35、バイク1台$30（7日間有効）。そのほかの方法は1人$20。

水かさが増していたり、水温が低いときは注意が必要

●ブライスキャニオン国立公園 MP.331外
Bryce Canyon National Park

この国立公園について特筆すべき点は、色も形もさまざまな岩の尖塔群だろう。断崖の上から眺めるだけでも強烈な印象を与えてくれる。アクセスは、バスや小型飛行機によるツアーが主流。

園内には、サンライズポイントSunrise PointやサンセットポイントSunset Pointといった朝夕におすすめの展望ポイントがある。キャニオン全体を見渡せるブライスポイントBryce Pointも絶景だ。なお、5月上旬～10月上旬のみ園内のおもな展望ポイントを結ぶ無料のシャトルバスが運行する。

ビジターセンター Visitor Center
☎(435)834-5322 ■www.nps.gov/brca
圏公園は24時間オープン。ビジターセンター：〈5～9月〉毎日8:00～20:00、〈11～3月〉毎日8:00～16:30、〈4・10月〉毎日8:00～18:00
行き方
ザイオンから約2時間。UT-9を東に走り、US-89を北上。さらにUT-12を右折、次はUT-63を右折する。
入園料（公園は年中オープン）
車1台$35、バイク1台$30（7日間有効）。そのほかの方法は1人$20。

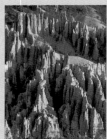

グランドサークルで最も印象深いと評判のブライスキャニオン

●アンテロープキャニオン MP.331
Antelope Canyon

ユタ州とアリゾナ州にまたがる、アメリカ国内2番目の大きさを誇る人造湖レイクパウエル。そこへ流れ込む支流が作り出した峡谷がアンテロープキャニオンだ。峡谷の幅の狭さ、水の流れをそのまま映し出したようにうねる壁、峡谷最深部にかすかに届く太陽光。それらすべてがあいまって幻想的な風景を作り出している。

場所はグランドサークル観光のハブ、ペイジPageの東側。ナバホ族居留地内

にあるため自由に見学することはできないが、数社がツアーを催行している。要予約。

アンテロープキャニオン・ツアー
Antelope Canyon Tours
🏠 22 S. Lake Powell Blvd., Page, AZ（オフィス＆ツアー出発場所）
☎ (1-855)574-9102
🌐 www.antelopecanyon.com
⏰ 観光ツアー：毎日7:50、9:50、12:00、14:00、16:10。時期により異なるので事前に確認すること。所要1時間40分。
💰 大人・子供（8歳以上）$72〜85、7歳以下$62〜75。時期により異なる。
※ラスベガスからネバダ観光サービス（→P.332）などがツアーを催行している

行き方
フラッグスタッフからの場合、ペイジまでは車でUS-89を北へ134マイル（約215km）、所要約2時間30分。グランドキャニオン・ビレッジからはAZ-64、US-89と進む。所要約2時間30分。

自然のものとは思えないアンテロープキャニオン

● モニュメントバレー　MP.331 外
Monument Valley
アメリカの原風景と称されるモニュメントバレー。アンテロープキャニオンと同じくナバホ族居留地内にあり、アリゾナ州とユタ州にまたがっている。赤土の荒涼とした大地に、ユニークな形をしたいくつものビュート（残丘）がそびえる。時間の移ろいでまったく違った表情を見ることができ、夕方に赤く染まるビュートは特に壮観だ。

映画の舞台としても使われる

モニュメントバレー・ビジターセンター
Monument Valley Navajo Tribal Park Visitor Center
🏠 P.O. Box 360289, Monument Valley, UT
☎ (435)727-5870
🌐 utah.com/monument-valley/visitor-center

🌐 navajonationparks.org/navajo-tribal-parks/monument-valley
⏰〈4〜9月〉毎日6:00〜20:00、〈10〜3月〉毎日8:00〜17:00
※ラスベガスからネバダ観光サービス（→P.332）などがツアーを催行している

行き方
フラッグスタッフからはUS-89を北へ63マイル（約100km）走り、US-160を東へ82マイル（約131km）進むとケイエンタKayentaの町になり、そこからUS-163を北へ22マイル（約35km）進み州境を越え、Monument Valley Rd.を東に進むとビジターセンターがある。

入場料
車1台$20（4人まで）、以降1人$10。9歳以下無料

● セドナ　MP.331 外
Sedona
強力な大地のエネルギーが渦巻く、アメリカを代表するパワースポット。グランドサークル内ではないが、グランドキャニオンとあわせて観光する旅行者も多い。
大地のエネルギーが集まるボルテックスVortexがセドナには多く、その神秘的なエネルギーが訪れる人に癒やしを与えている。なかでもエアポートメサAirport Mesa、ボイントンキャニオンBoynton Canyon、カセドラルロックCathedral Rock、ベルロックBell Rockの4つはセドナの4大ボルテックス。ここはぜひとも立ち寄りたいところだ。
セドナは町なので商業施設が多く、ほかの国立公園と比べると観光しやすい。

セドナ観光案内所 Sedona Chamber of Commerce Visitor Center
🏠 331 Forest Rd., Sedona, AZ
☎ (928)282-7722　🌐 visitsedona.com
⏰ 毎日8:30〜17:00
※ラスベガスからネバダ観光サービス（→P.332）などがツアーを催行している

行き方
フラッグスタッフからAZ-89Aを南へ30マイル（約48km）。約1時間。

4大ボルテックスのひとつ、カセドラルロック

シアトル

Seattle

343

シアトルでしたい 7つのこと　これだけは体験しよう！

有名 IT 企業が本社を構える シアトルは、海と緑に囲まれた美しい都市。高層ビルが立ち並ぶダウンタウンでの観光もいいが、少し足を延ばしてシアトル郊外にある博物館を訪れたり、航空機メーカーの工場見学に参加したりするのもおすすめ。

ピュージェット湾からダウンタウンを眺める

1 にぎやかな パイク・プレイス・マーケットへ → P.356

110 年以上の歴史をもつ市民の台所。地元の農家や職人がブースを出し、野菜やフルーツ、魚、工芸品などを販売している。一角には**スターバックス・コーヒー の 1 号店**もある。

左／オリジナル限定グッズも販売しているスターバックス・コーヒー 1 号店
右／時計が市場のシンボル

2 航空機マニア必訪の航空博物館へ → P.366

航空機製造会社ボーイング社が誕生した地にある博物館。超音速旅客機のコンコルド、ケネディ元大統領やニクソン元大統領が使っていた大統領専用機のエア・フォース・ワンを含め、60 機ほどの航空機が展示されている。

左／スペースシャトル・コロンビアに乗っていた、宇宙飛行士のマイケル・アンダーソン氏の像が立つ
右／ワシントン大学の学生が作ったライト兄弟 1902 年グライダーの復元機

③ 娯楽施設が集まる**シアトルセンター**へ →P.361~362

高さ184mある**スペースニードル**はシアトルのシンボル。展望台からは**ダウンタウン**や**エリオット湾**、天気がよければ**マウント・レーニア**の美しい姿も遠望できる。ロックンロールの殿堂ともいわれる**ポップカルチャー博物館**でアメリカン・ロックに身を委ねたい。

左／フランク・ゲーリー氏による斬新なデザインのポップカルチャー博物館　右／シアトル随一の眺望が楽しめるスペースニードル

④ 巨大な格納庫に圧倒される**ボーイング社の工場**へ →P.366~367

シアトルから北へ約40km行った**エベレット**にある、世界最大の航空機メーカー、ボーイング社の工場。ツアーに参加すれば、ボーイング767や777型機の製造工程を見学できる。併設するギャラリーには、ボーイング707や787型機の尾翼やエンジンも展示されている。

展望デッキから見るボーイング777型機の組み立ての様子

Images Courtesy of Boeing

⑤ シアトル生まれのスペシャリティ**コーヒーショップ**へ →P.371

アメリカの本格的なコーヒー文化が生まれたとされる**シアトル**。**スターバックス・コーヒー**のほか、**タリーズコーヒー**もここで誕生した。焙煎工場を併設するカフェも多々あり、タイミングがよければ焙煎している様子を見学できるかも。

ラテアートを世界に広めたオーナーがいるエスプレッソ・ビバーチェ

⑥ 有名人ゆかりの地巡り →P.350~351、P.354~355

シアトル生まれのギタリスト、**ジミ・ヘンドリックス**はシアトル郊外の**グリーンウッド墓地**に眠る。1989年頃からシアトルを中心に起こったグランジブームの立役者であるニルヴァーナのボーカル、カート・コバーンが生前よく休憩していたベンチも**シアトル周辺**にある。

ダウンタウンからバスで40分ほどの公園、ビレッタパークにあるベンチにカート・コバーンが座っていた

⑦ 日本人選手も所属していた**シアトル・マリナーズ**の試合観戦 →P.367

2001～2012年までと2018～2019年まで外野手として活躍したイチローや、2000～2003年まで守護神を務めた佐々木主浩など、多くの日本人選手が所属してきた**マリナーズ**。球場内には、イチローの写真も飾ってある。

ダウンタウンから歩いてもいけるT-モバイル・パーク

シアトル
Seattle

エリオット湾とワシントン湖に挟まれた、アメリカ北西部最大の都市シアトル。水（青色）と木々（緑色）に囲まれ自然豊かなことから「エメラルドシティ」とも呼ばれている。アマゾン・ドットコムやスターバックス・コーヒーが生まれたシアトルでは、街歩きに加え、ホエールウオッチングやアウトドアスポーツも体験したい。

シアトルの歩き方

シアトルの見どころは広範囲ではないので、バスやライトレイルなどの公共の交通機関だけで十分回れる。市内だけなら1～2日、周辺の見どころも1～2日が目安。また、シアトルは豊かな自然に囲まれた都市で、近郊にはオリンピック国立公園（→ P.374）やマウント・レーニア国立公園（→ P.376）の大自然が広がっている。がんばれば日帰りも可能なので、レンタカーやツアーでぜひ訪れてほしい。夏ならフェリーでサンファン島のオルカウオッチング（→ P.352）のツアーも印象深い体験になるはずだ。

●プランニングのポイント

歩き始めるのは朝のパイク・プレイス・マーケットからがいい。中心部からエリオット湾の方面へ急激に下がっている地形のため、海沿いから中心部へ歩くのはかなりの体力を要する。まずシアトル美術館を経由して、ウオーターフロントを散策、レストランや水族館でのんびり過ごそう。ウオーターフロントからパイオニアスクエアやインターナショナルディストリクトへはピア沿いの遊歩道を歩いてもいいし、バスで向かうのもいい。

ダウンタウンからバスで25～40分ほどの所にあるフリーモント（→ P.365）とバラード（→ P.365）はローカルに人気の粋なエリア。フリーモントは町のいたるところに、地元アーティストの作品（モニュメント）が鎮座し、とても印象的。バラードには女性が好みそうなかわいらしいショップ、レストラン、カフェが立ち並び、散策するにはぴったり。どちらも日曜にマーケットが開かれる。

市内の中級ホテルや高級ホテルはダウンタウンの 1st Ave. ～ 6th Ave. と Madison St. ～ Stewart St. に集中するが、割安なホテルならユニバーシティディストリクト周辺か、シアトル・タコマ国際空港周辺が狙い目。7～8月の観光シーズンと9～11月のコンベンションシーズンはどこのエリアでも客室料金が高くなる。

✍メモ　シティパス　スペースニードルとシアトル水族館の入場券が付くほか、5つ（チフーリ・ガーデン・アンド・グラス、アゴシークルーズ、ポップカルチャー博物館、パシフィック・サイエンス・センター、ウッドランドパーク動物園）のなかから

ジェネラルインフォメーション

ワシントン州シアトル市
人口　約 74 万人（東京 23 区 971 万人）
面積　約 217km²（東京 23 区約 628km²）
●セールスタックス　10.25%
●ホテルタックス　15.7%。1 泊につき $4
のツーリズムフィーも加算される

●在米公館
在米公館、治安については P.434 ～を参照。

●観光案内所
Seattle Visitor Center Pike Place Market
Ⓜ P.355-A3
🏠 Pike St. & 1st Ave., Seattle, WA 98101
☎ (206)228-7291
📮 visitseattle.org
🕐 毎日 10:00 ～ 17:00。パイク・プレイス・
マーケットの入口にあり、地図や観光ガイ
ド、情報誌が充実している。コンシェルジュ
がいるのでたいへん心強い。
※シアトルコンベンションセンター内にも
観光案内所（Ⓜ P.355-B2　🕐 月～金 9:00
～ 17:00）がある。

旅行のシーズンアドバイス
（アメリカ西海岸の気候→ P.407）

　3 ～ 10 月（3 ～ 5 月、10 月 11 ～
18℃、6 ～ 9 月 20 ～ 25℃）は過ごし
やすく、長袖シャツとジャケットがあれ
ば対応できる。冬は、空に雲が立ちこめ
る季節。1、2 月には気温が摂氏 0 ～ 5℃
程度の日も多く、シアトル名物の雨もこ
の時期が多い。厚手のジャケット、セー
ター、コート、雨具などを持っていくと
よいだろう。

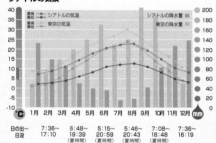

シアトルの気候

| 日の出～日没 | 7:36～17:10 | 6:48～19:39
（夏時間） | 5:15～20:59 | 5:46～20:43
（夏時間） | 7:08～18:48 | 7:36～16:19
（夏時間） |

現地の情報誌

　日本語のフリーペーパー「SoySource」
📮 www.soysource.net や「Lighthouse」
📮 www.youmaga.com は日系スーパーマー
ケットや日本食レストランなどで入手可
能だ。

　インターネットでシアトルの今を知りた
い人は、豊富な情報量のジャングルシティ
📮 www.junglecity.com にアクセスしてみ
よう。最新情報や生活ガイドまで幅広いガ
イドが魅力だ。

イベント＆フェスティバル
※詳細は観光案内所のホームページ（上記のジェネラルインフォメーションを参照）で確認できる

バイト・オブ・シアトル
Bite of Seattle
● 7 月 19 ～ 21 日（2024 年）
　ノースウエストの食の祭典。
シアトルセンターを会場に地元
の food レストランや food 会社、
ワイナリーなどが参加し、それ
ぞれのブースで料理の実演や販
売を行う。

シーフェアー　Seafair
● 7 月上旬～ 8 月中旬
　約 1 ヵ月にわたり、シアトル
市内の各所で行われる夏の恒例
イベント。アメリカ海軍の飛行
隊、ブルーエンゼルスによるア
クロバット飛行などが開催され
る。7 月 4 日にはユニオン湖に
花火が打ち上がる。

バンバーシュート
Bumbershoot
● 9 月 7 ～ 8 日（2024 年）
　国内外から有名アーティスト
が集まる音楽と芸術のフェステ
ィバル。全米でも最大規模で、
過去には 10 万人もの人が来場
した夏フェスだ。会場はシアト
ルセンター。

↘ 3ヵ所選ぶことができるお得なパス。適用アトラクションは変更される可能性あり。使用開始日から9日間有効。
📮 www.citypass.com　🎫 大人 $119、子供（5～12歳）$89

シアトルのエリアガイド
Seattle Area Guide

シアトル中心部は大きく6つのエリアに分けて考えられる。おもな観光ポイントを見るだけなら、1日で回れる。まったく違う個性をもつエリアが隣接しているのもシアトルの魅力だ。

ウオーターフロントとダウンタウン
Waterfront & Downtown（→ P.356）

ダウンタウンの海側、エリオット湾に面したウオーターフロントは、観光客向けの店やレストラン、フェリーの発着所が並んでいるエリア。いくつもの埠頭（ピア）が並び、シアトル水族館やパイク・プレイス・マーケット、オリンピック・スカルプチャー・パークなど、見どころが多くある。エリオット湾を巡る遊覧クルーズや島へ渡るフェリーもここから出航する。

歴史的な建物と近代的な摩天楼が混在するシアトルのダウンタウンは、ショップやレストラン、ホテル、交通機関などが集まる観光の中心地。街歩きはここから始めるといいだろう。

パイオニアスクエアとインターナショナルディストリクト
Pioneer Square & International District（→ P.359）

れんがや石造りの建物が保存されているパイオニアスクエアは、シアトル発祥の地。インターナショナルディストリクトは、T-モバイル・パークの北東に位置するエリアで、アムトラックの駅、日系のスーパーマーケットなどがある。パイオニアスクエア周辺はホームレスが多いエリアなので、夜間は注意。

シアトルセンター
Seattle Center（→ P.361）

シアトル名物のスペースニードルが立つ総合公園。30以上もの文化・娯楽施設が集まり、観光客にも人気のエリアだ。

Point to Point シアトル移動術

目的地 ＼ 出発地	Ⓐパイク・プレイス・マーケット Pike St. & Pike Pl. （ウオーターフロントとダウンタウン）	Ⓑパイオニアスクエア・パーク Pioneer Square 駅の2ブロック西 （パイオニアスクエアとインターナショナルディストリクト）
Ⓐパイク・プレイス・マーケット Pike St. & Pike Pl. （ウオーターフロントとダウンタウン）		パイオニアスクエア・パーク 徒歩→ パイク・プレイス・マーケット（15分）
Ⓑパイオニアスクエア・パーク Pioneer Square 駅の2ブロック西 （パイオニアスクエアとインターナショナルディストリクト）	パイク・プレイス・マーケット 徒歩→パイオニアスクエア（15分）	
Ⓒスペースニードル (Broad St. & John St.) スペースニードルの入口 （シアトルセンター）	パイク・プレイス・マーケット 徒歩7分→3rd Ave. & Pike St. 🚌3 → 5th Ave. & Broad St. 徒歩3分→スペースニードル（20分）	パイオニアスクエア・パーク 徒歩7分→ 3rd Ave. & Columbus St. 🚌3 → 5th Ave. N. & Broad St. 徒歩3分 → スペースニードル（25分）
Ⓓサウンドトランジット・リンク・ライトレイル・リンク・ワンラインの Capitol Hill 駅 （キャピトルヒル）	パイク・プレイス・マーケット 徒歩9分→ Westlake 駅🚈→ Capitol Hill 駅（15分）	パイオニアスクエア・パーク 徒歩5分→ Pioneer Square 駅🚈→ Capitol Hill 駅（15分）
Ⓔサウンドトランジット・リンク・ライトレイル・リンク・ワンラインの U District 駅 ワシントン大学セントラルプラザの4ブロック北西 （ユニバーシティディストリクト）	パイク・プレイス・マーケット 徒歩9分→ Westlake 駅🚈→ U District 駅（20分）	パイオニアスクエア・パーク 徒歩5分→ Pioneer Square 駅🚈→ U District 駅（20分）

治安について シアトルのダウンタウンは比較的治安はいいが、昼間と夜間との様子がガラリと変わるエリアがある。特にPike St.の3rd Ave.から1st Ave.にかけてのエリア（ⓂP.355-A2〜A3）と、4th Ave.の↗

キャピトルヒル
Capitol Hill (→ P.363)

　ダウンタウンの東側にある閑静な住宅地。ボランティアパークでは、普段着のシアトルを見ることができる。

　キャピトルヒルのメインストリート沿いには、カフェブームの当初から営業しているカフェが多い。さらに、個性的なショップも多く、買い物するにもおすすめだ。

シアトル周辺
Seattle Outskirts (→ P.364)

　フリーモントは 1980 ～ 1990 年代前半にかけて、ニルヴァーナのカート・コバーンはじめ、多くのアーティストや学生に愛されてきたコミュニティ意識の強い町。ワシントン州最大の大学、ワシントン大学はワシントン湖とユニオン湖の間に位置している。

アートの町フリーモント

🚌 メトロバス　🚇 サウンドトランジット・リンク・ライトレイル・リンク・ワンライン　🚝 モノレール　🚶 乗り換え　※所要時間は目安

※効率よく移動できるものを、複数あるルートから選んでおり、必ずしも最短ルートとは限らない。

©スペースニードル(Broad St. & John St.) スペースニードルの入口 (シアトルセンター)	⑩サウンドトランジット・リンク・ライトレイル・リンク・ワンラインの Capitol Hill 駅 (キャピトルヒル)	⑥サウンドトランジット・リンク・ライトレイル・リンク・ワンラインの U District 駅 ワシントン大学セントラルプラザの4ブロック北西 (ユニバーシティディストリクト)
スペースニードル 徒歩 4 分→ Denny Way & 2nd Ave. N. 🚌1 → 3rd Ave. & Pine St. 徒歩 6 分→ パイク・プレイス・マーケット (20 分)	Capitol Hill 駅 🚇→ Westlake 駅 徒歩 6 分→パイク・プレイス・マーケット (10 分)	U District 駅 🚇→ Westlake 駅 徒歩 8 分 → パイク・プレイス・マーケット (20 分)
スペースニードル 徒歩 6 分→ Denny Way & 2nd Ave. N. 🚌1→ James St. & 3rd Ave. 徒歩 5 分→ パイオニアスクエア・パーク (25 分)	Capitol Hill 駅 🚇→ Pioneer Square 駅 徒歩 5 分→パイオニアスクエア・パーク (10 分)	U District 駅 🚇→ Pioneer Square 駅 徒歩 5 分→ パイオニアスクエア・パーク (18 分)
	Capitol Hill 駅 徒歩 4 分→ E. John St. & 10th Ave. E. 🚌8 → Denny Way & 5th Ave. N. 徒歩 3 分→ スペースニードル(20 分)	U District 駅 🚇→ Westlake 駅 徒歩 2 分 → ウエストレイクセンター・モノレール駅 🚝→シアトルセンター 徒歩 1 分→スペースニードル (25 分)
スペースニードル 徒歩 6 分→ Denny Way & 2nd Ave. N. 🚌8 → E. John St. & Broadway E. 徒歩 2 分→ Capitol Hill 駅 (15 分)		U District 駅 🚇→ Capitol Hill 駅 (5 分)
スペースニードル 徒歩 3 分→ Denny Way & 2nd Ave. N. 🚌1 → 3rd Ave. & Union St. 🚶 徒歩 1 分→ University St. 駅 🚇→ U District 駅 (35 分)	Capitol Hill 駅 🚇→ U District 駅 (5 分)	

↘ James St.からS. Jackson St.にかけてのエリア (MP.355-B3) は、特に雰囲気が悪いので要注意。

シアトルへのアクセス
Access to Seattle

タクシー Taxi
●イエローキャブ **Yellow Cab**
（乗り場はスカイブリッジを
渡った駐車場の3階）
ダウンタウンまで25～35
分。チップ込みで約＄50。
☎(206)622-6500

**グレイハウンド・
バスディーポ
Greyhound Bus Depot**
ダウンタウンの東北2km、サ
ウンドトランジット・リンク・ラ
イトレイル・リンク・ワンライ
ンのStadium駅近くにある。
M P.355-B4
住503 S. Royal Brougham
Way
Free (1-800) 231-2222
URL www.greyhound.com
営 毎日3:00～17:30

**アムトラック・
キングストリート駅
Amtrak King Street
Station**
ダウンタウンの南東。サウ
ンドトランジット・リンク・ラ
イトレイル・リンク・ワンライ
ンのInternational District/
Chinatown駅に隣接する。
M P.355-B3～B4
住303 S. Jackson St.
Free (1-800) 872-7245
URL www.amtrak.com
営 毎日 6:00 ～ 21:30

シアトル・タコマ国際空港（シータック空港、SEA）
Seattle-Tacoma International Airport（Sea-Tac Airport）

M P.354-A4　住17801 International Blvd.　☎(206)787-5388
URL www.portseattle.org/sea-tac

　ダウンタウンの南約20km、シアトル市とタコマ市のほぼ
中間にある。2024年3月現在、東京国際空港（羽田）から
全日空（NH）とデルタ航空（DL）、成田国際空港から日本航
空（JL）が直行便を運航している。

シアトル・タコマ国際空港から市内へ

■**サウンドトランジット・リンク・ライトレイル・リンク・ワ
ンライン Sound Transit Link Light Rail Link 1 Line**
　空港駐車場4階が乗り場。月～土は4:59 ～ 23:44、日は
5:59 ～ 23:14 の間、8 ～ 15分おきの運行。ダウンタウン中
心部まで約40分。$3。

■**プレミア・エアポート・シャトル・バイ・キャピタル・エ
アロポーター
Premier Airport Shuttle By Capital Aeroporter**
Free (1-800)962-3579　URL premierairportshuttle.com
　空港のシャトル乗り場からホテルまで乗せて行ってくれる相
乗りのシャトルバン。乗り場は、スカイブリッジ3、または4
を渡り、駐車場ビル3階のIsland2A。中心部まで $62 ～。

SEA シアトル・タコマ国際空港（メインターミナル）
Seattle Tacoma International Airport　ロウワーレベル・バゲージクレーム

国際線はAゲート、またはSゲー
トに到着。国際線到着施設で
荷物をピックアップして入国審
査を受ける。Exitサインに従っ
てそのまま進むと、ロウアーレ
ベル・バゲージクレーム・エリア
に出る。

国際線到着施設

レンタカーセンター・
シャトルバス乗り場

プレミア・エアポート・
シャトル・バイ・キャピタル・
エアロポーター乗り場

Island 2

Island 1 無料送迎バス
Island 3
無料送迎バス

ドア番号

レンタカーセンター・
シャトルバス乗り場
スカイブリッジ6
→到着階へ

サウンドトランジット・リンク・
ライトレイル・リンク・ワンラインの
シータック空港駅（4階）へ

カルーセル

タクシー
乗り場

タクシー乗り場

ライドシェア・サービス乗り場

駐車場（3階）
＊スカイブリッジより1階下

🚌 無料送迎バス　　　L リムジン
00 ドア番号　　　　　🚕 タクシー
N スカイブリッジへの　🚬 喫煙所
　 エレベーター　　　　App ライドシェア・サービス
N スカイブリッジへの　　（ウーバー、リフト）
　 エスカレーター
i 交通案内所

メモ ニルヴァーナ、カート・コバーンの聖地　ニルヴァーナのボーカル＆ギターとして活躍したカート・コ
バーンが、生前よく海を眺めに立ち寄っていた公園のビレッタパーク。公園内のベンチは、ファンの

シアトルの交通機関
Transportation in Seattle

サウンドトランジット・リンク・ライトレイル・リンク・ワンライン
Sound Transit Link Light Rail Link 1 Line

シアトル・タコマ国際空港（シータック空港）周辺からダウンタウンやワシントン大学を経由してノースゲート駅まで走る列車。毎日5:00頃〜翌2:00頃(土・日〜翌1:00頃)まで運行する。シータック空港からダウンタウン、ダウンタウンからキャピトルヒルやワシントン大学へ行くのに便利だ。地下を走るダウンタウンのWestlake駅、University Street駅、Pioneer Square駅、International District/Chinatown駅は総じてトランジットトンネル駅Transit Tunnel Stationと呼ばれている。

メトロバス
Metro Bus

シアトル市内を含めキング郡一帯を走る路線バス。約170路線あり、シアトルの中心部からクイーンアンやフリーモント、バラード、航空博物館に行くときに便利だ。運行時間は路線によって異なるが、だいたい5:30から翌1:00頃まで10〜30分間隔。乗車するときに、現金かORCAカード（→側注）で先払い。

シアトル・ストリートカー
Seattle Streetcar

ダウンタウンのウエストレイクセンターから北東にあるユニオン湖周辺まで、Westlake Ave. N.に沿って北上するサウス・レイク・ユニオン・ラインSouth Lake Union Lineと、アムトラック・キングストリートの駅そばから、インターナショナルディストリクトを通り、キャピトルヒルまでを結ぶファースト・ヒル・ラインFirst Hill Lineの2路線が運行している。

シアトルセンター・モノレール
Seattle Center Monorail

ダウンタウンの5th Ave. & Pine St.にあるモール、ウエストレイクセンターの3階から乗車。3分でスペースニードル隣のシアトルセンター駅Seattle Centerに到着する。

サウンドトランジット・リンク・ライトレイル・リンク・ワンライン
[Free] (1-888)889-6368
[URL] www.soundtransit.org
[料] 距離により異なり、大人$2.25〜3.50、18歳以下無料

メトロバス
[URL] kingcounty.gov/en/dept/metro
[料] 大人$2.75、子供（18歳以下）無料。1日券$4か$8（利用するバス路線により異なる）
●案内所
キングストリート・センター
[MAP] P.355-B3
[住] 201 S. Jackson St.
[電] (206)553-3000
[時] 月〜金8:30〜16:30
[休] 土・日

ORCAカード
上記案内所のほか、サウンドトランジット・リンク・ライトレイル・リンク・ワンラインの自動発券機でも購入可能。購入時に$3かかる。

サウンドトランジット・リンク・ライトレイル・リンク・ワンラインの改札口にある自動券売機

シアトル・ストリートカー
[電] (206)553-3000
[URL] www.seattle.gov/transportation/getting-around/transit/streetcar
[時] サウス・レイク・ユニオン・ライン：月〜土6:00〜21:00（土7:00〜）、日10:00〜19:00の12〜15分間隔
ファースト・ヒル・ライン：月〜土5:00〜22:30（土6:00〜）、日10:00〜20:00の12〜25分間隔
[料] 大人$2.25、子供（18歳以下）無料。1日券$4.50

シアトルセンター・モノレール
[電] (206)905-2600
[URL] www.seattlemonorail.com
[時] 月〜金7:30〜23:00、土・日8:30〜23:00の10分間隔で運行（時期により運行時間は異なる）
[料] 片道$3.50、子供（6〜18歳）$1.75

キングカウンティ・ウォータータクシー
King County Water Taxi

住801 Alaskan Way（Pier 50）
URLkingcounty.gov/en/dept/metro/travel-options/water-taxi

West Seattle行き
運月～木5:55～18:45、金5:55～22:45、土8:30～22:45、日8:30～18:30（冬期は短縮あり）
料〈現金・チケット〉片道:大人$5.75、18歳以下無料。〈ORCAカード〉大人$5、18歳以下無料。チケットは乗船前に自動券売機で購入するか、現金もしくはORCAカードで支払う

Vashon Island行き
運月～金5:30～18:30
料〈現金・チケット〉片道:大人$6.75、18歳以下無料。〈ORCAカード〉大人$5.75、18歳以下無料。チケットは乗船前に自動券売機で購入するか、現金もしくはORCAカードで支払う

ワシントン・ステート・フェリー（ピア52）
MAPP.355-A3
住Pier 52, 801 Alaskan Way
TEL(206)464-6400
URLwww.wsdot.wa.gov/ferries
料ベインブリッジ・アイランド～シアトル:大人$9.85、車$17.90～（時期により異なる）

シティ・サイトシーイング・ホップオン・ホップオフ
TEL(206)829-9267
URLcity-sightseeing.com/en/142/seattle
運毎日10:00～17:00（時期により異なる）
料1日券:大人$59、子供（5～11歳）$34、2日券:大人$74、子供（5～11歳）$41

キングカウンティ・ウオータータクシー
King County Water Taxi

ウエストシアトルWest Seattle行きと、バションアイランドVashon Island行きの2航路があり、乗り場はいずれもウオーターフロントのピア50。ウエストシアトルまで15分、バションアイランドまで22分。

ワシントン・ステート・フェリー
Washington State Ferries

州の交通局が運営するフェリーで、近郊住民の重要な足。シアトル周辺の町へ10の航路をもっている。ベインブリッジ・アイランドやブレマートンなどへのシアトルの乗り場はピア52のフェリーターミナル。ダウンタウンからピア52まで徒歩15分。もしくはサウンドトランジット・リンク・ライトレイル・リンク・ワンラインかバスでPioneer Square駅まで行き、そこから徒歩約7分。

ツアー案内

シティ・サイトシーイング・ホップオン・ホップオフ
City Sightseeing Hop-On Hop-Off

市内のおもな見どころを循環する乗り降り自由のトロリーツアー。スペースニードルやシアトル・グレイト・ウィール、パイオニアスクエア、インターナショナルディストリクト、コロンビアセンター、シアトル中央図書館、シアトル美術館、ウエストレイクセンター、パイク・プレイス・マーケット、アマゾン・スフィアなどに停車する。30分間隔で運行し、1周1時間20分。

Information **オルカに会いに行こう**

シアトルの北、サンファン諸島の近海は、オルカ（和名シャチ）が生息するエリアだ。この近くで、群れをなして暮らし、雄大な海で遊ぶオルカをツアーで見に行くことができる。

●**ホエール（オルカ）ウオッチング付きビクトリア日帰り観光**
Seattle to Victoria Day Trip with Whale Watching
シアトル（ピア69 **MAP**P.355-A2）を朝出発し、FRSクリッパーFRS Clipperでカナダ・ビクトリアへ。ビクトリアで2時間30分の自由時間を過ごしたあと、オルカウオッチングをして夕方シアトルに戻る。5～10月の催行。

野生のオルカに出合える

FRSクリッパー
Free(1-800)888-2535
URLwww.clippervacations.com
料$174～（要予約）

メモ シアトルからのエクスカーション　ピュージェットサウンドコーチラインズ（日本語）やエバーグリーン・エスケープス（英語）が、オリンピック国立公園やマウント・レーニア国立公園への日帰りツ▶

Seattle Itinerary
―シアトルの1日モデルコース―

今日は
何する？

8:45

朝から人であふれる 滞在時間：2時間30分
Pike Place Market
バイク・プレイス・マーケット → P.356

生鮮食品が売られるマーケット内や周辺のレストランは、朝から多くの人でにぎわう。朝食を取って市場を見て回ろう。

近海で取れた魚介類が並ぶ

Point
ストリートカーとライトレイルは駅がわかりやすく、シアトル初心者でも簡単に乗りこなせる。

> **Access** Westlake駅からサウンド・トランジット・リンク・ライトレイル・リンク・ワンラインで約10分

11:30

シアトルを一望する 滞在時間：1時間
Smith Tower Observation Deck
スミスタワー展望台 → P.360

シアトルをぐるっと1周見渡せる展望台。タコマ富士も望める。

ウオーターフロントもきれいに見える

> **Access** 徒歩1分

12:30

肉の気分ならここへ 滞在時間：1時間
Tat's Delicatessen
タッツ・デリカテッセン → P.370 脚注

ここのフィリーステーキはシアトルいちうまい。ボリュームも満点。

肉とチーズをパンで挟んだフィリーステーキ

> **Access** メトロバス#1、4、5などで約20分

13:50

芸術に触れる時間 滞在時間：2時間
Seattle Center シアトルセンター → P.361

シアトルを代表する博物館があるエリア。ポップカルチャー博物館が特におすすめ。

フランク・ゲーリー氏が設計したポップカルチャー博物館

> **Access** メトロバス#5、28などで20分

16:10

パブリックアートを楽しむ 滞在時間：1.5時間
Fremont フリーモント → P.365

フリーモントはいたるところに公共芸術があり、歩いているだけで楽しい。

巨大なトロール像がお出迎え

> **Access** メトロバス#5、28などで20分

18:00

絶品シーフードに舌鼓をうつ 滞在時間：1.5時間
Ivar's アイバーズ → P.370

ディナーはここで。鮮度抜群の生ガキは絶対食べたい。

ウオーターフロントの名物レストラン

> **Access** 徒歩30分

20:00

1日の締めにふさわしいコーヒーを 滞在時間：1時間
Starbucks Reserve Roastery
スターバックス・リザーブ・ロースタリー → P.371

しっとりムーディーなスターバックスで、夜飲んでも安心なデカフェのコーヒーを。

希少豆を使ったコーヒーで乾杯

How to 夜遊び？ 夜遊びスポットはあまりない。市内のバーやカフェでゆっくりと過ごすのがおすすめ。

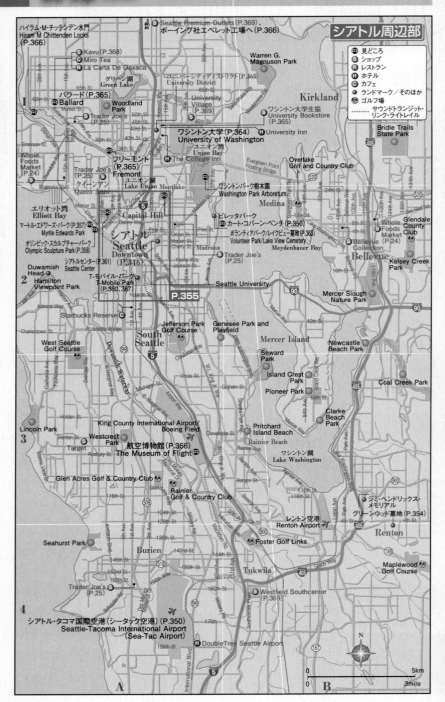

シアトル周辺部

凡例:
- 見どころ
- ショップ
- レストラン
- ホテル
- カフェ
- ランドマーク／そのほか
- ゴルフ場
- ········ サウンドトランジット・リンク・ライトレイル

主な地名・施設:

ハイラム・M・チッテンデン水門
Hiram M Chittenden Locks (P.366)

Kavu (P.368)
Miro Tea
La Carta De Oaxaca

グリーン湖
Green Lake

バラード (P.365)
Ballard

Trader Joe's (P.25)

Woodland Park

Whole Foods Market (P.24)

Trader Joe's (P.25)

フリーモント (P.365)
Fremont

クイーンアン
Queen Anne

エリオット湾
Elliott Bay

マートル・エドワーズ・パーク (P.357)
Myrtle Edwards Park

オリンピック・スカルプチャー・パーク
Olympic Sculpture Park (P.358)

Duwamish Head
Hamilton Viewpoint Park

Seattle Premium Outlets (P.369)、
ボーイング社エベレット工場へ (P.366)

Warren G. Magnuson Park

ユニバーシティディストリクト (P.365)
University District

University Village (P.369)

ワシントン大学生協
University Bookstore (P.365)

ワシントン大学 (P.364)
University of Washington

University Inn

ユニオン湾
Union Bay

The College Inn

The Coffee Inn

Lake Union Montlake

Kirkland

Bridle Trails State Park

ワシントン大学
University of Washington

Evergreen Point Floating Bridge

Overlake Golf and Country Club

ワシントンパーク樹木園
Washington Park Arboretum

Medina

ビレッタパーク

カート・コバーン・ベンチ (P.350)

ボランティアパーク/レイクビュー墓地 (P.368)
Volunteer Park/Lake View Cemetery

Meydenbauer Bay

Whole Foods Market (P.24)

Glendale County Club

Bellevue Collection

Bellevue

Kelsey Creek Park

キャピトルヒル
Capitol Hill

シアトル
Seattle
Downtown

シアトルセンター (P.361)
Seattle Center

T-モバイル・パーク
T-Mobile Park (P.360, 367)

P.355

Trader Joe's (P.25)

Seattle University

Madrona

Mercer Slough Nature Park

Starbucks Reserve

Jefferson Park Golf Course

Genesee Park and Playfield

Mercer Island

West Seattle Golf Course

South Seattle

Newcastle Beach Park

Seward Park

Island Crest Park

Pioneer Park

Coal Creek Park

Clarke Beach Park

Lincoln Park

King County International Airport/Boeing Field

Pritchard Island Beach

Rainier Beach

ワシントン湖
Lake Washington

Westcrest Park

Target

航空博物館 (P.366)
The Museum of Flight

Glen Acres Golf & Country Club

Rainier Golf & Country Club

ジミ・ヘンドリックス・メモリアル グリーンウッド墓地 (P.354)

レントン空港
Renton Airport

Renton

Seahurst Park

Burien

Foster Golf Links

Maplewood Golf Course

Tukwila

Westfield Southcenter (P.369)

Trader Joe's (P.25)

シアトル・タコマ国際空港 (シータック空港) (P.350)
Seattle-Tacoma International Airport (Sea-Tac Airport)

DoubleTree Seattle Airport

N

0 —— 5km
0 —— 3mile

A   B

グリーンウッド墓地　世界的に有名なロックギタリスト、ジミ・ヘンドリックスの墓(ジミ・ヘンドリックス・メモリアルJimi Hendrix Memorial)がシアトル周辺にある。**Greenwood Memorial Park** ✎

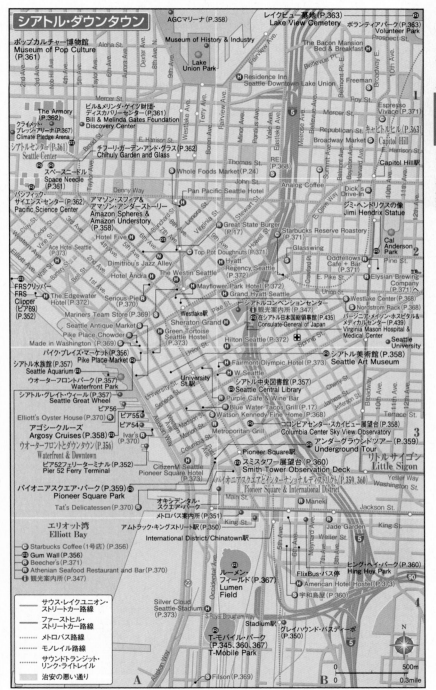

シアトル・ダウンタウン

AGCマリーナ (P.358)
レイクビュー墓地 (P.363) — ボランティアパーク (P.363)
Lake View Cemetery Volunteer Park

ポップカルチャー博物館
Museum of Pop Culture
(P.361)

Museum of History & Industry

The Bacon Mansion
Bed & Breakfast

Espresso
Vivace (P.371)

ビル&メリンダ・ゲイツ財団・
ディスカバリーセンター (P.361)
Bill & Melinda Gates Foundation
Discovery Center

Residence Inn
Seattle Downtown Lake Union

キャピトルヒル (P.363)
Capitol Hill

The Armory
(P.362)

クライメット
プレッジアリーナ (P.367)
Climate Pledge Arena

Broadway Market

シアトルセンター (P.361)
Seattle Center

チフーリ・ガーデン・アンド・グラス (P.362)
Chihuly Garden and Glass

REI
(P.368)

Capitol Hill駅

スペースニードル (P.361)
Space Needle

Whole Foods Market (P.24)

Analog Coffee

Dick's
Drive-In

パシフィック・
サイエンス・センター (P.362)
Pacific Science Center

アマゾン・スフィア&
アマゾン・アンダーストーリー (P.358)
Amazon Spheres &
Amazon Understory
(P.358)

Pan Pacific Seattle Hotel

ジミ・ヘンドリクスの像
Jimi Hendrix Statue

Great State Burger (P.17)

Starbucks Reserve Roastery
(P.371)

Cal
Anderson
Park

Hotel Five

Top Pot Doughnuts (P.371)

Glasswing

Ace Hotel Seattle
(P.373)

Dimitriou's Jazz Alley

The Westin Seattle

Hyatt
Regency Seattle

Oddfellows
Café + Bar (P.371)

Elysian Brewing
Company
(P.371)へ

Hotel Andra

Mayflower Park Hotel (P.372)

FRSクリッパー
FRS
Clipper
(ピア769)
(P.352)

The Edgewater
Hotel (P.372)

Serious Pie
(P.370)

Grand Hyatt Seattle

Westlake Center (P.368)

Mariners Team Store (P.369)

シアトルコンベンションセンター
観光案内所 (P.347)

Nordstrom Rack (P.368)

Seattle Antique Market

Westlake駅

在シアトル日本国総領事館 (P.435)
Consulate-General of Japan

バージニア・メイソン・ホスピタル&
メディカルセンター (P.439)
Virginia Mason Hospital &
Medical Center

Pike Place Chowder

Sheraton Grand

Green Tortoise
Seattle Hostel
(P.373)

Made in Washington (P.369)

Hilton Seattle (P.372)

Seattle
University

パイク・プレイス・マーケット (P.356)
Pike Place Market

シアトル美術館 (P.358)
Seattle Art Museum

シアトル水族館 (P.357)
Seattle Aquarium

Fairmont Olympic Hotel (P.373)

ウォーターフロントパーク (P.357)
Waterfront Park

University
St駅

W Seattle

シアトル中央図書館 (P.357)
Seattle Central Library

シアトル・グレイト・ウィール (P.357)
Seattle Great Wheel

Seattle Central Library

ピア56

Purple Café & Wine Bar

Elliott's Oyster House (P.370)

ピア55

Blue Water Tacos Grill (P.17)

アゴシークルーズ
Argosy Cruises (P.358)

ピア54

Watson Kennedy Fine Home (P.368)

コロンビアセンター・スカイビュー展望台 (P.358)
Columbia Center Sky View Observatory

Ivar's
(P.370)

Metropolitan Grill

アンダーグラウンドツアー (P.359)
Underground Tour

リトルサイゴン
Little Sigon

ウォーターフロントとダウンタウン (P.356)
Waterfront & Downtown

Pioneer Square駅

ピア52フェリーターミナル (P.352)
Pier 52 Ferry Terminal

CitizenM Seattle
Pioneer Square Hotel
(P.373)

スミスタワー展望台 (P.360)
Smith Tower Observation Deck

Yesler Way

Washington St.

パイオニアスクエア・パーク (P.359)
Pioneer Square Park

パイオニアスクエアとインターナショナルディストリクト (P.359, 360)
Pioneer Square & International District

Tat's Delicatessen (P.370)

オキシデンタル・
スクエア・パーク

Main St.

Maneki

Jackson St.

エリオット湾
Elliott Bay

メトロバス案内所 (P.351)

アムトラック・キングストリート駅 (P.350)
International District/Chinatown駅

King St.

Jade Garden

Weller St.

Starbucks Coffee (1号店) (P.356)
Gum Wall (P.356)
Beecher's (P.371)
Athenian Seafood Restaurant and Bar (P.370)
観光案内所 (P.347)

ヒング・ヘイ・パーク (P.360)
Hing Hey Park

FlixBus・バス停

American Hotel Hostel (P.373)

宇和島屋 (P.360)

ルーメン・
フィールド (P.367)
Lumen
Field

Silver Cloud
Seattle-Stadium
(P.373)

Stadium駅

グレイハウンド・バスディーポ
(P.350)

サウス・レイクユニオン・
ストリートカー路線

ファーストヒル・
ストリートカー路線

メトロバス路線

モノレール路線

サウンドトランジット・
リンク・ライトレイル路線

治安の悪い通り

T-モバイル・パーク
(P.345, 360, 367)
T-Mobile Park

Filson (P.369)

MP.354-B4 住1350 Monroe Ave. N.E., Renton 交通シアトル・ダウンタウンからバスを乗り継ぎ、所要約
1時間10分。

355

シアトル Seattle シアトル周辺部／シアトル・ダウンタウン

ウォーターフロントとダウンタウン
Waterfront & Downtown

シアトル観光はパイク・プレイス・マーケットから始めよう。スターバックス・コーヒー1号店がある通り沿いは、ベーカリーで朝食を取る人たちでにぎわう。開店準備で忙しい雰囲気から、シアトルの1日の始まりを体感できるだろう。

パイク・プレイス・マーケット
- 85 Pike St.
- (206)682-7453
- www.pikeplacemarket.org
- 毎日9:00〜18:00
  （店舗により異なり、カフェや鮮魚店で7:00頃からオープン）
- サンクスギビング、クリスマス

スターバックス・コーヒー1号店
- P.355-A3
- 1912 Pike Pl.
- (206)448-8762
- www.starbucks.com
- 毎日6:00〜20:00
- カード AJMV

パイク・プレイス・フィッシュ・マーケット
- 86 Pike Pl.
- www.pikeplacefish.com
- 毎日7:00〜17:00

絶妙の呼吸で魚が宙を飛ぶ！

ガムの壁
- P.355-A3

パイク・プレイス・マーケットの観光案内所（→P.347）の南側にある下り坂を進み、突き当たりを左へ曲がると、噛み終えたチューイングガムで埋め尽くされた壁がある。1993年、劇場への入場待ちの少年がガムと硬貨を貼り付けたのが始まりとされている。

ウォーターフロント Waterfront

シアトル観光の一番人気はここ　　シアトル・ダウンタウン　MP.355-A3

パイク・プレイス・マーケット
Pike Place Market ★★★

　1907年、地元の人が農家から直接農作物を購入できるようにと始まった市場は、継続する市場としては全米でも屈指の歴史をもつ。200以上のレストランやショップが集まり、素顔のシアトルに触れたいなら、この市場へ直行しよう。生鮮食品だけでなく、マーケットの中ほどにはおみやげにもよさそうなアクセサリーや陶器のショップもある。またここにコーヒー界の巨人、**スターバックス・コーヒーの1号店**があり、毎日長蛇の列ができている。

　マーケットのメインアーケードでは北西部周辺で取れたカニやサーモンなどの新鮮な魚介類、色鮮やかな野菜や果物、生花が並び、あちこちから威勢のいい売り手の呼び声がかかる。また、Pike St.に面するアーケード入口を入ってすぐ、魚介類の販売を行っている**パイク・プレイス・フィッシュ・マーケットPike Place Fish Market**では、買い手との商談がまとまると、スタッフは商品であるカニやサーモンをカウンターに放り投げる。そのパフォーマンスをひと目見ようと、ここにはマーケットいちの人だかりができている。

　2017年に拡大された海側のエリアには、海を見渡す気持ちのいいサンデッキやビアレストラン、チョコレート工場を併設したカフェなどがある。

「PUBLIC MARKET」の大きなサインが目印

マスコットのレイチェル　Pike Place Fish Marketすぐ前の通路に豚のブロンズ像がある。彼女の名はレイチェル。マーケットのマスコットで、実は貯金箱でもある。寄付はいつでもWelcomeだそうだ。

VIP 席がおもしろい観覧車　　シアトル・ダウンタウン　🅼P.355-A3
シアトル・グレイト・ウィール
Seattle Great Wheel　✷

2012年夏の開業以来、大人気の観覧車。エアコン付き、8人乗りのゴンドラは地上53mの高さまで上がり、12分間で3回転する。周囲の景色が観賞できるだけでなく、VIP席はなんと床がガラス張り！高所恐怖症の人は注意。

8人乗りで3回転する観覧車

シアトル・グレイト・ウィール
🏠Pier 57, 1301 Alaskan Way
☎(206)623-8607
🌐seattlegreatwheel.com
🕐月～金11:00～22:00（金～23:00）、土・日10:00～23:00 ※時期により変動あり。
💴大人$18、子供（3～11歳）$13、2歳以下無料、VIP席は1人$50

ウオーターフロント随一の見どころ　　シアトル・ダウンタウン　🅼P.355-A3
シアトル水族館
Seattle Aquarium　✷✷

100年以上前に建設された埠頭ピア59にある。400種類以上の海洋生物を、趣向を凝らした展示で観察することができる。いちばんの見どころは、水族館の目の前の海、ピュージェット湾に生息する魚たちが元気に泳ぎ回る巨大水槽Window on Washington Waters。毎日5回行われているダイバーの餌づけも見逃せない。秋口にかけては産卵のために海から川へ上っていくサケを見学することもできる。ほかにも、シアトル周辺の海の生物を中心とした展示がある。

シアトル水族館
🏠Pier 59, 1483 Alaskan Way
☎(206)386-4300
🕐毎日9:30～18:00（時期により異なる）
🚫クリスマス
🌐www.seattleaquarium.org
💴大人（13歳以上）$24.75～37.95、子供（4～12歳）$22.45～25.95、3歳以下無料（日時により異なる）
※シティパス（→P.346脚注）適用アトラクション。

間近で動物と触れ合える

エリオット湾に面した公園　　シアトル・ダウンタウン　🅼P.355-A3
ウオーターフロントパーク
Waterfront Park　✷✷

ピア57から59にかけて広がる遊歩道。もとはアラスカでゴールドラッシュが起こった頃、物資の搬送拠点だった。2024年3月現在、拡張工事のため閉鎖されているが、2025年の完成時には新しいピアができるほか、噴水やイベントスペースが作られ、芝生も敷き詰められる予定だ。エリオット湾やダウンタウンのスカイラインを眺めながらくつろぐのがいい。

ウオーターフロントパーク
🏠1401 Alaskan Way
☎(206)684-4075

天気のいい日にはオリンピック国立公園の山々が見える　シアトル周辺部　🅼P.354-A2
マートル・エドワーズ・パーク
Myrtle Edwards Park　✷

ウオーターフロントから巨大なクルーズ船が停泊する埠頭を見ながら北上し、ピア70を過ぎた所にある、エリオット湾Elliott Bayに面した公園。芝生が敷き詰められ、きれいに整備されており、ランチタイムには近くのオフィスで働く人々でいっぱいになる。

潮風を受けながらのジョギングも気持ちがいい

マートル・エドワーズ・パーク
🏠3130 Alaskan Way
☎(206)684-4075
🕐24時間
🚌Pine St. & 3rd Ave.からメトロバス#33でElliott Ave. & Western Ave.下車、徒歩8分。

オリンピック・スカルプチャー・パーク
- 2901 Western Ave.
- www.seattleartmuseum.org
- 公園:毎日日の出30分前〜日没の30分後まで
  パビリオン:毎日9:00〜16:00

巨大な彫刻作品が並ぶ　　　　　　　シアトル周辺部　MP.354-A2

オリンピック・スカルプチャー・パーク
Olympic Sculpture Park ☀

　ウォーターフロント北端、ピア70の先にある巨大な彫刻作品が屋外展示された公園。アレキサンダー・カルダーの赤いオブジェ『イーグルThe Eagle』やルイーズ・ブルジョワの『アイベンチEye Benches』など、ユニークな作品が海をバックに20点ほど並んでいる。

シアトル美術館
- 1300 1st Ave.
- (206)654-3100
- www.seattleartmuseum.org
- 水〜日10:00〜17:00
- 月・火、おもな祝日
- 大人$32.99、シニア(62歳以上)$27.99、15〜19歳$22.99、14歳以下無料。インターネットで事前購入の場合$3割引きあり。毎月第1木曜は無料
  ※特別展開催時は変動あり

ハマリングマンを目印に行こう

ダウンタウン *Downtown*

ネイティブアートと現代美術を見学　　シアトル・ダウンタウン　MP.355-A3

シアトル美術館
Seattle Art Museum (SAM) ☀☀

　ハンマーを打ち下ろす黒い大きな彫刻『ハマリングマンHammering Man』が目印のシアトル美術館は、地元では頭文字をとって「SAMサム」という愛称で呼ばれている。米国北西部のネイティブアメリカンや、アジア、アフリカの美術品のコレクションで有名だ。常設の展示に関してはウェブサイトで音声ガイドを聞ける。

コロンビアセンター・スカイビュー展望台
- 700 4th Ave.、73rd Fl.
- (206)386-5564
- www.skyviewobservatory.com
- 毎日10:00〜21:00(時期により異なる)
- おもな祝日
- 大人$30、シニア$27、子供(5〜13歳)$24

シアトルでいちばん高い展望台　　　シアトル・ダウンタウン　MP.355-B3

コロンビアセンター・スカイビュー展望台
Columbia Center Sky View Observatory ☀

　76階建て、高さ284mの建物は、黒い外観に覆われ現代的だ。73階にシアトルいち高い展望台があり、ダウンタウンやスペースニードル、マウント・レーニア、エリオット湾などを見渡すことができる。2018年Sky View Cafe & Barもオープンした。

Information　シアトル観光の目玉アゴシークルーズ

　海と湖に囲まれた都市シアトル。人気のある観光アトラクションのひとつがクルーズだ。
①ハーバークルーズ Harbor Cruise(通年運航)
　エリオット湾を1時間かけて周遊する、1949年から続くシアトルの名物ツアー。ピア55(MP.355-A3)より出発。
- 大人$39、シニア(65歳以上)$32、子供(4〜12歳)$20

②ロックスクルーズ Locks Cruise(通年運航)
　ダウンタウンの摩天楼を見ながら北上し、島が点在するピュージェット湾らチッテンデン水門を経由してユニオン湖へ。最後にフローティングホームを見ながらユニオン湖のAGCマリーナ(M P.355-A1)で終了。ピア55(MP.355-A3)より出発。所要約2時間。
- 大人$54、シニア$46、子供(4〜12歳)$25

●アゴシークルーズ Argosy Cruise
MP.355-A3
- Pier 55, 1101 Alaskan Way
- (206)623-1445　(1-888)623-1445
- www.argosycruises.com
※アゴシークルーズの案内所はピア55と56の間(1201 Alaskan Way)にある。
※運航時間、料金は季節や曜日によって異なるので要確認。
※シティパス(→P.346脚注)適用アトラクション。

メモ　アマゾン・ドットコムの社屋が公開されている　2018年にオープンしたワークスペース&植物園のアマゾン・スフィア。毎月第1土曜、第3土曜に一般公開している。ウェブサイトから事前に予約すること。

パイオニアスクエアとインターナショナルディストリクト
Pioneer Square & International District

1890年代のれんがや石造りの立派な建物がそのまま残された歴史保存地区、パイオニアスクエア。そのすぐ南東にインターナショナルディストリクト、アジア人街がある。夜間のパイオニアスクエア周辺は治安があまりよくないので要注意。

パイオニアスクエア　*Pioneer Square*

ここが実質的なシアトル発祥の地　　シアトル・ダウンタウン　Ⓜ P.355-A3

パイオニアスクエア・パーク
Pioneer Square Park　❀❀

　Yesler Wayと1st Ave.の角に位置する、石畳の三角形の広場。その昔トロリーの待合所とアンダーグラウンドのトイレをカバーする目的で建てられたビクトリア調のアーチ（パーゴラ）や、アラスカ・トリンギット族が彫った高さ15mのトーテムポールなどを見ることができる。

　現在のトーテムポールは実は2代目。初代は、1899年にシアトルの有力者たちがクリンケットの村から盗んできたものだったが、1938年放火により焼失。その後シアトル市が直接クリンケット族に代わりになるトーテムポールの作製を依頼した。そのときクリンケット族は、盗まれた最初のトーテムポールの分と合わせて2本分の代金を請求したという。

20世紀初頭に捨てられた地下世界を探検　シアトル・ダウンタウン　Ⓜ P.355-A3

アンダーグラウンドツアー
Underground Tour　❀

　パイオニアスクエア・パークの前から出発するツアー。出発前に20分間シアトルの歴史についての解説を聞いたあと、1時間のウオーキングツアーに出る。40人ほどのグループがガイドを先頭にカビ臭い地下の通路を歩き回る。宿屋やよろず屋などを見ると、確かに別世界が存在したことがわかるだろう。足場が悪いので歩きやすい靴で参加すること。

ツアーの出発場所がここ

パイオニアスクエア・パーク
🏠 100 Yesler Way
☎ (206)684-4075
🌐 www.pioneersquare.org/experiences/pioneer-square-park

実は2代目のトーテムポール

アンダーグラウンドツアー
🏠 614 1st Ave.
☎ (206)682-4646
🌐 www.undergroundtour.com
🕐 ツアー／〈4～9月〉毎日9:00～19:00の毎正時スタート、〈10～3月〉毎日10:00～18:00の毎正時スタート。月によって追加のツアーが催行されることもあるのでウェブサイト、電話で確認すること
💲 大人 $22、シニア（60歳以上）・学生（13～17歳）$20、子供（7～12歳）$10
※ウェブサイトでも、ツアー開始1時間前まで、チケットを購入できる。なお、所要時間の長いツアーなので、6歳以下の子供には向かない。

恐るおそる地下へ下りる

スミスタワー展望台

- 🏠 506 2nd Ave.
- ☎ (206) 624-0414
- 🌐 www.smithtower.com
- 🕐 水〜日11:00〜21:00 (木〜土〜22:00)
- 休 月・火
- 💰 大人・シニア・学生・子供 (6〜12歳) $22、5歳以下無料

クラシックなデザインがかえって新鮮に見える

インターナショナルディストリクト

- 🏠 Yesler Way、4th Ave.、Dearborn St.、Rainier Ave.に囲まれたあたり。
- 🚃 サウンドトランジット・リンク・ライトレイル・リンク・ワンラインのInternational District駅下車。

ヒング・ヘイ・パーク
MP.355-B3〜B4

宇和島屋
MP.355-B4
- 🏠 600 5th Ave. S.
- ☎ (206) 624-6248
- 🕐 毎日8:00〜22:00

T-モバイル・パーク
- 🏠 1250 1st Ave. S.
- 🚃 サウンドトランジット・リンク・ライトレイル・リンク・ワンラインのStadium駅下車、徒歩10分。

T-モバイル・パークのツアー
マリナーズの試合が開催されない日のツアーでは、オーナーズ・スイートルームやインタビュールーム、相手チームのクラブハウスを訪れる。所要1時間15分で$20。試合がある日のツアーでは、マリナーズ・ホール・オブ・フェイムやダイヤモンドクラブ・ルームなどを見学。所要1時間15分で$40。
- 🌐 www.mlb.com/mariners/ballpark/tours

きれいな天然芝と青い空

かつての「マンハッタンの外で最も高いビル」　シアトル・ダウンタウン　MP.355-B3

スミスタワー展望台
Smith Tower Observation Deck　　★★

タイプライター王、L.C.スミスが1914年に建てた38階建てのビル。ニューヨークにあるメトロポリタン生命保険ビルをイメージしてデザインされたという、鉛筆のような尖塔が目印だ。

35階の展望ルームから一歩外へ出ると、鉄の柵だけで囲まれた展望廊下。シアトル市内を360°見渡せ、晴れた日はマウント・レーニアをはっきりと見ることができる。カフェバーも併設されているので、夜に訪れ、お酒を飲みながらシアトルの夜景を見るのもいい。一角には、中国の西太后から贈られた椅子が置いてあり、独身女性が座ると1年以内に結婚できるという伝説がある。

インターナショナルディストリクト　International District

エキゾチックな香り漂うエリア　シアトル・ダウンタウン　MP.355-B3〜B4

インターナショナルディストリクト
International District　　★★

パイオニアスクエアの南、アムトラック・キングストリート駅の東側のエリア。1900年初頭から1942年にかけては日系人が、それ以降は中国人が多く住んでいることから、ジャパンタウン、チャイナタウンとも呼ばれている。にぎやかなのは5th Ave.と8th Ave.、S. Main St.とS. Lane St.に囲まれたエリア。Maynard Ave. S.とS. King St.が交差する所には赤い柱の中国風東屋がある**ヒング・ヘイ・パーク Hing Hay Park**があり、早朝や夕方には太極拳をする中国人グループの姿が見られる。周辺には中国、日本、ベトナム、フィリピンなどアジア各国人の経営するレストランやショップが並ぶ。紀伊國屋書店も入っているスーパーの**宇和島屋**は在シアトル日本人の強力な味方。インターナショナルディストリクトからI-5を越えると、リトルサイゴンと呼ばれるベトナム人コミュニティが広がっている。

シアトルのランドマーク　シアトル・ダウンタウン　MP.355-A4〜B4

T-モバイル・パーク
T-mobile Park　　★★

1999年完成、観客4万7000人収容のMLBシアトル・マリナーズのホームスタジアム。開閉可能な屋根と美しい天然芝を誇る球場だ。かつては、佐々木主浩やイチロー、長谷川滋利、木田優夫、城島健司、岩隈久志、川崎宗則、青木宣親、菊池雄星、平野佳寿などの日本人選手も在籍した。

1階3塁側通路には、マリナーズで活躍した選手を紹介するコーナーのMariners Hall of Fameが設けられていて、佐々木主浩(2000〜2003年在籍)やランディ・ジョンソンの写真のほか、イチローの写真やプレートも飾ってある。

シアトルセンター
Seattle Center

↑クイーンアン

Mercer St.

ポップカルチャー博物館

アーモリー

シアトルセンター
シアトルセンター・モノレール駅
スペースニードル

1st Ave.

Harrison St.

Broad St.

チフーリ・ガーデン・
アンド・グラス

Denny Way パシフィック・
サイエンス・センター

Western Ave.

N

0 500m

1962 年に開かれた国際博覧会（万博）の跡地に造られた総合公園がシアトルセンター。広大な敷地には 30 以上もの文化・娯楽施設が集まる。その北に位置するエリアは、英国調の建物が並ぶ高級住宅地クイーンアンだ。

ロックンロールの殿堂　　　シアトル・ダウンタウン　MP.355-A1

ポップカルチャー博物館（モーポップ）
Museum of Pop Culture（MoPOP）　★★★

ロックミュージックやサイエンスフィクション、ポップカルチャーをテーマとした博物館。2016年末、EMP博物館から現在の名前に改称した。メインフロア（2階）は、アメリカンポップスの歴史を物語る。その時代に主流となっていた音楽や、時代を代表するミュージシャンのポスターとアルバムジャケットなどが展示されている。何といっても郷土のスター、ジミ・ヘンドリックスとニルヴァーナのギャラリーが一番人気。3階の「サウンドラボ」は、ギターやキーボードを使って作曲したり、ダンスのステップを練習したりする体験コーナーとなっている。また、SFやファンタジーなどの映画・ドラマに特化した展示は秀逸で、実際に使用された小道具が無数に並んでいる。ファンは見逃さないように。

建物は斬新なデザインで知られるフランク・ゲーリー氏の設計

シアトルのシンボル　　　シアトル・ダウンタウン　MP.355-A1

スペースニードル
Space Needle　★★

塔の上部にUFOのような円盤がくっついているタワーがスペースニードルだ。高さ184m、この円盤部の展望台（展望台の高さは158m）からは、360度、遮る物のないパノラマが展開する。天気のよい日には、南にダウンタウンと真っ白なマウント・レーニア、東にワシントン湾、そして西には船が行き交うエリオット湾と、かなたに連なるオリンピック山脈を見渡すことができる。

シアトルに来たからには上っておこう

ポップカルチャー博物館（モーポップ）
🏠325 5th Ave. N.
☎(206)770-2700
🌐www.mopop.org
🕐毎日10:00〜17:00（冬期は水曜休み。時期により異なる）
🚫サンクスギビング、クリスマス
💰大人 $25〜31.25、シニア（65歳以上）・学生 $22.50〜28.25、子供（5〜12歳）$17.50〜22、4歳以下は無料。時期により異なる
※シティパス（→P.346脚注）適用アトラクション。

子供が夢中になるゲームコーナー

スペースニードル
🏠400 Broad St.
🌐www.spaceneedle.com
🕐月〜金10:00〜20:00、土・日9:00〜21:30（時期により異なる）
💰大人 $35〜39、シニア（65歳以上）$30〜33、子供（5〜12歳）$26〜29。4歳以下無料。時間帯、曜日により異なる。
※シティパス（→P.346脚注）適用アトラクション。

パシフィック・サイエンス・センター

📍 200 2nd Ave. N.
☎ (206) 443-2001
🌐 www.pacificsciencecenter.
org
🕐 毎日 10:00～17:00（冬期は
月・火曜休み）
💰 大人 $26.95、シニア（65歳以
上）$24.20、子供（3～17歳）
$20.20、2歳以下無料。
アイマックス：大人 $12、
シニア（65歳以上）$9、子
供（3～17歳）$9
レーザーショー：大人 $15、
シニア（65歳以上）$12、3～
17歳 $12
※シティパス（→P.346脚注）
適用アトラクション。

楽しみながら学べる科学館

チフーリ・ガーデン・アンド・
グラス

📍 305 Harrison St.
☎ (206) 753-4940
🌐 www.chihulygardenand
glass.com
🕐 9:00～21:00（時期により異
なる）
💰 大人 $29～35、シニア（65
歳以上）$24.50～30、子供（5
～12歳）$21.50～26（入館
時間により異なる）
※シティパス（→P.346脚注）
適用アトラクション。

体験学習ができる科学館　　　　　シアトル・ダウンタウン　Ⓜ P.355-A2

パシフィック・サイエンス・センター
Pacific Science Center　　　　　　　　　　　　　★★

　アイマックスシアター、プラネタリウムやレーザードームもあ
る、体験しながら科学を楽しく理解するための本格的な科学館。
中央のスレンダーな姿のアーチと、メインとなる建物は日系アメ
リカ人建築家ミノル・ヤマザキの設計によるもの。人体の器官の
立体図による解説、3D映画が作られる工程、コンピューター操作
をしながら音楽や絵を作っていくなど、子供たちにわかりやすく
科学を理解してもらえるようなアトラクションがめじろ押しだ。

（左）正面中央には噴水や池があり、足こぎ
ボートも楽しめる
（下）家族で楽しめるアトラクション

ガラス彫刻を集めた博物館　　　　　シアトル・ダウンタウン　Ⓜ P.355-A1

チフーリ・ガーデン・アンド・グラス
Chihuly Garden and Glass　　　　　　　　　　★★★

屋外にも作品が展示されている

　ガラス彫刻家であるデール・チフーリ Dale Chihuly の作品を集
めた美術館。ワシントン州タコマ市出身のチフーリ氏は、吹きガ
ラスの世界に革新をもたらしたといわれている。
花瓶やコップなど普段使いであったガラス製品
に芸術という概念を付け加えたのだ。太陽光が
作品の表情を変化させるガラス張りの展示室に、
それまで無機質だったガラス作品が、まるで生
き物のように輝き出す。また庭園では、植物と
ガラス作品の共演を楽しむことができる。

極彩色のガラスが出迎えてくれる

📝 メモ　シアトルセンターで食事するなら　シアトルセンターのモノレール駅に直結する建物には、シアトル子供博物館
のほかスターバックス・コーヒーやモッドピザ、サブウェイなどが集まるフードコートが入る。↗

キャピトルヒル
Capitol Hill

E Howe St.

E. Galer St.

レイクビュー墓地 ●

ボランティアパーク ●

ボランティア
パーク貯水池

シアトル・
アジア美術館

E. Prospect St.

0　　　　　　500m

ダウンタウンの東、キャピトルヒルと呼ばれるエリアは住宅街。美しい緑が広がる市民の憩いの場、ボランティアパークでのんびり過ごすのもおすすめ。美術館や展望台もあるので、ローカルな雰囲気を楽しんでみよう。

シアトル市民の休息の場　　　　シアトル・ダウンタウン　MP.355-B1
ボランティアパーク
Volunteer Park
　　　　　　　　　　　　　　　　　　　　　　　　　☀

　キャピトルヒルの北東にあるこの公園は、ニューヨークのセントラルパークの設計で有名なオルムステッド・ブラザーズによってデザインされた。自然をそのまま生かしており、かつ整然としていて美しい。木々の葉の色は移りゆく季節をそのまま反映している。公園の中で目に入るのがれんが造りの貯水塔。上部は展望台（☀毎日10:00～日没、☒無料）になっていて、ダウンタウンのビル群やワシントン湖に架かる浮き橋、ユニオン湖がよく見える。

タワーの裏手には**シアトル・アジア美術館Seattle Asian Art Museum**、奥には珍しい熱帯植物やサボテンが見られる**ボランティアパーク温室Volunteer Park Conservatory**など見どころが点在している。

アジア系移民の多い街ならではの美術館

アクション俳優の墓がある　　　　シアトル・ダウンタウン　MP.355-B1
レイクビュー墓地
Lake View Cemetery
　　　　　　　　　　　　　　　　　　　　　　　　　☀☀

　ボランティアパークの向かいにあるこの墓地には、『燃えよドラゴン』で有名なアクション俳優、ブルース・リーBruce Leeが眠る。彼は10代後半にシアトルに移り住み、カンフー道場を開いた。晩年は香港で過ごしたが、遺体はこの地に埋葬されている。息子のブランドン・リーBrandon Leeの墓は右隣に並ぶ。

レイクビュー墓地にあるブルース・リー親子の墓

ボランティアパーク
- 🏠1247 15th Ave. E.
- ☎(206)684-4075
- 🌐www.seattle.gov/parks/allparks/volunteer-park
- 🕐毎日6:00～22:00
- 🚌ダウンタウンのPike St. & 4th Ave.からメトロバス#10で15th Ave. E. & E. Highland Dr.下車。

シアトル・アジア美術館
- 🏠1400 E. Prospect St.
- ☎(206)654-3210
- 🌐www.seattleartmuseum.org
- 🕐木～日10:00～17:00
- 休月～水、おもな祝日
- 💲大人$17.99、シニア（65歳以上）$15.99、15～19歳$12.99、14歳以下無料。インターネットで事前購入の場合$3割引きあり

ボランティアパーク温室
- 🏠1400 E. Galer St.
- ☎(206)684-4743
- 🌐www.volunteerparkconservatory.org
- 🕐火～日10:00～16:00
- 休月
- 💲大人$6、子供（6～17歳）$4、5歳以下無料

レイクビュー墓地
- 🏠1554 15th Ave. E.
- ☎(206)322-1582
- 🌐www.lakeviewcemeteryassociation.com
- 🕐毎日9:00～日没（季節により変更あり）
- 🚌ダウンタウンの4th Ave.とPike St.からメトロバス#10に乗り、E. Garfield St. & Grandview Pl.下車。E. Garfield St.を西に1ブロック行った所。ボランティアパークから徒歩10分。

☀☀☀おすすめ度

シアトル周辺
Seattle Outskirts

豊かな自然環境が広がるベッドタウンであり、小さいけれど魅力的な町がいくつもあるシアトル周辺。少し足を延ばして、ダウンタウンとは違った風景を楽しみたい。中心部とは異なり、ゆったり気分で観光が楽しめる。

地図ラベル（左上地図）
- バラード
- マカティオ市、エベレット市
- ユニバーシティディストリクト
- フリーモント
- ワシントン湖の浮き橋
- シアトルセンター
- キャピトルヒル
- ウオーターフロントとダウンタウン
- アルカイビーチ
- パイオニアスクエア
- 航空博物館
- 0　5km

地図ラベル（右地図）
- ボーイング社エベレット工場
- 525
- 5
- バラード
- ワシントン大学、ユニバーシティディストリクト
- ハイラム・M・チッテンデン水門
- フリーモント
- シアトル
- 航空博物館
- 0　20km
- N

ワシントン大学

- www.washington.edu
- 行き方 Westlake駅からサウンドトランジット・リンク・ライトレイル・リンク・ワンラインでU District駅下車。

ビジターセンター
- 4060 George Washington Ln. N.E.
- (206)543-9198
- www.washington.edu/visit/visiting-the-visitor-center
- 月～金9:00～16:30
- 土・日、おもな祝日
- ※キャンパスマップがある。

セントラルプラザ

ヘンリー・アートギャラリー
- 15th Ave. N.E. & 41st St.
- (206)543-2280
- henryart.org
- 木～日10:00～19:00（金～日～17:00）
- 月～水
- 寄付制（$10ぐらいを目安に）
- 行き方 ワシントン大学キャンパスの南西にある。

バーク博物館
- 4300 Memorial Way N.E.
- (206)543-7907
- www.burkemuseum.org
- 火～日10:00～17:00。毎月第1木曜は20:00まで。
- 月、おもな祝日
- 大人$22、シニア（62歳以上）$20、学生・子供（4～17歳）$14、3歳以下は無料。第1木曜は無料
- 行き方 ワシントン大学キャンパスの北西にある。

実力も人気も高いシアトルの名門校　　シアトル周辺部　M P.354-A1

ワシントン大学
University of Washington　**

　ワシントン大学は1861年、現在のダウンタウンに、ひとりの教授とわずか30人の学生とともにスタートした歴史のある大学。ワシントン湖とユニオン湖の間、ユニオン湾に面した現在のロケーションには1895年に移転してきた。その後キャンパスも拡大され、今やワシントン州最大の総合大学となった。

　構内中央にある広場が**セントラルプラザ Central Plaza**。赤れんがが使われているので通称レッドスクエアといわれている。その南には、南東方面にマウント・レーニアがよく見えるスポット、**レーニアビスタRainier Vista**と**ドラムヘラー噴水Drumheller Fountain**がある。図書館はゴシック建築の**スッツァロー＆アレン図書館Suzzallo & Allen Libraries**を含め約15あり、蔵書のなかには日本全国の電話帳まであるというから、その充実ぶりには脱帽してしまう。大学の科目は工学、経営学、薬学、医学のプライマリケアが特に有名だ。

　スポーツのほうも、水上スポーツ、フットボール、バスケットボールが人気、実力ともに評価が高い。大学のスポーツチームは**ハスキーズHuskies**（シベリアンハスキーのこと）という大学のマスコットとともに親しまれている。

●ヘンリー・アートギャラリー　Henry Art Gallery

　大学構内にあるアートギャラリーで、洗練された作品を多く所蔵。20世紀現代アートの常設展のほかにも、意欲的な特別展を開催している。ギャラリーの一角にジェームス・タレル・スカイスペースJames Turrell Skyspaceという空間があり、瞑想のインスタレーションがよく行われる。

●バーク博物館

Burke Museum

　1885年創設の、ワシントン州では最も古い大学博物館。シアト

メモ　大学の敷地内には　博物館、ギャラリー、レストラン、大学生協など観光客が立ち寄れる施設が多い。ハスキースタジアムの裏にあるウオーターフロント・アクティビティ・センターでは、カヌーやボートを借りることができる。

ルを中心としたアメリカ大陸太平洋岸の文化人類学と自然史関係のコレクションで知られている。なかでもネイティブアメリカンの工芸品は充実しており、ヒマラヤスギをくり抜いたカヌー、意味深な彫刻が施されたトーテムポールなど、珍しい品々を多数収蔵している。2019年リニューアルオープンした。

ガラスと木材がうまくマッチした建物のバーク博物館

ワシントン大学西側の学生街　シアトル周辺部　MP.354-A1

ユニバーシティディストリクト
University District　　　　　　　　　　　　　　✳✳

　中心はN.E. 45th St.とUniversity Wayが交差するあたりで、学生向けの安いレストラン、カフェ、古着屋、本屋、映画館などが徒歩圏内に集まっている。多くの学生が行き交い、学生街特有のにぎわいを見せている。University Way沿いにある**ワシントン大学生協University Bookstore**にはぜひ立ち寄りたい。書籍、文具、衣料品、雑貨とかなりの品揃えだ。大学の愛称 "Huskies" のロゴ入りグッズは、人気のおみやげ。マスコットはもちろんシベリアンハスキー犬だ。

ユニバーシティディストリクト
行き方 ワシントン大学キャンパスの北西にある。

ワシントン大学生協
MP.354-A1
住 4326 University Way N.E.
☎ (206) 634-3400
Fax (1-800) 335-7323
URL www.ubookstore.com
営 月〜土10:00〜18:00、日12:00〜16:00（時期により異なる）

大学のカラー、紫の商品が並ぶ

アートがいっぱいの町　シアトル周辺部　MP.354-A1

フリーモント
Fremont　　　　　　　　　　　　　　　　　　✳✳

　ダウンタウンの北約6kmにあるフリーモントは、Fremont Ave.とN. 35th St.の交差点付近を中心に広がる小さな町。シアトルの若者やアーティストの間で人気のあるエリアだ。
　町の各所にアーティストの作ったモニュメントがあり、なぜか町角にレーニン像やトロール像、ロケットがそびえていたりする。センター・オブ・ザ・ユニバースの支柱には、「トロール 2ブロック」「ルーブル 9757km」など方向と距離が示されている。また、毎週日曜には**フリーモント・サンデイ・マーケットFremont Sunday Market**が開催される。のんびり散策するのに最適の町だ。

巨大なトロール像

フリーモント
行き方 ダウンタウンの3rd Ave. & Pine St.からメトロバス#40、62でFremont Ave. N. & N. 34th St.で下車。約25分。

フリーモント・サンデイ・マーケット
住 3401 Evanston Ave.
URL www.fremontmarket.com
営 日10:00〜16:00

バラード
行き方 ダウンタウンの3rd Ave. & Pine St.からメトロバス#40でN.W. Market St. & Ballard Ave. N.W.下車。約30分。フリーモントのFremont Ave. N. & N. 34th St. からもメトロバス#40で行くことができる。

ぶらぶら歩きにぴったりな町並み　シアトル周辺部　MP.354-A1

バラード
Ballard　　　　　　　　　　　　　　　　　　　✳

　フリーモントから5kmほど北西、チッテンデン水門がある太平洋に隣接したヒップなエリア。幅広い年齢層の人でにぎわっている。
　町の中心は、N.W. Market St.とBallard Ave.、22nd Ave.が交差するあたり。まずは、れんが敷きの舗道をバラードアベニューに沿って歩いてみよう。1800年代の建物を改装したショップやレストランが軒を連ねるオールドバラードの町並みが広がり、そぞろ歩きが楽しい一画となっている。

バラード・ファーマーズ・マーケット
住 5345 Ballard Ave. N.W.
URL www.sfmamarkets.com/visit-ballard-farmers-market
営 9:00〜14:00

✳ ✳✳ ✳✳✳おすすめ度

左サイドバー

ハイラム・M・チッテンデン
- 🏠 3015 N.W. 54th St.
- 🕐 毎日7:00～21:00
- 🚌 ダウンタウンの3rd Ave. & Union St.からメトロバス#17でN.W. 54th St. & N.W. Market St.下車。約40分。

フィッシュラダー
- 🕐 毎日7:00～20:45

ビジターセンター
- ☎ (206) 783-7059
- 🕐 〈5～10月〉水～日10:00～18:00、〈11～4月〉水～日10:00～15:00
- 休 月・火
- ※図解入りのパンフレットあり。

ここをサケが上がってくる

航空博物館
- 🏠 9404 E. Marginal Way S.
- ☎ (206) 764-5700
- 🌐 www.museumofflight.org
- 🕐 毎日10:00～17:00（第1木曜～21:00）
- 休 サンクスギビング、クリスマス
- 💰 大人$25、シニア（65歳以上）$21、子供（5～17歳）$16。4歳以下無料。第1木曜は17:00～21:00は無料
- ※日本語のオーディオガイド（$5）あり。
- 🚌 ダウンタウンの3rd Ave. & Pike St.からメトロバス#124でE. Marginal Way S. & S. 94th Pl.下車。約40分。

ボーイング社エベレット工場見学
- 🏠 8415 Paine Field Blvd., Mukilteo
- Free (1-800) 464-1476
- 🌐 www.boeingfutureofflight.com
- 🕐 木～月8:30～17:00。ツアーは9:00～15:00（時期により異なる）
- 休 火・水、おもな祝日
- 💰 大人$38、シニア（65歳以上）$33、子供（6～15歳）$28
- ※チケットはオンラインでも事前購入可。
- ※身長122cm以下は入場不可。
- 🚌 シアトルから車でI-5を北上、Exit 189で下り、WA-526を8km西進。84th St. S.W.とPaine Field Blvd.の交差点を左右。約40分。路線バスもあるが複雑でわかりにくいので、車がない人はツアー（→P.367側注）で訪れよう。

右カラム

海と湖の交差点 シアトル周辺部 Ⓜ P.354-A1

ハイラム・M・チッテンデン水門とフィッシュラダー
Hiram M. Chittenden Locks & Fish Ladder ＊＊

　ワシントン湖（淡水）とピュージェット湾（塩水）を結んで東西に走っているシップ運河は、年間約4万隻のボートが行き交う交通の要所。1917年、水位の低いピュージェット湾から水位の高いワシントン湖へスムーズに船を誘導させるため、チッテンデン水門が造られた。その仕組みは、海から入ってきたボートが水門に入ると、水門内の水位が上昇し、水位が同じ高さになると開門、湖側へ抜けるというもの。同年、海と湖を行き来するサケやニジマスのための魚道、フィッシュラダーも設けられた。6～9月は遡上の様子を見学することができる。

航空マニア必見 シアトル周辺部 Ⓜ P.354-A3

航空博物館
The Museum of Flight ＊＊＊

　ボーイング社発祥の地であるエリオット湾沿いに立つ航空機専門の博物館。6階建ての高さに相当するガラス張りの館内には、レオナルド・ダ・ヴィンチからNASAまでの人類の航空史をカバーした展示と、60機以上の本物の航空機がゆったりと展示されている。

　ボーイングが初めて旅客を乗せて飛んだ18人乗りの複葉機Boeing 80A-1型（1929年）、ワシントン大学の学生が作ったライト兄弟1902年グライダーの復元機（1960年）などが並び、ベトナム戦争で使われたマクダネルF-4CファントムⅡは平和への願いを込めてここに納められている。屋外には、ケネディやニクソンの時代から使われてきたエア・フォース・ワン（大統領専用機）や超音速旅客機コンコルドもあり、近くで見ることができるのは貴重な体験だ。

大統領専用機「エア・フォース・ワン」は内部も見学できる

旅客機の製造過程を見学 シアトル周辺部 Ⓜ P.354-A1 外

ボーイング社エベレット工場見学
Future of Flight Aviation Center & Boeing Tour ＊＊＊

　シアトルダウンタウンから北へ車で約40km行ったエベレット市に航空機製造会社、ボーイング社の工場があり、その南のマカティオ市に**フューチャー・オブ・フライトFuture of Flight**と呼ばれる体験型展示場もある。ボーイング社の工場見学ツアーと合わせて、シアトルならではの見どころとして人気を博している。

　エベレット工場の床面積は約40万m²。東京ドームの8.5倍もあり、ボーイング社の767、777型機を組み立てる作業場は、ジャンボ機を6機、B-767を8機同時に組み立てられる能力をもっている。ジャンボジェットのエンジンを遠くコネチカット州にあるユナイテッド・テクノロジー社から貨車で運び込む引き込み線までを備えた、容積では世界最大の建物（約1330万m³）である。

●本物の作業現場を実感するツアー

　まず始めにフューチャー・オブ・フライトという240人収容の劇場で、ボーイング社の歴史や777型機が組み立てられる様子を撮影した映画を鑑賞。そのあと、専用バスで工場へ移動し、地下道を通って世界最大の容積を有する工場を見学する。工場の高さは11階建てのビルに匹敵し、全長約3.4km、現在3万人以上の従業員が働いている。ボーイング777の製造過程を見学するのだが、あまりにも広大なため工員の人数の多さや、工場らしいせわしなさが感じられない。機体はボディやウイングなど9つのセクションに分かれ、最後に合体できるようなレイアウトとなっている。約1時間の作業現場ツアーのあとは、再びフューチャー・オブ・フライトへ。同館には、展示場（ギャラリー）、カフェテリア、ギフトショップなどがある。

※ボーイング社エベレット工場内は写真撮影不可。Future of Flightはエベレット市の南、マカティオ市にある。

ボーイング社エベレット工場日本語ガイド同行ツアー
ピュージットサウンドコーチラインズ
🏠1750 S. 327th St., Bldg. D, Federal Way
📞(1-800) 460-6905
🌐pscoachlines.com
💰大人$180、子供（5～11歳）$125.00（チップ・税込み、身長122cm以下は不可）。シアトル・タコマ国際空港から出発し、所要約4時間。工場内はボーイング社専属ガイドによる英語ツアー（片言の通訳は可）。最低2名から。

シアトルのスポーツ
Sports in Seattle

ベースボール
Major League Baseball（MLB）

■ シアトル・マリナーズ
Seattle Mariners

　2024年3月現在、会長付き特別補佐兼インストラクターを務めるイチローや特任コーチの岩隈久志が所属している。過去には、佐々木主浩、長谷川滋利、青木宣親、菊池雄星なども在籍した。2023年シーズンは、88勝74敗のアメリカンリーグ西地区3位で終わった。

本拠地：T-モバイル・パーク
🗺P.355-A4～B4　🏠1250 1st Ave. S.　📞(206)346-4001
🌐www.mlb.com/mariners　🚈サウンドトランジット・リンク・ライトレイル・リンク・ワンラインStadium駅下車。

アメリカンフットボール
National Football League（NFL）

■ シアトル・シーホークス
Seattle Seahawks

　1976年のリーグ拡張にともないシアトルに創設。2005～2006年シーズンに悲願のスーパーボウル進出を決めたが敗退する。2013～2014年シーズンは地区1位でプレイオフに進出し、勢いそのままにスーパーボウル初制覇を遂げた。2023～2024年シーズンは9勝8敗のNFC地区3位で終わった。

本拠地：ルーメン・フィールド
🗺P.355-B4　🏠800 Occidental Ave. S.
📞(1-888)635-4295　🌐www.seahawks.com
🚈T-モバイル・パークから1ブロック北へ。

アイスホッケー
National Hockey League（NHL）

■ シアトル・クラーケン
Seattle Kraken

　2021年に創設された、リーグで最も新しいチーム。初年度は大幅に負け越し地区最下位に沈んだが、2年目は一転して18もの貯金を作り見事プレイオフに進出。3年目もプレイオフを狙う好位置につけている。2024年の元日にはマリナーズの本拠地T-モバイル・パークで初の屋外試合を行い、4万7313人集めた。

本拠地：クライメット・プレッジ・アリーナ
🗺P.355-A1　🏠334 1st Ave. N.
📞(1-844)645-7825　🌐www.nhl.com/kraken
🚈モノレールのシアトルセンター駅から徒歩5分。

サッカー
Major League Soccer（MLS）

■ シアトル・サウンダーズFC
Seattle Sounders FC

　15番目のチームとして2009年からMLSに参加。ホームでは約4万人の観客を集める人気チームだ。過去に2度MLSカップで優勝し、アメリカの天皇杯に当たるUSオープンカップでも4回優勝している。2023年には北中米カリブ海地区（CONCACAF）の代表としてFIFAクラブワールドカップに出場した。

本拠地：ルーメン・フィールド（シアトル・シーホークスと同じ）
🗺P.355-B4　🏠800 Occidental Ave. S.
📞(1-877)657-4625　🌐www.soundersfc.com
🚈シアトル・シーホークスを参照。

367

シアトルのショップ
Seattle

SHOP

アメリカ北西部の中心都市だけにハイエンドブランドも揃い、セレクトショップやモールも中心部に集中している。アウトドアの聖地であるシアトルには、自然と目の肥えた人たちの商品選びに堪えうる、厳選されたアウトドアギアも集まっている。本格派を目指すには打ってつけだ。アール・イー・アイといったシアトル発祥ブランドも多い。女性なら、ダウンタウンからバスで約30分のフリーモントやバラードで、地元のデザイナーによるオリジナルブランドのショップを巡るのも楽しい。

ウォーターフロントとダウンタウン

ショッピングモール	**ウエストレイクセンター**
	Westlake Center

ダウンタウンで最も大きいモール

ショップやカフェなど約20店舗入り、旅行者は立ち寄る機会も多い。アウトレットのNordstrom Rack（→下記）やSaks Off 5thのほか、Zaraも入る。2022年には、フードコートのアシアン・ストリート・フードホール Asean Street Food Hall がオープンした。

カード 店舗により異なる

立ち寄りやすいモール

M シアトル・ダウンタウン P.355-A2
住 400 Pine St. (bet. 4th & 5th Aves.)
☎ (206) 467-1600
URL www.westlakecenter.com
営 月～土10:00～20:00、日12:00～19:00（店舗により異なる）

アウトレット	**ノードストロームラック**
	Nordstrom Rack

デパートのアウトレット店

老舗デパート Nordstrom の商品を値引きして大量に売っている店。最新アイテムはさすがに見当たらないが、カジュアルな洋服や小物など、アメリカンブランドがリーズナブルな値段で売られている。コツは根気よく探すこと。

カード A J M V

掘り出し物が見つかるかも

M シアトル・ダウンタウン P.355-A2
住 Westlake Center, 400 Pine St.
☎ (206) 448-8522
URL www.nordstromrack.com
営 毎日10:00～19:00（日11:00～）

アウトドア	**アール・イー・アイ**
	REI

最大手アウトドアストアの本店

ファッション性と実用性の高い製品が豊富に揃う。専門店らしくキャンプや登山、カヌー、サイクリング用品が充実。定期的にクライミングやカヤックのレッスンも行っている（要予約）。

カード A D J M V

日本にはない商品も多数

M シアトル・ダウンタウン P.355-B1
住 222 Yale Ave. N.
☎ (206) 223-1944
URL www.rei.com
営 月～土9:00～21:00、日10:00～19:00

雑貨＆インテリア	**ワトソン・ケネディ・ファイン・ホーム**
	Watson Kennedy Fine Home

品のあるおみやげ探しにいい

クッキーやチョコレート、ジャムなどの食料品から、石鹸やボディソープ、キャンドル、香水などまで日常生活に必要となる品々を取り揃える。かわいらしい食器やグラスなどのテーブルウエアは手荷物で持って帰りたい。

カード A M V

ウエストレイクセンターから徒歩圏内

M シアトル・ダウンタウン P.355-A3
住 1022 1st Ave.
☎ (206) 652-8350
URL www.watsonkennedy.com
営 月～土10:00～17:00
休 日

メモ シアトル発アウトドアブランド 1993年にシアトルで創業。アウトドアシーンではもちろん街着にも最適なアイテムが多い。**カブ Kavu** MP.354-A1 住5419 Ballard Ave. N.W. ☎ (206) 783-0060 URLkavu.com

ギフト　メイド・イン・ワシントン
Made In Washington

ワシントン州のおみやげ全般が買える店

旅行者なら必ず通るパイク・プレイス・マーケットの一画にあり、シアトルのみならずワシントン州全般のおみやげが買える。スモークサーモンやジャム、チョコレート、置物、クラフト、雑貨など、上質なものを取り扱っている。

カード A M V　グルメ派へのおみやげにもよい

Ⓜ シアトル・ダウンタウン P.355-A2
🏠 1530 Post Alley
☎ (206) 467-0788
🌐 madeinwashington.com
🕐 毎日9:00～17:00
　（土～18:00）

スポーツ　マリナーズ・チームストア
Mariners Team Store

マリナーズみやげはここ

選手の背番号入りのTシャツや、マリナーズのロゴ入りキャップ（$35～）がところ狭しと並ぶ、ファンには見逃せない店。ダウンタウンのほかに、T-モバイル・パーク（→ P.360）内にもチームストアはある。

カード A J M V　試合はなくてもグッズはゲット!!

Ⓜ シアトル・ダウンタウン P.355-A2
🏠 1800 4th Ave.
☎ (206) 346-4327
🌐 www.mlb.com/mariners
🕐 毎日11:00～16:00
　（金～日～17:00）
　時期により異なる

ファッション　フィルソン
Filson

ロマンあふれるフィルソン本社

1890年代、ゴールドラッシュを目指す人たちに、頑丈で着心地のいい服やかばんを提供したいと考え創業されたフィルソン。本社では1階に工場が併設されており、ガラス越しに作業工程を見ることができる。

カード A M V　一生使える物が揃う

Ⓜ シアトル・ダウンタウン P.355-A4
🏠 1741 1st Ave. S.
☎ (206) 622-3147
🌐 www.filson.com
🕐 月～土10:00～18:00、
　日11:00～17:00

ショッピングモール　ユニバーシティビレッジ
University Village

学生街にある憩いのモールタウン

手頃な規模だが、品揃えは充実。Banana Republic、Anthropologie、Brandy Melville、Free People など、人気どころが並んでいる。Aveda のコスメやスパ施設が女性に好評だ。

カード 店舗により異なる　ワシントン大学からバスで10分

Ⓜ シアトル周辺部 P.354-A1
🏠 2623 N.E. University
　Village St.
☎ (206) 523-0622
🌐 uvillage.com
🕐 月～土10:00～20:00、
　日11:00～18:00
　（店により異なる）

ショッピングモール　ウエストフィールド・サウスセンター
Westfield Southcenter

シアトル市内最大のショッピングモール

シアトル・タコマ国際空港の東5kmにあるショッピングモール。Macy's や Nordstrom などのデパートのほか、Coach や Foot Locker、Michael Kors、Victoria's Secret など約140のショップが入る。ダウンタウンからはメトロバス #150 で約45分。

カード 店舗により異なる　シータック空港から車で5分

Ⓜ シアトル周辺部 P.354-B4
🏠 2800 Southcenter Mall
☎ (206) 246-0423
🌐 www.westfield.com
🕐 月～土10:00～21:00、
　日11:00～19:00

アウトレットモール　シアトル・プレミアム・アウトレット
Seattle Premium Outlets

シアトル郊外のアウトレットモール

Adidas や Ann Taylor、Burberry、Coach をはじめ130店舗のブランドショップが並ぶ日本人にも人気のアウトレット。シアトル市内から車で40分ほど。アウトレットの隣には、ネイティブ・アメリカンが経営するカジノホテルの Tulalip Resort Casino もある。

カード 店舗により異なる　シアトルからいちばん近いアウトレット

Ⓜ シアトル周辺部 P.354-A1 外
🏠 10600 Quil Ceda Blvd., Tulalip
☎ (360) 654-3000
🌐 www.premiumoutlets.com
🕐 毎日10:00～19:00
　（金・土～20:00）
行き方 ダウンタウンからI-5を北に58km。Exit 202で下り、116th St. N.E.を西に600m。Quil Ceda Blvd.を左折した突き当たり。

↘ 🕐 毎日 10:00 ～ 19:00 （日～ 17:00）

シアトルのレストラン
Seattle

シアトルのグルメ料理といえば、新鮮な海の幸や山の幸をふんだんに使ったノースウエスト料理が評判。かと思えば、アジアとエスニックが融合したパンアジアやエスニックにもますます磨きがかかり、外れがないともいわれる。パイク・プレイス・マーケット周辺には気軽なレストランやカフェも数多くある。

なかでも親しまれている料理がクラムチャウダー。シーフード店ならたいていあり、テイクアウトで気軽に食べることができる。

RESTAURANT

ウォーターフロントとダウンタウン

アメリカ料理　**シリアスパイ**
Serious Pie

スターシェフが経営するレストラン

料理界のアカデミー賞といわれるジェームズ・ビアード賞を受賞したトム・ダグラス氏が経営するレストラン。毎晩店外に行列ができている。看板メニューは薄い生地のピザ（$17〜19）。素材にこだわり繊細な味つけは日本人の舌にも合う。

カード A J M V

しつこくなく1枚ペロリと食べられる

Ⓜ シアトル・ダウンタウン P.355-A2
🏠 2001 4th Ave.
☎ (206) 838-7388
🌐 www.seriouspieseattle.com
🕐 毎日11:30〜21:30

シーフード　**アイバーズ**
Ivar's

名物はクラムチャウダー

レストラン隣のテイクアウトカウンターで、クラムチャウダー（$8.50〜）やフィッシュ＆チップス、サラダなどを注文しよう。ガラス張りの休憩場所で、テイクアウトしたチャウダーを海を見ながらゆっくり味わえる。このクラムチャウダーはT-モバイル・パークでも食べられる。

カード A M V

Madison St. との交差点にある

Ⓜ シアトル・ダウンタウン P.355-A3
🏠 1001 Alaskan Way, Pier 54
☎ (206) 624-6852
🌐 www.ivars.com
🕐 毎日11:00〜20:00
（金・土〜21:00）

シーフード　**エリオット・オイスターハウス**
Elliott's Oyster House

ウオーターフロントでシーフードなら

入口正面のカウンターには、ずらりとカキやカニが並び、リクエストで鮮やかにむいてくれる。カキは1個$4〜。エリオット湾産のダンジネスクラブ・ケーキ（$21〜）やクラムチャウダー（$7〜）もおすすめしたい。

カード A M V

新鮮な素材の味を堪能したい

Ⓜ シアトル・ダウンタウン P.355-A3
🏠 1201 Alaskan Way, Pier 56
☎ (206) 623-4340
🌐 www.elliottsoysterhouse.com
🕐 毎日11:00〜21:00
（金・土〜22:00）

シーフード　**アセニアン・シーフード・レストラン・アンド・バー**
Athenian Seafood Restaurant and Bar

映画に登場したシーフードレストラン

1909年、ベーカリー＆軽食堂として始まった老舗レストラン。映画『めぐり逢えたら Sleepless in Seattle』の撮影が行われた。現在もエリオット湾を眺めながら食事を取りたい人で行列になる。おすすめはフライド・シーフードの盛り合わせ（$24.99）やフィッシュ＆チップス（$17.99）。

カード A M V

パイク・プレイス・マーケット内にある

Ⓜ シアトル・ダウンタウン P.355-A3
🏠 1517 Pike Place Market
☎ (206) 624-7166
🌐 www.athenianseattle.com
🕐 月〜木11:00〜18:00、
金11:00〜19:00、土・日
9:00〜19:00（日〜15:00）
🈺 火・水

📝メモ　パイオニアスクエアのおすすめレストラン　アメリカ東部フィラデルフィアの名物フィリーズステーキを提供するタッツ・デリカテッセン。たっぷりの牛肉とチーズをパンに挟んだチーズステーキが食べられる。

チーズ ビーチャーズ
Beecher's

無添加手作りチーズ工房でランチ

Pike St. と Pike Place の角にあるチーズ工房。成長ホルモンを使わずに育てられた牛のミルクを使い、毎日フレッシュチーズを作っている。マカロニとチーズを絡めた Mac & Cheese ($8.99) はアメリカ人のおふくろの味。シアトル・タコマ国際空港にも支店あり。

カード A D J M V

チーズの試食も可能だ

M シアトル・ダウンタウン P.355-A3
1600 Pike Place
(206) 956-1964
beechershandmade cheese.com
毎日10:00〜17:00
(土・日〜18:00)

ドーナツ トップポット・ドーナツ
Top Pot Doughnuts

シアトル生まれのドーナツ

2002年にキャピトルヒルに誕生したドーナツショップのダウンタウン店。40種類あるドーナツのなかでもオールドファッションとプレーンは甘過ぎず日本人の味覚に合う。開店と同時に立ち寄る会社員に交じって、朝からコーヒーと一緒に食べるのがいい。

カード A M V

オバマ元大統領も立ち寄った

M シアトル・ダウンタウン P.355-A2
2124 5th Ave.
(206) 728-1966
www.toppotdoughnuts. com
毎日6:00〜19:00
(土・日7:00〜)

アメリカ料理 オッドフェローズ・カフェ + バー
Oddfellows Cafe + Bar

れんがむき出しの落ち着いた雰囲気

シアトルのおしゃれさんに愛されているカフェレストラン。自家製のビスケットとスクランブルエッグのセット ($18) やサーモン・エッグベネディクト ($29)、BLT サンドイッチ ($17) など、どれを取っても外れがない。週末の朝は混むので早めに訪れたい。

カード A M V

2008年にオープン

M シアトル・ダウンタウン P.355-B2
1525 10th Ave.
(206) 325-0807
www.oddfellowscafe. com
毎日10:00〜21:00

カフェ エスプレッソ・ビバーチェ
Espresso Vivace

ラテアートを世界に広めたオーナーのカフェ

1988年、キャピトルヒルに小さなコーヒースタンドを開いたオーナーのデイビッド・ショーマ氏。創業時からカフェラテにハートや葉のマークを描き始めると、たちまち注目を浴び、本やDVDを発行するまでに。

カード A M V

キャピトルヒルを代表するカフェ

M シアトル・ダウンタウン P.355-B1
532 Broadway Ave. E.
(206) 860-2722
espressovivace.com
毎日6:00〜19:00

カフェ スターバックス・リザーブ・ロースタリー
Starbucks Reserve Roastery

スターバックス版サードウエイブ・コーヒー

世界中のスターバックス・コーヒーで使用される豆のうち、1%未満という希少な豆のブランド「スターバックス・リザーブ」。この希少な豆を好みの抽出方法でいただける同店。巨大焙煎機やオリジナル商品の販売など、見どころも満載だ。

カード A M V

オリジナル商品多数

M シアトル・ダウンタウン P.355-B2
1124 Pike St.
(206) 624-0173
www.starbucksreserve. com
毎日7:00〜21:00

ビール&アメリカ料理 エリジアン・ブリューイング・カンパニー
Elysian Brewing Company

シアトルのクラフトビールシーンを盛り上げた

ビールのコンペティションで数々の賞を獲得しているブリュワリー。1年を通して味わえるオリジナルビール11種類を含め、約20種類の樽生ビールを取り揃える。2022年ワシントン・ビール・アワードで金賞を受賞した Scarlet Beast を味わいたい。

カード A M V

1995年創業のブリュワリー

M シアトル・ダウンタウン P.355-B2 外
1221 Pike St.
(206) 906-9148
www.elysianbrewing. com
毎日12:00〜21:00
(金・土〜22:00)

Tat's Delicatessen　P.355-B3　159 Yesler Way　(206) 264-8287　www.tatsdeli.com　月〜金
9:00〜14:30、土 11:00〜17:30　日

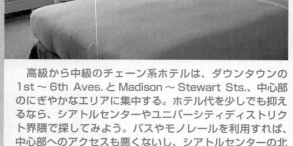

シアトルのホテル
Seattle

HOTEL

高級から中級のチェーン系ホテルは、ダウンタウンの1st 〜 6th Aves. と Madison 〜 Stewart Sts.、中心部のにぎやかなエリアに集中する。ホテル代を少しでも抑えるなら、シアトルセンターやユニバーシティディストリクト界隈で探してみよう。バスやモノレールを利用すれば、中心部へのアクセスも悪くないし、シアトルセンターの北にはおしゃれなレストランの集まるエリアもある。ユースホステルはダウンタウンとインターナショナルディストリクトにある。

ウォーターフロントとダウンタウン

高級	ヒルトン・シアトル

Hilton Seattle

何をするにも便利なロケーション

ダウンタウンの中心にあり、ウエストレイクセンターまで4ブロック。14階にロビーやコンシェルジュデスク、バーラウンジがある。1階からエレベーターで上がりチェックインする。

Wi-Fi $10.95　256室　カード A D J M V

M シアトル・ダウンタウン P.355-B2〜B3
1301 6th Ave., Seattle, WA 98101
(206) 624-0500
www.hilton.com
S D T $209〜768

高級	ハイアット・リージェンシー・シアトル

Hyatt Regency Seattle

市内で最大規模のホテル

シアトル・コンベンションセンターまで2ブロックという立地のよさから、ビジネス客の利用が多い。徒歩圏内にカフェやレストラン、ショッピングモールがあるので便利だ。環境に配慮した建物を評価するLEED認証のゴールドレベルを取得している。

Wi-Fi 無料　1260室　カード A D J M V

M シアトル・ダウンタウン P.355-B2
800 Howell St., Seattle, WA 98101
(206) 973-1234
www.hyatt.com
S D T $185〜389、
Su $310〜1159

高級	エッジウォーター・ホテル

The Edgewater Hotel

ビートルズも泊まったホテル

ミュージシャン御用達のホテルとして有名で、今までレッド・ツェッペリン、フランク・ザッパ、ローリング・ストーンズ、スティーヴィー・ワンダーなど多くの有名人が宿泊した。無料で自転車やギター、レコードプレイヤーも貸し出している。©The Edgewater

Wi-Fi 無料　223室　カード A D J M V

M シアトル・ダウンタウン P.355-A2
2411 Alaskan Way, Seattle, WA 98121
(206) 792-5959
www.edgewaterhotel.com
S D T $289〜692、
Su $669〜1359

高級	メイフラワーパーク・ホテル

Mayflower Park Hotel

ショッピングや食事に便利な立地

1927年にオープンした、シアトルを代表する老舗ホテル。開業後、幾度も改装を重ねているが、昔の豪華な雰囲気は美しいまま残されている。併設するレストランの Andaluca Restaurant、バーの Oliver's Lounge も好評。

Wi-Fi 無料　160室　カード A D J M V

M シアトル・ダウンタウン P.355-A2
405 Olive Way, Seattle, WA 98101
(206) 623-8700
www.mayflowerpark.com
S D T $129〜399、
Su $169〜

コーヒーメーカー　ミニバー/冷蔵庫　バスタブ　ヘアドライヤー　BOX 室内金庫　ルームサービス　レストラン
フィットネスセンター/プール　コンシェルジュ　J 日本語を話すスタッフ　ランドリー　ワイヤレスインターネット　P 駐車場　車椅子対応の部屋

ウォーターフロントとダウンタウン

高級 フェアモント・オリンピック・ホテル
Fairmont Olympic Hotel

シアトルを代表する老舗ホテル

歴史的建造物に指定されている由緒あるホテル。1924年のオープン以来、ダウンタウンのランドマークとなっている。2016年には客室の全面改装を終え、さらに重厚さが増した。週5日ほど日本人スタッフがコンシェルジュとして勤務している。

WiFi $15.99　450室　カード A D J M V

M シアトル・ダウンタウン P.355-B3
411 University St., Seattle, WA 98101
☎ (206) 621-1700
FAX (206) 682-9633
www.fairmont.com/seattle
S D T $300〜517、Su $387〜1242

中級 エースホテル・シアトル
Ace Hotel Seattle

人気のベルタウンにある

こぢんまりとしたヒストリックビルにありながら、新世紀を予感する家具とクラシック感覚のミスマッチングを狙ったインテリアで、話題の1軒だ。新進のショップや評判のレストランも多く存在するエリアにある。一部バス共同。

WiFi 無料　28室　カード A D J M V

M シアトル・ダウンタウン P.355-A2
2423 1st Ave., Seattle, WA 98121
☎ (206) 448-4721
acehotel.com/seattle
共同バス S $139〜199、バス付き D $219〜299

ホステル グリーン・トータス・シアトル・ホステル
Green Tortoise Seattle Hostel

私設のホステル

パイク・プレイス・マーケットの目の前にあるホステル。2〜8人利用のドミトリーと個室があり、無料のWi-Fiと朝食が付く。世界各国のバックパッカーに人気。パイク・プレイス・マーケットへのウオーキングツアーやパブを巡るツアーなども催行されている。

WiFi 無料　280ベッド　カード A M V

M シアトル・ダウンタウン P.355-A3
105 Pike St., Seattle, WA 98101
☎ (206) 340-1222
www.greentortoise.net
ドミトリー $41〜65、個室 $119〜139

パイオニアスクエア

中級 シチズンM・シアトル・パイオニアスクエア・ホテル
CitizenM Seattle Pioneer Square Hotel

パイオニアスクエア・パークのすぐ近く

サウンドトランジット・リンク・ライトレイル・リンク・ワンラインの Pioneer Square 駅から徒歩5分。ウオーターフロントやインターナショナルディストリクト、シアトル・マリナーズの本拠地 T-モバイル・パークへも歩いて行ける。

WiFi 無料　216室　カード A D J M V

M シアトル・ダウンタウン P.355-A3
60 Yesler Way, Seattle, WA 98104
☎ (206) 886-0560
www.citizenm.com
S D T $170〜590

インターナショナルディストリクト

高級 シルバークラウド・シアトル・スタジアム
Silver Cloud Seattle-Stadium

T-モバイル・パークの対面にある

シアトル・マリナーズの観戦が旅程に組み込まれているなら、ここに宿泊することをすすめる。ホテルの正面にボールパークがあり、徒歩1分でアクセス可能。1階にはスポーツバー＆グリルの Jimmy's on First が入る。

WiFi 無料　211室　カード A D J M V

M シアトル・ダウンタウン P.355-A4
1046 1st Ave. S., Seattle, WA 98134
☎ (206) 204-9800
www.silvercloud.com
S D T $169〜479、Su $339〜589

エコノミー アメリカン・ホテル・ホステル
American Hotel Hostel

アムトラック駅そばのアットホームな宿

インターナショナルディストリクトにあるユースホステル。サウンドトランジット・リンク・ライトレイル・リンク・ワンラインの駅から徒歩3分。40〜50歳代の夫婦や家族連れも宿泊している。近くには中国料理レストランが並び、食事には不自由しない。

WiFi 無料　280ベッド　カード A M V

M シアトル・ダウンタウン P.355-B3〜B4
520 S. King St., Seattle, WA 98104
☎ (206) 622-5443
www.americanhotel seattle.com
ドミトリー $39〜56、個室 $82〜

オリンピック国立公園
Olympic National Park

コケに覆われた木々

変化に富んだ景観が魅力

コケやシダで覆われた森、長い年月をかけて形成された氷河、流木が無数に打ち上がるビーチ、それらの環境で自由に生活するビーバーやエルクなどの野生動物。多様な生態系、気候、地形があるオリンピック国立公園。アメリカ全土を見渡しても、ここまで表情豊かな国立公園は珍しい。シアトルまで来たなら、ぜひ足を延ばしてほしい。1981年には世界遺産にも登録された。

オリンピック国立公園
ⓂP.374

**シアトルから
ポートエンゼルスへ**
●車
シアトルのピア52からワシントン・ステート・フェリー（→P.352）でBainbridge Island行きに乗り、対岸に到着してからはWA-305、WA-3、WA-104と走り、US-101に出る。これを北西へ進むとポートエンゼルスへ。ベインブリッジアイランドから120km。シアトルから約2時間45分。

オリンピック国立公園の歩き方

オリンピック国立公園へのゲートシティとして最も便利なのは、公園の北側、ファンデフカ海峡に臨む小さな港町**ポートエンゼルスPort Angeles**だ。オリンピック半島の山岳は、車でアクセスできるエリアがかなり限られており、見どころへはそれぞれ直通の道はなく、いちいちUS-101に戻ってつないでいくことになる。レンタカーなら1泊2日、無理をすれば日帰りも可能だが、できればマウント・レーニア国立公園（→P.376）と合わせて3〜4日かけて回りたい。

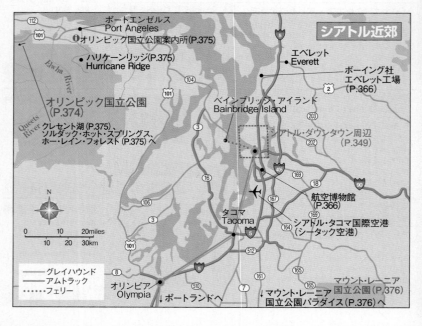

シアトル近郊

ポートエンゼルス
Port Angeles
❶オリンピック国立公園案内所(P.375)
ハリケーンリッジ(P.375)
Hurricane Ridge

エベレット
Everett
ボーイング社
エベレット工場
(P.366)

Elwha River

オリンピック国立公園
(P.374)

Queets River

クレセント湖 (P.375)、
ソルダック・ホット・スプリングス、
ホー・レイン・フォレスト(P.375)へ

ベインブリッジ・アイランド
Bainbridge Island

シアトル・ダウンタウン周辺
(P.349)

N

0　10　20miles
10　20　30km

タコマ
Tacoma

航空博物館
(P.366)

シアトル・タコマ国際空港
(シータック空港)

マウント・レーニア
国立公園 (P.376)

── グレイハウンド
── アムトラック
••••• フェリー

オリンピア
Olympia

ポートランドへ

マウント・レーニア
国立公園パラダイス(P.376)へ

📝メモ　**レンタカーはシアトルか空港から借りるのが現実的**　ポートエンゼルスで車を借りることもできるが、台数が少ないため、シアトルのダウンタウンかシータック空港のレンタカーセンターで借りるのが現実的。

オリンピック国立公園のおもな見どころ

眺望がすばらしい　　　　　　　　　　シアトル近郊　**M** P.374

ハリケーンリッジ
Hurricane Ridge
★★★

　標高約1500mの尾根まで一気に坂を上って行くと、氷河の残るオリンピック連山、ファンデフカ海峡、天気がよければバンクーバー島までが一望できる。所要1〜数時間の何本かのトレイルがあるので予定に合わせて歩いてみよう。なお、積雪期は金〜日のみ通行可、車はタイヤチェーン必携。

ハリケーンリッジ周辺からの眺め

湖ではフィッシングも盛ん　　　　　　シアトル近郊　**M** P.374外

クレセント湖
Lake Crescent
★★

　ポートエンゼルスからUS-101を西へ20マイルほど走ると湖が見えてくる。三日月の形をしていることからその名がついているが、残念ながら道路上では全景を確認できない。しかし、湖の透明度が高く、とても神秘的だ。クレセント湖からさらにUS-101を西へ走ると、**ソルダック・ホット・スプリングスSol Duc Hot Springs**への分かれ道がある。そこを南へ入り、ソルダック川Sol Duc Riverに沿って約12マイルの所にこの温泉リゾートがある。日帰り温泉も可能だが水着着用で。

クレセント湖にはロッジもあり、宿泊もおすすめ

太古の森のトレイルを歩く　　　　　　シアトル近郊　**M** P.374外

ホー・レイン・フォレスト
Hoh Rain Forest
★★★

　オリンピック国立公園内にある降雨林（森）のなかで最大の森。年間3500〜4300mmという多量の雨が木々を巨大に育てた、世界でも数少ない温帯雨林だ。ヘムロック（ツガ）、カエデ、杉など、どこにでもある木々なのだが、幹や枝に隙間なく生えたコケが異様な風景をつくっている。足元の地面にもシダ類などがびっしりと生え、まるで熱帯のジャングルに迷い込んだようだ。ビジターセンターの裏手に、Hall of Moss Trail、Spruce Nature Trailというふたつのトレイルが続いている。それぞれ1.3km（ゆっくり歩いて40分ほど）、1.9km（約1時間）とそう長くはないので、どちらかをぜひ歩いてみよう。

オリンピック国立公園案内所
**Olympic National Park
Visitor Center**
M P.374
🏠 3002 Mt. Angeles Rd., Port Angeles
☎ (360) 565-3130
🌐 www.nps.gov/olym
🕐 毎日9:00〜17:00
（冬期は短縮あり）

ハリケーンリッジ案内所
Hurricane Ridge Visitor Center
　2023年5月に起こった火事によりハリケーンリッジ案内所は倒壊した。2024年夏に再オープン予定。

ハリケーンリッジ・シャトル
Hurricane Ridge Shuttle
　ポートエンゼルスのダウンタウン（Gateway TC）とハリケーンリッジを結ぶシャトルバス。所要45分。
☎ (1-800)858-3747
🌐 www.clallamtransit.com/HurricaneRidge
🕐〈6月下旬〜10月上旬〉ポートエンゼルスのダウンタウンを8:15〜13:45の間6便発車。
💴 大人$1、子供（18歳以下）無料

ソルダック・ホット・スプリングス
🏠 12076 Sol Duc Hot Springs Rd., Port Angeles
☎ (1-888)896-3818
🕐〈3月中旬〜11月上旬〉毎日8:00〜19:30、1時間30分ごとのセッション制
🈲 11月中旬〜3月上旬
💴 1セッション：大人$18、シニア（62歳以上）・子供（4〜11歳）$12、3歳以下無料
※宿泊も可。

ホー・レイン・フォレスト案内所
Hoh Rain Forest Visitor Center
☎ (360) 565-3000
🕐 夏期の毎日9:00〜17:00
（冬期は金〜日10:00〜16:00）
🈲 冬期の月〜木

シアトル発のオリンピック国立公園日帰りツアー
ピュージェットサウンドコーチラインズ（日本語ツアー）
🏠 1750 S. 327th St., Bldg. D, Federal Way
☎ (1-800)460-6905
🌐 pscoachlines.com
💴 大人$360、子供（5〜11歳）$260（チップ・税込み）
シアトル市内・近郊を出発し、所要10〜11時間

マウント・レーニア国立公園
Mt. Rainier National Park

原生林に囲まれた緑豊かな国立公園

シアトルの高層ビルのはるかかなたに、高くそびえ立つ力強い姿から、その昔、日系移民たちは「タコマ富士」と呼んで、苦しい新天地での生活の支えにこの山を眺めていた。夏には高山植物が一面に咲き誇り、裾野にはうっそうとした原生林が広がる。

マウント・レーニア国立公園の歩き方

マウント・レーニア国立公園へ行くには公共交通機関はないので、レンタカーかツアーバスを利用することになる。ゲートシティとなるのはシアトルとタコマ。公園ゲートは4ヵ所あるが、1年中オープンしているのは南西のニスカリーエントランスNisqually Entrance。山間部の気候上、オンシーズンは7月〜10月上旬までと短い。もちろん、あたり一面が白銀の世界となる冬景色の美しさにも魅力はあるが、"鮮やかな緑に咲き乱れる色とりどりの花々"といったイメージを求めるなら、7月下旬〜8月上旬がベストだろう。国立公園内には、ロングマイヤー Longmireとパラダイス Paradise、そして北東側のサンライズ Sunriseの3ヵ所ビレッジがある。2024年5月24日〜9月2日に訪れる場合、時間帯によるが基本的にウェブサイトから事前予約（Timed Entry Reservations→側注）が必要になる。

マウント・レーニア国立公園のおもな見どころ

美しい風景は、まさに楽園 シアトル近郊 **MP.374 外**

パラダイス
Paradise ☀☀

マウント・レーニア南麓にあるパラダイスは標高1646m。ビジターセンターとパラダイスインというロッジ（冬期は閉鎖）があるだけの小さなビレッジだが、目の前に迫るのは、氷河を頂いた優雅なマウント・レーニア（標高4392m）。夏は黒い岩と白く輝く氷河のコントラストが美しい。南のほうを見ると草原と森の向

こうにタトゥーシュ山脈が連なる。そして周りは一面の花畑。色とりどりの花が咲き乱れる初夏の草原はまさにパラダイス。

パラダイスが最も美しいのは初夏。
色とりどりの花が咲く

マウント・レーニア国立公園
MP.374
📍39000 WA-706 E, Ashford, WA 98304（ニスカリーエントランス）
☎(360)569-2211
🕐夏期は24時間、積雪期は一部を除いて閉鎖
🌐www.nps.gov/mora
💲車1台$30、バイク1台$25、徒歩、自転車$15（7日間有効）

Timed Entry Reservations
🌐www.nps.gov/mora/planyourvisit/timed-entry-reservations.htm

シアトルからマウント・レーニア国立公園へ
🚗シアトルから車でI-5を南へ走りタコマTacomaへ。WA-7、WA-706経由で東へ向かうとNisqually Entrance。所要約2時間30分。
5〜9月なら北東口（カーボンリバー・エントランス）からもアクセスできる。シアトルから所要約2時間30分。

シアトルからマウント・レーニア国立公園へのツアー
ピュージェットサウンドコーチラインズ（日本語ツアー）
📍1750 S. 327th St., Bldg. D, Federal Way
📞(1-800)460-6905
🌐pscoachlines.com
💲大人$330、子供（5〜11歳）$230（チップ・税込み）。
7月〜10月上旬の毎日、シアトル市内・郊外を7:00に出発

ヘンリー・M・ジャクソン案内所（パラダイス）
Henry M. Jackson Visitor Center
☎(360)569-6571
🕐（6〜9月）毎日9:30〜17:30、（10〜5月）土・日11:00〜16:00

メモ パラダイスのおすすめトレイル ニスカリービスタNisqually Vistaのハイキングトレイルがおすすめ。7〜10月がベストシーズンで、1周2km、約50分の距離。出発はヘンリー・M・ジャクソン案内所より。

ポートランド
Portland

ポートランドでしたい 7つのこと

これだけは体験しよう！

POWELL'S BOOKS
USED & NEW BOOKS
CAMAS DAVIS　CHELSEA GREEN　POROCHISTA KHAKPOUR
TUE 7/24　THU 7/19　MON 7/23

"Keep Portland Weird（ポートランドは、変わり者であり続けよう）" というスローガンをもつポートランド。アメリカ全土に広がる流行や価値観に縛られることなく、自分たちの価値観を大切にしようという自由な精神は、街を歩けば理解できるはず。

世界最大規模の書店パウエルズブックス（→ P.399）

1 サタデイマーケットで地元アーティストの作品探し → P.391

3月上旬から12月下旬まで開催されている青空市。手作りの工芸品やおもちゃ、雑貨などを売るブースが300以上集まる。ポートランドを象徴する、ろうけつ染めのTシャツや麻製品が多く、おみやげ探しにもいい。

左／サイケデリックなタイダイTシャツは、個性を大事にするポートランドらしさがあふれる　右／ハンドメイド作家と話ができるのもマーケットのよいところ

2 地元民がこぞって通うファーマーズマーケットへ → P.392

1年を通してダウンタウンで開かれているファーマーズマーケット。近隣の農家が採れたての野菜や果物を直売している。レストランの開業を目指すシェフが、お客様の反応を直接みたいと出店していることもある。

左／オレゴン州はブルーベリーやラズベリーなどのベリー類が名産　右／ダウンタウンにある大学構内で開催されているファーマーズマーケット

→P.401

③ クラフトビールの飲み比べを

市内に約 70 の**ブリュワリー＆ブリューパブ**があるといわれている**ポートランド**。1980 年代中頃から地ビールブームが起き、現在は家でビール作りをする人たちも増えているとか。ダウンタウンには 50 種類の樽生ビールを味わえるタップルームもある。

左／おすすめをスタッフに聞くのがいちばん　右／ナチョスやバッファローウイングなど、ビールと相性抜群のつまみも豊富

Tsubo-Niwa と呼ばれる小さな庭もある

④ 隈研吾が手がけた 建物を見にいこう

→ P.396

1967 年に完成した、本格的な日本庭園が**ワシントンパーク**にある。手入れが行き届いた庭園内に、世界的に有名な建築家の**隈研吾デザインによるギャラリー**が 2017 年オープンした。園内にある Umami Café では、お抹茶や和菓子を味わえる。

⑤ ポートランドのユニークな フードカート文化

→P.391

市内に 600 以上ある**フードカート**（テイクアウト専用の屋台）。1980 年代にダウンタウンの駐車場に登場したのが始まりといわれている。韓国料理やタイ料理、ベトナム料理、中東料理など、いろいろな料理をお手頃価格で味わえるのがいい。

世界のグルメを楽しもう

⑥ プロサッカーチームを応援しよう

→ P.397

ポートランドには男子プロサッカー（MLS）のチームと女子プロサッカー（NWSL）のチームがある。杉田妃和選手が活躍している**ポートランド・ソーンズ FC** は 2022 年シーズンにチャンピオンに輝いた。MLS に所属する**ポートランド・ティンバーズ**は、2021 年準優勝を収めた。

ダウンタウンからのアクセスもいいソーンズ FC とティンバーズの本拠地

⑦ ポートランドで育った クラフトメーカーでお買い物

→ P.398 ~399

クリエイティブな雰囲気が漂い、DIY（Do It Yourself）の精神が根づいている街には、「なんでも自分で作ってしまおう」と考えてる人が集まっている。趣味の延長線上にお店を始める人も多く、大型チェーン店では見かけないよさがある。

経年変化を楽しめる革製品を作るオロックス・レザー・カンパニー （**M**P.389-B2、**住**450 N.W. Couch St.）

ポートランド
Portland

ポートランド近郊

シアトルへ　セントヘレンズ火山国定公園
ワシントン州
コロンビア峡谷
Columbia River Gorge National Scenic Area
Hood River
カスケードロックス
マルトノマ滝
ポートランド国際空港
ペンドルトンへ
ポートランド・ダウンタウン周辺（P.383）
オレゴン州
マウントフッド・ナショナルフォレスト
Mt. Hood National Forest
マウントフッド Mt. Hood
セーラム、ユージーンへ

　ウィラメット川の両岸に開けたポートランドは、緑に包まれた街並みが印象的な環境先進都市だ。自然を愛する人が多く住んでいるため、環境に配慮した取り組みが盛んに行われている。「食」への意識も高く、ファーマーズマーケットには、新鮮で安全なローカル野菜やオーガニックな肉が数多く並ぶ。また、何でも自分で作ってしまおうというDIY精神を町なかで見ることができる。

ポートランドの歩き方

　公共の交通機関が整っているポートランドでは、ダウンタウンを中心とした周辺のエリアへ簡単にアクセスすることができる。ひどく治安の悪い所もあまりなく、旅行者にとって安心して歩ける街だ。おもな見どころはウィラメット川の東西に点在していて、ダウンタウン北西部がホットなエリアとして注目されている。

●プランニングのポイント

　ダウンタウンの移動には、乗降が簡単

なマックス・ライトレイルが便利。ダウンタウンからバスかストリートカーで行けるノースウエストはトレンディなエリア。バス1本で行けるホーソンブルバードは、ヒップなポートランドが味わえるので、ぜひ行ってみよう。また、ウィラメット川沿いの遊歩道を歩いてみたり、レンタルバイクで走りぬけるのも爽快だ。西側の丘に広がるワシントンパークにはバラ園、動物園、森林公園などがある。ダウンタウンを中心に観光エリアが広がっているので、1日ではとても回りきれない。最低でも3日は滞在したいところだ。

　市内の美しさもさることながら、郊外にある自然へのアクセスが容易なところも、ポートランドの魅力のひとつ。レンタカーやツアーを利用すれば、コロンビア峡谷やマウントフッドへ気軽に行くことができる。

　ホテルについては、ダウンタウンが人気だ。中級から高級のビジネス仕様のホテルが多い。ノースイーストには、エコノミーから中級クラスのホテルが点在する。6〜8月にかけてが観光シーズンで、特に5〜6月のローズフェスティバル前後は予約が取りにくくなる。そのためフェスティバルシーズンは早めにホテルをおさえておきたい。10月頃からホテルの客室料金も安くなるが、11月から雨のシーズンに突入する。冬はパフォーミングアートが盛んになる季節なので、イベントスケジュールをチェックして出かけよう。

メモ　ポートランド郊外のツアー　アメリカズ・ハブ・ワールド・ツアーズやグレイライン・ポートランドで、ポートランド郊外へのツアーを催行。おすすめはマルトノマ滝とコロンビア峡谷への約5時間のツアー。

ジェネラルインフォメーション

オレゴン州ポートランド市
人口　約 63 万人（東京 23 区約 971 万人）
面積　約 376km²（東京 23 区約 628km²）
- セールスタックス　0%
- ホテルタックス　16%。アメニティフィーやサービスフィーなどが追加される場合もある。

● 在米公館

在米公館、治安については P.434 〜を参照。

● 観光案内所

Portland Visitor Center
Ⓜ P.389-A2
🏢 1132 S.W. HarLvey Milk St., #104, Portland,OR 97205
☎ (503)427-1372
🌐 www.travelportland.jp
🕐 月〜土 9:00 〜 17:00、日 10:00 〜 15:00
　2023 年夏にオープンした案内所。ポートランド市内の地図や観光ガイド、情報誌が置いてある。

開放感あふれる観光案内所
© David Papazian Photography

 ## 旅行のシーズンアドバイス
（アメリカ西海岸の気候→ P.407）

　東京より少し寒い。春先は、1 日の間にめまぐるしく天候の変わる日もあるが、全体的にさわやかだ。6 月中旬から夏になり、気温は 27℃前後で空気は乾燥している。真夏でも朝晩は涼しいので、長袖シャツがあると便利。紫外線対策に日焼け止め、サングラスも必要だ。10 月中旬から雨季に入り、冬の間、気温は低くなるが雪はほとんど降らない。雨が多いので、雨具はぜひ用意を。

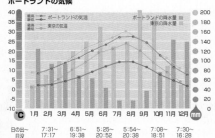

ポートランドの気候

| 日の出 日没 | 7:31 17:17 | 6:51 19:38（夏時間） | 5:25 20:52（夏時間） | 5:54 20:38（夏時間） | 7:08 18:51（夏時間） | 7:30 16:28 |

 ## 現地の情報誌

　ダイニング情報に強い有料の月刊誌「Portland Monthly」は書店、スーパーマーケットなどで販売。アート、映画、音楽、イベント、レストラン情報が満載の英語のタウン誌「Willamette Week」は街角のスタンドで無料で入手可能だ。日本語の無料情報誌「Lighthouse」🌐 www.youmaga. com や「SoySource」🌐 soysource.net は日系スーパーマーケットや日本食レストランに置いてある。

 ## イベント＆フェスティバル
※詳細は観光局のホームページ（上記のジェネラルインフォメーションを参照）で確認できる

ポートランド・ローズ フェスティバル
Portland Rose Festival
- 5 月下旬〜 6 月中旬
　フェスティバル期間中は色とりどりの花でディスプレイされた山車のパレードをはじめ、カーニバルやボートレースなどが行われる。

ウオーターフロント・ブルース・フェスティバル
Waterfront Blues Festival
- 7 月 4 〜 7 日（2024 年）
　トム・マッコール・ウオーターフロントパークで行われるブルースのコンサート。バディ・ガイやマーク・ブルサードなどが過去には出演した。

ポートランドマラソン
Portland Marathon
- 10 月 6 日（2024 年）
　日本人にも人気があるマラソン大会。トム・マッコール・ウオーターフロントパークから出発し、ダウンタウン南東のセルウッドを経由してダウンタウンに戻ってくる。

↘ 要事前予約。**America's Hub World Tours** 🌐 americashubworldtours.com。**Gray Line of Portland**
🌐 www.graylineofportland.com

381

ポートランドのエリアガイド
Portland Area Guide

ポートランド市内は、ウィラメット川を挟み、東西南北で大きく5分割される。おもな見どころが集中しているエリアが、サウスウエスト（ダウンタウン）、サウスイースト、ノースウエスト。ウィラメット川の東側で Burnside St. の北側に広がるノース（N.）とノースイースト（N.E.）のエリアには、コンベンションセンターや NBA トレイル・ブレイザーズの本拠地モダセンターがある。

サウスウエスト（ダウンタウン）
South West（Downtown）（→ P.390）

サウスウエストに属しているダウンタウンは、南北1.5km、東西1kmほどの大きさ。そこまで広くないため、移動にさして時間はかからないだろう。ポートランド名物の屋台フードカートが点在し、レストランやショップも多い。サタデイマーケットが行われるダウンタウンの東側は古い街並みが広がり、川沿いはローカルたちの憩いの場だ。ただし、ダウンタウンの北側と東側はホームレスが多いので注意したい。

サウスイースト（S.E.）
South East（→ P.393）

サウスイーストには個性的なふたつの通りがある。ホーソンブルバード Hawthorne Blvd. とディビジョンストリート Division St. だ。東西に延びるふたつの通りには、今のポートランドを象徴するフードカート発のレストランをはじめ、アンティークショップ、グローサリーストア、タトゥーショップ、書店など、エッジの効いた店が連なっている。週末には近隣に住む人が人気のカフェを朝から訪れ、このエリアで買い物をしたり、散策したり、くつろいでいたりする。ポートランドの日常生活を垣間見ることができるエリアだ。

ユーモアの街、ポートランド

Point to Point ポートランド移動術

目的地 ＼ 出発地	Ⓐパイオニア・コートハウス・スクエア S.W. Broadway & S.W. Morrison St.（ダウンタウン）	Ⓑ S.E. Hawthorne Blvd. & S.E. 37th Ave. ホーソンブルバードの中心（バグダッド劇場前）（サウスイースト）
Ⓐパイオニア・コートハウス・スクエア S.W. Broadway & S.W. Morrison St.（ダウンタウン）		S.E. Hawthorne Blvd. & S.E. 37th Ave. 🚌14 → S.W. 6th Ave. & S.W. Main St. 徒歩5分→ パイオニア・コートハウス・スクエア（25分）
Ⓑ S.E. Hawthorne Blvd. & S.E. 37th Ave. ホーソンブルバードの中心（バグダッド劇場前）（サウスイースト）	パイオニア・コートハウス・スクエア徒歩6分→ S.W. Main St. & S.W. 6th St. 🚌14 → S.E. Hawthorne Blvd. & S.E. 37th Ave.（25分）	
Ⓒ N.W. 23rd Ave. & N.W. Marshall St. ノブヒル繁華街の北端（ノースウエスト）	パイオニア・コートハウス・スクエア徒歩5分→ S.W. 10th & Alder St. 🚋NS → N.W. 23rd & Marshall St.（20分）	S.E. Hawthorne Blvd. & S.E. 37th Ave. 徒歩8分→ S.E. Belmont St. & S.E. 38th Ave. 🚌15 → N.W. 23rd Ave. & N.W. Lovejoy St. 徒歩1分→ N.W. 23rd Ave. & N.W. Marshall St.（40分）
Ⓓ Washington Park 駅 日本庭園、オレゴン動物園の最寄り駅（ワシントンパーク周辺）	Pioneer Square North 駅 🚈レッドかブルー→ Washington Park 駅（10分）	S.E. Hawthorne Blvd. & S.E. 37th Ave. 🚌14 → S.W. Main St. & S.W. 2nd Ave. 徒歩5分→ Morrison/S.W. 3rd Ave. 駅 🚈レッドかブルー→ Washington Park 駅（45分）

公共の交通 🚌トライメットバス　🚋ポートランド・ストリートカー　🚈マックス・ライトレイル　※所要時間はおおよその時間

🚩メモ　ポートランドのサイン　オールドタウンにある建物の屋上に掲げられているサイン。鹿のシルエットに「Portland Oregon OLD TOWN」と書かれている。夜はネオンが輝ききれい。ⅯP.389-B2 地図 ダウンタウ

ノースウエスト（N.W.）
North West（→ P.394）

　ノースウエストに属するノブヒルは、若い世代や女性に人気のエリア。閑静な住宅街の中に小さなショップやレストランが並ぶ。パールディストリクトは、かつてのニューヨーク・ソーホーのように、倉庫などの広いスペースをリノベーションしたギャラリーなどが点在している。ポートランドのスノッブな若者たちをウオッチングするのが楽しい。ダウンタウンの北にあるチャイナタウンやオールドタウンは、かつてのダウンタウンがあったエリア。あまり治安がよくないので夜間の移動は特に気をつけること。

ワシントンパーク周辺（S.W.）
Washington Park（→ P.396）

　サウスウエストに属しているワシントンパークは、動物園、日本庭園、そしてポートランドのシンボルであるバラの名所、バラ園がある巨大な公園。ワシントンパークの北西にある丘の上には、市内を一望できるフランス・ルネッサンス様式の邸宅、ピトック邸がある。

ワシントンパークのバラ園

※効率よく移動できるものを、複数あるルートから選んでおり、必ずしも最短ルートとは限らない。

⒞ N.W. 23rd Ave. & N.W. Marshall St. ノブヒル繁華街の北端 （ノースウエスト）	⒟ Washington Park 駅 日本庭園、オレゴン動物園の最寄り駅 （ワシントンパーク周辺）
N.W. 23rd Ave. & Marshall St. 🚌NS → S.W. 11th Ave. & Alder St. 徒歩5分→ パイオニア・コートハウス・スクエア（20分）	Washington Park 駅 🚋レッドかブルー→ Pioneer Square South 駅（10分）
N.W. 23rd Ave. & N.W. Marshall St. 🚌15 → S.E. Belmont St. & S.E. 37th Ave. 徒歩7分→ S.E. Hawthorne Blvd. & S.E. 37th Ave.（35分）	Washington Park 駅 🚋レッドかブルー→ Yamhill District 駅徒歩4分→ S.W. Main St. & S.W. 2nd Ave. 🚋14 → S.E. Hawthorne Blvd. & S.E. 37th Ave.（45分）
	Washington Park 駅 🚋レッドかブルー→ Providence Park 駅徒歩2分→ S.W. Morrison St. & S.W. 17th Ave. 🚌15 → N.W. 23rd Ave. & N.W. Lovejoy St. 徒歩1分→ N.W. 23rd Ave. & N.W. Marshall St.（20分）
N.W. 23rd Ave. & N.W. Marshall St. 🚌15 → S.W. Alder St. & S.W. 18th Ave. 徒歩3分→ Providence Park 駅 🚋レッドかブルー→ Washington Park 駅（25分）	

ポートランドへのアクセス
Access to Portland

タクシー
● **Broadway Cab**
☎ (503) 333-3333
● **Radio Cab**
☎ (503) 227-1212

グレイハウンド・バス停
Greyhound Bus Stop
　チケットカウンターがない
バス停なので、事前にウェブ
サイトやアプリからチケット
を購入しておくこと。
Ⓜ P.389-A1
🏠 1090 N.W. Station Way
📠 (1-800) 231-2222
Ⓤ www.greyhound.com

アムトラック・ユニオン駅
Amtrak Union Station
　ユニオン駅から徒歩5分ほど
の所にあるマックス・ライトレ
イルのUnion Station/N.W. 5th
Ave. & Glisan St.駅をダウン
タウン中心部へ。約15分。
$2.80。
Ⓜ P.389-A1〜B1
🏠 800 N.W. 6th Ave.
📠 (1-800) 872-7245

ポートランド国際空港（PDX）
Portland International Airport

Ⓜ P.388-B1　☎ (503) 460-4234　Ⓤ www.flypdx.com
　2024年3月現在、ポートランド国際空港へは日本からの直
行便が運航していないので、シアトルやロスアンゼルス、サ
ンフランシスコなどで乗り継ぐ。

ポートランド国際空港から市内へ

■マックス・ライトレイル・レッドライン
MAX Light Rail Red Line
Ⓜ 下図参照　Ⓤ www.trimet.org
　マックス・ライトレイルのレッドラインが空港に乗り入れて
いる。約15分おきにバゲージクレームエリアからダウンタウ
ンへ出発。空港からダウンタウンへは所要約40分。＄2.80。
■タクシー　Taxi
　バゲージクレームエリアの向いにある駐車場ビル1階にある
トランスポーテーションプラザのタクシー乗り場へ。

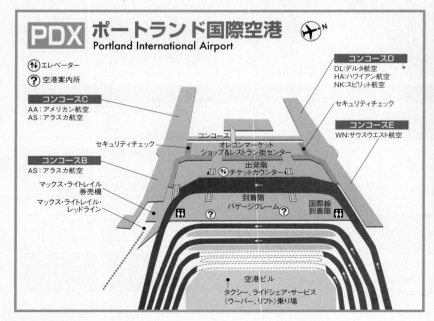

PDX ポートランド国際空港
Portland International Airport ✈N

Ⓝ エレベーター
❓ 空港案内所

コンコースC
AA：アメリカン航空
AS：アラスカ航空

コンコースD
DL：デルタ航空
HA：ハワイアン航空
NK：スピリット航空

セキュリティチェック

コンコースE
WN：サウスウエスト航空

セキュリティチェック

コンコース
オレゴンマーケット
ショップ&レストラン街センター

コンコースB
AS：アラスカ航空

出発階
Ⓝ チケットカウンター

マックス・ライトレイル
券売機
マックス・ライトレイル・
レッドライン

到着階
バゲージクレーム

国際線
到着階

空港ビル
タクシー、ライドシェア・サービス
（ウーバー、リフト）乗り場

　📝メモ　ポートランド国際空港のライドシェア・サービス（ウーバーとリフト）乗り場　上記のタクシー乗り場と同
じエリアにある。乗り場に到着してから、アプリで配車をリクエストすること。

ポートランドの交通機関
Transportation in Portland

トライメットバス
TriMet Bus

　ポートランド市と近郊の町をカバーする路線網をもち、周辺の見どころへ行くのに便利だ。チケットはマックス・ライトレイル、ストリートカーにも併用できる。チケット上部に印字された有効時間（最長2時間30分）内なら何回でも無料で乗り換えられる。ダウンタウンの5th Ave.と6th Ave.はポートランド・トランジット・モールPortland Transit Mallと呼ばれるバス専用道路で、ほとんどのバスはここから発着する。

バス路線の番号も明記されている

トライメットバス
- 🕐4:30から深夜まで（路線により異なる）
- 🎫大人$2.80、7〜17歳$1.40。1日パスは大人$5.60、7〜17歳$2.80
- ●**トライメット・カスタマー・サポートセンター**
- 🗺P.389-A3
- 🏠701 S.W. 6th Ave.
- ☎(503)238-7433
- 🌐www.trimet.org
- 🕐月〜金8:30〜17:30
- 休土・日
- ※1日パスなどを購入できる。

電子プリペイドの Hop Fastpass もある

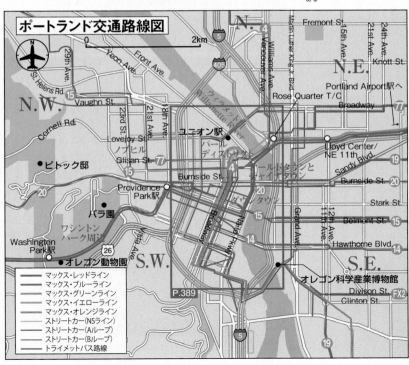

ポートランド交通路線図

- マックス・レッドライン
- マックス・ブルーライン
- マックス・グリーンライン
- マックス・イエローライン
- マックス・オレンジライン
- ストリートカー(NSライン)
- ストリートカー(Aループ)
- ストリートカー(Bループ)
- トライメットバス路線

385

マックス・ライトレイル

MAX（Metropolitan Area Express）Light Rail

🕐3:00頃から深夜まで10〜40分間隔運行（路線により異なる）

💰$2.80、1日パス$5.60。乗り場に設置されている券売機でチケットを購入して乗車する

ポートランド・ストリートカー

🕐月〜金5:30〜23:30、土・日7:30〜23:30（日〜22:30）

💰$2（2時間30分有効）。トライメットバスやマックス・ライトレイルと共通のチケットは$2.80（2時間30分有効）。1日券$5.60
※トライメットバスと同じ案内所で情報が得られる。

ポートランド・ホップオン・ホップオフ・トロリー

📍S.W. Alder St. & S.W. Broadwayの角から出発

☎(503)241-7373

🌐www.graylineofportland.com/portland-hop-on-hop-off-trolley/

🕐〈5月下旬〜9月上旬〉毎日10:00〜16:00の毎正時発

💰大人（13歳以上）$29、子供（6〜12歳）$15、5歳以下無料
パイオニア・コートハウス・スクエアやワシントンパーク、ホイト樹木園、ノブヒル、パールディストリクト、ウオーターフロントなどを回る。一周約1時間。

ポートランド・ブリュワリー・ツアー

才州酒

🌐www.oshuushu.com/tours
ポートランド・クラフトビール・ウオーキング・ツアー/火〜金14:00、17:00にVon Ebert Brewing（MP.388-A2 ⭐825 N. Cook St.）を出発、💰$190。日本語ガイドによる、ブリュワリーやビアバーを3軒回るクラフトビール・ツアー（所要約3時間）。

マックス・ライトレイル

MAX（Metropolitan Area Express）Light Rail

　トライメットが運行する鉄道。ブルー、レッド、グリーン、イエロー、オレンジの5路線（→P.385の地図参照）が走っている。ワシントンパークや動物園へ行くには、ブルーラインかレッドラインで。

　レッドラインはポートランド国際空港とダウンタウンを結ぶ（約40分）。また、グリーンラインとイエローラインはPortland State University（PSU）を起点に、ダウンタウンの5th Ave.と6th Ave.を南北に走る。オレンジラインは、ダウンタウンとポートランド南部のミルウォーキーを結ぶ。

　チケットやパスはタッチ式になっているので、駅または車内にあるセンサーにチケットを当てて（音がする）利用する。なお2回で元が取れるので1日パス（1Day Pass）がお得。

ポートランド・ストリートカー

Portland Streetcar

　NSラインとAループ、Bループの3路線からなる。ダウンタウンからノースウエスト地区への移動はNSラインが速い。A、Bループはほぼ同じルートを通り、Aループは時計回り、Bループは反時計回りで運行。ダウンタウン、コンベンションセンター、オレゴン科学産業博物館などを循環するので、サウスイーストのエリアへ行くときに便利だ。

ツアー案内

　おもな見どころやエリアをガイドの解説付きで回る乗り降り自由のポートランド・ホップオン・ホップオフ・トロリーPortland Hop-On Hop-Off Trolleyやブリュワリーを巡るポートランド・ブリュワリー・ツアーPortland Brewery Tour、ウィラメット川を外輪船で航行するダウンタウン・リバークルーズDowntown River Cruiseなどがある。

Column　スケートボードの街ポートランド

　ポートランドのバーンサイド・スケートパークは世界中のスケーターたちの憧れの場所だ。バーンサイド橋Burnside Bridgeの高架下（N.E. 2nd Ave.沿い）にあり、1万平方フィート（約930m²）ほどの広さがある。

　ここからはプロも巣立っており、「スケートボーダーの神」として知られるトニー・ホークTony Hawkはその代表だ。

　パークには、今でもスケートボードを愛する老若男女が集い、熱心に練習に励んでいる。

スケートルートがある

●バーンサイド・スケートパーク
Burnside Skate Park
MP.389-B2
🚶中心部からはトライメットバス#12で。ウィラメット川を渡ったらすぐに下車。

練習に励む市民

　ダウンタウン・リバークルーズ　ポートランド・スピリットが催行するクルーズ。トム・マッコール・ウオーターフロントパーク内のSalmon St.との突き当たりにある船着場から乗船する。

Portland Itinerary
―ポートランドの1日モデルコース―

今日は何する？

10:00

ポートランドの真骨頂 〈滞在時間：1時間〉
Farmers Market ファーマーズマーケット → P.392

地産地消の文化が根づくポートランド。ローカルたちは市内数ヵ所で開かれているファーマーズマーケットで食材を買う。

試食ができるブースもある

Point
こぢんまりとした街で、土地勘はつかみやすい。自転車での移動もおすすめだ。

Access 徒歩10分

11:10

ぶらぶら歩くのにちょうどいい
Downtown 〈滞在時間：1時間〉
ダウンタウン → P.390

パイオニア・コートハウス・スクエアを中心にデパートなどが軒を連ねる。ランチまでショッピング。

ショッピングモールもある

Access 徒歩5〜10分

12:20

ランチは絶対ここで 〈滞在時間：1時間〉
Food Cart フードカート → P.391

ポートランド昼食の定番。ローカルと交じって食事を。

天気のいい日はフードカートのごはんが最高に合う

Access マックス・ライトレイルのブルーかレッドラインで約20分

13:40

ポートランドのレクリエーションエリア 〈滞在時間：2時間〉
Washington Park
ワシントンパーク周辺 → P.396

日本庭園やバラ園など、ポートランドを代表する見どころが広がるエリア。自然のなかでのんびり過ごしたい。

日本庭園のコケは美しい

Access マックス・ライトレイルのブルーかレッドライン→バス#14で1時間

16:40

ヒップなエリアでショッピング＆ディナー
Hawthorne Blvd. 〈滞在時間：2時間〉
ホーソンブルバード → P.393

個性的なショップやレストランが並ぶ通りは、そぞろ歩きに最適。

ホーソンブルバードの中心には、映画館がある

Access バス#14→ダウンタウンからマックス・ライトレイルのイエローラインで。約50分

19:30

本場でクラフトビールを味わう 〈滞在時間：1時間〉
Pearl District
パールディストリクト → P.395

クラフトビールが楽しめるパブがある。どこも気軽に入れる雰囲気だ。

いろいろな種類が飲めるFlight、Samplerがおすすめ

Access 徒歩30分

21:00

ポートランドに来たことを実感 〈滞在時間：30分〉
Portland Sign ポートランド・サイン → P.382 脚注

日が暮れるとネオンがともり、いっそうきれいに見えるサイン。橋のたもとはホームレスが多いので注意。

橋から見るポートランド・サイン

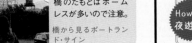

How to 夜遊び？
夜遊びスポットはあまりない。市内のパブやブリュワリーでビールを飲むのが定番。チャイナタウン周辺はホームレスが多いので注意。

MP.389-B3 ☎(503)224-3900 portlandspirit.com 毎日11:30、19:00発（時期により異なる）大人$44〜60、子供$25〜30

387

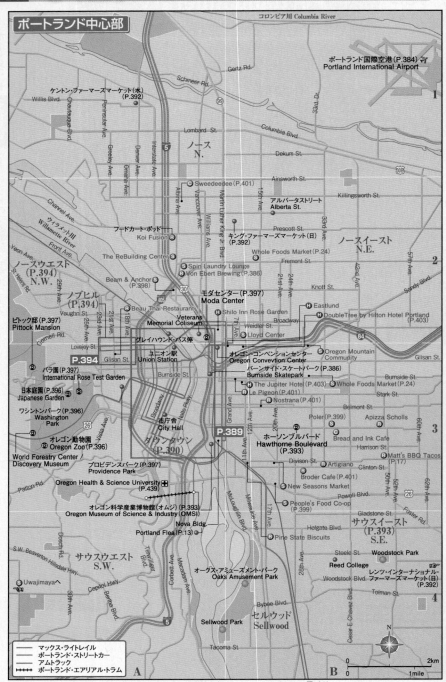

ポートランド中心部

コロンビア川 Columbia River

ポートランド国際空港(P.384)
Portland International Airport

1

ケントン・ファーマーズマーケット(水)
(P.392)
Willis Blvd.

Gertz Rd.
Schmeer Rd.

Lombard St.

Columbia Blvd.

ノース
N.

Dekum St.

Ainsworth St.

Sweedeedee (P.401)

アルバータストリート
Alberta St.

Killingsworth St.

ノースイースト
N.E.

2

フードカート・ポッド
Koi Fusion

キング・ファーマーズマーケット(日)
(P.392)

Prescott St.

Whole Foods Market (P.24)

The ReBuilding Center

Fremont St.

ノースウエスト
(P.394)
N.W.

Spin Laundry Lounge
Von Ebert Brewing (P.386)

ノブヒル
(P.394)

Beam & Anchor
(P.398)

モダセンター (P.397)
Moda Center

Knott St.

ピトック邸(P.397)
Pittock Mansion

Beau Thai Restaurant
Veterans
Memorial Coliseum

Shilo Inn Rose Garden
Broadway

Eastlund

DoubleTree by Hilton Hotel Portland
(P.403)

グレイハウンド・バス停

Weidler St.

バラ園(P.397)
International Rose Test Garden

ユニオン駅
Union Station

Lloyd Center

日本庭園(P.396)
Japanese Garden

Glisan St.
Burnside St.

オレゴン・コンベンションセンター
Oregon Convevtion Center

Oregon Mountain
Community

Glisan St.

ワシントンパーク(P.396)
Washington
Park

バーンサイド・スケートパーク(P.386)
Burnside Skatepark

Whole Foods Market (P.24)

オレゴン動物園
Oregon Zoo (P.396)

The Jupiter Hotel (P.403)
Le Pigeon (P.401)

Stark St.

3

World Forestry Center /
Discovery Museum

市庁舎
City Hall

Nostrana (P.401)

Belmont St.

ダウンタウン
(P.390)

Poler (P.399)

Apizza Scholls

プロビデンスパーク(P.397)
Providence Park

ホーソンブルバード
Hawthorne Boulevard
(P.393)

Bread and Ink Cafe

Harrison St.

Oregon Health & Science University
(P.439)

Divison St.

Artigiano

Matt's BBQ Tacos
(P.17)

Clinton St.

オレゴン科学産業博物館(オムジ)(P.393)
Oregon Museum of Science & Industry (OMSI)

Broder Cafe (P.401)

New Seasons Market

Powell Blvd.

Nova Bldg.

People's Food Co-op
(P.399)

Portland Flea (P.13)

Pine State Biscuits

Hotgate Blvd.

サウスイースト
(P.393)
S.E.

サウスウエスト
S.W.

Uwajimayaへ

オーグス・アミューズメント・パーク
Oaks Amusement Park

Steele St.

Reed College

Woodstock Park

レンツ・インターナショナル・
ファーマーズマーケット(日)
(P.392)

Woodstock Blvd.

Tolman St.

Bybee Blvd.

セルウッド
Sellwood

Sellwood Park

Tacoma St.

4

マックス・ライトレイル
ポートランド・ストリートカー
アムトラック
ポートランド・エアリアル・トラム

A

B

0   1   2km
0   1mile

N

🔵見どころ 🔵ショップ 🔴レストラン 🔵ホテル 🔵カフェ 🔵観光案内所 ●ランドマーク そのほか ✚病院

📖メモ　ロープウエイ　ダウンタウンの南、ストリートカーNSラインのS. Moody & Gibbs駅から丘の上のオレゴン医科大学を結ぶ、ロープウエイのポートランド・エアリアル・トラムPortland Aerial Tramもおすす↗

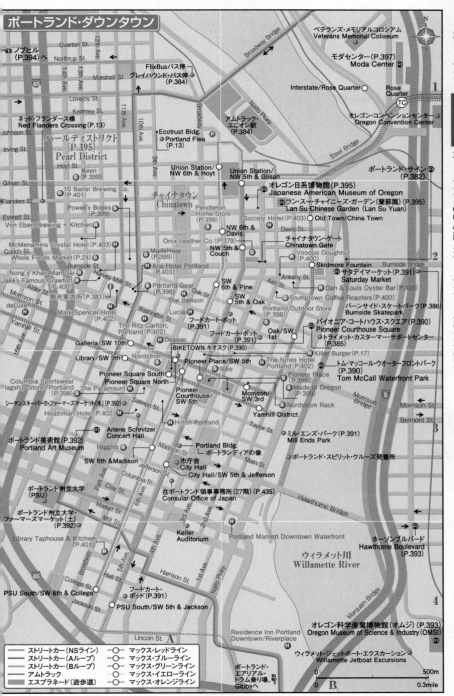

ポートランド・ダウンタウン

ノブヒル
(P.394)へ

Overton St.

Northrup St.

12th Ave.

14th Ave.

13th Ave.

Marshall St.

FlixBusバス停
グレイハウンド・バス停(P.384)

ベテランズ・メモリアルコロシアム
Veterans Memorial Coliseum

Lovejoy St.

Kearney St.

11th Ave.

モダセンター(P.397)
Moda Center

Interstate/Rose Quarter

Rose
Quarter
TC

ネッド・フランダーズ橋
Ned Flanders Crossing(P.13)

Johnson St.

Irving St.

パールディストリクト
(P.395)
Pearl District

Hoyt St.

Keen
(P.400)

10th Ave.

9th Ave.

Broadway

Ecotrust Bldg.
Portland Flea
(P.13)

アムトラック・
ユニオン駅
(P.384)

オレゴン・コンベンションセンター
Oregon Convention Center

Glisan St.

10 Barrel Brewing Co.
(P.401)

Elanders St.

Everett St.

Von Ebert Brewing + Kitchen

Powell's Books
(P.399)

チャイナタウン
Chinatown

Pendleton
Home Store
(P.399)

Union Station/
NW 6th & Hoyt

Union Station/
NW 5th & Glisan

ポートランド・サイン
(P.382)

オレゴン日系博物館(P.395)
Japanese American Museum of Oregon

ラン・スー・チャイニーズ・ガーデン(蘭蘇園)(P.395)
Lan Su Chinese Garden (Lan Su Yuan)

McMenamins Crystal Hotel(P.403)
Couch St.
Whole Foods Market(P.24)

Orox Leather Co.(P.379)

NW 6th &
Davis

Society Hotel(P.403) Old Town/China Town

Davis St.

Burnside St.

Nong's Khao Man Gai

Jake's Famous Crawfish

観光案内所(P.381)

deluxe

MadeHere
(P.399)

Ace Hotel Portland
(P.403)

NW 5th &
Couch

チャイナタウン・ゲート
Chinatown Gate

Voodoo Doughnut
(P.400)

Skidmore Fountain

Burnside Bridge

サタデイマーケット(P.391)
Saturday Market

Harvey Milk St.

Alder St.

Morrison St.

Portland Gear
(P.398)
The Benson

SW
6th & Pine

SW
5th & Oak

Oak St.

Ankeny St.

Ash St.

Stumptown Coffee Roasters(P.400)

Dan & Louis Oyster Bar(P.400)

バーンサイド・スケートパーク(P.386)
Burnside Skatepark

Mark Spencer Hotel
(P.402)

The Ritz-Carlton,
Portland(P.402)

Dossier

Washington St.

Lucia

フードカート・ポット
(P.391)

フードカート・ポット
(P.391)

Portland Outdoor
Store
(P.398)

Oak/SW
1st

パイオニア・コートハウス・スクエア(P.390)
Pioneer Courthouse Square

トライメット・カスタマー・サポートセンター

Yamhill St.

Galleria/SW 10th

BIKETOWN キオスク(P.390)

Nordstrom

Killer Burger(P.17)

Library/SW 9th

Columbia Sportswear
Flagship Stores-Portland
(P.398)

The Paramount

Pioneer Square South
Pioneer Square North

Salmon St.

Pioneer Place/SW 5th

Nike

The Nines Hotel
Portland(P.402)

Pioneer Place
(P.398)

Made in Oregon
(P.399)

トム・マッコール・ウォーターフロントパーク
(P.390)
Tom McCall Waterfront Park

シーマンズキーパー・ファーマーズマーケット(水)(P.392)

Heathman Hotel(P.402)

Pioneer
Courthouse/
SW 6th

Morrison/
SW 3rd

Nordstrom Rack

Yamhill District

Morrison
Bridge

Morrison St.

Belmont St.

ポートランド美術館(P.392)
Portland Art Museum

Arlene Schnitzer
Concert Hall

Hilton Portland

Higgins

Taylor St.

ミル・エンズ・パーク(P.391)
Mill Ends Park

SW 6th &Madison

Portland Bldg.

ポートランディアの像

ポートランド・スピリット・クルーズ発着所

ポートランド州立大学
(PSU)

Madison St.

Jefferson St.

市庁舎
City Hall

City Hall/SW 5th & Jefferson

ポートランド州立大学・
ファーマーズマーケット(土)
(P.392)

Columbia St.

Clay St.

Market St.

在ポートランド領事事務所(27階)(P.435)
Consular Office of Japan

Hawthorne Bridge

ホーソンブルバード
Hawthorne Boulevard
(P.393)

Library Taphouse & Kitchen
(P.401)

Mill St.

Keller
Auditorium

Portland Marriott Downtown Waterfront

College St.

Hall St.

Harrison St.

ウィラメット川
Willamette River

PSU South/SW 6th & College

Jackson St.

フードカート・
ポット(P.391)

PSU South/SW 5th & Jackson

オレゴン科学産業博物館(オムジ)(P.393)
Oregon Museum of Science & Industry(OMSI)

Lincoln St.

Residence Inn Portland
Downtown/Riverplace

ポートランド・
エアリアル・
トラム乗り場、
Gibbsへ

ウィラメット・ジェットボート・エクスカーション
Willamette Jetboat Excursions

0   500m
0   0.3mile

── ストリートカー(NSライン)	···○·· マックス・レッドライン
── ストリートカー(Aループ)	···○·· マックス・ブルーライン
── ストリートカー(Bループ)	···○·· マックス・グリーンライン
── アムトラック	···○·· マックス・イエローライン
── エスプラネード(遊歩道)	···○·· マックス・オレンジライン

めの乗り物。ロープウエイからの街の眺めはなかなかだ。[料]往復$8(券売機は、クレジットカード、デビットカードのみ受付) [営]月〜金5:30〜21:30、土9:00〜17:00、5分ごとに運行。

ダウンタウン
Downtown

ウィラメット川に面し、ビジネスや文化の拠点として多くの施設が集中するダウンタウン。碁盤の目のように整った道路と市バス、マックス・ライトレイル、ストリートカーなどの交通路線も充実。旅行者はここを拠点に街歩きを始めよう。

バイオニア・コートハウス・スクエア
住 701 S.W. 6th Ave.
www.thesquarepdx.org

週末はさまざまなイベントが開催されている

トム・マッコール・ウオーターフロントパーク
住 Naito Pkwy. (bet. S.W. Harrison St. & N.W. Glisan St.)
毎日5:00〜24:00

川沿いを歩くのは気持ちいい

市民の憩いの場 　　　　　　ポートランド・ダウンタウン　**MP.389-A3**

バイオニア・コートハウス・スクエア
Pioneer Courthouse Square 　　　　　　　　　　　　✹✹

　ダウンタウンの中心に開いた、すり鉢状の広場。噴水や天気予報マシーンなどがあり、休日はライブやパフォーマンスが開催される。広場に面してマックス・ライトレイルの駅やバスの停留所がある。広場の目の前に立つ重厚な建物は合衆国の裁判所。

ウィラメット川沿いに続く緑地帯公園 ポートランド・ダウンタウン　**MP.389-B3**

トム・マッコール・ウオーターフロントパーク
Tom McCall Waterfront Park 　　　　　　　　　　　　✹

　休日ともなると芝生の上でくつろいだり、ジョギングなどを楽しむ市民の姿でいっぱいになる。春〜秋には多くのイベントが開催され、華やかな雰囲気だ。北側には、第2次世界大戦中、捕虜としてオレゴン州の収容所に抑留されていた日系人にささげられた彫刻広場**ジャパニーズ・アメリカン・ヒストリカル・プラザ Japanese American Historical Plaza**があり、日系人の歴史を刻んだ彫像と100本の桜の木が植えられている。

Column 　ナイキの自転車でポートランド散策

　2016年からポートランドで始まったシェアサイクル、バイクタウン。スポーツメーカーのナイキがスポンサーとなり、市内に2000の電動自転車と、200ものバイクステーションを設置。
使い方
①事前にウェブサイトやスマートフォンのアプリで氏名やクレジットカード番号を入力しアカウントを作成。
②バイクステーションへ行き、自転車に付いている二次元バーコード（QRコー

ド）をスマートフォンでスキャンし、自転車の鍵を解除する。
③返却はバイクステーションへ行き、施錠するだけ。

●BIKETOWN
Free (1-866) 512-2453
biketownpdx.com
料 鍵の解除$1+1分ごとに30¢
※バイクステーションの位置はウェブサイト、スマートフォンアプリで検索可能。

週末なら必ず行くべし　　　ポートランド・ダウンタウン　MP.389-B2

サタデイマーケット
Saturday Market　　　　　　　　　　　★★★

タイダイグッズは名物のひとつ

バーンサイドブリッジ Burnside Bridgeのたもと、ウィラメット川沿いの公園とアンカニースクエアAnkeny Square で**3～12月の土・日曜に開かれる青空市**で、観光客はもちろん、地元の人にとっても定番のイベント。定例行事としては全米最大規模のオープンエアマーケットで、アート＆クラフト、おもちゃ、食べ物、衣類など250以上の店が出店する。お手製の雑貨やアクセサリーを販売している店舗が多く、思い出に残る品と出合うことができるだろう。最近はフードブースが充実していて、世界各国のファストフードが安価で食べられる。テーブルもあるのでランチにも最適だ。

サタデイマーケット
🏠2 S.W. Naito Pkwy.
☎(503)222-6072
🌐www.portlandsaturdaymarket.com
🕐〈3月上旬～12月下旬〉土 10:00～17:00、日11:00～16:30
❌1～2月
🚊マックス・ライトレイルのレッド、ブルーライン Skidmore Fountain駅下車、徒歩1分。

世界一小さい公園といわれる ミル・エンズ・パーク
Mill Ends Park
MP.389-B3
🏠S.W. Naito Pkwy. & S.W. Taylor St.
　S.W. Naito Pkwy.の中央分離帯にわずか半径30cmの花壇がある。見逃してしまいそうな小さい花畑は、世界でいちばん小さい公園とギネスに認定されたことがある。

Column　ポートランドはフードカートの街

ポートランドの食を語るうえで欠かせない**フードカート Food Cart**。フードカートを簡単にいうなら"屋台"だ。公園や駐車場の一画を間借りし、移動式のトラックなどで営業している。1980年代にダウンタウンに登場したのが始まりといわれていて、現在ポートランド市内には600軒以上のフードカートがある。街のいたるところで目にすることだろう。

フードカートが集まるエリアはポッド Podと呼ばれ、下記で紹介しているポッドは名店が多く集まり、特に評判が高い。ポートランダーに近づくため、いざ、フードカートポッド巡りへ！
🌐www.travelportland.com/ja/cart-pods

ひとつのポッドに5～20軒ほど集まるのでいろいろな料理を選べる

●ミッドタウン・ビアガーデン・フードカート・ポッド
Midtown Beer Garden Food Cart Pod
ダウンタウンのマックス・ライトレイル路線沿いにある。韓国料理や中国料理、メキシコ料理などバラエティが豊富。テーブルや椅子も設置されていて、ビールも飲める。
MP.389-B2
🏠431 S.W. Harvey Milk St.
🌐we.are.expensify.com/midtown-beer-garden

●サードアベニュー・フードカート・ポット
Third Avenue Food Cart Pod
ダウンタウンの東、3rd Ave.沿いにあり、タイ料理やベトナム料理、エジプト料理、メキシコ料理の屋台が集まる。3ブロック東にあるトム・マッコール・ウオーターフロント・パークで食べるのがいい。
MP.389-B2
🏠S.W. 3rd Ave. & S.W. Harvey Milk St.

●ポートランド州立大学・フードカート・ポッド
Portland State University Food Cart Pod
ダウンタウンの南、ポートランド州立大学の近くにあるポッド。緑豊かなキャンパス内で、フードカートの料理に舌鼓を打つことができる。
MP.389-A4
🏠S.W. 4th Ave. & S.W. College St.

ポートランド美術館

- 1219 S.W. Park Ave.
- (503)226-2811
- portlandartmuseum.org
- 水～日10:00～17:00
- 月・火、おもな祝日
- 大人＄25、シニア（62歳以上）・学生（18歳以上）＄22、子供（17歳以下）無料。毎月第1木曜は無料

日本人に人気の印象派の作品も展示している

アメリカを代表する画家が揃う　ポートランド・ダウンタウン　MP.389-A3

ポートランド美術館
Portland Art Museum ★★

　約5万点を収蔵する美術館。15～16世紀の宗教画、17～20世紀初頭のヨーロッパ絵画から現代美術まで、幅広いジャンルの作品を収蔵する。モネ、ルノワール、ピカソの作品のほか、アメリカ先住民に関する展示物も豊富で、彼らの生活様式を紹介したビデオの上映、装飾品やテキスタイル、木製の仮面の展示など、バリエーション豊かな美術品は見応え十分。必見はアメリカ絵画のコーナー。建国初期の肖像画家であるギルバート・スチュアートをはじめ、アメリカ西部の大自然を描いたハドソンリバー派のビアスタット、やわらかい画風が特徴的なアメリカ印象派のホーマーやハッサム、独特のタッチが上品さを生むレンブラント・ピールなど、マスターピースともいえる作品が充実している。日本美術も、江戸時代を中心に掛け軸や浮世絵など約1800点を収蔵し、なかには江戸時代の六曲屏風絵や徳川家使用の陶器などもある。美術館の周りに点在する現代美術の彫像もお見逃しなく。

　2023年から始まった拡張工事により、一部展示コーナーが閉鎖されていることもある。

Column　ポートランドのファーマーズマーケット

　いまやポートランドを代表する文化のひとつとなったファーマーズマーケットFarmers Market。1992年、わずか3人の活動家が地元の農家に働きかけ、最初の出店ブースは13ほどだったという。

　現在は市内各所で定期的に開催されており、出店数も多い所では200を超える。ここでは代表的な5つのファーマーズマーケットを紹介したい。

Portland Farmers Market
- (503)241-0032
- www.portlandfarmersmarket.org

●ポートランド州立大学（土曜日）
　Portland State University
- MP.389-A4
- S.W. Park Ave. & S.W. Montgomery St.
- 〈4～10月〉土8:30～14:00、〈11～3月〉土9:00～14:00

●ケントン（水曜日）
　Kenton
- MP.388-A1
- N. Denver Ave. & McClellan St.
- 〈6～9月〉水15:00～19:00

●シーマンスキーパーク（水曜日）
　Shemanski Park
- MP.389-A3
- S.W. Park Ave. & S.W. Main St.
- 〈5～11月〉水10:00～14:00

●キング（日曜日）King
- MP.388-B2
- N.E. 7th Ave. & N.E. Wygant St.
- 〈5～11月〉日10:00～14:00

●レンツ・インターナショナル（日曜日）
　Lents International
- MP.388-B4外
- S.E. 92nd Ave. & S.E. Reedway St.
- 〈6～11月〉日9:00～14:00

ポートランド州立大学のものは最大規模を誇る

サウスイースト
South East

ポートランドのサウスイースト。ウィラメット川を渡ったそこは、ダウンタウンとは打って変わり高い建物がなく、住居と個性的な物件がうまく混ざり合うエリアだ。ホーソンブルバードを中心に、そぞろ歩きが楽しい通りが東西に延びている。

個性的な店が多いヒップカルチャーゾーン　　ポートランド中心部　MP.388-B3

ホーソンブルバード
Hawthorne Boulevard　　★★★

S.E. 12th Ave.からS.E. 50th Ave.にかけてのエリアは、ユニークなレストランやカフェ、民族料理の店、古着、骨董品から雑貨、ブティックなど、あらゆる種類の個性的なショップが並び、1日かけても回りきれないほど奥が深い。1970〜1980年代はヒッピーコミュニティで、それほど特徴のある通りではなかったが、1990年代に入って店が多く建ち始め、今や旅行者も立ち寄るポピュラーな通りになった。最近では大資本のチェーン店も数軒進出しているが、地元の人は個人経営のこぢんまりとした店を応援しているとか。

どの店も個性的でおもしろい

巨大な科学博物館　　ポートランド・ダウンタウン　MP.389-B4

オレゴン科学産業博物館（オムジ）
Oregon Museum of Science & Industry（OMSI）　　★★

通称「オムジOMSI」。館内には6つの展示室があり、宇宙、地球、自然、情報、生命、物理の科学分野を体験しながら理解できるよう、いろいろな工夫がされている。

大画面に展開されるエンピリカルシアターやプラネタリウムを楽しんだり、ウィラメット川に係留されている潜水艦 "USS Blueback Submarine（SS-581）" 号の艦内を見学することができる。

潜水艦の展示は大人気

ホーソンブルバード
🚌 ダウンタウンからバス#14で約15分ほど行くとHawthorne Blvd. & 34th Ave.にさしかかる。S.E. 33rd Ave.から42nd Ave.にかけて、物件が集中している。

ベルモントストリートとディビジョンストリート
ホーソンブルバードの6ブロック北のBelmont St.、7ブロック南のDivision St.にもおもしろい店が多い。時間があれば足を延ばしてみたい。

オレゴン科学産業博物館（オムジ）
🏠 1945 S.E. Water Ave.
☎ (503)797-4000
🌐 www.omsi.edu
🕐 火〜日9:30〜17:30（土〜19:00、時期により変更あり。夏期は毎日オープン）
🚫 夏期以外の月（ポートランド公立校が休みの日は開館）、クリスマス、サンクスギビング
💰 大人$19、シニア（63歳以上）$16、子供（3〜13歳）$14
エンピリカルシアター、プラネタリウム、レーザーショー、サブマリン
💰 それぞれ大人$7.50〜8.50、シニア・子供$6.50〜8.50
🚌 ポートランド・ストリートカーA、BループのOMSI駅下車。

ノースウエスト
North West

ダウンタウンの北西にはノブヒルというおしゃれなエリアがあり、N.W. 21st St.～23rd St. を中心ににぎわっている。かつては工場や倉庫が並んでいたパールディストリクトにも、ショップやレストランが増殖中だ。

ノブヒル
行き方 ポートランド・ストリートカーのNSラインでN.W. 23rd & Marshall St.下車。

天気のいい日は屋外のテーブルで

おしゃれをして出かけたい　　　　　ポートランド中心部　MP.388-A2～A3

ノブヒル
Nob Hill
★★★

「ノブヒル」は、ネイバブNabob（大金持ち）という言葉に由来している。この呼び名は、1880年代、サンフランシスコからこの地に移ってきた商人（→P.237）によって付けられ、N.W. 21stと23rd Aves.周辺の通称 "トレンディサード" のあたりを指す。ブティックやギフトショップを中心に、レストランやオープンカフェが集まり、散策しているだけでも楽しい。Burnside St.から北のLovejoy St.あたりまで店が密集している。

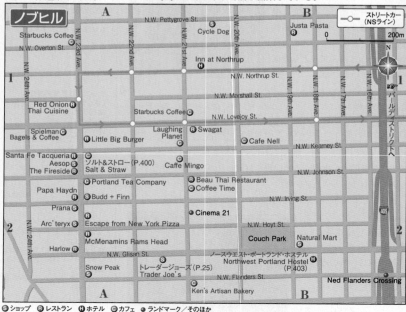

ⓢ ショップ　ⓡ レストラン　Ⓗ ホテル　ⓒ カフェ　🔺 ランドマーク／そのほか

メモ　**現在地の確認が簡単**　ノースウエスト地区は、南端のBurnside St.から通りの名称がアルファベット順になっているので、自分がいる位置がわかりやすい（チャイナタウン、パールディストリクトも同様）。

散策にぴったりなエリア　　ポートランド・ダウンタウン　Ⓜ P.389-A1〜A2

パールディストリクト
Pearl District　　　　　　　　　★★★

ハイセンスなエリアとして知られているパールディストリクト。東西はBroadwayからI-405あたり、南北はW. Burnside St.からLovejoy St.の間に広がっている。ダウンタウンからはストリートカーで5分ほど、徒歩でも行ける距離にある。

1990年代の半ばまではあまり治安のよくないエリアであったが、大規模な再開発を経たあとはすっかりおしゃれに様変わりして、地元の若者でいつもにぎわっている。かつての工場・倉庫街を彷彿させるれんが造りの建物に、個性的なギャラリーやユニークなショップ、レストランが入居している。

毎月第1木曜の夜、周辺の画廊が時間を延長して開くギャラリーウオーク「**ファーストサーズデイFirst Thursday**」が名物イベント。ギャラリーによって多少異なるが、17:00〜21:00前後に開催される。

赤れんがの建物が残る一角

本格派中国庭園　　ポートランド・ダウンタウン　Ⓜ P.389-B2

ラン・スー・チャイニーズ・ガーデン（蘭蘇園）
Lan Su Chinese Garden（Lan Su Yuan）　　★★

チャイナタウンの一画にある中国庭園は、ポートランド住民にたいへん人気のスポット。中国から招いた65人もの技師によって設計、造園がなされた本格的なもので、中国江蘇省にある運河と庭園で有名な都市、蘇州の庭園様式が用いられている。蘇州はポートランドと姉妹都市でもある関係から、このプロジェクトが実現した。白壁に囲まれた敷地はそう広くはないが、曲がりくねった回廊と太鼓橋を渡って庭園を1周する間に、さまざまな景色が見られるように工夫されている。

心静かに時間を過ごせる

貴重な資料が展示されている　　ポートランド・ダウンタウン　Ⓜ P.389-B2

オレゴン日系博物館
Japanese American Museum of Oregon　　★

オレゴン州に住んでいた日系アメリカ人の歴史について解説している博物館。1890年代から日系人はポートランドに移り住むが、1941年に始まった太平洋戦争中、強制収容所に入れられた。当時の日本町（ニホンマチ）の様子を記した書類や、戦時中の収容キャンプの写真などが展示されている。

パールディストリクト
※北はN.W. Irving St.、南はW. Burnside St.、東西はN.W. 10th〜13th Ave.の間がにぎやか。観光案内所またはパールディストリクトの店で、ウオーキングマップがもらえる。
🚶パイオニア・コートハウス・スクエアから徒歩10分。

ファーストサーズデイ
参加ギャラリーのイベント情報などをウェブサイトから確認することができる。
🌐www.firstthursdayportland.com
🌐urbanartnetwork.org

建物をそのまま利用してショップが入居している

ラン・スー・チャイニーズ・ガーデン（蘭蘇園）
🏠239 N.W. Everett St.
☎(503)228-8131
🌐www.lansugarden.org
🕐〈3月中旬〜10月上旬〉毎日10:00〜19:00、〈10月中旬〜3月上旬〉毎日10:00〜16:00
💲大人$14、シニア（62歳以上）$13、6〜18歳$11
🚶マックス・ライトレイルのレッド、ブルーライン Old Town/Chinatown駅から徒歩3分。

園内でお茶を楽しむことができる

オレゴン日系博物館
🏠411 N.W. Flanders St.
☎(503)224-1458
🌐jamo.org
🕐木〜日11:00〜15:00
🚫月〜水
💲大人$8、シニア$6、学生$5、11歳以下無料
🚶マックス・ライトレイルのイエロー、グリーンライン NW 6th/Davis駅から徒歩4分。

ワシントンパーク周辺
Washington Park

ダウンタウンの西側に位置し、総面積410エーカー（1.6km²）で全米最大規模の都市型公園ワシントンパーク。市内にいながらオレゴンの自然の豊かさが感じられる、地元市民の憩いの場だ。

ワシントンパーク
MP.388-A3
🕐毎日5:00〜22:00
🌐explorewashingtonpark.org
🚃マックス・ライトレイルのレッド、ブルーラインWashington Park駅で下車。

オレゴン動物園
🏠4001 S.W. Canyon Rd.
☎(503)226-1561
🌐www.oregonzoo.org
🕐〈2月下旬〜11月中旬〉毎日9:00〜17:00、〈11月下旬〜2月中旬〉金〜月9:00〜17:00
💰大人$24、子供$19
🚃マックス・ライトレイルのレッド、ブルーラインWashington Park駅で下車。
※事前に入園時間指定の予約をすること。

日本庭園
🏠611 S.W. Kingston Ave.
☎(503)223-1321
🌐www.japanesegarden.org
🕐水〜月10:00〜18:00（時期により変更あり、冬期は短縮）
💰火、おもな祝日
💰大人$21.95、シニア（65歳以上）$18.95、学生（要ID）$17.95、子供（6〜17歳）$15.95、5歳以下無料
🚃パイオニア・コートハウス・スクエアやマックス・ライトレイルのレッド、ブルーラインのProvidence Park駅からトライメットバス#63で。もしくは、マックス・ライトレイル・ブルー、レッドラインのWashington Park駅からWashington Park Shuttle（→下記脚注）で。

和モダンの外観、ウマミカフェ

ゾウの飼育では世界的に知られている　　ポートランド中心部　MP.388-A3

オレゴン動物園
Oregon Zoo
★★

　アメリカで最初にゾウの赤ちゃんが生まれた動物園。64エーカー（0.2km²）の敷地に232種、1800匹の動物が飼育されている。自然の地形がうまく利用されていて、起伏が多いのがこの動物園の特徴だ。ハクトウワシやビーバーがいるグレイトノースウエストGreat Northwest、チンパンジーやオランウータンがいるプライメイトフォレストPrimate Forests、ペンギンや北極グマがいるパシフィックショアPacific Shores、ライオンやチーターがいるアフリカAfricaなど6つのエリアに分かれている。なお、園内のエレファントランドElephant Landのエリアには、ズートレインZoo Train（💰$5）も走っている。

手入れの行き届いた本格的日本庭園　　ポートランド中心部　MP.388-A3

日本庭園
Japanese Garden
★★★

　ポートランド市民によるNPO団体「オレゴン日本庭園協会」が計画し、日本人による設計で1967年に完成。以降、日本の歴史ある造園技術や庭園美を伝え続けている。茶室を取り巻く露地庭、菖蒲が咲く池に橋が架けられ回遊できる庭、玉砂利が敷き詰められている枯山水、小さな滝や小川、東屋や竹垣がアクセントになっている庭など、代表的な様式の日本庭園が5つ配されている。そのクオリティの高さは驚きだ。

　2017年4月には、日本人建築家の隈研吾氏デザインによるエリア、**カルチュラルビレッジCultural Village**がオープン。ここにはギフトショップやギャラリーのほか、日本茶や和菓子を食べることができる**ウマミカフェUmami Café**（🕐庭園と同じ）も併設されている。

穏やかな気持ちになれる日本庭園

📖**メモ**　ワシントンパーク・シャトル　ワシントンパーク内を15〜30分間隔で巡回している無料のシャトルバス。マックス・ライトレイルのWashington Park駅、バラ園、ホイト樹木園などに停車する。

バラ園
International Rose Test Garden

1世紀の歴史をもつバラ園　　　ポートランド中心部　🅼P.388-A3

★★★

　バラの都ポートランドを象徴するような見事なバラ園。ダウンタウンを見下ろす静かな丘に、シーズンである5～10月は610種1万株ほどのバラが咲き誇る。ここは1917年に創立された、アメリカで最も古いバラ試験場で、市の公園課によって管理されている。

美しい花と香りに包まれる ©www.travelportland.com

バラ園
🏠400 S.W. Kingston Ave.
☎(503)823-3636
🕐毎日5:00～22:00（時期により変更あり）
💰無料
🚃マックス・ライトレイルのレッド、ブルーラインProvidence Park駅 か、Washington Park駅からワシントンパーク・シャトル（→P.396脚注）で。

※東斜面にあたるので、午前中に訪れるほうが美しい。
※5月下旬から9月上旬の毎日13:00から無料のガーデンツアーが開催されている。

ピトック邸
Pittock Mansion

街を見下ろす丘の上の豪邸　　　ポートランド中心部　🅼P.388-A3

★★

　オレゴン州最大の発行部数を誇る新聞『オレゴニアン』の創始者ヘンリー・ルイス・ピトックが1914年に建て、家族で住んでいた大邸宅。ポートランド市を見下ろす美しい丘に立ち、ルネッサンス様式の重厚さと優美さを兼ね備えている。

　日本語の案内書もあるので、それをもらって邸内を見て回ろう。大きな窓がある音楽室が美しい。2階の窓から望むダウンタウンの眺めも絶景だ。

ピトック邸
🏠3229 N.W. Pittock Dr.
☎(503)823-3623
🌐pittockmansion.org
🕐〈7～10月〉毎日10:00～17:00（火12:00～）、〈11～6月〉毎日10:00～16:00（火12:00～）
🚫おもな祝日
💰大人＄16.50、シニア（65歳以上）＄14.50、学生（6～18歳）＄12.50、5歳以下無料
🚃トライメットバス#20でW. Burnside St. & N.W. Barnes Rd.下車。徒歩15分。

ポートランドのスポーツ
Sports in Portland

バスケットボール
National Basketball Association（NBA）

■ ポートランド・トレイル・ブレイザーズ
Portland Trail Blazers

ウエスタン・カンファレンス・ノースウェスト・ディビジョンに所属するトレイル・ブレイザーズ（開拓者という意味）。1970年に創設され、1976～1977年シーズンに初めてNBAファイナルの栄冠を手にした。2013～2014年シーズンから8シーズン連続でプレイオフへ進出したが、2021～2022年シーズンは地区4位、2022～2023年シーズンは地区5位で終わった。

本拠地：モダセンター
🅼P.389-B1　🏠1 Center Court St.
☎(503) 235-8771　🌐www.nba.com/blazers
🚃マックス・ライトレイルのイエローラインInterstate/Rose Quarter駅、グリーン、レッド、ブルーラインRose Quarter TC駅下車。

サッカー
Major League Soccer（MLS）

■ ポートランド・ティンバーズ
Portland Timbers

1970年代からの歴史があるチーム。2011年にMLSに参加し、レギュラーシーズン1位を2回、2015年にはMLSカップを獲得した。リーグトップクラスのサポーターグループ、ティンバーズ・アーミーの応援は見ものだ。杉田妃和選手所属の女子サッカーチーム、ポートランド・ソーンズFC（→下記）も同じスタジアムを使う。

本拠地：プロビデンスパーク
🅼P.388-A3
🏠1844 S.W. Morrison St.
☎(503) 553-5400
🌐www.timbers.com
🚃マックス・ライトレイルのレッド、ブルーラインProvidence Park駅下車。

ダウンタウンから徒歩でも行けるスタジアム

メモ　ポートランド・ソーンズFC　ポートランドを本拠地とする女子プロサッカーチーム（NWSL）。2023年は準決勝で敗退した。**Portland Thorns FC**　🌐www.timbers.com/thornsfc

ポートランドのショップ
Portland

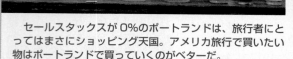

セールスタックスが0%のポートランドは、旅行者にとってはまさにショッピング天国。アメリカ旅行で買いたい物はポートランドで買っていくのがベターだ。

クラフトマンシップにあふれる街は、世界的に有名なアウトドア、スポーツメーカーが誕生した地でもある。それらの旗艦店はダウンタウンにあり、ぜひ訪れておきたい。"今のポートランド"らしい物を求めるならノブヒル、パールディストリクトやサウスイーストへ。

SHOP

ダウンタウン

ショッピングモール | **パイオニアプレイス**
Pioneer Place

ダウンタウン中心にあってとても便利

パイオニア・コートハウス・スクエアに近いダウンタウンのど真ん中にあるモール。Gucci やTory Burch、Louis Vuitton、Tiffany & Co.、Tumi などのブランドショップが入っている。地下にはファストフードショップが集まるフードコートのほか鼎泰豊もあり。

カード 店舗により異なる　観光のついでに立ち寄れる立地のよさ

M ポートランド・ダウンタウン P.389-A3～B3
住 700 S.W. 5th Ave.
☎ (503) 228-5800
URL www.pioneerplace.com
営 毎日11:00～19:00
（日～18:00）

ファッション | **ポートランド・アウトドア・ストア**
Portland Outdoor Store

ベテランスタッフが親切にアドバイス

緑色の看板が目印で、ポートランドのランドマーク的存在。ウエスタンファッション全般を取り扱い、Wrangler のデニムや Pendleton のジャケットのほか、シャツ、ウエスタンブーツなどの品揃えが豊富。スタッフはベテランばかりなので、サイズや在庫などの質問にもていねいに答えてくれる。

カード A M V　ポートランドの老舗セレクトショップ

M ポートランド・ダウンタウン P.389-B2
住 304 S.W. 3rd Ave.
☎ (503) 222-1051
URL portlandoutdoorstore.us
営 月～土9:00～15:00
休 日

ファッション | **ポートランド・ギア**
Portland Gear

SNS から始まったビジネス

インスタグラムで20万人以上のフォロワーをもっていたマーカスが、2014年ポートランドのネーム入りTシャツをウェブサイトで販売したとたん、評判が広がり、2016年には店舗をもつまでになった。Pのマークが入ったキャップは地元の人も所有するアイテムだ。

カード A M V　2023年秋、ダウンタウンに移転した

M ポートランド・ダウンタウン P.389-A2
住 403 S.W. 10th Ave.
☎ (503) 437-4439
URL portlandgear.com
営 毎日10:00～18:00

アウトドア | **コロンビアスポーツウエア・フラグシップストア・ポートランド**
Columbia Sportswear Flagship Stores-Portland

オレゴン生まれのアウトドアウエア

コロンビアスポーツウエアの本店はポートランドにある。コロンビア製品はほとんどのデパートや大型店で買えるが、品揃えが抜群の本店で、思いきり買い物したい。アウトドア用だけでなく、タウンウエアとして着たくなるウエアもある。

カード A M V　本店ならではの豊富な品揃え

M ポートランド・ダウンタウン P.389-A3
住 911 S.W. Broadway
☎ (503) 226-6800
URL www.columbia.com
営 毎日10:00～18:00
（日11:00～）

  メモ　ポートランドのおしゃれさん御用達　革製品や陶磁器、宝飾品、石鹸などが並ぶ。**ビーム＆アンカー**
Beam & Anchor M P.388-A2 住 2710 N. Interstate Ave. 営 水～日12:00～17:00 休 月・火

ダウンタウン

ギフト&雑貨	メイド・イン・オレゴン

Made in Oregon

オレゴン州のおみやげはここで

パイオニアプレイス（→ P.398）の地下1階にあるギフトショップ。ポートランドだけでなくオレゴン州全般のおみやげを入手できる。バラの石鹸やマリオンベリージャム、チョコレート、オレゴンワインなどがおすすめ。ポートランド国際空港にもあり。

カード A M V

ポートランドらしいアイテムも揃う

M ポートランド・ダウンタウン P.389-A3〜B3
住 340 S.W. Morrison St., Suite 1300
☎ (503) 241-3630
URL madeinoregon.com
営 毎日11:00〜19:00 （日〜18:00）

サウスイースト

アウトドア	ポーラー

Poler

タウンユースにもいいデザイン

2010年カメラマンのベンジ・ワンガー氏と映像クリエイターのカーマ・ベラ氏が始めたアウトドアショップ。キャンプやサーフィン、スノーボードを楽しむ人が、不自由なく動けるようにと考えて作られたテントや寝袋、バックパックなどが人気。

カード A M V

日本でもファンが増えてきた

M ポートランド中心部 P.388-B3
住 3557 S.E. Hawthorne Blvd.
☎ (503) 432-8120
URL poler.com
営 毎日11:00〜18:00 （日〜17:00）

ノースウエスト

アウトドア	キーン

Keen

つま先を保護するサンダルが人気

常に新しいアイデアを盛り込んだ商品を生み出し続けるシューズブランド、キーンの本店。本格的なハイキングブーツからカジュアルなスニーカーまで、品揃えは豊富。もともと倉庫だった建物を見事に再生させた快適な空間で、じっくり自分に合った靴選びができる。

カード A M V

人気のサンダル Newport を入手したい

M ポートランド・ダウンタウン P.389-A1
住 505 N.W. 13th Ave.
☎ (971) 200-4040
URL www.keenfootwear.com
営 月〜土10:00〜17:00 （金・土〜18:00）
休 日

アウトドア	ペンドルトン・ホームストア

Pendleton Home Store

人気のネイティブ柄がずらり

日本でも人気の高い、ネイティブアメリカン柄が特徴のペンドルトン。定番のラグやブランケットのほか、シャツやかばんなども豊富に揃う。ポートランドはセールスタックスがかからないこともあり、日本より安価で購入することができる。品揃えは世界一だ。

カード A J M V

ブランケットが豊富に揃う

M ポートランド・ダウンタウン P.389-A2
住 210 N.W. Broadway
☎ (503) 535-5444
URL www.pendleton-usa.com
営 月〜土10:00〜17:00
休 日

雑貨	メイドヒア

MadeHere

ポートランドのプロダクトが集結

ポートランドで誕生したブランドのみをセレクトしたショップ。観光客だけでなく地元の人も立ち寄る人気のスポットだ。取り扱っている商品はバラエティに富み、革製品や石鹸、化粧品、かばん、塩、ハチミツなど。気の利いたおみやげ探しにもいい。

カード A M V

ポートランド製の物ばかり

M ポートランド・ダウンタウン P.389-A2
住 40 N.W. 10th Ave.
☎ (503) 224-0122
URL madeherepdx.com
営 毎日11:00〜18:00

書籍	パウエルズブックス

Powell's Books

世界最大規模の本屋さん

街の1ブロックがまるごと本屋さんの敷地になっている。さまざまなジャンルの書籍が揃っているほか、カフェもある。ポートランドに来たからには訪れておきたい書店だ。サウスイースト地区にあるホーソンブルバード店は料理・園芸専門書をおもに扱っている。

カード A M V

ポートランドを代表する書店

M ポートランド・ダウンタウン P.389-A2
住 1005 W. Burnside St.
☎ (503) 228-4651
URL www.powells.com
営 毎日10:00〜21:00

ポートランドのレストラン
Portland

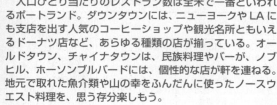

人口ひとり当たりのレストラン数は全米で一番といわれるポートランド。ダウンタウンには、ニューヨークやLAにも支店を出す人気のコーヒーショップや観光名所ともいえるドーナツ店など、あらゆる種類の店が揃っている。オールドタウン、チャイナタウンは、民族料理やバーが、ノブヒル、ホーソンブルバードには、個性的な店が軒を連ねる。地元で取れた魚介類や山の幸をふんだんに使ったノースウエスト料理を、思う存分楽しもう。

RESTAURANT

ダウンタウン

シーフード	ジェイクス・フェイマス・クローフィッシュ

Jake's Famous Crawfish

ポートランドを代表する老舗レストラン

1892年創業のシーフードレストラン。クラムチャウダー（$9〜）やダンジネスクラブ・ケーキ（$21）、生ガキ（$3.50）などメニューも豊富。マドンナやマイケル・ジョーダンを含め、ハリウッドスター、アスリート、政治家、有名人が多数訪れたとか。

カード **A** **M** **V**

Ⓜ ポートランド・ダウンタウン P.389-A2
🏠 401 S.W. 12th Ave.
☎ (503) 226-1419
🌐 www.jakesfamous.com
🕐 毎日11:30〜21:00
　（金・土〜22:00）

カジュアルすぎる服装はやめよう

シーフード	ダン＆ルイス・オイスターバー

Dan & Louis Oyster Bar

ノースウエストのカキならこの店！

1907年創業の有名店。店内は船に関する小物であふれ、アンティークな雰囲気が漂う。名物のカキ（6個$18〜）は、オレゴン、ワシントン、ブリティッシュコロンビア産を揃え、味も大きさも異なるが、それぞれに美味。生ガキが苦手なら、カキシチュー（$11〜）はいかが？

カード **A** **J** **M** **V**

Ⓜ ポートランド・ダウンタウン P.389-B2
🏠 208 S.W. Ankeny St.
☎ (503) 227-5906
🌐 www.danandlouis.com
🕐 木〜月12:00〜21:00
　（金・土〜22:00）
🚫 火・水

ワインの品揃えも豊富

ドーナツ

Voodoo Doughnut

ポートランド発のドーナツショップ

2003年にオープンして以来、ダウンタウンでドーナツを食べるならこここ、早朝から夕方まで行列ができる超人気のお店。Portland Cremeはポートランド市のドーナツに選ばれている。お酒を飲んだあとに Bacon Maple Bar を食べて締めるのが地元の人に好評だとか。

カード **A** **M** **V**

Ⓜ ポートランド・ダウンタウン P.389-B2
🏠 22 S.W. 3rd Ave.
☎ (503) 241-4704
🌐 voodoodoughnut.com
🕐 毎日6:00〜23:00
　（金・土〜翌3:00）

ドーナツは1個$1.50から

カフェ	スタンプタウン・コーヒー・ロースターズ

Stumptown Coffee Roasters

ポートランドを代表するカフェ

ポートランドのコーヒー文化を作ったといわれているカフェ。市内に数店舗あるほか、ニューヨークやロスアンゼルスにも近年出店している。焙煎技術も市内でトップクラス。コーヒー好きは必訪のカフェだ。

カード **A** **M** **V**

Ⓜ ポートランド・ダウンタウン P.389-B2
🏠 128 S.W. 3rd Ave.
☎ (503) 295-6144
🌐 www.stumptowncoffee.com
🕐 毎日7:00〜15:00
　（土・日〜17:00）

ポートランダーが多く集まる

 メモ ポートランド生まれのアイスクリーム　オレゴン州ユージーンの酪農家から取り寄せている乳製品を使ったアイスクリームは甘さ控えめで日本人好みの味。**ソルト＆ストローSalt & Straw** Ⓜ P.394-A1〜A2 ↗

ダウンタウン

ビール&アメリカ料理 **ライブラリー・タップハウス & キッチン**
Library Taphouse & Kitchen

さまざまなビールを試せる

50種類以上の樽生ビールを常時取り揃えているタップルーム。時期により異なるが、ラガーやIPAは種類が豊富にあるそう。ビールグラスは5オンス、16オンス、32オンス、64オンスと4サイズあるのもいい。

カード AMV

ポートランド州立大学のビルの中に入る

M ポートランド・ダウンタウン P.389-A4
住 615 S.W. Harrison St., #B
☎ (503) 725-3204
URL librarytaphouse.com
営 月〜土11:00〜22:00
休 日

サウスイースト

フランス料理 **ル・ピジョン**
Le Pigeon

日本人の口に合うさっぱりした味つけ

アメリカ料理界で数々の賞を受賞し、全米に名を知られている人気シェフのガブリエル・ラッカー氏がいるレストラン。コースメニューのシェフズ・テイスティング・メニュー（$135）から前菜やメインを選ぶ。事前に予約すること。

カード AMV

ワインとのペアリングも楽しめる

M ポートランド中心部 P.388-B3
住 738 E. Burnside St.
☎ (503) 546-8796
URL lepigeon.com
営 月〜土17:00〜22:00
休 日

イタリア料理 **ノストラーナ**
Nostrana

薪で焼いたピザが人気

アメリカ料理界のアカデミー賞であるジェームズ・ビアード賞のファイナリストに6度ノミネートされているシェフのキャシー・ウィムズ氏が経営するレストラン。2023年、ピザ専門家により全米トップ50に選ばれたピザ（$17〜）は絶対に食したい。

カード AMV

隣にはワインバー Enoteca もある

M ポートランド中心部 P.388-B3
住 1401 S.E. Morrison St., #101
☎ (503) 234-2427
URL nostrana.com
営 月〜土17:00〜21:00（金・土〜22:00）
休 日

スウェーデン料理 **ブローダーカフェ**
Broder Cafe

週末の朝は1時間待ちになることも

看板メニューのデンマーク風パンケーキAebleskiver（$10〜）は、コロコロとして丸く、ひと口サイズ。スモークハムと卵焼きが挟まったサンドイッチBreakfast Sandwich（$15〜）や、ハムかマッシュルームにほうれん草と卵がのったFolorade Agg（$15〜）がおすすめ。

カード AMV

地元の人もおすすめする朝食スポット

M ポートランド中心部 P.388-B3
住 2508 S.E. Clinton St.
☎ (503) 736-3333
URL www.broderpdx.com/cafe
営 水〜月9:00〜15:00
休 火

ノースウエスト

ビール&アメリカ料理 **テン・バレル・ブリューイング・カンパニー**
10 Barrel Brewing Co.

オレゴン州ベンドで誕生したビール会社

にぎやかな雰囲気のなか、料理もビールも楽しめるブリューパブ。樽生ビールは、IPAやラガーなど約20種類ある。ハンバーガー（$15〜）やサンドイッチ（$14〜）、サラダ（$11〜）などフードメニューも豊富なので、ビールを飲まない人でも楽しめる。

カード AMV

10種類のビールを試飲できる Flight（$13）

M ポートランド・ダウンタウン P.389-A2
住 1411 N.W. Flanders St.
☎ (503) 224-1700
URL 10barrel.com/pubs
営 毎日11:00〜22:00（金・土〜23:00）

ノース

スウェーデン料理 **スウィーディーディー**
Sweedeedee

ポートランドでも有名な朝食スポット

ポートランド郊外から朝食を食べにわざわざ訪れる人もいるほど有名なカフェレストラン。メニューは週替わりだが、フレンチトーストやベジタブル・サンドイッチ（$15〜）は定番商品として、ほぼ常にある。予約不可なので朝一番で並びたい。

カード AMV

新鮮な食材を使ったメニューが多い

M ポートランド中心部 P.388-A2
住 5205 N. Albina Ave.
☎ (503) 201-7038
URL www.sweedeedee.com
営 毎日10:00〜15:00

↘ 住 838 N.W. 23rd St. URL saltandstraw.com 営 毎日11:00〜23:00

ポートランドのホテル
Portland

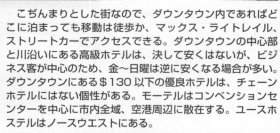

こぢんまりとした街なので、ダウンタウン内であればどこに泊まっても移動は徒歩か、マックス・ライトレイル、ストリートカーでアクセスできる。ダウンタウンの中心部と川沿いにある高級ホテルは、決して安くはないが、ビジネス客が中心のため、金～日曜は逆に安くなる場合が多い。ダウンタウンにある＄130以下の優良ホテルは、チェーンホテルにはない個性がある。モーテルはコンベンションセンターを中心に市内全域、空港周辺に散在する。ユースホステルはノースウエストにある。

ダウンタウン

最高級	**ザ・リッツ・カールトン・ポートランド**
	The Ritz-Carlton, Portland

2023年秋にオープンした

ダウンタウンの中心部にそびえ立つ35階建ての高層ビルに入る。大理石のバスルームや天井までガラス張りの窓など、客室の細部まで豪華さを感じられる。館内にはインドアプールやフィットネスセンター、スパ、高級レストランもあり、優雅に過ごせるはずだ。

Wi-Fi無料　251室　[カード] A D J M V

Ⓜ ポートランド・ダウンタウン P.389-A2
🏠 900 S.W. Washington St., Portland, OR 97205
📞 (971) 900-4500
🌐 www.ritzcarlton.com
🛏 Ⓢ Ⓓ Ⓣ $473～825、Ⓢ$925～5500

最高級	**ナインズ・ホテル・ポートランド**
	The Nines Hotel Portland

極上のホテルライフはここで！

パイオニア・コートハウス・スクエアを見下ろす歴史的な建物、マイヤー＆フランクビルの高層階を全面的にリノベーションした、ポートランドで最高級のラグジュアリーホテルのひとつ。毎日16:00～18:00までワインの無料テイスティング・サービスあり。

Wi-Fi無料　331室　[カード] A D J M V

Ⓜ ポートランド・ダウンタウン P.389-A3
🏠 525 S.W. Morrison St., Portland, OR 97204
📞 (503) 222-9996
📠 (503) 222-9997
🌐 www.thenines.com
🛏 Ⓢ Ⓓ Ⓣ $269～379、Ⓢ$469～4500

高級	**ヒースマンホテル**
	Heathman Hotel

格式ときめ細やかなサービス

入口でパーソナルコンシェルジュに出迎えられ、重厚なロビーホールへと誘われる。2018年の大改装で、3000冊の本を並べたライブラリーを新設した。自転車の無料貸し出しサービスあり。パイオニア・コートハウス・スクエアのすぐそば。

Wi-Fi無料　150室　[カード] A D J M V

Ⓜ ポートランド・ダウンタウン P.389-A3
🏠 1001 S.W. Broadway, Portland, OR 97205
📞 (503) 241-4100
📠 (503) 790-7110
🌐 heathmanhotel.com
🛏 Ⓢ Ⓓ Ⓣ $170～379、Ⓢ$205～1750

中級	**マーク・スペンサー・ホテル**
	Mark Spencer Hotel

日本語が通じ、部屋はゆったり

Powell's Booksのすぐ近くで、ダウンタウンのほぼ中心にあり、どこに行くにも便利なホテル。ほとんどの部屋がキッチン付きなので、自炊しながら長期滞在する旅行者に大人気の宿だ。週に3～5日、日本人スタッフが働いている。

Wi-Fi無料　101室　[カード] A D J M V

Ⓜ ポートランド・ダウンタウン P.389-A2
🏠 409 S.W. 11th Ave., Portland, OR 97205
📞 (503) 224-3293
🌐 www.markspencer.com
🛏 Ⓢ Ⓓ Ⓣ $189～349、Ⓢ$229～650

コーヒーメーカー　ミニバー／冷蔵庫　バスタブ　ヘアドライヤー　BOX 室内金庫　ルームサービス　レストラン
フィットネスセンター／プール　コンシェルジュ　Ⓙ 日本語を話すスタッフ　ランドリー　ワイヤレスインターネット　P 駐車場　車椅子対応の部屋

中級　エースホテル・ポートランド　Ace Hotel Portland

古い建物を斬新に改装したデザインホテル

ホテルは、1912 年に完成した建物を改築したもの。客室はコンパクトで、ダブルベッドに小さなシンク、シャワー室とトイレ、クローク、書き物机以外、家具らしいものは一切ない。ベッドに掛けられた大判毛布は Pendleton に特注したホテルのロゴ入りオリジナルだ。　WiFi 無料　79室　カード A J M V

Ⓜ ポートランド・ダウンタウン P.389-A2
🏠1022 S.W. Harvey Milk St., Portland, OR 97205
☎ (503) 228-2277
🌐www.acehotel.com
Ⓢ Ⓓ Ⓣ $129〜379

エコノミー　マクミナミンズ・クリスタル・ホテル　McMenamins Crystal Hotel

歴史的建造物に指定されているホテル

過去 100 年の間に直営のライブハウスで演奏を行った歌手にちなんで、館内はデコレーションが施され、色鮮やかだ。1 階はレストランやバーが入り、地下にはプール、2 階にはボールルームがある。スイートルーム以外の部屋はバスやトイレが共同。　WiFi 無料　51室　カード A D J M V

Ⓜ ポートランド・ダウンタウン P.389-A2
🏠303 S.W. 12th Ave., Portland, OR 97205
☎ (503) 972-2670
🌐www.mcmenamins. com/crystal-hotel
Ⓢ Ⓓ Ⓣ $129〜175、
Ⓢ Ⓤ $189〜255

中級　ジュピターホテル　The Jupiter Hotel

お手頃なデザインホテル

白い壁と白いシーツにクッションがアクセントを添える小気味のいい客室。ホテル内にはライブイベントが楽しめるラウンジバー＆レストランや結婚式がよく行われている中庭もあり、夜遅くまでにぎわっている。パイオニア・コートハウス・スクエアからバス #12 や #19 で 13 分。　WiFi 無料　81室　カード A M V

Ⓜ ポートランド中心部 P.388-B3
🏠800 E. Burnside St., Portland, OR 97214
☎ (503) 230-9200
🌐jupiterhotel.com
Ⓢ Ⓓ Ⓣ $139〜249、
Ⓢ Ⓤ $249〜499

中級　ソサエティホテル　Society Hotel

アーバンステイを堪能したいならここ

チャイナタウンで 30 年以上空いていた建物を400 万ドルかけてリノベーションし、2015 年オープンした。客室のタイプは、バスとトイレがあるスイートルーム、バスとトイレが共同のドミトリーやプライベートルームの 3 種類。フロントスタッフは24 時間常駐しているので安心だ。　WiFi 無料　62室　カード A M V

Ⓜ ポートランド・ダウンタウン P.389-B2
🏠203 N.W. 3rd Ave., Portland, OR 97209
☎ (503) 445-0444
🌐www.thesocietyhotel.com
Ⓗ ドミトリー$49〜73、
個室$122〜197

エコノミー　ノースウエスト・ポートランド・ホステル　Northwest Portland Hostel

ノブヒル探訪に絶好のロケーション

築 100 年以上のアパートを使用するホステリング・インターナショナルのホステル。1 階にはカフェもある。掲示板は情報満載で旅行者同士の交流が盛んだ。ノブヒルへ徒歩数分、ダウンタウンへ徒歩 15 分。建物は終日オープンしている。　WiFi 無料　個室32室、160ベッド　カード M V

Ⓜ ノブヒル P.394-B2
🏠479 N.W. 18th Ave., Portland, OR 97209
☎ (503) 241-2783
📠 (503) 525-5910
🌐www.nwportlandhostel.com
Ⓗ ドミトリー$38〜48、
Ⓢ Ⓓ Ⓣ $74〜149

中級　ダブルツリー・バイ・ヒルトン・ホテル・ポートランド　DoubleTree by Hilton Hotel Portland

コンベンションセンターに近い

モダセンターやモールのロイドセンターに歩いて行ける。空港からマックス・ライトレイルで約 20 分後にはもうホテル到着というのも魅力的。ダウンタウンにもマックス・ライトレイルでアクセス簡単。足回りのよさでおすすめのホテルだ。　WiFi 無料　477室　カード A M V

Ⓜ ポートランド中心部 P.388-B3
🏠1000 N.E. Multnomah St., Portland, OR 97232
☎ (503) 281-6111
🌐www.hilton.com
Ⓢ Ⓓ Ⓣ $149〜309、
Ⓢ Ⓤ $343〜699

あなたの**旅の体験談**をお送りください

「地球の歩き方」は、たくさんの旅行者からご協力をいただいて、
改訂版や新刊を制作しています。
あなたの旅の体験や貴重な情報を、これから旅に出る人たちへ分けてあげてください。
なお、お送りいただいたご投稿がガイドブックに掲載された場合は、
初回掲載本を1冊プレゼントします！

ご投稿はインターネットから！

URL www.arukikata.co.jp/guidebook/toukou.html
画像も送れるカンタン「投稿フォーム」
※左記のQRコードをスマートフォンなどで読み取ってアクセス！

または「地球の歩き方　投稿」で検索してもすぐに見つかります

 地球の歩き方　投稿 検索

▶投稿にあたってのお願い

★ご投稿は、次のような《テーマ》に分けてお書きください。

《新発見》————ガイドブック未掲載のレストラン、ホテル、ショップなどの情報
《旅の提案》————未掲載の町や見どころ、新しいルートや楽しみ方などの情報
《アドバイス》————旅先で工夫したこと、注意したこと、トラブル体験など
《訂正・反論》————掲載されている記事・データの追加修正や更新、異論、反論など

※記入例「○○編20XX年度版△△ページ掲載の□□ホテルが移転していました……」

★データはできるだけ正確に。

ホテルやレストランなどの情報は、名称、住所、電話番号、アクセスなどを正確にお書きください。
ウェブサイトのURLや地図などは画像でご投稿いただくのもおすすめです。

★ご自身の体験をお寄せください。

雑誌やインターネット上の情報などの丸写しはせず、実際の体験に基づいた具体的な情報をお
待ちしています。

▶ご確認ください

※採用されたご投稿は、必ずしも該当タイトルに掲載されるわけではありません。関連他タイトルへの掲載もありえます。
※例えば「新しい市内交通パスが発売されている」など、すでに編集部で取材・調査を終えているものと同内容のご投稿をい
ただいた場合は、ご投稿を採用したとはみなされず掲載本をプレゼントできないケースがあります。
※当社は個人情報を第三者へ提供いたしません。また、ご記入いただきましたご自身の情報については、ご投稿内容の確認
や掲載本の送付などの用途以外には使用いたしません。
※ご投稿の採用の可否についてのお問い合わせはご遠慮ください。
※原稿は原文を尊重しますが、スペースなどの関係で編集部でリライトする場合があります。

旅の準備と技術

Travel Tips

旅の情報収集

行き当たりばったりの旅も楽しいが、限られた時間で旅行を充実させるには、事前にしっかりと情報を入手することが肝要。インターネット上にあふれる無数の情報の中から、自分に役に立つものを探し出してみよう。

新聞、雑誌、フリーペーパー
現地で入手できる情報源として有力なのは、滞在する都市で発行されているローカル新聞、有料の観光情報誌、タウン誌などのフリーペーパー。
→ P.39、P.169、P.209、P.311、P.347、P.381

渡航関連情報／旅の総合情報
外務省・海外安全ホームページ
📱www.anzen.mofa.go.jp
ブランドUSA
📱www.gousa.jp

海外旅行の最旬情報はここで！
「地球の歩き方」公式サイト。ガイドブックの更新情報や、海外在住特派員の現地最新ネタ、ホテル予約など旅の準備に役立つコンテンツが満載。
📱www.arukikata.co.jp

●インターネットの活用

■各都市の観光局公式サイト

公的な機関である各地の観光局が運営する。一般的な情報を入手するにはいちばん便利だし、情報の信頼性も高い。ただし運営側のつごうで更新が頻繁になされていないこともあり、また英語ページにある情報が日本語ページにはなかったりすることもあり、サイトによって質の差もある。以下は観光局の日本語のサイト。〈英〉とあるものは英語のみ。

●**カリフォルニア観光局**
📱www.visitcalifornia.com/jp ※英語サイトは/jpを取る
●**ロサンゼルス観光局**
📱www.discoverlosangeles.com/jp ※英語サイトは/jpを取る
●**サンディエゴ観光局**
📱www.sandiego.org/japan ※英語サイトは/japanを取る
●**サンフランシスコ観光協会**
📱jp.sftravel.com ※英語サイトは頭のjpをwwwに替える
●**ラスベガス観光局**
📱www.visitlasvegas.com/ja ※英語サイトは/jaを取る
●**シアトル観光局　日本事務所**
📱visitseattle.jp ※英語サイトはjpをorgに
●**ポートランド観光協会**
📱www.travelportland.com/ja ※英語サイトは/jaを取る
●**アメリカ国立公園情報** 📱www.nps.gov〈英〉

■ブログ、口コミサイト、SNS

現地在住者や旅行者が発信するブログは、リアリティのある情報源。情報の質としては、だいたい現地在住者＞旅行者。旅行者の場合、たまたまその場所で見聞きした情報を発信していることが多いので、それが一般的なものなのか、特別なものなのかは不明。いずれも発信者のフィルターを通した情報であることを覚えておこう。同様に口コミサイトの情報も個人の主観。発信者の思い込み、勘違いがあることを前提にして、あくまでも参考程度に考えよう。SNSも速報性という点では優れている。また趣味嗜好や感性に共感できる自分がフォローしている人のSNSなら、ショップやレストランなどについて、ほかでは得られない情報が見つけられるかもしれない。

●現地での情報収集

町にある観光案内所も利用価値が高い。地元スタッフから最新の情報が聞けるし、地図や無料ガイド、交通機関の利用法やスケジュール、パンフレットなどの資料も手に入る。場所によってはアトラクションのチケットやパスを販売しているところもあるので、ぜひ立ち寄ってみよう。現地の情報誌（→側注）も役に立つ。

📖メモ **コンシェルジュ** 相談はホテルのコンシェルジュを頼ってみるのもひとつの方法。コンシェルジュとは、宿泊客のあらゆる要望に対応するホテルスタッフの一員で、ベテランホテルマンが務めている場合が多い。

旅のシーズン

　一般的に西海岸の都市は厳寒酷暑がないので、どの季節に訪れてもそれなりに楽しめる。それでも快適に過ごしたいなら、ベストシーズンを知るだけでなく、訪れる場所の地形や気候的な特徴を知って、服装などそれに備えた準備をしておこう。

●西海岸の気候とベストシーズン、服装

　ひと言で西海岸といっても、場所によって気候は大きく異なる。その気候に大きな影響を与えているのが、太平洋を流れる海流だ。それに注目して本書掲載都市の気候的特徴を北から見てみよう。

●シアトル

　シアトルは北緯47度37分にある。北海道の稚内より北だが、真冬でも氷点下になることは少なく、降雪はあっても、積もることはほとんどない。これはシアトルの太平洋岸をアラスカ海流という暖流が流れているから。冬に雨が多いのもそのためで、高緯度地域の低い気温と高い海水温の温度差により海水が蒸発し、たくさんの雨雲を発生させるからだ。春になって気温が高くなるにつれて雨は少なくなり、気温が低くなる晩秋から、再び雨が多くなる。

ベストシーズン：雨が少なくなる5～10月の間。

服装：夏はそれなりに暑くなるが、朝夕は涼しいので1枚羽織るものを。冬はしっかりした雨具を。防寒対策が必要になるほど気温は低くならないが、天気がよくないので寒々しい。

●ポートランド

　シアトルと同じ気候帯に属しており、冬に雨が多いのは同じだが、海から約100km内陸にあるため、シアトル以上に四季がはっきりしており、寒暖の差はより大きく、夏はかなり暑くなることも。ただ北海道の稚内とほぼ同じ緯度にありながら、冬はさほど寒くならず、氷点下を下回る日数は数えるほどしかない。

ベストシーズン：雨が少なくなる4月頃から雨が多くなる前の10月まで。気温が高い夏も湿度が低いのでさわやか。

服装：東京の季節感に合わせた服装で特に問題ない。ただ夏は東京ほど暑くならないし、朝夕は意外に涼しい。

●サンフランシスコ

　サンフランシスコは、上記のアラスカ海流の代わりに、カリフォルニア海流の影響を受ける。これは北から南に流れる寒流だ。シアトルは海に面しているがかなり内陸の湾であり、海流の直接的な影響は少ない。ところがサンフランシスコは太平洋に面しているので、もろに寒流の影響を受ける。そのため海沿いでは、1年を通して気温が大きく変わらない。ただ気温が変わらないのは海の近くだけ。ナパバレーもシリコンバレーもサンフランシスコから車で1時間しか離れていないが、はっきりとした四季がある。夏、内陸が暑いとき、海岸部との温度差によって霧が発生しやすくなる。霧が発生すると気温もぐっと下がる。カリフォルニアは暖かいというイメージがあるが、サンフランシスコには当てはまらないと覚えておこう。

ベストシーズン：通年気温は変わらないが12～3月はやや雨が多い。4～11月が観光シーズンだが、夏になると霧が多くなる。それを含めて

アラスカ海流
　暖流といっても「温かい海水」ではなく「冷たくない海水」くらい。そのおかげでシアトルは夏の間もさほど暑くならない。

年間平均気温と降水量は各都市の「旅のシーズン」を参照
→ P.39、P.169、P.209、P.311、P.347、P.381

日本との時差早見表
→ P.11

世界の天気
　気象予報のサイトなどで現地の状況を確認しておこう。
日本気象協会
www.tenki.jp/world

マーク・トウェインの名言
　ひと夏をサンフランシスコで過ごした作家の言葉。「今まで過ごしたなかで最も寒かった冬は、夏のサンフランシスコだった」

　サービスの内容は幅広く、劇場のチケットや飛行機、列車の切符の手配、レストラン紹介や予約、ビジネスサポートなどを行う。なお、コンシェルジュに要望したサービスの提供を受けた場合は、難易度に応じた額のチップを渡そう。

アメリカの温度の単位

アメリカでは気温や体温などの温度は、華氏（℉）で表示されるのが一般的。摂氏（℃）への換算は下表参照。

温度換算表

摂氏（℃）	華氏（℉）
−20	−4
−10	14
0	32（氷点）
10	50
20	68
30	86
40	104
100	212（沸点）

華氏⇔摂氏の換算

●華氏
＝（摂氏×9／5）＋32
●摂氏
＝（華氏−32）×5／9

華氏温度を簡単に計算
（華氏−30）÷2でだいたいの気温がわかる。華氏100℉なら（100−30）÷2＝35（実際は37.8℃）、華氏50℉なら（50−30）÷2＝10（一致）。つまり華氏50℉から上下に離れるに従って誤差は大きくなるが、だいたいの気温を知るには十分だ。

LAのビーチで海水浴？
美しいビーチがたくさんあるLA。ビーチには大勢の人がいるが、泳いでいる人をあまり見かけない。その理由は簡単。水温が低いからだ。

カリフォルニアのイメージ
いつも天気がよくて、暖かいカリフォルニアのイメージを体験したいなら、ロスアンゼルスではなく迷わずサンディエゴを訪れることをおすすめする。

夏のアクティビティは厳しい
屋内で過ごすことが多いラスベガスだが、外でのアクティビティを楽しもうと考えるなら夏は避けるべき。乾燥しているので暑さに気づきにくく、気がついたら脱水症や熱中症になっていることがある。

サンフランシスコならではの風景が見たいなら、7、8月がいい。

服装：東京の初春、あるいは晩秋の服装がちょうどいい。ただ1日の天候の変化が激しく、晴れていればTシャツ1枚で過ごせるが、雲が出てきたとたんに冷たい風が吹き、

霧に包まれるゴールデンゲート・ブリッジ

体感温度があっという間に10℃以上上下がることも珍しくない。重ね着で対応したい。

●ロスアンゼルス

明るい太陽とヤシの木の並木道。温暖なカリフォルニアのイメージそのままに、ロスアンゼルスは暖かい。冬、最低気温は10℃を下回ることはあまりなく、最高気温が20℃を超えることも少なくない。夏は30℃を超える暑さになるが、湿度が低いのでさわやか。とはいえロスアンゼルスは広い。場所によってもう少し説明が必要だ。

カリフォルニア海流の影響を受けるので、海沿いは涼しい。ダウンタウンで35℃になるような酷暑の日でも、海沿いのサンタモニカは30℃以下などということは珍しくない。

内陸に行けば気温差はさらに大きくなる。降水量は1年を通して少なく、降るのは11月から3月。この時期太陽が隠れるとぐっと寒く感じられる。

ベストシーズン：雨がほとんど降らない4〜10月だが、7〜8月はかなり高温となり、湿度が低いとはいえ、外を歩き回るのはツライ。9〜10月がいちばん快適。

服装：5〜9月は基本半袖で過ごせる。湿度が低いぶん、日が落ちると涼しく感じるので、朝夕は1枚羽織るものを。冬の時期は東京の晩秋のイメージの服装で大丈夫。

●サンディエゴ

気候的にはロスアンゼルスとほぼ同じだが、LAよりも海流の影響が大きい。夏場はカリフォルニア海流の影響を受け、冬場はメキシコ沖から北上してくる暖流の影響を受ける。そのため夏はあまり暑くなく（30℃を超えない）、冬は暖かい（10℃を下回らない）という理想的な気候。また雨が降るのも冬から春先までで、降水量も少なく、年間を通じて晴天率がとても高い。

ベストシーズン：通年。1〜3月は降水があるが、量は少ない。

服装：秋から春にかけての冬場は、半袖＋上着（日中、いつでも脱げるように）。春から秋にかけては、基本的に半袖だけでOK。念のために朝夕の涼しいとき用に薄手の上着も用意しておこう。

●ラスベガス

海流の影響を受けない内陸部にあり、非常に乾燥した砂漠気候に属する。夏は非常に暑く（45℃を超える！）、冬はかなり寒い（氷点下も珍しくない）。1年の寒暖差だけでなく、1日の寒暖差も大きい。通年雨の心配はないが、6〜8月は最高気温が35℃を上回る。

ベストシーズン：最高気温がさほど高くなく、寒さも厳しくない3〜5月、または10〜11月。

服装：前述したように寒暖の差が激しい。これは屋内と屋外の温度差も含まれる。脱ぎ着しやすい服装を心がけたい。

旅の予算とお金

旅のスタイルや旅行のシーズンにより、「何にお金がかかるのか」、「何にお金をかけるべきなのか」は変わってくる。旅行資金を有効に使うために、またそれを安全に使うために、覚えておきたいことを解説する。

●旅の予算

旅行者にとってアメリカの物価は高く感じる。一番の理由は外食費が高いからだ。日本の1.5〜3倍くらいの感覚。またアトラクションの入場料やツアーの参加費なども割高感がある。とはいえ、食事もアトラクションも旅の楽しみのひとつなので、ケチりたくはない。一方、交通機関の運賃は日本とさほど変わらないし、ホテル料金は日々変動するので、一概に高いとはいえない。旅の予算は大きく6つに分けられる

①航空券代
国際線航空券代は旅行の時期による変動が大きい。ゴールデンウイーク、夏休み、年末年始が3つのピーク。安く済ませたいなら、まずその時期を外すこと。また航空券代は1日の違いで大きく変わることがある。航空券料金比較サイト（→P.413）でチェックができるので、休みの取得に融通が利かせられるなら、出発日を変えて料金を調べてみよう。

②宿泊費
ホテルのランク、ロケーションなどで料金が違うのはもちろん、航空券同様、日々料金が変動する。ピークシーズンだけでなく、その町で大きなイベントやコンベンションなどがあり、部屋の需要が高くなれば、当然料金も上がる。市場経済に生きる宿命とはいえ、あえて高い宿泊料を払いたくない。各都市の観光局のサイトを見ると、イベントスケジュール（あるいはカレンダー）のページがあるので、自分が旅行したい時期にイベントがないか確認しよう。

③食費
滞在中にかかる食事代や飲み代は、節約をしようと思えば、いちばん切り詰めることができる費用だが、旅の大きな楽しみを削るのは忍びない。ここはメリハリをつけて、食事を楽しみたい。例えば朝食はうんと切り詰めてランチやディナーを豪華にするとか、節約する日と食べたいものを食べる日を作るとか。事前にレストランを予約しておき、そのぶんは別予算を立てておくのもあり。旅行中に食べたものは、旅の思い出の重要な要素だ。

④観光費（遊興費）
入場料や現地ツアーの参加費など。複数のアトラクションの入場料がセットになったパスが各都市で発売されている。うまく使えばかなりの節約ができるはずだ。美術館、博物館では、平日の夕方以降入館料が無料になる日を設けていることがあるので、それを狙うのもよい。

⑤現地移動費
市内交通費は、1日パスを買って元がとれるか？ICパスを買わずに、そのつどチケットを買ったほうがいいのか？など、交通機関をどれくらい使うか、事前にしっかり考えよう。レンタカーは、レンタル料金やガソリン代以外に駐車場代もかかる。

国内線の航空券
現地で国内線を使って移動する予定があり、日程が決まっているなら、国際線の手配と一緒に国内線を購入したほうがいい。複数の区間がひとつの予約で済み、管理がしやすいからだ。

料金はひと部屋が基本
ホテルの料金はひと部屋の料金なので、複数で宿泊すれば安くなる。ただし3人以上の場合、ロールアウェイベッド（簡易折り畳みベッド）を追加料金を払って入れることが条件になっていることもある。

航空券の手配
→ P.413

宿泊費の目安
高級ホテルは、$300〜、中級$180〜、エコノミー$120前後、ユースホステルのドミトリーなら$50前後で泊まれる。

長距離バス／片道運賃の目安
※2024年3月現在
ロスアンゼルス〜サンフランシスコ間$40〜80

鉄道／片道運賃の目安
※2024年3月現在
ロスアンゼルス〜サンフランシスコ間$50〜120

レンタカー料金の目安
カリフォルニア州内でエコノミー2/4ドアクラスを借りる場合、諸税金、保険、ガソリン満タン1回分を含み1万500〜1万5000円。

レギュラーガソリンの価格
（2024年3月現在）
※1ガロン（3.8ℓ）当たり。
価格は地域によって異なる。
ロスアンゼルス$4.81、サンフランシスコ$4.69

駐車代
※地域やホテルにより異なる。
無料〜$70前後

南カリフォルニアのテーマパーク
→ P.127

⑥雑費
　①～⑤以外にかかるもの。おもにおみやげの購入費など。旅先では衝動買いなどをしがちなので、買い物については、別に予算を立てておいたほうがいいかもしれない。

●お金の持っていき方

　日本よりはるかにキャッシュレス化が進んでいるアメリカ。スーパーマーケットはもちろん、ファーマーズマーケットの屋台でもクレジットカードが当たり前のように使える。「自分は現金主義」という人も、アメリカでは支払いはカードを中心に。現金は最低限あればいい。

■どんなクレジットカードが必要？
　万一紛失したときのことを考えてクレジットカードは2枚以上用意したい。言うまでもないが、メインに使うカードと予備カードを一緒の財布に入れておいては意味がないので別の場所に保管しよう。2枚のカードのどちらかはマスターカードMastercardかビザVisaがいい。この2種のカードであれば、ほぼ100％の店で使える。その次に通用範囲が広いのはアメリカン・エキスプレスAmerican Express。続いてダイナースクラブDiners Club。西海岸の大都市であれば使える店は多いが、前記のカードと比べると通用範囲が狭くなってしまうのがジェーシービーJCBだ。旅行中は財布のひもが緩みがち。カードの限度額はしっかり確認しておこう。各カードのPIN（暗証番号）が必要になることが多いので、出発前に確認しておきたい。

■デビットカードと海外専用プリペイドカード
　デビットカードと海外専用プリペイドカードはクレジットカードと同じように買い物やオンラインでの支払い、現地ATMでの現金引き出しができる。使うときはクレジットカードと同じだが、支払いが異なる。デビットカードの支払いは、口座から引き落としになる点でクレジットカードと同じだが、クレジットカードが締日までの買い物をまとめて支払うのに対し、デビットカードは使用と同時に口座から引き落とされる。つまり後払いではなく、その場で現金を支払うのと同じ仕組みだ。口座の残高が利用限度額となる。銀行に口座があれば、作ることができる。
　海外専用プリペイドカードは、もっと簡単に作れるカード。銀行口座も審査も不要（ただし本人確認書類とマイナンバー申告が必要）。コンビニATMなどで出発前に日本円でチャージ（入金）した金額を限度額として利用できる。現地での使い過ぎが心配な人は、旅行期間中の支払い専用に、海外専用プリペイドカードを作っておくといいかもしれない。

■外貨の両替
　支払いはカードにしても、やはり現金がないと心配、という人は多いだろう。また、少額のチップなど現金が必要になる場面もまだある。アメリカ入国したあとでも日本円の両替は可能だが、日本出発前に外貨（US$）を両替しておいたほうが両替レートはいい。大手銀行のATMや空港で両替できる。銀行では$100単位でパッケージで売られていることが多く、空港の両替所では好きな金額で両替が可能。

メモ　**ICチップがあるクレジットカード**　アメリカ西海岸では、ICチップがあるクレジットカードしか受け付けないことがある。ICチップ付きのクレジットカードを持っていきたい。その際、サインではなくPIN（暗証番号）が必要だ。

出発までの手続き

パスポートをはじめ、海外旅行に行くには、出発までに揃えなければいけないものがたくさんある。またアメリカ旅行には、必ず取得しなければいけないESTAもある。出発直前になって慌てないように、余裕をもって用意したい。

━●パスポートの取得

パスポート（旅券）は、あなたが日本国民であることを証明する国際的な身分証明書だ。パスポートの申請は、オンライン（一部の地域では切替申請のみ）か、住民登録している都道府県庁にある旅券課やパスポートセンターで行う。5年用が紺、10年用が赤い表紙。18歳未満は5年用のパスポートのみ申請可。現在国内で発給されるパスポートはすべて、身分事項や所持者の顔写真を電磁的に記録したICチップが組み込まれたIC旅券。詳しくは下記サイトを参照。

🌐www.mofa.go.jp/mofaj/toko/passport/index.html

●受領は本人のみ

受領は本人のみで代理人は不可。通常、申請後7～10日で受け取れる。申請時に渡された受領証、発給手数料額の印紙・証紙（5年用1万1000円、10年用1万6000円、12歳未満6000円。申請窓口近くで販売している）が必要。

━●その他の手続き

●ビザ免除プログラム（VWP：Visa Waiver Program）

ビザは、国が発給する入国許可証。日本人のアメリカ合衆国入国にあたって、90日以内の観光、短期商用が目的の渡航であれば、ほとんどの場合、ビザは不要となる。ただし下記のESTA手続きは必要だ。申請方法などは詳しくは→P.412。

●電子渡航認証システム（ESTA）

上記のビザ免除プログラム（VWP）の一部で、渡航者が行う電子申請制度。インターネットを通じて氏名や住所、渡航情報などを入力し、ビザ免除で渡航できるかチェックを受ける。手数料と認証費として$21かかる（クレジットカード払い）。認証は2年間有効で、その間なら同じパスポートを使うかぎり何度でも出入国可能。出発の72時間前までにESTA渡航認証を取得することが推奨されている。申請番号を控えておこう。

🌐https://esta.cbp.dhs.gov

●海外旅行保険

海外旅行保険とは、旅行中の病気やけがの医療費、盗難に遭った際の補償、あるいは自分のミスで他人の物を破損した際の補償などをカバーするもの。万一のことを考えると、保険なしで旅行するのはかなり危ない。クレジットカードに旅行保険が付帯しているので大丈夫、と思う人がいるが、カードの保険では心もとない。アメリカの医療費は非常に高く、犯罪の発生率も決して低いとはいえない。また、金銭的な補償が得られるということだけでなく、緊急時に保険会社のもつ支援体制が使えることは、たいへん心強いもの。保険への加入は、当然本人の意思によるが、保険料は旅行全体の費用からみれば、ごくわず

■パスポート申請
必要書類
・一般旅券発給申請書（1通）
5年用と10年用がある。申請書の「所持人自署」の欄にしたサインがそのままパスポートに転写される。サインは日本語でもローマ字でもかまわない。
・戸籍謄本（1通）
6ヵ月以内に発行されたもの。本籍地の市区町村の役所で発行。郵送での取り寄せも可能。
・写真（1枚）
6ヵ月以内に撮影したもので、タテ4.5cm×ヨコ3.5cm。無背景など細かい規定があるので要確認。
・身元確認のための書類
運転免許証ならひとつ。健康保険証、国民年金手帳、写真付き学生証ならふたつ。
・住民票の写し（1通）
住基ネット導入エリア在住者は原則不要。

「ビザ免除プログラムの改定」の施行
「2015年ビザ免除プログラムの改定、およびテロリスト渡航防止法」の施行により、2011年3月1日以降にイラン、イラク、スーダン、シリア、リビア、イエメン、ソマリア、北朝鮮に、2021年1月12日以降にキューバに渡航、または滞在したことがある、などの条件に該当する場合は、ビザ免除プログラムを利用して渡航することができなくなった。詳細は在日米国大使館へ。
🌐jp.usembassy.gov/ja/visa-waiver-program-faq-ja/

ESTAの有効期間
認証期間内でも、パスポートの有効期限が切れるとESTAも無効になる。また、氏名やパスポート番号の変更があった場合は、再度申請を行うこと。

ESTA申請代行サイトに注意
ネットで検索したサイトからESTA申請を行う場合、申請代行サイトを利用していることに気づかずに申請してしまい、あとで手数料を請求されることがあるので注意。

「地球の歩き方」ホームページで海外旅行保険について知ろう
「地球の歩き方」ホームページでは海外旅行保険情報を紹介している。保険のタイプや加入方法の参考に。
🌐www.arukikata.co.jp/web/article/item/3000681/

📓**メモ** **パスポートの保管** ICチップのデータに影響する恐れがあるため、かばんや財布のマグネットなど磁気のある物に近づけないように。また、パスポートの中で所持人が記載できるのは、「所持人記入欄」のみ。メモや落書きは厳禁。

かな出費にすぎない。他人に起こるトラブルは、自分にも起こり得ると考えて、海外旅行保険には必ず加入しよう。

●国外（国際）運転免許証

国外（国際）運転免許証は、日本の運転免許証があれば誰でも取得できる。有効期間は発行から1年。取得に必要なものは、①有効な運転免許証、パスポート ②写真（1枚、タテ4.5cm×ヨコ3.5cm、6ヵ月以内に撮影のもの）③申請用紙（窓口にある）④手数料2350円。申請、発行場所は、住民登録している都道府県の運転免許センターなど。

●国際学生証（ISICカード）

世界青年学生教育旅行連盟が発行する世界共通の学生身分証明書。博物館や美術館で学生料金が設定されている場合、これを提示することでその料金で入場できる。取得はオンラインから。PayPalの決済のみで2200円。

日本の免許証も必要
　国外（国際）運転免許証は、実は免許証ではなく、日本の免許証の公式な翻訳。つまり日本の免許証も一緒に持っていないと効力がない。レンタカー会社によっては、国外（国際）免許証に代わる書類（運転免許証翻訳フォーム）を作成してくれる。

警察庁交通局
🔗www.npa.go.jp/policies/application/license_renewal/japan.html

国際学生証（ISICカード）
🔗isicjapan.jp

●ESTAの申請手引き

① 🔗https://esta.cbp.dhs.gov にアクセス
画面右上の「Change Language」で「日本語」を選択。「新規に申請を作成する」をクリックし、「個人による申請」または「グループによる申請」を選択。なお、申請期間中の申請の状況確認を行う場合は、「既存の申請を続行する」を選択すればいい。

② セキュリティに関する通告の画面が表示される。内容をよく読み、問題がなければ「確認して続行」をクリック。免責事項の画面が表示される。内容をよく読み、問題がなければ、「はい」を選択。
「The Travel Promotion Act of 2009（2009年旅行促進法）」に基づき、申請にかかる手数料、支払いに関しての内容を読む。同意なら「はい」を選択し「次へ」をクリック。

③ 申請者の情報の入力
「旅券をアップロード」の画面が出てくる。「旅券をアップロード」をクリック。パスポートの顔写真があるページの写真をアップロードする。パスポートの顔写真の情報が表示される。「申請への追加」をクリックすると、入力画面が出てくるので、申請者の未入力情報を入力する。
「*」の印がある項目は回答必須。質問事項は日本語で書かれているが、すべて英語（ローマ字）で入力、またはプルダウンから該当項目を選択する。疑問がある場合は「?」のアイコンをクリックする。
●申請者/パスポート情報、別の市民権・国籍、電子(e)メールアドレスを入力。
●登録した電子(e)メールアドレスに4ケタの確認コードが送られてくるので、それを入力。
●個人情報/連絡先情報、ソーシャルメディア、GEメンバーシップ、両親、勤務先の情報を入力。
●渡航情報/アメリカ国内の連絡先、アメリカ滞在中の住所、アメリカ内外の緊急連絡先情報を入力。
●1)～9)の適格性に関する質問事項に「はい」、「いいえ」で回答。

● 「権利の放棄」と「申請内容に関する証明」の内容を読み、チェックを入れる。
●本人以外が代行して入力した場合は、「第三者による代理申請の場合に限定」の内容を読み、チェックを忘れずに。
入力内容をよく確認して、間違いがなければ「次へ」をクリック。

④ ③で入力した内容が「申請内容の確認」として表示される。申請者情報/個人情報、渡航情報、適格性に関する質問など、すべての回答に間違いないかを再確認しよう。各申請内容に間違いがなければ「確認して続行」をクリック。もし間違いがある場合は、申請確認の画面の右上にある「申請内容の内容を変更する」を選択し、情報の修正を行うこと。
申請内容をすべて確認したら、最後にパスポート番号、国籍、姓、生年月日を再入力して「次へ」をクリックする。

⑤ 申請番号が発行されるので、申請番号を書き留めるか、印刷する。申請番号は、今後、既存の申請内容を確認するときに必要だ。免責事項を読み、「免責事項」に☑チェックを入れ、「今すぐ支払う」をクリック。

⑥ オンライン支払いフォームに進む。ここではクレジットカード名義人氏名、クレジットカード所有者の請求先住所、クレジットカード番号、有効期限、セキュリティコードを正確に入力する。
入力の情報を再確認したら、「続行」をクリックする。確認画面が表示されるので、間違いがなければ「私はカード発行会社との契約に従い、上記金額を私のクレジットカード口座へ課金することを許可します」に☑チェックを入れ、「続行」をクリック。支払い手続きが完了すると、登録した電子(e)メールアドレスに、ESTAの申請を受け付けた内容のメールが届く。

⑦ ESTA申請受け付けの電子(e)メールを受け取ったあと、通常72時間以内に結果が確定される。
「認証は保留中です」とは、審査中ということ。
「認証は承認されました」とは、渡航認証が承認され、ビザ免除プログラムでの渡航が許可されたことを示す。申請番号、ESTAの有効期限、申請した内容などが記載されたページを印刷し、渡航時に携帯することをすすめる。
「終了」をクリックすると、ESTAの登録は完了。引き続き申請する場合は、「別の渡航者の登録」をクリック。

📙メモ　ユースホステル会員証　ユースホステルは原則として会員制。年会費は2500円（19歳以上、継続の年会費は2000円）。**(財) 日本ユースホステル協会**　🔗www.jyh.or.jp

航空券の手配

　航空券は旅行費用のなかで大きな部分を占める。だからといって、よく調べもせずに安い航空券を購入して後悔した、などということが起きてはつまらない。航空券について、基本的な知識を身に付けて、自分に最適の航空券を購入しよう。

●日本からアメリカ西海岸への運航便

　2024年3月現在、日本とアメリカ西海岸の都市を直行便で結ぶのは、日本発が成田国際空港（NRT）、東京国際空港（羽田、HND）、関西国際空港（KIX）の3つの空港からで、運航都市はロスアンゼルス（LAX）、サンディエゴ（SAN）、サンフランシスコ（SFO）、サンノゼ（SJC）、シアトル（SEA）の5都市。全日空（NH）が5路線、日本航空（JL）が7路線、ZIPAIR Tokyo（ZG）が3路線、ユナイテッド航空（UA）が5路線、デルタ航空（DL）が2路線、アメリカン航空（AA）が1路線、シンガポール航空（SQ）が1路線の航路をもつ。

●アジア経由の便もある

　直行便にこだわらなければ、さらに多くの航空会社が選択できる。東アジアの都市、例えばソウル、台北、香港などを経由する便だ。時間も距離もよけいにかかるが、これらの便のほうが安いことが多いので、「時間はあるが、予算は少ない」という人には利用価値がある。

●どこで購入する？

　P.409でも説明したように、航空券の値段は常に変動している。シーズンにより変わるのはもちろんだが、同じ日の同じフライトであっても、「いつ」予約・購入するかで値段が変わってくる。一般的にはできるだけ早く購入するほうが安く買えるので、旅行の日程が決まったら、すぐに航空券を手配するのが賢明だ。

　ひと昔前まで、航空券は旅行会社のカウンターで買うものだったが、今はネットで買うのが一般的。各航空会社のサイトで購入することも可能だが、エクスペディアExpediaなどのOTA（Online Travel Agent、インターネットの旅行会社）であれば、航空券と一緒にホテルやレンタカーの手配ができる。

　ネットで購入する航空券は、ほとんどが「eチケット」という形で発行される。自分でプリントアウトしたり、スマートフォンに保存したりして、必要な場合に提示できるようにしておく。もし忘れてしまっても、パスポートで本人確認ができれば搭乗は可能だ。ただしプリントアウトなどがあれば、手続きははるかにスムーズだ。

　複数の航空会社の料金を一度に比較できるサイトもある。スカイスキャナーやトラベルコといったサイトでは、さまざまな会社や窓口で販売されているネット上の無数の航空券料金を横断的に検索（メタサーチという）して、料金の比較ができるように表示してくれる。目的地と日程の条件を入力するだけなので、日程が確定していなくても航空券代を知ることができる。もちろん日程が決まっているならそのまま購入することも可能だ。

　なお航空券の料金以外にも、燃油サーチャージ、日本出国税、空港税、発券手数料などを支払わなければならない。これらの金額が表示される航空券の料金に含まれているかどうか、しっかり確認したい。

航空会社別直行便ルート
（2024年3月現在）
ロスアンゼルス
HND発：全日空、日本航空、アメリカン航空、デルタ航空、ユナイテッド航空
NRT発：全日空、日本航空、ZIPAIR Tokyo、シンガポール航空
KIX発：日本航空
サンディエゴ
NRT発：日本航空
サンフランシスコ
HND発：全日空、日本航空、ユナイテッド航空
NRT発：全日空、日本航空、ZIPAIR Tokyo、ユナイテッド航空
KIX発：ユナイテッド航空
サンノゼ
NRT発：ZIPAIR Tokyo
シアトル
HND発：全日空、デルタ航空
NRT発：日本航空

航空券の値段の違い
　出発地と目的地、日程が同じでも、航空会社の違いで大きな差がある。値段と快適さや利便性は比例する。出発・到着時刻が早朝や深夜だったり、値段はものすごく安いが、乗り継ぎが何度もあり、各乗り継ぎで長時間待たされるようなチケットもある。購入する際は、フライトの内容をしっかり確認したい。

燃油サーチャージ
　石油価格の高騰や変動により、航空運賃のほかに"燃油サーチャージ"といって燃料費が加算されることがある。時期や航空会社によって状況が異なるので、航空券購入時に確認を。

日本出国税の徴収開始
　2019年1月7日より、日本を出国する人はひとり1000円の出国税を支払うことになった。

代表的な航空料金比較サイト
スカイスキャナー
Skyscanner
Ⓦwww.skyscanner.jp
トラベルコTRAVELKO
Ⓦwww.tour.ne.jp
スカイチケットskyticket
Ⓦskyticket.jp/international-flights/

旅の持ち物

　旅の荷物は軽いに越したことはない。特に国際線、国内線ともに機内預けや機内持ち込みの荷物（かばん）のサイズや重量に対して厳しい規制がある。たいていの物は現地調達できるので、悩むようなものは思いきって持っていかないほうがいい。

TSA 公認グッズ
　スーツケースに鍵をかけられないことに不安を感じる人は、TSA公認の施錠スーツケースやスーツケースベルト、南京錠などを使用しよう。これらTSA公認グッズは、施錠してもTSAの職員が特殊なツールでロックの解除を行うため、かばんが損傷する恐れが少なくなる。

預ける荷物について
　国際線（北米線）エコノミークラスの場合、無料で預けられる荷物は1～2個まで、1個の荷物につき22.6kg（50ポンド）以内、3辺の和が157cm以内とされている場合が多い。また、アメリカの国内線において、エコノミークラスの場合は2個まで預けられるが、1個目から有料（$30前後）。詳細は利用航空会社に確認を。

乗継便利用時の手荷物の注意
　日本出国手続き後に免税店などで購入した液体物は、アメリカ国内の乗り継ぎ空港でスーツケースなどに入れて預けなおそう。手荷物として乗り継ぎ搭乗しようとすると没収される恐れがある。なお出国手続きのあと免税店で購入した液体物については、不正開封防止袋（STEBs）に封入すれば、乗り継ぎ地点で放棄することなく目的地まで持っていくことができる。

荷造りのコツ
　おみやげなどを考慮して、出発時は容量の70～80%程度に抑えたい。基本的に貴重品や割れ物は機内に預ける荷物（預託荷物）には入れないこと。また、おしゃれ着はかばんの大きさに合わせて大きくたたみ、セーターなどかさばる冬服は圧縮袋などを利用しよう。シェーバーなど、衝撃に弱い物はタオルで巻いて荷物の中央に。

モバイルバッテリーの注意事項
　スマートフォンの予備電源として使われるモバイルバッテリー。ほとんどがリチウムイオン電池を採用しており、預託荷物に入れることは禁止されている。手荷物に入れて機内へ持ち込むこと（→P.417）。

●荷物について

　荷物で大きく占める衣類は、着回しが利くアイテムを選び、下着や靴下、Tシャツなどは2～3組あれば十分。洗濯は、小物類なら浴室での洗濯が可能だが、大物類はモーテルやホテル、街なかのコインランドリーを利用しよう。スーツやワンピース、Yシャツなどはホテルのクリーニングサービス（有料）に頼むこともできる。なお、ドラッグストアで買える風邪薬、胃腸薬、頭痛薬などを除いては、日本と同じく医師の処方せんがなければ薬が買えないため、薬だけは常備薬を携行すること。

■機内に預ける荷物について（預託荷物）

　アメリカ同時多発テロ以降、出入国者の荷物検査が強化され、アメリカ運輸保安局（TSA）の職員がスーツケースなどを開いて厳重なチェックを行っている。航空会社のカウンターで預ける荷物には施錠をしないよう求められているのはそのためで、検査の際にTSA公認以外のカギがかかっているものに関しては、ロックを破壊して調べてもよいとされている。したがって、機内預けの荷物には高価な物や貴重品は入れないこと。

　また、預託荷物は利用するクラス、航空会社によって、無料手荷物許容量（→左側注）が異なる。かばんのサイズや重量も各航空会社別に規定があるので、利用前に確認を。なお、機内持ち込み手荷物についてもかばんのサイズや個数などが定められており、アメリカの国内線・国際線ともに液体物の持ち込み規制（→P.417）があるので必ず確認を。

■機内に持ち込む手荷物について

　ひとつは無料で持ち込むことができる。持ち込みできるサイズは座席の上の棚、または前の座席の下に入る大きさ（だいたい3辺の合計が115cm以内）なら基本的にOK。重量は10kg以内。ただ小型のポーチなどは個数に含まれないことが多い。ナイフ、はさみといった刃物、ドライバーなど先がとがったものなどは、機内に持ち込むことができない。また液体物などについても制限があるので、疑問があれば自分が利用する航空会社に問い合わせのこと。

● TPO に合わせた服選びを

　旅行中は歩く機会が日常生活よりもずっと多い。行動しやすい服装を基本にしよう。旅先で新しい靴を履きたくなるかもしれないが、いざ履いてみて足に合わなかったら悲惨だ。履き慣れた、または出発前にしっかり履き慣らした靴を用意しよう。

　アメリカというと、常にカジュアルなイメージがあるが、日本以上に日常と非日常のメリハリがしっかりしている。ドレスコードがある場所

は少ないが、そういった場所に行くときは、アメリカ人はしっかりおしゃれをしている。旅行中に高級レストランでディナーを取る予定があるなら、それに倣って、しっかりドレスアップしたい。荷物は増えてしまうが、場にそぐわない服装で肩身の狭い思いをするのはつまらない。

■持ち物チェックリスト

	持ち物	必要度	チェック	備考
貴重品	パスポート	◎		有効期限の確認を。コピーを取って別の場所に保管する
	現金	◎		US ドルは日本で両替して用意。日本円も忘れずに
	クレジットカード	◎		違う種類のカードが2枚以上あるといい。Mastercard または VISA は必携
	デビットカード、海外専用プリペイドカード	○		こちらをメインに使うカードにしてもいい
	航空券（e チケットの控え）	◎		名前、便名、日付をしっかり確認すること
	海外旅行保険証	◎		万一に備え、加入しておきたい。クレジットカード付帯のものでは不十分なことが多い
	ESTA渡航認証のコピー	◎		認証画面を印刷しておく
	ホテルなど事前予約の証書類	◎		ウェブやアプリの予約完了画面、またはプリントアウト
	国外（国際）運転免許証	△		レンタカーを使う予定なら必須。日本の免許証も忘れずに
衣類	アンダーウエア、靴下	○		吸湿速乾性の高い素材のものが便利。必要最低枚数を用意し、洗濯して使う
	ミッドウエア	◎		着回ししやすい組み合わせを考える
	アウターウエア	◎		ジャケット、ウインドブレーカーなど。季節によっては防水機能があるものも
	おしゃれ着	△		ドレスコードのあるレストラン、ナイトライフを楽しむなら
	雨具	○		レインウエア、傘など、場所とシーズンに応じて
	帽子	○		日よけ、雨よけ、防寒にも
	くつ	◎		履き慣れたものを。目的に応じて防水機能が必要な場合も
	水着	△		プールだけでなく、温泉やジャクージで使う
身の回り品	洗面用具（歯磨き粉、シャンプーなど）	○		現地で購入できるのは大きなものばかり。必要量を用意しておきたい
	マスク、ハンドサニタイザー、ウェットティッシュ	◎		新型コロナウイルス対策として
	洗剤	○		衣類を少なくするには、日々の洗濯が欠かせない
	薬品類	○		飲み慣れたものと常備薬を。現地で買うのはけっこう大変
	ビニール袋	△		密封できるものが便利。サイズの違うものを数枚ずつ用意
	輪ゴム、ロープ	△		荷物の整理に。部屋で洗濯物を干すのにも役立つ
	洗濯挟み	△		洗濯物を干すだけでなく、あるといろいろと役に立つ
	筆記用具	○		メモ帳とボールペンを1セットで
	裁縫道具	○		はさみ、針、糸がセットになった小型のものがいい
	スリッパ、サンダル	△		機内やホテルの室内で。できるだけ軽くかさばらないもの
観光用品	カメラ	○		使い慣れていないものなら、必ずマニュアルも持参する。充電器も忘れずに
	メディア（SD カードなど）	△		現地では入手できる所がかぎられる
	サングラス	○		まぶしいときだけでなく、ファッションアイテムとしても
	携帯カイロ	△		現地ではなかなか入手できない。冷え込むシーズンにはありがたい
その他	スマートフォンと充電器	◎		SIM フリーなら現地で使える SIM カードに交換
	モバイルルーター	△		グループで利用すれば通信費を安く抑えられるかも
	電池	○		必要に応じて。現地でも入手可能だが、ボタンタイプは種類がかぎられる
	エコバッグ	○		スーパーでは袋は有料のことがほとんど
	辞書	△		ちょっとした調べものならスマートフォンで代用できる
	計算機	△		チップの計算などに。スマートフォンがあれば不要
	顔写真	○		パスポートサイズのものを3〜4枚

出入国の手続き

空港へは日本なら出発時刻の2時間前、アメリカなら出発時刻の3時間前までに着くようにしたい。アメリカでは保安検査を受けるまでに長時間待たされることがあるからだ。また、急なフライトスケジュールの変更に対応できるよう早めの到着を心がけよう。

●日本を出国する

国際空港へ向かう

日本の国際空港で西海岸の都市に直行便があるのは、成田国際空港（成田）、東京国際空港（羽田）、関西国際空港（関西）の3つ（→P.413）。

■空港到着から搭乗まで

❶搭乗手続き（チェックイン）

空港での搭乗手続きをチェックイン（Check-in）といい、eチケット所持者なら通常は自動チェックイン機で各自手続きを行う。コードシェア便の航空券を持っている場合などは、有人のカウンターでチェックイン手続きを行う。自動チェックイン機での手続きは、タッチパネルの操作をガイダンスに従って行う。わからないことがあれば、航空会社のスタッフに声をかけて教えてもらおう。すべての手続きが完了したら搭乗券が発券される。預ける荷物（預託荷物）がある場合は、荷物タグ（バゲージクレームタグ）も同時に発券される。その後、預託荷物を、航空会社のカウンターに預ける。その際、パスポートの提示が求められ、本人確認がある。航空会社のウェブサイトでのチェックイン手続きができる場合は、出発時刻の24〜72時間前に手続きを行う（任意）。早くチェックイン手続きを進めることで、好きな座席が選択できることもあるので、可能ならウェブサイトでチェックインをしてしまおう（→下記囲み）。

❷手荷物検査（セキュリティチェック）

保安検査場では、機内に持ち込む手荷物のX線検査と金属探知機に

成田国際空港
空港の略号コード　NRT
☎ (0476)34-8000
💻 www.narita-airport.jp

東京国際空港（羽田空港）
空港の略号コード　HND
☎ (03)5757-8111
💻 tokyo-haneda.com

関西国際空港
空港の略号コード　KIX
☎ (072)455-2500
💻 www.kansai-airport.or.jp

機内預けの荷物は施錠しない
現在、アメリカ線は預託荷物には施錠をしないように求められている。心配な人はスーツケースにベルトを装着するか、TSA公認のロック機能の付いたスーツケースを使用しよう（→P.414側注）。

●ウェブサイト（オンライン）チェックインのやり方

航空会社によってウェブページの構成は異なり、順番が前後したりすることがあるが、流れはだいたい同じ（以下は日本航空の場合）。

❶認証
予約番号、またはeチケットの番号、便名、出発日、名前を入力して搭乗者の認証を行う。同じ予約で複数の搭乗者がいる場合、それらの人も一緒に認証される。

❷チェックインする搭乗者の選択
搭乗予定者（複数の場合も）にチェックをして、チェックインを開始。

❸手荷物の注意事項の確認
持ち込み禁止の危険物が表示されるので、確認したらチェック。

❹チェックイン対象便の確認と座席指定
搭乗予定便が再度表示されるので確認し、間違いがなければ座席指定ページへ。
シートマップが示される。指定可能座席は無印、できない座席には×が付いている。航空会社によっては、選択可能な座席に○が付いている。

❺搭乗者の渡航情報の入力
国籍、生年月日、パスポート情報などを入力。さらに現在の居住地、アメリカ滞在中の住所（最初に泊まるホテル）を入力。

❻搭乗券の発行
日本航空の場合3とおり（メールで受け取る、その場で印刷する、iPhone/iPadで受け取る）の方法が選択できる。メールの場合は、メールアドレスを入力。印刷はカラーでもモノクロでも、どちらでもよい。いずれの方法も選択できない場合、空港のカウンターで搭乗券を受け取ることができる。その場合でもチェックインの手続き自体は終了している。最後のページでeチケットの控えを印刷することができるので、可能ならその場で印刷をしておきたい。

カウンターで預ける荷物がなければ、空港に着いたらそのまま保安検査へ。チェックインの手続きが終了していても、荷物を預ける場合は、空港の自動チェックイン機で手続きをして荷物のタグを受け取る必要がある。

よる身体検査を受ける。ノートパソコンなどの大型電子機器、財布や携帯電話、ベルトなどの身に着けている金属類はトレイに置いて、手荷物検査と一緒にX線検査を受けること。液体やジェル類の機内持ち込みは透明の袋に入れて別にして検査を受ける（下記囲み参照）。

❸税関手続き

高価な外国製品を持って出国する場合、「外国製品持ち出し届」に記入をして申告する。これを怠ると、帰国時に国外で購入したものとみなされ、課税対象になることもある。ただし、使い込まれたものなら心配はない。

❹出国審査

顔認証ゲートへ進む。パスポートの顔写真のページを旅券リーダーに置き、顔写真を撮影する。顔認証の処理が済み問題がなければ、ゲートを通過して出国完了となる。その際、出国スタンプは押されないので、スタンプ希望者はゲート近くにいる職員に申し出ること。

❺搭乗

自分のフライトが出るゲートへ向かう。飛行機への搭乗案内は出発時間の約30分前から始まる。搭乗ゲートでは搭乗券とパスポートを提示する。

━●アメリカに入国する

アメリカの場合、アメリカ国内線へ乗り継ぎがあっても、必ず最初の到着地で入国審査を行わなければならない。日本からの直行便がないラスベガスやポートランドへ向かう場合は、ロスアンゼルス国際空港（LAX→P.42）やサンフランシスコ国際空港（SFO→P.212）、シアトル・タコマ国際空港（SEA→P.350）などの乗り継ぎの国際空港で、入国審査を受けることになる。

なお、従来アメリカ入国の際に記入していた「税関申告書」の提出は廃止された。

飛行機のドアは出発時刻より早く閉まる

飛行機のドアは出発時刻の10分以上前に閉まることがざら。小さい飛行機ならぎりぎりまでドアを閉めないこともあるが、国際線などの大きな飛行機に乗るときは、買い物などに時間を取られて乗り遅れないように注意しよう。

18歳未満のアメリカ入国時の注意

両親に引率されない子供が入国する場合は、子供の片親や親、法的保護者からの同意書（英文）が要求される可能性がある。詳細はアメリカ大使館に問い合わせのこと。
アメリカ大使館
📮〒107-8420　東京都港区赤坂1-10-5
☎(03)3224-5000（代表）
🌐jp.usembassy.gov

Information ╱ ## 機内持ち込み手荷物について

身の回り品のほか、3辺の和が115cm以内の手荷物（サイズは各航空会社によって異なる）はひとつまで機内に持ち込むことができる。貴重品、パソコン、携帯電話、壊れやすい物は必ず機内持ち込みにすること。

ライターは、使い捨てライターとオイルライターならひとりにつき1個まで、機内へ持ち込むことができる。ターボライターの持ち込みは禁止。カミソリやはさみは機内預けの荷物へ。

電池類については、パソコンや携帯電話などの製品内部にあるリチウムイオン電池は問題ないが、予備のリチウムイオン電池は必ず機内持ち込み手荷物にすること。機内預けの荷物に入れることは禁止。アルカリ電池については機内預けの荷物に入れること。

また、国際線航空機客室への液体物の持ち込みは、出国手続き後の免税店などで購入した物を除き、制限されている。化粧品や歯磨き粉など液体類およびジェル状のもの、ヘアスプレーなどのエアゾール類はそれぞれ100mℓ以下の容器に入れ、容量1ℓ以下の無色透明ジッパー付きの袋に入れること。手荷物とは別に出国時の手荷物検査を受ければ持ち込み可能。

詳細は国土交通省のウェブサイト🌐www.mlit.go.jp/koku/15_bf_000006.html内にある「航空機への危険物の持ち込みについて」と「国際線の航空機内への液体物持ち込み制限について」を参照。

そのほか、直行便でなく乗継便を利用する場合の注意はP.414側注を参照。不正開封防止袋（STEBs）を利用しても没収の可能性があることは頭の隅に入れておこう。

両手全指の指紋採取
©Department of Homeland Security, US-VISIT

空港で荷物が出てこなかったら→ P.436

ロスアンゼルス国際空港のバゲージクレームからターミナルを出たところにあるサイン

■入国審査から税関申告まで

❶入国審査

　飛行機から降りたら、"Immigration" の案内に沿って入国審査場に向かう。審査場の窓口は、アメリカ国籍者(U.S. Citizen)、それ以外の国の国籍者（Visitor）の2種類に分かれている。自分の順番が来たら審査官のいる窓口へ進み、パスポートを提出する。場合によっては帰国日や宿泊先の詳しい情報を求められることもあるので、eチケットの控えや宿泊先の予約確認書（コンフォメーション・バウチャー）、旅行予定表のプリントアウトなどを手元に準備しておくといい。なお、現在米国に入国するすべての人を対象に、インクを使わないスキャン装置による両手の指の指紋採取（一部空港）とデジタルカメラによる入国者の顔写真の撮影が行われている。渡航目的や滞在場所など、いくつかの質問が終わり、入国が認められれば、パスポートを返してくれる。

審査に必要なパスポートを手渡す

入国審査時に顔写真を撮る
©Department of Homeland Security, US-VISIT

パスポートの検査、質問
（滞在目的、日数など）

指紋スキャン　　デジタルカメラによる顔写真の撮影

WELCOME TO THE U.S.

バゲージクレームへ

❷荷物をピックアップする

　入国審査のあと、バゲージクレームBaggage Claimへ。自分のフライトをモニターで確認して、荷物の出てくるターンテーブルCarouselへ行き、ここで預託荷物（機内に預けた荷物）を受け取る。手荷物引換証（タグ）を照合する空港もあるので、タグはなくさないように。また、預託荷物が出てこない、スーツケースが破損していたなどのクレームは、その場で航空会社のスタッフに申し出ること。

❸税関検査

　アメリカ入国には持ち込み制限があり、酒類は21歳以上で個人消費の場合は1ℓ、おみやげは$100相当、たばこは紙巻きたばこ200本相当まで無税。野菜、果物、肉類や肉のエキスを含んだすべての食品は持ち込み禁止になっている。

━●市内や近郊の町へ

　空港から市内へは、公共の交通機関、空港シャトル、タクシー、レンタカーなどのアクセス方法がある。これらはおおむね空港到着階のバゲージクレームからターミナルを出た所の "Ground Transportation" と示されたエリアから運行している。

メモ　**シアトル・タコマ国際空港でのアメリカ入国**　日本から直行便でシアトルに到着した乗客は、国際線到着施設で預託荷物をピックアップしてから、入国審査を受ける。

━●アメリカを出国する

❶空港へ向かう

ホテルから空港への交通手段で一般的なのは、空港シャトルバンか空港バス、タクシー、ライドシェア・サービス（ウーバー、リフト）の利用だろう。どの交通手段を利用する場合でも、時間に余裕をもって行動したい。現在アメリカ国内の空港のセキュリティが非常に厳しく、とても時間がかかる。国内線は2時間前に、国際線は3時間前までには空港に着くようにしたい。

❷利用航空会社のカウンターに向かう

アメリカのおもな国際空港は、航空会社によってターミナルが違う。空港シャトルバンならドライバーに乗客の利用する航空会社を尋ねられ、そのターミナルで降ろしてもらえる。空港バスの場合ドライバーがターミナル名と航空会社を言うので、これを聞き逃さないように。

❸チェックイン（搭乗手続き）

eチケットでセルフチェックイン後、利用航空会社のカウンターでパスポート、搭乗券、預託荷物を渡す。係員から、預託荷物のタグと搭乗券、パスポートを受け取り完了。

❹手荷物検査（セキュリティチェック）

搭乗ゲートへ向かう途中にある保安検査場では、係官がパスポートと搭乗券の照合を行う。その後、機内に持ち込む手荷物検査とX線検査を通って搭乗ゲートへ。2024年3月現在、アメリカでは出国審査官がいるゲートで出国スタンプを押してもらうプロセスがない。

━●日本に入国する

飛行機が到着したら、ゲートを進み検疫へ。

❶検疫

アメリカからの帰国者は基本的に素通りでいいが、体調異常がある場合は検疫官に申し出ること。

❷入国審査

ICパスポートを所持し、身長が135cm以上あり、ひとりで機械の操作を行える人は、顔認証ゲートを利用して手続きをする。その際、入国スタンプは押されないので、入国スタンプが欲しい場合は、ゲート近くの職員に申し出ること。入国できたらバゲージクレームへ行き、ターンテーブルから預託荷物を受け取り、税関へ。

❸動物・植物検疫

果物や肉類を日本に持ち込む場合、検疫所で検疫を受けなければならない。動物や植物などを持ち込む際は、証明書類や検査が必要になる。牛肉加工品の持ち込みは不可（→側注）。

❹税関申告

税関の申告方法は、2パターンある。①バゲージクレームエリアに置いてある、紙製の「携帯品・別送品申告書」（→P.420）を記入して税関職員に提出する。もしくは、②税関検査場の電子申告ゲートにある電子申告端末で、「Visit Japan Web」の税関用の二次元コードとICのパスポートの読み取りを行い、手続きをする。電子申告端末を利用する場合、アメリカ出国前までに、Visit Japan Web（→側注）への登録を済ませておくこと。

各都市の国際空港
ロスアンゼルス→P.42
サンディエゴ→P.172
サンフランシスコ→P.212
サンノゼ→P.215
オークランド→P.215
ラスベガス→P.313
シアトル→P.350
ポートランド→P.384

Visit Japan Web
日本入国時の「検疫」、「入国審査」、「税関申告」をウェブで行うことができるサービス。必要な情報を登録することでスピーディに入国できる。
[URL] vjw-lp.digital.go.jp

Visit Japan Web の画面

2024年1月25日3:00までに登録していたVisit Japan Web の情報
2024年1月25日3:00に入国審査と税関申告の二次元コードが統一された。システム変更前の入国審査・税関申告の二次元コードは利用できなくなったので、改めて登録し直すように。

肉類・肉加工品に注意
アメリカやカナダで販売されているビーフジャーキーなどの肉加工品は、日本に持ち込みができない。免税店などで検疫済みシールが添付されていても不可。2017年11月からは、バターやチーズなどの乳製品（おもに販売、または営業上の使用）も検疫の対象になった。
●動物検疫所
[URL] www.maff.go.jp/aqs/
●植物防疫所
[URL] www.maff.go.jp/pps

コピー商品の購入は厳禁！
旅行先では、有名ブランドのロゴやデザイン、キャラクターなどを模倣した偽ブランド品や、ゲーム、音楽ソフトを違法に複製した「コピー商品」を、絶対に購入しないように。

■携帯品・別送品申告書について

2024年3月現在、日本に入国（帰国）するすべての人は、税関申告をする必要がある。電子申告端末で手続きをする（Visit Japan Web→P.419）か、「携帯品・別送品申告書」を1通提出することになっている。申請用紙は税関を通過する前のバゲージクレーム周辺にある。海外から別送品を送った場合は「携帯品・別送品申告書」を2通提出。このうちの1通に税関が確認印を押して返してくれる。返してくれた申告書は、別送品を受け取る際の税関手続きで必要になるので、大切に保管しよう。なお、帰国後に別送品の申告はできない。もし、別送品の申請をしなかったり、確認印入りの申請書をなくした場合は、一般の貿易貨物と同様の輸入手続きが必要になるので要注意。

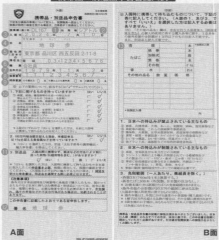

携帯品・別送品申告書記入例

A面　**B面**

〔A面〕
❶搭乗航空会社名（アルファベット2字の略号）と便名
❷出発地
❸入国日
❹氏名
❺現住所と電話番号
❻職業
❼生年月日
❽パスポート番号
❾同伴の家族がある場合の内訳
❿質問の回答欄にチェック
⓫別送品がある場合は「はい」にチェック、個数を記入
⓬署名
〔B面〕
⓭A面の質問1.、3.いずれかで「はい」を選択した人は、日本入国時に携帯して持ち込むものを記入。不明な点などは係員に確認を

■海外から日本への持ち込み規制と免税範囲

海外で購入する際に問題ないと言われても、税関で規制対象品と判明した時点で所有を放棄する、自己負担で現地に送り返す、輸入許可が下りるまで有料で保管されるなどの処置がなされる。

日本へ持ち込んではいけないもの
- ●麻薬、覚せい剤、大麻、MDMAなどの不正薬物
- ●けん銃などの銃砲、これらの銃砲弾、けん銃部品
- ●わいせつ雑誌、わいせつDVD、児童ポルノなど
- ●偽ブランド品、海賊版などの知的財産を侵害するもの
- ●ワシントン条約に基づき、規制の対象になっている動・植物、それらを加工した製品も規制の対象
- ●ソーセージ、ビーフジャーキーなどの牛肉加工品。免税店で販売されているもの、検疫済みシールが添付されているものでも不可

▶輸出入禁止・規制品について
詳細は税関のホームページを参照。⊞www.customs.go.jp

日本入国時の免税範囲（成年者ひとり当たり）　2024年3月現在

	品　目		数量または価格	備　考
1	酒　類		3本	1本760mℓ程度のもの
2	たばこ	葉巻たばこ	50本（ただし、ほかのたばこがない場合）	加熱式たばこ1箱あたりの数量は、紙巻きたばこ20本に相当する量。（例：IQOSアイコスの場合200本、gloグローの場合200本）
		紙巻きたばこ	200本（同上）	
		加熱式たばこ	個装等10個（同上）	
		その他のたばこ	250g（同上）	
3	香　水		2オンス	1オンスは約28mℓ
4	品名が上記1〜3以外であるもの		20万円（海外市場の合計額）	合計額が20万円を超える場合は、超えた額に課税。ただし、1個20万円を超える品物は、全額に課税される。

未成年者の酒類、たばこの持ち込みは範囲内でも免税にならない。
6歳未満の子供は、おもちゃなど明らかに子供本人の使用と認められるもの以外は免税にならない。
※免税範囲についての詳細は税関⊞www.customs.go.jp

現地での移動

現地での長距離の移動手段は、飛行機、バス、鉄道、レンタカーがある。効率を考えると飛行機がいちばんだが、場所によっては別の手段のほうがいいこともある。また移動手段そのものが旅の楽しみというケースもあるので、手段はよく考えて選ぼう。

一●飛行機（アメリカ国内線）

■広いアメリカでは飛行機は移動の主役

日本の26倍の国土をもつアメリカ。長距離の移動は飛行機というのがアメリカでは一般的。飛行機となると、大都市間の移動手段と考えがちだが、アメリカはかなり小さな街でも空港がある。長距離バスは街をつなぐ細かいルートをもっているが、実は飛行機を利用してもアメリカの小さな街を訪れることは可能だ。

■航空券の手配

P.413でも述べているが、国内線で移動することを予定しているなら、国際線と一緒に国内線の手配をしてしまおう。ルートにもよるが、日本との往復航空券とは別に国内線を手配すると、LCC等の安い航空会社を利用したとしても、値段が高くなることが多い。これは国際線の運賃がゾーンで設定されているためで、日本から1都市を往復するのと同じ料金で複数の都市を周遊することができるからだ。

例えばLA滞在中にサンタバーバラに行くことが決まっているなら、LAまでの往復航空券を手配するときにLA乗り継ぎ、LAでストップオーバー（24時間以上の途中降機）の設定にして、サンタバーバラまでの往復で料金を調べてみよう。同じ金額でサンタバーバラまで行けるかもしれない。

■アメリカのLCC(Low Cost Carrier)

アメリカにも格安航空会社（LCC）がある。それらの多くは大手の航空会社が多数のフライトを運航させている路線には飛んでいないことが多い。他方、大手の航空会社が直行便を運航していない路線にはLCCが飛んでいることもしばしばある。例えば、ラスベガスからオレゴン州ポートランドまでは、デルタ航空もアメリカン航空もユナイテッド航空も直行便を運航していないが、LCCのスピリット航空とフロンティア航空なら直行便がある。

■国内線利用の流れ

国内線を利用するときには、「ドメスティックDomestic」と書かれたカウンターでチェックインをする。eチケットによるセルフチェックインが一般的。チェックインを済ませ、セキュリティチェック（手荷物検査とX線検査）を受けてから搭乗ゲートへ。ターミナル内では、各所にあるコンピューターディスプレイで自分の乗るフライトのゲート番号を確認する。機内への搭乗は、通常出発30分前から。目的の空港に到着したら、早めにバゲージクレームに進み、荷物をピックアップする。大きな空港では、出口で荷物のクレームタグの番号を照合することがあるので、預託物のタグはなくさないようにすること。

●航空券の手配について
→ P.413

アメリカの国内線を利用するとき

国内線利用で注意したいのが、搭乗予定者が機内に入っていなくても出発してしまったり、出発予定時刻より早く飛行機が出してしまう場合があること。搭乗開始は出発時刻の30分前に行われるので、必ず30分前までには搭乗ゲートで待つことをすすめる。

国内線の預け入れ荷物は有料

預け入れ荷物（預託荷物）は、国際線の場合1〜2個まで無料であることが多い。しかし、アメリカ国内線では1個から有料であることがほとんど。当日カウンターで支払うと割高になるので、航空券購入時に荷物預け入れもオプション購入しておくのがおすすめ。

アメリカのLCC
サウスウエスト航空
Southwest Airlines
図 www.southwest.com
ジェットブルー航空
JetBlue Airways
図 www.jetblue.com
スピリット航空
Spirit Airlines
図 www.spirit.com
フロンティア航空
Frontier Airlines
図 www.flyfrontier.com

メモ　**国際線からの乗り継ぎ**　ターミナルが離れている場合、かなり時間を要することもある。同じ会社の国内線に乗り継ぐ場合は、ターミナルを変えずに搭乗できるところも多い。

アムトラックの時刻表
　ウェブサイトのトップページ
に出発地と目的地、乗車日を
入力すると、時刻表だけでな
く、運賃も知ることができる。
また、ウェブサイトのトップペー
ジのDestinationをクリック
して、目的地を入力すると、
アムトラック駅の情報を知る
ことができる。ウェブサイトで
は、チケットの購入も可能。
📞(1-800)872-7245
🌐 www.amtrak.com

USA レイルパス
　アムトラックでは、鉄道
周遊券を販売している。こ
れはアムトラックの全路線
（主要駅から発着している連
絡バスを含む）を30日間で
10回分乗車できるパス。コ
ーチラインのみ利用可能で、
アセラ特急とオートトレイ
ン、VIA鉄道共同運行便、
一部の連絡バス（番号7000
〜7999）では使用できない。
　乗車の際は、利用したい
区間の乗車券を駅で発券す
る必要がある。URAレイル
パスだけでは乗れない。
　USAレイルパスは日本では
マックスビスタトラベル
🌐 www.ohshu.com、アメリ
カには、大きな鉄道駅の窓口、
アムトラックのウェブサイト、
公式アプリで購入できる。

グレイハウンドの時刻表は
ウェブサイトで
　ウェブサイトのトップペー
ジに出発地と目的地、乗車
日を入力すると、時刻表のほ
か、運賃も知ることができ
る。さらに進めばバスター
ミナルやバスディーポの
情報も知ることができる。
📞(1-800)231-2222
🌐 www.greyhound.com

青い車体のグレイハウンド

シアトルにあるバスターミナル

🚃鉄道（アムトラック）

　広大なアメリカ大陸を迫力満点に疾走する列車の旅は、単なる移動手段としてではなく、それ自体が大きな楽しみといえる。車窓からの移りゆく風景を眺めながら、思いおもいの時を過ごしてみよう。

サンディエゴの駅に停まる
パシフィック・サーフライナー号

●乗車の流れ

　乗車券はチケット窓口やアムトラックのウェブサイト、公式アプリで購入できる。窓口では、乗りたい列車の発車時刻と目的地、乗車券の枚数などを告げよう。ウェブサイトや公式アプリからチケットを購入した場合、登録したeメールアドレスにeチケットが送られてくるので、それを乗務員に見せればいい。USAレイルパスを持っていて初めて使うときは、チケット窓口でパスポートなどの証明書を見せて、利用開始日と終了日を記入してもらう。なお、日本で予約購入した人はパスのバウチャーも提示し、希望の列車と目的地を告げて乗車券を発券してもらおう。

　一般的に、安全のため列車の到着と出発時刻の前後以外は駅のホームに入ることができない。長距離列車の場合、列車に乗り込むとき、車掌が座席を指示することがある。また、一部の駅では、ホームへの入口で係員が乗車券をチェックするので、スマートフォンでeチケットの画面を表示したり、紙製のチケットを手に持っているようにしよう。列車が動き出してから車掌が検札にやってくる。そのとき乗車券やeチケットの画面を提示すると、バウチャー（引換券）を頭上の荷物置き場の所に挟んでくれる。席を移動するときは、これを持って移動するように。

🚌長距離バス（グレイハウンド）

　グレイハウンドはアメリカで唯一最大の長距離バス会社。ハワイとアラスカを除く全米48州をカバーし、提携バス会社と合わせると、行けない街はないといっていいほどその路線網は充実している。バスに乗ってアメリカの大地を感じる旅に出てみよう。2023年2月にグレイハウンドとフリックスバスが共同運行を始めた。

●乗車の流れ

　バスターミナル、バスディーポ（→脚注）へは出発時刻の60分前までに行こう。チケットはグレイハウンドやフリックスバスのウェブサイト、グレイハウンドの公式アプリやバスターミナルにあるチケット窓口で購入できる。ウェブサイトや公式アプリで購入し、eチケットを選択すると、登録したeメールアドレスにリンクが送られてきて、自分のスマートフォンでチケットを読み込むことができる。現地のチケット窓口で普通の乗車券を買う場合は、行き先、片道か往復か、枚数などを告げる。バスディーポによっては、自動券売機もある。なお、大きな荷物を預けたい人は、ここで荷物の数を申告し、行き先の書かれた荷物タグをもらうように。

　改札が始まるのは出発時刻の10〜15分前くらいから。改札をするのはバスを運転するドライバーの場合が多い。車体下部のトランクに大きな荷物を預ける人は、改札のときドライバーに頼む。再度、行き先を確認したらバスに乗り込もう。最近は満席でもバスを増便することが少なくなったので、出発ゲートを確認したら早めに並ぶこと。席は早

い者順だが、ほかの街を経由してきたバスは、すでに先客が座っているから、空いている席に座ることになる。目的地に到着したらクレームタグの半券を見せて、係員に荷物を出してもらおう。

なお、バスディーポやバスターミナルは街の中心地にあっても治安の不安定な所にある場合が多い。バス利用のとき以外は、なるべく近くをうろつかないように心がけよう。

●グレイハウンドと共同運行するフリックスバスFlixBus

フリックスバスは、アメリカ西海岸と東海岸を中心に、フロリダ州やテキサス州などに路線をもつ。近年評判となり、ローカルやビジネスマンたちの利用が急増している。グレイハウンドは決して車内がきれいとはいえないが、フリックスバスは車内がきれい。グレイハウンドのようにわかりやすいバスディーポやターミナルがなく、バス停に停車することが多い。チケットはウェブサイトで購入する。購入後、登録したeメールアドレスにチケット情報が届くので、その画面を印刷するといい。乗車する際、運転手がプリントアウトやメールを確認する。

●フェリーやウオータータクシー

ワシントン州では、ピュージェット湾に面するシアトルとその周辺の町（ベインブリッジアイランドやブレマートンなど）、カナダのビクトリア、サンファンアイランド、オリンピック国立公園への交通にフェリーのワシントン・ステート・フェリーWashington State Ferry（→P.352）を利用できる。フェリー会社によっては車や自転車の乗船も可能だ。シアトルからウエストシアトルやバションアイランドを結ぶキングカウンティ・ウオータータクシーKing County Water Taxi（→P.352）も便利。また、サンディエゴからコロナドまではコロナド・フェリーCoronado Ferry（→P.179側注）が運行している。

緑色の車体のフリックスバス

フリックスバス
🖳 www.flixbus.com

Information ライドシェア・サービス（ウーバー、リフト）

近年、ローカルたちはタクシーに乗ることが少ない。すぐそこにタクシーが停まっているにもかかわらず、皆スマートフォンでウーバーUberやリフトLyftのアプリを立ち上げ、車を呼ぶのだ。

日本でも知名度が高まってきたUberやLyftなどのライドシェア・サービス。簡単にいえばスマートフォンのアプリで呼べるタクシーだ。しかし、一般的なタクシーとは大きく異なり、低価格なうえ、アプリで簡単に呼べてお金のやりとりが必要なく、ぼったくられることも少ない。また、さまざまなプランが登場してきており、UberX Shareというプランでは相乗りが可能、そのぶん料金はグッと下がる。

使い方は次のとおり。①スマートフォンにアプリをダウンロードし、クレジットカードなどの個人情報を入力、②インターネットにつながっている状態でアプリを立ち上げると、自分の居場所がマップ上に現れ、行きたい場所にピンを落とす、③乗車プランを選択、④自分の居場所にピンを落とし配車をリクエスト、④車が

到着し、あとは乗って目的地で降りるだけ（どんな人がどんな車でやってくるかもアプリ上で確認可能）。

タクシー同様、距離に関係なく利用でき、複数でシェアすれば、バスより安くなることもあり、また決まった運行スケジュールに縛られることもないので、旅行中の利用価値は高い。以前のようなトラブルの報告もほとんどなくなってきたので、ぜひ積極的に利用してみたい。

Uber　🖳 www.uber.com
Lyft　🖳 www.lyft.com

車に貼ってあるマーク。Lyftもライドシェア・サービスのひとつ

●レンタカー

アメリカ西海岸でレンタカーをするなら、旅行前に日本で予約を済ませたい。全米にネットワークをもつ大手レンタカー会社は、日本に支店や代理店をもち（→側注）、所有台数が多く、車種も豊富だ。さらに、日本から予約した場合にのみ適用される特別料金を設定したり、保険もセットにした日本払いのクーポンも提供する。

日本で予約を入れるときに決めなければいけない項目は、借り出しと返却の日時、場所と車種。借り出しと返却の日時は、"7月23日の午前10時頃"という決め方。場所については、「ロスアンゼルス国際空港の営業所」など、営業所を特定する。車種はおもに大きさを基準にして、いくつかのクラスに分類されている。

■レンタカーを借りる手続きと返却手続き
●現地の営業所で車をピックアップ

レンタカーを借りることをピックアップ、返却することをリターンという。営業所のカウンターで予約確認証、国外（国際）運転免許証、日本の運転免許証、クレジットカード、クーポン（eチケット）で支払う場合はクーポンを差し出す。クーポンで支払う場合でも、任意保険や保証金のためにクレジットカードの提示が必要。ここで係員により任意保険、ガソリンの前払いオプション、車両のアップグレードの希望を聞いてくる場合がある。任意保険は必要なものだけ、オプションやアップグレードについても追加料金が発生するので、同意のうえで契約する際は必ず車種と追加料金を確認すること。必要ない場合は「NO」とはっきり伝える。最後に契約書にサインをする。契約書の条件を守る義務を生じさせるものなので、保険、オプション、車種などの**契約内容を書面上で十分に確認したうえでサインをするように**。契約書にサインしたら手続きは終了。キーと一緒に、車の停めてあるスペースの番号が告げられる。

●保険について

レンタカーの基本料金には、自動車損害賠償保険（強制保険のこと。最低限の対人・対物補償）が含まれていることがほとんど。ただし、補償上限額は低いので、任意保険の追加自動車損害賠償保険に加入することをすすめる。

●車をリターン

各レンタカー会社の営業所が"Car Return"のサインを出している。営業所内でも"Car Return"のサインが出ているので、これに従って進む。車を停めたら、カウンターに向かうか、返却専門の係員が近くにいるので、契約書の控えと記入済みの契約書ホルダーを出す。契約書の控えと領収書を受け取って手続き終了。

■給油について

アメリカ西海岸ではセルフサービスのガソリンスタンド（ガスステーション）が主流。代金の支払い方法は店舗で異なり、"Please Pay First"とポンプに書いてある場合は先払い、ない場合は後払いだ。先払いは、給油ポンプに付属の端末機でクレジットカード払い、または売店で現金ないしはクレジットカードで支払いを済ませてから給油する。深夜まで営業しているところもあるが、夜間の利用は控えたい。

📝メモ **スキミングに注意** アメリカのガソリン給油機は、日本のクレジットカードが使えないこともある。その場合、カードをレジに預けて給油することになるが、スキミングに遭う被害が報告されている。

規則を理解し、
安全運転で

アメリカで運転するための交通ルール

道路標識は日本と同様に絵が描かれているので、不便は感じないはず。原則はマイル表記、右側通行。また、チャイルドシートの着用義務年齢（州により対象設定が異なる）、制限速度（州によって異なる）なども日本と異なるので注意すること。特に気をつけたい交通ルールをここでは解説しよう。

★ 右側走行と左側追い越し

片側2車線以上の道路では、右が走行車線、左が追い越し車線。

★ 信号が赤でも右折可

正面の信号が赤でも、交差する道路状況の安全が確認できたら右折できる場合がある。必ず一時停止をして、横断する歩行者に注意を払おう。ただし、「No Right Turn on Red」の標識がある場合は、矢印が青のときだけ右折できる。

★ 左折時の注意

交差点内で左折する際、通常の信号のほかに矢印信号がある場合は、それらの指示に従わなければならない。「左折は青矢印のときのみ可」＝"ONLY"の指示標識が出ている場合は、直進の信号が青でも左折できない。指示標識がない場合は、対向車が途切れたら安全確認をし、左折しよう。

★ 信号がない交差点での優先度

信号のない交差点では、初めに交差点にかかった車が優先的に発進できる。判断が難しいときは、自分より右側に位置している車を優先させる。

★ 前方にスクールバス

スクールバスが停車していて、赤いフラッシュライトが点滅していたり、"STOP"のサインが出ていたら、後続車は停車しなければならない。それらのサインが消えてバスが発進するまで停車していること。

★ 踏切は一気に通過

アメリカでは、踏切前で「一時停止」はしない。ただし、バスや大型トラックには一時停止が義務づけられているので、前に大型車がいる場合は停止することを察知しよう。

★ 有料道路Toll Roadと有料橋Toll Bridge

ファストラックの案内板

カリフォルニア州のオレンジジカウンティや、リバーサイドカウンティ周辺にトールロードToll Roadと呼ばれる有料道路があり、入口に「Toll Road」の表示が出ていたら、その先は有料になる。また、サンフランシスコ周辺にはゴールデンゲート・ブリッジやベイブリッジなどの有料橋、トールブリッジToll Bridgeがある。料金は$8.75～9.75（ゴールデンゲート・ブリッジ）、$7（ベイブリッジ）。料金所は電子決済の「FasTrak」レーンがある（→P.246側注）。

禁止事項アレコレ

制限速度

フリーウエイは時速50～65マイル（約80～104km）、一般道は時速30～45マイル（約48～72km）、住宅街や学校周辺は時速15～25マイル（約24～40km）とされている。道路標識を確認しながら走行しよう。

駐車違反

駐車場またはパーキングメーターのある所に駐車しよう。路上駐車の場合は縁石の色に注目！　赤は駐・停車禁止、黄色は荷物の積み降ろしと人の乗り降りのみ可、白はごく短い間（約10分）のみ駐車可、緑は時間制限のある駐車可能地帯、青はハンディキャップのある人のための駐車帯だ。

シートベルトの着用

運転席だけでなく全席シートベルトの着用が義務づけられている。子供は年齢に合わせてチャイルドシートを着用しよう。

アルコール

アメリカでは栓の開いたアルコール類の車内持ち込みや同乗者が車内で飲酒をするのも違法だ。未開封でも外から見える場所に置くことすら厳禁なので、購入したアルコール類は必ずトランクへ。

▶ドライブ中のトラブル → P.436

『地球の歩き方B25アメリカ・ドライブ』では、より詳しいドライブ情報が掲載されておりますので、車で移動する場合は、あわせてご活用ください。

ホテルの基礎知識

超高級ホテルから普通の家のひと部屋を貸し出す民泊まで、あらゆる種類の宿泊施設があるアメリカ。インターネットで手配することで、料金はもちろん、ホテルのグレードやロケーションなど、自分が泊まりたい条件のホテルが選べるのはうれしい。

ホテルの料金
$300払っても中級ホテルにしか泊まれなかったり、$200以下で高級ホテルに泊まれたりすることも。右記の金額はあくまでもカテゴリー分けの目安。

高級〜最高級ホテル
施設が充実しているだけでなく、サービスの質が高い。専任のコンシェルジュがいるホテルもある。

中級ホテル
機能性を重視したホテルが多く、必要なものは揃っている。チェーンホテルや個性的なホテルが多い。

エコノミー
個人で営業しているものも多く、サービスや設備の差が大きい。

モーテル
客室料金の相場は$60〜150。車で旅する人向けの宿で、国道沿いやハイウェイの出入口付近に点在する。

ユースホステル
安さ重視の人、国際交流したい人向け。部屋の形態はドミトリー（ひと部屋に6〜8人収容、男女別室・混合など）、個室もあるがシャワーやトイレが共有などさまざまなケースがある。

ベッド＆ブレックファスト（B&B）
住居を改築した家族経営の小規模な宿。郊外の瀟洒な町に多く、しっかりとした朝食とかわいらしい装飾の部屋が特徴。相場は$120〜250。

エア B&B
世界中にサービスを提供するサンフランシスコ発祥の大手民泊紹介サイト。アパートから一軒家まるごと貸し出しているものもあり、料金もさまざま。ホテルの予約サイトでは見つからないので、公式サイト www.airbnb.jpに登録して検索してみよう。

おもな都市のホテルタックス
ロスアンゼルス市※16.2%（詳細は→P.39参照）
サンディエゴ12.5%
サンフランシスコ※約16.25%（詳細は→P.209参照）
ラスベガス※13〜13.38%（詳細は→P.311）
シアトル15.7%
ポートランド※16%（詳細は→P.381参照）
※印は課税方法が特殊な都市

●アメリカの宿泊施設

宿泊施設は最高級ホテルからユースホステルまで、さまざまだ。料金はシングルルームで最高級$400〜、高級$300〜、中級$180〜、エコノミー$120〜、ユースホステルのドミトリー$50前後といった具合。アメリカでは「ひとりいくら」ではなく「ひと部屋いくら」なので、複数で泊まればひとり当たりの料金は安くなる。季節や繁忙期などによって料金は上下し、夏の観光シーズンは特に混雑する傾向にある。基本的には、宿泊者が多いときには料金は高く、少ないときには安い。本書で紹介している都市は、旅行客だけでなくコンベンションで訪れるビジネス客も多く、コンベンションが集中する時期は宿泊費が一気に上がり、都市によっては街の中心地での部屋の確保が難しくなる。そんなときは、ビジネス客の使わないエコノミーホテルやモーテル、空港周辺のホテル、少し郊外にあるホテルなどが狙い目だ。

■部屋のタイプについて
●シングルとダブル Single Room & Double Room
アメリカのホテルでシングルサイズのベッドを置いているところは、エコノミーホテルを除き、ほとんどない。ベッドの大きさはダブルのクイーンサイズかキングサイズで、どちらもふたり用。たいてい、ひとりで行っても広さはふたり用の部屋に通される。

●ツイン Twin Beded Room
ベッドがふたつある部屋で、多くの場合それぞれが大きなダブルベッドであることが多い。家族連れならこのタイプの部屋でOK。

●スイート Suite
寝室と居間が分かれているタイプの部屋で、中級以上のホテルに多い。

■ホテルのタックス（税金）について
アメリカでは通常の物品税（セールスタックス）とは別に、ホテルの場合は各都市で設定されたホテルタックスが付く。ほとんどのホテルは、タックスなしの料金を提示しているので注意しよう。また、ホテルタックスのほかに、地域特有の課税やそれに準ずるものや、リゾート設備料（Resort Fee）などを設定している街もある。

●ホテルの予約について

予約方法は①ホテル予約サイトでオンライン予約、②ホテルのオフィシャルサイトからオンライン予約（大手ホテルチェーンなら日本に電話予約窓口あり）、③日本の旅行会社を通じての予約、などが挙げられる。③の場合、中級以上のホテルなら日本の旅行会社でも予約できる。バウチャーやクーポンを発券するケースが多い。①②の場合、予約に際してはクレジットカードが必要。希望の日にちを間違えないよう入力し、金額も必ず確認すること。予約が完了すると予約番号Confirmation Numberの入った予約確認書が発行される。印刷して携帯しよう。

レストランの基礎知識

　アメリカのなかでも食に対してのこだわりが強い西海岸の都市。地産地消の意識が高く、地元の新鮮な食材、オーガニックの食材をふんだんに使った料理が味わえる。また、多民族国家であるがゆえ、各国の料理が楽しめるのもアメリカの食の特徴だ。

●利用の流れ

❶ 予約をする

　人気のあるレストランや有名店では、予約が必要な場合がある。予約は電話、またはレストランのウェブサイト、レストランの予約総合サイトOpen Table（圖www.opentable.com）から予約する方法がある。

❷ レストランへ

　予約していれば、店の人に名前を告げる。していない場合は人数を告げて、店の人の案内を待つ。

❸ 席へ案内されたら

　案内のテーブルについたら、テーブル担当者がメニューを持ってきてくれ、今日のおすすめ料理（Today's Special）、日替わりの料理などを簡単に説明してくれる。まず、最初に飲み物を注文し、それらが運ばれてくる間にメインのメニューを選んでおこう。メニューは、Appetizer（前菜）、Salad（サラダ）、Soup（スープ）、Entree（メインディッシュ）、Dessert（デザート）などに分かれている。ひと皿の量が多いので、胃袋に自信がある人を除いて頼み過ぎないよう周囲の様子を見ながら注文するのがコツ。

❹ 食事を楽しむ

　テーブルの担当者が食事の様子をうかがいに来る。"Is everything OK?" などと聞いてくるので、おいしければ "Good." "Excellent." などと答えよう。逆に何かおかしかったら説明を。メインを食べ終わる頃に "Have you finished?" と聞きにくるが、まだだったら "I'm still working." と答えればよい。"Would you like dessert?" とデザートをすすめにきて、もう食べたくないときは "I'm fine." と答えるのもよい。

❺ 会計をする

　支払いはテーブルで行うのが一般的。会計をお願いします "Check, please." でOK。店のスタッフが勘定書きを持ってきてくれる。

●現金で支払うケースで、代金とチップの合計金額ぴったりの現金で会計するときは、勘定書きと一緒に現金をテーブルに置いて店を出てよい。おつりが必要な場合は、店のスタッフを呼び、勘定書きと一緒に現金を渡し、おつりの中からチップぶんをテーブルに置く。

●クレジットカードで支払う場合、勘定書きを確認し、カードをその上に置くか、ホルダーに挟む。店のスタッフが一度それを持って下がり、サインするための伝票を持ってくる。飲食代の下にチップを記入する欄があるのでそこに15～25％程度のチップを料金に加算し、その下に合計金額を記入、署名欄にサインする。伝票は通常2枚あり、お客様控えCustomer's Copyをレシートとして受け取り、店側の控えを残して席を立つ。チップのみ現金払いも可（→側注）。その場でカード処理用端末の機械にカードを入れる場合は、自分で暗証番号を入力して処理することもある。チップを加算することもできる。

ドレスコード
　高級レストランでは「ドレスコード」を設けているところがある。ショートパンツ、Tシャツ、ジーンズ、スニーカーなど、カジュアルな服装では入店できず、男性ならジャケットにネクタイ、女性ならワンピースなどを着用するという決まりがある。店の雰囲気に合った服装をするように心がけよう。

アルコールについて
　カリフォルニア州、ネバダ州、アリゾナ州、ワシントン州、オレゴン州では、21歳未満の飲酒は禁止。また、お酒を買うときは必ず写真付きのID（身分証明書）が必要。ナイトスポットでは入場時にもIDの提示を求められる。飲酒は、公園などの公共の場でも厳禁、罰金も高額なのでご注意を。

カフェやファストフード店では
　基本的な注文の流れは、注文→支払い→受け取りの順。注文は、写真付きのメニューを指さし、またはセットメニュー（＝コンボCombo、ミールMeal）の番号を伝えるだけでOK。もちろん、単品でも注文できる。注文を終えると、"For here or to go ?" と店内での食事（here）、または持ち帰り（to go）かを聞かれる。受け取りは、レシートに書かれた番号で呼び出されるパターンが多い。なお、ファストフード店ではソフトドリンクが飲み放題（店舗の立地により異なる）のことも。空のドリンクのカップを渡されるので、ドリンクバーで好きなだけ注ぐことができる。

チップを現金で支払う場合
　カード伝票のチップ欄に斜線を引き、合計金額欄に飲食代金額のみ記入する。チップぶんの現金を伝票に添える。

ショッピングの基礎知識

高級ブランドのブティックから大型ショッピングモール、郊外のアウトレット、ファーマーズマーケットの露店まで、さまざまなショッピングができるアメリカ西海岸。ショッピング好きなら年に何度か行われるバーゲンの時期を狙って旅行するのもいい。

アメリカのバーゲン時期
アメリカは日本に比べてよくバーゲンをやっている。際立って安くなるのが6〜7月のサマーセール、サンクスギビングからクリスマスにかけてのアフターサンクスギビングセール、クリスマス翌日から年明けまでのアフタークリスマスセール。特にバーゲン初日は早朝から店もオープンし、皆いっせいにクリスマスプレゼントを買うために繰り出す。

支払い方法
アメリカではカードでの支払いが基本。少数だが現金を置いているほうが高金でも支払いができる。高額紙幣だと偽札だと疑われることがある、といわれるがちゃんとした店ではそのようなことはない。ただ最低限の現金しか置いていない店が多いので、少額の買い物の支払いに高額紙幣を使うとおつりがないこともあるので、不便なことは確かだ。

試着する際は3サイズを
日本人はアメリカ人に比べて細身。7〜9号くらいの女性は"P"と表示されたPetiteのほうが合う。サイズ表から星目をつけ、その前後のサイズを合わせて3サイズを試着してみよう。その際、ほころび、キズなどないか要チェック。製品の素材もよく確かめて。

おもな都市のセールスタックス
ロスアンゼルス市9.5%（詳細は→P.39参照）
サンディエゴ7.75%
サンフランシスコ8.625%
ラスベガス8.38%
シアトル10.25%
ポートランドは課税なし

外国人旅行者への税金還付制度について
ヨーロッパやアジアの一部の国にあるような、旅行者への税金還付制度はアメリカのほとんどの都市で実施されていない。

●賢くショッピングをするポイント

●セールの時期

日本では7〜8月、1〜2月がセールの季節だが、アメリカでは祝祭日に合わせてバーゲンセールが行われる。ただし、セール品は返品不可の店もあるので、よく品定めをしてから買おう。クリスマスセールの時期、デパートの多くは22:00ぐらいまで営業している。アメリカのセール時期は側注のとおり。

●服、靴のサイズを確認し、必ず試着を

サイズの表示は日本と違う。服の場合、サイズ表記はインチが基準なので注意すること（カジュアルなものは、Small、Medium、Large、Extra Large）。靴は、メーカーやブランドによって、サイズ表記が異なってくる。まずは、サイズ比較表（→P.429）から自分がどれにあたるか目星をつけておこう。ギフトを選ぶ場合は対象者のサイズ確認も忘れずに。実際にショッピングをするときは、服でも、靴でも買う前に必ず試着をしてみること。メーカーなどによってサイズに相違があるし、作りもアメリカと日本では若干異なる。

●どこで買い物をする？

短時間で一度に買い物を済ませたい人にはショッピングモールがおすすめ。広い敷地に建てられた大きな建物の中に、デパートや各ブランドの小売店が入っている。また、レストランやフードコートが入っていて、ひと休みにもいい。モールによっては、シネマコンプレックスなども入っていて、郊外型の巨大ショッピングモールなら1日中遊べる。郊外なら駐車場の料金は無料だが、都市部は有料のことが多い。

また、ブランドものがディスカウント価格で販売されているアウトレットは、もはやアメリカンショッピングの定番といってもいいだろう。大型のアウトレットは郊外にあり、公共の交通機関を使って行くことは難しい場合が多い。車、またはツアーを利用して行ってみよう。規模は大きくないが、ノードストロームラックNordstrom Rackやサックス・オフ・フィフスSaks Off 5th、ロス・ドレス・フォー・レスRoss Dress For Lessのように中心地に出店している都市型のアウトレットもある。

ちょっとしたおみやげなら、スーパーマーケットやドラッグストアがおすすめ。オーガニック系のスーパー、ホール・フーズ・マーケットやトレーダージョーズ（→P.24〜25）では自然派コスメ、アロマテラピー、ヨガグッズなども売っている。またナッツ、ドライフルーツも充実。日本でも定着したエコバッグは、ファッショナブルで手頃な価格が魅力だ。

■セールスタックスについて

アメリカは州や市によって、日本の消費税に相当するセールスタックスの税率が異なる。同じものなら、税率の低い都市での買い物が得。

メモ　おもなデパート　●サックス・フィフス・アベニュー　www.saksfifthavenue.com　●ノードストローム　www.nordstrom.com、Bloomingdale's　www.bloomingdales.com　●メーシーズ　www.macys.com

一●日本とアメリカのサイズ比較表

●身長

フィート／インチ(ft/inches)	4'8"	4'10"	5'0"	5'2"	5'4"	5'6"	5'8"	5'10"	6'0"	6'2"	6'4"	6'6"
センチメートル(cm)	142.2	147.3	152.4	157.5	162.6	167.6	172.7	177.8	182.9	188.0	193.0	198.1

●体重

ポンド(lbs)	80	90	100	110	120	130	140	150	160	170	180	190	200
キログラム(kg)	36.3	40.9	45.4	50.0	54.5	59.0	63.6	68.1	72.6	77.2	81.7	86.3	90.8

●メンズサイズ

サイズ	Small		Medium		Large		X-Large	
首回り(inches)	14	14½	15	15½	16	16½	17	17½
首回り(cm)	35.5	37	38	39	40.5	42	43	44.5
胸囲(inches)	34	36	38	40	42	44	46	48
胸囲(cm)	86.5	91.5	96.5	101.5	106.5	112	117	122
胴回り(inches)	28	30	32	34	36	38	40	42
胴回り(cm)	71	76	81	86.5	91.5	96.5	101.5	106.5
袖丈(inches)	31½	33	33½	34	34½	35	35½	36
袖丈(cm)	82.5	84	85	86.5	87.5	89	90	91.5

●レディスサイズ

	X-Small	Small	Medium	Large	X-Large
アメリカサイズ	0~2	4	6	8	10	12	14	16	18
日本サイズ	5,7	9	11	13	15	17	19	–

●靴サイズ

婦人用	アメリカサイズ	4½	5	5½	6	6½	7	7½
	日本サイズ(cm)	22	22.5	23	23.5	24	24.5	25
紳士用	アメリカサイズ	6½	7	7½	8	8½	9	10
	日本サイズ(cm)	24.5	25	25.5	26	26.5	27	28
子供用	アメリカサイズ	1	4½	6½	8	9	10	12
	日本サイズ(cm)	9	10	12.5	14	15	16	18

※靴の幅

AAA	AA	A	B	C	D	E	EE	EEE
狭い			標準			広い		

●ジーンズなどのサイズ

ウエストサイズ(inches)	29	30	31	32	33	34	36
メンズウエストサイズ(cm)	73.5	76	78.5	81	84	86	91.5
ウエストサイズ(inches)	26	27	28	29	30	31	32
レディスウエストサイズ(cm)	56	58	61	63	66	68	71

●ガールズサイズ

	X-Small	Small	Medium	Large	X-Large	XX-Large
アメリカサイズ	5	6~7	8	10~12	14	16
日本サイズ(cm) 身長	110	120	130	140	150	160

●ボーイズサイズ

	X-Small	Small	Medium	Large	X-Large	XX-Large
アメリカサイズ	5	6~7	8	10~12	14~16	18
日本サイズ(cm) 身長	110	120	130	140	150~160	160~170

●ベビーサイズ

サイズ	3	4	5	6	7(6X)
身長(cm)	91.5~98	~105.5	~113	~118	~123

●ヨーロッパ・サイズ比較表

	洋服				靴					
日本	7	11	13	15	22.5	23.0	23.5	24.0	24.5	25.0
フランス	34	36	38	40	42	35½~36	36½	37	38	38½~39
イタリア	36	38	40	42	44		36½	37½		

●身の回りのサイズ

●乾電池
単1=D　単2=C　単3=AA　単4=AAA　単5=N

●用紙サイズ
アメリカの規格は日本と異なる国際判(レターサイズ)
・Letter Size=8.5in×11in=215.9mm×279.4mm
・Legal Size=8.5in×14in=215.9mm×355.6mm
（日本のA4は210×297mm）

●写真サイズ
・3×5=76.2mm×127mm
・4×6=101.6mm×152.4mm
・8×10=203.2mm×254mm
（日本のL版は89mm×127mm）

●液体の容量
・1ティースプーン(日本でいう小さじ)=約4.92㎖
・1テーブルスプーン(日本でいう大さじ)=約14.78㎖
・1カップ=約236.58㎖(日本は200㎖)

●度量衡

●長さ
・1インチ(inch)≒2.54cm
・1フット(foot)=12インチ≒30.48cm
（複数形はフィートfeet）
・1ヤード(yard)=3フィート≒91.44cm
・1マイル(mile)≒1.6km

●重さ
・1オンス(ounce)≒28.35g
・1ポンド(pound)=16オンス≒453.6g

●体積
・1パイント(pint)≒0.47ℓ
・1クォート(quart)=2パイント≒0.95ℓ
・1ガロン(gallon)=4クォート≒3.78ℓ

チップとマナー

　アメリカは、異なる慣習をもつ人々が暮らす多民族国家。これさえ守れば大丈夫！といった絶対的な決まりごとはないが、最低限守りたい慣習やマナーだけはおさえておきたい。「郷に入れば郷に従え」、気持ちよいマナーを心がけて楽しい旅を！

●チップについて

　アメリカではサービスを受けたらチップを渡す習慣がある。一般的に、どのレストランでも請求書の売上料金の15～25％をチップとしてテーブルに残しておく。グループだと合計金額も高くなるが、人数や時間に関係なく、合計額の15～25％が基本だ。なお、少額の消費をしたときでも＄1以上のチップを手渡したい。

●チップの支払い方

　ウエーター、ウエートレスへのチップは支払い後、会計伝票を載せてきたトレイに残す。クレジットカードでの支払いでもチップを含めて決済できる（記入例は下記を参照）。チップは売上料金に対しての15～25％程度とし、タックスぶんは対象にしなくていい。

チップの目安

●ポーターへ
　ホテルの玄関からロビーまで荷物を運ぶドアマンと、ロビーから部屋まで荷物を運ぶポーターにそれぞれ渡す。荷物1個につき＄2～3が目安。

●ホテルメイドへ
　ベッド1台につき＄1～3。

●タクシーで
　タクシーなどの場合はチップを単体で手渡すのではなく、メーターの表示額に自分でチップを加えて支払うことになる。メーター料金の15～20％とされ、気持ちよくドライブしてくれたら多めにチップをはずんでもいい。細かい端数は切り上げて支払うのが一般的だ。

●ルームサービスで
　ルームサービスを頼んだ場合、まず伝票を見る。サービス料金が記入されていればチップは不要。サービス料金が加算されていなければ伝票にチップの金額を書き、さらに合計金額を書く。チップでもOK。メッセージや届け物などは＄1～3。

●ツアーで
　ガイドチップはツアー代金の15～25％が目安。

会計伝票記入例

— 税金（9.5％の場合）
— 売上料金（飲食代）

Services
　　　　40.00

Taxes
　　　　3.80

Tip/Gratuity
　　　　8.00

Total
　　　　51.80

— 合計売上
— チップ（売上料金に対して20％、端数は切り上げる）

チップ換算早見表

料金 ($)	15%		20%		25%	
	チップ	合計額	チップ	合計額	チップ	合計額
5	0.75	5.75	1.00	6.00	1.25	6.25
10	1.50	11.50	2.00	12.00	2.50	12.50
15	2.25	17.25	3.00	18.00	3.75	18.75
20	3.00	23.00	4.00	24.00	5.00	25.00
25	3.75	28.75	5.00	30.00	6.25	31.25
30	4.50	34.50	6.00	36.00	7.50	37.50
35	5.25	40.25	7.00	42.00	8.75	43.75
40	6.00	46.00	8.00	48.00	10.00	50.00
45	6.75	51.75	9.00	54.00	11.25	56.25
50	7.50	57.50	10.00	60.00	12.50	62.50

簡単なチップの計算法
①料金の端数を切り下げる（または切り上げ）
例）＄35.21 → ＄35.00
②チップが20％なら、小数点をひとつ左に移動して2倍に
＄35.00 → ＄3.50 × 2 ＝ 7.00
③チップの相当額は15～25％（＄5.25～8.75）の範囲。
通常チップの目安は20％なので中間の数字が相場だ。
それぞれのサービスに見合った額を決めればよい。

●マナーについて

●飲酒と喫煙

　州によって法律が違うが、アメリカ西海岸の州は21歳未満の飲酒と、屋外での飲酒は禁じられている（→P.427側注）。リカーストア（酒類の販売は9:00～翌2:00が多い）、ライブハウス、クラブなどでは、アルコール購入の際 ID（身分証明書）の提示を求められることもある。特に注意してほしいのが、公園やビーチ、公道でのアルコールは厳禁。たばこを取り巻く環境となると、さらに厳しい。レストランは屋内でもアウトドアのテラスでも禁煙。ホテルも禁煙ルームのほうが断然多い。

●子供連れの場合

　レストランや公共の場などで騒いだら、落ち着くまで外に出ていること。また、ホテル室内や車の中に子供だけを置き去りにすることや、子供をしつけのつもりでたたいたりすると、警察に通報されるので特に日本人は要注意だ。

心がけたいマナー

●あいさつ
　道を歩いていて人に触れたら「Excuse me.」。もし、ひどくぶつかってしまったり、足を踏んでしまったら「I'm sorry.」。人混みのなかで先に進みたいときも「Excuse me.」だ。無言はたいへん失礼になる。お店に入って、店員に「Hi!」と声をかけられたら、「Hi!」または「Hello.」などと返事を返そう。また、話をするときは、真っすぐ人の目を見て話すように。

歩行喫煙は NG!!
　日本で多く見られる歩行喫煙は絶対にやめたい行為。

メモ **列の並び方** キャッシャーやATM、トイレなどで並ぶときは、1列に並んで空いたところから入っていくという、フォーク型の並び方が定着している。

郵便と電話

リアルタイムで世界中と簡単にやり取りができるデジタルの世にあっても、みやげ物屋の店頭には多数の絵はがきが並んでいる。今でも多くの人がアナログのよさをわかっているのだ。同様に電話がなくならないのも、直接話すことの大切さを理解しているからだろう。

●旅の便りを送ろう（郵便）

アメリカから日本への所要日数は、エアメールでだいたい1週間前後。料金は普通サイズのはがき、封書とも＄1.55が基本となっている。宛て名は日本語で書いてよいが最後に「JAPAN」と記す。

かさばる書籍類やおみやげなどの荷物は、郵便で日本に送ってしまえばあとが楽だ。

●電話のかけ方

■アメリカで電話をかける

●公衆電話から

同じ市外局番（エリアコード）内の市内通話の場合1回50¢が一般的だ。違うエリアコードや市外への通話は最初に1をダイヤルし、音声に従って追加の料金を入れる。

●携帯電話・スマートフォンから

携帯電話・スマートフォンの国際ローミングサービスを利用すれば電話をかけられるが、国際通話料金が適用される場合が多い。出発前に日本の携帯電話会社に問い合わせること。

●ホテルの部屋から

まず外線発信番号（多くの場合8または9）を最初に押す。あとは通常のかけ方と同じ。ただし、ホテルの部屋からの通話には、アメリカ国内通話無料のトールフリー（→側注）の番号でもサービスチャージが加算されるので注意するように。

■どのようにかけるか？

●ダイヤル直通

自分で料金を支払う最も基本的なもの。オペレーターを通さずに直接、日本の相手先の電話番号につながる。国際通話の場合はプリペイドカード（→下記）か、スマートフォン・携帯電話を使うのが一般的。

●日本語オペレーターによるサービス（コレクトコール）

オペレーターを介して通話するもので、料金は日本払いのコレクトコールのみ。料金は高いが、24時間年中無休、日本語対応なので安心だ。

●スマートフォンで通話アプリを使う

スマートフォンに無料通話アプリ（LINE、Skype、Messenger、FaceTimeなど）をダウンロードしておくと、Wi-Fi環境下で無料通話することができる。

●プリペイドカード通話とは

プリペイドカードに記載されている金額に達するまで割安でアメリカ国内や日本へ通話できる。カードに記載された専用番号を押し、続いて相手先の電話番号を入力するだけ。プリペイドカードは、日本やアメリカの空港、ドラッグストア、コンビニなどで販売している。

郵便局

大きな郵便局では、クッション入りの大型封筒や段ボール箱、ガムテープなどを販売している。
🌐www.usps.com

その他の日本向け郵便（2024年3月現在）

小包Parcelは、1ポンド（453.6g）まで＄61.25、2〜66ポンドまで1ポンドごとに＄4.20〜4.30を加算。最大重量66ポンド（約30kg）。書籍・印刷物Printed Matterは11ポンド（約5kg）まで＄92.62、1ポンドごとに＄8.42加算。

トールフリーとは

トールフリーはアメリカ国内通話料無料の電話番号。(1-800)、(1-888)、(1-877)、(1-866)、(1-855)、(1-844)、(1-833)で始まる。なお、日本からmyする場合は有料となり、アメリカ国内で日本の携帯電話から利用する場合も、通話料がかかる。

日本語オペレーターによるサービス（コレクトコール）
サービスアクセス番号
●KDDI（ジャパンダイレクト）
🆓(1-877)533-0051

日本での国際電話に関する問い合わせ先
NTTコミュニケーションズ
🆓0120-003300
ソフトバンク
🆓0088-24-0018
au　🆓157※1
NTTドコモ　🆓151※2

携帯電話・スマートフォンを紛失した際のアメリカからの連絡先
au　☎(011)+81+3+6670-6944※1
NTTドコモ　☎(011)+81+3+6832-6600※2
ソフトバンク　☎(011)+81-92-687-0025※3

※1 auの携帯から無料、一般電話からは有料
※2 NTTドコモの携帯から無料、一般電話からは有料
※3 ソフトバンクの携帯から無料、一般電話からは有料

インターネット

インターネットによって、旅は劇的に進化している。旅行を計画する際の情報収集はもちろん、ネットとつながることで、これまでとは比較にならないほど効率的に旅行ができるようになった。スマートフォンを活用して、旅の楽しみを広げたい。

スマートフォンなどの利用方法はこちらでも
「地球の歩き方」ホームページでは、アメリカでのスマートフォンでの利用にあたって、各携帯電話会社の「パケット定額」や海外用モバイルWi-Fiルーターのレンタルなどの情報をまとめた特集ページを公開中。
圏www.arukikata.co.jp/web/article/item/3000211

海外用モバイルWi-Fiルーター・レンタル会社
●イモトのWiFi
☎0120-800-540
圏www.imotonowifi.jp
●グローバルWiFi
☎0120-510-670
圏townwifi.com

●デジタル旅行のすすめ

日常生活でスマートフォン（スマホ）が欠かせないものになっている今日、旅行中でも同じような使い方をしたい人は多いだろう。そのためにはまずインターネットに接続する通信環境が必要になる。もちろん人によってネットの使い方は異なるので、自分が旅行中に何が必要なのかを考えて準備しておこう。

■常時接続の環境が欲しい人は

SNSの発信、さまざまなアプリケーション（アプリ、→P.433）を利用したい、思い立ったらすぐにネットに接続したい……、という人は、日本にいるときと同じような通信環境が必要になる。さまざまな方法があるが、やり方により費用も異なるので、自分の旅のスタイルに合わせて選びたい。

●常時接続環境のためのオプション

利用するサービス	メリット	デメリット	必要な手続き
スマホのキャリアのパケット定額サービスを利用する	・日本と同じ感覚で使える・スマホ自体の設定変更は不要・日本の電話番号をそのまま使える	・普段の通信料に海外で使うための追加契約の料金が加算される・追加契約をしないと高額な利用料が発生する	・海外で利用するためのパケット定額サービスを契約する
日常使っているスマホのSIMカードを入れ替える	・一部機能は使えないが、日本とほぼ同じ感覚で使える・日本で追加契約をするより、費用が抑えられることが多い	・すべてのスマホで利用できるかどうかわからない・日本の電話番号は使えない・現地ショップでSIMカードを購入する際、英語でのやりとりが必要	・SIMカードを入れ替えて利用できるスマホ（SIMフリースマートフォン）か確認する・日本で現地対応のSIMカードを購入しておくか、現地でSIMカードを購入する
海外用モバイルWi-Fiルーターをレンタルする	・日本と同じ感覚で使える。・Wi-Fiの接続設定以外、スマホ自体の設定変更は不要・複数の人数、複数のデバイスで利用できる	・レンタル料が発生する・ルーター、ルーター用充電器など荷物が増える・借りる、返す手間がかかる	・レンタル契約をして、ルーター一式を借りる（事前予約が望ましい）

このほかに、現地でスマホを購入するという手もあるが、短期滞在の旅行者にはメリットはない。自分が契約している通信会社では、どんな海外利用プランがあるか、料金だけでなく、通信速度やデータ量なども検討要素となるので、事前にしっかり調べておきたい。

■いつでも接続している必要がない人は

たまにメールをチェックする程度の利用であれば、現地のWi-Fiを利用すれば済む。

無料のWi-Fiスポット
ショッピングモールやアウトレット、マクドナルドなどのファストフード店、スターバックス・コーヒーなどのカフェ、スーパーマーケット、公共図書館などでは、無料のWi-Fiを利用できることが多い。

Information　旅に便利なアプリ

アメリカ西海岸での旅行にはスマートフォンがないとかなり不便だ。MLBを含めた4大プロスポーツの観戦ができなかったり、ライドシェア・サービスや自転車・電動キックボードのレンタルの利用ができなかったりする。以下のアプリを利用して、観光を効率よく進めたい。

Google マップ
地図検索サービス

Transit App
交通機関のアプリ

WhatsApp
無料でメッセージのやり取りが
できるメッセンジャーアプリ

Uber
ライドシェア・サービス
（→ P.423）

Lyft
ライドシェア・サービス
（→ P.423）

Bird
電動キックボードの
シェアリングサービス

Yelp
レストランやショップの
口コミサイト

OpentTable
レストランの予約ができる
アプリ

MLB Ballpark
メジャーリーグの公式アプリ

INFORMATION
アメリカでスマホ、ネットを使うには

　スマホ利用やインターネットアクセスをするための方法はいろいろあるが、一番手軽なのはホテルなどのネットサービス（有料または無料）、Wi-Fiスポット（インターネットアクセスポイント。無料）を活用することだろう。主要ホテルや町なかにWi-Fiスポットがあるので、宿泊ホテルでの利用可否やどこにWi-Fiスポットがあるかなどの情報を事前にネットなどで調べておくとよい。ただしWi-Fiスポットでは、通信速度が不安定だったり、繋がらない場合があったり、利用できる場所が限定されたりするというデメリットもある。そのほか契約している携帯電話会社の「パケット定額」を利用したり、現地キャリアに対応したSIMカードを使用したりと選択肢は豊富だが、ストレスなく安心してスマホやネットを使うなら、以下の方法も検討したい。

☆ 海外用モバイルWi-Fiルーターをレンタル

　アメリカで利用できる「Wi-Fiルーター」をレンタルする方法がある。定額料金で利用できるもので、「グローバルWiFi（【URL】https://townwifi.com/）」など各社が提供している。Wi-Fiルーターとは、現地でもスマホやタブレット、PCなどでネットを利用するための機器のことをいい、事前に予約しておいて、空港などで受け取る。利用料金が安く、ルーター1台で複数の機器と接続できる（同行者とシェアできる）ほか、いつでもどこでも、移動しながらでも快適にネットを利用できるとして、利用者が増えている。

▼グローバルWiFi

　海外旅行先のスマホ接続、ネット利用の詳しい情報は「地球の歩き方」ホームページで確認してほしい。
【URL】http://www.arukikata.co.jp/net/

旅のトラブルと安全対策

旅の安全対策とは、あらゆるトラブルを未然に防ぐことではなく、事故や盗難に遭うことを前提に、いかに被害を最小限に食い止められるかの対応力が大事である。日本人が海外で遭遇しやすいトラブル事例を挙げながら、対処方法を紹介しよう。

スリ、置き引きの多い場所とは

駅、空港、ホテルのロビー、観光名所、電車やバス、ショッピング街や店内、ファストフード店の中などでは、ほかのことに気を取られがち。「ついうっかり」や「全然気づかぬスキに」被害に遭うことが多い。ツアーバスに乗ったときもバスに貴重品を置いたまま、外に出ないこと。貴重品は必ず身に付けておこう。

こんなふうにお金は盗まれる

犯罪者たちは単独行動ではなく、必ずグループで犯行に及ぶ。例えば、ひとりが写真を撮ってもらうよう頼んでかばんを地面に置いた瞬間に、もうひとりがかばんを奪って逃げていくという具合に、ひとりがカモになる人の気を引いているのだ。

親しげな人に注意

向こうから、親しげに話しかけてくる人、特に日本語で話しかけてくる人には注意。たいていはカモになる人を探しているのだ。例えば、「お金を落としてしまって困っている」なんて話しながら、うまくお金を巻き上げていく人も多い。

本当に大切なものは肌身離さず

なくなったらその旅が不可能になる、パスポートやクレジットカードなどは常に携帯し、パスポート番号などの備忘録は貴重品とは別にしまっておこう。中級以上のホテルに泊まっているなら、客室備え付けのセーフティボックスに保管するのが賢明。

荷物は少なくまとめること

両手がふさがるほど荷物を持って歩いているときは注意力も散漫になりがちだ。スリに狙われやすく、落とし物もしやすくなる。大きな荷物は行動範囲をせばめる原因でもある。

●アメリカの治安

本書で紹介するアメリカ西海岸の都市は、アメリカのなかでも比較的治安は安定している。その一方で、アメリカは日本と比べ犯罪率が高く、どの街にもなるべく近寄らないほうがいいエリアがある。

●ロスアンゼルス リトルトーキョーの南側、4th St.、7th St.、Los Angeles St.、Central Ave.に囲まれたスキッドロウと呼ばれるエリア（MP.64-B3）とサウスセントラル（MP.55-D4）、イングルウッドと呼ばれるエリア（MP.55-C4〜D4）。サウスセントラルは、メトロレイル・Aラインの103rd St./Watts Towers駅以南、ロングビーチとの間に広がる一帯。イングルウッドはロスアンゼルス国際空港の東隣に位置するエリアだ。どちらもLAではかなり治安の悪い地域なので注意したい。

●サンディエゴ ダウンタウンのペトコパークの東側（MP.177-B3）と、サンディエゴ・トロリーのCity College駅から12th & Imperial駅までのエリア（MP.177-B2〜B3）は、ホームレスがうろついていてあまり雰囲気がよくない。

●サンフランシスコ フィッシャーマンズワーフはスリが出やすい。特にピア39周辺（MP.229-D2）は要注意。次に、テンダーロインTenderloin（MP.224-A4〜B5）。ミュニメトロのPowell駅の西側で、Jones St.とシビックセンター Civic Center、Geary St.とMarket St.に挟まれたエリアだ。ユニオンスクエア周辺ということで、知らないうちに迷い込んでしまうおそれがある。そのほか、サウス・オブ・マーケットのMarket St.の5th St.より西側（MP.223-E2〜F2）、ジャパンタウンの南側のウエスタン・アディションWestern Addition（MP.223-D2〜E2）、ゴールデンゲート・パークの東側パンハンドル地区Panhandle（MP.223-D3）も気をつけたいエリアだ。

●ラスベガス ストリップとダウンタウンの間（MP.312「注意！」）は、空き地が多く、安モーテルや質屋が並ぶあまりガラのよくないエリア。

●シアトル パイオニアスクエアとインターナショナルディストリクト（MP.355-A3〜B4）は夜間の治安がよくない。Pike St.（MP.355-A2〜A3）も要注意。

●ポートランド 夜間のチャイナタウンやアムトラック・ユニオン駅周辺（MP.389-A1〜B2）は治安がよくない。

人混みではスリに注意し、荷物は必ず体の前で持つ

暗くなってから外を歩くときはにぎやかな所を

メモ 渡航先で最新の安全情報を確認できる「たびレジ」に登録しよう　外務省の提供する「たびレジ」に登録すれば、渡航先の安全情報メールや緊急連絡を無料で受け取れる。**URL** www.ezairyu.mofa.go.jp/index.html

■街の歩き方

　昼間は安全な雰囲気でも、夜間では様子がガラリと変わることはざらにある。夜間や人通りの少ない道でのひとり歩きは避ける、細い路地には入らないなど、注意が必要。また、人前でお金を見せない、妙に親切な人には注意するなどを徹底して守ろう。治安のよし悪しを判断する目安は、やたらとゴミが散乱している、落書きが多い、窓に格子がついているなど。ホームレスや目つきの悪い人がうろついている所は立ち入りを避けたい。夜間の外出はタクシーを使うこと。

　そのほか、気をつけたい事項は次のとおり。

●服装で注意したいのが、ストリートギャング風（ダボッとしたパンツに、パーカーのフードやキャップを目深にかぶるスタイル）のいで立ち。

●路線バス、地下鉄などの公共交通機関の利用は、暗くなってからは人通りがグンと減るので、バス停やひと気のないプラットホームに立って待っているのはおすすめできない。夜間の移動は、タクシーかライドシェア・サービスを利用するように。

●ドライブ時の注意として、車を離れるとき、荷物は後ろのトランクなどに入れ、窓から見える所に置かないようにする。また、特に年末のショッピングシーズンなどは、買い物の荷物を狙った車上荒らしが多発するので要注意。車と金品を狙ったカージャックは、駐車場だけでなく、走行中や信号待ちの際にわざと車をぶつけ、車内から人が降りたスキを狙う場合もある。ドライブ中に何かのアクシデントに巻き込まれたら、できるだけ安全と思われる場所（ガソリンスタンドや警察）まで移動して助けを求めよう。

━●トラブルに遭ってしまったら

■安全な旅を目指して（事後対応編）

●盗難に遭ったら

　すぐ警察に届ける。所定の事故報告書（Police Report）があるので記入しサインする。暴行をともなわない置き引きやスリの被害では、被害額がよほど高額でないかぎり捜索はしてくれない。報告書は、自分がかけている保険の請求に必要な手続きと考えたほうがよい。報告書が作成されると、控えか報告書の処理番号（Complaint Number）をくれる。それを保険請求の際に添えること。

●パスポートをなくしたら

　万一、パスポートをなくしたら、まず現地の警察へ行き、パスポート紛失届出証明書を発行してもらう。次に在外公館（総領事館、領事事務所→側注）へ行き、新規発給の手続きをする。申請に必要なものは、①顔写真（タテ4.5cm×ヨコ3.5cmサイズを2枚）、②パスポート紛失届出証明書（現地の警察に発行してもらう）、③戸籍謄本、④紛失一般旅券等届出書、⑤一般旅券発給申請書、⑥本人の国籍確認ができる書類（日本の運転免許証など）、⑦旅行の日程などが確認できる書類。発給までには、写真を日本に送り本人かどうかを確認するため約1週間かかる。また発給の費用は、10年用は$117、5年用は$80（12歳未満$44）が必要。なお、帰国便の搭乗地国ないし、その国へ向かう途中でなくした場合は、『帰国のための渡航書』（$18）を発行してもらい帰ることはできる。2〜3日で発行。写真と渡航書発給申請書、紛失一般旅券等届出書、パスポート紛失届出証明書、eチケット、戸籍謄本が必要。

●在ロスアンゼルス日本国総領事館
Consulate-General of Japan in Los Angeles
MP.64-A3
350 S. Grant Ave., Suite 1700, Los Angeles, CA 90071
(1-213)617-6700（緊急の場合は24時間対応）
www.la.us.emb-japan.go.jp
月〜金9:30〜12:00、13:00〜16:30（領事窓口）
土・日、おもな祝日
※サンディエゴもロスアンゼルスの管轄。
※窓口業務は予約制になっているので、ウェブサイトから事前に予約すること。

●在サンフランシスコ日本国総領事館
Consulate-General of Japan in San Francisco
MP.225-E3
275 Battery St., Suite 2100, San Francisco, CA 94111
(1-415)780-6000
www.sf.us.emb-japan.go.jp
月〜金9:30〜11:30、13:00〜14:00（領事窓口）
土・日、おもな祝日
※ラスベガスもサンフランシスコの管轄。
※窓口業務は予約制になっているので、ウェブサイトから事前に予約すること。

●在シアトル日本国総領事館
Consulate-General of Japan in Seattle
MP.355-B2
701 Pike St., Suite 1000, Seattle, WA 98101
(206)682-9107
www.seattle.us.emb-japan.go.jp
月〜金9:00〜11:30、13:00〜16:30（領事窓口）
土・日、おもな祝日
※窓口業務は予約制になっているので、ウェブサイトから事前に予約すること。

●在ポートランド領事事務所
Consular Office of Japan in Portland
MP.389-A3
1300 S.W. 5th Ave., Suite 2700, Portland, OR 97201
(503)221-1811
www.portland.us.emb-japan.go.jp
月〜金9:30〜11:30、13:00〜16:30（領事窓口）
土・日、おもな祝日

※日本総領事館への入館には、写真付き身分証明書の提示が求められるため、必ず所持して訪問すること。なお、パスポートをなくしたなど、写真付きIDがない場合は、その旨を伝えて入館の許可をもらおう。

カード発行金融機関の連絡先がわからない！

　万一、連絡先がわからない場合は、自分の持っているカードのブランドが設けている緊急窓口（ほとんどVisaかMastercardのどちらかのはず）に連絡する。その連絡先はホテルや警察、ウェブサイトで調べられる。こんなときのためにも、パスポート番号、クレジットカードなどの番号およびカード発行金融機関の連絡先をメモしたものや、そのコピーを取っておきたい。

お金をなくして、なすすべのない人は

　どうにもならない場合、日本国総領事館、領事事務所（→P.435側注）に飛び込んで相談に乗ってもらうしかない。

携帯電話をなくしたら
→P.439

アメリカの医療システム

　ホテルなどの緊急医や救急病院のほかは、医者は予約制。予約してから診察まで1週間かかることもザラ。

海外旅行保険のサービスを利用する

　日本語を話せる医者を紹介し、病院の予約を取ってくれる。
　旅行保険会社の連絡先はP.439を参照。

緊急時の医療英会話
→P.438

荷物が出てこないとき航空会社の係員に聞かれるおもな事柄
●便名の確認
●預けた空港の確認
●名札が付いているか
●フライト何分前のチェックインか
●かばんの形と色
●外ポケットやいちばん上の内容物
●発見されたときの配送先

ドライブ時の罰金を支払う

　罰金の支払い方法は、マネーオーダー（郵便為替）を作って送るか、ウェブサイトや電話によるクレジットカードの引き落としなどがある。

　なお、帰国後でも罰金の処理を怠ると、レンタカー会社を通じて追跡調査が行われる。またアメリカの有料道路（トールToll）で未払いした場合も同様なので、気をつけよう。

●クレジットカードをなくしたら

　大至急、クレジットカード発行金融機関、またはカードブランド各社の緊急連絡センター（→P.439）に電話し、カードを無効にしてもらう。警察に届けるより前に、この連絡をすること。盗難カードでショッピング枠を使われるなど、悪用されることがあるからだ。高額商品の購入でも店側が本人確認を行わなかったり、通信販売は、サインがなくても利用できてしまう。

●現金をなくしたら

　盗難、紛失、使いきりなど、万一に備えて、現金の保管は分散することをおすすめする。例えば、財布を落としても、現金が別の場所（衣類のポケットやホテルのセーフティボックス）にあれば急場しのぎになる。それでも、現金をなくしてしまったときのために、キャッシングサービスのあるクレジットカードはぜひとも持っておきたい。また、日本で預金をして外国で引き出せるキャッシュカードやデビットカード（→P.410）、海外専用プリペイドカード（→P.410）も出回っているので、これらのサービスを利用するのもいい。

●病気やけがに見舞われたら

　旅先での風邪や下痢の原因は、気候や生活の変化に対応しきれずに起こることが多く、精神的なストレスなども原因となる。とにかく休むこと。日本から常備薬を持参するのがおすすめ。痛み止めや風邪薬などは処方せんがなくてもドラッグストアで購入できる。

●空港で荷物が出てこないとき

　最後まで自分の荷物が出てこない場合、バゲージクレーム内の航空会社のカウンターで、諸手続きを行うことになる。クレームタグの半券を示しながら、事情説明と書類記入をする。聞かれることは、側注のとおり。荷物発見後の配送先は、この先数日の滞在ホテルだが、宿泊先が決まってない人はいっそ荷物を日本に送り返してもらい、必要最低限の品を現地で買い揃えて旅を続けるという手段もある。荷物紛失のため生じた費用の負担については、あらかじめ航空会社に確認すること。

●ドライブ中のトラブル

　旅行者の犯しやすい交通違反が、駐車違反とスピード違反。アメリカでは駐車違反の取り締まりはかなり厳しい。スピード違反のとき、パトカーは違反車の後ろにつけると、赤と青のフラッシャーの点滅で停止を指示する。車は右に寄せて停車。警官が降りて近づいてくる間、ハンドルに手を置いて、同乗者とともにじっと待つ。警官が声をかけたら、日本の運転免許証、国外（国際）運転免許証とレンタル契約書を見せ、聞かれた質問に答えればいい。

　事故や故障の場合は、ひとまずレンタカー会社へ連絡をしよう。事故の場合の対処としてまずは警察とレンタカー会社への連絡。また、相手の免許証番号、車のナンバー、保険の契約番号、連絡先を控えておく。あとは警察やレンタカー会社の指示に従う。また、車を返却するときに必ず申し出て事故報告書を提出すること。

　故障の場合、自走できるときは、レンタカー会社に連絡して修理する。自走できないなら、けん引サービスを呼んで対処しよう。

警察のお世話にはなりたくないものだ

旅の英会話

せっかくアメリカに行くのだから、現地の人との「会話」を楽しんでみたい。そのためには決まったフレーズを覚えるだけではダメ。応用が利く「英会話のルール」を身に付ける必要がある。あとは場数を踏めば、だんだん会話ができるようになる。

一●短く、確実なフレーズを

ホテルで、レストランで、街なかで、旅行中は自分が言いたいことを相手に伝える場面がどうしても多くなる。決まったフレーズを必死に覚えて一生懸命相手に伝えようとすると思うが、大切なのはちゃんとした英語を話すことではなく、確実に言いたいことが伝わるか、だ。

■"Please" と "I would like to" で最低限の会話を

たくさんのセンテンスを覚えても、なかなか口から出てこない。ならば自分のフレーズを決めて、あとは単語を入れ替えて旅行中はずっとそれを通すのがいい。

いちばん簡単な英語は "名詞＋please"。"Reservation, please.（予約お願いします）"、"Single room, please.（シングルの部屋をお願いします）"、"Fish & chips, please.（フィッシュ＆チップスをください）"。つらそうな顔で "Doctor, please." と言えば「医者を呼んでください」となる。さらに "Please＋動詞" で人に「～してほしい」という言葉になる。"Please go to the airport.（空港に行ってください。※この場合、"Airport, please."（空港へお願い）でもいい）"、"Please let me know when the next flight to Seattle leaves.（次のシアトルへのフライト時刻を教えてください）"、"Please give me a receipt.（レシートをください）" などとなる。

この "please" という言葉で「～が欲しい」「～してほしい」という、相手に要求することについてほとんどカバーできてしまう。

自分が「～したい」という場合は、"I would like to ＋動詞" というフレーズがいい。"I want to ＋動詞" も同じ意味だが、少々ぶっきらぼうな言い方になる。"I would like to～" であれば、どこで使っても失礼になることはない。"I would like to join the tour.（ツアーに参加したい）" "I would like to try this on.（これを試着〈試したい〉したい）" など。発音は「アイ・ウドゥ・ライク・トゥ……」より「アイドゥ・ライク・トゥ……」のほうが言いやすい。そのほか「～できるか？」と尋ねるなら "Can I ＋動詞"。例えば "Can I stay one more night?（もう1泊できますか）"。「～していいか？」なら "May I ＋動詞"。"May I sit a window seat?（窓際の席に座っていいですか）"。

■わからなければ聞き返すしかない

言いたいことは、上記である程度カバーできる。実は「会話」は相手の言うことを理解するほうが難しい。多くの普通のアメリカ人は、外国人が理解しやすいようにゆっくり、単語を区切ってしゃべってはくれない。相手の言うことがわからなければ、根気よく繰り返して聞くしかない。何度か聞き返せば、相手はこちらが英語が苦手であると気づいてくれるだろう。

中学校の英語が使える

"where（どこ）"、"when（いつ）"、"what（何）" や "how much（いくら）" など、中学校で習うレベルのセンテンスや単語だけでも、かなり会話の幅が広がるはずだ。その際、細かな文法はとりあえず忘れてしまおう。定冠詞の "the" なのか不定冠詞の "a" なのか、現在形なのか、過去形なのか、三単現の "s" がついていないとか、そんなことは気にしなくても、堂々と短いフレーズを繰り返せば言いたいことは伝わる。そして伝わることが楽しくなればしめたもの。会話はどんどん上達する。

文法は不要？

もちろんそんなことはなく、きちんとした会話をしたい、できるだけ正確に相手に言いたいことを伝えたい、と思うなら正しい文法の言葉で話すべきだろう。短いフレーズで言いたいことを伝えるのは、あくまでも最低限のコミュニケーションのための「サバイバル会話」と考えてほしい。文法的に正しい言葉を話すのは次の段階。まずは会話をすることに慣れるのが大切だ。

道を尋ねる便利な言葉
目印→ landmark
信号→traffic light
角→corner
距離→distance
真っすぐ行く
　→go straight
右（左）に曲がる
　→turn right（left）
右（左）側
　→on the right（left）
前方→front
後方→behind
こちら側→this side
向こう側→opposite side
1本先の道
　→one block ahead

437

■よく使うフレーズ

●ホテル編

8月11日と12日にツイン（ダブル）ルームを予約したいのですが（電話で）。

I'd like to make a reservation for a twin (double) room, August eleventh and twelfth.

今晩、空いているシングルルームはありますか？

Do you have a single room, tonight?

チェックインをお願いします。3泊の予定です。

I'd like to check in. I'll be staying for three nights.

クレジットカードで支払いします。

I'd like to pay by credit card.

部屋のカギが開きません。

The room key does not work.

●レストラン編

もしもし、今晩7:30、2名で夕食を予約したいのですが。私の名前は田中です。

Hello. I'd like to book a table this evening. Two people at seven thirty p.m. My name is Tanaka.

おすすめのメニューを教えてください。

What do you recommend?

Do you have any special today?

持ち帰り用の容器をください。

May I have a to-go box?

●街歩き編

空港までのチケットをください。

May I have a ticket to the airport?

片道（往復）切符をお願いします。

One-way (round-trip) ticket, please.

サンタモニカ・ピアへ行くには？

How can I get to Santa Monica Pier?

これはシビックセンターへ行きますか？

Does this go to Civic Center?

サンタモニカに着いたら教えてください。

Please let me know when we get to Santa Monica.

ユニオン駅で降ろしてもらえますか？

Would you drop me off at Union Station?

●ショッピング編

見ているだけです。　*I'm just looking.*

これをください。　*I'll take this one.*

Tシャツを探しています。

I'm looking for a T-shirt.

○○売り場はどこですか？

Where is ○○ section?

これを試着してもいいですか？

Can I try this on?

もう少し大きい（小さい）ものはありますか？

Do you have a larger (smaller) one?

病院で見せるチェックシート

※該当する症状があれば、チェックをしてお医者さんに見せよう

☐ 吐き気 nausea	☐ 悪寒 chill	☐ 食欲不振 poor appetite
☐ めまい dizziness	☐ 動悸 palpitation	
☐ 熱 fever	☐ 脇の下で測った armpit	＿＿＿ ℃／℉
	☐ 口中で測った oral	＿＿＿ ℃／℉
☐ 下痢 diarrhea	☐ 便秘 constipation	
☐ 水様便 watery stool	☐ 軟便 loose stool	1日に（ ）回 （ ）times a day
☐ 時々 sometimes	☐ 頻繁に frequently	絶え間なく continually
☐ 風邪 common cold		
☐ 鼻詰まり stuffy nose	☐ 鼻水 running nose	☐ くしゃみ sneeze
☐ 咳 cough	☐ 痰 sputum	☐ 血痰 bloody sputum
☐ 耳鳴り tinnitus	☐ 難聴 loss of hearing	☐ 耳だれ ear discharge
☐ 目やに eye muscus	☐ 目の充血 red eye	☐ 見えにくい blurry vision

※下記の単語を指してお医者さんに必要なことを伝えよう

●どんな状態のものを	打った hit	アブ gadfly
生の raw	ひねった twisted	クラゲ jellyfish
野生の wild	落ちた fell	毒蛇 viper
油っこい greasy	やけどした burnt	リス squirrel
よく火が通っていない uncooked	●痛み	●何をしているときに
調理後時間がたった a long time after it was cooked	ヒリヒリする tingling	森に行った went to the forest
	刺すように sharp	ダイビングをした went diving
●けがをした	鋭く keenly	キャンプをした went camping
刺された・噛まれた bitten	ひどく severely	登山をした went hiking (climbing)
切った cut	●原因	川で水浴びをした went swimming in the river
転んだ fell down	蚊 mosquito	
	ハチ wasp	

メモ Google翻訳アプリ　アプリに入力したテキストや音声などを翻訳したり、音声で読みあげてくれたりする。特に便利なのがスマートフォンのカメラをかざすだけで、英語を日本語に翻訳してくれる機能。

旅のイエローページ

■緊急時
● 警察、消防署、救急車　☎911
● 在ロスアンゼルス日本国総領事館
　☎(1-213)617-6700
● 在サンフランシスコ日本国総領事館
　☎(1-415)780-6000
● 在シアトル日本国総領事館
　☎(206)682-9107
● 在ポートランド領事事務所
　☎(503)221-1811

■航空会社（アメリカ国内）
● 全日空　📞(1-800)235-9262*
● 日本航空　📞(1-800)525-3663*
● アメリカン航空　📞(1-800)237-0027*
● デルタ航空　📞(1-800)327-2850*
● ユナイテッド航空　📞(1-800)537-3366*
● シンガポール航空　📞(1-800)727-0118
　＊は日本語対応のオペレーター

■空港
● ロスアンゼルス国際空港
　📞(1-855)463-5252
● サンディエゴ国際空港　☎(619)400-2404
● サンフランシスコ国際空港
　☎(1-650)821-8211
● ハリー・リード国際空港　☎(702)261-5211
● シアトル・タコマ国際空港
　☎(206)787-5388
● ポートランド国際空港　☎(503)460-4234

■クレジットカード会社
（カード紛失・盗難時）
● アメリカン・エキスプレス
　📞(1-800)766-0106
● ダイナースクラブ
　☎+81-3-6770-2796（日本。コレクトコー
　ルを利用）
● JCB　📞(1-800)606-8871
● マスターカード　📞(1-800)307-7309
● ビザ　📞(1-866)670-0955

■携帯会社、アメリカからの連絡先
（電話紛失時の利用停止の手続き）
● au　☎+81+3+6670-6944
● NTTドコモ　☎+81+3+6832-6600
● ソフトバンク　☎+81-92-687-0025
　　　　　　　　　　　　（3社とも日本）

■旅行保険会社（アメリカ国内）
● 損保ジャパン日本興亜
　📞(1-800)233-2203
● 東京海上日動　📞(1-800)446-5571
● AIG損保　📞(1-800)8740-119

■日本語が通じる医療機関
● New Sunrise Clinic（ロスアンゼルス）
※日本人医師がいる
MP.55-D2　🏠2600 W. Pico Blvd., Los
Angeles　☎(1-213)388-2772
⏰月～木9:00～16:00
● Nihon Clinic（サンディエゴ）
※日本人スタッフがいる
MP.176-A1
🏠3707 Convoy St., San Diego
☎(858)560-8910　※診察は要予約
⏰月・火・木・金9:00～16:00
● St. Francis Memorial Hospital
（サンフランシスコ）
MP.224-A3　🏠900 Hyde St., San Francisco
📞(1-877)352-0641（日本語医療サービス）
⏰毎日 8:00～16:00、緊急時は24時間対応
● FirstMed of Southern Nevada
(Eastern Location)（ラスベガス）
MP.318-B3外　🏠3343 S. Eastern Ave.,
Las Vegas　☎(702)731-0909
※診察は要予約
⏰火・木・金8:00～17:00、水10:00～19:00
● Virginia Mason Hospital & Medical Center
（シアトル）
※日本人医師、日本語を話す医師がいる
MP.355-B2　🏠1100 9th Ave., Seattle
☎(206)223-6600
⏰月～金8:00～17:00、緊急時は24時間対応
● Oregon Health & Science University
MP.388-A3　🏠3181 S.W. Sam Jackson
Park Rd., Portland
☎(503)494-8311（日本語医療サービス）
⏰月～金8:00～17:00、緊急時は24時間対応

■帰国後の旅行相談窓口
● 日本旅行業協会　JATA
　旅行会社で購入した旅行サービスについて
の相談は「消費者相談室」まで。
☎(03)3592-1266　🖥www.jata-net.or.jp

➘ 英語表記のメニューにカメラをかざすと、スマートフォンの画面に日本語翻訳が表示される。

INDEX ● 索引

ロスアンゼルス

サンディエゴ

サンフランシスコ

444

ポートランド

地球の歩き方 シリーズ一覧

2024年4月現在

*地球の歩き方ガイドブックは、改訂時に価格が変わることがあります。 *表示価格は定価（税込）です。 *最新情報は、ホームページをご覧ください。 www.arukikata.co.jp/guidebook/

地球の歩き方　ガイドブック

A ヨーロッパ

A01	ヨーロッパ	¥1870
A02	イギリス	¥2530
A03	ロンドン	¥1980
A04	湖水地方＆スコットランド	¥1870
A05	アイルランド	¥1980
A06	フランス	¥2420
A07	パリ＆近郊の町	¥1980
A08	南仏プロヴァンス コート・ダジュール＆モナコ	¥1760
A09	イタリア	¥2530
A10	ローマ	¥1760
A11	ミラノ ヴェネツィアと湖水地方	¥1870
A12	フィレンツェとトスカーナ	¥1870
A13	南イタリアとシチリア	¥1870
A14	ドイツ	¥2090
A15	南ドイツ フランクフルト ミュンヘン ロマンチック街道 古城街道	¥2090
A16	ベルリンと北ドイツ ハンブルク ドレスデン ライプツィヒ	¥1870
A17	ウィーンとオーストリア	¥2090
A18	スイス	¥2200
A19	オランダ ベルギー ルクセンブルク	¥2420
A20	スペイン	¥2420
A21	マドリードとアンダルシア	¥1760
A22	バルセロナ＆近郊の町 イビサ島/マヨルカ島	¥1760
A23	ポルトガル	¥2200
A24	ギリシアとエーゲ海の島々＆キプロス	¥1870
A25	中欧	¥1980
A26	チェコ ポーランド スロヴァキア	¥1870
A27	ハンガリー	¥1870
A28	ブルガリア ルーマニア	¥1980
A29	北欧 デンマーク ノルウェー スウェーデン フィンランド	¥1870
A30	バルトの国々 エストニア ラトヴィア リトアニア	¥1870
A31	ロシア ベラルーシ ウクライナ モルドヴァ コーカサスの国々	¥2090
A32	極東ロシア シベリア サハリン	¥1980
A34	クロアチア スロヴェニア	¥2200

B 南北アメリカ

B01	アメリカ	¥2090
B02	アメリカ西海岸	¥2200
B03	ロスアンゼルス	¥2090
B04	サンフランシスコとシリコンバレー	¥1870
B05	シアトル ポートランド	¥2420
B06	ニューヨーク マンハッタン＆ブルックリン	¥2200
B07	ボストン	¥1980
B08	ワシントンDC	¥2420
B09	ラスベガス セドナ＆グランドキャニオンと大西部	¥2090
B10	フロリダ	¥2310
B11	シカゴ	¥1870
B12	アメリカ南部	¥1980
B13	アメリカの国立公園	¥2640

B14	ダラス ヒューストン デンバー グランドサークル フェニックス サンタフェ	¥1980
B15	アラスカ	¥1980
B16	カナダ	¥2420
B17	カナダ西部 カナディアン・ロッキーとバンクーバー	¥2090
B18	カナダ東部 ナイアガラ・フォールズ メープル街道 プリンス・エドワード島 トロント オタワ モントリオール ケベック・シティ	¥2090
B19	メキシコ	¥1980
B20	中米	¥2090
B21	ブラジル ベネズエラ	¥2200
B22	アルゼンチン チリ パラグアイ ウルグアイ	¥2200
B23	ペルー ボリビア エクアドル コロンビア	¥2200
B24	キューバ バハマ ジャマイカ カリブの島々	¥2035
B25	アメリカ・ドライブ	¥1980

C 太平洋/インド洋島々

C01	ハワイ オアフ島＆ホノルル	¥2200
C02	ハワイ島	¥2200
C03	サイパン ロタ＆テニアン	¥1540
C04	グアム	¥1980
C05	タヒチ イースター島	¥1870
C06	フィジー	¥1650
C07	ニューカレドニア	¥1650
C08	モルディブ	¥1870
C10	ニュージーランド	¥2200
C11	オーストラリア	¥2750
C12	ゴールドコースト＆ケアンズ	¥2420
C13	シドニー＆メルボルン	¥1760

D アジア

D01	中国	¥2090
D02	上海 杭州 蘇州	¥1870
D03	北京	¥1760
D04	大連 瀋陽 ハルビン 中国東北部の自然と文化	¥1980
D05	広州 アモイ 桂林 珠江デルタと華南地方	¥1980
D06	成都 重慶 九寨溝 麗江 四川 雲南	¥1980
D07	西安 敦煌 ウルムチ シルクロードと中国西北部	¥1980
D08	チベット	¥2090
D09	香港 マカオ 深圳	¥2420
D10	台湾	¥2090
D11	台北	¥1980
D13	台南 高雄 屏東＆南台湾の町	¥1980
D13	モンゴル	¥2420
D15	中央アジア サマルカンドとシルクロードの国々	¥2090
D16	東南アジア	¥1870
D17	タイ	¥2200
D18	バンコク	¥1980
D19	マレーシア ブルネイ	¥2090
D20	シンガポール	¥1980
D21	ベトナム	¥2090
D22	アンコール・ワットとカンボジア	¥2200

D23	ラオス	¥2
D24	ミャンマー（ビルマ）	¥2
D25	インドネシア	¥2
D26	バリ島	¥2
D27	フィリピン マニラ セブ ボラカイ ボホール エルニド	¥2
D28	インド	¥2
D29	ネパールとヒマラヤトレッキング	¥2
D30	スリランカ	¥1
D32	ブータン	¥1
D33	マカオ	¥1
D34	釜山 慶州	¥1
D36	バングラデシュ	¥2
D37	韓国	¥2
D38	ソウル	¥1

E 中近東 アフリカ

E01	ドバイとアラビア半島の国々	¥2
E02	エジプト	¥1
E03	イスタンブールとトルコの大地	¥2
E04	ペトラ遺跡とヨルダン レバノン	¥2
E05	イスラエル	¥2
E06	イラン ペルシアの旅	¥2
E07	モロッコ	¥1
E08	チュニジア	¥2
E09	東アフリカ ウガンダ エチオピア ケニア タンザニア ルワンダ	¥2
E10	南アフリカ	¥2
E11	リビア	¥2
E12	マダガスカル	¥1

J 国内版

J00	日本	¥3
J01	東京 23区	¥2
J02	東京 多摩地域	¥2
J03	京都	¥2
J04	沖縄	¥2
J05	北海道	¥2
J06	神奈川	¥2
J07	埼玉	¥2
J08	千葉	¥2
J09	札幌・小樽	¥2
J10	愛知	¥2
J11	世田谷区	¥2
J12	四国	¥2
J13	北九州市	¥2
J14	東京の島々	¥2

地球の歩き方 aruco

●海外

1	パリ	¥1650
2	ソウル	¥1650
3	台北	¥1650
4	トルコ	¥1430
5	インド	¥1540
6	ロンドン	¥1650
7	香港	¥1320
9	ニューヨーク	¥1320
10	ホーチミン ダナン ホイアン	¥1650
11	ホノルル	¥1650
12	バリ島	¥1650
13	上海	¥1320
14	モロッコ	¥1540
15	チェコ	¥1320
16	ベルギー	¥1430
17	ウィーン ブダペスト	¥1320
18	イタリア	¥1760
19	スリランカ	¥1540
20	クロアチア スロヴェニア	¥1430
21	スペイン	¥1320
22	シンガポール	¥1650
23	バンコク	¥1650
24	グアム	¥1320
25	オーストラリア	¥1760
26	フィンランド エストニア	¥1430
27	アンコール・ワット	¥1430
28	ドイツ	¥1430
29	ハノイ	¥1650
30	台湾	¥1650
31	カナダ	¥1320
33	サイパン テニアン ロタ	¥1320
34	セブ ボホール エルニド	¥1320
35	ロスアンゼルス	¥1320
36	フランス	¥1430
37	ポルトガル	¥1650
38	ダナン ホイアン フエ	¥1430

●国内

北海道	¥1760
京都	¥1760
沖縄	¥1760
東京	¥1540
東京で楽しむフランス	¥1430
東京で楽しむ韓国	¥1430
東京で楽しむ台湾	¥1430
東京の手みやげ	¥1430
東京おやつさんぽ	¥1430
東京のパン屋さん	¥1430
東京で楽しむ北欧	¥1430
東京のカフェめぐり	¥1480
東京で楽しむハワイ	¥1480
nyaruco 東京ねこさんぽ	¥1480
東京で楽しむイタリア＆スペイン	¥1480
東京で楽しむアジアの国々	¥1480
東京ひとりさんぽ	¥1480
東京パワースポットさんぽ	¥1599
東京で楽しむ英国	¥1599

地球の歩き方 Plat

1	パリ	¥1320
2	ニューヨーク	¥1320
3	台北	¥1100
4	ロンドン	¥1320
6	ドイツ	¥1320
7	ホーチミン/ハノイ/ダナン/ホイアン	¥1320
8	スペイン	¥1320
10	シンガポール	¥1100
11	アイスランド	¥1540
14	マルタ	¥1540
15	フィンランド	¥1320
16	クアラルンプール マラッカ	¥1650
17	ウラジオストク/ハバロフスク	¥1430
18	サンクトペテルブルク/モスクワ	¥1540
19	エジプト	¥1320
20	香港	¥1100
22	ブルネイ	¥14
23	ウズベキスタン サマルカンド ブハラ ヒヴァ タシケント	¥13
24	ドバイ	¥13
25	サンフランシスコ	¥13
26	パース/西オーストラリア	¥13
27	ジョージア	¥15
28	台南	¥14

地球の歩き方 リゾートスタイル

R02	ハワイ島	¥1
R03	マウイ島	¥1
R04	カウアイ島	¥1
R05	こどもと行くハワイ	¥1
R06	ハワイ ドライブ・マップ	¥1
R07	ハワイ バスの旅	¥1
R08	グアム	¥1
R09	こどもと行くグアム	¥1
R10	パラオ	¥1
R12	プーケット サムイ島 ピピ島	¥1
R13	ペナン ランカウイ クアラルンプール	¥1
R14	バリ島	¥1
R15	セブ＆ボラカイ ボホール シキホール	¥1
R16	テーマパークinオーランド	¥1
R17	カンクン コスメル イスラ・ムヘーレス	¥1
R20	ダナン ホイアン ホーチミン ハノイ	¥1

STAFF

制　作：池内宏昭	Producer：Hiroaki Ikeuchi
編　集：菊地俊哉	Editor：Toshiya Kikuchi
デザイン：㈲エメ龍夢／岡崎理恵	Design：EMERYUMU, Inc. / Rie Okazaki
校　正：ひらたちやこ	Proofreading：Chiyako Hirata
地　図：辻野良晃／TOM-冨田富士男／	Maps：Yoshiaki Tsujino ／ TOM-Fujio Tonda ／
アルト・ディークラフト／シーマップ／	ALTO Dcraft ／ C-Map ／
㈱ジェオ／㈲エメ龍夢	Geo Co., Ltd. ／ EMERYUMU, Inc.
ライター：鹿島裕子／ふじもとたかね／	Writers：Yuko Kashima ／ Takane Fujimoto ／
松本光子／大野拓未／	Mitsuko Matsumoto ／ Takumi Ohno ／
柴田勝幸／久保田康夫／	Katsu Shibata ／ Yasuo Kubota ／
六車健一	Kenichi Muguruma
写　真：三浦憲之／岩井加代子／	Photographers：Noriyuki Miura ／ Kayoko Iwai ／
柴田勝幸／田中　智／	Katsu Shibata ／ Satoshi Tanaka ／
松本光子／小城崇史／	Mitsuko Matsumoto ／ Takafumi Kojo ／
名倉千尋／関根絵里／	Chihiro Nagura ／ Elli Sekine ／
森田耕司／飯富崇生／	Koji Morita ／ Tak S. Itomi ／
㈱地球堂／㈲オフィス・ポストイット	Chikyu-Do, Inc. ／ Office Post It, Inc.
表紙デザイン：日出嶋昭男	Cover Design：Akio Hidejima

Special Thanks

Visit California、Los Angeles Tourism & Convention Board、San Diego Tourism Authority、San Francisco Travel Association、Las Vegas Convention and Visitors Authority、Las Vegas News Bureau、Visit Seattle、Travel Oregon、Travel Portland、Universal Studios Hollywood、California Academy of Sciences、カリフォルニア観光局、ロサンゼルス観光局、サンディエゴ観光局 日本事務所、サンフランシスコ観光協会／サンフランシスコ国際空港 日本事務所、シアトル観光局 日本事務所、オレゴン州観光局 日本事務所、ポートランド観光協会 日本事務所、ディズニー・ディステネーション・インターナショナル、㈲地球堂、志保ギャリソン、曽志崎友里、三木昌子、中村佳子、土屋朋代、五十川昌博、五十川直美、Jun Watanabe、池田樹美、入澤るい、©iStock　　　　　　　(順不同、敬称略)

本書の内容について、ご意見・ご感想はこちらまで
読者投稿　〒141-8425　東京都品川区西五反田2-11-8
　　　　　株式会社地球の歩き方
　　　　　地球の歩き方サービスデスク「アメリカ西海岸編」投稿係
　　　　　https://www.arukikata.co.jp/guidebook/toukou.html
地球の歩き方ホームページ（海外・国内旅行の総合情報）　https://www.arukikata.co.jp/
ガイドブック『地球の歩き方』公式サイト　https://www.arukikata.co.jp/guidebook/

地球の歩き方 B02
アメリカ西海岸
ロスアンゼルス サンディエゴ サンフランシスコ ラスベガス シアトル ポートランド　　2024～2025年版

2024年5月7日　初版第1刷発行

Published by Arukikata. Co., Ltd.
2-11-8 Nishigotanda, Shinagawa-ku, Tokyo, 141-8425

著作編集	地球の歩き方編集室
発 行 人	新井 邦弘
編 集 人	由良 暁世
発 行 所	株式会社地球の歩き方　〒141-8425　東京都品川区西五反田2-11-8
発 売 元	株式会社Gakken　〒141-8416　東京都品川区西五反田2-11-8
印刷製本	開成堂印刷株式会社

※本書は基本的に2023年11月の取材データと2023年11月～2024年3月の現地調査に基づいて作られています。発行後に料金、営業時間、定休日などが変更になる場合がありますのでご了承ください。更新・訂正情報：https://www.arukikata.co.jp/travel-support/

●この本に関する各種お問い合わせ先
・本の内容については、下記サイトのお問い合わせフォームよりお願いします。
　URL ▶ https://www.arukikata.co.jp/guidebook/contact.html
・広告については、下記サイトのお問い合わせフォームよりお願いします。
　URL ▶ https://www.arukikata.co.jp/ad_contact/
・在庫については　Tel 03-6431-1250（販売部）
・不良品（乱丁、落丁）については　Tel 0570-000577
　学研業務センター　〒354-0045　埼玉県入間郡三芳町上富279-1
・上記以外のお問い合わせは　Tel 0570-056-710（学研グループ総合案内）

※本書は株式会社ダイヤモンド・ビッグ社より1992年5月に初版発行したもの（2019年11月に改訂第27版）の最新・改訂版です。
学研グループの書籍・雑誌についての新刊情報・詳細情報は、下記をご覧ください。
学研出版サイト　https://hon.gakken.jp/